[미륵부처님께서 밝히시는]
문명(文明)의 종말(終末)

저자 金 鉉 斗 (1942年 出生)

법화경 해설 시리즈 ▶ 『우주간의 법 해설 (정본) 반야바라밀다심경』 / 『우주간의 법 해설 무량의경』
『묘법연화경 해설 제 이십사 관세음보살보문품』 / 『관보현보살행법경 해설』
『묘법연화경 해설 1』 / 『묘법연화경 해설 2』 / 『묘법연화경 해설 3』
『묘법연화경 해설 4』 / 『묘법연화경 해설 5』 / 『묘법연화경 해설 6』
『묘법연화경 해설 7』 / 『묘법연화경 해설 8』 / 『묘법연화경 해설 9』
『묘법연화경 해설 10』 / 『묘법연화경 해설 11』 / 『묘법연화경 해설 12』
『묘법연화경 해설 13』 / 『묘법연화경 해설 14』

경전 해설 시리즈 ▶ 『천부경 천부진리 해석 완역』 / 『화엄일승법계도 근본진리해설』
『북두칠성연명경 해설』 / 『우주간의 법 해설 금강경』

단행본 시리즈 ▶ 『불교기초교리핵심 81강』 / 『묘법연화경의 실상의 법』 / 『예불문 해설』
『격암유록 남사고비결 해설 上,下』 / 『현대과학 용어로 본 유식사상과 여래장과 선』
『우주간의 법 해설 요한계시록』 / 『우주간의 법 해설 대승보살도의 기초교리』
『우주간의 법 해설 삼일신고』 / 『미륵부처님께서 밝히시는 문명의 종말』

경전 독송 시리즈 ▶ 『관세음보살보문품』 / 『북두칠성연명경』
『관보현보살행법경 독송용』 / 『약사유리광여래본원공덕경』

등의 저서가 있으며 본원 및 지원 등지에서 부처님의 진리의 말씀을 전하고 있다.

미륵부처님께서 밝히시는 문명의 종말

지은이	金 鉉 斗
펴낸이	최 원 아
펴낸곳	도서출판 아나, 2000년 8월 16일 등록 제16-9호
표지디자인	김 소 영
입력/편집	혜 경
교정	용시, 혜경
초판인쇄	2011년 3월 18일(1판 1쇄)
초판발행	2011년 3월 25일(1판 1쇄)
주소	부산광역시 기장군 기장읍 대라리 129-3 아나B/D 3F
전화번호	(051) 723-2261 ~ 3
팩스	(051) 723-2264
블로그 주소	http://blog.naver.com/universesea
	무료 인터넷 동영상 강의
저작권	ⓒ 2011, 도서출판 아나
값	30,000원
ISBN	978-89-89958-44-4 (03220)

[미륵부처님께서 밝히시는]
문명(文明)의 종말(終末)

金鉉斗 著

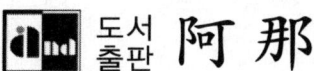
도서출판 阿那

序文

　오늘날을 살고 있는 인간들은 인간으로 태어난 목적을 전혀 모르고 있다. 그저 부모로부터 자연히 태어나서 수명이 다하면 자연으로 돌아간다는 막연한 생각들과 일부 신앙인들은 그들이 신앙하는 자가 구원을 하여 줄 것을 믿고 있는 정도이다. 이러한 인간들이 되다 보니 창조와 진화(進化)에 대하여서는 거의 무지(無知)에 가까운 《정신세계》를 형성하고 영악할 대로 영악해진 말세적인 《정신세계》를 가지고 있는 상태이다.

　이와 같은 일이 일어난 원인 중의 하나가 《그리스 자연사상》에 입각한 물질(物質)에만 집착한 한계성을 가진 인간들의 눈(眼)과 눈으로 직접 보고 확인하는 것만 진리(眞理)로 알고 있는 편협함이 《창조》의 진리를 알지 못하게 하고 지상(地上)에서 펼쳐진 인간들 진화의 역사를 이기심에 눈먼 자들이 모두 파괴하고 왜곡한 결과가 인간 《진화(進化)》의 진리를 덮은 결과로써 잘못된 《식(識)》의 대물림이 총체적인 진리(眞理)에로의 접근을 방해하여 만든 결과들이 인간의 미래세(未來世)에 대한 불확실성을 낳고 말은 것이다. 이러한 인간들의 미래세(未來世)에 대한 불확실성은 전적으로 인간으로 태어난 목적을 상실하였기 때문에 오는 필연적인 결과인 것이다.

　이러한 점을 일깨워 현재를 살고 있는 인간들의 발등에 떨어진 불(火)을 인간들 스스로가 끄게 하기 위해 그동안 강의하였던 [묘법연화경]해설에 앞선 이해를 돕기 위한 강의편과 천상(天上)의 음모와 태극기편과 미륵부처님께서 전하시는 문명의 종말의 실상편을 묶어 [미륵부처님께서 밝히시는 문명(文明)의 종말]이라는 제호(題號)를 정하고 한 권의 책을 만들어 진리(眞理)를 여러분들께 전하는 것이니 많은 사람들이 읽고 원천 창조주이신《석가모니 하나님 부처님》의 참된 진리(眞理)의 법(法)에 의지하여 스스로의 구원(救援)을 실행하시기를 당부 드리면서 인사의 글로 대하는 바이다.

나무 석가모니 하나님 부처님
나무 석가모니 하나님 부처님
나무 시아본사 석가모니 하나님 부처님

불기(佛紀) 2554년 양(陽) 12월 21일
金 鉉 斗　拜

목 차

서문 ··· 1
목차 ··· 3

제1장 [묘법연화경] 해설에 앞선 이해를 돕기 위한 강의

1. 인간(보살의 진화)

[1] 진화의 과정 ·· 11
    (1) 시간개념 ··· 11
    (2) 선천우주 220억 년 ··· 12
        1) 개천 이전 100억 년
        2) 개천 이후 120억 년
    (3) 법공의 1회 진화의 주기 ·· 13

[2] 반야공의 진화 ·· 14
    (1) 반야공의 진화와 질량 ·· 14
        1) 1-1의 진화의 길 바탕(개체의 양자 기준)
        2) 1-2의 진화의 길 바탕
            ① 악을 근본 바탕으로 한 그림자 우주
                진화의 길에 있는 무리
            ② 악을 근본 바탕으로 한 독각승 진화의 길
    (2) 1-1의 진화의 길 ·· 16
        1) 연각승
        2) 성문승
        3) 보살
        4) 불
    (3) 1-2의 진화의 길 ·· 20
        1) 그림자 우주의 진화

　　　　　　① 그림자 우주 진화의 길에 있는 불보살
　　　　2) 독각의 진화
　　　　　　① 독각의 무리를 《인간돌》이라고 하는 이유
　　　　　　② 《인간돌》 진화의 문제점
　　　　3) 아수라의 진화
　　(4) 인간의 무리 ··· 28

2. 신(神)

[1] 신(神)의 개념 ··· 30
[2] 신(神)들의 분류 ··· 31
　(1) 신(神) ··· 31
　(2) 백사신(白巳神) ··· 32
　(3) 용신(神) ·· 32
　(4) 동자동녀신(神) ··· 33
　(5) 마왕신(神) ··· 34
　　1) 뱀신(神)과 이무기신(神) ··· 34
　　2) 호랑이신(神)과 백호신(神)과 산돼지신(神) ··················· 34
　　3) 거미신(神) ··· 34
　　4) 도깨비신(神) ·· 36
　　5) 강구(바퀴벌레) 마왕신(神) ··· 36
　　6) 사탄신(神)과 사마귀신(神) ··· 37
　　7) 애벌레신(神) 마왕 ··· 37
　　※ 지상에서의 인간 진화의 역사 ···································· 40
　　8) 우주인 마왕과 미확인 비행물체(U.F.O) ······················ 43
　　9) 신선마왕 ·· 48
　　　　① 금개구리신(神) ·· 49
　　10) 신선 불(佛)·보살(菩薩) 마왕 ···································· 49
　　　　① 지네신(神) ·· 51

　　　　② 두꺼비신(神) ·· 51
[3] 신(神)에 대한 결론 ··· 52
[4] 인류 조상(祖上) 정리 ··· 52
　　(1) 1-1의 진화의 길과 1-2의 진화의 길 일부 ················ 53
　　(2) 1-2의 진화의 길 ··· 53
　　(3) 한민족(韓民族) ··· 53
　　(4) 한민족(韓民族)과 한반도 ····································· 59
　　　※ **법공(法空)과 대공(大空)의 크기 계산** ··················· 63
　　(5) 이스라엘인과 유대인 ··· 67
　　　1) 약상보살과 약왕보살과 이스라엘인 ······················ 70
　　　2) 약왕보살과 예수님 ··· 74
　　　3) 미륵보살과 이스라엘인과 유대인 ·························· 77
　　(6) 하나님과 하느님 ··· 82
[5] 1.3.3.3 합(合)의 법칙의 설명 ······································ 83
　　(1) 1.3.3.3 합(合)의 법칙 ·· 85
　　　1) 첫 번째 세로 팽창과 가로 팽창의 삼합 ··················· 85
　　　2) 첫 번째 분신핵 ··· 86
　　　3) 두 번째 분신핵 ··· 87
　　　4) 세 번째 분신핵 ··· 88
　　(2) 음양합일의 법칙 ··· 89
　　(3) 1-3의 분열의 법칙 ·· 89
[6] 신(神)들의 계위(階位) ··· 90
　　(1) 부처마왕 ·· 92
　　　1) 무곡성 부처마왕
　　　2) 천관파군성 부처마왕
　　　3) 연등불
　　(2) 대마왕 보살 1 ·· 95
　　　1) 고시리 마왕 보살
　　　2) 문수사리 마왕 보살

   3) 지장 1세 마왕 보살
   4) 관세음보살 3세 마왕
   5) 대세지보살 마왕
   6) 마왕 화엄보살
   7) 마왕 수월보살
   8) 마왕 용수보살
  (3) 대마왕 보살 2 ··· 104
  (4) 대마왕 보살 3 ··· 105
  (5) 대마왕 수의 정리 ··· 107
[7] 신(神)들의 전쟁 ·· 110
  (1) 교화의 권역 ·· 110
  (2) 부처 마왕 및 대마왕들의 그룹별 구분 ················· 113
  (3) 신들의 전쟁 ·· 114
  (4) 신들에 의한 《종교》 정복의 목적 ························ 117
   [실례1] ··· 121
   [실례2] ··· 128
   [실례3] ··· 133
  (5) 북반구 문명 기간 진화의 실상 ······························ 140
  (6) 북반구 문명과 윤회 ·· 146
  (7) 별들의 진화 ·· 149
  (8) 부처님들의 수명 ··· 157

3. 석가모니 하나님 부처님

[1] 석가모니 비로자나불(佛) 하나님과 대관세음보살 ············ 164
※ 법공 단면 둘레의 수리적인 뜻 ·· 169
[2] 개천 이전(開天以前)의 석가모니 하나님 부처님 ············· 169
[3] 개천 이후(開天以後)의 석가모니 하나님 부처님 ············· 171
  (1) 여섯뿌리의 우주 ··· 173

(2) 여섯뿌리의 법궁(法宮)과 육신성(肉身星) 3성(星) ································ 175
　　(3) 북반구(北半球) 문명과 석가모니 하나님 부처님 ······························· 183
　　(4) 석가모니 하나님 부처님과 한단불교(桓檀佛敎) ································· 187
　　　　1) 황제내경(皇帝內經)에 대한 고찰 ·· 191
　　(5) 석가모니불(佛) ·· 195
　　　　1) 석가모니불(佛)께서 고대 인도 땅으로 오신 이유 ······················ 195
　　　　2) 석가모니 부처님 불법(佛法) 왜곡의 실상(實相) ·························· 201
　　(6) 대마왕(大魔王)들과 미륵불(佛) ··· 211
　　　　1) 종교(宗敎) 정복 전쟁의 결과 ··· 211
　　　　2) 미륵부처님과 백두대간(白頭大幹) ·· 215
　　　　3) 백두대간(白頭大幹)과 지리산맥(地理山脈) ···································· 219
　　　　4) 미륵부처(佛)와 아나법화연수원 ·· 229
　　　　5) 미륵부처(佛)의 당부 ·· 234
　　　　※ 미륵부처님의 특별 당부의 말씀 ·· 238

제2장 천상(天上)의 음모와 태극기(太極旗)

1. 천상(天上)의 비밀과 태극기(太極旗) ·· 239
[1] 인류 구원(救援)의 실상(實相) ·· 241
[2] 천상(天上)의 음모 ·· 244
[3] 한민족(韓民族)의 한(恨) ·· 248
[4] 지상(地上)에 남은 《관세음보살》들과
　　대마왕(大魔王)들이 획책한 음모의 구분 ·· 253
　　(1) 구려족 국가인 《고구려》의 남진(南進)정책 ····································· 253
　　(2) 통일신라 이후와 《고려》의 타락한 불교(佛敎) ································ 254
　　(3) 조선왕조(朝鮮王朝)와 유학(儒學) ·· 261
　　(4) 일본(日本)의 식민지 36년 ·· 265
　　(5) 북한(北韓)의 남침으로 인한 6.25사변 ·· 266
　　(6) 남한(南韓)의 북한(北韓) 종속 기도 ·· 280

   1) 미륵부처님의 출현(出現) ································ 283
   2) 6.25 남침 이후의 남한(南韓) ································ 291
 [5] 태극기(太極旗)에 숨어 있는 천상(天上)의 비밀
  (1) 태극기(太極旗)의 건곤(乾坤) ································ 299
  (2) 태극(太極)의 괘(卦) ································ 307
  (3) 태극(太極) 육괘(六卦)의 명칭 ································ 312
  (4) 태극(太極)의 태양수(太陽數) 9 ································ 312
  (5) 태극(太極)의 태양수(太陽數) 9의 작용(作用) ································ 317
 [6] 남북통일(南北統一)에 대하여 ································ 322
 [7] 영혼(靈魂) 구원의 실상(實相) ································ 324
 [8] 촛불에 내재(內在)된 진리(眞理) ································ 328
  (1) 진화(進化)의 시작 ································ 328
  (2) 양음(陽陰)의 구분 ································ 331
  (3) 진화기(進化期)의 법공(法空) ································ 332
  (4) 진화(進化)의 법칙 ································ 333
   1) 다섯 기초 원소 ································ 334
   2) 다섯 기초 원소의 진화(進化) ································ 335
  (5) 색광(色光)과 색소광(色素光) ································ 340
  (6) 양자(陽子)와 전자(電子)의 색광(色光) ································ 342
  (7) 양자(陽子)와 전자(電子)의 색소광(色素光) ································ 343
  (8) 촛불의 의미 ································ 344
  (9) 촛불 집회(集會)에 대하여 ································ 347

※ 알려드림 ································ 354

제3장 미륵부처님께서 전하시는 문명의 종말의 실상

1. 미륵부처님께서 전하시는 말씀 ································ 355
[1] 정명궁(正明宮)의 진화 ································ 359

[2] 진명궁(眞明宮)의 진화 ·· 363
[3] 묘법연화경 제19 상불경보살품과 신선불(佛) ··· 370
　　(1) [발타바라의 오백보살] ··· 373
　　(2) [사자월의 오백비구] ··· 376
　　(3) [니사불들의 오백우바새] ··· 378
[4] 천일우주 100의 궁(宮) ·· 380
[5] 지(地)의 우주와 신선(神仙) 불·보살 ·· 381
[6] 지상(地上)의 인류 북반구 문명 ··· 386
[7] 시간(時間)과 공간(空間)을 초월한 [미륵부처님]의 기록 ···························· 398
[8] 신선(神仙) 불·보살들과 제신(諸神)들의 자취 ··· 402
[9] 인류 구원의 실상 ··· 421

부록 ··· 429

제 1 장
[묘법연화경] 해설에 앞선 이해를 돕기 위한 강의

1. 人間 (菩薩의 進化)

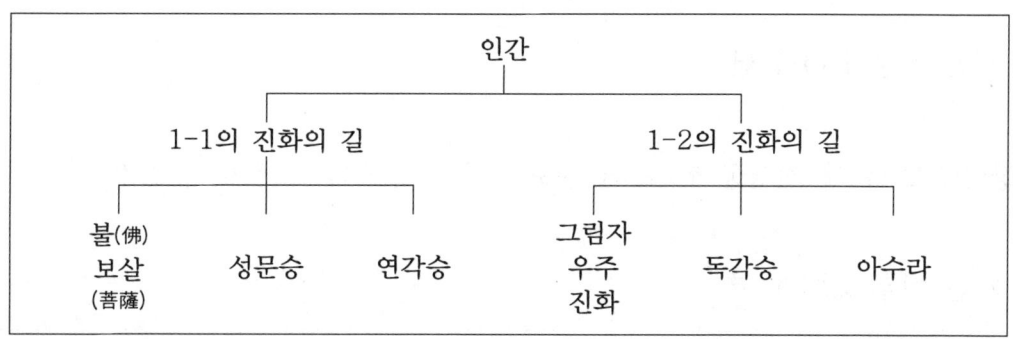

[1] 진화(進化)의 과정

각 50억 년

(1) 시간 개념

우리들 지구계의 시간→ 우주의 표준시간
이유 : 우리들 태양계→후천우주 진입(서기 2000년 후)
　　　중앙천궁상궁으로 변화. 법공의 제로 지점에 우리들의 지구가 자리하기 때문임

지구계의 1년이 태양계 밖은 10년
이와 같은 50억 년은 지구계 시간 기준

(2) 선천우주 220억 년

개천 이전 : 100억 년 ┐
개천 이후 : 120억 년 ┘ 合 220억 년

1) 개천 이전 100억 년

정명궁(正明宮)과 진명궁(眞明宮)의 주도로 우주 탄생의 모든 이치 결정

2) 개천 이후 120억 년

20억 년	상천궁과 천일궁(天一宮)(先天우주의 하늘이 생긴 기간)
50억 년	보살승, 성문승, 연각승, 그림자 우주, 독각, 아수라 ※ 보살승이 성불하는 기간
100억 년	성문승, 연각승, 그림자 우주, 독각, 아수라 ※ 성문승이 성불하는 기간임과 동시에 연각승이 4-1의 길 성문승이 되는 기간
150억 년	연각승→4-1의 길 성문승, 그림자 우주, 독각, 아수라 ※ 연각승→4-1의 길 성문승이 성불하는 기간 그림자 진화하는 무리가 연각승이 되며, 독각이 그림자 우주 진화의 길에 들게 되고, 아수라가 독각이 되는 기간
200억 년	그림자 우주→연각승, 독각→그림자 우주, 아수라→독각 ※ 그림자 우주→연각승이 그림자 우주→연각승→4-1의 길 성문승이 되는 기간 독각→그림자 우주→연각승이 되는 기간 아수라→독각→그림자 우주 진화에 들어가는 기간

250억 년	그림자 우주→연각승→4-1의 길 성문승, 독각→그림자 우주→연각승, 아수라→독각→그림자 우주	
	※ 그림자 우주→연각승→4-1의 길 성문승들이 성불하는 기간 독각→그림자 우주→연각승이 독각→그림자 우주→연각승→4-1의 길 성문승이 되는 기간 아수라→독각→그림자 우주 진화하는 무리가 아수라→독각→그림자 우주→연각승이 되는 기간	
300억 년	독각→그림자 우주→연각승→4-1의 길 성문승, 아수라→독각→그림자 우주→연각승	
	※ 독각→그림자 우주→연각승→4-1의 길 성문승이 성불하는 기간 아수라→독각→그림자 우주→연각승이 아수라→독각→그림자 우주→연각승이 4-1의 길 성문승이 되는 기간	
350억 년 (※ 350억 년에는 소멸기 10억 년이 포함됨)	아수라→독각→그림자 우주→연각승→4-1의 길 성문승 ※ 아수라→독각→그림자 우주→연각승→4-1의 길 성문승이 성불하는 기간	

※ 상기 진화(進化)는 영체(靈體)의 진화(進化)를 하는 성(性)의 30궁(宮)의 진화를 말하는 것이다.

(3) 법공의 1회 진화의 주기

단계			
팽창기	개천 이전	100억 년	계 600억 년
	상천궁, 천일궁	20억 년	
	전체 과정	소멸기 10억 년 포함 350억 년	
소멸기	소멸기	140억 년 중 130억 년	계 400억 년
붕괴기	붕괴기	300억 년	
휴식기	휴식기	100억 년	
	총계	600+400=1,000억 년 법공의 1회 진화의 주기	

※ 법공 1회 진화의 주기는 지구계 시간 기준으로는 1,000억년이 되나 우주 전체적으로는 10,000억년이 된다.

[진화 과정 정리 도표]

법공1회진화주기	개천이전	개천 이후 -->												합계
		<---- 선천우주 220억 년 ---->			<---- 후천우주 240억 년 -------->						소멸기	붕괴기	휴식기	
		<-- -- -- -- -- 팽창기 ----- ----- ----- ---->											
	100억년	20억년		50억년	100억년	150억년	200억년	250억년	300억년	350억년	130억년	300억년	100억년	1,000억년
성의 진화	물질생성과 합성	상천궁과 천일궁	1-1의 진화의 길	보살승	성불									
				성문승		성불								
				연각승		4-1의 길 성문승	성불							
			1-2의 진화의 길	그림자 우주			연각승	4-1의길 성문승	성불					
				독각			그림자 우주	연각승	4-1의길 성문승	성불				
				아수라			독각	그림자 우주	연각승	4-1의 성문승	성불			

※ 1-2의 진화의 길은 후천우주부터 진화가 시작된다.

[2] 반야공(般若空)의 진화(進化)

(1) 반야공의 진화와 질량

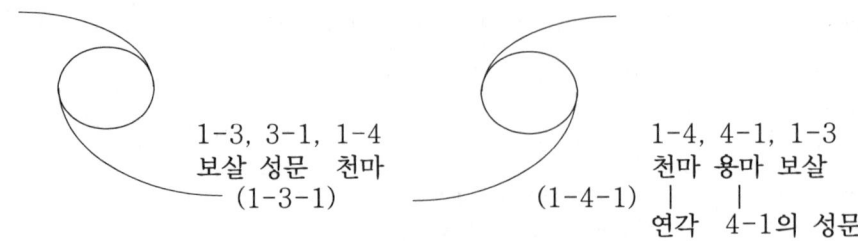

1-3, 3-1, 1-4   1-4, 4-1, 1-3
보살 성문 천마   천마 용마 보살
　(1-3-1)   (1-4-1)　|　　|
                              연각 4-1의 성문

1-1의 진화의 길
: 1-3-1, 1-4-1의 길 : 착함인 선(善)과 악(惡)을 바탕
1-2의 진화의 길
: 1-3-1, 1-4-1의 길 : 악(惡)을 근본 바탕

1) 1-1의 진화의 길 바탕(개체의 양자 기준)

　보살승과 성문승들은 여섯뿌리진공 구슬과 암흑물질이 결합. 오온의 과정을 거쳐 다섯 기초 원소가 태어날 때 태어난 양자의 구슬(반야공)이 맑음과 착함을 체로 하며, 연각승들은 악(惡)을 근본 바탕으로 함

2) 1-2의 진화의 길 바탕

① 악(惡)을 근본 바탕으로 한 그림자 우주 진화의 길에 있는 무리
　이 무리의 양자는 1-1 진화의 길 양자 구슬 바탕에 암흑물질이 1차로 결합한 구슬이 2차로 악(惡)함을 띤 암흑물질과 결합하여 오온의 과정을 거쳐 양자로 태어난 것

② 악(惡)을 근본 바탕으로 한 독각승(獨覺乘) 진화의 길
　양자 구슬의 바탕이 그림자 우주 진화의 길에 있는 구슬의 바탕에 2차로 다시 암흑물질과 결합한 후 3차로 악(惡)함을 띤 암흑물질과 결합하여 오온의 과정을 거쳐 양자로 태어난 것.
　착함의 근본 바탕에서 두 번 더 암흑물질과 결합한 후 악(惡)함을 띤 암흑물질과 3차로 결합하여 오온의 과정을 거친 양자(陽子)를 말함.

※ 이러한 이치의 결정은 개천 이전의 36궁(宮)에서 결정.
　상천궁 탄생시 석가모니 하나님 부처님 육신성 3성 탄생 때
　대통지승불 법궁인 양자 태양성(1-1의 진화의 길 양자들)
　육신성 2성 중 1성은 그림자 우주 진화의 길 양자별, 나머지 1성은 독각승 진화의 길 양자성

※ 보살승과 성문승의 진화의 길은 양자(陽子) 자체의 쿼크의 미진을 뽑아 양자(陽子) 밝음의 완성을 꾀하나, 연각승의 진화의 길은 먼저 양자 구슬 바탕의 덧씌워진 암흑물질을 먼저 제거하여 선(善)을 근본 바탕으로 한 후 쿼크의 진화를 추구한다.

※ 일부의 아수라는 인간 육신에서 생성(인간의 속성)

(2) 1-1의 진화의 길

1) 연각승(緣覺乘)

　연각승이 곧 《신선승(神仙乘)》이다. 이러한 《신선승》은 악(惡)을 근본 바탕으로 하기 때문에 《신선승》 다음 단계로 4-1의 길 성문승의 과정을 거치는 것이 정상이나 《신선승》들은 《신선도(神仙道)》를 따름으로 대부분 신선(神仙) 불(佛)·보살(菩薩)의 단계로 넘어가 반쪽짜리 불(佛)·보살(菩薩)을 이룸으로써 불완전한 신선 불보살이 된다.
　이러한 신선, 불, 보살 중 신선불(神仙佛)이 불법(佛法) 일치된 완전한 깨달음의 부처(佛)의 자리인 《아뇩다라삼먁삼보리》의 경계에 들고자 하면 100억 년(億年)의 시간이 소요됨으로써 《성문승》보다는 50억 년(億年)이 더 걸리는 것이다.
　이들이 신선(神仙) 불보살을 이루기는 하였으나 그들의 본래 바탕인 악(惡)의 근본 바탕을 《성문승》의 대열에 들어 착함인 선(善)의 근본 바탕으로 바꾸지 않으면

불법(佛法) 일치된 완전한 깨달음의 부처(佛)의 자리에는 들지 못하는 것이다.

<신선>

성(性)의 30궁(宮)에 있어서 육신(肉身)을 이루는 양자와 전자를 다스리는 것은 성(性)의 30궁 중의 양자(陽子)6과 전자(電子)6이 양음 짝을 하여 육근(六根)을 담당하는 것이다. 이와 같은 구조에서 신선(神仙)을 이루는 자(者)들은 항상 깨끗하고 홀로 있기를 즐겨하는 습성 때문에 신선도(神仙道) 수행(복식호흡과 선(禪))을 하면서 전자(電子)6을 모두 양전자(陽電子)로 전환시킴으로써 신선 보살(神仙菩薩)을 이루는 것이다.

그러나 이들은 지혜의 완성을 등한시하기 때문에 윤회의 과정에서 육신을 이루는 한 부분인 양자(陽子) 6의 진화가 덜된 관계로 인간으로 태어나도 일부는 자폐아, 장애아 등이 된다. 이와 같이 태어난 자폐아의 심장에는 항상 신선 한 분이 도사리고 있음을 알아야 한다.

이러한 신선(神仙)이 신선 보살(神仙菩薩)을 이룬 후 보살도에 입문하여 성문승의 과정을 배움으로써 그들이 가진 악(惡)의 근본 바탕을 선(善)의 근본 바탕으로 전환시켜 지혜의 완성을 이루게 되면《보살》을 이루게 된다.

이렇듯《보살》을 이루지 못한《신선 보살》을 이룬 분들은 막강한 신통기와 법력을 가지게 되며, 이후 신선 보살마하살의 과정을 거쳐 세간(世間)에 나타날 때는 양전자(陽電子) 핵(核)을 가진 현재의 태양성과 같은 밝은 태양성(太陽星)을 자기의 법궁(法宮)으로 하여 신선 부처(佛)를 이룬 이후 50억 년(億年) 간의 소임을 마친 이후 비로소 불법(佛法) 일치된 완전한 깨달음의 부처(佛)의 자리에 오르게 된다. 이때가 신선 부처(佛)로서는 악(惡)의 근본 바탕을 선(善)의 근본 바탕으로 바꾸는 때가 되는 것이다.

이 때문에 신선 보살들에게 신선 보살 지위에 머무르지 말고 중생들과 고락을 같이하는 보살도(菩薩道)에 듦으로서《보살》→《보살마하살》의 과정을 겪고 곧바로 불법(佛法) 일치된 완전한 깨달음의 자리에 들기 때문에《성문승》의 과정을 거치라고 하는 것이다.

※ 육신의 주인이 심장에 자리한 령(靈)인 줄을 모르고 주인공은 도외시한 채 육신의 완성과 신통기에만 집착함으로써 신선도에 들게 되는 것이다. → 12인연법

※ 신선놀음에 도끼자루 썩는 줄 모른다.
　몽유도원도(천왕성), 삼천갑자 동방삭이 등 그들은 영원히 선계(仙界)에 머무를 것으로 착각하나 때가 오면 선계(仙界)도 허물어지기 때문에 이에 머물지 말고 성문의 과정을 거쳐 지혜의 완성을 이루는 가운데 악(惡)의 근본 바탕을 청산하여 보살을 이루었을 때라야 다음 단계인 보살마하살의 단계를 거쳐 아뇩다라삼먁삼보리 경계에 들어감으로써 올바른 진화를 하게 되는 것이다.
　제일 바람직한 것은 연각승 대열에 있는 분들도 신선도 공부에 매달리는 것보다는 4-1의 길 성문승 대열에 합류하는 것이 제일 바람직하다.

※ 신선 보살(神仙菩薩)이 신선(神仙) 보살마하살의 과정을 거쳐 신선불(神仙佛)을 이루는 경우는 불법(佛法) 일치된 완전한 깨달음의 자리인 《아뇩다라삼먁삼보리》의 경계에 들었다고 할 수 없으며, 이들이 신선(神仙) 딱지를 떼어내었을 때라야 불법(佛法) 일치된 완전한 깨달음의 자리에 들었다고 하며, 신선(神仙) 딱지를 떼어내지 못했을 때는 완전함이 아닌 불완전한 불법(佛法) 일치를 이루었음을 아셔야 하는 것이다.

2) 성문승

　인간의 도리를 익히고 욕망을 억제할 능력을 갖추고 부처님의 가르침을 따르고 스스로의 성불을 위해 노력하는 전형적인 불자들을 성문승이라고 한다. 이러한 성문승에게는 수행의 4단계가 있다. 즉, 수다원과 사다함과 아나함과 아라한과 등 4위(位)가 있다.
　이러한 4위(位) 중 마지막 계위인 아라한은 보살도 성취의 보살과 마찬가지로 성령의 30궁을 이루어 인간 완성의 부처(佛)를 이룬 상태이나 세간법에만 머물러 우

주간의 법에 따른 우주간의 진화에는 들지 못한 것이다. 이로써 우주간의 법에 따라 우주간의 진화에 든 보살과는 차이가 있는 것이다. 이들이 우주간의 진화에 들어가야 보살마하살 때에 불성(佛性)을 이루어 완전한 인간 완성의 부처(佛)를 이루게 되는 것이다.

3) 보살(菩薩)

보살도(菩薩道)에는 보살도 입문자와 보살도 성취의 보살과 보살마하살과 보살도 완성자가 있다. 이러한 보살 중 보살도 성취의 보살을 이룬 때가 인간 완성의 부처(佛)를 이룬 때이나 불성(佛性)을 완전히 이룬 때는 보살마하살 때이다. 이 때문에 보살도(菩薩道)에 있는 분들은 아뇩다라삼먁삼보리를 이룬 부처님(佛)들이신 보살도 완성자까지도 꾸준히 우주간의 법을 공부를 하셔야 하는 것이다.

4) 불(佛)

보살도(菩薩道) 완성자가 불(佛)법(法) 일치된 완전한 깨달음인 아뇩다라삼먁삼보리를 이룬 부처님들을 말한다. 이와 같은 아뇩다라삼먁삼보리의 경계가 인간과 만물(萬物)의 진화(進化)의 종착지이다.

우주간 법(法)의 진화(進化)는 진화에 있어서 크게 두 구분되는 영체(靈體)의 진화(進化)와 고체(固體)의 진화(進化)가 있으며 만물(萬物)의 진화(進化)가 고체(固體)의 진화(進化)로써 별(星) 표면의 진화가 되고 인간의 진화가 별(星) 핵(核)의 진화가 되는 것이다.

여러분들이 가슴 깊이 새겨야 할 일은 인간(人間)과 별(星)은 동일체(同一體)라는 사실이다. 즉, 별(星)의 핵(核)이 영체의 진화를 하는 과정에 인간(人間)으로 태어나는 것이며 인간 완성의 부처(佛)를 이룬 보살도 성취 보살(菩薩)의 때가 별(星)의 핵(核)의 진화(進化)를 완성한 때이며, 별(星)의 핵(核)의 진화를 완성한 이후 별(星) 표면의 진화(進化)의 길을 걷는 것이 고체(固體)의 진화의 길로써 별(星) 표면의 진화(進

化)가 우주간의 법(法)의 이치를 따르지 않으면 할 수 없는 일이라는 점이다. 이와 같은 별(星)의 표면은 만물(萬物)이 진화(進化)하여 만들어지는 것이다.

별(星) 핵(核)의 완성과 별(星) 표면 진화(進化)의 완성 때가 은하성단의 중심을 이루는 천궁(天宮)을 이룬 때이다. 이와 같은 천궁(天宮) 가운데에는 일불승(一佛乘)이 자리하는 것이며, 이때가 아뇩다라삼먁삼보리를 이룬 때이다.

이후 일불승의 천궁(天宮)은 일적(一積)의 기간 45억 년이 지나면 태양성과 일세계의 태양계를 이루어 세간에 그 모습을 드러낸 후 소임을 다한 후 적멸보궁으로 들게 되는 것이다. 우주간에는 수도 헤아릴 수 없는 부처님들이 계신 반면 십거일 적수인 19수를 가진 창조주 부처님들도 상당수가 계신다는 사실을 아시기를 바란다.

※ 진화(進化)의 순서
1-1 진화(進化)의 길 순서는 연각승→성문승→보살승→불승(佛乘)의 순서가 된다.

※ 인간(人間)
1-1 진화(進化)의 길에 있는 성문승→보살승→불승의 무리 모두를 인간(人間)이라고 하며, 연각승을 《인간신(神)》으로서 신선(神仙)들이라고 한다.

(3) 1-2의 진화(進化)의 길

1) 그림자 우주의 진화(進化)

1-1의 진화의 길에 있는 연각, 성문, 보살, 불의 똑같은 수의 신선들과 인간들이 그림자 우주의 진화의 길에 있다. 즉, 1-1의 진화의 길에 있는 신선들과 인간 무리들의 복사판 무리들이 그림자 우주의 진화를 한다.

이러한 그림자 우주 진화를 하는 무리들 각각의 육신(肉身)은 환경적 영향을 받아 1-1의 진화의 길을 걷는 그의 상대적 신선들 및 인간들과 다른 모습을 갖게 되나, 그의 내면(內面)으로써의 영혼인 성(性)의 30궁(宮)은 근본 바탕이 악(惡)을 근본 바탕으로 하는 가운데 그의 영혼은 1-1의 진화의 길을 걷는 그의 상대적 인간과 신선과 인간 내면(內面)의 모습은 똑같다. 그리고 그들이 하는 짓도 똑같다.

 그러나 한 가지 다른 것이 1-1 진화의 길에 있는 보살승과 성문승들의 인간 무리는 최소한 인간의 도리를 지키고 욕망을 억제할 줄 아나, 1-1의 진화의 길 신선들과 이들 그림자 우주 진화를 하는 무리들은 암흑물질인 마성(魔性)이 짙어 욕망에 끄달려 강한 집착력을 갖게 되면 순간적으로 마왕(魔王) 인간들이 되어 인간의 도리는 생각하지 않게 된다. 이러한 신선들과 그림자 우주의 진화를 하는 인간 무리를 [인간신(人間神)]의 무리라고 하는 것이다.

 그림자 우주의 진화를 하는 인간 무리들에게 있어서 크게 문제가 되는 것은 이들이 악마의 짓이나 마왕짓을 할 때는 꼭 1-1의 진화의 길에 있는 그의 상대적 신선과 인간 모습으로 하기 때문에 큰 문제가 되는 것이며, 1-1의 진화의 길에 있는 신선들과 인간 무리들은 그들과 똑같은 그의 상대적 그림자 우주의 인간들이 있다는 것을 명심하여야 하며, 이들 그림자 우주 진화의 길을 걷는《인간신(人間神)》의 무리는 상대적인 1-1의 진화 길을 걷는 신선들과 인간 무리와는 하등의 관계가 없는 별개의 그림자 우주의 진화의 길을 걷는《인간신(神)》일 뿐이라는 점을 명심하시기 바란다.

 그림자 우주 진화(進化)의 길을 걷는《인간신(神)》들은 그들 스스로가《인간신(神)》의 대열에 있음을 모르고 있기 때문에 그들 스스로 욕망에 의해 마성(魔性)이 짙어지면 인간 도리와 욕망을 억제하지 못하는 일들을 아무 죄의식 없이 행(行)하게 되더라도 표면으로 드러나지 않게 되는 것이 크게 문제가 되는 것이다.

① 그림자 우주 진화의 길에 있는 불(佛)·보살

 1-1 진화의 길에 있는 불(佛)·보살과 신선(神仙) 불(佛)·보살과 똑같은 수의 그림자 우주 불·보살이 있다고 말씀 드렸다. 이러한 그림자 우주 불보살들 역시 악(惡)을 근본 바탕으로 하는 신선(神仙) 불보살들로서 강한 신통력과 힘을 갖춘《인간신(

神)》으로서 자리하는 것이다.

　즉, 비유를 하면 1-1 진화의 길에 있는 불보살의 인간이 착함의 근본 바탕과 지혜의 완성으로 이룬 경계를 ○으로 비유를 하면 마성(魔性)을 가진 인간신(神)의 불보살들은 절반은 암흑물질이 제거되고 나머지 절반은 암흑물질이 제거되지 못한 ◐ 공(空)으로 비유를 할 수가 있다.

　이와 같은 그림자 우주 인간신(人間神)의 신선 불보살이 착함의 근본 바탕을 위해 지혜의 완성을 위해 노력할 때는 별반 문제가 되지 않으나 그들이 지닌 마성(魔性)이 집착을 할 때는 순간 마왕(魔王)으로 돌아앉고 만다. 이들이 한번 마왕이 되면 두 번 다시는 마왕의 탈을 벗지 못하는 단점을 가지고 있다. 이러한 마왕들이 1-1의 진화의 길에 있는 불(佛)·보살과 신선 불보살의 형상을 가지고 똑같은 행세를 하며 마왕짓을 서슴없이 하며 수많은 인간들을 마왕으로 만들어 그들의 수하로서 부리고 있는 것이다. 우주간과 세간의 마왕들 ⅔가 모두 그림자 우주 진화의 길에 있는 《인간신(神)》들의 마왕인 것이다.

　한 가지 기가 막히는 사실은 이들 그림자 우주 《인간신(神)》의 마왕들이 인간 육신(肉身)을 가지고 세간에 태어났을 때, 그의 육신(肉身)은 평범한 삶을 영위하고 내면(內面)의 영혼은 마왕(魔王)이 되어 그가 가진 신통력으로 여타 인간들 내면에 들어가서 온갖 못된 마왕짓들을 다하고 있으나 이러한 사실을 그의 육신(肉身)은 전연 모르고 있다는 사실이다. 처음 욕망에 의한 집착은 그의 육신이 하게 되나 이후로써 마왕이 된 그의 내면은 신통력으로 갖은 못된 짓을 다한다는 사실이다.

　이 때문에 묘법연화 방등경을 공부하는 자들에게 1일 한 번씩은 《석가모니 부처님 참회기도》를 하고 육신의 내면에 육신의 주인공인 또 다른 《나》가 있음을 인정하고 이를 자각(自覺)함으로써 또 다른 나와 항상 대화를 함으로써 영육이 일치된 생활을 하라고 당부하는 것이다.

　그림자 우주 《인간신(神)》의 진화를 하는 인간이 부처님의 불법 중 최상의 불법인 《묘법연화 방등경》을 공부하고 노력하면 보살도 성취의 보살을 이루게 되나, 이는 완전한 보살이 아닌 마성을 가진 반쪽짜리 보살이 됨으로써 꾸준히 마성을 억제하고 지혜의 완성으로 스스로 지닌 암흑물질의 미진을 완전히 빠지게 하여야 완전한 보살을 이루는 것이다.

　이러한 그림자 우주 인간신(神)의 진화의 길에 있는 마왕들이 수없는《정신병자》인간들을 양산하는 것이며, 이들이 그들의 신통력으로 그들보다 먼저 진화된《인간 무리》들을 지배하면서 모든 우주까지 그들의 우주로 전환시키고자 기도한 것이《신(神)》들의 전쟁인 것이다.

　이와 같은 그림자 우주 인간신(人間神)의 불(佛)·보살들을 "욕망을 제거하지 못한 2천상의 불(佛)·보살들"이라고도 하며, 이러한 그림자 우주 인간신(神)들이 모여 인간 불(佛)·보살들께서 하시는 일들의 흉내를 그대로 내고 있으며 이들이 가짜 하나님 행세를 하고 있는 것이다.

2) 독각(獨覺)의 진화(進化)

　착함인 선(善)을 근본 바탕으로 하는 인간 무리들보다 이들의 근본 바탕은 암흑물질을 두 번이나 더 결합하여 3차로 악(惡)을 띤 암흑물질과 결합하여 인간 성(性)을 이룬 인간돌(人間石)들의 진화(進化)를 독각들의 진화(進化)라고 하며, 1-2의 그림자 진화(進化)의 길에 있는《인간신(神)》들의 복사판으로 이들과 똑같은 수의《인간돌(人間石)》들이 독각의 진화의 길에 있다.

　이들 역시 육신(肉身)은 환경적 영향을 받아 1-2의 그림자 우주 진화를 하는 그의 상대적 인간과는 다른 모습을 갖게 되나 그의 내면은 그의 상대적《인간신》과 똑같은 모습을 갖게 된다. 이러한 독각의 무리들은《인간(人間)》과《인간신(人間神)》의 무리들보다는 상대적으로 마성(魔性)이 두터워 진화(進化)가 덜된 무리들인 것이다.

① 독각의 무리를《인간돌(人間石)》이라고 하는 이유

　부처님들께서는 공(空)을 질량(質量)에 대비하여 무(無)로 말씀하신다. 즉, 질량(質量)이 없는 공(空)을 무(無)로 말씀하신다. 소생이 쓴 책들의 기록에 다섯 기초 원소인 중성자(中性子), 양자(陽子), 중간자(中間子), 양전자(陽電子), 전자(電子) 등을 모두 반야공(般若空)들이라고 말씀드린 적이 있다. 이러한 반야공(般若空)들의 진화(進化) 과정에 드러나는 것이 현상(現象) 세계(世界)임도 아울러 밝힌 바가 있다.

　이와 같은 다섯 기초 원소 중의 양자(陽子)가 반야공(般若空)으로써 영(靈)이 되는 것이다. 이러한 개체의 양자(陽子)인 영(靈)이 처음 태어났을 때를 비유로써 설명 드리면 무색투명한 둥근 유리구슬처럼 된 구슬에 color를 띤 세 줄기의 줄무늬가 현대 과학에서 말하는《쿼크》로 자리하고 있다. 이러한 양자(陽子) 구슬의 내부가 바탕으로써 독각들은 미세한 측정 불가능한 암흑물질이 선(善)을 근본 바탕으로 하는《인간 무리》들보다는 두 번이나 더 암흑물질과 결합하여 투명한 연한 회색빛이 되어 있는 가운데 악(惡)함을 띤《쿼크》들이 자리하고 있는 것이다.

　이와 같은 양자(陽子)인 영(靈)들이 오랜 세월 진화(進化)의 과정에서 서로 부딪침으로써 서로 정보(情報)를 교환하게 된다. 이때 처음 탄생한 개체의 양자(陽子)의 투명한 유리구슬에는 홈집이 생기면서 이 홈집으로부터 6각(角)의 빛의 고리가 생기면서 육각의 빛의 고리가 차지하는 면적만큼 암흑물질의 미진이 빠지게 된다. 이러한 빛의 6각(角) 고리를 '혜(慧)'라고 하며, 양자(陽子)끼리 부딪치면서 발생하는 미세한 빛의 알갱이들을 '지(智)'라고 하며, 인간의 경우 이와 같은 지(智)는 마음(心)의 경계를 만든 후 마음(心)이 가라앉으면 인간 좌뇌(左腦)의 의식(意識)의 창고에 축적이 되는 것이다. 이와 같은 양자(陽子) 빛의 알갱이와 양자(陽子) 자체 내에 자리한 혜(慧)를 '지혜(智慧)'라고 하며, 이러한 지혜(智慧)가 곧 인간의 마음(心)의 근본 뿌리로서 양자(陽子)24와 전자(電子)6으로 30궁(宮)을 이룬 성(性)의 30궁(宮)의 양자(陽子)들을 뜻하는 것이다.

　이와 같은 양자(陽子)들이 진화(進化)를 많이 겪을수록 혜(慧)의 축적이 많아지는 것이며, 이때 처음 양자(陽子)로 태어났을 때는 그 표면이 유리구슬 같은 것이 혜(慧)의 축적이 많아질수록 마치 그 표면은 골프공처럼 홈집이 무수히 생기는 것이다. 이와 같은 개체의 양자(陽子)들이 혜(慧)를 축적하고 있는 상태를《다라니》라고 하며, 양자(陽子)들에게 혜(慧)의 축적이 완료되었을 때 암흑물질의 미진이 모두 빠진 상태를 양자(陽子)로서의 진화(進化) 완성으로 '지혜(智慧)의 완성'이라고 하는 것이다.

진화(進化)가 되어 혜(慧)의 축적이 많은 양자(陽子)들은 인간 육신 속의 혈액들이 가지고 있는 상대적으로 혜(慧)의 축적이 적은 양자군(陽子群)들을 부하로 거느리고 있는 것이다. 즉, 양자(陽子)도 100억 년 전에 태어난 양자(陽子)와 며칠 전에 태어난 양자(陽子)와는 정보량(情報量) 축적 때문에 하늘과 땅만큼의 차이를 가지고 있는 것이며, 암흑물질의 미진을 제거하고 완성 단계에 있는 양자(陽子)들은 《밝음》을 가지고 있으나 상대적으로 진화(進化)가 덜된 양자(陽子)들은 암흑물질의 미진이 빠지지 않은 관계로 《어두움》을 가지게 되는 것이다. 인간의 마음(心)의 근본 뿌리인 성(性)의 30궁(宮) 자체가 인간의 주인공인 영혼(靈魂)인 것이다.

이렇듯 진화(進化)가 덜된 영혼(靈魂)을 가진 독각의 무리들 영(靈)들을 《공(空)의 돌(石)》을 가진 《인간돌(人間石)》들이라고 하는 것이다. 즉, 지혜(智慧)의 완성은 아직 먼 나라 이야기들이 되는 무리들인 것이다. 진화(進化)가 한참 덜된 무리들이기 때문에 이들은 짙은 마성(魔性)으로 인하여 욕망과 집착으로 똘똘 뭉쳐져 있는 무리들인 것이다.

② 《인간돌(人間石)》 진화의 문제점

이러한 《인간돌》 진화를 하는 무리들이 순리(順理)를 따라 석가모니 부처님의 가르침의 수행을 차근차근 실행을 함으로써 진화를 하는 것이 당연한 이치인데, 이들은 그들의 진화(進化)가 늦은 탓을 창조주 부처님이신 석가모니 하나님 부처님 탓으로 돌림으로써 지상(地上)에서 석가모니 하나님 부처님 법(法)에 반란을 하는 우주적 쿠데타를 《인간신(神)》들과 함께 하면서 선봉대 역할을 한 것이다. 이들은 또한 석가모니 부처님 이후 그들의 모자라는 지혜(智慧)에 불법(佛法)을 맞추기 위해 광분하여 불법(佛法) 파괴를 자행하고, 고쳐지고 왜곡된 부처님 법(法)을 부처님 이름으로 중생들을 가르치는 속임수를 씀으로써 많은 중생들을 마왕(魔王)들의 수하로 만들어 놓은 것이다.

이들 무리와 《인간신(神)》 무리들은 부처님께서 열반에 드신 직후부터 불법(佛法) 왜곡에 앞장선 후 중원대륙에서는 고대 한민족(韓民族)만이 가지고 있던 고급 종교인 《한단불교》의 3대 경전 중 하나인 삼일신고(三一神誥)에 나오는 수행법을 《한단불교》의 말살의 목적과 함께 급기야 그들만의 《선법(禪法)》을 만들어 한반도 땅에는 《교외별전》된 《선법(禪法)》으로 전하여 한반도의 불교(佛敎)를 썩게 한 것이다.

불교(佛敎)를 썩게 하였다 함은 《인간》들과 《인간신》들과 그들의 무리들인 《인간돌》들의 정상적인 진화(進化)를 방해하였다는 뜻이 된다. 그들이 말하는 선법(禪法)은 마음(心) 타령을 함으로써 인간의 마음(心)의 근본 뿌리인 양자(陽子)24와 전자 6으로 30궁(宮)을 이룬 그들의 영혼(靈魂)인 성(性)을 부정하고 마음(心) 타령하는 수행을 함으로써, 인간 성(性)을 이루고 있는 성(性)의 30궁(宮)중 인간 육신(肉身)을 담당하는 양자(陽子)6과 전자(電子)6 중 양자6을 희생시켜 전자(電子)6을 양전자6으로 바꿈으로써 신(神)의 대열에 합류하게 되는 것이다. 이와 같은 과정에서 전자6중 일부를 양전자로 바꾼 자들은 육신(肉身)의 죽음을 맞이한 후 이들은 《동자신(神)》들이 되며, 전자6 모두를 양전자로 바꾼 자들은 모두가 《신(神)》이 된다. 《동자신(神)》과 《신(神)》이 된 이들은 두 번 다시 인간 육신(肉身)을 가진 인간으로 태어나 윤회를 할 수가 없다. 이 때문에 수많은 《동자신(神)》들이 인간 무리들에게 빙의되어 대리 수행을 함으로써 수많은 점쟁이와 무녀 등을 양산시키는 것이다.

《신(神)》이 된 자들은 인간 육신을 벗은 후에는 《신계(神界)》에 머물다가 다시 지옥, 아귀, 축생, 아수라의 과정을 겪은 후 다시 《인간》이나 《인간신(神)》이나 《인간돌(石)》의 무리로 태어나야 되는 것이 우주의 법칙인 것이다. 즉, 이들은 진화(進化)에 역행하는 수행을 하기 때문에 이들의 불합리한 점을 여러 번 지적하고 충고하였으나 《인간돌》들의 무리는 이에 눈 하나 꿈쩍 안 하고, 지금도 그 수행을 계속하고 있는 것이다.

지금 지상(地上)에 살고 있는 《인간》, 《인간신(神)》들이 지상(地上)에 태어나기까지가 100억 년(億年)이 소요되었다. 100억 년(億年)은 길고 긴 시간이다. 소생의 충고를 듣지 않는 《인간돌》들의 무리는 인간 육신을 벗은 후는 이제 우주간의 티끌로 사라져 100억 년의 긴 암흑의 터널을 고통을 겪으면서 지나가야 하는 무서운 형벌이 도사리고 있음을 미륵부처가 다시 한번 더 경고하는 것이다. 《인간돌》의 진화를 하는 무리들이라도 미륵부처가 가르치는 법(法)에 귀의하고 수행을 하면 100억 년(億年)의 고통을 벗어날 수 있다는 점도 분명히 한다.

이러한 《인간돌》의 무리들이 오늘날 그들의 힘으로 불교(佛敎) 교단을 점령하고 왜곡된 부처님 법(法)을 중생들에게 전하고 있는 것이며, 이러한 그들의 행위가 인간 육신(肉身)을 가진 자들의 정상적인 진화(進化)를 방해하는 것으로써 이것이 문제라면 큰 문제인 것이다.

3) 아수라의 진화(進化)

《인간》과 《인간신(神)》들과 《인간돌(石)》들이 인간의 육신(肉身)을 가지고 왔을 때 육신(肉身) 속의 《유전자》 4만 개인 《속성(俗性)》이 만들어 내는 개체의 양자(陽子)들이 합성이 되어 인간의 영(靈)을 이루었다가 육신(肉身)의 주인공이 죽음을 맞이하게 되면 주인공의 육신(肉身)으로부터 해방이 되어 공간(空間)에 머무르다가 육신의 주인공이 윤회(輪回)하여 다음 인간의 육신(肉身)을 받고 결혼을 하게 되면 어머니의 자궁(子宮) 속으로 들어가 인간 육신(肉身)을 받고 태어나는 자들을 《아수라》라고 한다. 이러한 《아수라》의 영(靈)들은 《귀소본능》이 매우 강하다.

※ 인간 육신(肉身)은 영(靈)들의 천국이다. 이러한 인간 육신 속에서 개체의 양자들이 서로 결합하여 만들어내는 영(靈)들을 예로 들면, 아수라, 고릴라, 원숭이, 여우, 호랑이, 표범, 악어, 거미, 강구(바퀴벌레), 지네, 사마귀 등등이며, 아수라를 제외한 여타 영(靈)들은 각각의 육신(肉身)을 찾아 태어나 윤회를 하는 것이다.

인간들에게 《인간의 도리(道理)》를 가르치고 《덕(德)》 쌓음을 가르치는 《도덕성(道德性)》 교육이 진화(進化)의 과정에 있는 인간 무리의 육신을 가진 자들에게는 필수적임을 위정자나 교육 관계자들이 알아야 하는 것이다. 《도덕성(道德性)》 파괴의 교육은 일시적인 물질적 풍요를 가지고 올지는 모르지만 장기적으로 볼 때 인류의 공멸을 가져오는 말세적 현상이라는 점을 관계자들은 명심하여야 하는 것이다.

아수라들 중 제일 문제가 되는 쪽이 《인간신(神)》과 《인간돌(石)》들의 속성으로부터 만들어진 영(靈)들이 인간 육신(肉身)을 받는 경우이다. 이와 같이 탄생된 아수라들이 살인과 폭력을 일삼는 무리들로서 사회를 시끄럽게 하는 자들이다. 이 때문에 이러한 《아수라》들을 《인간 탈을 쓴》《짐승》으로 부르는 것이다.

(4) 인간(人間)의 무리

인간 육신(肉身)을 가지고 태어난 《인간》과 《인간신(神)》들과 《인간돌(石)》들과 《인간 탈을 쓴 아수라》들 모두가 뒤섞여 있는 무리들을 인간 무리라고 하는 것이다. 지금까지 강의한 인간의 무리를 정리하면 다음과 같다.

　(1) 인간(人間) : 도덕성(道德性)을 갖추고 욕망(欲望)을 억제할 줄 아는 자
　(2) 《인간신(神)》과 《인간돌(石)》 : 욕망(欲望)과 집착(執着)으로 똘똘 뭉친 자
　(3) 인간 탈을 쓴 아수라 : 본능(本能)대로 사는 자

※ 인간 무리들 중 도덕성(道德性)을 갖추고 욕망(欲望)을 억제할 줄 아는 《인간》을 참다운 《인간》이라고 하며, 이러한 《인간》들 중 제일 높은 분이 《석가모니 부처님》이라고 묘법연화경 제7 《화성유품》에서 설(說)하고 계시는 점을 깊이 공부하시기 바라며, 인간(人間)의 진화(進化)는 영체(靈體) 진화(進化)의 길을 따르는 별(星) 핵(核)의 진화(進化)로써 바로 여러분들 본체(本體)로서 영혼(靈魂)의 진화임을 아시기 바라며, 영혼(靈魂)의 진화(進化)가 완성이 되었을 때가 《인간 완성의 부처(佛)》를 이룬 때이며 이때가 보살도(菩薩道) 성취의 보살을 이룬 때이며 성문승에서는 《아라한》을 이룬 때이다. 이후 이들은 보살도를 계속 공부함으로써 육신(肉身)인 별 표면의 진화(進化)를 완성함으로써 법(法)의 진화(進化)를 완성하여 아뇩다라삼먁삼보리의 경계인 《불법(佛法) 일치된 완전한 깨달음의 부처(佛)》를 이루게 됨을 자각(自覺)하시기 바란다.

자각
(自覺)
- ① 인간 육신(肉身)의 주인공이 여러분들의 심장 속에 도사리고 있는 영혼(靈魂)임을 자각(自覺)할 것
- ② 영혼(靈魂) 진화의 완성이 《인간 완성의 부처(佛)》를 이룬 때임을 자각(自覺)할 것
- ③ 법(法)의 진화(進化)를 완성한 때가 육신(肉身)의 완성으로 《불법(佛法) 일치된 완전한 깨달음의 부처(佛)》를 이룬 때임을 자각(自覺)할 것

2. 신(神)

[1] 신(神)의 개념

휴식기 법공(法空)의 법성(法性)의 1-6체계가 진화기에 돌입함으로써 난법(煖法), 정법(頂法), 인법(忍法), 세제일법(世第一法) 등 사선근위(四善根位)의 과정을 겪고, 암흑물질층으로 이루어진 법공(法空) 내부의 법공(法空) 크기의 40%되는 경계 지점으로 분출이 되면서 양음(陽陰) 짝을 이룬 여섯뿌리진공(眞空)이 되어 음(陰)의 여섯뿌리진공(眞空)은 법공(法空) 크기 40%의 경계를 지어 대공(大空)을 이루고 대공(大空)의 원천 바탕이 되며 일부 음(陰)의 여섯뿌리진공과 양(陽)의 여섯뿌리진공(眞空)은 점차적으로 암흑물질들과 음양(陰陽) 짝을 하여 반야공(般若空)들이 되어 대공(大空)의 바탕을 이룬다.

이러한 대공(大空)의 바탕 절반($\frac{1}{2}$)에서 선천우주(先天宇宙)동안 만들어진 별(星)들이 200억조 개이다. 즉, 여섯뿌리진공(眞空)이 암흑물질과 결합함으로써 암흑물질을 빛(光)의 세계로 끌어내어 만들어진 별(星)의 수가 200억조 개라는 뜻이다. 이와 같은 별(星)들이 만들어짐으로써 대공(大空)의 절반은 전자(電子)가 바탕이 된 가운데 별(星)들이 존재하는 것이며, 후천우주(後天宇宙)에서 별(星)들이 만들어질 나머지 대공(大空)의 절반은 아직까지 암흑물질로 차 있는 것이다.

이러한 대공(大空) 내(內)의 선천우주의 전자(電子)를 바탕으로 한 공간(空間)을 《창창비천(蒼蒼非天) : 푸르고 푸른 것이 하늘이 아니며》라고 말씀하시고, 후천우주(後天宇宙)의 암흑물질로 된 공간(空間)을 《현현비천(玄玄非天) : 검고 검은 것이 하늘이 아니니라》라고 삼일신고(三一神誥)에서 가르침을 베풀고 있다.

이와 같은 대공(大空)의 원천 바탕을 바탕으로 한 선천우주 전자(電子)의 바탕과 후천우주의 암흑물질을 바탕으로 하여 존재하는 형상이 없는 모든 생명체(生命體)들을 신(神)들의 무리라고 하는 것이다.

[2] 신(神)들의 분류

　전자(電子)를 바탕으로 한 선천우주의 공간(空間)과 암흑물질을 바탕으로 한 후천우주의 공간(空間)에는 많은 수의 각각의 신(神)들의 무리가 광범위하게 퍼져 있다. 이러한 신(神)들 중 인간 무리들과 직접적인 관계를 맺고 있는 신(神)들을 대략적으로 정리하면 다음과 같다.

(1) 신(神)

　독각의 비구 무리들이 그들이 말하는《교외별전》된 선법(禪法)을 익혀 완전한 신(神)이 된 자들을 말한다. 이러한 신(神)들은 형체가 전연 없이 평소에는 흩어져 그들만의 신(神)들의 세계를 형성한 후 필요에 의해 한곳에 모이게 되면 푸르른 빛을 띤 기(氣)의 원(圓)을 이룬 후 회전을 하면서 이동을 한다. 이러한 신(神)들은 각각이 인간 무리의 의식(意識)을 가지고 있기 때문에 푸른빛을 띤 기(氣)의 원(圓)은 최고의 수행을 한 독각의 비구 무리 의식(意識)의 덩어리라고 할 수 있다.
　이러한 신(神)들은 인간 무리들을 해(害)하지 않는다. 이와 같은 신(神)들이 신(神)의 생활에 권태를 느끼면 새로이 양자(陽子)들인 영(靈)을 받아들여《뱀》으로 태어나게 되며, 이후는《뱀》의 진화(進化)의 길을 따라 다시 인간 육신(肉身)을 가진 인간 무리로 태어났을 때는 대부분《인간신(神)》들이 되는 것이다.
　이렇게 진화(進化)하는 기간이 무척 오랜 세월이 걸리기 때문에 필자가 독각의 비구 무리들에게 모처럼 만나기 힘든 불법(佛法)을 만났을 때《교외별전》된 선법(禪法)을 버리고 부처님께서 가르치신 수행법을 따르라고 깨우치는 것이다. 이 때문에《신(神)》이 되는 수행은 인간 무리들의 진화(進化)에 역행하는 수행임을 명심하시기 바라며 이들 신(神)들이 가진 신통(神通)은 자재함이 잘 알려져 있으며 두 번 다시 인간의 형상(形像)을 가지고 나타날 수 없음을 아시기 바란다.

(2) 백사신(白巳神)

　독각의 비구니의 무리들이 그들이 말하는 《교외별전》된 선법(禪法)을 익혀 신(神)들의 대열에 든 후 다시 진화(進化)의 길에 들어 《뱀(巳)》으로 태어난 후 오랜 뱀의 진화(進化) 기간을 거쳐 백사신(白巳神)이 된다.

　이러한 백사신(神)은 인간 육신(肉身)을 가지고 태어날 수가 있다. 《백사신(白巳神)》이 인간 육신(肉身)을 한번 이라도 가지고 태어난 이후는 《하이얀 흰옷을 입은 나이 많은 할머니》 형상(形像)을 가지는 것이다. 이와 같은 백사신(白巳神)은 그들 나름대로 인간들을 유익하게 하는 덕행(德行)을 쌓는다. 이러한 신(神)을 인간들은 조상신(祖上神)으로서 그들의 가정에 집안을 지켜달라고 모셔두게 되는 《세존단지》의 주인공들이 되는 것이다.

(3) 용신(龍神)

　용(龍)은 백룡(白龍), 황룡(黃龍), 청룡(靑龍), 오색룡(五色龍), 흑룡(黑龍) 등이 있으며, 이중 독룡인 흑룡(黑龍)을 제외하고 다른 용(龍)들은 모두가 호법용들로서 인간을 해(害)하지 않는다.

　이러한 용(龍)들은 모두 인간 육신(肉身)을 가지고 태어나며, 인간 육신(肉身)의 죽음을 맞이한 후 용신(龍神)으로 돌아가며, 용신(龍神)으로 돌아간 후에도 그들의 편의에 따라 인간 육신(肉身)의 형체를 갖춘 인간의 영혼(靈魂)의 모습으로도 자유로이 화(化)한다. 하나의 특이한 사항은 인간 육신을 가지고 태어났을 때도 영육(靈肉)이 분리되어 육신(肉身)을 가진 자는 직장 생활 등 일상생활을 계속하고 있으나 분리된 영(靈)은 용신(龍神)이 되어 활동을 하고 있으나 그의 육신(肉身)은 이러한 사실을 전혀 눈치를 채지 못하는 것이다. 대부분의 시간을 영육일치된 생활을 하나, 특별한 경우 영육이 분리되어 활동을 하는 것이다. 용과 용신들의 관리는 관음궁에서 한다.

(4) 동자(童子) 동녀(童女) 신(神)

동자동녀신(童子童女神)을 동남동녀신(童男童女神)이라고도 한다. 이러한 동자동녀신(神)은 두 종류가 있다. 그중 한 종류는 인간의 마음(心)의 근본 뿌리인 《성(性)의 30궁(宮)》이 지혜(智慧)의 완성에 가까울수록 어른 신장(身長)의 모습을 갖추나 지혜(智慧)의 완성이 미천한 자들은 어린아이 정도의 신장(身長)의 크기를 가진다.

이러한 어린아이 신장(身長)을 가진 자들은 인간신(神)의 진화와 독각의 진화를 하는 무리들로서 이들은 인간 육신(肉身)을 가지고 태어난 후 지혜(智慧)의 완성을 위해 노력한 자들을 제외하고 대부분의 이들 무리들은 동자동녀신(童子童女神)으로 되돌아간 후 성(性)의 30궁(宮)인 영혼(靈魂)의 키가 어른이 되도록 윤회를 하는 동자동녀신이 있으며, 다른 한 종류는 이들 동자동녀신(神)들이 인간 육신을 가지고 태어난 후 독각의 무리 수행인 《교외별전》된 선법(禪法)을 익힌 후 완전한 신(神)이 되지 못한 무리들로서 이들은 그들의 수행법 탓에 영혼인 인간 성(性)의 30궁(宮) 중 육신을 담당하는 양자(陽子)6과 전자(電子)6 중 일부를 파괴함으로써 두 번 다시 인간 육신(肉身)을 가지고 태어나지 못하는 동자동녀신(神)들로서 이들은 그들의 수행 덕분으로 신통이 자재하다.

이와 같은 동자동녀신(神)들이 인간 사회를 어지럽히는 자(者)들인 것이다. 이들은 다시는 인간 육신(肉身)을 갖지 못하기 때문에 인간 육신을 가진 자들에게 빙의가 되어 그들의 신통기를 빙의된 인간에게 베풀고 그들은 대리 수행, 대리 만족을 계속하다가 그들이 의탁한 인간의 이용 가치가 다 되었을 때는 과감히 그 인간으로부터 다음 인간 육신(肉身)을 가진 자를 찾아 떠나는 것이다. 이들이 점쟁이, 무당, 무녀들을 양산시키는 무리들로서 이들을 동자동녀신(神)이라고 하는 것이다.

이들은 대리 수행으로 완전한 신(神)이 되거나 수많은 덕(德)을 쌓아 그 쌓은 공덕으로 그들의 성(性)의 30궁(宮)이 완전한 인간 육신을 가지고 태어날 수 있을 때까지 인간 육신을 갖지 못하는 것이다.

(5) 마왕신(魔王神)

1-2의 우주 진화(進化)의 길에서 태어나면서부터 마왕(魔王)들이 된 꼬부랑 할머니의 후손(後孫)들을 말한다. 이들을 세분화하면 다음과 같다.

1) 뱀신(神)과 이무기신(神)

《제바달다》와 그의 후손(後孫) 신(神)들로서 인간 육신을 가지고 자유로이 태어난다. 인간 육신을 가지고 있을 때는 자유로이 영육 분리를 이루어 활동하며, 육신의 죽음을 맞이한 후에는 뱀신(神)과 이무기신(神)과 인간 무리 형체로 화(化)한 신(神)으로 자유로이 변신하면서 존재하며, 이들 무리의 법력(法力)과 신통력(神通力)은 출중하다.

2) 호랑이신(神)과 백호신(白虎神)과 산돼지신(神)

《야훼신(神)》과 그의 후손(後孫) 신(神)들로서 인간 육신을 가지고 자유로이 태어난다. 이들도 인간 육신을 가지고 있을 때는 자유로이 영육 분리를 이루어 활동하며, 육신의 죽음을 맞이한 후에는 호랑이신(神)과 백호신(白虎神)과 산돼지신(神)과 인간 무리 형체로 화(化)한 신(神)으로 자유로이 변신하면서 존재하며, 이들 무리의 법력(法力)과 신통력(神通力) 역시 출중하다.

3) 거미신(神)

암흑의 신(神)을 대표하는 것이 거미신(神)이다. 꼬부랑 할머니가 변신하였을 때 거대한 흰 거미신(神)으로 나타나며, 그의 딸인 암흑의 신(神)을 대표하는 《가이아신(神)》이 변신하였을 때 새까만 거대한 거미신(神)이 되는 것이며, 욕정(欲情)의 신(神)인 《아프로디테》가 《가이아신(神)》의 딸로서 이 역시 변신하였을 때 거대한 새까만 거미신(神)이다. 이들 거미신(神)들은 수많은 새끼 거미들을 거느리고 있다.

이러한 거미신(神)들 역시 자유로이 인간 육신(肉身)을 가지고 태어난다. 이들도 인간 육신을 가지고 있을 때는 자유로이 영육 분리를 이루어 활동하며 육신의 죽음을 맞이한 이후에는 거미신(神)과 인간의 형체로 화(化)하여 존재를 한다.

암흑의 어머니들이 바로 꼬부랑 할머니와 《가이아신(神)》인 것이며, 특이한 사항은 이들 암흑의 어머니(母) 후손들 대부분의 여자들에게는 새끼 거미신(神)이 자리하는 것이며, 《욕정(欲情)》의 신(神)인 《아프로디테》가 거느리는 새끼 거미들은 그의 후손 여인의 자궁(子宮)에 인간의 형상을 가지고 자리하여 항상 색력(色力)을 부추김으로써 수많은 색녀(色女)들을 양산시켜 창녀들로 만들고 있는 것이다.

지상(地上)의 모든 색녀(色女)들과 창녀들은 자연스러운 현상이며, 이들이 노리는 것이 돈이 아니고 그 내면을 들여다보면 그들이 진화(進化)하는데 필요한 질량(質量)을 섭취하기 위해 음행(陰行)을 부추기는 것이다. 이와 같은 새끼 거미들이 인간 육신을 가질 수 있는 질량(質量)을 충분히 하였을 때 인간 육신을 가지고 태어날 수가 있는 것이다.

우주적으로는 우주의 북쪽에 자리한 《케페우스 성단》이나 《카시오페아》 성단이 이들 거미신(神)들이 최초로 인간 육신(肉身)을 갖게 된 곳으로, 특히 《케페우스 성단》에서는 지금도 수많은 우주적 창녀들이 있으며 도망가는 창녀들을 전문적으로 추적하여 인신매매를 하는 마왕 폭력 조직들이 있으며, 현재 지상(地上)에서 공상과학 영화에 등장하는 《ET》가 이 성단의 요정들인 것이다. 이러한 두 성단의 거미 출신 인간들이 진화하면서 오늘날 지상(地上)에 태어나 《성(SEX) 도덕(道德)》을 타락시킨 장본인들로서 《요한계시록》에 등장하는 음행을 하는 무리들인 것이다.

이들 거미신(神) 출신들이 오늘날 지상(地上)에 와서도 수를 헤아릴 수 없는 새끼 거미신(神)을 탄생시켜 《성(SEX)도덕》을 타락시키고 후천우주 인간 무리들이 사는 별들을 오염시키고 마왕들의 폭력이 판을 치는 우주가 되게 기도하므로 이들 삿된 무리들의 제거를 위해 최근 미륵부처가 《케페우스》성단 자체의 일부 별(星)들의 내면(內面)을 모두 파하고 가이아신(神)과 아프로디테 신(神)과 수를 헤아릴 수 없는 거미 새끼신(神) 모두를 파한 적이 있다. 이렇게 보면 지상(地上)에 있는 창녀촌들은 필요악이 되는 것이다. 오늘날 우리들 사회에서도 가정의 윤리가 파괴되어 가정 파탄을 일으키는 장본인들이 모두가 이 두 성단에서 진화하여 온 인간 무리들 이라는 사실을 아시기 바란다.

4) 도깨비신(神)

도깨비신(神)들 역시 《케페우스 성단》 출신들로서 이들도 자유로이 인간 육신(肉身)을 가지고 태어나 인간 무리들이 되며 이들 역시 인간 육신을 가지고 태어났을 때 영육 분리를 자유로이 하는 신통력을 가지며 인간 육신의 죽음을 맞이한 후에는 도깨비신(神)과 인간의 형체를 갖춘 신(神)으로 자유로이 변신하면서 존재하는 것이다.

5) 강구(바퀴벌레) 마왕신(神)

현재의 공상 과학 영화에 등장하는 거대한 강구(바퀴벌레)신(神)과 이들 강구(바퀴벌레)신(神)들이 거느리는 수많은 새끼 강구(바퀴벌레)신(神)들의 본래의 고향이 《카시오페아》 성단이다.
이러한 강구(바퀴벌레) 마왕들이 오늘날 지상(地上)에 인간 무리로 와 있는 자들이 수없이 많다.
이들 강구(바퀴벌레) 마왕들 역시 인간 육신(肉身)을 가지고 삶을 사는 동안 영육 분리를 하여 자유로이 활동을 하다가 육신의 죽음을 맞이한 후에는 강구(바퀴벌레) 마왕이나 인간의 형체를 갖춘 마왕들로 군림을 한다. 이들 강구(바퀴벌레) 마왕들은 상당한 법력(法力)을 갖추고 신통을 부리기 때문에 상대하기가 상당히 껄끄러운 무리들인 것이다.

6) 사탄신(神)과 사마귀신(神)

　기독교에 등장하는 《사탄》의 얼굴은 인간 모형을 하고 있으나 몸은 박쥐와 같은 날개를 가진 검은 망토를 입고 있는 마왕들로서 이들은 《가이아신(神)》의 아들인 천관파군》과 그의 수많은 부하들이 모두 검은 망토를 입고 활약을 한다.
　이들 역시 인간 육신을 가지고 태어나는 것을 자유로이 하며 육신의 죽음을 맞이한 후에는 사탄신(神)이나 화(化)한 인간의 형상을 자유로이 변신하면서 존재한다. 이들 역시 상당히 높은 법력(法力)과 신통기를 가지고 있으며, 오늘날 지상(地上)의 유명한 종교 단체가 사실상 이 사탄신(神)의 정신적인 지배를 받고 있다.
　이러한 《천관파군》은 그의 분신(分身)으로서 사마귀신(神)들을 거느리고 있다. 이와 같은 사마귀신(神) 역시 형체만 다를 뿐 사탄신(神)과 똑같은 활약을 한다.
　특이한 사항은 이 사마귀신(神)이 몸집을 적게 하여 인간의 심장에 자리한 성(性)의 30궁(宮)에 붙으면 거의 100%가 정신병을 앓게 되며, 인간의 의식과 기억력 등을 자유자재로 삭제하기도 하여 정신분열증을 가져오게 하는 장본이 사마귀신(神)이다.
　이 마왕은 악질 중의 악질 마왕으로서 천상의 여자 보살들을 보살지에서 끌어내려 마왕으로 둔갑시키게 하는 천재적인 소질과 초인적인 음행(陰行)을 행(行)하는 악질 중의 악질 마왕이며 가짜 하나님 행세를 하던 《야훼신(神)》이 물러난 후 이 마왕이 하나님 행세를 하며 지상(地上)의 유수한 종교인 ○○교(敎)를 지배하고 있는 것이다.

7) 애벌레신(神) 마왕

　암흑의 신(神)인 《가이아신(神)》의 둘째 아들로서 《천관파군》의 동생이 되는 《이오신(神)》과 그의 수하에 있는 수많은 마왕들을 애벌레신(神) 마왕이라고 한다.
　이들 애벌레신(神) 마왕들도 인간 육신을 가지고 태어나며, 인간 육신을 가지고 있을 때 영육을 분리하여 활동할 때가 많으며, 육신의 죽음 이후 애벌레신(神)이나 인간 형체를 가진 자로 자유자재로 변신하며 존재한다.

※ 중원대륙에서는 알라신(神)과 야훼신(神)과 천관파군과 이오신(神) 등의 마왕들이 대륙의 산동 반도를 주 거점으로 하였던 여러 성씨(姓氏)를 가진 한민족(韓民族)의 후예들을 정복하기 위해 이들 마왕들이 공동으로 만든 성씨(姓氏)가 중원대륙의 《이씨(李氏)》이다. 이러한 중원대륙의 《이씨(李氏)》 중에서 《당(唐)》나라를 세우게 된다. 이때 《당(唐)》 왕조는 그들의 최고 조상(祖上)이 《이이(李耳)》임을 밝힌다. 이러한 《이이》가 때에 중원대륙에 태어난 목성(木星)의 위성인 《이오성(星)》을 법궁으로 한 최고 애벌레신(神) 마왕인 것이다.

이러한 애벌레신(神) 마왕들과 그 수하의 마왕들이 인간 무리를 파괴하는 방법은 교묘하기 이를 데 없다. 지금까지 열거한 7종류의 마왕들 모두는 그들의 인간 육신의 후손들도 남기나 그들의 후손 인간 무리를 중간 숙주로 하여 수도 헤아릴 수 없는 거미 새끼, 도깨비 새끼, 강구(바퀴벌레) 새끼, 사마귀 새끼, 애벌레 새끼 등을 낳아 기르게 하다가 이를 모르는 인간 육신의 후손이 병고로 신음하다가 죽게 되면 이때 그들이 만들어 놓은 마왕 새끼들을 추수하여 우주간의 마왕들로 만드는 것이다.

이러한 새끼 마왕들을 현대과학으로서는 그 존재의 규명이 불가능하며 오로지 보살마하살, 부처님들의 삼매로써만 포착이 되는 것이다.

대부분 육신을 가진 그의 후손들 중 쓸만한 인물 일부를 제외하고 대부분의 그의 후손들을 이러한 우주적 마왕들을 길러내는 중간 숙주로 이용하는 것이며, 이러한 마왕 새끼들이 자라면 자랄수록 육신을 가진 후손들은 병고를 겪게 되며 더러는 아무 병이 없어도 아프게 되는 경우가 흔히 있으며 자살 충동을 심하게 받는 경우도 있다.

이들 마왕들이 공동 성씨를 만든 후손들 외에도 이들 마왕들이 중단 없이 인간 육신을 가지고 태어난 관계로 다른 성씨(姓氏)를 가진 마왕들의 후손들도 상당수가 있다.

특히, 애벌레신(神) 마왕인 이오신(神) 2세가 최근 이웃한 일본국에 《에오》라는 이름으로 와서 많은 저술 활동을 하여 이에 심취한 인간들을 자살로 내몰고 있는 마왕다운 행(行)을 하고 있는 것이다. 국내에서도 이 마왕의 책이 많이 나와 있는 것으로 알고 있다. 이러한 그가 저술한 책은 진리(眞理)를 외면한 책들로써 원천 창조주이신 《석가모니 하나님》 부처님 법(法)에 정면으로 위배되는 책들임으로 모든 사람들은 경계하여야 될 일들이다.

이들 마왕들을 최고 조상으로 한 후손들도 마왕들과 그의 수하 마왕들로부터 벗어나고자 할 때 오로지 진리(眞理)만을 말씀하신 《석가모니 부처님》 법(法)에 귀의를 하여야 하는 것이 당연한 이치이나 여기에도 함정이 있다. 오늘날 한국(韓國) 불교는 독각의 무리들에게 모두 점령이 되어 석가모니 부처님 법(法)을 왜곡하여 가르치는 사이비 마왕 불교(佛敎)인 것이다.

그들의 수행법 역시 진화에 역행하는 수행법임을 상세히 밝혀 드렸다. 이제 옳은 불법(佛法)을 받고자 하는 불자 여러분들은 미륵부처가 마지막으로 와서 이러한 실상을 밝히고 가르치는 참다운 불법(佛法)에 진정으로 귀의하는 길만이 우주간과 세간의 모든 마왕들의 마수로부터 벗어나는 길임을 명심하시기 바란다.

이렇듯 악랄한 행동을 저술 작업으로 모든 인간들을 현혹하게 하는 《에오신(神)》 2세도 미륵부처가 그의 영혼(靈魂)을 거두어 들여 우주간의 티끌로 보내고 말았다. 인근한 일본국의 《에오신(神)》 2세는 이제 육신의 껍데기만 가지고 있는 것이며 육신의 죽음을 맞이한 이후 그는 영원히 암흑물질로 사라져 가게 되어 있음을 밝히는 바이다. 이러한 애벌레 신(神)인 《에오신(神)》을 《이오신(神)》 등으로도 이름한다.

※ 지상(地上)에서의 인간 진화의 역사

　지상(地上)에서 인간 무리의 진화(進化)가 시작된 것은 10만 년 전(前)부터 였음을 모든 부처님들께서는 밝히고 계신다. 이러한 10만 년 기간 중 6만 년은 천일우주 100의 궁(宮)의 각 성단들에 거주하는 인간의 무리들이 매 1만 년마다 문명의 흥망성쇠를 거치면서 아름다움(美)을 갖춘 인간 육신(肉身)의 진화(進化)를 마치고 본래의 자리로 돌아간 기간으로《석가모니 부처님》께서는 이를《과거칠불(七佛)》로서 가르침을 펴고 있으며, 나머지 4만 년 중 3만 년은《아미타불(佛)》과《노사나불(佛)》주도의 남반구 문명이 매1만 년마다 문명의 흥망성쇠를 3번이나 거친 기간이 되며, 마지막 1만 년이 《석가모니 하나님 부처님》주도의《북반구 문명》기간으로써 오늘을 살고 있는 지상(地上)의 모든 인간 무리들은 모두《북반구 문명》기간의 연장선상에서 살고 있는 것이다.

　이와 같은 10만 년 기간 중 9만 년간 지상(地上)에서 진화(進化)의 과정을 거친 모든 인간 무리들이 모두 천일우주(天一宇宙) 100의 궁(宮)에 소속한 성단(星團) 무리에서 온 인간들로서 이를 좀 더 구체적으로 밝히면, 10만 년~9만 년의 2만 년 기간은 천일궁(天一宮)으로 불리우는 지금의《작은곰》자리 성단의 인간들이 진화한 기간으로써 이들은 그들의 내면(內面)인 영혼(靈魂)들이 상당히 진화된 자들로서 지상(地上)에서 인간 육신(肉身)의 완성과 아름다움(美)을 갖추는 진화를 할 목적으로 온 인간들이기 때문에 구태여 문명(文明)을 일으킬 필요를 느끼지 않았기 때문에 그 문명(文明)의 자취를 지상(地上)에 남기지 않았으며, 일부 생활한 유적들은 모두가 파괴가 되어 사라지고 없으며, 8만 년~7만 년의 2만 년은 지금의 별(星)자리 이름으로 《용(龍)》자리 성단의 인간들이 인간 진화(進化)를 하였으며, 이때에 지상(地上)에 남은 유적이 남태평양《이스트섬》의《거석문명(巨石文明)》이며, 6만 년~5만 년의 2만 년은《백조자리》성단의 인간들이 지상(地上)에서 인간 진화(進化)를 한 기간으로써 이때 남은 유적이 유명한 남미 페루의《나스카 평원》의 《나스카 문양》이다.

다음으로 《아미타불(佛)》과 《노사나불(佛)》 주도의 남반구(南半球) 문명(文明) 3만 년이 시작되는데, 2만 년은 《아미타불(佛)》께서 현재의 별(星)자리 이름으로 관음궁(觀音宮)이 있는 《목동자리》성단의 인간 무리를 지상(地上)에서 인간 진화(進化)를 시켰으며, 1만 년은 《노사나불(佛)》주도로 《북두칠성》성단의 인간 무리를 인간 진화시킨 기간으로써 이의 유적은 아미타불(佛)께서 남미에서는 《바라코챠》로 이름하고 남미(南美)와 고대 《이집트》에서 1만 년 주기로 번갈아 가며 문명(文明)을 일으켰으며, 이후 《노사나불(佛)》께서는 주로 남미(南美)에 문명(文明)을 일으켰기 때문에 남미 《페루》,《콰테말라》등등의 밀림 속에 산재한 피라밋 유적들과 석조물 건축물이 상당수 있으며, 고대 이집트에 현재까지 전하여져 오는 《스핑크스》와 《가자》지구의 《피라밋》 등이 《아미타불(佛)》께서 일으킨 문명의 유적들이다.

《노사나불(佛)》께서는 남반구 문명의 연장선상에서 《석가모니 하나님 부처님》 주도의 《북반구 문명》기에 들어와서도 한반도에 《가야국 수로왕》으로 오시어 한반도에 《6가야》를 세우시고 《대마도》에 《임나가야》를 두고 일본국의 《규슈》 지방에 그의 장녀인 《화덕보살》 후신(後身)을 《히미코》라 이름하고 일본 최초의 여왕국(女王國)인 《야마타이》 가야를 세우고 통치하게 한 이후 고구려국을 《주몽》왕과 함께 세웠던 《협보》가 훗날 고구려를 떠나 그의 고향인 지금의 전라도와 충청도에 걸쳐 있던 《마한(馬韓)》에 도착한 후 때마침 자연재해로 인한 기근에 시달리던 《마한(馬韓)》의 백성들을 이끌고 선단(船團)을 꾸려 당시 김해 금관가야에 계시던 《수로왕》에게로 오므로 수로왕께서는 그들을 수로왕의 장녀가 세운 여왕국 인근으로 보내 《다파라 가야》를 세우게 하신 이후 수로왕은 한민족 일부를 데리고 남미로 건너가시어 《마야문명(文明)》을 일으키시는 것이다.

이때의 유적이 중앙아메리카와 멕시코 남동부와 콰테말라, 유카탄 반도에 산재해 있으며, 유명한 멕시코의 《테우티우아칸》에 있는 《태양신전》은 수로왕이신 노사나불(佛)께서 당시 한반도의 가야인들을 대동하고 가시어 지도자들로 하고 남반구 문명 때에 노사나불(佛)께서 교화하신 인간 무리의 후예들을 동원하여 지어 놓은 우주적으로도 보물이 되는 신전으로써 이 신전은 《우리들 태양계》를 형상화하여 놓은 것이다.

때문에 《가야국》은 10개의 연방으로 이루어진 연방국가인 것이다. 즉, 한반도 남부지방에 자리한 6가야와 임나가야인 대마도와 규슈 지방에 자리한 《야마타이 가야》와 《다파라 가야》와 남미에 자리한 《마야 가야》등 모두 10개의 가야가 있는 것이다.

남미 유적 중 노사나불(佛)께서 남반구 문명 마지막 문명기에 만들어진 유적과 북반구 문명기에 들어와서 10개의 가야연방국을 세웠을 때 《마야 가야》시절 만들어졌던 유적이 혼재된 곳이 많으므로 이의 구분은 고고학자분들의 몫이 되는 것이다.

10개의 《가야》중 한반도에 자리하였던 6가야는 북반구 문명기에 들어와서 《한님》시대와 《한웅님》들의 교화기간과 《단군님》들 통치 기간 내내 9한(九桓) 중 6한(桓)의 물자 수송과 치안을 담당하였던 《스키타이》기마 군단들이 《고조선》멸망이후 대거 한반도로 몰려와 세운 것이 6가야라는 점을 분명히 하는 것이다.

이로써 지상(地上)에서의 9만 년간은 인간 진화(進化)로써 천일우주 100의 궁(宮)의 대부분의 성단에 거주하는 인간들이 모두 인간 진화(進化)를 마친 기간이며, 마지막으로 인간 진화(進化)의 길을 걸어야 할 무리들이 현존우주의 제일 북쪽에 자리한 천일우주 100의 궁의 나머지 성단인 《카시오페아》성단과 《케페우스》성단이다. 이러한 《카시오페아》성단과 《케페우스》성단의 인간 무리 진화가 《석가모니 하나님 부처님》께서 주도하시는 1만 년의 《북반구 문명》기간으로 마지막 인간 무리의 진화가 진행되는 것이며, 이로써 지상(地上)에서의 인간 무리 진화(進化)는 마지막이 되는 것이다.

현재 지상(地上)에 살고 있는 인간 무리들 중 일부의 《한(韓)민족》과 《이스라엘인》과 《유대인》을 제외한 대부분의 인간무리들이 《카시오페아》성단과

《케페우스》 성단에서 진화하여 온 무리들로서 《카시오페아》 성단에서 진화하여온 무리가 《인간신(神)》들의 무리이며, 《케페우스》 성단에서 진화하여온 무리가 《인간돌》들의 무리인 것이다. 이와 같은 두 성단 중 제일 사악한 성단이 《케페우스》 성단이다. 지상(地上)에서 현재를 살고 있는 인간 무리들 중 일부의 《한민족(韓民族)》과 《이스라엘인》과 《유대인》들은 모두가 천일궁(天一宮)인 《작은곰자리》성단에서 온 인간들이다.

　지상(地上)에서 관측되는 《미확인 비행물체》로 불리는 우주선과 비행접시 등은 모두가 사실적인 것들로써 대부분의 《U.F.O》가 《케페우스》 성단과 《카시오페아》 성단에서 온 것들이다. 이러한 사실들은 미륵부처가 밝히는 진실된 내용임을 명심하시기 바란다.

8) 우주인 마왕과 미확인 비행물체(U.F.O)

《U.F.O》가 지상(地上)에 출현한 역사는 오래된다. 처음 《U.F.O》가 지상(地上)에 출현한 때가 남반구 문명(文明) 3만 년 중 《노사나불(佛)》께서 주도하신 마지막 1만 년때 이들은 거대(巨大)한 우주선(宇宙船) 모선(母船)에 많은 우주선(宇宙船)들을 싣고 와서 현재의 《버뮤다 삼각지대》가 바닷속에 가라앉지 않고 육지였을 때 이곳에 정착하여 거대한 우주선 모선(母船)을 해체하여 도시를 만들고, 그들이 싣고 온 자선(子船)인 우주선(宇宙船)에 의지해 활동을 한 것이다.

　이러한 도시를 만들기 위해 온 우주선단(宇宙船團)이 《카시오페아 성단》에서 온 우주인(宇宙人) 무리들인 것이다. 이들이 지상(地上)에 온 목적이 그들의 육신(肉身)을 아름다움(美)을 갖춘 지상(地上)의 인간 육신(肉身)을 갖추기 위함이 첫째 목적이고, 두 번째가 곧 계속되는 인류 북반구 문명 시작과 함께 지구상(地球上)으로 진화(進化)하여온 《카시오페아 성단》과 《케페우스 성단》의 인간 무리들을 《지배》하고져 하는 목적이 두 번째 목적이며, 세 번째가 《카시오페아 성단》과 《케페우스 성단》의 진화한 인간 무리들 중 일부를 그들과 같은 우주인(宇宙人)으로 만들어 많은 우주적 마왕(魔王)들을 만들기 위한 목적이 세 번째 목적이다.

그러므로 이들 우주인(宇宙人)들을 지배욕(欲)에 똘똘 뭉쳐진 마왕(魔王)들이라고 하는 것이다. 순리(順理)대로《석가모니 하나님 부처님》의 진화(進化)의 법(法)에 따라 진화(進化)하여도 지상(地上)의 인류 북반구 문명기에서《카시오페아 성단》과《케페우스 성단》에서 진화(進化)하여온 무리들이 아름다움을 갖춘 인간 육신(肉身)을 갖춘 인간 무리로 진화(進化)를 할 것인데 굳이 우주선단(宇宙船團)을 만들어 지상(地上)에 온 이유가 바로 상기 위에서 지적한 두 번째와 세 번째 이유가 주목적이 되는 것이다.

이때 우주인 마왕들을 통치하던 신(神)이 바로《암흑의 신(神)》으로 자처하는《데스카틸포카》인 것이다.

이와 같은 우주인들이 만든 도시를 남반구 문명에서 북반구 문명으로 넘어올 때 악(惡)의 무리 차단을 위해 화가 많이 나신《노사나불(佛)》께서 지진으로 그들이 사는 영역 모두를 바다 속으로 가라앉힌 것이다. 이런 파괴가 있은 이후에 그들은 바다 속에 그들의 기지를 만들어 놓고 우주(宇宙)의 동북방(東北方) 11도와 12도 사이를 그들의 영역이라 주장하고, 이곳을 통과하는 현재의 인간 무리들 비행기와 배(船)들을 모조리 잡아 가는 곳이《버뮤다 삼각지대》인 것이다.

얼마 전 미륵부처가 삼매로써 이들의 근거지를 들여다보니 최고 마왕은 이미 인간 무리의 육신(肉身)을 가지고 흰옷을 입고 자리하고 아직도 진화(進化)가 덜된 자들을 위해 지상(地上)의 인간들을 붙들어 와서 생체 해부를 하고 있는 것을 본 적이 있다. 이들도 후천우주에 들어와서는 그 활동을 상당히 자제하고 있는 것을 보았는데 이들이 다시 활동을 시작하면 이번에는 이 미륵부처가 그들의 물속의 기지와 활동하는 그들 모두를 우주간의 티끌로 사라지게 할 것임을 공언하는 바이다.

미륵부처는 이러한 저들을 처리할 권능(權能)을 받았기 때문에 마음만 먹으면 그들의 처리는 식은 죽 먹기보다 쉽다는 것을 공표함과 아울러 그들에게는 오로지《석가모니 하나님 부처님》진리(眞理)의 법(法)을 따라 순리(順理)대로 진화(進化)하여 갈 것을 다시 한번 더 강조하는 바이다.

이러한 이후 이들은 북반구 문명기에도 2~3번 더 우주선단(宇宙船團)을 만들어 지상(地上)에 왔으나, 《석가모니 하나님 부처님》과 《노사나불(佛)》에 의해 이들 대부분이 파괴되고 같이 왔던 우주인(宇宙人)들은 그들 육신(肉身)의 죽음 이후 부처님들의 자비심으로 모두가 인간 육신(肉身)을 가지고 태어나 인간 무리들에게 섞여 살고 있는 것이다.

이들은 모두가 지상(地上)에서 인간 육신을 가지고 태어난 그들 성단들의 최고 우두머리인 대마왕(大魔王)들의 명령을 수행하기도 하나, 독자적으로 그들 무리 마왕의 명령을 주로 행(行)하는 것이다. 그들 성단들의 최고 우두머리인 대마왕(大魔王)의 목표가 후천우주 전체를 마왕들의 우주로 만들어 그들이 지배하는 우주로 만드는 것이 목표라면 우주선단을 이끌고 온 마왕들은 대마왕들의 목표와는 큰 차이를 보이나 본질적인 면으로 볼 때는 그들의 목표가 같은 것이다.

현재의 시점으로 볼 때, 우리들이 살고 있는 한국(韓國) 땅에는 인류 종말의 때를 대비하기 위해 우주적인 대마왕들 모두와 상당수의 불(佛)·보살(菩薩)들께서 인간 육신을 가지고 태어나 여러분들과 함께 섞여 살고 있다는 점을 명심하시기 바란다. 그리고 가장 최근에 《카시오페아 성단》에서 대규모의 우주선단이 온 적이 있다. 이와 같은 사실을 밝히는 목적은 다음 얘기를 위해 먼저 여러분들이 이해를 하셔야 될 일이 있기 때문이다.

우주선단을 이끌고 오는 우주인(宇宙人) 마왕들의 육신(肉身)은 육신(肉身)의 최고 진화 단계를 거친 지상(地上)의 인간 무리들의 육신(肉身)과는 크게 차이가 나는 것이다. 그러나 그들 우주인(宇宙人)들은 육신(肉身)의 진화는 덜 되어 있으나 지능은 지구계 인간들과는 크게 차이가 나는 것이다. 즉, 지구계의 현재를 살아가고 있는 최고의 박사가 비유를 하면 우주적으로 봤을 때는 중학교 1학년 수준이라면 그들 학자들의 수준은 고등학교 3학년 수준에 비유가 되는 것이다. 이러한 그들이기 때문에 대우주(大宇宙) 선단을 이끌고 여행을 할 수가 있는 것이다.

그들 우주인들은 지구상의 과학이 최고로 발달하였다는 나라에서 인공위성을 쏘아 올릴 때 《로케트 분사식》으로 쏘아 올리는 것을 보고 아직 이들의 과학 수준이 우주적으로 볼 때 초등학교 6학년 정도의 실력이라고 낄낄 대며 비웃고 있는 것이다. 그들 우주선 모선(母船)의 추진력은 그들도 핵(核) 추진 방식을 따르나 개개의 우주선(宇宙船)은 회전법칙(回轉法則)을 충실히 따르는 방식을 취하는 것이다. 비유를 하면, 지구(地球)가 자전(自轉)을 하며 공전(公轉)하는 속도는 1초에 30km가 되는 것이다. 회전법칙은 온 우주간의 이동하는 별(星)들이 공통으로 적용받는《회전법칙》이 있다. 이러한《회전법칙》과 이에 따른 모든 변화를 지구상의 학자들은 찾아내어 이를 악용하지 말고 우주인들과 같이 욕망에 끄달리는 행(行)을 하지 말고 진정한 인간들 무리를 위하여 행(行)하는 것이 진화에 순응하는 것이다.

이와 같은 방식을 택한 우주인들이기 때문에 처음 우주선이 출발할 때는 우주선의 형체가 인간들의 시야(視野)에 드러나게 되나 우주선 외부의 회전이 빨라질수록 양전자(陽電子)를 일순간 발생시키게 된다. 이렇게 우주선이 양전자에 휩싸이게 되면 일순간 우주선은 인간들의 시야에서 사라지게 되는 것이다. 이와 같은 이유가 현재까지도 인간들은 우주선의 존재를 믿지 않고《미확인 비행물체(U.F.O)》라고 이름하는 것이다.

지구의 대기권 바깥에는 정지궤도가 있다. 이러한 정지 궤도에 그들의 모선(母船)인 우주선을 정지시켜 놓고 모선 내부에서 슬슬 양전자를 발생시키면 그 모선은 순식간에 시야에서 사라지게 된다. 이러한 모선(母船)을 눈으로 확인하여야만 하는 자연사상(自然思想)에 입각한 공부를 한 지구상의 학자들이 미국의《허블망원경》과 같은 것을 수천 개 설치를 하여도 발견할 수가 없다는 사실을 바로 아시기 바란다.

이렇듯 마지막으로《카시오페아》성단에서 보내온 우주선단(宇宙船團)의 모선(母船)이 그들 목적을 위한 짓을 되풀이 하므로《미륵부처님》께서 이들의 행(行)을 차단시키기 위해 이 모선(母船)을 불과 몇 개월 전 폭발시킴과 동시에 모선을 떠난 자선(子船)의 우주선(宇宙船)들을 하나하나 추적하여 처리를 하고 있는 것이다. 여러분들께서는 의아하게 느끼실지 모르지만 미륵부처는 모든 인간들을 하루아침에 우주간의 티끌로 보낼 수 있는 법력(法力)을 가지고 있다. 그러나 그러한 행(行)을 하지 않는 것은 다만《인연법(因緣法)》을 존중하고 따르고 있기 때문에 때가 올 때까지 그렇게 하지 않고 있을 뿐이다.

마지막으로 그들이 보내온 우주선단을 파괴한 이유도 그들 우주인들이 지상(地上)에 진화하여온 두 성단의 인간 무리를 점차적으로 마왕들의 수하로 만들어 그들 목적에 이용을 함으로써 《미륵부처님》께서 마(魔)의 퇴치 차원에서 폭파를 시킨 것이다.

지금까지 《우주인 마왕》들을 여러분들께 이해시켜 드리기 위해 상당한 설명을 하였다. 그러면 이들 우주인들이 어떤 방법으로 마왕짓을 하는지를 구체적으로 살펴보자.

이들 우주인 마왕들의 생명(生命)도 유한하다. 이렇다 보니 생명이 다하여 그들 육신이 죽음을 맞게 되면 그들의 영혼(靈魂)은 지상(地上)의 《인간신(神)》의 무리나 《인간돌(石)》의 무리 중 인연이 있는 인간 무리를 부모(父母)로 하여 이번에는 인간 무리의 육신(肉身)을 가지고 태어난 후 성인(成人)이 될 때까지 자란 이후 성인이 되면 영육(靈肉) 분리를 자유롭게 하게 된다. 이때 그의 육신(肉身)은 일상적인 삶을 영위하고 그의 영(靈)은 정지궤도에 세워둔 우주선의 모선이나 그의 이전 삶의 우주선으로 돌아가 명령을 받고 그 명령 수행을 함과 동시에 지상(地上)의 인간 무리 중 마성이 짙은 인간들을 골라 영육 분리를 하게 한 후 분리된 영(靈)을 그들의 근거지로 데려가서 마왕 교육을 시킨 후 다시 그의 육신(肉身)으로 돌려보내어 계속하여 그들의 근거지에서 명령을 내림으로써 마왕 수하들로 거느리는 것이다.

한편, 우주인의 육신(肉身)을 가진 자들도 그들대로 똑같은 그들 목적 수행을 하기 때문에 이들 모두를 마왕이라고 하는 것이며, 이들 마왕들이 영육 분리된 형태로는 물질로 이루어진 그들의 우주선의 운행을 할 수 없기 때문에 언제인가는 인간 무리 형상을 가진 영육 합일된 몸으로 우주선으로 돌아갈 날을 기대하고 그때까지 마왕 행(行)을 계속하는 것이다. 즉, 그들은 우주선 모선(母船)이나 우주선 자선(子船)을 가지고 공상 과학 영화에서 보듯이 인간 무리들과 전쟁을 일으켜 인간 무리들의 영역을 점령하는 것이 아니라 인간 무리 내면(內面)의 영혼(靈魂)을 점차적으로 점령함으로써 인간 무리가 이룬 사회를 혼탁하게 하고 각종 범죄가 끊일 날이 없도록 만드는 가공할 책략을 펼치기 때문에 이들 마왕들의 퇴치를 위해 부처님들께서는 노력함과 아울러 그들로부터 벗어나는 길은 진리(眞理)의 법(法)을 알아야 하기 때문에 법(法)을 전하는 것이다.

지상(地上)에 살고 있는 인간 무리들에게 분명히 경고하는 바는 막연히 《우주인

(宇宙人)》에 대한 동경을 한다든지 하는 행위는 필히 청산하라고 경고하는 것이다. 그들은 마왕들로서 그대들이 그들을 동경하면 그대들이 우주인 마왕들의 수하가 되는 것은 시간문제이며, 이로써 그대들은 정해진 룰대로 파멸로 향하여 가게 된다는 점을 명심하시고 차라리 진리(眞理)의 법(法) 추구에 노력하는 것이 그대들의 밝은 앞날을 보장하는 것임을 명심하시기 바라며, 이러한 우주인 마왕들 중에서도 인간육신을 가지고 태어났을 때 자라면서 착실히 인간 도리(道理)를 익힌 자들은 그들의 마음을 바꾸어 인류를 위해 공헌하는 자(者)들도 상당수가 있음을 아울러 밝혀두며, 이로써 볼 때 인간 무리들에게 도덕성(道德性) 교육이 얼마나 중요한 지를 새삼 느끼게 하는 것이다.

9) 신선마왕(神仙魔王)

　신선(神仙)도 두 가지 종류의 신선(神仙)들이 계신다. 즉, 1-1 진화의 길 연각승이 신선도(神仙道)에 들어 신선(神仙)을 이룬 무리를 《키 큰 신선(神仙)》들이라고 하며, 1-2 진화의 길 독각의 무리들 중 대부분이 교외별전된 선법(禪法)으로 신(神)이 되는 수행을 하였으나 이러한 선법이 나오기 이전 일부의 독각 무리들 중에서 드물게 1-1 진화의 길 연각승의 신선도 수행을 하여 신선(神仙)을 이룬 분들로서 이들을 《키 작은 신선(神仙)》들이라고 한다. 1-1 진화의 길에서 신선(神仙)을 이룬 분들의 내면(內面)이 어른 신장(身長)의 키를 가졌다면 1-2 진화의 길에서 신선(神仙)을 이룬 분들은 비유를 하면 중학교 3학년생 정도의 내면(內面)의 키를 가졌기 때문에 이렇게 구분하는 것이다.

　키 작은 신선(神仙)의 대표되는 분이 《제바달다 1세》와 《제바달다 2세》이며, 이분들 외에 《제바달다 1세》가 《북부여》의 《천왕랑 해모수》로 태어났을 때 나머지 5대 단군(檀君)들이 모두 키 작은 신선(神仙) 출신들이다. 지혜 증득에 노력하면서 《복식호흡법》으로 선(禪) 수행을 하게 되면 이렇듯 올바른 신선(神仙)을 이룰 수 있음을 이분들께서 증명하여 주신 경우가 된다.

　이 때문에 마음(心) 타령을 하는 사이비 교외별전된 선법 수행을 하는 독각의 승려들에게 차라리 올바른 신선(神仙)을 이루는 수행을 하라고 질책하는 것이다.

이러한 신선(神仙)들께서 다음 단계로 《신선 보살》을 이룰 수 있음을 말씀드린 적이 있다. 이와 같은 신선(神仙)과 신선 보살들께서 그들의 수행을 계속하지 않고 어떤 일에 강한 집착을 한다거나 강한 욕망을 드러내게 되면 그들의 맑은 바탕은 일순간 암흑물질로 덧씌워져 마왕이 된다. 사이비 종교 단체의 교주들이 그 내면을 보면 신선(神仙)이 마왕이 된 경우가 대부분이며, 《신선 보살》이 마왕으로 돌아섰을 때 그 파괴력은 엄청난 것이다. 한때는 《제바달다 1세》와 《제바달다 2세》께서는 《천왕불(佛)》과 《쌍둥이 천왕불(佛)》로 거듭 태어나셨으나 이 분들이 마왕이었을 때 활동하신 일들은 엄청난 것이었다. 이와 같이 신선(神仙)이나 신선 보살(神仙菩薩)들께서 마왕 두목들로 돌아앉았을 때를 《신선 마왕》이라고 하는 것이다.

① 금개구리신(神)

북부여의 5대 단군들께서 후에 인간 육신(肉身)을 가지고 태어났을 때 영육 분리를 이루면 그 영(靈)이 《금개구리》가 된다. 이러한 금개구리가 인간 무리 육신 속에 들어가 빙의가 되면 그 인간은 무당 중의 무당인 큰 무당이 된다. 인간 육신을 가진 자가 그에게 들어온 금개구리의 명령을 어기면 그 인간은 고통 속에 살아야 하며 그 고통을 면하기 위해서는 무당이 되지 않을 수가 없는 것이다.

10) 신선(神仙) 불(佛)·보살(菩薩) 마왕

신선(神仙) 부처(佛)를 이룬 분들과 보살·보살마하살 등의 지위에 오른 분들도 어떤 일로 인하여 강한 집착과 욕망을 가지게 되면 신선(神仙) 불(佛)·보살(菩薩) 마왕들이 된다.

이러한 신선(神仙) 불(佛)·보살 마왕들이 주로 노리는 것이 《석가모니 하나님 부처님》의 진정한 뜻을 읽지 못하고 전체 우주들의 모든 성단들을 지배하고 마왕들의 우주 성단들을 만들고자 하는 헛된 꿈들을 가지고 있는 자(者)들인 것이다.

이러한 자(者)들 중에 단 한 분 부처(佛)의 특별한 경우가 있다. 그분이 바로 《연등불(佛)》이시다. 이 부처님께서는 선도(仙道)의 창시자로 알려져 있는 《발귀리 선인》으로 오신 적도 있고 단군왕검 시절 자부선생을 오신 적도 있으며 이조 중종 때 《남사고》라 이름하고 오시어 격암유록을 남기신 어른으로, 이외에 지금의 중국 산동 반도 일대에 자주 육신을 가지고 태어나셔서 그 후손들을 남기셨는데 이들 역시 엄격하게 보면 한민족(韓民族)들인 것이다.

이러한 부처님의 후손들이 중원대륙에는 상당수가 있다. 이러한 부처님의 후손들이 우주적인 대마왕들에 볼모로 잡힌 관계로 BC 2300년부터 시작된 신(神)들의 전쟁 이후 그의 후손들 때문에 마왕들과 한 패거리가 되셨으나 후천우주에 들어오면서 그간의 과오를 《석가모니 하나님 부처님》께 깊이 참회를 하심으로써 한때 다시 연등불(佛)의 지위에 오르시었으나 끝내 다시 대마왕 부처로 돌아앉고 말은 경우도 있는 것이다.

신선(神仙) 부처(佛)가 마왕 부처가 된 경우 하나의 예를 더 들면, 칠성 부처님들 중 여섯째 부처님이 《무곡성불(佛)》이다. 이 부처님 역시 헛된 꿈을 꾸다가 마왕부처(佛)로 돌아앉아 많은 하지 못할 짓을 하다가 미륵부처에 의해 그의 내면(內面)이 죽임을 당하여 우주간의 티끌로 사라지고 말았다. 이 신선 부처 역시 현재 육신을 가지고 있으나 이 육신은 그의 내면이 없는 껍데기만 남은 것으로써 이 육신의 죽음을 맞이한 이후 그는 영영 우주간에 자취를 감추게 되는 것이다.

이렇듯 신선(神仙) 부처(佛)가 마왕으로 돌아앉아 마왕 활동을 할 때를 신선(神仙) 부처(佛) 마왕이라고 하는 것이다.

다음으로 신선 보살과 신선 보살마하살 마왕들에 대해 살펴보자.

초기 우주인 천일우주 100의 궁(宮)이 만들어질 때 묘법연화경 제19 상불경보살품에 등장하는 《발타바라 보살》계와 일부의 보살들이 어부지리로 마성(魔性)의 기(氣)를 씻지 못하고 신선 보살과 신선 보살마하살을 이룬 경우가 상당수가 있다. 이러한 신선 보살과 신선 보살마하살들이 꾸준한 수행으로 스스로에게 깃들어 있는 마성(魔性)의 기(氣)를 씻어야 함에도 불구하고 이를 씻지 못하고 오히려 집착과 욕망에 휩싸여 틈만 나면 《석가모니 하나님 부처님》 법(法)에 반역하고 후천우주 전체를 마왕들의 우주로 만들기 위해 천일우주 100의 궁(宮)에서부터 그 계획을 착착 진행시킨 것이다.

여러분들에게는 크나큰 충격이 될 것이나 이들이 지구상의 북반구 문명 기간 동안 끼친 해독이 너무나 커서 밝히지 않을 수가 없는 것이다. 이러한 신선 보살마하살 중 대표되는 분이 《문수사리 1세》와 《문수사리 2세》인 《사리프타》와 《지장보살 1세》와 《야수다라비(妃)》와 《대세지보살》과 현세에 이름을 밝히기 곤란한 다섯 분의 보살들이 더 있는 것이며, 이들 신선 보살과 신선 보살마하살들이 마성을 띤 일을 할 때 이들 모두를 신선 보살 마왕들이라고 한다. 이러한 대마왕들인 《제바달다》, 《야훼신(神)》, 《천관파군》, 《이오신(神)》 등이 모두 신선(神仙) 불(佛)·보살(菩薩) 마왕 대열에 있는 분들로서 이 분들의 파괴력은 여러분들이 상상을 할 수 없는 정도인 것이다. 또한, 이분들 중의 일부가 현세에 인간 육신을 가지고 태어나서 한국의 인간 무리들에 섞여 살고 계시는 것이다.

① 지네신(神)

지네신(神)은 《천관파군 1세》의 대명사 같은 신(神)이며, 일부 독각의 무리들 중 지네신(神)을 이룬 자들이 상당수가 있으며, 이러한 지네신(神)들이 한국의 대부분의 사찰 불상(佛像)에 깃들어 부처님과 불(佛)·보살 행세를 하고 있는 것을 미륵부처가 전국 사찰의 불상에 깃들어져 있는 이들 모두를 법력으로 퇴치를 한 바 있다. 그러나 그 후에는 《천관파군》을 위시한 2천상(天上)의 그림자 우주 진화를 하는 불(佛)·보살(菩薩)들이 석가모니 부처님 행세를 하다가 최근까지 미륵부처가 이들마저 모두 파(破)한 바가 있다.

② 두꺼비신(神)

그림자 우주 진화를 하는 《수왕화보살》의 표상이 두꺼비신(神)이다. 이 두꺼비신(神) 역시 인간 육신(肉身) 속으로 들어가 많은 일들을 도모하는 것이다.

※ 이 이외에도 많은 대마왕들이 있다. 이러한 대마왕들 역시 신통이 자재한 분들이기 때문에 여러 가지 신(神)의 형태로 화(化)하여 그들 목적대로 활동을 하기 때

문에 이를 일일이 열거할 수 없는 관계로 이 정도로 끝을 내겠다.

[3] 신(神)들에 대한 결론

지금까지 자연신(自然神)을 제외한 인간 진화와 직접 관계되는 신(神)들에 대해 설명을 드렸다. 동양 사회는 그래도 신(神)이라고 하면 그런대로 구분을 할 수 있는 안목들을 가지고 있으나 서구 사회는 이러한 점들이 결여된 점이 상당히 엿보인다. 신(神)이라고 하면 자연신(自然神)을 제외하고 상기 열거한 모든 신(神)들을 포괄적으로 《신(神)》이라고 하는 것이며, 이러한 신(神)도 세부 사항에 들어가면 많은 신(神)의 종류가 있음을 깨우치게 하기 위해 설명을 드렸음을 아시기 바란다.

[4] 인류 조상(祖上) 정리

	1-1의 진화의 길	1-2의 진화의 길
개천 이전	석가모니 비로자나불(佛) 하나님(正明宮) 배(配):대관세음보살(眞明宮)	그림자 석가모니 비로자나불(佛) 하나님 配:그림자 대관세음보살 　　(일명 : 꼬부랑할매)
	⇩	⇩
개천 이후	석가모니 하나님 부처님　配:관세음보살1세 분신:아미타불(佛)　　　　관세음보살2세 육신:다보불(佛)　　　　　관세음보살3세	제바달다　　　그림자 관세음보살1세 야훼신(神)　　그림자 관세음보살2세 가이아신(神)　그림자 관세음보살3세 　　　　　⇩ 　　　천관파군 　　　이오신(神) 　　　아프로디테

(1) 1-1의 진화의 길과 1-2의 진화의 길 일부

　1-1의 진화의 길을 걷는 불승, 보살승, 성문승, 연각승과 1-2의 진화의 길에 있는 《인간신(神)》 진화를 하는 무리 중 ⅓은 대관세음보살님의 후손들이다. 1-2의 진화의 길에 있는 《인간신(神)》 진화를 하는 ⅓은 천·지·인(天·地·人) 우주 구분에서 지(地)의 우주 진화를 하는 그림자 연각승들로서 이들이 후손(後孫)을 보게 되면 그림자 《연각승》과 《인간돌(石)》의 진화를 하는 후손(後孫)을 낳게 되기 때문이다.

(2) 1-2의 진화의 길

1. 《인간신(神)》의 진화를 하는 ⅔와 《인간돌(石)》의 진화를 하는 독각의 무리들 ⅓은 《그림자 대관세음보살(꼬부랑 할매)》의 후손(後孫)들이다.

(3) 한민족(韓民族)

　한민족(韓民族)은 스키타이 일명 흉노족(匈奴族), 구려족, 곰족(熊族) 등 셋이 하나 된 민족(民族)을 한민족(韓民族)이라고 미륵부처가 쓴 책에서 여러 번 밝힌 바가 있다. 이러한 한민족의 구성원 중 북반구 문명 시작 이후 최초로 세워진 나라가 BC 7200년에 세운 한국(桓國)으로써 지금의 터키 인근한 지역에 있는 《흑해(黑海)》 건너편 뒤로는 우랄 산맥을 등진 평야 지대에 세운 것이며, 이때의 한민족 구성원들이 천일궁(天一宮)인 지금의 작은곰자리 별(星)자리에 있는 일곱의 불(佛)·보살(菩薩)들께서 《일곱 한님》으로 이름하고 후손(後孫)을 남기신 분들이 바로 스키타이족(族)들로서 고대 《수메르 문명》의 유적에서 발굴된 기록에는 《하나님》의 궁전이 있는 곳으로 기록하고 있다.
　이러한 이후 BC 6000년에 한국(桓國)의 주력 세력 일부는 중앙아시아 《파미르 고원》에 당도하여 한민족의 두 번째 국가인 《배달국(倍達國)》을 세워 중앙아시아 일대에 있는 《구석기인》들을 《신석기인》들로 전환시키고 인간교화를 2000년간을 하게 된다. 이렇듯 초대 한국(桓國)에서 《배달국》으로 건너올 때 다보불(佛)과 일부의 스키타이인들은 지금의 유럽으로 건너가 지금의 대부분의 유럽인들을 교화(敎化)시키게 된다.

이때의 유물이 지금의 영국 스코틀랜드 지방에 있는 《스톤 헨지》이며, 유럽 일부 국가에서 자랑하고 있는 《에다(Edda)》이다. 이러한 《에다(Edda)》는 석가모니 하나님 부처님의 육신불(肉身佛)이신 다보불(佛)께서 전하여 준 것이다. 이렇듯 《에다(Edda)》의 역사도 무척 오래된 것이다.

한편, 《석가모니 하나님 부처님》께서는 직접 일부의 스키타이들을 데리고 지금의 《유프라테스》강과 《티그리스》강이 있는 곳으로 이동하여 인간들을 교화한 후 BC 5000년에 유명한 《수메르 문명》을 일으키는 것이다. 이때 이러한 사실적인 일들이 형상으로 남은 것이 고대 수메르 유적에서 발굴된 《독수리의 비(碑)》로써 현재 영국 박물관에 보관되어 있는 것으로 안다.

이렇듯 교화(敎化)의 범위가 넓어지게 되므로 이때부터 스키타이인들이 맡은 임무가 각각의 인간 교화가 시작되는 곳 상호간의 물자 수송과 치안 담당이었으며 이때의 교통수단이 말(馬)이다. 이 때문에 스키타이인들을 기마 민족으로 자연히 부르게 되는 것이다.

이후 2000년간 중앙아시아 일대의 인간 교화가 끝이 난 무렵 BC 4000년경 《배달국》의 주력세력들은 《몽골 평원》을 거쳐 101년간의 대장정 끝에 한반도에 들어와 BC 3898년에 한국(韓國)을 세워 반도 내(內) 《곰족(族)》의 구석기인들을 《신석기인》으로 전환시킨 후 농경 사회를 열게 한 후, 점차적으로 그 교화의 축을 중원대륙으로 돌려 점차적으로 《배달국》이 있었던 곳으로 서진(西進) 정책을 쓰면서 교화(敎化)의 폭을 넓혀 간 것이다.

《한국(桓國)》→《배달국》→《한국(韓國)》이 북반구 문명권의 대부분의 인간들을 교화한 한민족(韓民族)의 고대 국가들로써, 이러한 세 국가의 완성의 의미를 가진 글자가 한(韓)자인 것이다. 이와 같은 한(韓)자를 여러분들의 이해를 돕기 위해 파자를 하여 천부진리(天符眞理)적으로 해석을 하면 맨 처음 쓰는 열십자(十)가 중앙천궁상궁(中央天宮上宮) 10의 궁(宮)의 열 십(十)을 뜻하며, 다음의 날 일(日)자가 노사나불(佛)의 태양성(太陽星)인 현재의 태양성을 뜻하며, 다음의 열 십(十)자가 노사나불(佛)의 법궁(法宮)인 태양성(太陽星) 핵(核)의 분출로 노사나불(佛)께서 만드시는 중앙천궁(中央天宮) 10의 궁(宮)의 열(十)을 뜻하는 자이다.

이 뜻을 연결하면 [중앙천궁상궁(中央天宮上宮)과 현재의 태양성(太陽星)의 탈겁(脫劫)으로 노사나불(佛)께서 만드시는 중앙천궁(中央天宮)]이라는 뜻이며, 다음 다섯 오(五)가 5의 수리를 가짐으로써 《1-3-1의 길과 1-4의 길》이라는 뜻이며, 다음의 방(方)을 나타내는 입구(口) 자이며, 그 아래의 소 우(牛)자가 《황소(黃牛)》를 뜻하는 글자이다. 이러한 뜻을 연결하면 [1-3-1의 길과 1-4의 길을 이루고 펼쳐진 방(方)에서 자리하는 황소들]로써 방(方)은 《펼쳐진 우주》를 뜻하는 의미를 가지며 《황소(黃牛)》는 성문승을 뜻한다.

이러한 뜻을 전체적으로 묶으면,

"《중앙천궁상궁(中央天宮上宮)과 현재의 태양성(太陽星)의 탈겁(脫劫)으로 노사나불(佛)께서 만드시는 중앙천궁(中央天宮)으로부터 1-3-1의 길과 1-4의 길을 이루고 펼쳐진 우주에서 자리하는 성문승의 나라》"

라는 뜻을 가진 말이 한국(韓國)인 것이다.

이렇게 파자법을 응용하는 것은 미륵부처가 독자적으로 하는 것이 아니고 천상(天上)의 모든 부처님들도 똑같은 글자 풀이를 한다는 사실이며, 이 이유는 지금 한문(漢文)으로 표기되는 문자(文字)는 모두가 한민족(韓民族)의 고대로부터 전하여져 오는 뜻글자로써 한문(韓文)으로 표기하여야 하며, 단지 문자의 발음은 중원 대륙의 발음과는 틀린다는 사실을 아시기 바라며, 이러한 한민족(韓民族)의 고대로부터 전하여져 오는 문자를 《고조선》 멸망 이후 마왕(魔王)의 나라인 한(漢)나라 때에 한민족 고대사를 왜곡하고 한민족(韓民族)의 문자를 찬탈하여 오늘날도 그들의 문자라고 한문(漢文)으로 고쳐 부르고 있는 것이다. 즉, 옛 조상들이 한국(韓國)으로 이름하였을 때 이는 《한국(桓國)》→《배달국》의 완성의 의미를 가지는 심오한 뜻을 가진 나라 이름인 것이다. 이러한 한민족의 뜻글자인 한문(韓文)은 한민족의 문자(文字)로써 천상(天上)에 등록이 되어 있음을 파렴치한 자들은 알아야 할 것이다.

한민족 구성원 중 제일 먼저 교화된 자(者)들이 《스키타이인》이다. 이러한 《스키타이인》을 중원 대륙을 지배하는 한족(漢族)들이 《흉노족(匈奴族)》으로 이름 붙여 놓았다. 이러한 《흉노족》에 대해서는 마왕(魔王)들의 정신적 지배하에 있는 현재 일부 힘이 있다는 국가들의 학자(學者)들은 하나같이 입을 다물고 있다. 북반구 문명의 교화(敎化) 기간 동안 그들을 지켜주고 교화하여 오늘을 있게 한 《스키타이인》들을 흉할 흉(匈), 노예 노(奴)자를 써서 흉노(匈奴)라고 부르는 것이 옳은 일인가를 묻고 싶다. 이 부분이 한민족의 고대사(古代史)를 깡그리 없애고 진리(眞理)를 왜곡하는 첫 걸음으로써 세계의 학자들이 공모하여 저지른 만행인 것이다. 심지어는 최초의 한국(桓國)이 있던 자리에 계속하여 자리하였던 《스키타이》의 수많은 황금 유물을 구 《소련》에서는 발굴하여 소유하여 놓고는 오늘날까지 말 한마디 없는 것이다.

일전 한국의 KBS 방송국에서 《역사 스페셜》프로에서 흉노(匈奴)족에 대해 다루는 것을 보았다. 이 때 아나운서가 흉노족(匈奴族)이 그 자신의 조상(祖上)인 것을 모르고 마왕 족속들이 이름 붙여 놓은 대로 흉노, 흉노라고 예사롭게 이름할 때 과거사를 아는 필자로서는 그 아픔을 가눌 길이 없었다. 그래도 그 흉노족이 동서양을 아우르는 유물 모두를 보여 주고 한 것은 그래도 공영 방송의 소임을 다하고 있구나 하고 생각한 적이 있다. 스키타이 흉노족(匈奴族)이 바로 그대들 자신이라는 점을 알았으면 한다. 이러한 《스키타이》가 《4-1의 성문승》무리들인 것이다.

스키타이가 교화된 후 파미르 고원의 《배달국》마지막 무렵 한민족(韓民族)으로 교화된 족(族)들이 《구려족》이다. 이러한 《구려족》의 나라가 바로 《염제 신농(神農)》의 나라로써 최근 중국 정부에서 그 유물과 옛터를 발굴한 것으로 안다. 이러한 《염제 신농》을 그리스에서는 곡물의 신(神) 《데메테르》라고 하며, 이 분이 바로 《관세음보살 2세》이시다. 이 역시 한국의 KBS 방송국에서 《역사 스페셜》프로에서 다룬 적이 있으니 이를 참고하시기 바란다.

이 유적에서 발굴된《여신상(女神像)》이 바로《관세음보살 2세》라는 것을 아시기 바라며, 한국(韓國)의 10대《갈고 한웅(BC 3898)》때《염제 신농》과 함께 국경회담을 하는 장면이 한민족(韓民族)의 고대사(古代史)가 정리된《한단고기(桓檀古記, 임승국 번역 주해)》편에서 실려 있으니 이를 참고하시기 바라며, 이러한《구려족》이《그림자 연각승》의 무리인 것이다.

한민족 구성원 중 한반도에서는 맨 마지막으로 교화된 무리들이 토착《곰족》들로서 이들이《성문승》들로서 교화 이후 줄곧《단군조선》의 일원이 된 것이다.

이로써 한반도는 한웅님들에 의해 중원 대륙 인간 무리의 교화가 끝이 난 후 중원 대륙에 세워진《단군조선》에서 치화(治化)의 시대를 맞이한 후 한웅님들께서 교화하신 9한(九桓)을 인계 받게 된다. 이후《단군조선》중기 이후에는 대부분 9한(九桓)의 체계가 민족 이동 등 여러 가지 사정에 의해 거의 무너지고《단군조선》마저 갈라진 제후국들로 인해 세력 약화가 현저히 일어난다.

이후《단군조선》의 멸망 이후 단군조선의 주력 세력들이 한반도로 들어와《후고조선 삼한(三韓)》을 세우게 되며, 이때 중원 대륙 동북부 지방에서는《단군조선》멸망 이후《한(漢)》나라의 하층민을 전락한《구려족》들을 구원하여《주몽대왕》이《고구려》를 세우게 되며,《단군조선》멸망 이후《스키타이족》주력 세력들은 한반도로 이주하여《후고조선 삼한(三韓)》중의 진한(辰韓)을 흡수하여《신라》를 세우고,《변한》의 일부를 흡수하여《가야국》을 세우게 되며, 후고조선 삼한(三韓) 중 제일 세력이 컸던 마한(馬韓)은 일부 백성들이《협보》를 따라 규슈 지방으로 건너가 당시《금관가야》수로왕으로 와 계시는 노사나불(佛)의 허락으로 수로왕 장녀가 세운《야마타이국》인근한 지역에서《다파라 가야》를 세운다.

한편, 마한(馬韓)의 일부 백성들은 마한 땅에《고주몽대왕》의 아들인《온조왕》이《백제국》을 세움으로써 이후 이들 모두는《백제》의 백성들이 된다.

이와 같이 그동안 수고로움을 아끼지 않았던《스키타이》주력 세력들은 고구려 광개토왕의 남하 정책 덕분에 이때 상당수가 규슈 지방으로 건너가게 된다. 이때 건너간 스키타이 후손들과 야마타이국과 다파라 가야와 백제인들에 의해《일본국》 본토에 있던 《구노》족들이 마지막으로 교화되어 한민족(韓民族)으로 거듭나게 되는 것이다. 오늘날 일본국의 백성들은 사실상 한민족(韓民族)으로서 한반도의 한민족(韓民族)과는 형제가 되는 사람들인 것이다.

지금까지 설명한 한민족(韓民族)을 다시 정리하면,

스키타이 : 4-1의 성문승
구려족 : 연각승
곰족 : 성문승

> 이들 셋이 하나된 민족이 한민족(韓民族)인 것이다.

※ 인류 북반구 문명(文明)은 사실상 한민족(韓民族)의 최고 조상이신 석가모니 하나님 부처님과 다보불(佛)과 노사나불(佛)과 관세음보살님을 모시고 한민족(韓民族)이 이끌어온 문명인 것이다. 이렇듯 한민족(韓民族) 관계를 밝히는 것은 인류 북반구 문명의 진리(眞理)의 중심에 한민족의 고대사(古代史)가 있기 때문이다.

이러한 고대사(古代史)의 기록이 천신만고 끝에 한민족(韓民族) 손에 들어온 것이 《임승국 번역 주해》의 《한단고기(桓檀古記)》이다. 이러한 한단고기의 정확한 내용을 이해할려면 《천부진리(天符眞理)》를 알아야 하며, 문자(文字) 해석도 제대로 못하는 무리들이 설왕설래하는 것은 금물이며, 지구계 북반구 문명기간의 상고사(上古史)가 그대로 드러나 있는 세계에 유례없는 한민족(韓民族) 국보 중의 국보가 사실상 이《임승국 번역 주해》《한단고기(桓檀古記)》인 것이다.

※ 한국(韓國)의 국경일 중 하나인 《제헌절》노래 가사에 다음과 같은 대목이 있다.
《비, 구름, 바람 거느리고 인간을 도우셨다는 우리 옛적》
이러한 노래 가사에 등장하는 비, 구름, 바람을 다스리시는 분이 바로《관세음보살》이시며, 이는 때에 한민족(韓民族)의 조상(祖上) 중 《구려족》의 최고 조상으로 오신 《관세음보살 2세》이신 《염제 신농(神農)》을 지칭하는 노래 가사로써 바람만 별도로 다스릴 때를 《영등 할매》로서 민가(民家)에 전하여져 오고 있는 것이다. 이러한 《관세음보살 2세》를 원천(原泉) 조상으로 한 이 나라 성씨(姓氏)가 《강씨(姜

氏)》들인 것이다.

  이러한 사실을 알려드리는 이유가 한민족(韓民族)의 여러분들을 깨우쳐 이제 시작된 험난한 《아리랑 고개》를 무사히 넘기기 위해 알려드리는 고육책인 것이다. 세계 도처에 시작되는 재앙들을 강건너 불 보듯이 하다가는 한여름을 노래하는 《베짱이》 신세가 된다는 사실을 깊이 아시기 바란다.

(4) 한민족(韓民族)과 한반도

  법공(法空)의 중심점(中心點)에 우리들의 지구(地球)가 자리하며 지구의 중심(中心)에 한반도가 자리한다. 우주간(宇宙間)에서는 우리들의 지구(地球)를 만월(滿月)이라고 한다. 우리들은 지구의 위성인 달(月)을 일반적으로 달(月)로써 이름을 하나 실질상 우주적인 달(月)은 우리들의 지구가 되며 지구의 위성인 달(月)은 지구로 봐서 달(月)이지 우주적인 측면을 볼 때는 달(月)이 아닌 것이다. 이 때문에 법공(法空)의 0(ZERO) 지점에 위치한 만월(滿月)의 세계인 지구에 와서 인간 진화(進化)의 과정을 거쳐야만 완벽한 인간 육신(肉身)의 진화와 아름다움(美)을 갖추기 때문에 초기 우주인 천일우주 100의 궁(宮)의 모든 인간들이 와서 진화의 과정을 거치는 것이다.

  이러한 천일우주 100의 궁(宮)의 모든 인간들이 완벽한 인간 육신(肉身)의 진화와 아름다움(美)을 갖추었을 때라야 완벽히 진화된 인간 육신과 아름다움(美)을 갖추고 모든 우주에 골고루 자리하게 되기 때문에 우주간에서는 그 유례가 찾아볼 수 없이 중요한 별(星)이 우리들의 지구이며, 이로써 계획된 기간이 지구계 시간의 10만 년이며 지상(地上)의 북반구(北半球) 문명을 끝으로 하여 지구에서의 윤회(輪廻)는 마지막이 되는 것이다.

  현재를 살고 있는 우리들은 석가모니 하나님 부처님께서 베푸신 자비심으로 북반구 문명의 연장선상에서 살고 있으나 이 자비심으로 베푸신 기간도 얼마 남지 않은 세월임을 깊이 인식하시기 바란다.

이러한 법공(法空)의 0(ZERO) 지점에 위치한 지구에서 제일 중심(中心)이 되는 곳이 한반도로써 이러한 한반도를 일명《월지(月支)》라고도 한다. 이와 같이 한반도에 있는 국가가 중국(中國)이 되는 것이다. 이러한 사실을 눈치챈 중원대륙의 당(唐)나라《측천무후》가 그들이 세계(世界)의 중심(中心)이라고 자처하며 백성들에게 중화(中華) 사상(思想)을 고취시킨 것이다. 이 사상(思想)을 그들 민족은 후대(後代)에 전함으로써 급기야는 근대에 중화인민공화국(中華人民共和國)을 태동시켜 그 약자로 중국(中國)으로 자처하는 것이다. 이들 민족의 상투적인 술법이 그대로 드러나는 대표적인 사례가 이러한 경우로써 이들 민족은 처음에는 이런 식으로 거짓 기록을 남기면 다음 세대에서 대대로 거짓 기록에 대한 보충 기록을 남기는 술법으로 이를 후대(後代)에 전승함으로써 때가 되면 이와 같은 거짓을 참인 양 현실화시키는 것이다. 이와 같은 상투적인 술법으로 그들은 진실을 왜곡하고 한민족(韓民族)의 상고사(上古史)를 없애고 역사 왜곡을 다반사로 한 것이다.

참고로 중원 대륙 한족(漢族)들의 구성을 살펴보면 다음과 같다.

① 제바달다 1세인 반고(盤固)의 후손(後孫)과 제바달다 2세인 알라신(神)의 후손, 이들 모두를 제바달다의 후손(後孫)이라 한다.
② 천관파군의 후손
③ 이이(李耳)의 후손
④ 연등불(佛)의 후손
⑤ 공공(共工)인 야훼신(神)의 후손

이들 다섯이 모여 한 민족을 이룬 것이 한족(漢族)들이며 이들 모두의 최고 조상(祖上)들이 모두가 대마왕(大魔王)들인 것이다.

이렇듯 법공(法空)의 중심점(中心點)에 자리한 우리들의 지구(地球)에 있어서도 중심(中心)이 되는 한반도의 상공은 천상(天上)과 연결된 통로를 가지고 있다. 이 때문에 천상(天上)에 오르고자 하는 자(者)들은 한반도에 거주하는 한민족(韓民族)의 인간 육신(肉身)을 가지고 태어나야 그 꿈을 이룰 수가 있는 것이 사실이기 때문에 세계

(世界)의 영웅호걸들이 그들 육신(肉身)의 죽음을 맞이한 이후에는 필히 한민족(韓民族)의 핏줄로 대부분이 태어나는 것이다.

상고(上古) 시대부터 인간 교화(敎化)를 한 민족(民族)이기 때문에 이를 인연(因緣)하여 진화(進化)의 끝무렵에 있는 분들이나 마왕(魔王)들과 대마왕(大魔王)들도 종국에는 한민족의 핏줄로 태어나는 것이다. 이 때문에 현재의 한국(韓國) 사회에서 살아가고 있는 인간들이 신분이 낮거나 돈이 없어 가난한 자들이나 심지어 남의 것을 구걸하는 거지들까지도 박대하고 괄시하는 일이 있어서는 안된다고 필자는 가르치고 있는 것이다. 특히, 한국 사회에서 부자라고 거들먹거리고 학력이 좋다하여 교만하고 권력을 가졌다고 겸손하지 못한 자들은 꼭 그 보복을 내세(來世)에서는 받게 되어 있는 이유도 여기에 있다. 《알렉산더왕》도 《나폴레옹》도 《히틀러》도 《측천무후》도 《제갈량》도 《아이젠하워》도 그들의 죽음 이후 모두 한민족의 핏줄로 태어나 현재 여러분들과 똑같이 섞여 한 시대를 살아가고 있는 것이 사실이다. 현재의 때로서는 우주간의 대마왕(大魔王)들과 불(佛)·보살(菩薩) 상당수가 마지막 때인 아리랑 고개를 준비하기 위해 모두가 한국 사회에 한민족의 핏줄로 태어나 섞여 살고 있으면서 그들의 내면(內面)은 아리랑 고개의 때를 위해 치열한 다툼을 벌리고 있는 것이다.

한민족(韓民族) 구성원들 중 《구려족》을 제외한 《스키타이》나 《곰족》 모두의 조상(祖上)님들이 모두가 《창조주 부처님》들이시기 때문에 한민족 모두에게는 일찍부터 《윤회사상(輪廻思想)》이 뿌리 깊게 박혀 있다.

특히, 18분(分)의 천상(天上)의 불(佛)·보살들께서 《한웅(桓熊)》으로 이름하시고 한반도 땅에 오셨을 때 지상(地上)에서 인류 최초의 고급 종교인 《한단불교(桓檀佛敎)》를 가르침의 방편으로 삼은 결과가 한단불교 3대 경전인 천, 지, 인 경(經)으로써 천부경 81자와 북두칠성연명경과 삼일신고(三一神誥)가 현재까지 전하여져 오고 있다.

이러한 경전(經典)들이 이미 BC 4000년 이후 북반구 문명권의 모든 나라들에 전하여진 증거가 고대 인도의 《리그베다》, 《우파니샤드》와 고대 《이집트》의 피라밋 텍스트에서 나온 것을 후대에 묶은 《사자의 서(書)》 등이다. 《리그베다》는 천부경

81자와 북두칠성연명경의 해설서(解說書)와 같은 것이며,《우파니샤드》와《사자의 서(書)》는 삼일신고(三一神誥)의 해설서와 같은 것이다.

　참고로 하나 더 밝혀 드리면, 한반도 땅에 들어오셨던 18분의 한웅(桓熊)님들 중 초대 한웅님이《거발한 한웅님》으로서 이분이 때에 따라 몸(身)을 드러내신《석가모니 하나님 부처님》이시며 이때 남기신 후손(後孫)의 성씨(姓氏)가《박씨(朴氏)》이며, 2대《거불리 한웅님》이 바로 노사나불(佛)이시며, 5대《태우의 한웅님》이 석가모니 하나님 부처님의 육신불(肉身佛)이신 다보불(佛)이시며, 6대《다의발 한웅님》이 바로 연등불(佛)이시다. 사정이 이렇다 보니 한민족(韓民族)은 일찍부터《윤회사상(輪廻思想)》이 뿌리 깊게 내려져 있는 것이다.

　이로써《스키타이》나《구려족》들이 조상님들과 함께 인간 교화를 끝냈을 때는 다음 장소로 이동하면서 당대에 죽음을 맞이한 조상님들은 후손(後孫)들에게 꼭 한민족(韓民族)이 궁극적으로 자리하여야 될 땅인 한반도로 향하여 가기를 전승한 것이다. 이 결과, 육로로는 유럽으로부터 아조프해(海) 건너편의《스키타이》본거지를 거쳐 몽골 평원을 가로지르는 길을 따라 한반도와 연결을 이루고 육로가 너무 멀어서 이동하지 못하는 후손(後孫)들은 바닷길을 따라 이동하면서 곳곳에《고인돌》을 만들어 뒤따르는 후손(後孫)들의 이정표로 삼고 이동한 것이다.《스키타이》가 남긴《고인돌》은 대부분 입석(立石)이며, 동남아 해안 쪽에 즐비한《고인돌》들은 대부분《구려족》들이 남긴 것이며, 한반도 내(內)의《고인돌》들은 모두가《곰족(族)》들이 남긴 것이다. 이렇게 하여 그들 고대인들은 영원한 고향인 한반도로 와서 천상(天上)에 오르기를 바란 것이다.

　《고인돌》들은 한민족의 해상(海上) 이동을 증명하는 귀중한 유물들임을 아시기 바라며,《육로》의 이동 경로가 있었기 때문에 당대《신라》로 철수하였던《스키타이》주력 세력들이 그들이 처음 자리하였던 초대 한국(桓國)이 자리하였던 곳으로 왕래를 할 수 있었음을 후손들은 꼭 알아야 하는 것이다. 이러한 사실을 앎으로써 창조주 부처님들과 대보살과 한민족 구성원들에 의해 지상(地上)의 인류 북반구(北半球) 문명이 주도된 진실을 알게 되기 때문에 장황히 설명을 드리는 것이다.

　이러한 인간 교화가 BC 2300년경부터 시작되는 치화(治化)의 시대를 맞음으로써《국경》의 경계선이 생기고 마왕들과 대마왕들에 의한 인류 정복의 역사가 시작이 된 것이다.

이 때문에 치화(治化)의 시대 도래 이전의 기록이 생생히 담겨 있는 한민족의 상고사(上古史)가 인류 북반구 문명의 진리(眞理)의 중심에 있다고 하는 것이며, 우주 간의 가르침의 종교는 불교(佛敎)밖에 없음을 깨우치기 위해 이 장을 마련한 것이다. 그리고 이와 관련된 내용들이《묘법연화경 방등경 강의》에서 나오기 때문에 본 강의 이전에 이를 다루는 것이다.

그리고 꼭 알아야 될 사항이《구려족》을 제외한 한민족(韓民族) 모두는 지금의 별자리 이름으로《작은곰자리》별들로부터 진화(進化)하여온《인간》들이라는 점을 깊이 인식하시기 바라며, 이러한《인간》무리에 인간 같지 않은 진화(進化)가 덜된 무리들이 지금은 너무 많이 섞여 살고 있기 때문에 지금의 때를 말세(末世)라고 하는 것이다.

※ 법공(法空)과 대공(大空)의 크기 계산

법공(法空)의 0(ZERO) 지점이 곧 대공(大空)의 0(ZERO) 지점이며, 법공(法空) 크기의 40%가 대공(大空)이라고《묘법연화의 실상의 법》에서 밝힌 바가 있다. 이러한 대공(大空)의 0(ZERO) 지점에 우리들의 지구가 만월이 되어 있기 때문에 초기 우주인 천일우주 100의 궁(宮)의 각종 인간 형상을 가진 무리들이 만월의 세계인 우리들 지구에 와서 아름다움을 갖춘 완벽한 인간의 형상을 갖춘 육신(肉身)을 가짐으로써 앞으로의 전 우주의 각각 다른 형상을 가진 인간 무리들이 현재 지구계의 인간 모습으로 통일이 되는 것이다.

이 때문에 지구계에서 10만 년 동안 인간 육신 진화의 과정을 초기 우주인 천일우주(天一宇宙) 100의 궁(宮)의 각 성단들의 각종 인간 무리들이 와서 완벽한 아름다움을 갖춘 지구계 인간들 모습과 똑같이 진화하여 각각의 성단들로 돌아간 것이며, 인간 육신의 크기는 10만 년에서 6만 년까지 진화를 한 백조자리 성단 인간 무리까지는 현재의 지상(地上)의 인간 무리보다 3~4배수의 크기를 가졌으며 뇌의 용량들은 1400cc이며, 남반구 문명 3만 년과 북반구 문명 1만 년 합(合) 4만 년까지 육신(肉身)의 진화를 한 인간 무리들은 현재의 모습을 가진 것이며 뇌의 용적은 1360cc인 것이다.

이러한 내용을 추가로 밝히며, 우리들의 지구와 현재의 북극성(北極星)까지는 《800광년(光年)》임을 현대과학도 밝히고 있는데, 이는 사실인 것이다. 이처럼 현재의 북극성(北極星)과 우리들의 지구가 가까이 있는 거리를 가진 이유가 바로 직선으로 빛의 영대로 묶여 있기 때문이다. 즉, 빛의 고속도로가 뚫려 있는 것을 《영대》라고 한다. 이 때문에, 이 길을 타고 천일우주 100의 궁의 각 성단들의 각종 인간 무리들이 만월의 세계인 지구에 와서 진화를 한 것이다.

현재의 북극성(北極星)은 지금은 진화(進化)되어 진공(眞空)을 이루고 있는 상천궁(上天宮)의 끝자리 궤도를 가지고 지금은 사라지고 없으나 상천궁(上天宮) 1의 자리인 석가모니 하나님 부처님의 법궁(法宮)이었던 중성자(中性子) 태양성을 중심으로 공전을 하고 있다. 이러한 상천궁(上天宮) 중심점과 현재의 북극성까지의 거리가 40광년(光年)이다.

이러한 내용을 도형으로 그려 이해를 도우면 다음과 같다.

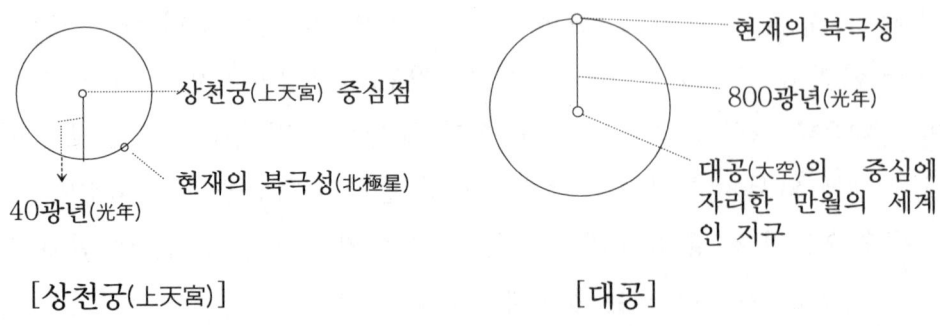

상기 도형에서 보듯이, 상천궁(上天宮) 중심점(中心點)에서 대공(大空)의 0(ZERO) 지점에 있는 우리들 지구까지의 거리가 840광년(光年)으로써 이것이 대공(大空)의 《반지름》이 되는 것이다. 이러한 《반지름》이 계산되면 대공(大空)의 크기와 법공(法空)의 크기가 모두 계산이 되는 것이다.

[대공(大空)]

단면의 둘레 : 2πr=2×3.14×840=5,275.2광년(光年)

구(球)의 부피 : $4/3 \times \pi r^3 = 4/3 \times 3.14 \times 840^3$ = 2,481,454,080

※ 이것이 위대한 원천(原泉) 창조주로서 《석가모니 하나님 부처님》의 몸(身)이며, 이 절반이 2백억조 개의 현존 별(星)들의 세계를 안고 있으며, 후천우주에서 나머지 절반의 암흑물질이 빛의 세계로 나올 것이다. 이렇듯 위대한 분이 석가모니 하나님 부처님이심을 깊이 인식하시기 바란다.

[상천궁(上天宮)]

단면의 둘레 : 2πr=2×3.14×40=251.2광년(光年)

구(球)의 부피 : $4/3 \times \pi r^3 = 4/3 \times 3.14 \times 40^3$ = 267,946.667

※ 이것이 진화(進化)의 완성을 이루고 진공(眞空)을 이룬 천상(天上)으로써 대공(大空)의 0(ZERO) 지점에 위치한 만월인 우리들 지구(地球)에서도 중심(中心)에 자리한 한반도 상공과 영대로 연결을 이루고 있는 것이다. 지구의 여타 지역은 현재의 북극성(北極星)까지는 영대로 연결되어 있으나, 천상(天上)과 연결을 이루고 있는 곳은 한반도가 유일하다.

인류 북반구 문명 시작 이후 한민족(韓民族)의 구성원들이 인간 교화와 치화의 기간 동안 대부분의 임무를 완수하고 해상 루트로는 《고인돌》을 남기고 육로를 통하여 한반도로 모두 철수하게 되는 큰 이유가 바로 천상(天上)에 오르기 위한 것이 큰 목적이며, 인류 북반구 문명은 한민족(韓民族)의 조상불(佛)들과 민족 구성원들에 의해 세계의 인류 대부분이 교화(敎化)됨으로써 하늘(天)의 씨앗인 삼진(三眞)이 심어진 것이다.

이 때문에 세계 각지의 영웅호걸들이 최종 진화를 마칠 때에는 인연법에 의해 한반도의 한민족(韓民族) 핏줄로 태어나야 마지막 자격을 갖춘 자들이 되어 천상(天上)으로 오를 수 있기 때문에 모든 불(佛), 보살, 대마왕, 세계 각지의 영웅호걸들이 한민족(韓民族)의 핏줄로 태어나서 인간 육신(肉身)을 가지고 지금의 여러분들과 함께 섞여 살아가고 있는 것이다. 이 때문에 한민족 사회에서 구걸하는 거지라도 박대를 해서는 안된다고 가르치는 것이다.

이 때문에 한반도를 《월지(月支)》라고 하는 것이며, 이와 같은 《상천궁(上天宮)》의 《천상(天上)》을 삼일신고(三一神誥)《제삼장 천궁사십자》에서 다음과 같이 기록하고 있다.

『하늘은 하나님의 나라이니 하나님의 궁전이 있으며
만가지 착함이라야 하나님 궁전 계단을 오를 수 있고
만가지 덕을 쌓아야 하나님 궁전문을 들어설 수 있느니라』

라고 설파하고 있다.

현재 《중앙천궁상궁(中央天宮上宮)》으로 변화된 우리들의 태양계가 《아리랑 고개》이후 3-1-4의 운행인 《중앙천궁상궁 운행》을 하였을 때 법공(法空)의 0(ZERO) 지점에서 목성(木星)을 축으로 한 달(月), 화성(火星), 지구(地球)가 3-1의 길 운행을 하는 이곳도 궁극에는 상천궁(上天宮)과 같은 진공(眞空)으로 된 천상(天上)이 되는 것이다.

[법공(法空)]

법공(法空) 크기의 40%가 대공(大空)이다. 이를 감안하여 대공(大空)의 부피를 가지고 법공(法空)의 반지름(r)을 구하면 다음과 같다.

(대공의 부피) $2{,}481{,}454{,}080 \div 40 \times 100 = 6{,}203{,}635{,}200$ (법공 전체의 부피)

$$6{,}203{,}635{,}200 \div 4 \div 3.14 \times 3 = 1{,}481{,}760{,}000 (r^3)$$

$$r = \sqrt[3]{1{,}481{,}760{,}000} = 1{,}140.055399$$

∴ 법공(法空)의 반지름 : $1{,}140.055399$

단면의 둘레 : $2\pi r = 2 \times 3.14 \times 1{,}140.055399 = 7{,}159.547906$ 광년(光年)

구(球)의 부피 : $4/3 \times \pi r^3 = 4/3 \times 3.14 \times 1{,}140.055399^3$
$$= 6{,}203{,}635{,}200$$

※ 이와 같이 어마어마한 크기를 가진 법공(法空)은 생겨나는 것도 없어지는 것도 아니며 더러워지지도 깨끗해지는 것도 아니며 늘어나고 줄어드는 것도 아니라고 《(정본)반야바라밀다심경》에서 설파하고 있는 《석가모니 비로자나불(佛) 하나님》의 몸(身)이라는 사실을 깊이 인식하시기 바라며, 이러한 법공(法空) 바깥은 거대한 《보물창고》가 있는 수(數)로서는 가늠할 수 없는 거대한 영원한 우주가 있음을 《석가모니 하나님 부처님》께서 밝히고 계심과 아울러 죽음도 없고 태어남도 없는 쾌락한 영원을 사는 우주로 중생들을 진화시켜 보내고자 하는 숭고한 뜻을 잊지 마시기 바란다.

(5) 이스라엘인(人)과 유대인(人)

이스라엘인(人)과 유대인(人)은 본래부터 한 뿌리로써 《예수님》의 전신(前身)인 《세트신(神)》의 자손으로서 지금의 작은곰자리 별(星) 자리인 천일궁(天一宮)으로부터 진화하여온 인간들이다.

이들은 천일궁(天一宮)에서 그들의 최고 조상인 《세트신(神)》이 당시 천일우주(天一宇宙)를 만드시던 《아미타불(佛)》의 장자(長子)로 태어난 후 그의 동생들인 훗날의 제바달다와 야훼신(神)의 꾀임에 빠져 당시 인간들 세상이 펼쳐진 별(星)에서 왕의 자리에 있던 아버지이신 《아미타불(佛)》을 영혼(靈魂) 죽임까지 시킨 후 왕의 자리와 아버지께서 만드신 성단마저 탈취하게 되는 우주간에 전무후무한 사건이 발생하게 된다. 이때의 《세트신(神)》의 후손 무리가 이 사건에 분노한 관세음보살님에 의해 몰살을 당한 후 그들의 영(靈)들만 남게 된다.

이 사건으로 인하여 《아미타불(佛)》께서는 50억 년(億年)이후 지금의 황소자리 성단이 있는 지일이(地一二) 우주에서 부활이 되는 것이다.

《아미타불(佛)》은 석가모니 하나님 부처님의 분신불(分身佛)이시다. 때문에 《아미타불(佛)》께서 겪으신 아픔과 고통은 곧 《석가모니 하나님 부처님》의 아픔과 고통이 되며, 《석가모니 하나님 부처님》께서 겪으신 아픔과 고통 역시 《아미타불(佛)》

의 아픔과 고통이 되는 것이다. 이 때문에《석가모니 하나님 부처님》께서 고대 인도 땅으로《석가모니불(佛)》로 오셔서《금강경》을 설(說)하실 때《아미타불(佛)》께서 영혼(靈魂) 죽음을 당하신 후 지일이(地一二) 우주에서 부활하시기까지의 50억 년(億年)을《전(前) 500세》로 이름하시어《인욕선인(仙人)》이 된 때로 설명하시고,《아미타불(佛)》의 부활로부터 지구계 시간 서기(西紀) 2000년까지의 50억 년(億年)은《후(後) 500세》로 이름하시고 말씀을 남기신 것이다.

한편, 천일궁(天一宮)에서《세트신(神)》은 아버지이신《아미타불(佛)》을 반역하여 시해한 후 왕노릇을 오래한 후 육신(肉身)의 죽음을 맞이한 후, 그의 영혼은 영혼 죽음으로 임자 없는〈4×3×4〉천궁도 성단의 중심에 들어가 성단을 탈취하여 여행을 한 후 성단 자체의 진화의 과정을 겪고 새로운 그의 법궁(法宮)인 별(星)로써 태어나 지금의 용(龍)자리 알파성(星) 위쪽에 자리하게 된다. 이 별이《세트신(神)》의 별(星)로써 지상(地上)에서《예수님》께서 태어나신 것을 기점으로 만든《서력기원》원년이 되는 별이다. 이것이《예수님》께서 전신(前身)이《세트신(神)》이였음을 알리는 흔들릴 수 없는 증거인 것이다.

이때까지의 기록이 지상(地上)에서 전하여져 오는 것이 고대《이집트》의《오시리스 신화(神話)》이며, 신화(神話)에서는《아미타불(佛)》이신《오시리스》와《세트신(神)》을 형제간으로 묘사하고 있으나 이는 이집트 신관(神官)들이 아버지(父)와 아들(子)간의 벌어진 일들을 도덕성(道德性) 문제로 방편을 택한 것임이 천궁도(天宮圖)의 진실(眞實)에서 드러나는 것이다.

이후《세트신(神)》도 서력기원 원년이 된 별(星)에서 오랫동안 거주하다가 수명이 다하여 별(星)의 핵(核)을 붕괴시켜 탈겁(脫劫)을 한 후 새로이 스스로의 천궁(天宮)을 만들어 여행을 하다가 석가모니 하나님 부처님의 대궁전이 있는 천일일(天一一) 우주인 지금의《오리온좌》성단 경계 내(內)로 들어오다가 이를 기다리고 있던 석가모니 하나님 부처님의 육신불(佛)이신《다보불(佛)》과《미륵보살》의 전신(前身)인 필자 등에게 붙들려 때마침 천일일(天一一) 우주 경내에 들어와 있던《노사나불(佛)》의 지일(地一)의 성단 지옥에 가두어 버린 것이다. 이때의 기록이《이집트》《사자(死者)의 서(書)》《아우팡크파피루스》에 전하여져 온다.

이후《세트신(神)》은 오랜 동안의 지옥고(地獄苦)를 겪으면서 대참회에 돌입을 한다. 동생들의 꾀임에 빠져 아버지를 시해하고 반역을 한 그였으나, 그의 근본은 아버지이신《아미타불(佛)》로부터 받은 바가 있기 때문에 대참회 이후 그는《일체중생희견보살》로 거듭 태어난다. 이때까지의 기록이 석가모니 부처님께서《묘법연화경 제4신해품》에서《집 나간 아이》로 비유로써 설하고 계시며, 이후 GAS성(星) 태양성(太陽星)을 법궁(法宮)으로 하여 태어났던《일체중생희견보살》이 그의 몸(身)을 불태워 공양하는《등신(等身)》공양을 올림으로써 이때〈4×3×4〉성단에서《아미타불(佛)》의 혼(魂)인 진명광(眞明光)과 진명(眞命)인 양전자(陽電子)를 되돌려 드림으로써 비로소 이때《아미타불(佛)》께서 부활하시는 것이다. 이로써《일체중생희견보살》은《약왕보살》로 거듭 태어나게 되는 과정을 겪는 것이다. 이때까지의 기록이《묘법연화경 제22 약왕보살본사품》이 되는 것이다.

이후《일체중생희견보살》은 그의 몸(身)으로써의 법궁(法宮)인 GAS성(星) 태양성(太陽星)을 불태우는 등신(等身) 공양을 한 후 때에《관세음보살 1세》께서 불법(佛法) 일치된 부처(佛)를 이루신《운뢰음수왕화지불(佛)》을 이루셨을 때 딸로서 태어난 그 딸이 그 다음 생(生)에 남자로 태어나《묘장엄왕》이 되었을 때 묘장엄왕의 부인인 정덕부인 사이에 인간 육신(肉身)을 가지고《정안, 정장》등 쌍둥이 형제로 태어나게 된다. 이후《묘장엄왕》이 인간 육신의 죽음을 맞이한 후 이번에는 수성(水星)을 법궁(法宮)으로 하는《노사나불(佛)》의 딸로서《화덕보살》이 된다. 이 때《정안, 정장》도 인간 육신(肉身)을 벗은 후《노사나불(佛)》로부터 해왕성과 명왕성을 법궁(法宮)으로 받게 됨으로써 비로소《약상보살》과《약왕보살》로 거듭 태어나게 되는 것이다. 여기까지의 기록이《묘법연화경 제26 묘장엄왕본사품》에 방편으로 전하여져 오는 기록이다.

이로써《약상보살》과《약왕보살》은 그들의 최초의 영(靈)은《아미타불(佛)》로부터 받고 그들 몸(身)인 법궁(法宮)은《노사나불(佛)》로부터 받게 됨으로써 두 분의 부처님들을 아버지(父)로 한 것이다. 이 인연이 지상(地上)에서 북반구 문명 이후 최초의 문명인《수메르 문명》이 일어난 후 곧 뒤이어《아미타불(佛)》께서 불(佛)·보살(菩薩) 9분과 함께《파라오》로 이름하시고《이집트 문명》을 일으키신 후 BC 2000

년경 2차 민족 대이동이 있을 때《아브람》으로 이름하시고 일족들을 데리고《갈데아 우르》를 떠나심으로써 오늘날의《이스라엘인》과《유대인》의 최고 조상으로 자리하시고 뒷날《약왕보살》이《예수님》으로 이름하고 태어나시기 바로 직전에 노사나불(佛)께서 곧 태어나서 성장하시게 되면 그의 법(法)을 설(說)하실《예수님》법(法)의 펼침을 위해《요한성자》로 이름하고 오시게 되는 인연인 것이다.

이때《노사나불(佛)》께서는《백의관음》과《문수사리보살》을 대동하게 되는데,《백의관음》은《예수님》을 낳아주신《마리아님》으로 오셨고《문수사리보살》은《베드로》라고 이름하고 오신 것이다.

1) [약상보살과 약왕보살과 이스라엘인(人)]

《약상보살》과《약왕보살》로 태어나신 이후 두 분 보살께서는 우주간과 세간에 많은 활동을 하신 이후,《약상보살》은《아브람》이후 지상(地上)에서《유대인》의 조상(祖上)인《다윗왕》으로 오신 이후 훗날 다시 중원대륙의《노》나라《공자(孔子)님》으로 오시게 된다.《공자(孔子)님》으로 오셨을 때 당시《독각의 진화》를 하고 있는 많은 인간 무리들을 깨우치기 위해 학문(學文)과 인의예지신(仁義禮智信)을 설파하심으로써 인간도(人間道)를 가르쳐 동양사회 인간 무리 진화(進化)에 큰 족적을 남기게 되며, 뒷날《약왕보살》이 서력기원과 함께《예수님》으로 오셨을 때《사랑의 도(道)》를 설(說)하시게 되는데, 이러한《공자(孔子)》의《인간도(人間道)》와《예수님》의《사랑의 도(道)》가 서로 만난 것이 부처님께서 설(說)하시는《보살도》가 되는 것이다.

그러나 대마왕들과 그들의 하수인 마왕들이 중간에서 이를 차단하고 방해함으로써 두 분 보살의 의도하신 바는 사실상 좌절이 되고 만 것이다. 두 분 보살의 계획이 성공하였다면 인간 무리 진화에 길이 남는 큰 족적을 남겼을 텐데 하는 아쉬움이 큰 부분이다.

《약상보살》께서《다윗왕》으로 오신 이후, 이스라엘인과 유대인에게는 큰 변화의 바람이 불게 된다. 이집트 문명은《아미타불(佛)》께서 일으키신 문명이다. 이러한 이집트 문명권에 《아미타불(佛)》의 장자(長者) 민족이 뒤늦게 도착한 것이다. 《이집트 문명》은 선대(先代) 문명인 남반구 문명 마지막 때 문명의 종말을 피해 남미(南美)에서 대양을 건너온 아미타불(佛) 후손 인간 무리들과 아미타불계(係)의 불(佛)·보살 9분이 《파라오》로 이름하고 당시 이집트 지방에 산재한 《구석기인》들을 《신석기인》들로 전환시키고 농경사회를 열게 한 후 한민족(韓民族)의 《한웅(桓熊)》들께서 한반도의 《구석기인》들을 《신석기인》들로 전환하게 한 후 농경사회를 열고 신시(神市)를 만들어 교화의 축을 옮기면서 중원대륙의 인간 무리들을 교화하듯이 한 도시 국가를 열고 그 일대의 인간들이 모두 교화가 되면 다음 《파라오》때에는 다시 교화의 축을 옮겨 도시 국가를 만들면서 계속 교화하여 이룩한 문명(文明)으로써 이때의 인간 무리 모두를 《아미타불(佛)》의 후손(後孫)들이라고 한다. 이 때문에 이들 인간 무리들은 현재의 별(星)자리 이름의 《관음궁(宮)》이 있는 《목동자리》 알파성(星)으로 자리한 《아미타불(佛)》의 법궁(法宮)을 《신전의 별(星)(Temple STAR)》이라고 하여 신성시하고 있다.

이렇듯 《아미타불(佛)》께서 장자(長者) 민족인 《이스라엘인》들을 이집트 문명권으로 인도하신 이유는 이집트 문명의 기득권을 가진 인간 무리와 《이스라엘인》들이 모두 아미타불(佛)의 자손들이니 이들이 섞여 살게 되면 자연히 장자 민족인 《이스라엘인》들이 자리를 잡게 되기 때문에 먼 훗날은 이집트 문명권역 모두가 장자(長者) 민족을 축으로 하여 자리하기를 바라시고, 《약왕보살》과 쌍둥이 형제인 《약상보살》께서 《다윗왕》으로 오신 이후 남기신 《유대인(人)》들은 《지상(地上)의 천국(天國)》이라는 뜻말을 가진 현재의 인도 북부에 있는 《케시미르》 지방에 자리하여 살기를 바라신 것이다.

이러한 《케시미르》 지방에는 상당수의 《유대인》들이 지금도 이 지방에 살고 있는 것으로 알고 있다. 《아미타불(佛)》께서 장자(長者) 민족에게 바라시던 염원이 성공하였으면 오늘날 아프리카 대륙의 인간 무리들 내면(內面)의 진화가 상당히 빨라졌을 것이나, 이 역시 돌발 변수 때문에 아미타불(佛)의 염원이 좌절된 것이다.

고대 이집트 신왕국 《세티1세》때에 이집트 신관(神官)들이 천문(天文)을 보고 《왕실》을 위협할 흉한 인물이 태어날 것임을 왕에게 보고하자 왕은 당해연도에 태어난 모든 영아들을 살해하라는 명령을 내리게 된다. 이때 이스라엘인 한 가정에서 어린 영아가 탄생하므로 그 부모들은 차마 자식을 죽음으로 내몰지 못하고 조그마한 갈댓잎으로 만든 배(船)를 만들어 영아를 포대기에 싸서 뉘이고 갈댓잎 배를 나일강으로 띄우게 되는데, 마침 강물이 흐르는 아래에 훗날 《세티1세》 다음으로 왕위에 오르게 되는 《람세스 2세(재위 BC 1279~BC 1213)》를 낳아주신 분이 공주로 있을 때 이 공주에게 발견이 되어 왕실로 들어가 모세라는 이름으로 공주의 양자로서 자라다가 이 공주가 근친결혼을 하는 이집트 왕실의 관례를 따라 《세티1세》에게 시집을 간 후 《람세스 2세》를 낳게 되므로 《모세》와 《람세스 2세》는 이복형제로 자라면서 《모세》에게는 《신관(神官)》 교육을 시키고 《람세스 2세》에게는 《왕도(王道)》 교육을 시킨 것이다. 당시의 권력 구도로서는 신관(神官)의 우두머리가 파라오 다음의 권력을 가진 때이다.

　이로써 이들은 성년(成年)이 되면서부터는 치열한 권력 다툼을 벌린 결과, 《모세》는 이 권력 다툼에 패한 후 시나이산(山)이 있는 곳으로 도망을 하게 된다. 이러한 《모세》가 바로 어린 영아 때 신관(神官)들이 예언한 "《흉한 인물》"인 것이며, 운명(運命)은 이때 그의 편인 것이었다.

　이후 도망을 한 《모세》는 신관(神官) 교육을 받았기 때문에 당시 신(神)들로 불리우던 착함을 근본 바탕으로 하는 불(佛)·보살들이 그의 편을 들지 않을 것을 누구보다도 잘 아는 인물이었다. 이 때문에 《모세》는 당시 GAS성(星) 태양성(太陽星)을 법궁(法宮)으로 하였던 《암흑의 신(神)》인 대마왕(大魔王)인 《야훼신(神)》과 손을 잡게 된 것이다.

　때에 《야훼신(神)》의 법궁(法宮)인 GAS성(星) 태양성(太陽星)은 그 수명이 다하여 마지막 강렬한 빛과 화력(火力)을 가진 때로써 비유를 하면 모닥불이 마지막 불씨가 꺼질 때 순간적으로 막강한 화력(火力)을 내뿜는 것과 같이 이때 《야훼신(神)》의 법궁(法宮)이 내뿜는 빛과 화력은 지금의 태양성(太陽星)인 《노사나불(佛)》의 법궁(法宮)보다 더 강한 힘을 가진 때이며, 이러한 힘이 《야훼신(神)》의 법력(法力)이 되어 《악(惡)》의 신(神)으로서 그 힘이 최고조에 달한 때이다. 이 이후 《야훼신(神)》의 GAS성(星) 태양성(太陽星)은 소멸기를 맞아 우주간의 암흑물질로 영원히 사라진 것이다.

 이와 같이 《야훼신(神)》이 최고의 힘을 가졌을 때가 BC 2300년경부터 시작된 신(神)들의 전쟁 때로써, 이러한 신(神)들의 전쟁 기간이 중반으로 들어갈 무렵인 BC 1200년경 《이스라엘 민족》이 권력에 눈이 먼 잘못된 지도자인 《모세》를 두게 됨으로써 그들 민족의 조상불(祖上佛)이신 아미타불(佛)의 후신(後身)이신 《아브람》을 《야훼신(神)》에게 팔아 《아브라함》으로 만듦으로써 《존경하는 아버지》, 즉 하느님 아버지에서 《열국의 아버지》인 침략자의 아버지로 둔갑시키면서 맺은 계약과 약속이 『구약(舊約)』인 것이다. 이로써 얻은 것이 《모세》의 신통(神通)인 것이며, 이러한 신통(神通)은 《야훼신(神)》을 《하나님》으로 받들기로 약속한 대가로 얻은 것이다.

 이후 《모세》는 《야훼신(神)》의 보호 아래 《이집트》 땅으로 되돌아가 당시의 파라오인 《람세스 2세》를 신통(神通)으로 제압함으로써 이스라엘 백성들을 이집트로부터 데리고 나와서 광야에서 40년에 걸친 유랑 생활을 계속한 끝에 마침내 가나안 땅으로 이들을 인도하게 되었음을 『민수기 33』에서는 기록하고 있다.

 《모세》 이후 《예루살렘》에서 시작된 고대 이스라엘인의 왕조는 《야훼신(神)》의 충실한 충복 노릇을 하다가 BC 6세기 초 《마르둑신(神)》을 추종하던 신바빌로니아에 의해 쓰러졌다. 바빌로니아인들이 추종하던 《마르둑신(神)》이 근본진리(根本眞理)에서 밝혀 놓은 바에 의하면 1-1의 진화(進化)의 길에 있는 《노사나불(佛)》이시다. 즉, 악(惡)의 신(神)인 《야훼신(神)》을 추종하던 이스라엘 민족이 《노사나불(佛)》을 추종하던 신바빌로니아인들에게 망한 것이다.

 그 당시 이스라엘인의 국토는 괴멸적 타격을 받아 극히 황폐하였으며 지배층, 지식층, 기술자 다수가 포로로서 바빌론으로 연행되었다. 이것이 『바빌론 포로기』로써 BC 586~BC 536년까지이다. 이후 《페르시아 키르스 2세》의 메소포타미아 정복은 반세기에 걸친 『바빌론 포로기』의 끝인 포로민의 해방을 가져 왔다.

 이러한 포로민의 일부가 《야훼신(神)》이 그들의 조상에게 줄 것을 약속하였다고 전하여진 땅 《팔레스티나》로 돌아와 예루살렘과 그 신전을 재건하고 《문서학자》인 《에스라》의 지도 아래 《모세의 율법을 기초》하여 종교적 이념을 유력한 지도

원리로 하는 집단으로써 그들의 역사를 재개하였다. 이 시기에 과거의 이스라엘 역사가 일부 신학적으로 반성되고 그에 따라 전승이 재편성되었으나《야훼신(神)》추종은 마찬가지였다.

이러한 가운데『구약(舊約)』은 BC 1세기에 거의 결집을 마쳤으나 그 기본적 구성은 이 시기에 이루어졌다고 할 수 있다. 이러한 내용의『구약(舊約)』결집을 간략히 재정리하면 다음과 같다.

> 모세의 율법 기초……> 바빌론 포로기(BC 586~BC 536) 이후……>팔레스티나로 돌아와 신전 재건 및《문서학자 에스라》의 지도 아래 전승 재편성……>BC 1세기에 결집 완료로 요약할 수 있다.

이렇게 하여 결집이 완성된『구약(舊約)』의 신봉자들이 기원과 함께 인류 구원을 위해 오신《예수님》을 일찍부터 죽음으로 내몰고, 이후《예수님》의 가르침인『신약성서』를『구약』에 억지 접목시켜《예수님》의 법(法)마저 왜곡하여 마(魔)의 법(法)으로 전락을 시킨 것이다.

이러한 때에 분명히 하고 넘어가야 될 사항이『구약』은 악마(惡魔)의 신(神)인《야훼신(神)》과 이스라엘 민족의 일종의 약속된 계약으로써 성서(聖書)가 될 수 없는 악(惡)의 신(神)의 경(經)으로써 청산하여야 할 이스라엘 민족의 부끄러운 역사의 한 단면임을 분명히 함과 아울러, 이러한『구약』을 성서(聖書)를 깊이 있게 모르는《예수님》을 믿고 따르는 모든 백성들의 귀와 눈을 멀게 하고 악마(惡魔)의 신(神)을《하나님》이라고 가르치는 해프닝도 중단할 것을 분명히 하는 것이며, 그대들이《하나님》으로 받아들여온 악(惡)의 신(神)이자 대마왕(大魔王)인《야훼신(神)》도 이 미륵부처가 우주간의 티끌로 보낸 지도 한참 되었으니 이제 그대들이 아무리 그대들《하나님》을 찾아도 그대들의 기도를 들어줄 자가 없어져 버렸음을 분명히 밝히는 것이다.

2) [약왕보살과 예수님]

《일체중생희견보살》이《약왕보살마하살》이 되신 지도 50억 년(億年) 전(前)이다.

이러한 《약왕보살》께서 우주간(宇宙間)에서 많은 덕(德)을 쌓는 행(行)을 하신 이후 서력기원과 함께 지상(地上)으로 《예수님》으로 이름하고 오신 목적은 《신선(神仙) 보살마하살》의 지위에서 《신선(神仙) 부처님》의 지위로 오르시기 위한 업장 소멸 때문이다.

이러한 목적 중 하나인 《약왕보살》의 마지막 업장 소멸이 예수님께서 지상(地上)으로 오셨을 때 《로마군》의 《형벌》과 맞물려 있은 것이다. 즉, 위정자들인 로마군(軍)과 유대인 제사장들에 의해 죽임을 당하실 때 예수님 머리에 쓰신 《가시 면류관》은 하늘(天)인 천일궁(天一宮)에서 머리를 잘못 굴려 패륜을 범한 대가의 상징이며, 십자가는 하늘(天)인 천일궁(天一宮) 10의 궁(宮)의 상징으로써 하늘(天)인 천일궁(天一宮)에서 패륜을 범한 업(業)의 대가를 상징한 형벌이 되는 것이다.

이후 십자가를 메시고 골고다 언덕을 오르시는 괴로운 고행(苦行)은 이러한 업(業)을 지닌 채 지나온 괴로운 세월에 대한 상징이며, 《십자가》에 매달려 계실 때 로마 군인의 창에 옆구리를 찔려 흘리신 피가 대속의 피로써 이스라엘 민족과 예수님을 믿고 따르는 모든 백성들의 영적(靈的)인 왕(王)이 흘린 피로써 하늘(天)인 천일궁(天一宮)에서 패륜을 저지름으로써 몰살을 당한 그의 후손(後孫) 모두에게 굴레 씌워진 원죄를 씻는 대신 속죄하는 피였던 것이다. 이러한 대속의 피를 흘리심으로써 《예수님》께서는 모든 업(業)으로부터 해방되시고 법신(法身)인 명왕성으로 돌아가시어 《동방약사유리광불》이 되시어 오늘도 지상(地上)의 인간들을 지켜보고 계시는 것이다.

이와 같이 이스라엘 민족의 영적(靈的)인 왕(王)으로서의 《예수님》의 대속은 십자가에서 피를 흘리심으로써 끝이 난 상태이다. 때문에 고통의 역사도 마무리하여 십자가에 못 박혀 계신 《예수님》의 형상을 편안히 좌정하신 미소 띤 《예수님》의 형상으로 바꾸는 것이 옳을 것이며, 『구약』을 신봉하는 자들이 곧 《기독인》 내부에 도사리고 있는 《적그리스도》임을 분명히 하는 것이다.

『구약(舊約)』이라는 용어(用語)를 백과사전에서 찾아보면 《하나님이 그 선민인 이스라엘 민족과 맺은 약속》 또는 약(約)을 《인간에 대한 신(神)의 구원의 계약》이라고 이름하고 있다. 이러한 『구약』은 한마디로 말씀드리면, 《악마(惡魔)의 신(神)》 또는 《암흑의 신(神)》으로 불리우는 《야훼신(神)》과 고대 《이스라엘》 민족이 맺은 약속으로써 성서(聖書)가 될 수 없는 《악마(惡魔)의 신(神)》인 《야훼신(神)》의 경(經)인 것이다.

이러한 『구약』을 《예수님》의 가르침이 담긴 『신약성서』와 함께 묶어 성서(聖書)로 이름하는 자체가 《예수님》을 믿고 따르는 백성들을 크게 속이는 파렴치한 행위인 것이다. 이러한 『구약』의 신봉자들이 《예수님》을 젊은 나이에 죽게 하고 《예수님》의 펼친 법인 『신약성서』를 『구약』과 연결되게 함으로써 『구약』마저 성서(聖書)로 이름하고, 《예수님의 법》인 『신약성서』를 곳곳에 훼손하여 마(魔)의 법(法)으로 둘러싼 왜곡된 『신약성서』를 오늘에 전하게 된 것이다.

《아미타불(佛)》의 후신(後身)으로서 지상(地上)에서 이스라엘 민족의 최고 조상(祖上)이신 《아브람》을 《모세》는 《야훼신(神)》에게 일시적인 영화를 위해 팔아버리더니 아미타불(佛)의 우주적 장자(長者)로서 이스라엘 민족의 영적(靈的)인 왕(王)인 《예수님》마저 『구약』을 신봉하는 자들이 죽게 한 벌(罰)이 공업(公業)이 되어 《이스라엘》 민족은 2000년을 나라 없는 유랑민이 되어 각지를 떠도는 고통을 받아야 했던 것이며, 이제 그 공업(公業)도 다하여 2차대전 이후 새로운 《이스라엘》이 탄생한 것이다.

이와 같이 『구약』을 신봉하는 《악마(惡魔)의 신(神)》을 따르는 자들이 《약왕보살》이 기원과 함께 《예수님》으로 이름하고 오실 것을 미리 알고 기원전 1세기에 구약의 결집을 끝내고 《예수님》을 기다렸다가 《예수님》을 일찍 죽게 하고 이러한 일을 자행한 것이라는 사실도 분명히 아시기 바란다.

또한, 《예수님》께서는 《십자가》에서 이미 목숨을 잃음으로써 그가 뜻한 바를 모두 이루시고 성불(成佛)을 하신 것이며, 이로써 《예수님》은 《동방약사유리광불(佛)》을 이루신 것이다.

《예수님》을 죽음으로 이르게 한 자들이 이후 《예수님》께서 그의 무덤에서 《부활》하셨다고 허위로 꾸며 후대에 전함으로써 이를 똑바로 알지 못하는 그들 세력들은 지금도 《부활절》이니 하고 떠들고 있는 것이다.

미륵부처(佛)를 서구 사회에서는 《메시아》라고 한다. 이러한 《메시아》가 분명히 밝히되, 《예수님》께서는 당시 《부활》하신 적이 없다. 그리고 최근 인도 《케시미르》지방에 《예수님》의 무덤이 있다고 하는 것도 날조된 것이며, 인도에서의 《예수님》의 자취는 《예수님》께서 티벳 지방에서 한 깨달음을 얻고 그가 자란 곳으로 되돌아가시면서 설법(說法)한 자취이며, 지금도 그때의 《예수님》을 따랐던 무리들이 일부 있는 것으로 필자는 알고 있다.

《예수님》이신 《동방약사유리광불(佛)》께서는 항상 그를 따르는 무리들에게 임하고 있다. 그러나 악마(惡魔)들로부터 왜곡된 그 분의 법(法)으로는 《예수님》이신 《동방약사유리광불(佛)》을 진정으로 만날 수 없음을 《메시아》가 분명히 하는 것이다.

3) [미륵보살과 이스라엘인과 유대인]

한편, 천일일(天一一) 우주 석가모니 하나님 부처님 법왕궁(法王宮)이 있는 《오리온좌》성단으로 들어서면서 《세트신(神)》의 천궁(天宮)이 해체될 때 천일궁(天一宮)에서 영혼 죽임을 당한 《세트신(神)》의 후손(後孫)과 그의 추종 세력들은 《석가모니 하나님 부처님》께서 거두어 오시다가 인일이(人一二) 우주에서 지구(地球), 달(月), 화성(火星)이 탄생될 때 《미륵보살》의 법신(法身)인 화성(火星)으로 옮기게 한 후, 《미륵보살》께서 그들 《영(靈)》들을 교화시킨 후 우리들의 태양계(太陽界)가 만들어진 후 《화성(火星)》에 인간 서식 환경이 조성되었을 때 관세음보살님들로부터 새로운 《명(命)》을 받아 진화(進化)하여 오다가 지구(地球)보다 먼저 그들 민족들이 《화성(火星)》에서 먼저 문명(文明)을 일으킨 것이다.

이 때문에 그들 민족의 《영혼(靈魂)》들이 완벽한 인간 육신(肉身)으로 진화(進化)하기 위해 만월(滿月)의 세계인 지구(地球)로 들어온 것은 지구계의 여타 민족들보다는 상대적으로 늦다.

즉, 《아미타불(佛)》이신 《아브람》께서 일족들을 데리고 《갈데아 우르》를 떠난

BC 2000년경 이후부터 점차적으로 그들의 영혼들이 지상(地上)으로 들어오게 된 것이다.

이렇게 그들의 영혼들을 지상(地上)으로 인도한 자가 바로 《미륵보살》로서 이 인연으로 《미륵보살》을 『그리스 신화(神話)』에서는 《나그네 수호신》, 《헤르메스》라고 하며, 《미륵부처(佛)》를 이룬 이 사람을 그들은 《메시아》라고 부르고 있는 것이다. 즉, 이 글을 쓰는 사람이 《미륵부처(佛)》로서 그들이 《메시아》라고 호칭을 하는 사람임을 분명히 알려드리는 바이며, 이러한 인연으로 그들에게 간곡한 당부의 뜻을 전하고자 한다.

BC 8000년부터 AD 2000년까지의 1만 년에 걸친 인류 북반구(北半球) 문명이 종말을 맞이하는 것이 본래 의도된 석가모니 하나님 부처님의 우주적 프로그램이나, BC 2300년부터 서력기원까지 2300년 동안의 신(神)들의 전쟁과 서력기원으로부터 AD 2000년까지 악(惡)의 신(神)으로부터 정신적 지배에서 벗어나지 못한 이스라엘 민족과 예수님을 믿고 따르는 백성들을 위해 《예수님》께서 유대 땅에 인간 육신(肉身)을 가지고 오셨을 때 이미 《석가모니 하나님 부처님》의 명령으로 우주적(宇宙的) 프로그램의 이치를 일부 수정하여 인류 문명의 종말 기일을 늦추게 되는 장면이 『요한계시록』에 기록으로 전하여져 온다.

이때 이치가 결정됨으로써 선천우주(先天宇宙)와 후천우주(後天宇宙)의 갈림길인 서기 2000년으로부터 인류 종말의 기한을 몰고 올 중앙천궁상궁(中央天宮上宮)의 운행(運行)을 최대한 늦출 수 있는 범위는 불과 몇십 년 밖에는 되지 않는 가운데 이러한 시간을 늦춤으로써 현재까지 인류 종말의 때를 피하고 있는 것이다.

신(神)들의 전쟁과 악(惡)의 신(神)들로부터 피해를 입은 최대의 피해자가 《이스라엘 민족》과 《유대 민족》이기 때문에 이들로 하여금 마지막 구원의 기회를 주기 위해 우주 운행(運行)의 프로그램을 바꾸면서까지 몇십 년의 기간을 연장한 것이며, 이때를 맞춰 《메시아》를 지상(地上)으로 내려 보내 바른 진리(眞理)를 전하게 하신 것이다.

그러나 이렇게 얻은 몇십 년의 기간도 지상(地上)의 인간 무리들은 《미륵부처(佛)》인 《메시아》가 진리(眞理)의 법(法)을 전(傳)하였음에도 그들 무리들의 이익을 위해 이러한 진리(眞理)의 법(法)을 차단하고 세월이 지날수록 오만방자하여져 영악해짐으로써 이에 《석가모니 하나님 부처님》께서 최근 더 짧은 시간으로 그 기간을 단축하신 것이다. 현재 지상(地上)에서 전개되고 있는 모든 재앙(災殃)들이 이와 무관하지 않음을 분명히 하는 것이다.

이와 같이 촌음을 아껴야 될 기간에 《미륵부처(佛)》의 충고를 받아들임으로써, 악(惡)의 신(神)인 《야훼신(神)》을 받드는 『구약』을 청산하시고 『요한계시록』에 내재된 《우주간의 법(法)》을 받아들임과 동시에 부처님께서 남기신 불가(佛家)의 최고 경전인 《법화 4부경》 중 『(정본)반야바라밀다심경』과 『무량의경』과 『묘법연화경』과 한단불교(桓檀佛敎)의 3대 경전(經典) 중 천(天)·인(人) 경으로써 『천부경(天符經)』「81자(字)」와 『삼일신고(三一神誥)』 등에 포함된 《세간법(世間法)》과 《우주간(宇宙間)의 법(法)》을 받아들이시고 열심히 공부하고 정진하였을 때, 이스라엘 민족과 예수님을 믿고 따르는 백성들은 인류 문명의 종말 이후 천당 중의 천당으로 변화한 우리들의 지구(地球)에 다시 태어나서 오랫동안 쾌락함을 즐기다가 향후 10억 년(億年) 후면 우리들의 지구와 같이 변화하는 예수님이신 《동방약사유리광불(佛)》의 법신(法身)인 명왕성에 머무르다가 최종 《동방약사유리광불(佛)》과 《관음불(佛)》께서 만드시는 중계(中界)의 지(地)의 우주 중심이 되는 지이일(地二一) 우주에서 구원된 예수님 백성들로 거듭 태어나게 되는 것이다.

《미륵부처(佛)》인 《메시아》의 구원의 충고를 듣고 실행에 옮겼을 때 적어도 30억 년(億年)에 걸쳐 진행되는 천당들의 잔치 때에 그대들은 이 《미륵부처(佛)》의 인도로 《미륵부처(佛)》가 만들게 되는 중앙우주(中央宇宙)에 오랫동안 머물다가 궁극에는 지이일(地二一) 우주에서 예수님이신 《동방약사유리광불》을 모시고 상상을 초월하는 시간을 쾌락한 삶으로 살아갈 것이다.

그러나 이 기간에 《메시아》의 충고를 의심하여 받아들이지 않았을 때 그대들은 백억 년(百億年) 전 《헬리오폴리스》인 천일궁(天一宮)에서 《예수님》의 전신(前身)인 《세트신(神)》이 악(惡)의 신(神)들의 꼬임에 빠져 반역함으로써 그 백성들인 오늘날 예수님을 믿고 따르는 백성들이 반역자의 굴레를 쓰고 모두 영혼(靈魂) 죽임을 당한 채 백억 년(百億年) 바깥으로 고통스러운 윤회(輪廻)를 하였듯이 지상(地上)에서 인류 문명의 종말과 함께 그대들은 다시 영혼(靈魂) 죽임을 당한 채 백억 년(百億年) 바깥으로 쫓겨나야 하는 것이다.

《약상보살》이신 《다윗》의 후손들인 《유대인》들은 천상(天上)에서는 상당히 높게 평가를 하고 있다. 《유대인》을 자처하고 악랄한 짓을 자행하는 가짜 유대인들이 상당수가 있음을 《요한계시록》에서는 지적하고 있다. 이러한 가운데 참다운 《다윗》의 후손들인 《유대인》들에게 당부의 뜻을 전하고자 한다. 그대들이 《미륵부처(佛)》인 《메시아》의 출현을 고대하며 기다려 온 것으로 알고 있기 때문에 그대들에게는 충격적인 내용이 될지라도 이를 기록으로 전하는 것이다.

진행(進行)을 하면서 지적하여 왔듯이, 그대들이 《성서(聖書)》로 받들고 있는 『구약』은 악마(惡魔)의 신(神)인 《야훼신(神)》과 이스라엘 민족의 약속된 계약으로써 성서(聖書)가 될 수 없는 악(惡)의 신을 받드는 경(經)인 것이다. 이러한 악(惡)의 신(神)을 받드는 경(經)을 이제는 버리고 지금까지 이를 받들던 모든 종교 행위들을 깊이 참회하고 『구약』을 청산하여야 하는 것이다.

이러한 《메시아》의 충고를 가볍게 여겼을 때 그대들은 인류 문명의 종말 때에 육신(肉身)의 죽음을 맞이한 후 《반란자의 대열》에 선 그대들의 영혼(靈魂)은 2차 죽임을 당하여 다시 백억 년(百億年)의 길고 긴 고통의 터널을 지나야 할 것이다.

그러나 악(惡)의 신(神)인 《야훼신(神)》을 받드는 행위를 깊이 참회하고 그대들 본래의 조상(祖上)이신 《아브람》이신 《아미타불(佛)》의 가르침을 따르고 그분께서 남기신 《우주간(宇宙間)의 법(法)》을 바로 이해하기 위해 노력한 결과가 그대들의 마음(心)의 근본 뿌리인 《성(性)의 30궁(宮)》인 그대들의 영혼(靈魂)이 《맑고 밝음》을 갖게 되고, 그로써 《아브람》이신 《아미타불(佛)》의 불국토(佛國土)인 《서방극락정토》에 태어나기를 간절히 기도하였을 때 그대들은 그대들을 위하여 《아미타불(佛)》께서 만드신 그대들 우주(宇宙)의 주인공들이 될 것이다.

《서방극락정토》는 인간들이 한번 들어가게 되면 두 번 다시는 고통의 세계로 떨어짐이 없는 그야말로 이상적인 낙원이 펼쳐진 곳이다. 이러한 《서방극락정토》를 천이일(天二一) 우주라고 하며, 바로 《유대》민족의 우주인 것이다. 인류 문명 종말 때에 일부의 《유대인》들은 살아남아 새로운 육신(肉身)의 구조를 갖추고 낙원으로 변한 지상(地上)에서 그들 후손(後孫)들을 번성케 할 것이나 궁극적으로《서방극락정토》로 들어가야 할 것이며, 대부분의《유대인》들이 지금부터라도《메시아》의 충고를 받아들였을 때 인간 육신(肉身)의 죽음을 맞이한 이후 그들은 바로《서방극락정토》로 입성할 수가 있는 것이다.

이번《환란기》의 선도는 석가모니 하나님 부처님으로부터《영적 옥쇄》를 받은 《메시아》가 석가모니 하나님 부처님 입회하에 모든 일들을 처리하시는 것이다. 이러한 점을 『요한계시록』에서는《분노하는 어린 양》으로 표현하고 있는 것이다. 이러한 때《유대 민족》의 영(靈)들을 지상(地上)으로 인도하여 온 인연이 있는데 《메시아》가 어찌하여 그대들을 영혼(靈魂) 죽음시켜 100억 년(億年) 바깥으로 추방되는 고통의 굴레를 씌워야 하는가? 이 때문에 말세라고 이름하는 이때에 인간 육신(肉身)을 가지고 온《메시아》가 그대들에게 간곡히 당부하는 말을 기록으로 남겨 전하게 되는 것이다.

『구약』을 버리고 청산하였을 때 이를 대신할 가르침으로는 한단불교(桓檀佛敎)의 3대 경전(經典) 중 천(天)·인(人)경(經) 등이 있으며, 우주간(宇宙間)의 법(法)은 법화4부경(法花四部經) 중에서 『(정본)반야바라밀다심경』, 『무량의경』, 『묘법연화경』 등이 있다. 이러한 경(經) 중에서 최근 필자가 발표한 『묘법연화경 해설』 전 14권에는《이집트 신화도》의 해설이 포함되어 있으며, 『묘법연화경』 전품 중의 절반이 《예수님 백성들》을 위한 가르침으로 되어 있으니 이를 참고하시고, 특히《우주간(宇宙間)의 법(法)》을 총체적으로 묶어 놓은 『묘법연화의 실상(實相)의 법(法)』은 천상(天上)에서도 높이 평가하는 이치의 서(書)이니 이를 참고하면 크게 도움이 되실 것이다.

그대들이 기다리는《메시아》는 석가모니 하나님 부처님의 명령으로 인간 육신(肉身)을 가지고 태어난 지도 벌써 68년이란 세월이 지나 이제 얼마 남지 않은 육신(肉身)의 삶을 가지고 있다. 이러한 때 그대들이《메시아》로 부르는 자가 다시 한 번 더 그대들에게 일러줄 말은 인간 육신(肉身)의 죽음은 어떤 경우라도 초연히 받아들여야 한다.

그 이유는 태어남(生)을 크게 4구분한 것이《습생, 난생, 태생, 화생》이다. 이러한 태어남(生)에서 제일 진화(進化)된 태어남이 화생(化生)이다. 이와 같은 화생(化生)은 태생(胎生)의 과정을 거쳐야만 이룰 수 있는 태어남으로써 바로 인간 육신(肉身)을 지배하는 마음(心)의 근본 뿌리인 성(性)의 30궁(宮)인 여러분들의 본체(本體)로써의 영혼(靈魂)이 한 줄기 빛이 되었다가 다시 인간의 모습으로 화(化)하여 태어날 때를 화생(化生)이라고 한다.

즉, 여러분들의 영혼(靈魂)이 《맑고 밝음》을 갖추었을 때 여러분들의 우주인 《서방극락정토》에 화생(化生)으로 태어난다는 점을 특별히 강조드리는 바이며, 이러한 《서방극락정토》가 누구든 간절히 가기를 희망하며 정진하였을 때 갈 수 있는 우주이나, 이 우주는 이상적인 유토피아로써 《유대 민족》의 우주라는 점을 아울러 강조드리는 바이다.

『구약』을 고집함으로써 얼마 남지 않은 시간 이후 100억 년(億年) 바깥으로 고통의 여행을 떠날 것인지 이를 청산함으로써 참회하고 그대들의 영혼을 《맑고 밝게》하여 그대들이 항상 희구하여 왔던 유토피아인 그대들의 우주인 《서방극락정토》에 입성할 것인지는 이제 그대들의 선택에 달린 것이다. 현재의 우주(宇宙)가 존재하는 한 유대 민족성(民族性)은 영원할 것이나 역사는 문명기의 몰락과 함께 사라지고 만다는 사실을 새삼 되새겨 볼 필요가 있는 것이니, 지나간 잘못 진행된 역사는 하루 빨리 잊어버리는 것이 최상책이다. 이러한 점을 일깨우기 위해 《메시아》도 이 세상에 인간 육신(肉身)을 가지고 와서 기록으로 이를 전하는 것이다.

※ 지금까지 설명된 《이스라엘인》과 《유대인》들이 《인간》의 진화(進化)를 하는 무리들로서 지금의 작은곰자리 성단으로 불리우는 《천일궁(天一宮)》에서 한민족(韓民族)의 일부 무리들과 함께 와서 진화(進化)하는 《인간》들이다.

(6) 하나님과 하느님

《우주간》과 《세간》에는 한 분의 원천(原泉) 창조주이신 석가모니 하나님 부처님과 창조주의 수(數)인 19수(數)를 가진 36분(分)의 창조주 부처님들 중 3분(分)의 《하느님 부처님》들이 계신다. 이러한 내용을 정리하면,

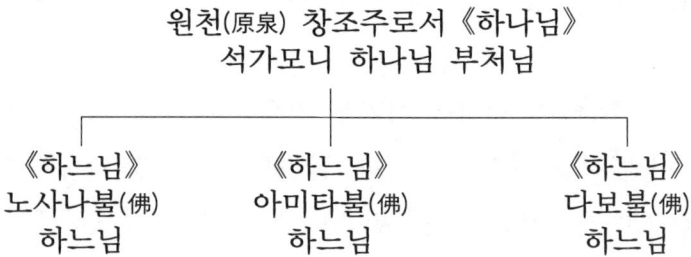

이러한 구도에서 한민족(韓民族)은 석가모니 하나님 부처님과 노사나불(佛)《하느님》부처님과 다보불(佛)《하느님》부처님과 관세음보살의 자손으로서, 이를 하나로 묶어 《석가모니 하나님 부처님》 후손(後孫)이라고 하며 이스라엘인과 유대인이 《아미타불(佛)》의 후손이 되는 것이다. 지구촌 전체의 인간 무리들의 인간 씨종자들은 석가모니 비로자나 불(佛) 하나님으로부터 비롯되고 인간의 모습을 갖춘 인간으로 태어난 것은 우주 탄생 이후가 되므로, 이는 모두 석가모니 하나님 부처님으로부터 비롯되는 것이다.

이 때문에 석가모니 하나님 부처님을 원천 창조주로서 《하나님》으로 호칭을 하는 것이며, 인간 무리를 포함한 모든 중생(衆生)들의 아버지(父)가 석가모니 하나님 부처님이 되심을 명심하시기 바란다.

[5] 1.3.3.3 합(合)의 법칙의 설명

셋이 모여 하나를 이룬 것이 1이 되며, 이러한 1이 삼합(三合)을 세 번 한 것이 3.3.3이며, 합(合)을 마친 전체가 모두 10의 수리를 가진다. 이와 같이 1이 완성이 된 숫자가 10인 것이다. 이러한 합(合)의 법칙에서 하나인 1은 크게는 적멸보궁이

될 때도 있으며, 《정명궁(正明宮)》이 될 때도 있으며, 개천 이후에는 각 은하성단의 중심이 될 때도 있으며, 적게는 아뇩다라삼먁삼보리를 이룬 부처님(佛)들이 될 수도 있으며, 보살(菩薩)이 될 때도 있으며, 성문승과 4-1의 성문승들인 인간이 될 때도 있다.

우주간에는 이러한 합(合)의 법칙을 어기는 것은 아무것도 없다. 심지어 물질(物質)의 진화(進化)도 이 법칙을 어기지 않는다. 불(佛), 보살(菩薩), 성문승, 4-1의 성문승들이 모두 《인간(人間)》들이니 《인간》위주로 이 법칙을 상세하게 살펴보자.

대공(大空) 속의 공간(空間)에 수도 없이 널려 있는 모든 별(星)들 모두를 인간과 동일시(同一時)한다고 말씀을 드렸다. 즉, 이 말씀은 《인간》들만이 공간의 별(星)들을 자기의 법궁(法宮)인 법신(法身)을 가질 수가 있는 것이며, 그림자 진화를 하는 《인간신(神)》들과 독각의 진화를 하는 《인간돌(石)》들과 《아수라》의 진화를 하는 무리는 이들이 《인간》 대열에 들기 전까지는 부처님들께서 세간(世間)에 그 모습을 드러내시어 만든 태양계(太陽界) 등에서 인간들이 거주할 수 있는 별(星)에 머물러 부처님들의 교화를 받으며 진화를 하다가 최소한 성문승이나 4-1의 성문승이 되었을 때 그들의 법궁(法宮)인 법신(法身)을 받게 되는 것이다.

단, 한 곳의 예외적인 곳이 있다. 그곳이 초기 우주로 불리우는 천일우주 100의 궁(宮)으로써 이곳에서는 《인간신(神)》, 《인간돌(石)》, 《아수라》의 진화를 하는 인간무리들이 법궁(法宮)인 법신(法身)을 가지고 있는 것이다.

인간들만이 별(星)의 법궁(法宮)을 받을 수 있는 원칙은 천일일(天一一) 우주를 중심한 이하의 우주가 모두 적용이 되는 것이다.

(1) 1.3.3.3 합(合)의 법칙

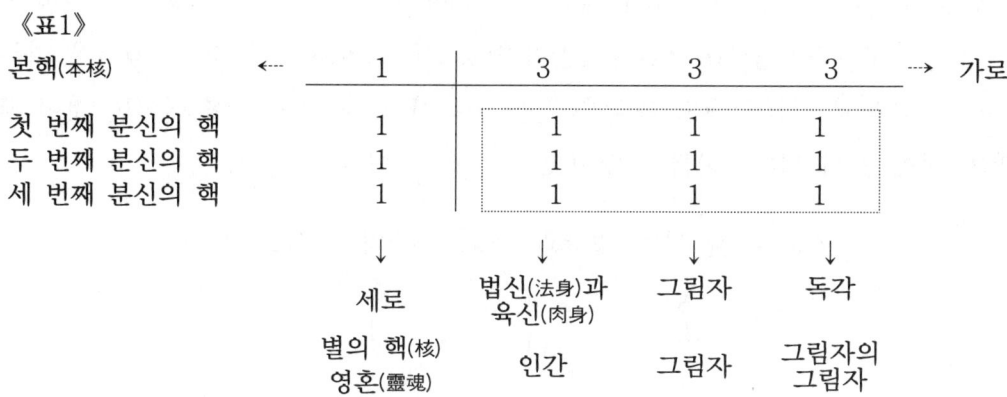

※ 합(合)의 법칙의 주인공은 《여섯뿌리진공(眞空)》과 《반야공(般若空)》들이다. 이러한 주인공들은 셋이 모여 하나를 이룬 본핵(本核) 1이 삼합(三合)을 시작하면서 먼저 스스로 몸(身)을 부풀린 후 세로로 그의 분신핵(分身核) 1을 만들고 난 다음 그 스스로의 가로 팽창 삼합(三合)을 한다.

이때 매 1합(合)마다 《여섯뿌리진공(眞空)》이나 《반야공(般若空)》이 음양(陰陽) 분리되어, 음(陰)의 《여섯뿌리진공(眞空)》이나 《반야공(般若空)》은 본래의 삼합(三合)의 자리에 남고 양(陽)의 《여섯뿌리진공(眞空)》이나 《반야공(般若空)》은 본핵(本核) 1로 돌아가 분신핵(分身核) 1로 분출이 된다. 이렇게 본핵(本核) 1로부터 분출된 것을 공급받은 분신핵(分身核) 1은 그 스스로의 《가로》 팽창을 하는 것을 염두에 두시기 바란다.

1) 첫 번째 세로 팽창과 가로 팽창의 삼합

셋이 모여 하나를 이룬 본핵(本核) 1은 가로로 첫 삼합(三合)을 하기 전(前)에 삼합(三合)을 하여 그의 몸(身)을 부풀린 후 세로로 분출하여 그의 분신핵(分身核)을 만들고, 가로로 첫 삼합(三合)을 할 때 매 1합(合)을 하면서 음양(陰陽) 분리를 이루어 음(陰)의 1합(合)은 본래의 자리에 남고 양(陽)의 1합(合)은 본핵(本核) 1을 통하여 세로로 분신핵(分身核) 1에게 분출하게 되면 분신핵(分身核) 1은 본핵(本核) 1을 통하여 공급받은 《여섯뿌리진공(眞空)》이나 《반야공(般若空)》으로써 그의 가로 팽창을 하는 것이며, 그 다음의 1합(合)때도 똑같은 일을 반복한다. 이렇게 하여 태어난 것이 사선 밑의 첫째 줄이 된다. 이를 도형으로 표현하면 다음과 같다.

《표2》 첫 세로 팽창과 가로 팽창의 삼합(三合)

1	3
1	1. 1. 1

사선 아래의 분신핵(分身核) 1의 가로 팽창인 1.1.1도 모두 합하면 3이 되므로 사선 위의 $\frac{1 \mid 3}{}$ 과 함께 똑같은 사선 아래의 $\frac{}{1 \mid 3}$ 이 된다. 즉, 셋이 모여 하나를 이룬 본핵(本核) 1이 첫 삼합(三合)을 함으로써 세로 팽창과 가로 팽창을 마침으로써 사선 위와 같은 쌍둥이를 만든 것이다.(표3)

《표3》

1	3
1	3 (1. 1. 1)

2) 첫 번째 분신핵(分身核)

첫 삼합의 분출에 의해 태어난 사선 바깥의 분신핵(分身核) 1은 《인간(人間)》으로서 별(星) 중심의 핵(核)이 되며, 분신핵(分身核)1이 첫 번째 가로 팽창한 1은 법신(法身)으로서 별(星) 표면인 법궁(法宮)이 되며, 이들이 영육(靈肉) 일치되었을 때가 중심핵(中心核)을 가진 별(星)이 되며, 분신(分身) 1이 두 번째 가로 팽창한 사선 안쪽의 두 번째 1은 인간(人間)의 《그림자》로서 《그림자 우주 진화(進化)의 길》에 있는 《인간신(神)》의 몫이며, 분신(分身)1이 세 번째 가로 팽창한 사선 안쪽의 세 번째1은 《그림자의 그림자》의 몫들로써 이들이 《인간돌(石)》의 진화를 하는 《독각》의 몫인 것이다.

즉, 별(星)의 법신(法身)인 법궁(法宮)은 《인간》만이 가질 수 있는 것이며, 《인간신(神)》이나 《인간돌(石)》들은 도덕성(道德性)을 갖춘 《인간》으로 진화하였을 때라야 법신(法身)인 별(星)의 법궁(法宮)을 가지는 것이 우주간(宇宙間)의 법칙이나, 이 법칙이 무시되는 곳이 유일하게 초기 우주인 천일(天一)우주 100의 궁(宮)이 되는 것이다. 이때의 《인간신(神)》들이나 《인간돌(石)》들은 초기 우주의 특성상 모두가 법신(法身)인 별(星)의 법궁(法宮)을 가졌음을 부처님께서는 《관보현보살행법경》에서 가르침을 베풀고 있다.

또한, 한 인간에게는 《그림자 진화》를 하는 자와 《그림자의 그림자 진화》를 하는 자들이 항상 따르는 것이다. 이러한 설명은 합(合)의 진행이 모두 끝날 때까지 동일한 것이다.

3) 두 번째 분신핵(分身核)

첫 번째 세로 팽창에서 만들어진 분신핵(分身核) 1은 스스로의 가로 팽창을 세 번 하는 동안 분신핵(分身核) 1 스스로도 삼합(三合) 활동을 하여 그의 핵(核)을 부풀린 후 분출에 의해 세로 팽창을 하여 두 번째의 분신핵(分身核) 1을 만들게 된다.

이때 셋이 모여 하나를 이룬 본핵(本核) 1이 가로 팽창의 첫 삼합(三合)을 마친 후 두 번째로 삼합(三合)을 하면서 매(每) 1합을 할 때마다 음양(陰陽) 분리를 이루어 음(陰)의 1합(合)은 본래의 자리에 남기고 양(陽)의 1합(合)은 첫 번째 세로 팽창에 의해 만들어진 분신핵(分身核) 1을 통해 두 번째 만들어진 분신핵(分身核) 1에게 전달하면 두 번째 만들어진 분신핵(分身核) 1은 스스로의 가로 팽창 1을 하게 된다.

이러한 방법으로 셋이 모여 하나를 이룬 본핵(本核)은 두 번째의 삼합(三合)을 마치게 되고, 이와 때를 같이하여 두 번째 만들어진 분신핵(分身核) 1도 스스로의 가로 팽창을 마치게 되는 것이다. 이것이 《표1》의 사선 아래쪽의 두 번째 줄의 결과이다. 이 결과를 묶어 도형을 그리면 다음과 같다.

《표4》

1	3. 3
1	3 (1. 1. 1)
1	3 (1. 1. 1)

4) 세 번째 분신핵(分身核)

두 번째 세로 팽창에서 만들어진 분신핵(分身核) 1은 스스로의 가로 팽창을 세 번 하는 동안, 분신핵(分身核) 1 스스로도 삼합(三合) 활동을 하여 그의 핵(核)을 부풀린 후 분출에 의해 세로 팽창하여 세 번째의 분신핵(分身核) 1을 만들게 된다.

이때 셋이 모여 하나를 이룬 본핵(本核) 1이 가로 팽창의 두 번째 삼합(三合)을 마친 후 세 번째 삼합(三合)을 하면서 매(每) 1합(合)을 할 때마다 음양(陰陽) 분리를 이루어 음(陰)의 1합(合)은 본래의 자리에 남고 양(陽)의 1합(合)은 첫 번째로 세로 팽창에 의해 만들어진 분신핵(分身核) 1과, 두 번째로 세로 팽창에 의해 만들어진 분신핵(分身核) 1을 거쳐 세 번째로 만들어진 분신핵(分身核) 1에게 전달이 되면 세 번째로 만들어진 분신핵(分身核) 1은 스스로의 가로 팽창 1을 하게 된다.

이러한 방법으로 셋이 모여 하나를 이룬 본핵(本核) 1은 세 번째의 삼합(三合)을 마치게 되고 이와 때를 같이 하여 세 번째로 만들어진 분신핵(分身核) 1도 스스로의 가로팽창을 마치게 되는 것이다. 이것이 《표1》의 사선 아래쪽 세 번째 줄의 결과이다. 이 결과를 묶어 도형을 그리면 다음과 같다.

《표5》

1	3. 3. 3
1	3 (1. 1. 1)
1	3 (1. 1. 1)
1	3 (1. 1. 1)

(2) 음양합일의 법칙

　상기 표(표5)에 있어서 핵(核)으로 만들어진 셋이 하나로 돌아가는 것을 《3-1의 법칙》 또는 《회삼귀일(回三歸一)》의 법칙이라고 하며, 이렇게 셋이 모여서 하나로 돌아간 1이 3.3.3 합(合)을 거느림으로써 이들 1.3.3.3 합(合)을 있게 한 사선 위의 1.3.3.3 합(合)과는 음양(陰陽) 관계를 이루는 것이다. 이러한 내용을 도형으로써 표현하면 다음과 같다.

《표6》

1	3. 3. 3
1	3. 3. 3

　이로써 《음양(陰陽) 합일(合一)의 법칙》이 나타나는 것이다.

(3) [1-3의 분열의 법칙]

　1.3.3.3 합(合)의 법칙에서 하나인 1이 흩어져 셋을 이루는 것을 《1-3의 법칙》 또는 《일석삼극(一析三極)의 법칙》 또는 《석삼극(析三極)》의 법칙으로써 《분열의 법칙》이라고 하며, 《천부경(天符經) 81자(字)》에 등장하는 《석삼극(析三極)》이 바로 《1-3의 법칙》과 《1-3의 길》을 뜻하는 것이다.

　지금까지 1.3.3.3 합(合)의 법칙 설명은 여러분들에게 《1-3의 분열의 법칙》을 이해시켜 드리기 위해 진리(眞理)의 설명을 한 것이다. 이러한 《1-3》의 분열의 법칙 중 세로 팽창에 의해 태어난 핵(核)들이 모든 불(佛)·보살(菩薩) 대마왕(大魔王)들인 것이다. 이 때문에 《관세음보살님》께서 《관세음보살님 1세》, 《관세음보살님 2세》, 《관세음보살님 3세》로 구분되며, 한때 대마왕이셨던 《제바달다》 역시 《제바달다 1세》, 《제바달다 2세》, 《제바달다 3세》로 구분되며, 이분들 각각이 가로 팽창의 《그림자》와 《그림자의 그림자》를 두게 되며, 인간 무리들 각각도 가로 팽창의 《그림자》와 《그림자의 그림자》가 있으며 세로 팽창도 있는 것이다. 이 때문에 결혼을 하게 되면 그의 후손(後孫)을 남기게 되는 것이다.

　진화(進化)에 있어서 《그림자》와 《그림자의 그림자》는 그 내면(內面)의 영혼(靈魂)은 인간 무리 영혼(靈魂)과 똑같은 모습으로 목소리나 그 하는 행동이 똑같으나, 진화(進化)의 길은 각각 다르기 때문에 《그림자》와 《그림자의 그림자》는 다만 《그림자》와 《그림자의 그림자》일 뿐인 것이다. 즉, 본핵(本核)과 분신핵(分身核)들의 영혼(靈魂)과는 하등의 관계가 없는 것이다. 그러나 스스로의 진화(進化)를 하는 가운데 스스로의 《그림자》와 《그림자의 그림자》를 최대한 악용하여 그 스스로의 욕망의 제물로써 대마왕들은 이를 이용하고 있는 것이 큰 문제인 것이다.

　그리고 대마왕들과 보살과 보살마하살들께서는 인간 육신(肉身)을 가지고 태어났을 때는 인연있는 분을 만나 결혼함으로써 꼭 그 후손들을 남기는 것이며, 부처님(佛)들의 경우는 인간 육신(肉身)을 가지고 태어났을 때 꼭 그 부처님의 천상(天上)의 배필께서 따로 인간 육신을 가지고 오셔서 결혼하시어 그 부처님의 하시는 일을 도우게 되는 것이다. 현재의 인간들 사회에서는 부처님들께서 결혼도 하지 않고 배필이 없는 것으로 알고 있으나, 이는 잘못 알려진 것으로써 음양(陰陽)의 법칙을 모르고 있기 때문에 일어나는 일들로써 《음양(陰陽)의 법칙》은 부처님들을 비롯한 중생들 모두에게 적용되는 법칙인 것이다.

　그러나 예외의 경우가 일부 《신선(神仙)》들에게 있으나 이는 영원히 지켜지는 것이 아니고 일시적인 현상인 것이다. 《신선(神仙)》도 진화(進化)의 과정에 있는 분들이기 때문에 이 《신선(神仙)》들께서도 다음의 진화의 길에 들었을 때는 이분들 역시 《음양(陰陽)의 법칙》을 따르게 되어 있는 것이다.

[6] 신(神)들의 계위(階位)

　개천 이전(開天以前)에 만들어진 인간의 씨종자들이 대거 인간 육신(肉身)을 가지고 태어난 곳이 상천궁(上天宮) 이후 천일우주(天一宇宙) 100의 궁(宮)이다. 이와 같은 천일우주 100의 궁(宮)은 만들어진 별(星)들이 꼭 100의 성(星)으로써 100의 성(星) 각각을 자기의 법신(法身)인 법궁(法宮)으로 한 분들 역시 100인(人)이 되는 것이며, 이러한 분들 각각의 법궁(法宮)에서 만들어진 인간의 씨종자들이 상계(上界)의 우주와 중계(中界)의 우주와 하계(下界)의 우주로 진화하여 내려옴으로써 이들 각각을 법궁(法宮)을 가진 분들의 후손(後孫)이라고 하며, 이를 모두 밝힐 수가 없어 각각의 성단(星團) 별로 이를 구분한 것이다.

《조선왕조》《중종》때에《연등불(佛)》께서《남사고》라고 이름하고 오셨을 때 남기신《격암유록》의 각론(各論)인《제60 갑을가(甲乙歌)》에서 "『천천히 사업을 도모하는 것은 백 명의 조상 가운데 열 명의 자손을 살릴 수 있는 방도지만 빠르게 사업을 도모하는 것은 백 명의 조상 가운데 한명의 자손을 살릴 수 있는 방도이네』"라고 예언하신 대목의《백 명의 조상》이 천일궁 100의 궁(宮)의 조상들을 말하는 것이다.

이와 같은 천일우주 100의 궁(宮)과 이보다 먼저 만들어진 상천궁(上天宮)을 합하여《초기 우주》라고 하는 것이며, 이러한《초기 우주》가 만들어질 때 먼저 탄생한 1-1의 진화의 길《인간》들과 1-2의 진화의 길《인간신(神)》들과《인간돌(石)》의 조상들 모두 스스로의 법궁(法宮)을 가지고 태어날 수 있었으나,《초기 우주》이하의 우주에서는《인간》들만이 스스로의 법궁(法宮)을 가지게 되는 이치를 가지게 되는 것이다. 즉,《초기 우주》에서의《인간신(神)》과《인간돌(石)》의 진화를 하는 조상들이 예외적으로 큰 복을 받은 것이다.

이와 같은《초기 우주》에서 법궁(法宮)을 가지게 된《인간》들과《인간신(神)》과《인간돌(石)》의 진화를 하는 조상(祖上)들은 모두가 성불(成佛)을 이루어 불(佛)·보살(菩薩)을 이룬 것이나,《인간신(神)》들과《인간돌(石)》의 진화를 하는 조상(祖上)들은 그들이 지닌 마성(魔性)인 1-4의 기(氣)를 제거하지 못하고 어부지리로 성불(成佛)을 이룬 관계로 불(佛)·보살(菩薩)의 법력(法力)을 갖추었으나 실질상은 마성(魔性)을 지닌 반쪽짜리 신선(神仙) 불(佛)·보살(菩薩)을 이룬 것이다. 이와 같은 마성(魔性)을 지닌 반쪽짜리 신선(神仙) 불(佛)·보살들이 계속 진화(進化)를 하는 동안 스스로가 지닌 마성(魔性)을 제거한 분들은 모든 자격을 갖춘 불(佛)·보살로 거듭 태어나게 되는 것이나, 그렇지 못한 분들이 욕망(慾望)에 의한 강한 집착(執着)을 가졌을 때는 대마왕(大魔王)으로 변하고 마는 것이다.

이와 같은 대마왕(大魔王)들이 획책한 것이 《헬리오폴리스》로 이름되는 《천일궁(天一宮)》에서의 대《반역》이며, 이러한 대마왕 중 일부를 빨리 진화(進化)시키시고자 《노사나불(佛)》께서 노력한 큰 예가 《리그베다》《천둥의 신(神) 인드라 1.32》에서 노래되고 있는 내용인 것이다.

이러한 대마왕들이 지상(地上)의 인류 북반구 문명이 시작된 후 한민족(韓民族)의 조상(祖上)들이신 《한님》과 《한웅님》들과 한민족(韓民族) 구성원들에 의해 5700년간의 인간 교화(敎化)가 끝이 난 후 4300년간의 인간 치화(治化)의 시대에 돌입하면서 《국경》개념이 생김과 동시에 《석가모니 하나님 부처님 법(法)》에 반역하는 《우주적》《쿠테타》를 벌린 것이 《신(神)들의 전쟁》으로써 이러한 《신(神)들의 전쟁》을 주도하고 이끈 분들이 이들 대마왕(大魔王)들이기 때문에, 이들 대마왕들의 면모를 밝혀야만 BC 2300년 전부터 시작된 신(神)들의 전쟁과 그 결과로써 오늘날 지상(地上)에 살고 있는 인간 무리들을 정신적으로 지배하고 있는 실상을 알게 되기 때문에 이를 알려드릴 목적으로 이 장을 진행하고 있는 것이다.

(1) 부처마왕(佛魔王)

1) 무곡성(武曲星) 부처마왕

북두칠성(北斗七星)의 여섯 번째 신선(神仙) 부처(佛)로서 《노사나불(佛)》의 《그림자》이다. 《그림자 우주 진화》의 길에 있는 마왕부처로서 《대관세음보살님》의 후손이다.

2) 천관파군성(天關破軍星) 부처마왕

북두칠성(北斗七星)의 일곱 번째 신선(神仙) 부처로서 악질 중의 악질 마왕이다. 문왕팔괘(文王八卦)로 유명한 주(周)나라 문왕(文王)으로 한때 그 후신(後身)으로 왔을 때 한민족(韓民族) 역사의 왜곡과 말살을 지시한 장본인으로,《그림자 대관세음보살》이신《꼬부랑 할매》의 후손으로 암흑의 신(神)인《가이아신(神)》을 어머니(母)로 하여 태어난 자로서 우주간(宇宙間)에서는 악명이 높은 자이다. 중원대륙에는 상당수의 그의 후손들이 자리하고 있다.

3) 연등불(佛)

연등불(佛)께서는 한때 한민족(韓民族)의 신시(神市) 시대 때《5대 태우의 한웅(BC 3512)》님의 장자(長者)로서《발귀리선인(發貴理仙人)》으로 이름하고 오시어 선도(仙道)의 체계를 세우신 후『아사달』에서 제천(祭天)의 예가 끝날 때 지어 부른《오도송(悟道頌)》이 지금까지《한단고기(桓檀古記), 임승국 번역 주해》편에 전하여져 오는 한민족(韓民族) 조상불(祖上佛) 중의 한분으로, 이《오도송》발표 이후 불(佛)께서는 6대《다의발 한웅(BC 3419)》님이 되신다.

때에《발귀리 선인》의 아버지가 되시는《5대 태우의 한웅》님이 바로《다보불(佛)》께서 인간 교화를 위해 오셨을 때의 이름이며, 이때《다보불(佛)》께서는 12명의 아들을 두게 되는데 그 막내아들이 8괘로 유명한《복희씨》로서 이분이《문수사리보살》의 후신(後身)이다. 천상(天上)의 법칙으로는《발귀리 선인》이 막내아들로 태어나고《문수사리보살》이 장남(長男)으로 태어나셔야 하는 것이나,《발귀리 선인》께서는 부처(佛)를 이룬《연등불(佛)》이시고《문수사리》는 보살의 신분이기 때문에 뒤바뀌어 태어나신 것이다. 이러한 이유가 뒷날《문수사리보살》이 마왕이 되어《신(神)들의 전쟁》때에 마왕들 편에 동조하게 된 하나의 인연이 된다.

이러한《연등불(佛)》께서는 뒷날《자부선생(紫符先生)》으로 오시어《칠정운천도(七政運天圖)》를 제작하시게 된다. 인간 사회에서 최초로 선생(先生)의 칭호를 받은 분이 이《자부선생》으로서 이 인연으로 뒷날《조선왕조 중종》때에《남사고(南師古)》로 이름하고 오셔서 그 이름자에『남쪽에서 제일 오래된 스승』이라고 은유적으로 이름을 하신 것이다.

부처님께서《자부선생》으로 오신 이후 한민족(韓民族) 조상불들에 의한 중원대륙의 인간 교화(敎化)가 끝이 나는 신시(神市) 시대를 마감하고 중원대륙의 중심부에서 문수사리보살》께서 이번에《단군왕검》으로 이름하시고《고조선(古朝鮮)》인《단군조선(檀君朝鮮)》을 여시었을 때,《자하선인(紫霞仙人)》으로 이름하고 오시어 문수사리보살이신《단군왕검》을 크게 도우시는 것이다.

이 인연으로 부처님께서는 중원대륙 곳곳에 수많은 후손들을 남기시는데 주로 산동(山東) 지방에 많은 부처님의 후손들이 자리하신 것이다. 이러한 부처님의 후손 역시 한민족(韓民族)의 핏줄이나 지금은 모두 중원대륙의《한족(漢族)》들에게 동화되어 있다.

이러한 이유 때문에 BC 2300년경부터 시작된《신(神)들의 전쟁》이 동양 사회에서는 단군조선의 위력 때문에 서구 사회보다는 늦게 시작이 되는 것이다. 즉, 동양 사회에서의 신(神)들의 전쟁은 주(周)왕조부터 시작이 되어 이후《춘추전국시대》를 거쳐 오늘에 이르고 있는 것이다.

이러한 신(神)들의 전쟁에서 중원대륙에 있는 수많은 부처님의 후손들이《대마왕》들과 그들의 후손 민족들에게 볼모로 잡혀 있는 관계로 인하여 주(周)나라 이후 AD 2000년까지 부처님께서는 마왕(魔王)부처가 되어 대마왕들의 편에 서게 되신 것이다.

이때까지 기간의《연등불(佛)》을《연등불(佛)》마왕이라고 하는 것이며, 이후 선천우주가 끝이 나는 서기 2000년에 필자가《미륵부처》를 이루고 대마왕 노릇을 하시던《연등불(佛)》께 간청을 함으로써 부처님께서는 그동안의 잘못을《석가모니 하나님 부처님》께 깊이 참회드리고 본래의 자리인《연등불(佛)》의 자리로 돌아가신 것이며, 이 인연으로 필자가 부처님께서《남사고》라고 이름하고 오셨을 때 남기신《격암유록》에서 본론(本論)만 추려서 왜곡된 부분을 바로 하여《격암유록 上, 下》남사고 비결 천부수리 해설이라는 책명으로 출간하여 드린 적이 있다. 이러한 출간된 책에서도 많은 오류가 발견되어 이를 정정하여《개정판》을 내어 드리는 것이 도리이나, 재정 형편상 그렇게 하지 못하고 있다.《격암유록》의 각론(各論)은 후대의 이기심에 찬 무리들에게 심하게 왜곡되어 있어 이를 바로 하기란 시간이 너무 많이 걸릴 것 같아 손을 대지 못하고 있는 실정이다.

이후 한때 당(唐)나라《측천무후》로 왔던《묘음보살》덕분에 현재 중국 대륙의 대마왕들의 후손(後孫)들을 대마왕으로부터 격리시키면서 부처님 후손들은 이 미륵 부처가 모두 부처님께 되돌려 드린 적이 있다. 이때 부처님께서 걷우어 가신 후손들의 수(數)는 헤아릴 수 없는 엄청난 수의 후손들을 걷우어 가심으로써 대마왕들과 이들 대마왕들을 따르는 수많은 마왕들로부터 해방이 된 것이다. 이렇듯 해방된 후손들과 함께 부처님께서는 지금의 황소자리 성단의 궁주(宮主)로 자리하였으나 끝내《우주 쿠데타》에 동참한 신선(神仙) 불보살들을 물리치지 못하고 이 부처님 역시 신선불(神仙佛)로서의 최후를 마치신 것이다.

(2) 대마왕(大魔王) 보살(菩薩) 1

대마왕 보살(大魔王菩薩)1은《대관세음보살》님의 후손(後孫)들을 구분한 것이다.

1) 고시리(古是利) 마왕 보살

고시리(古是利) 마왕 보살은 천일궁(天一宮)에서 오신 분으로서 고대 한민족(韓民族)의 최초의 국가인《한국(桓國)》때에《일곱 한님》중의 한 분으로 한국(桓國)의 다스림 1200년이 지난 BC 6000년에 한국(桓國)의 백성들인《스키타이》족(族) 일부는 한국(桓國)의 땅에 남겨두고《석가모니 하나님 부처님》께서는 한국(桓國)의 주력 세력들을 대동하시고《파미르 고원》으로 이동하시어 한민족(韓民族)의 두 번째 나라인《배달국》을 세우시고 중앙아시아 일대의 인간 무리들을 교화하게 하시고《석가모니 하나님 부처님》께서는 다시《수메르》문명이 일어날 곳으로 가시어 인간들을 교화하시고, BC 5000년경 《수메르 문명》을 일으키시는 것이며, BC 6000년에 다보불(佛)께서는 일부의 《스키타이》 무리와 고시리(古是利)를 대동하고 지금의 유럽 땅으로 향하신다. 이와 같이 유럽에 도착한 다보불(佛)께서는 인솔하셨던 무리들을 세 갈래로 갈라서 인간들을 교화하시는 것이다.

현재의 유럽 땅에 사는 인간 무리들 중 《황금색 머리》에 파란 눈을 가진 인간 무리들은 《석가모니 하나님 부처님》 직계의 후손(後孫) 민족이며, 《검은 머리털》을 가진 민족은 《스키타이》가 교화한 인간들 무리로서 《다보불(佛) 계(係)》와 《노사나불(佛) 계(係)》의 후손들이 되며 이들이 전쟁에 나갈 때는 꼭 《황소뿔》이 달린 투구를 쓰는 것이 특징이다.

다음으로, 《고시리(古是利)》가 원천 조상이 되어 교화한 인간 무리들의 후손(後孫)들이 오늘날 《러시아》의 주인 민족으로 자리하는 《슬라브족(族)》들이 된다. 이렇듯 유럽인들의 교화의 역사도 오래된 것이다. 이러한 《슬라브족》 후손을 많이 거느린 《고시리(古是利)》는 신(神)들의 전쟁이 일어나기 훨씬 이전에 이미 《석가모니 하나님 부처님》의 뜻을 거역하고 독자 노선을 걷는 대마왕(大魔王)으로 전락한 것이다. 이와 같은 《고시리(古是利)》의 뜻이 후손 민족인 《슬라브족》에게 영향을 미쳐 그들은 지상(地上)에서 유례없는 넓은 땅을 국경으로 하게 된 것이다.

2) 문수사리 마왕 보살

문수사리는 문수사리 1세와 문수사리 2세와 문수사리 3세가 있다. 이와 같은 문수사리에 있어서 문수사리 1세를 《문수보살》로 부르기도 하며 문수사리 2세를 《사리프타》라고도 한다. 이러한 문수사리 1세와 문수사리 2세와 문수사리 3세를 마왕 보살이라고 한다.

지상(地上)에서 인류 북반구 문명이 시작된 이후 문수사리보살 만큼 큰 역할을 한 분도 드물다. 《신(神)》들의 전쟁이 시작되기 이전의 문수보살의 행적을 보면, 《수메르 문명》이 쇠퇴기에 들었을 때 《다보불(佛)》을 도와 《우르 문명》을 일으킨 자도 문수보살이였으며, 한국(韓國)의 신시(神市) 시대 《다보불(佛)》이신 5대 《태우의 한웅님》의 막내아들로 태어나시어 《복희씨》로 이름하셨으며 BC 4000년 민족의 2차 대이동 때에 《수메르 문명》 주력 세력들 중 일부가 고대 《인도》의 서북 국경을 넘어 《아리안족(族)》으로 자리하였을 때 그들의 중심 세력으로 자리한 《샤카족》들에게 한단불교(桓檀佛敎)의 3대 경전인 천부경(天符經) 81자와 북두칠성연명경과 삼일신고를 전하여 줌으로써 훗날 이 경전들의 해설서와 같은 《리그베다》와 《우파니샤드》가 탄생되게 하였으며, 이후 중원대륙 심장부에 한민족(韓民族)의 고대 국가인 《단군조선(檀君朝鮮)》을 세우시고, 뒤이어 이집트에 태어나시어 《멘투호텝》 파라오로 이름하시고 오시어 《레우.누.페르.엠.후루》를 남기시게 한 예는 유명하며, 지혜(智慧)의 신(神)으로서 《따오기》 형상을 한 《토드 신(神)》으로도 유명하다. 한때는 천상(天上)에서도 《천(天)의 스승》이라는 호칭을 가질 정도로 신통(神通)과 지혜(智慧)가 출중한 분이였으나, 이러한 신통과 지혜력(智慧力)만 믿고 그 스스로가 가진 마성(魔性)을 제거하는 데는 실패를 하신 것이다.

　본래 문수사리는 천일궁(天一宮)에서 태어날 때 다보불(佛)을 아버지로 하셨으나 암흑의 신(神)인 《가이아》의 기(氣)인 1-4의 기(氣)를 너무 많이 받아 《독각 계열》로 분류가 된다. 아버지이신 다보불(佛)의 기(氣)가 3-1의 기(氣)이다. 이러한 사실을 임승국 번역 주해의 《한단고기(桓檀古記)》에서는 《단군왕검은 3-1-4의 기(氣)를 받아》라고 기록하고 있다. 이와 같이 문수사리가 가진 마성(魔性)이 바로 1-4의 기(氣)인 것이다.

　문수사리께서 출중한 신통(神通)과 지혜력(智慧力)으로 스스로의 마성(魔性)을 제거하는데 성공하셨으면 문수사리 2세 때에 완전한 부처(佛)를 이루게 되어 있었음에도 불구하고 이에 실패를 함으로써 다보불(佛)께서 5대 《태우의 한웅님》으로 오셨을 때 막내아들로 태어나게 된 것이다. 5대 《태우의 한웅님》의 장자(長者)로 태어나신 연등불(佛)의 후신인 《발귀리 선인》보다는 천상(天上)에서의 서열은 《문수》가 빠른 것이다.

　《문수》께서 때로는 《곰족(族)》 출신의 《성문》들의 우두머리로, 때로는 《독각》의 우두머리로 두 얼굴을 가지기 시작한 때가 BC 2000년경 3차 민족 대이동이 있었을 때 《우르》 문명권의 그의 후손들이 《그리스 반도》로 이동하여 찬란한 《미케네 문명》을 일으킨 후 때마침 BC 3000년경 중원 대륙으로부터 추방당한 후 《제바달다 1세》인 《반고(盤固)》와 《야훼1세》인 《공공》의 후손 주력 세력들이 꽃피운 《크레타》문명권에 침범을 당한 후가 된다. 이후 《미케네인》 일부가 이탈리아 반도로 건너가 세운 나라가 《로마》이며, 이때의 애환을 문수의 후손들은 간략하게 《로마신화》로써 대변하고 있으며, 이후 로마가 지금의 터키 쪽으로 동방(東方) 정책을 쓴 이유가 터키 민족과 한민족(韓民族)은 같은 민족인데다가 처음 한국(桓國)의 자리 일대가 포함되는 지역이 터키이기 때문이다. 이러한 곳이 서구 사회 및 중원대륙의 몰지각한 무리들이 《흉노족》으로 이름붙인 《스키타이족(族)》들이 있는 곳으로써 로마인들에게는 정신적인 《고향》과 같은 곳이기 때문이다.

《미케네 문명》은 문명(文明)이 일어난 직후부터 사실상 《크레타 문명》의 강한 영향력을 받고 있었다. 이때가 중원대륙에서는 《문수》께서 《단군왕검》으로 이름하시고 세우신 《단군조선》의 국력이 막강한 약 천 년간의 세월을 보내고 이후부터는 《제후국》들이 더 강한 힘을 가질 때로써, 이때 《천관파군》도 문왕(文王)으로 이름하고 《주(周)》나라를 세운 것이다. 이에 영향을 크게 받은 《문수》께서도 마치 《연등불(佛)》처럼 그가 남긴 후손(後孫) 민족에 대하여 강한 집착력을 갖게 됨으로써 일순간 《마왕 보살》로 변한 것이다. 《문수》의 후손은 사실상 다보불(佛)의 후손(後孫)들이 되는 것이다.

이렇게 하여 《마왕 보살》로 변한 《문수》께서 신(神)들의 전쟁을 처음부터 일으켰던 《대마왕》들과 한통속이 되어 《석가모니 하나님 부처님》 법(法)에 반역하는 《우주적 쿠데타》에 동참을 한 것이다.

이때의 《문수》의 꿈은 여느 대마왕들과 같이 그의 후손(後孫) 민족을 축으로 하여 후천우주(後天宇宙)를 마왕(魔王)들의 우주(宇宙)로 만들어 후천우주(後天宇宙) 인(人)의 우주(宇宙) 전체를 다스리는 대마왕 중의 대마왕이 되어 이들 위에 군림하고자 한 것이다. 이로써 《문수》는 그의 탁월한 신통력(神通力)과 지혜력(智慧力)으로 《석가모니 하나님 부처님》 법(法)에 반역하는 모든 대마왕들의 두뇌(頭腦)가 된 것이다.

이렇듯 대마왕들의 두뇌(頭腦) 노릇을 하면서 그가 진리(眞理)를 왜곡시킨 예는 그의 출중한 지혜력(智慧力) 때문인지 교묘하기 이를 데 없어 일반 불자(佛者)들 뿐만 아니라 전문가도 찾아보기가 어렵다. 이를 헤아려 볼 자는 오직 부처님들 밖에는 없는 것이다. 이러한 문수가 첫 번째 시도한 일이 한단불교의 3대 경전 중 하나인 《천부경 81자》에 있어서 《십거일적(十鉅一積)》을 《일적십거(一積十鉅)》로 바꾸어 놓은 것이다.

이는 창조주의 수(數)인 19수(數)를 설명한 내용으로, 십거이양작(十鉅以陽作) 일적이음립(一積以陰立) 즉, 10을 하나까지 펼치어 양(陽)을 만들고 하나를 9까지 쌓아 음(陰)을 세운다는 뜻으로써, 예를 들면 10은 완성수로써 법성(法性)의 1-6체계나 이로써 만들어지는 천궁(天宮)이나 태양성(太陽星) 등이 된다. 이와 같은 태양성이 골고루 햇빛을 비추게 하는 것이 십거(十鉅)의 예가 되며, 이 햇빛을 받아 조금씩 조금씩 만물(萬物)이 자라나는 것이 일적(一積)의 예가 된다.

즉, 십거일적(十鉅一積)은 원천 창조주이신 《석가모니 하나님 부처님》을 인정하는 것이 되고, 일적십거(一積十鉅)가 되면 《그리스 자연사상》을 그대로 옮겨 놓은 뜻인 『암흑물질에서 오랫동안 하나하나 쌓여 만물이 탄생되었으며 태양성(太陽星)도 자연히 생겨나 각각의 자리에 있는 것이며, 신(神)들도 이 이후에 태어남으로써 이들이 생명(生命)이 다하면 자연히 흙으로 돌아간다』는 사상이 되어 《원천(原泉) 창조주》를 부정하는 것이 되는 것이다.

이러한 이후 그는 우주를 떠받치는 《일곱 가지 법칙》 중 하나인 《천궁도(天宮圖)》 이치에서 만들어진 각 성단(星團)의 중심(中心)에 해당하는 모든 부처님들의 궁전인 《36궁(宮)》을 모두 빼고 천지인(天地人)의 우주에서 지(地)의 우주 36궁(宮)만 남겨 놓고, 지(地)의 우주 36궁(宮)에서 천지인(天地人)의 우주 세계(世界)들이 만들어져 연결된 천궁도 이치를 조작하여 이치를 세움으로써 《천상(天上)》의 불(佛)·보살(菩薩)들을 선동하여 상계의 우주에는 그의 동조 세력을 만들어 놓고 지상(地上)에 내려와 있는 모든 불(佛)·보살들을 현혹케 함으로써 《지(地)》의 우주 불·보살 중 《노사나불(佛)》을 제외한 모든 불(佛)·보살들을 신(神)들의 전쟁에서 그의 편으로 합류시킨 것이다. 이와 같은 천궁도 이치가 조작되어 잘못된 것임을 필자가 필자의 저서 《묘법연화의 실상의 법》에 소상히 밝혀 두었다.

이러한 이치의 잘못을 뒤늦게 깨우친 《연등불(佛)》과 《제바달다 1세와 2세》는 필자가 《미륵부처》를 이루고 잘못된 천궁도 이치가 담긴 《묘법연화의 실상의 법》이 세간(世間)에 발표되던 해에 그동안 잘못을 원천 창조주이신 《석가모니 하나님 부처님》과 《세 분 하느님》께 깊이 참회하고 항복함으로써 연등불(佛)과 이를 따르던 보살 무리는 본래의 자리로 돌아가고 이후 두 분은 부처(佛)를 이루어 《천왕불(佛)》과 《천왕불 쌍둥이 부처님》으로 자리를 하신 것이다.

이러한 《천궁도 이치》 조작 이후 그는 그 후손 민족인 《미케네인(人)》들이 문명을 일으키면서 정신적 지표로 삼았던 천상(天上)의 일이 소상히 기록된 《미케네인》 신화(神話)를 《그리스 자연사상》에 맞도록 고치고 왜곡하여 훗날 인간사회에서는 등장하지 말았어야 할 엉터리 《그리스 신화(神話)》가 탄생되게 한 장본인이 문수사리인 것이다. 이 인연으로 문수사리가 2세인 《사리프타》로 부처님 제자가 되었을 때 《지장보살 1세》인 《목건련》과 함께 그들의 하수인들을 시켜 《석가모니 부처님》을 독살시키고 부처님의 아들인 필자의 전생 삶인 《라훌라》를 죽이기 위해 광분함으로써 《라훌라》는 이들을 피해 항상 숨어 다닌 탓에 후세인(後世人)들은 《라훌라》를 《밀행제일의 존자》로 부르게 된 것이며, 이들 대마왕들은 세세생생 《라훌라》를 추적한 것이다.

이후 필자가 한때 《구마라즙》으로 이름하고 중원대륙으로 들어가서 모든 우주의 진리(眞理)가 담긴 《묘법연화경》을 《한문(漢文)》번역에 성공하여 《27품 묘법연화경》을 세상(世上)에 드러내게 되었는데, 뒤따라 문수사리 2세인 《사리프타》가 이번에는 《천태지자》대사로 이름하고 와서 《묘법연화경》의 한문(漢文)이 뜻글자임을 교묘히 악용하여 《묘법연화경》을 왜곡하고 《28품 묘법연화경》으로 만들어 세간에 내어놓음으로써 경(經)에 있어서 생명(生命)과 같은 수리(數理) 체계를 흔들어 놓은 것이다.

이와 같이 문수사리가 동서양을 막론하고 인간 무리들에게 끼친 해독은 상상을 초월하는 것이며, 오늘날 모든 인간 무리들을 대마왕들의 정신적 지배하에 둔 초특급 범죄자가 문수사리인 것이다.

이러한 문수사리가 지상(地上)의 모든 인간들이 그가 바라는 정신적 지배를 받게 됨으로써 이들을 바탕으로 하여 나머지 그가 결행하여야 될 일이 《미륵부처》를 제거함으로써 후천우주(後天宇宙)를 마왕들의 우주로 만드는 것이었다.

이 때문에 문수사리는 천상(天上)의 그의 동조 세력들과 함께 《미륵부처》제거를 위해 광분하다가 그의 모든 계획을 알아차린 《미륵부처》와 우주 탄생 이후 유례없는 대규모 우주 전쟁을 두 차례나 겪고 모든 부처님들의 도움을 얻은 《미륵부처》에게 패하여 지금은 《미륵부처》에 의해 《영혼 죽임》을 당한 채 문수사리 1세와 2세는 우주간의 티끌로 사라진 것이다. 그러나 문수사리 3세는 《미륵부처》에게 거세게 저항을 하다가 《미륵부처》의 간곡한 설득에 교화되어 지금은 착실히 성불(成佛)의 길을 밟고 있는 듯하였으나 이 역시 문수사리 1세, 2세의 영향력을 벗어나지 못한 것이었다.

이렇듯 동서양 인간 무리들에게 영향력을 가진 문수사리를 교화하기 위해 《석가모니 부처님》께서도 무던히 노력하신 것이 드러나는 경(經)이 《묘법연화경》이다. 문수사리가 지혜(智慧)가 뛰어나서 경(經)을 설(說)하시는 곳곳마다 《문수사리》나 《사리프타》를 거명하신 것이 아니라 그를 일깨우기 위해 거명하였음을 바로 아시기 바란다.

3) 지장 1세 마왕 보살

《구약》의 《창세기》에 등장하는 《노아》는 《노사나불(佛)》을 이름한 것이며, 《노아》의 세 아들 중 장남인 《셈》이 바로 지장보살 1세의 때에 따른 이름이다. 즉, 《셈족(族)》의 원천(原泉) 조상이 지장보살 1세인 것이다. 이와 같은 지장보살 1세를 《그리스 신화》에서는 대장장이 《헤파이스토스》라고 하며, 그의 부인이 유명한 애욕의 신(神)인 《아프로디테》이며 다른 이름으로는 《판도라》라고 한다.

즉, 지장보살 1세는 운명적으로 《아프로디테》와 결혼함으로써 이 사이에서 나온 후손(後孫)들은 인간 육신을 가지고 태어날 때 인간 육신의 ⅓은 《아프로디테》인 《판도라》의 《파렴치한 도둑 근성》을 운명적으로 가지고 태어나는 것이다. 이러한 인연 때문에 《신(神)》들의 전쟁 기간 중 지장보살 1세는 《문수사리》의 최대

협력자가 되는 것이며, 이 마왕 보살 역시 우주(宇宙) 정복의 꿈을 갖기는《문수사리》와 마찬가지이다.

참고로,《구약 창세기》에 등장하는《노아》의 세 아들이 장남인 지장보살 1세와 훗날 유대 땅에《다윗왕》으로 오게 되는《약상보살》과《예수님》으로 오시게 되는《약왕보살》이신 것이다.

현재의 태양계(太陽界) 7성(星)인 태양성(太陽星)과 수성(水星)과 금성(金星)과 토성(土星)과 천왕성과 해왕성과 명왕성 등 지일(地一)의 7성(星) 주인공들이《노사나불(佛)》과《화덕보살》과《백의관음》과《지장보살》과《제바달다(천왕불)》와《약상보살》과《약왕보살》로서 이 분들은《이란고원》인《엘람》지역으로부터 출발하여 중동지방, 지중해 연안, 소아시아 등에서 인간 교화를 한 관계로 이 지역에 많은 후손들을 두고 있으며,《마루둑》을 신앙하는《바빌론 문명》이 노사나불(佛)께서 일으키신 문명이다.

4) 관세음보살 3세 마왕

관세음보살 3세께서는 지중해 연안과 고대《이집트》에 많은 후손들을 두셨으며, 한때는 유명한《클레오파트라》라고 이름하고 오신 적도 있다. 이때 이 분께서는《마왕 천관파군》이《안토니우스》라고 이름하고 왔을 때《마왕 천관파군》의 계획된 사랑에 빠져 육신(肉身)을 벗고 천상(天上)에 오른 후 관세음보살 3세가 되셨으나, 이미 그의 영혼(靈魂)은《천관파군》의 꾀임에 빠져 사랑의 포로가 된 이후라, 이후부터 이 분께서는《관세음보살 3세》의 지위를 이용하여 욕망의 집착에 의한 허망한 꿈을 가지게 되었다.

그 허망한 꿈이란 후천우주(後天宇宙)를 마왕(魔王)들의 우주로 만들고 제2의 천상(天上)을 만든 후 제2의 천상 하나님으로는《천관파군》이 자리하여 전체 우주의《인간》들과《인간신(神)》의 진화를 하는 무리와《인간돌(石)》의 진화를 하는 모든 인간 무리들을 진화가 덜된《인간신(神)》의 지배하에 두고 그 정점에 하나님으로써《천관파군》이 자리하게 하고《관세음보살 3세》스스로께서는 우주간의 모든

《신(神)》들의 세계를 장악하여 가짜 《하나님》 노릇을 하는 《천관파군》의 윗자리에 군림하여 《석가모니 하나님 부처님》을 철두철미하게 고립시키고 선후천우주(先後天宇宙) 모두를 장악하고자 하는 헛된 야망을 구체화시켜 그들 계획을 진행시키다가 그 계획 전모가 미륵부처(佛)에게 포착이 되어 미륵부처(佛)께서 아버님이신 《석가모니 하나님 부처님》께 보고를 올리고 깊은 참회로써 모든 죄업을 청산하실 것을 요구하였으나 이를 거절하므로 《석가모니 하나님 부처님》으로부터 벌을 받아 우주간의 티끌로 사라지고 말았다.

이즈음 미륵부처는 《안토니우스》인 《천관판군》과 그가 획책하였던 《2천상》의 모든 마왕들을 초토화시켜 우주간의 티끌로 보냈으나, 그의 추종 세력들이 거세게 저항을 함으로써 몇몇 대마왕들과 함께 티끌로 돌아간 《천관파군》을 티끌마저 우주간에서 영원히 사라지게 하는 《석가모니 하나님 부처님》의 최후적인 조치가 있었던 것이다.

5) 대세지보살 마왕

대세지보살은 한민족(韓民族)의 《한웅시대》 제14대 《자오지 환웅》(일명 치우 한웅, BC 2707)으로 오시어 당시 《제바달다》의 후신(後身)인 반고(盤固)와 《야훼》의 후신(後身)인 《공공(共工)》의 후손(後孫)들이 BC 3000년경 한민족(韓民族) 조상(祖上)이신 《한웅》님들에 의해 그들의 주력세력들이 《크레타섬》과 지중해 지방으로 추방이 될 때 일부의 그들의 후손들은 산속으로 숨어들어 산악족들인 《헌구(軒丘)》의 무리들이 되어 세력을 확장한 후 당시 《치우천황》의 백성들인 《구려족》을 괴롭힘으로써 이들을 물리친 《탁록전투》를 지휘하신 유명한 《치우천황》이 바로 《대세지보살》이시다.

이러한 보살께서도 후손(後孫)들에 대한 강한 집착력으로 대마왕이 되시어 천상(天上)에서는 《문수사리 마왕보살》의 협력자로서 선천우주(先天宇宙) 전체의 신선(神仙)들의 우두머리로서 한때 그의 막강한 힘과 영향력을 앞세워 《석가모니 하나님 부처님》의 법(法)을 따르지 않고 후천우주(後天宇宙)를 마왕들의 우주로 만들려고

《석가모니 하나님 부처님》과 맞서다가 참회의 기회를 주셨는데도 이를 거부함으로써 우주간의 티끌로 사라지게 됨으로써 마왕보살로 낙인이 찍히신 분이다.

6) 마왕(魔王) 화엄보살
7) 마왕(魔王) 수월보살
8) 마왕(魔王) 용수보살

※ 이 마왕보살들은《대세지보살》의 딸들로서 어머니(母)와 함께 후천우주(後天宇宙)를 마왕(魔王)들의 우주로 만들어 신선(神仙)들이 지배하는 우주로 만들기 위해 《석가모니 하나님 부처님》법(法)에 맞선 자들로서, 특히 마왕 용수보살은 중원대륙에서 그리스 자연사상을 따르는《연기법(緣起法)》을 주창하여 불법(佛法)을 크게 왜곡되게 한 자(者)이다. 이러한 마왕 용수보살은《석가모니 하나님 부처님》으로부터 큰 벌을 받아 티끌마저 없는 영원히 돌아오지 못할 길을 걸은 자이다.

(3) 대마왕(大魔王) 보살(菩薩) 2

대마왕(大魔王) 보살 2는《대관세음보살》의 후손(後孫)들로서 1-2의 진화의 길을 걷는《인간신(神)》과《인간돌(石)》의 진화의 길을 걷는 대마왕들을 구분한 것이다.

1) 마왕(魔王) 백의관음 1세
2) 마왕(魔王) 백의관음 3세
3) 마왕(魔王) 마리아(백의관음 1세의 분신(分身))
4) 마왕 수왕화보살(백의관음 2세)
5) 마왕 백의관음 1세의 아들(불명호 없음) : 바퀴벌레 마왕
6) 묘음보살(파리 마왕)

이들 대마왕들은《카시오페아 성단》출신들로서, 북두칠성(北斗七星)의 여섯 번째 신선 부처(佛) 마왕인《무곡성불》이 백의관음 1세의 남편이다. 이러한《무곡성

불》을 정점으로 하여,《카시오페아 성단》의 이들 대마왕들과《가이아신(神)》과 《아프로디테신(神)》들이 합세하여《관세음보살 1세》의 후광(後光)을 등에 업고 미륵부처 제거를 위해 광분하던 대마왕들로서, 이 때문에《관세음보살 1세》를 괴롭혀 시달리게 한 장본인들이다.

이러한 대마왕들이 꿈꾸는 것이 미륵부처가 만드는 중앙우주(中央宇宙)를 정복함으로써, 중앙우주(中央宇宙) 100의 궁(宮)으로부터 갈라져 나가는 후천우주 전체를 마왕들의 우주로 만들어 그들이 지배하는 우주로 만들기 위해, 그 목적 실행을 위해 수단과 방법을 가리지 않는 악행(惡行)을 저지른 대마왕들로서, 이들 중 일부는 티끌마저 없는 영원히 사라진 존재가 되었으며 일부는 우주간의 티끌로 돌아간 상태이다.

(4) 대마왕 보살(大魔王菩薩) 3

대마왕 보살 3은《그림자 대마왕 관세음보살》이신《꼬부랑 할머니》의 후손(後孫)들로서, 1-2의 진화의 길을 걷는《인간신(神)》과《인간돌(石)》의 진화의 길을 걷는 대마왕들을 구분한 것이다.

1) 제바달다 (1세, 2세, 3세)

제바달다는《아이》→《아사선인(仙人)》→《반고(盤固)》→《아테나신(神)》→《알라신(神)》→《천왕랑 해모수》등의 이름과 이외에도 여러 가지 이름으로 때에 따라 인간 육신(肉身)을 가지고 수없이 반복되는 삶을 산 분으로서, 제바달다 1세와 제바달다 2세와 제바달다 3세로 구분이 되며, 먼저 기술한 바와 같이 이 분들 모두는 선천우주(先天宇宙) 동안 활동한 대마왕들 중에서도 특급 대마왕들로서 BC 2300년 경부터 시작된《신(神)들의 전쟁》을 주도하신 분들이다.

이러한 분들이 선천우주(先天宇宙)가 끝이 나는 지상(地上)의 서기 2000년에 그동안의 잘못을 깊이 참회하고 《석가모니 하나님 부처님》께 항복하여 귀의하심으로써, 일정한 기간이 지난 후 제바달다 1세인 《아사선인》→《반고(盤固)》로 이름하셨던 분께서는 《천왕불(佛)》의 지위에 오르시고, 《아테나신(神)》→《헤라클레스》→《알라신(神)》으로 이름하셨던 제바달다 2세께서는 《천왕불(佛) 쌍둥이 부처님(佛)》지위에 오르셨으며, 제바달다 3세께서는 《성불(成佛)》의 과정에 계신다. 이러한 분들 역시 끝에 가서는 그들의 욕망을 청산하지 못하고 석가모니 하나님 부처님 법(法)에 등을 돌리고 말은 분들이다.

이 분들은 그리스, 지중해 연안, 중동 지방, 중원 대륙에 수많은 후손(後孫)들을 남기신 분들이다. 한때는 신선(神仙) 부처님의 지위에 오르신 분들이며, 선천우주에 있어서 지상(地上)에서 활동한 대마왕 중의 특급 대마왕들이시다.

2) 야훼신(神)(1세, 2세, 3세)

야훼신(神)은 《브리트라》→《공공(共工)》→《암흑의 신(神) 데스카틸포카》→《야훼신(神)》→《디오니소스》→《알렉산더》등의 이름과 가짜 《하나님》행세를 한 장본인으로, 이외에도 여러 가지 이름으로 때에 따라 인간 육신(肉身)을 가지고 수없이 반복되는 삶을 가진 분으로서《제바달다》와는 우주적 쌍둥이이다. 이와 같은 대마왕 중의 특급 마왕들인 이들은 한생(一生)의 육신(肉身)을 버리면 곧바로 인간 여인의 자궁(子宮)의 힘을 빌어 다시 인간 육신을 가지고 태어나기를 수없이 반복한 분들이다.

소아시아를 주 무대로 하였던 《히타이트(Hittite)인》과 발칸반도를 주 무대로 한 《트라키아인(人)》과 그리스의 《마케도니아인(人)》들이 정통 야훼신(神)의 후손들이며, 이외 지중해 연안, 중동지방, 중원대륙, 중앙아시아 등에 상당수의 그의 후손들을 남기신 분이다.

이 신(神) 역시 《제바달다》와 함께 BC 2300년경부터 시작된 《신(神)들의 전쟁》을 주도한 신(神)으로서 야훼신(神) 1세와 야훼신 2세와 야훼신 3세로 구분되며, 야훼신(神) 1세가 상기 거론된 이름으로 활약하였기 때문에 최근 미륵부처(佛)에 의해 영혼 죽임을 당하여 우주간의 티끌로 사라졌으며, 야훼신 2세와 야훼신 3세는 현재의 때로 봐서 착한 근본을 가지신 《지장보살 2세》의 보살핌으로 그의 아들로 태어나 잘 자라고 있는 상태로써 야훼신(神) 3세가 한때 프랑스의 《나폴레옹》으로 태어난 이력을 가지고 있다.

3) 그림자 대관세음보살(꼬부랑 할매) 1세, 2세, 3세
4) 가이아신(神) 1세, 2세, 3세
5) 아프로디테 1세, 2세, 3세
6) 그림자 관세음보살 1세
7) 그림자 관세음보살 2세
8) 그림자 관세음보살 3세
9) 운천보살(雲天菩薩) 1세, 2세, 3세
10) 이오신(神) 1세, 2세, 3세

※ 상기 열거한 대마왕들 중 《그림자 대관세음보살》을 제외한 대마왕들은 《관세음보살 3세》의 수하 대마왕들로서, 후천우주(後天宇宙)를 마왕들의 우주로 만들어 《신(神)》들이 지배하는 우주들로 만들기 위해 광분한 대마왕들이다.

(5) 대마왕(大魔王) 수(數)의 정리

1) 무곡성불(佛) 1세, 2세, 3세
2) 천관파군불(佛) 1세, 2세, 3세
3) 고시리 1세, 2세, 3세
4) 문수사리 1세, 2세
5) 지장보살 1세
6) 관세음보살 3세
7) 대세지보살

8) 화엄보살
9) 수월보살
10) 용수보살
11) 백의관음 1세, 2세, 3세, 백의관음 1세 분신
12) 백의관음 아들
13) 제바달다 1세, 2세, 3세
14) 야훼신 1세
15) 그림자 대관세음보살 1세, 2세, 3세
16) 아프로디테 1세, 2세, 3세
17) 가이아 1세, 2세, 3세
18) 그림자 관세음보살 1세
19) 그림자 관세음보살 2세
20) 그림자 관세음보살 3세
21) 운천보살 1세, 2세, 3세
22) 이오신 1세, 2세, 3세
23) 묘음보살

계 45분(分)

대마왕들이 모두 45분(分)이 되나 1.3.3.3 합(合)의 법칙에서 설명되었듯이, 가로 팽창 1-3의 법칙에 의해 이들 마왕들은 모두가 스스로의 그림자와 그림자의 그림자들을 최대한 활용하였기 때문에 그 수는 3배수가 된다. 즉, 45×3=135명

※ 대마왕들의 총수는 135명으로서 이들 대마왕들 이외에 이들 대마왕들을 추종하는 마왕들이 약 100명이 됨으로써 이들을 합하면 235명의 대마왕들이 있다. 대마왕들을 추종하는 100명의 마왕들은 거론하기 조차 역겨운 자들로서 이를 묶어 정리하는 바이다.

이러한 대마왕들을 BC 2300년경부터 지금까지 진행되고 있는《신(神)》들의 전쟁을 종식시키면서 미륵부처(佛)가 석가모니 하나님 부처님과 우주간의 모든 부처님 및 보살님들의 도움으로 3년간의 긴 투쟁 끝에 이들을 파하여 일부는 무간지옥의 티끌로 보내고 일부는 우주간의 티끌로 보냈으며, 일부 악질적인 8명의 대마왕들은 석가모니 하나님 부처님에 의해 티끌마저 남지 않는 영원히 사라지는 형벌을

받은 것이다.

이러한 사실을 밝히는 이유는 지구상(地球上)에 현재를 살고 있는 대마왕들의 후손 민족이나 다른 모든 인간 무리들이 지금까지 대마왕들의 정신적 지배를 받고 있던 잘못된 고정 관념과 종교관을 모두 깨고, 스스로의 구원을 원하거든 우주간에 단 하나 밖에 없는 석가모니 하나님 부처님의 법(法) 테두리로 들어와서 그 가르침을 따라야만 구원이 될 수 있기 때문에 이를 밝히는 것이다.

현재 밝혀 놓은 대마왕들이 지상(地上)의 각종 종교(宗敎)를 지배하고 있으며, 그 종교를 믿고 있는 일반 신도들에게 그들의 사상을 주입시켜 정신적으로 지배를 하고 있으며, 그 목적이 그들 마왕들의 우주 정복을 위해 그들을 믿고 따르는 모든 인간 무리들을 희생양으로 삼고 있다는 사실을 분명히 밝히는 것이다.

《제바달다 2세》가 《알라신(神)》으로서 《회교권》에서 하나님이라고 부르는 분이다. 이러한 《알라신(神)》을 받드는 무리들이 아무리 《알라신(神)》을 찾아 기도하여 보았자 《알라신(神)》은 그 기도를 들어줄 수가 없다. 대마왕 《알라신(神)》은 우주간에서는 영원히 사라진 것이다.

이 때문에 《알라신(神)》을 받드는 무리들이 진정으로 구원되고자 하면 지금까지의 《알라신(神)》의 가르침을 버리고 석가모니 하나님 부처님의 가르침인 《불법(佛法)》의 테두리로 들어와서 《석가모니 하나님 부처님》을 찾았을 때 비로소 구원이 성사가 되는 것이다. 《알라신(神)》을 믿고 따르는 《성직자》 무리들이 마왕 《알라신(神)》이 한때 성불(成佛)하여 《천왕불 쌍둥이 부처님》이 되셨을 때 이분의 명령을 듣지 않는 것을 보았다. 이것을 보고 《알라신(神)》이셨던 부처님께서 기가 막히시는지 처연하게 서 계시는 모습을 미륵부처가 보았다.

이 때문에 《알라신(神)》을 믿고 따르는 인간 무리들이 진정으로 구원을 원하거든 지금까지의 《알라신(神)》의 가르침과 고정관념을 모두 깨고 《석가모니 하나님 부처님》을 찾았을 때, 부처님께서는 기꺼이 그대들을 인도할 것이다. 이 때문에 《불법(佛法)》의 테두리로 들어와서 《석가모니 하나님 부처님》을 찾으라고 깨우쳐 주는 것이다.

지상(地上)의 유수한 종교와 종교인들도 이러한 충고를 미륵부처가 알려 드리는 것을 외면하였을 때 그대들의 구원은 없다. 지금도 지상(地上)에 대한 천상(天上)의 벌은 재앙으로 계속되고 있다. 이러한 재앙이 앞으로 더 심하게 계속 일어날 것이다. 그대들 모든 종교(宗敎)의 《성직자》들은 미륵부처가 충고하는 이 말에 귀 기울여 지금도 늦지 않았으니 이 충고를 들으시기 바란다.

　이렇게 충고드리는 미륵부처의 당부를 외면하였을 때 그대들은 향후 10년 이내에 분노한 군중들로부터 가혹한 형벌을 받을 것이며, 육신(肉身)의 죽음 이후 그대들 영혼은 이 미륵부처가 우주간의 티끌로 보내 100억 년(億年)의 긴 암흑의 터널을 통과하게 할 것임을 분명히 하는 것이다. 이렇듯 많은 대마왕들을 모두 항복받았기 때문에, 그대들에게 충고도 하고 지금 이 강의도 할 수 있는 것이며 《묘법연화 방등경》강의도 할 수가 있는 것이다. 이 같은 《묘법연화 방등경》설법을 하지 못하게 대마왕들이 최후로 발악한 기간이 지난 3년간이었음을 분명히 하는 것이다.

[7] 신(神)들의 전쟁

(1) 교화(敎化)의 권역

　북반구 문명이 시작된 후 초대 한국(桓國)이 BC 7200년경에 세워졌던 《아조프해》건너편의 우랄 산맥을 등진 평야 지대와 터키 아라랏트산 인근 지역에서 첫 번째 교화된 민족이 《스키타이족(族)》들이다.

　이후 북반구 문명기간에 불어난 인구로 말미암아 민족 대이동이 세 번에 거쳐 진행이 되는데, 그 첫 번째가 BC 6000년에 한국(桓國)을 세웠던 주력 세력들이 《중앙아시아》로 이동하여 《배달국》을 세우고 인간 교화를 시작할 때 다보불(佛)께서는 고시리와 일부의 《스키타이》를 대동하고 지금의 유럽으로 떠나시어 다보불(佛)께서는 유럽인들을 교화시키면서 현재의 독일에 많은 후손들을 남기고 북유럽 일부와 현재의 영국 스코틀랜드 지역까지는《스키타이》가 교화를 맡고, 고시리는 슬라브족의 원천 조상이 된다. 이렇듯 특징적인 문명은 일어나지 않았으나 유럽인(人)의 교화는 상당히 빠른 시기에 이루어진 것이다.

이때《배달국》에 기초를 탄탄히 한 후 석가모니 하나님 부처님께서는 다시《스키타이》본거지가 자리한 곳으로 오셔서 일부의《스키타이》들을 대동하시고 BC 5000년경 수메르 문명이 일어날 곳으로 가시어 인간 무리들을 교화하여 농경사회를 열게 한 후 훗날 이곳에서 수메르 문명이 일어나게 하시는 것이다.

한편, 석가모니 하나님 부처님께서는《배달국》을 떠나실 즈음,《연등불(佛)》과《묘음보살》을 인도로 들여보내 인간 무리들의 교화를 하게 하는 것이다. 이러한《연등불(佛)》이 고대 인도의《드라비다족(族)》의 원천 조상이 되며,《묘음보살》이《서왕모(西王母)》로 이름하고 인도 북부에서 교화 작업을 하면서 많은 후손들을 남기는 것이다.

이때《아미타불(佛)》께서는 선대문명 때에 이집트로 건너온 후손 민족들과 이집트 인근에 있는 인간 무리들의 교화를 하시는 것이며, 이와 비슷한 때에 이란 고원인《엘람》지방에 자리하였던 지일(地一)의 7성(星)의 불(佛)·보살들께서 중동지방과 소아시아 일대에 인간 교화를 하시게 된다. 지일(地一)의 7성(星)의 불보살(佛菩薩)들이 노사나불(佛)을 정점으로 한 백의관음과 화덕보살과 지장보살 1세와 제바달다 1세와 약상보살과 약왕보살이시다.

바빌론 문명과 페르시아 문명은 모두 노사나불(佛)을 정점으로 한 지일(地一)의 7성(星)의 불보살 교화로 일어난 문명이며, 지금의 사우디 일대는 제바달다 1세와 2세가 후손 민족을 남기고 교화한 곳이며, 소아시아 일대 교화 관계는《요한계시록》《일곱 교회》에서 잘 설명을 하고 있다.(우주간의 법 해설 요한계시록 참조)

이후 이렇듯 불어난 인구로 인하여, 2차 민족 대이동이 BC 4000년에 결행이 된다. 이때《배달국》을 떠난 주력 세력들이 101년의 대장정 끝에 한반도로 들어와《한국(韓國)》을 세우고 한반도의 구석기인들을 신석기인으로 전환시키고 농경사회를 열게 한 후 교화의 축을 신시(神市)를 만들면서 중원 대륙으로 옮겨 인간 교화를 하시며《배달국》이 있는 곳으로 서진(西進) 정책을 쓰면서 중원 대륙을 교화하시는 것이다. 2차 민족 대이동 때에 제바달다와 야훼신(神)이 중동지역으로부터 와서 같이 살기를 청하매, 석가모니 하나님 부처님께서는 이들을 구려족의 세 성인과 함께 《돈황》지방에 머물러 살게 한 것이다.

이러한 2차 민족 대이동 때에 《수메르 문명》을 일으켰던 석가모니 하나님 부처님의 직계 후손들이 인도 서북쪽 국경을 넘어 인도로 진출한 《샤카》족이 되는 것이다. 이 이후 3차 민족 대이동이 《수메르 문명권》과 《우르 문명권》으로부터 고대 그리스로 중동지방으로 여러 갈래 나누어져 행하여지는 것이다.

이러한 교화가 우주적으로 봐서는 《인간신(神)》과 《인간돌(石)》의 진화를 하는 《카시오페아 성단》에서 진화하여 온 무리들이 석가모니 하나님 부처님과 노사나불(佛)과 다보불(佛)과 아미타불(佛)과 관세음보살의 씨를 받고 교화됨으로써, 인간신(神)의 진화를 하는 무리는 《연각승》의 과정을 거쳐 《4-1의 길 성문승》으로 진화를 하고, 《인간돌》들의 무리는 바로 《연각승》과 《성문승》으로 진화의 단계를 밟게 되는 것이다. 《케페우스 성단》에서 진화하여 온 인간 무리들은 《제바달다》와 《야훼신(神)》 및 1-2의 진화의 길을 걷는 대마왕들로부터 씨를 받아 지상에서 진화의 과정을 거침으로써 《인간신(神)》과 《인간돌(石)》로 진화를 하게 되는 것이다.

인류 북반구 문명 1만 년 기간 중 5700년을 《일곱 한님》과 《18분(分)의 한웅님》과 《9분(分)의 파라오》에 의한 인간 교화의 기간이라고 하며, 4300년을 다툼의 시대인 치화(治化)의 시대로 구분한다. 그러나 실질상 민족 간의 다툼은 여러 불보살님들의 교화(敎化)의 기간에도 이미 시작이 되거나 그 씨앗이 뿌려진 것이다.

즉, 불어난 인구로 인하여 민족 대이동이 두 번째로 일어난 BC 4000년부터 민족 간의 다툼이 시작되었으나, 그래도 이때까지는 불보살님들의 인간 무리들 교화와 맞물려 있어서 불보살님들의 중재로 그 다툼이 표면으로 크게 드러나지 않았으나, 불보살님들에 의한 인간 교화(敎化)의 기간이 끝이 나고 치화(治化)의 기간이 시작되는 BC 2300년경부터 국경 개념이 생김으로써 다툼이 본격화되어, 세 번째 민족 대이동이 시작된 BC 2000년 이후는 대마왕들에 의해 그 다툼이 더욱 더 심화되어 간 것이다.

이러한 대략적인 설명을 염두에 두고 《진화(進化)》라는 큰 틀에서 먼저 진행한

《[6]신들의 계위-(5) 대마왕 수의 정리》편을 참고하여 지상(地上)에서 전개되는 대마왕들의 움직임들을 그룹별로 나누어 보면 다음과 같다.

(2) 부처(佛) 마왕 및 대마왕들의 그룹별 구분

1) 고시리 대마왕
2) 문수사리대마왕, 지장보살 1세 대마왕, 대세지보살 대마왕, 마왕 화엄보살, 마왕 수월보살, 마왕 용수보살
3) 천관파군성 부처(佛) 마왕, 관세음보살 3세 대마왕, 가이아신(神) 대마왕 1세, 2세, 3세, 아프로디테 대마왕 1세, 2세, 3세, 그림자 관세음보살 마왕 1세, 2세, 3세, 운천보살 대마왕 1세, 2세, 3세, 이오신(神) 대마왕 1세, 2세, 3세
4) 그림자 대관세음보살 대마왕 1세, 2세, 3세, 제바달다 1세, 2세, 3세, 야훼신(神) 대마왕 1세, 연등불(佛)
5) 무곡성 부처(佛) 대마왕, 백의관음 대마왕 1세, 2세(수왕화보살), 3세, 마리아 대마왕, 백의관음 대마왕 1세의 아들, 묘음보살

※ 인류 북반구 문명 1만 년 기간 중 5700년간 인간 무리들을 교화(敎化)하신 《일곱 한님》과 18분(分)의 《한웅님》들과 9분(分)의 파라오 모두가 불보살(佛菩薩)님들과 신선(神仙) 불보살들이시기 때문에 이하의 기록에서는 그 호칭을 불보살님으로 하겠다.

상기 구분된 그룹별 대마왕 중 (1)번의 《고시리》대마왕은 불보살님들에 의한 인간 무리 교화(敎化)의 기간 중 제일 처음 《석가모니 하나님 부처님》법(法)으로부터 등을 돌린 대마왕이며, (4)번의 《그림자 대관세음보살 대마왕 1세, 2세, 3세》와 《제바달다 1세, 2세, 3세》와 《야훼신 대마왕 1세》와 《연등불(佛)》등은 불보살님들의 교화의 기간 중 중동 지방과 소아시아 일대 및 지중해 연안과 고대 인도 등에

그들의 후손(後孫) 민족들을 남긴 후 BC 4000년《제바달다》와《야훼신(神)》은《반고(盤固)와 공공(共工)》으로 이름하고《돈황》지방으로부터 후손을 남기다가 BC 3000년경《구려족》과의 갈등으로 그들의 본거지가 있는 곳으로 쫓겨간 후 훗날《크레타 문명》을 일으킨 무리들로써 BC 2000년 세 번째의 민족 대이동이 있은 후 곧바로《석가모니 하나님 부처님》법(法)에 반기를 들고《우주 쿠데타》를 일으킨 주동적 그룹이며, 이후 이에 자극을 받은 (2)번 그룹과 (3)번 그룹이 앞서거니 뒤서거니 하여《우주 쿠데타》에 동참을 한 것이며, 맨 마지막에 (5)번 그룹이 이들과 합류를 한 것이다.

　이러한 각각의 그룹들이《우주 쿠데타》에 동참을 하였으나 이들 그룹 각각은 내심으로는 각각의 그룹들이 지상(地上)에서나 우주적 패권을 쥐기 위하여 처음에는 서로가 연합을 하여《우주 쿠데타》를 진행하였으나, 일정한 기간이 흐른 후에는 서로가 서로를 정복하기 위해《신(神)》들의 전쟁판 전체를 아비규환으로 만들은 자들이다.

(3) 신(神)들의 전쟁

　1-1의 진화의 길에 있는 불보살(佛菩薩)들께서 주로 교화(敎化)하신 인간의 무리들이《카시오페아》성단에서 진화하여온 인간들 무리들이며, 1-2의 진화의 길에 있는 불보살들이신 대마왕들이 주로 교화한 인간 무리들이《케페우스》성단에서 진화하여온 인간들 무리들이다.

　이와 같이 대마왕들이 서로가 차지하고자 하였던 인간 무리들을 상기《(2) 부처(佛) 마왕 및 대마왕들의 그룹별 구분》에서 보면, 1)번과 2)번과 5)번의 그룹들이《카시오페아 성단》에서 진화하여온 인간들의 무리를 노렸으며, 3)번과 4)번 그룹들이《케페우스》성단에서 진화하여온 인간들의 무리를 노린 것이다.

　이러한 그룹별 구분 중에서 1-1의 진화의 길에 있는 대마왕들이 1)번과 2)번의 대마왕 보살들이며, 1-2의 진화의 길에 있는 대마왕 불보살 그룹이 3)번과 4)번과

5)번이다.

 북반구 문명 1만 년 기간 중 5700년에 걸쳐 석가모니 하나님 부처님을 비롯한 1-1의 진화의 길에 있는 불보살들께서 인간 무리들을 교화(教化)하신 권역을 보면, 지금의 《터키》 일대와 《아조프해》 건너편의 《스키타이》가 머문 지역으로부터 《유럽》과 《이집트》와 《수메르 문명》권과 《우르》 문명권과 《바빌로니아》 문명권과 《페르시아 문명권》과 《중앙아시아 일대》와 《인도》와 《중원대륙》과 《한반도》 일대가 되며, 1-2의 진화의 길에 있는 대마왕들이 후손들을 남기고 인간 교화를 한 곳이 《중동 지방》 일부와 지중해 연안과 《크레타 문명권》이 자리하였던 곳과 《중원대륙》 일부였다.

 이러한 가운데 5700년간의 인간 교화의 기간이 끝이 나고 BC 2300년부터 현재까지 인간 치화(治化)의 기간이 시작되자마자 4)번 그룹 1-2의 진화의 길에 있는 《케페우스 성단》 출신의 《그림자 대관세음보살》, 《제바달다》, 《야훼신(神)》 등이 《석가모니 하나님 부처님》 법(法)에 반기를 들고 《우주 쿠데타》를 감행한 것이다. 이들이 《우주 쿠데타》를 일으킨 직접적인 원인이 《리그베다 1-32》에서 노래되고 있는 내용(묘법연화의 실상의 법 참고)과 BC 3000년경 중원대륙에서의 한민족(韓民族)의 구성원 중 하나인 《구려족》과의 갈등으로 한민족(韓民族)의 조상불(祖上佛)들이신 《한웅》님들에 의해 중원 대륙 화북, 강서 지방에 자리하였던 반고(盤固)인 《제바달다》와 공공(共工)인 《야훼신(神)》 후손들의 주력 세력들이 사해(四海) 바깥의 《크레타섬》으로 추방당한 앙심이 직접적인 원인이 된 것이다.

 이들은 처음에는 《석가모니 하나님 부처님》께서 고대 인도로 《석가모니불(佛)》로 이름하고 오시기 이전까지는 인간 교화(教化)의 기간에 석가모니 하나님 부처님을 축으로 한 1-1의 진화의 길에 있는 불보살님들께서 교화하신 영역을 침범하여 그들 후손 민족의 나라 경계를 넓히고 교화된 인간 무리를 많이 확보하는 전형적인 정복 전쟁을 일으킨 것이나, 《석가모니불(佛)》 이후에는 그 정복 양상이 판이하게 달라진다.

 이렇게 달라지는 이유에 대해서는 뒤편에서 밝히기로 하고 계속하여 설명을 드리면, 이러한 이들 대마왕들이 그들의 후손 민족을 축으로 하여 본격적인 정복 전쟁에 돌입한 것에 크게 자극 받은 2)번 그룹의《문수사리 대마왕》,《지장보살 1세 대마왕》,《대세지보살 대마왕》등과 3)번그룹의《천관파군성 부처마왕》,《관세음보살 3세 대마왕》,《가이아신(神) 대마왕》,《아프로디테 대마왕》등이 서로 앞서거니 뒤서거니 하여《석가모니 하나님 부처님》법(法)에 반기를 들고《우주 쿠데타》에 동참을 하여 정복 전쟁에 뛰어들게 된 것이다.

이러한 와중에 BC 1200년대(年代)경 이집트《람세스 2세》와 권력 다툼을 하다 패한《모세》가 그들 민족의 훌륭한 조상이신 아미타불(佛)의 후신(後身)이신《아브람》을 당시 막강한 힘을 행사하던《야훼신(神)》에게 일시적인 영화를 위해 팔아버림으로써《아브람》을 침략자의 아버지인《아브라함》으로 바꾸고《이스라엘인》과《유대인》들을 마왕들의 정복 전쟁에 동원하여《우주 쿠데타》에 동참을 한 것이다.

이러한 대마왕들에 의해 획책된 정복 전쟁의 최대의 피해처가 1-1의 진화의 길 불보살님들에 의해 교화의 과정을 겪었던《유럽》과《이집트》와《인도》와《중원대륙》이었던 것이다.

궁극적으로 대마왕들이 남긴 그들의 후손(後孫) 민족을 주축으로 하여 1-1의 진화의 길 불보살님들께서 교화하신 영역과 인간 무리들을 정복하는 정복 전쟁이 초기의 신(神)들의 전쟁이었다면,《신(神)》들의 전쟁이 한창이었던 BC 6세기경《석가모니불(佛)》출현 이후는 이들 대마왕들이 교주(教主)가 되는 새로운 종교(宗教)들이 우후죽순처럼 생겨나 불교(佛教)와 더불어《인간의 정신》을 지배하는《종교(宗教)》정복 전쟁으로 변질이 되어 북반구 문명 기간 1만 년이 끝이 난 지금까지《종교(宗教)》정복 전쟁은 끝이 나지 않고 있는 것이다.

이러한 초기의 1-1의 진화의 길 불보살님들께서 교화하신 영역과 인간 무리들을 정복하는 정복 전쟁과 후기의 인간의 정신을 정복하는《종교》정복 전쟁에서 대마왕들 각각의 그룹들이 승리를 함으로써, 대마왕들의《인간의 정신》지배를 위한 각종 종교들이 오늘날까지 판을 치고 있는 것이며 현재 지상(地上)의 모든 종교가 모두 대마왕들의 지배를 받고 있는 것이다.

이 때문에《인류》의 진정한 구원을 위해서는 각종 종교들이 가지고 있는 사상(思想)과《관념(觀念)》과《편견》을 모두 깨어야만 대마왕들의《정신적 지배》로부터 벗어나게 되며 우주간에 하나 밖에 없는《석가모니 하나님 부처님》의 불법(佛法)의 테두리로 들어와서 미륵부처(佛)의 법(法)을 받고 실행하였을 때만이 모든《인류》의 영원한《구원》이 실행된다는 점을 분명히 하는 것이다.

미륵부처(佛)는 모든《인류》들의 영혼(靈魂) 구원을 위해 이 세상에 온 분이다. 이러한 미륵부처(佛)의 간절한 충고를 지상(地上)의 인간 무리들은 외면하지 말아야 할 것이다.

<u>고로《신(神)들의 전쟁》이란</u>

| 대마왕(大魔王)들이 그들이 남긴 후손 민족을 주축으로 하여 1-1의 진화의 길에 있는 불보살님께서 교화하신 영역과 인간 무리를 정복함과 아울러,《인간》의 정신을 지배하는《종교(宗敎)》정복 전쟁을 수행하는 전쟁을《신(神)》들의 전쟁이라고 정의하는 것이며, 그 기간은 BC 2300년부터 현재까지가 되는 것이다. |

이로써 탄생되는 것이 인간 세상에서는 나오지 말았어야 할《그리스 신화》가 탄생한 것이며,《구약》과 왜곡된《신약》과《코란》과 왜곡된《불법(佛法)》이 탄생된 것이며, 이때 이미 19세기와 20세기 초에 일어난《1차 세계대전》과《2차 세계 대전》의 씨앗이 뿌려진 것이다. 이로써 인류 멸망을 몰고 올《3차 세계대전》이 이미 과일이 무르익어 그 결실을 목전에 두고 있는 것이다.

(4) 신(神)들에 의한《종교(宗敎)》정복의 목적

대마왕들이 그들이 남긴 후손 민족을 주축으로 한 불보살님들께서 교화하신 영역과 인간 무리들을 정복하는 힘에 의한《무력 정복》이 시간이 지날수록 대마왕 각각의 그룹들 상호간의 전쟁으로 비화되어 서로가 서로를 무자비하게 인간 무리들을 살육하는 단계에 접어들었을 때 중생들의 구원을 위해 BC 6세기경《석가모니 하나님 부처님》께서《석가모니불(佛)》로 이름하시고 고대 인도 땅으로 오시게 된다. 이렇게 하여 오신《석가모니불(佛)》에 대해서는 뒷장에서 별도로 다루겠다.

《석가모니불(佛)》께서 오시기 직전까지《무력 정복》에 의한 전쟁을 하던 대마왕 그룹들이 국경 확대와 인간 무리들을 《무력 정복》하는 것에 한계를 느낀 이들은 《석가모니불(佛)》께서 고대 인도 땅으로 오시면서 《하나님》의 권능으로써 대마왕들 모두를 인간 육신을 가지고 태어나게 하시어 뒷날 《부처(佛)》를 이루시고 이들 모두의 설득을 위해 한 곳에 모이게 한 후 불법(佛法)의 설법(說法)으로 이들을 교화하고자 하셨던 것이다.

이에 자극을 받은 대마왕들은 부처님께서 열반에 드신 이후, 일부 마왕들은 부처님께서 남기신 불법(佛法)을 왜곡하여 그들 것으로 만드는 데 광분하고 일부는 새로운 그들의 종교를 만들어 인간 무리들의 《정신》을 지배함으로써, 인류 북반구 문명이 끝이 나고 후천우주가 시작이 될 때 이들을 축으로 하여 후천우주(後天宇宙)를 정복하고자 한 것이다.

인간 무리들에게 종교(宗敎)라는 이름으로 대마왕들이 《가짜 하나님》행세를 하면서 《믿음의 교주》노릇을 하고 잘못된 가르침과 마왕 불교(佛敎)를 가르쳐 놓으면 인간 무리들에게는 잘못된 사상(思想)과 관념들이 뿌리 깊게 자리하게 되고, 이로써 인간 무리들이 인간 육신의 죽음 이후 북반구 문명이 끝이 날 때까지 계속되는 윤회(輪廻)를 할 때 그 영혼(靈魂)이 《귀소본능》이 있는 것을 최대한 이용함으로써 그들에게 정신적 지배를 받은 영혼(靈魂)은 다음 태어남(生)에서도 대마왕들이 만든 종교(宗敎)를 믿는 집안에 태어나게 되는 것이다.

이러한 점을 위해 대마왕들이 즐겨 쓰는 것이 《그리스 자연사상》으로써 인간 육신의 죽음 이후 인간 무리들 모두는 자연히 사라지는 것으로 알게 함으로써 《윤회(輪廻)》를 부정하게 하고, 인간 무리들 중 먼저 육신의 죽음을 맞이한 조상(祖上)이 후손(後孫)에게 《선몽》을 통하여 《사후(死後)》세계인 《영혼(靈魂)》의 세계가 있음을 알려 주는 것을 방지하기 위해 《조상제례(祖上祭禮)》를 지내지 못하게 하고, 이를 《사탄》의 행위로 규정짓고 있는 것이다.

이렇게 하여 매번 윤회(輪廻)를 하게 되면 이러한 인간 무리는 대마왕의 《완전한》정신적 지배에 들게 되며, 이러한 완전한 정신적 지배하에 있는 인간 무리들이 인간 육신의 죽음을 앞두고 그들이 믿고 있는 대마왕의 호칭을 간절히 불렀을 때 이들 영혼들은 다음 진화를 위한 《윤회(輪廻)》는 하지 않고 그들이 믿고 있는 대마왕 앞으로 가게 되는 것이다.

 이렇게 되었을 때 대마왕들은 쓸만한 영혼들은 붙들어 놓고 나머지 영혼들은 다시 그 영혼들을 그들이 장악하고 있는 집안에 다시 태어나게 한다. 이렇듯 한번이나 두 번 윤회를 한 인간 무리들은 어느 누구가 진리(眞理)의 말을 하여도 듣지 않는 대마왕들의 맹신자가 되는 것이다.

 이러한 점을 노려 대마왕들은《종교(宗敎)》정복 전쟁을 앞다투어 벌리고 있는 가운데, 북반구 문명 1만 년이 끝나고 마지막으로 석가모니 하나님 부처님께서 불법(佛法)의 테두리로 들어와서 진리(眞理)를 접할 수 있는 몇십 년의 기회를 주고 있는 지금까지 이러한 일들이 계속 되고 있는 것이다. <u>상기 기록한 이 이유가 대마왕들이 신(神)이나《가짜 하나님》으로 자처하고 종교(宗敎) 정복을 위해 광분하는 목적 중 하나가 되는 것이다.</u>

 이로써 이들은 인간 무리들에게 인간 영혼(靈魂)의 진화(進化)를 위한 윤회 사상과 조상 제례를 철두철미하게 막음으로써 사후(死後) 세계를 차단시키고 천당(天堂)이 어디에 있는지도 모르는《성직자》로 자처하는 자들이 그저 죽음을 맞이한 이후에는 막연히 천당 간다고 가르치고 있는 것이다.

 20세기초《고시리》대마왕의 후손들인《슬라브》족들이《공산주의》를 신봉하는《구 소련연방국》을 만들어《종교》를 탄압한 것은 그들로서는 당연한 귀결이며, 여러 대마왕들의 각축장이 된 현재의 중국(中國)에서 사회주의 국가를 표방하면서 종교(宗敎)를 허용하지 않고《문화대혁명》을 일으킨 것과 이후 최근의《파룬궁》탄압을 한 것은 그들로써는 현명한 선택을 한 것이다.《종교》를 믿지 말고《인간도(人間道)》를 바탕으로 현세(現世)를 살다가 육신의 죽음이후 인연(因緣)따라 조상(祖上)들이 있는 곳으로 가자고 하는 현실적인 계산을 한 것이 진화(進化)적으로 볼 때는 대마왕들의 하수인 노릇이나 하는《종교》를 가진 자들보다는 훨씬 현명한 선택을 한 것이다. 대마왕들에 의한《종교 정복》은 이를 믿는 대중들이 그들이 심어놓은 사상(思想)과 관념(觀念)의 틀을 깨지 않으면 상상을 할 수 없는《파멸》을 몰고 온다는 사실을 이제는 깨우쳐야 할 때이다.

 [부처마왕 및 대마왕들의 구룹별 구분]에 있어서 3)번 그룹을 형성하고 있는

《천관파군》을 우두머리로 한 그룹은 그들의 직계 후손들을 《중간 숙주》로 하여 인간 무리 내면(內面)에서 수도 헤아릴 수 없는 《마왕》들을 길러 내어 우주간으로 추수하여 가기 때문에 [2. 신(神)-[2]신(神)들의 분류]에서 상세한 《마왕 신(神)》들을 밝힌 것이다.

초기 우주인 천일우주(天一宇宙) 100의 궁(宮)에서 어부지리로 신선(神仙) 불(佛)·보살(菩薩)을 이루었다가 지상(地上)의 인류 북반구 문명 마지막 진화기에 대마왕으로 변한 일부 대마왕 그룹들은 후천우주에서는 그들 스스로가 욕망(慾望)에 집착한 삶을 산 관계로 진화(進化)가 되지 않아 순리(順理)에 따른 그들의 법신(法身)인 별(星)의 법궁(法宮)을 가지지 못한다.

이 때문에 그들은 종교(宗敎)를 정복함으로써 북반구 문명 1만 년 기간 내내 윤회를 하며 진화의 과정을 겪은 인간 무리들을 정신적으로 지배하여 그들의 사상과 관념을 뿌리 깊게 심어놓음으로써 북반구 문명 1만 년이 끝나는 시점에 대환란기인 문명의 종말로 불리우는 《아리랑 고개》를 끝으로 《석가모니 하나님 부처님》께서 그동안 끊임없는 윤회를 반복한 인간 무리들의 영혼을 거두어 들여 비유를 하면 곡식의 씨앗을 뿌려 가을이 오면 추수를 하듯이 추수를 하시어 쭉정이와 잘못 결실된 영혼들은 모두 불(火) 태우시고 잘 결실된 영혼들은 별(星)의 법신(法身)을 주어 다음 진화를 도모하게 한다. 이때 대마왕들로부터 정신적 지배하에 있던 영혼들은 추수의 주인이신 《석가모니 하나님 부처님》께로 가지 않고 별(星)의 법신(法身)을 만들 능력도 줄 수도 없는 그들 정신을 지배하는 대마왕들에게 몰려들게 된다.

이러한 점을 노린 것이 《종교 정복》의 하나의 큰 이유이며, 이들 대마왕들은 몰려든 영혼들을 데리고 영혼들을 2차 죽임을 시키는 영혼의 대학살장으로 이들을 유인한 후 무자비한 살육을 감행하는 것이다. 이렇듯 무자비한 살육을 감행하는 영혼의 대학살 장소를 때에 《노사나불(佛)》께서 《요한성자》로 이름하고 오셨을 때 남기신 대예언이 담긴 《요한계시록》에서 《아마겟돈》이라고 이름하는 것이다. 이 때의 장면을 《요한계시록》에서는 잘 설명을 하고 있는 것이다.

이렇듯 대학살을 감행하는 이유를 설명 드리면, <u>인간 무리의 영혼을 성(性)의 30궁(宮)이라고 밝힌 바가 있다. 이러한 성(性)의 30궁(宮)에 있어서 양자(陽子)24가 영</u>

(靈)이 되고 전자(電子)6이 혼(魂)이 된다. 이러한 영혼을 2차 죽임인 영혼 죽임을 시키면 남는 것이 영(靈)인 양자(陽子)24만 고스란히 남게 된다. 순리를 따라 진화를 하지 못하여 새로운 별(星)의 법궁(法宮)을 받지 못한 종교를 지배하던 대마왕들이 이렇게 고스란히 남은 양자(陽子)들을 모두 끌어 모아, 남자 대마왕 그룹들이 중앙에 자리하고 이렇듯 만들어진 양자(陽子)들로 둘러싸게 되면 음신(陰身)을 가진 대마왕들이 삿된 기(氣)로써 이들을 감싸 일정한 기간이 지나게 되면 양자별(陽子星)로써 탄생이 되는 것이다. 이와 같은 양자별(陽子星)이 계속 작용(作用)을 하게 되면 그룹을 이루었던 대마왕 각각이 별(星)의 법궁(法宮)을 가지고 태어나서 다른 별(星)들을 끌어 모아 성단을 이루고 대마왕들이 지배하는 마왕들의 우주로 만들고자 하는 것이 대마왕들이 궁극적으로 노리는 종교 정복의 목표가 되는 것이다.

즉, 대마왕들은《종교(宗敎)》를 정복함으로써 그 종교를 믿고 따르는 인간 무리들을 육신의 죽음 이후 이들 영혼들을 희생시켜 스스로의 야욕을 채우기 위해 희생물로써 삼고자 하는 목표를 지니고 있는 것이다.

미륵부처(佛)는 그대들 영혼을 구원하기 위해 이 세상에 온 부처(佛)이다. 이러한 미륵부처(佛)가 단호히 선언하는 바는 현재 지상(地上)에 있는 모든 종교들은 모두가 대마왕들의 정신적 지배하에 있다. 이 때문에 이들 인간 무리들의 영혼 구원을 위해 대마왕들의 실상을 밝히고 종교 정복 이유를 상세히 밝히는 것이다. 이러한 미륵부처(佛)의 글을 읽은 대중들은 하루 빨리 종교라는 이름의 거짓된 사상(思想)과 관념(觀念)의 벽을 깨트리고, 우주간이나 세간이나 유일하게 하나 밖에 없는 진리(眞理)의 법(法)인 석가모니 하나님 부처님의 불법(佛法)의 테두리로 들어와서 귀의하고, 이 미륵부처가 남기는 진리(眞理)의 법(法)을 배우고 수행하였을 때에만 그대들 영혼을 구원할 수 있음을 분명히 밝히는 것이다.

[실례(實例) 1]

천주교(敎)에서 신앙하는《예수님》을 낳아주신《마리아》님은《백의관음》의 분신(分身)으로서《예수님》께서 십자가에 못 박히신 이후 두 번의 윤회(輪廻)기간까지는 맑고 깨끗한 분이셨다. 그러나 그 이후의 삶은《야훼신(神)》을 신봉하는《성직자》로 자처하는 무리들에 의해《성모(聖母)》로서 신앙의 별도 대상이 된 이후부터는 대마왕이 되어 먼저 진행한《[7]신(神)들의 전쟁-(2)부처(佛)마왕 및 대마왕들의 그룹별 구분》에서 5)번 그룹에 합류를 한 분이다.

  천주교(敎)를 믿고 있는 대중들 대부분은 선(善)한 분들이 많다. 이러한 분들 중 인간 육신의 죽음을 맞이할 때 간절히《예수님》이나《마리아님》을 찾았을 때 이들은 대마왕인《야훼신(神)》으로부터 벗어난다. 그러나 문제가 이들 영혼들을 대마왕으로 변한《마리아님》이 암흑물질로 둘러싼 한 공간(空間)에 이들을 윤회(輪廻)도 시키지 않고 그들만의 별도의 생활을 하게 가두어 놓고 있다는 점이다. 이러한 곳은 천주교(敎)를 믿는 대중들이 궁극적으로 바라던 곳이 아닌 것이다.

  《마리아님》은《예수님》께서 십자가에서 죽음을 당하신 근본 이유를 누구보다도 잘 아시는 분이며,《예수님》께서 십자가에서 죽음으로써《동방약사유리광불(佛)》이 되신 사실도 잘 아시는 분이셨다.《마리아님》은 성불(成佛)을 하지 못하였으나《예수님》은 성불(成佛)을 하신 분이다. 성불(成佛)을 하고 성불(成佛)을 하지 못하고의 차이는 믿고 따르는 대중들을 구원할 실질적인 능력이 있느냐, 있지 않느냐의 차이에 있다. 즉, 별(星)들로 이루어진 성단(星團)을 거느릴 수 있느냐, 있지 않느냐의 차이에 있는 것이다.

  그렇다면《마리아님》은 믿고 따르는 대중들의 영혼을 한 곳에 가두어 둘 것이 아니라 성불(成佛)하신 아드님이신《동방약사유리광불(佛)》에게 이들 영혼들을 인도하는 것이 당연한 이치인데, 그렇게 하지 않았기 때문에 스스로 엉뚱한 계산을 하고 욕심을 부린 탓에 대마왕으로 전락을 한 것이다.

  《하나님》사상(思想)은《한단불교(桓檀佛敎)》에서 나왔다. 뜻있는 분은 한단불교(桓檀佛敎)의 3대 경전 중 하나인《삼일신고(三一神誥)》를 공부하여 보시면 그 뜻을 아실 것이며, 필자가 해설한 우주간의 법 해설《요한계시록》을 진지하게 검토해 보시면 천주교(敎)를 믿는 대중들에게 한단불교(桓檀佛敎) 3대 경전 중《천부경 81자》와《삼일신고》인 천(天), 인(人) 경을 받아들이라고《요한계시록》에 예언된 내용이 있다. 이러한 예언된 내용을 받아들였을 때 자연스럽게 석가모니 하나님 부처님의 불법(佛法)의 테두리에 들게 된다.

그리고 차제에 분명히 밝힐 것이 있다. 천주교(敎) 성직자들이 성부(聖父)와 성자(聖子)와 성신(聖神)을 거론한다. 이때의 성부(聖父)는 《예수님》에게 영(靈)을 제일 처음 주신 《아미타불(佛)》하느님을 지칭하는 것이며, 성자(聖子)는 《예수님》을 지칭하는 것이며, 성신(聖神)은 지일이(地一二) 우주에서 오늘날 우리들 태양계(太陽界)의 명왕성(星)을 육신(肉身)의 법궁(法宮)으로 주신 한때 《요한성자》로 이름하고 오셨던 《노사나불(佛)》하느님을 지칭하는 것이다.

그리고 이들 《성직자》로 자처하는 무리들은 기도를 할 때 스스로들을 가짜 하나님 행세를 하는 《야훼신(神)》의 종(從)으로 자처하고, 앞으로는 대마왕인 《야훼신(神)》을 하나님으로 부르고 기도 끝에는 《아멘》을 부르는 하나님에 대한 이중적인 잣대로 기도를 하고 있는 것이다. 《아멘》은 필자의 저서 여러 곳에서 밝혀 놓았듯이 《카르낙》 대신전에 모셔 놓은 《아몬신(神)》이 때에 석가모니 하나님 부처님께서 지상(地上)에 육신(肉身)을 가지고 오셨을 때의 이름으로써 이러한 《아몬신(神)》을 베르베르어(語)로 《아멘》이라고 하는 것을 그들은 알아야 하는 것이다.

약사유리광불(佛)이신 《예수님》이나 모든 부처님들께서는 절대 평등(平等)을 원하시는 분들로서 주종(主從) 관계를 원하지 아니하신다. 그대들이 두려워하는 가짜 하나님 행세를 하던 대마왕인 《야훼신(神)》은 미륵부처(佛)가 파하여 우주간의 티끌로 보내고 말았으니, 이제 성직자로 자처하시는 분들께서는 대마왕인 《야훼신(神)》에 대한 두려움은 떨쳐 내시고 주종(主從) 관계에서 벗어나시어 그동안의 과오를 솔직히 대중들 앞에서 인정하여 밝히시고 기도 첫 머리에 《석가모니》하나님을 찾으시면 되는 것으로 필자는 생각하는 것이다. 이러한 내용이 《요한계시록》 3장 15절과 16절에서 이중적인 잣대로 《하나님》을 찾지 말고 어느 한쪽을 찾으라고 경책하고 있는 점을 분명히 밝히는 바이다. 《성직자》들이 바로 섰을 때 비로소 믿고 따르는 대중들 내면의 영혼을 구원의 대열에 들어서게 할 수 있음을 아울러 밝히는 바이다.

필자가 부처(佛)를 이룬지 얼마 되지 않았을 때 우연히 우주 공간의 암흑물질이 두텁게 가리워져 있는 곳에 오랜 세월동안 계속 한 곳에 모여 있는 대마왕 마리아가 도모하여 둔 곳을 발견하고, 《마리아님》과 《예수님》을 간절히 찾던 인간 무리들의 영혼들은 《미륵불(佛)》이 두터운 암흑물질층을 벗겨내고 다시 이들을 빛의 세계로 끌어내어 진화할 수 있도록 구원을 한 적이 있다. 이렇게 하여 구원하여 드린 영혼의 숫자는 엄청난 수였다. 미륵부처가 가늠하기로는 《예수님》 이후 영혼들을 구원하기까지의 오랜 기간 동안 이곳에 모인 영혼들의 수로 헤아릴 수가 있었다.

이 일 이후에 두 번 다시는 이러한 일이 없겠지 하였는데, 극히 최근에 이러한 짓을 대마왕이 된 《마리아》가 다시 한 것을 발견하고 이 책임으로 《마리아》는 천상(天上)의 벌을 받아 우주간의 티끌로 사라진 것이며, 이곳을 다시 미륵부처가 파하여 그들 영혼들을 구원하여 일부는 새로운 진화의 길에 들게 하고 일부는 《예수님》이신 《약사유리광불(佛)》께로 인도를 한 적이 있다. 이렇듯 《마리아》가 영혼들을 가두어 두었던 곳을 그들은 《연옥(緣獄)》으로 이름하고 있었다.

이러한 일이 있고 난 후, 필자는 깊이 고심한 끝에 이러한 일들이 반복되지 않게 하기 위해 여러분들께 단호히 말씀드리는 바는 《예수님》의 전신(前身)은 지금까지 밝혀 드린 대로 《약왕보살》이시다. 이러한 《예수님》께서 십자가에 못 박혀 육신(肉身)을 벗음으로써 천상(天上)에서 얻으신 호(號)가 《동방약사유리광불(佛)》이시다. 약자로 《약사유리광불(佛)》이라고도 한다. 이와 같은 부처님의 명호(名號)를 두고 옛날같이 《예수님》만 찾으니 이러한 문제가 발생한 것이다. 《약사유리광불(佛)》 명호를 두고 《예수님》만 찾았을 때 부처님께서 구원의 손을 뻗칠 수가 없는 것이 우주적인 입장이다.

그러하니 앞으로는 《예수님》의 호칭을 하지 마시고, 힘이 드실 줄 아나 《예수님》을 믿고 따르시는 분들께서는 기존에 가지고 있던 종교적 사상과 관념의 틀을 깨고 《약사유리광불(佛)》을 찾았을 때에야만 그 부처님의 천국(天國)으로 인도될 수 있음을 미륵부처가 밝히는 것이다. 이 때문에 우주간에 단 하나밖에 없는 석가모니 하나님 부처님의 불법(佛法)의 테두리로 들어와야만 되는 일이기 때문에 이를 강조 드린 것이다.

지금까지의 당부대로 실행이 되었을 때, 천주교(敎)를 믿는 대중들은 모두가 부처님(佛)들께서 벌리시는 천상(天上)의 잔치에 그들 역시 그들이 그토록 바라는 천국(天國)으로 들어갈 수 있기 때문에 이를 밝히는 것이며, 미륵부처의 당부를 무시하고 구태의연한 태도로 일관될 때 그들은 파멸의 길인 100억 년(億年) 바깥의 긴 암흑의 터널을 고통 속에서 지나야 할 것이다. 미륵부처는 그들 영혼을 구원하러 온 그들이 말하는 《메시아》라는 점을 분명히 하는 것이다.

다음으로 그들이 그토록 바라는 천국(天國)에 대하여 정확히 밝혀야겠다. 우리들 태양계의 명왕성(星)은 《약사유리광불(佛)》의 법궁(法宮)으로써 그들이 일시적으로 머물 수 있는 천국(天國)이나 100억 년(億年)까지 죽음(死)이 없이 오래도록 머물 수 있는 천국(天國)이 따로 있다. 지금 우리들이 머물고 있는 우주를 중계(中界)의 우주라고 한다. 이러한 중계(中界)의 우주에는 천(天), 지(地), 인(人)의 우주들이 있는데, 여러분들이 진화하여 가는 길은 대부분이 지(地)의 우주 진화의 길을 따른다.

이러한 중계(中界)의 지(地)의 우주는 지이삼(地二三), 지이일(地二一), 지이이(地二二) 우주들 셋이 있다. 이와 같은 셋의 우주 중 현재 완성된 우주가 지이삼(地二三) 우주로써 우리들의 태양계가 서기 2000년을 기점으로 선천우주(先天宇宙)에 자리하였을 때가 지이삼(地二三) 우주 1천(一天)에 자리한 때로써, 이때 연말연시의 자정에 서울의 보신각종을 33번 타종하는 것이 33천(天)에 새해의 시작을 알리는 타종으로써 1천(天)을 합하면 34천(天)이 되는 것이다.

이렇듯 지이삼(地二三) 우주는 34천(天)으로 이루어져 우주 창조는 완성이 되어 있으며, 다음으로 만들어지는 우주가 지이일(地二一) 우주이며, 그 다음으로 만들어지는 우주가 지이이(地二二) 우주이다. 이러한 우주들이 모두 만들어지면 대통합을 이루어 하나의 거대성단을 이룬다. 이때의 장면을 간단한 도형으로 나타내면 다음과 같다.

[도형1]

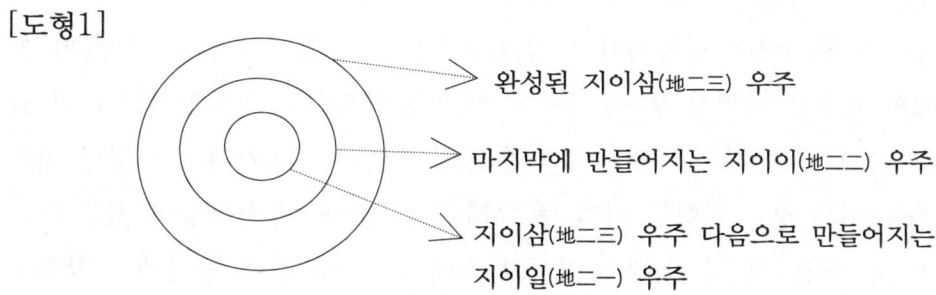

지이삼(地二三) 우주 다음으로 만들어지는 지이일(地二一)우주는 《또 다른 한 부처님》과 명왕성(星)의 주인이신 《동방약사유리광불(佛)》 두 분께서 만드시는 우주로써, 지금의 때로서는 이러한 지이일(地二一) 우주 창조를 위해 먼저 《또 다른 한 부처님》께서 여러분들의 영혼을 싣고 지이일(地二一) 우주가 만들어질 곳으로 가시기 위해 거대한 수레인 천궁(天宮)을 우리들 태양계 바깥에 만들어 두시고 있는 상태이다.

　향후 10년 후이면 끝이 날 《아리랑 고개》로 불리우는 대환란 기간이 끝이 날 때쯤이면 이 거대한 수레는 여러분들을 싣고 출발하면서부터 많은 별(星)들을 생산하여 수레에 타고 있던 여러분 개개인에게 그 별(星)을 그대들의 법신(法身)으로 주게 되면 법신(法身)을 가진 그대 영혼은 인간의 모습을 그대로 갖춘 채 별(星)의 중심부에 궁전을 만들어 그곳에서 기거를 하다가 부처님 궁전에서 설법회가 있으면 한줄기 빛이 되어 부처님 궁전에 도착하면 다시 인간의 모습으로 화(化)하여 부처님의 가르침을 듣고 다시 그대 법신(法身)으로 돌아간다. 이것이 석가모니 부처님께서 가르치신 네 가지의 태어남인 습생, 난생, 태생, 화생 중 태어남(生)에서 제일 진화된 4생(四生) 중 화생(化生)인 것이다.

　이렇게 별(星)의 핵(核)으로 자리한 그대들 개개인은 마치 인간 육신(肉身)을 가지고 있을 때 인간 육신(肉身)이 모든 것을 느끼고 알듯이 그대들 법신(法身)인 별(星)의 표면도 똑같은 작용을 하기 때문에 별(星)의 핵(核)의 궁전에 자리한 그대가 모든 일들을 알게 되는 것이다.

　이로써 별(星)의 법신(法身)을 가진 그대들은 《또 다른 한 부처님》의 천궁(天宮)을 중심으로 회전하면서 따르는 것이다. 이렇게 하여 큰 성단(星團)을 이룬 또 다른 한 부처님의 성단은 지이일(地二一) 우주의 자리에 도착하게 된다.

　이때 우리들 태양계에서 명왕성을 법궁(法宮)으로 하셨던 《약사유리광불(佛)》께서 탈겁(脫劫)의 과정을 거치신 후 큰 수레인 천궁을 만드시고 그동안 거느리고 있던 영혼들과 《또 다른 한 부처님》 큰 수레인 천궁(天宮)에 들어가지 못하였던 진화가 덜된 자들을 어느 정도 진화를 시켜 큰 수레인 천궁(天宮)에 들어갈 자격을 뒤늦게 갖추게 한 후 이들 영혼들을 거느리시고 지이일(地二一) 우주 중심에 도착하게 되는 것이 석가모니 하나님 부처님의 기본적인 우주적 프로그램이었으나 이 글을 쓸 당시에 《동방 선덕불》이 천상(天上)에 반란하여 처형이 됨으로써 이 천궁(天宮)은 아직 이름이 밝혀지지 않은 《또 다른 부처님》께로 위임이 됨으로써 지이일(地二一) 성단의 운행은 《또 다른 한 부처님》께서 운행을 하시게 된 것이다.

이로써 《또 다른 한 부처님》의 큰 수레인 천궁(天宮)은 그동안 싣고 온 영혼들에게 별(星)의 법신(法身)을 주어 거느리고 오면서 《커블랙홀》→《태양수(太陽數) ⊕9 의 핵(核)》→《화이트홀》→《퀘이샤》→《황금알 대일(大一)》의 과정을 겪으시고 《황금알 대일(大一)》의 폭발로 태양성(太陽星)을 탄생시켜 태양계를 형성하여 지이일(地二一) 우주 외곽에 자리한다. 이때의 태양성(太陽星)이 또 다른 한 부처님의 법궁(法宮)이 되는 것이다.

이때의 장면을 간단히 도형으로 표현하면 다음과 같다.

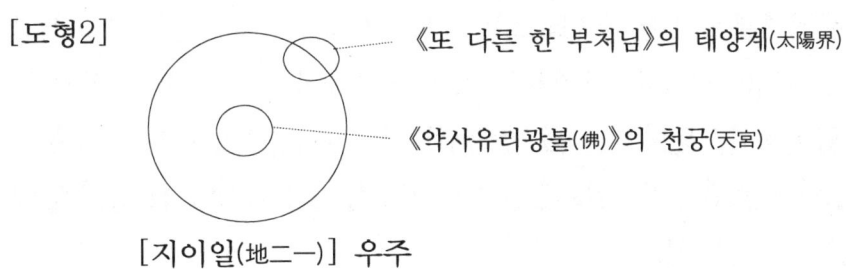

[도형2] 《또 다른 한 부처님》의 태양계(太陽界)
《약사유리광불(佛)》의 천궁(天宮)
[지이일(地二一)] 우주

이렇게 하여 《또 다른 한 부처님의 태양계》에서 많은 질량(質量)을 만들어 《약사유리광불(佛)》의 천궁(天宮)으로 들여보내면 《약사유리광불(佛)》께서도 많은 별(星)들을 생산하여 거느리고 온 영혼들에게 별(星)의 법신(法身)을 주게 된다. 이렇게 되면 [도형2]의 공간은 또 다른 한 부처님과 동방약사유리광불(佛)을 따르는 인간별(星)들의 자리가 되는 것이다.

부처님의 앞에 《동방》이 있는 이유가 후천우주에 진입하면서 전체 법공(法空)의 0(ZERO)지점에 도착한 우리들의 태양계(太陽界)가 《중앙천궁상궁(中央天宮上宮)》으로 변화됨으로써 이러한 《중앙천궁상궁》의 동쪽에 지이일(地二一) 우주가 자리함으로써 붙여진 이름이다.

이렇듯 만들어진 지이일(地二一) 우주가 [도형1]에서 보듯이 중계(中界)의 지(地)의 우주 중심으로써 《노사나불(佛)》께서 만드신 《중앙천궁(中央天宮)》과 연결을 이룬 [36궁(宮)]으로써 《또 다른 한 부처님》과 《약사유리광불(佛)》 두 분 부처님을 모신 여러분들의 천국(天國)으로써 이곳에 이르기까지와 이곳에 머무는 기간이 최소한 100억 년(億年)은 죽음(死)이 없는 화생(化生)의 생활을 하다가 두 부처님의 가르침으로 이곳에서 열심히 공부하여 여러분들은 다음으로 여러분들 법신(法身)인 별(星) 표면의 진화기에 들어가야 하는 것이다.

　이러한 무량대복(無量大福)을 받기 위해서는 미륵부처가 당부한 것이 선행(先行)이 되어야 하는 것이다. 이러한 기간 내(內)에 인간들이 머물고 있는 별(星)에 인간 육신(肉身)을 가지고 태어나고자 하면 스스로의 의지에 따라 그렇게 할 수 있으며, 그곳에서 인간 육신의 죽음을 맞이한 이후에는 스스로의 법신(法身)으로 돌아올 수 있는 것을 자유로이 할 수가 있는 것이다. 이러한 일들이 우주적인 이치의 하나이니, 여러분들께서는 여러분들의 천국(天國)으로 가시고자 하는 분은 깊은 회개와 함께 미륵부처가 남긴 불법(佛法) 공부를 하시는 것이 중요하며, 이러한 일을 하지 못하시는 분은 부지런히 《석가모니 하나님 부처님》과 《약사유리광불(佛)》 두 분께 열심히 기도하는 것이 오늘날 《예수님》을 따르는 여러분들이 하셔야 될 일이기 때문에 장황히 설명을 드린 것이다.

[실례(實例) 2]

　미륵하생경(彌勒下生經)에 《남섬부주》에서 미륵(彌勒)이 《수범마(修梵摩)》를 아버지로 하고 《범마월(梵摩月)》을 어머니로 하여 태어나시는 장면이 기록되어 있다. 이때의 미륵의 어머니를 "『수승하고 미묘함이 여인 중에서 가장 뛰어나 천제(天帝)의 후비와 같으니라.』"라고 부처님께서 말씀하신다.

　현생(現生)의 미륵을 낳아주신 아버지이신 《수범마(修梵摩)》가 성불(成佛)의 길에 들어선 대마왕 《알라신(神)》의 후신(後身)이며, 어머니이신 《범마월(梵摩月)》이 《바알신(神)》, 《염제신농》, 곡물과 풍요의 신(神) 《데메테르》로 활약하셨던 《관세음보살 2세》이시다. 이러한 장면을 석가모니 부처님께서는 《천제(天帝)의 후비》와 같다고 표현하신 것이다. 이때의 천제(天帝)가 《석가모니 하나님 부처님》이신 것이다.

미륵이 석가모니 부처님의 아들인 《라홀라》로 태어났을 때 [묘법연화경 제9 수학무학인기품 ②항]에서 "『… 내가 태자이었을 때 라홀라는 맏아들이 되었더니, 내 이제 부처님의 도를 이루니, 법을 받는 법의 아들이 되었도다. 미래 세상 가운데 헤아릴 수 없는 억의 부처님을 뵈옵고, 모두 그의 맏아들이 되어 한마음으로 부처님의 도를 구하리니, 라홀라의 은밀히 하는 행을 오직 나만이 능히 아느니라.』"라고 말씀을 하신다.

이 말씀의 뜻은 《라홀라》는 세세생생 《석가모니 부처님》의 맏아들로서 관세음보살님을 어머니(母)로 하여 태어나신다는 말씀으로써 이러한 《라홀라》의 때에 따른 이름이 《미륵》이다. 그런데 현생(現生)에서는 《알라신(神)》과 《관세음보살 2세》 사이에서 육신(肉身)을 얻고 태어난 것이다.

이런 태어남에는 《석가모니 하나님 부처님》의 깊은 배려가 숨어 있는 것이다. 이와 같은 숨은 배려가 《라홀라》의 밀행(密行)과도 깊은 관계가 있다. 즉, 후세인(後世人)들은 《라홀라》의 밀행(密行)을 좋은 표현으로 밀행(密行)이라고 하나, 사실상은 우주간이나 세간(世間)의 대마왕(大魔王)들이 미륵인 《라홀라》를 기회만 있으면 죽여 우주간이나 세간에서 영원히 사라지게 하기 위해 광분함으로써 《라홀라》는 이들을 피해 숨어서 행동을 할 수 밖에 없는 처지였기 때문에 이러한 이름이 붙여진 것이다.

BC 2300년부터 시작된 신(神)들의 전쟁이 치열하였을 때와 이후 석가모니 하나님 부처님께서 《석가모니불(佛)》로 오신 이후부터 지금까지 우주간의 대마왕들은 《미륵》의 제거에 혈안이 되어 있었던 것이다. 이러한 사실을 누구보다도 잘 알고 계시는 《석가모니 하나님 부처님》께서는 《관세음보살 2세》께 인간 육신을 가지고 태어나게 하신 이후 때마침 성불(成佛)의 길에 들어선 《알라신(神)》이 인간 육신을 가지고 태어남으로써 이분과 짝을 이루시고 《미륵》을 태어나게 하신 것이다.
이때의 《미륵》의 이름은 지금 필자가 쓰고 있는 이름이다. 즉, 《석가모니 하나님 부처님》께서는 아들이 부처(佛)를 이룰 때까지 스스로의 아들을 대마왕인 《알라신(神)》을 아버지로 하여 태어나게 함으로써 다른 대마왕들을 감쪽같이 따돌리신 것이다. 이러한 사실을 뒤늦게 안 필자는 아버지이신 《석가모니 하나님 부처님》께서 배려하여 주신 고마움에 통곡을 한 적이 있다.

이와 같은 사실들로 인해 현생(現生)에서는 《알라신(神)》을 아버지로 하고 《관세음보살 2세》를 어머니(母)로 하여 《미륵》이 태어난 것이며 이러한 태어남을 《관세음보살 2세》도 스스로가 태어나게 한 《미륵》을 《미륵》인 줄 몰랐던 것이다. 이러한 태어남 이후 《미륵보살》은 《미륵부처(佛)》를 이룬 것이다.

이와 같은 모든 사실을 밝히는 뜻은 현재 지상(地上)에서 《알라신(神)》을 믿고 따르는 모든 대중들의 영혼(靈魂)을 구원하기 위해 이를 밝히는 것이다. 사실을 밝힌 내용과 같이 《미륵부처(佛)》는 《알라신(神)》과의 특별한 인연을 가지고 있다. 이 때문에 《알라신(神)》을 믿고 따르는 《회교도》들에게 미륵부처(佛)가 몇 가지 당부의 말을 드리고자 한다.

《회교도》 대부분의 대중들은 선(善)한 인간들임을 미륵부처는 잘 알고 있다. 그러나 대마왕(大魔王)으로서의 《알라신(神)》은 우주간이나 세간에 그 존재를 찾을 길이 없다. 대마왕 《알라신(神)》은 서기 2000년 이후 그동안 대마왕으로서의 잘못을 《석가모니 하나님 부처님》께 항복하고 깊은 참회를 함으로써 불법(佛法)에 귀의(歸依)하여 지금은 《쌍둥이 천왕불(佛)》이 되셨다. 즉, 이 뜻은 대마왕 알라신(神)은 우주간이나 세간에서 영원히 사라지고 《쌍둥이 천왕불(佛)》로 존재하신다는 뜻이다.

그러므로 종전과 같이 대마왕 《알라신(神)》을 백번 천번을 찾아 기도하여도 그 기도를 듣고 그대들의 바람대로 그대들의 청을 들어줄 대마왕 《알라신(神)》은 우주간 어디에도 없다는 뜻이다. 즉, 그대들이 지금까지 신앙의 대상으로 찾던 《신(神)》은 사라지고 다만 《쌍둥이 천왕불(佛)》만 존재하는 것이다. 대마왕 《알라신(神)》을 찾았을 때 《쌍둥이 천왕불(佛)》이 구원의 손길을 내밀 수 없게 되어 있는 것이 우주간(宇宙間)의 이치이다.

그러므로 그대들 《회교도》들도 지금까지 대마왕 《알라신(神)》을 《하나님》이라 부르고 찾던 것을 일체 중지하고, 지금까지 그대들이 가지고 있는 신앙적인 사상(思想)과 관념(觀念)의 틀을 과감히 깨어 혁파하고, 우주간에 단 하나 밖에 없는 원천 창조주이신 진짜 《하나님》이신 《석가모니 하나님 부처님》 법(法)을 받아들여 부처님 법(法)에 귀의하고, 그대들이 가지고 있는《코란》에 있어서 무모한 살생을 일삼는 신(神)에 대한 스스로의 목숨을 던지는《순교》라는 행위를 하게 하는 부분들은 송두리째 도려내고, 어떠한 경우라도 인간의 목숨(命)은 인위적으로 해(害)하는 일은《석가모니 하나님 부처님》법(法)에 정면으로 위배된다는 사실을 깊이 인식하고, 이 미륵부처가 남기는《정본 반야바라밀다심경》과《무량의경》과《묘법연화 방등경》을《코란》의 상위 경전으로 공부하고 가르치면 그대들을 구원할 수 있음을《메시아》인 미륵부처가 분명히 밝히는 것이다.

지금 당부하는 이 내용이 옛날 대마왕 시절의《알라신(神)》인《쌍둥이 천왕불(佛)》께서 필자에게 간곡히 부탁하여 미륵부처가 대신 내리는 명령임을 아시기 바란다.

이와 같은 간곡한《쌍둥이 천왕불(佛)》의 당부를 그대들이 거부하였을 때 그대들은《대환란기》인 지금의 때로부터《대환란 기간》이 끝이 날 때 그대들은 인간 육신(肉身)의 죽음을 맞이한 이후 영혼들마저 죽임을 당하여 우주간의 티끌이 된 채 100억 년(億年)간의 긴 고통의 암흑물질 터널을 지나가야 하는 것이며,《쌍둥이 천왕불(佛)》의 간곡한 당부를 들었을 때 그대들은《석가모니 하나님 부처님》으로부터 구원이 되어 지금으로부터 30억 년(億年)간 진행이 되는 그대들이 말하는《천당(天堂)》잔치에 동참이 되어 부처님들의 허락으로 얼마든지 다시 인간 육신(肉身)을 가지고 안락하고 쾌적한 환경이 조성된 별(星)에 태어날 수 있으며, 이후라도 부처님들의 세계에서 그대들이 상상할 수 없는 수명과 복락을 누릴 수 있음을 미륵부처가 분명히 밝히는 것이다.

다시 한번 강조하는 바는 이 뜻의 전달은 그대들이 믿고 따르던《알라신(神)》이《쌍둥이 천왕불(佛)》이 되시어 미륵부처를 통하여 그 뜻을 전달하는 것임을 깊이 아시기 바란다. 대마왕《알라신(神)》을 추종하던 마왕 집단인《회교도》《성직자》들은 이러한 당부를 가벼이 여기지 마시고 차제에《석가모니 하나님 부처님》께 깊은 참회로써 지금까지 본의 아니게 저질렀던 모든 과오를 씻음으로써 새로운《성자(聖者)》들로 탈바꿈될 수 있는 기회를 놓치지 마시기 바란다.《알라신(神)》을 믿고 따르는《회교도》들의 영혼 구원을 위해 석가모니 하나님 부처님께서《알라신

(神)》과 《관세음보살 2세》 사이에 《미륵부처》가 탄생이 되도록 한 배려의 진정한 뜻이 있어서 그대들에게 간곡히 당부를 드리는 것이다.

일전 《이라크》 전쟁이 시작되어 그 나라 대통령이었던 《후세인》이 체포되었을 때 필자가 머물고 있는 《아나법화연수원》에 《천관파군 1세》 대마왕이 인간 육신(肉身)을 가지고 와서 머문 적이 있다. 이때 이 대마왕 속셈은 당시 필자가 《묘법연화경 방등경》 집필을 시작하였을 때 이를 방해하고 《아나법화연수원》 문을 닫게 할 목적으로 필자가 머물고 있는 곳에 와서 필자와 함께 같이 있은 적이 있었다. 이와 같은 대마왕의 속셈을 꿰뚫어 본 필자는 필자대로 그를 교화(敎化)하고자 노심초사하고 있던 가운데 《이라크》 전쟁의 소식이 들려오고 《후세인》이 체포되었다는 소식이 전하여져 온 것이다. 이러한 《이라크》 전쟁의 내면(內面)을 깊이 알고 있던 필자가 그날 퇴근하면서 《천관파군 1세》에게 인간들의 전쟁에 깊이 관계를 하지 말라고 당부를 하고 이튿날 출근을 하다 보니, 《천관파군 1세》가 어젯밤에 《이라크》에서 사자(使者)가 찾아와서 그들의 지도자가 체포되었음을 알리고 그들이 어떻게 하여야 될지를 물어와 사자(使者)들에게 《후세인》 대신의 지도자를 내세워 총을 들고 백성들을 선동하고 총궐기 하라고 명령을 내렸음을 필자에게 보고를 하기에, 이런 일이 있을 줄 미리 알고 전날 당부를 하였는데 이를 어긴 일에 크게 화를 내고 그를 《아나법화연수원》에서 떠나도록 하였다.

이 일 후, 《이라크》 백성들은 종교적 갈등에 의한 내분(內分)에 휩싸인 것이며, 마왕 《천관파군 1세》는 《아나법화연수원》 신도 일동의 연락처를 입수하고 신도들에게 가짜 미륵부처가 부처(佛) 행세를 한다고 모 종교 단체와 한 통속이 되어 악선전을 함으로써 향후 2년간 《아나법화연수원》에는 쥐새끼 한 마리 얼씬하지 않는 곳으로 변하였다. 필자는 이때가 기회다 싶어 이 2년간 《묘법연화 방등경》 집필에 전념할 수가 있었던 사건이 있었다.

이 이후 필자는 《알라신(神)》을 믿고 따르는 《회교도》에게도 파괴와 살상으로 그들이 주도권을 쥐고자 하는 《천관파군 1세》 휘하의 마왕 무리들이 《회교도》의 한 지파로 자리하고 있다는 사실을 알았으며, 《순교》라는 이름으로 폭탄 테러나 하고 인명을 살상하는 무리들 대부분이 《천관파군 1세》의 지휘를 받고 있는 사실을 안 것이다.

이러한 《천관파군 1세》 대마왕도 《천관파군 2세》와 《천관파군 3세》와 함께 《석가모니 하나님 부처님》으로부터 큰 벌을 받아 그들의 내면(內面) 영혼들은 모두 걷우어져 우주간의 티끌도 남지 않은 영원히 사라지는 벌을 받게 됨으로써 우주적인 그들의 힘인 법력과 염력들이 모두 사라져 지금 가지고 있는 인간 육신(肉身)의 껍데기만 남은 채 껍데기 일생(一生)을 마감한 후에 그들은 영원히 사라지게 되어 있는 것이다.

이러한 비밀한 내용을 밝히는 뜻은 선량한 대부분의 《회교도》들 때문에 밝히는 것이며, 폭탄 테러나 하고 인명 살상을 하는 회교도를 자처하는 무리들은 그들을 지금까지 보호하고 지도하던 신(神)이 영원히 사라졌음을 알고 그들이 하는 모든 행동들은 하루 빨리 청산하기를 미륵부처가 경고하는 것이다.

[실례(實例) 3]

석가모니 하나님 부처님 법(法)은 세간법(世間法)과 우주간(宇宙間)의 법(法)인 방등법(方等法)이 우주간의 법칙인 1-3의 법칙에 의해 1-3의 비율로 형성되어 있다. 세간법(世間法)이란 석가모니 부처님께서 남기신 가르침을 묶은 경전(經典)에 있어서 경전(經典)의 문자(文字) 반야(般若)에 의지해 그 뜻을 파악하고 수행하는 것을 이름함이며, 방등법(方等法)인 우주간(宇宙間)의 법(法)은 우주간에 펼쳐진 이치의 법(法)으로써 경전(經典) 곳곳에 일부의 문자(文字)와 수리(數理)로써 그 뜻을 전한 법(法)을 말한다. 즉, 세간법(世間法)이 백분율로써 부처님의 뜻이 25%를 차지하면 방등법(方等法)인 우주간의 법(法)은 75%를 차지한다.

미륵부처가 세상(世上)에 출현하기 이전까지는 모든 불교도들은 《세간법》에만 의지를 한 것이다. 경전의 문자 반야에 의지해 부처님께서 남기신 모든 경전들의 대의(大意)를 모두 통달하여도 부처님의 뜻은 25%밖에는 파악이 되지 않는 것이다. 사정이 이렇게 되고 보니, 부처님의 뜻을 제대로 파악하지 못한 무리들이 종파(宗派) 불교(佛敎)를 만들어 성불(成佛)은 입으로만 떠벌리고 그들 승단을 이익집단으로 변모되게 한 것이며 대마왕들은 이를 노려 불법(佛法) 파괴를 자행한 것이다. 이 때문에 불교(佛敎)도 타락하고 일부는 썩은 마왕(魔王) 불교(佛敎)를 하고 있는 것이 현재 지상(地上)의 입장이다.

한국(韓國)을 중심으로 말씀을 드리면, 남방불교(南方佛敎)로 이름되는 성문(聲聞)의 도(道)를 따르는 분(分)들은《아라한》도에 묶여《성문의 도》보다 상위(上位)에 있는《보살도》를 배척하고 형식에 치우쳐 머물게 됨으로써 부처님 멸후 별다른 발전을 못하고 있는 실정이며, 북방불교(北方佛敎)는 불법(佛法)이 파괴된 마왕 불교(魔王佛敎)로 전락함으로써 썩고 썩은 불교(佛敎)가 되고 말았다.

이제 이러한 사실을 미륵부처(佛)가 분명히 밝힘과 동시에 지상(地上)의 모든 불자(佛者)들에게 몇 가지 당부를 하고자 한다.

불교(佛敎)는《석가모니 하나님 부처님》께서 때에 지상(地上)에 인류 북반구 문명을 펼치시어 인간 교화(敎化)를 하실 때 BC 3898년 한반도에 한국(韓國)을 세우시고《초대 거발한 한웅님》으로 오셨을 때 교화된 한민족(韓民族)을 위해 만드신《한단불교(桓檀佛敎)》와 고대 인도땅으로《석가모니불(佛)》로 오신 이후 가르침(敎)을 펼치신 불교(佛敎) 둘 다 교주(敎主)는《석가모니 하나님 불(佛)》이시다. 즉, <u>불교(佛敎)는《석가모니 하나님 불(佛)》을 교주(敎主)로 한 우주간의 모든 부처님들의 가르침을 불교(佛敎)라고 정의할 수 있는 것이다.</u>

이 때문에 지상(地上)에 있는 모든 종파(宗派) 불교(佛敎)와 부처(佛)도 이루지 못한 보살(菩薩)들을 신앙하는 보살신앙불교(菩薩信仰佛敎)도 모두 사라져야 하는 것이다. 불교(佛敎)는 오직 하나밖에 없으며, 특성상 형상(形象)을 모실 때에는 중앙불(中央佛)로써는《석가모니불(佛)》과《아미타불(佛)》과《다보불(佛)》과《노사나불(佛)》이외의 부처님들께서는 앉으실 수가 없으며,《석가모니불(佛)》이 중앙불(中央佛)이 되셨을 때는 좌우보처불(佛)이 우주의 운행 이치에 따라 여타 중앙불(中央佛)들과 모든 부처님들께서 앉으셔야 되며, 이때 후불(後佛) 탱화에는《석가모니 비로자나불(佛) 하나님》이 계셔야 되며,《석가모니 하나님 불(佛)》을 제외한《아미타불(佛)》과《다보불(佛)》과《노사나불(佛)》께서 중앙불(中央佛)로 자리하시고 좌우보처에 우주간의 이치에 따라 다른 부처님들께서 앉으실 때 후불(後佛) 탱화로는《석가모니 하나님 부처님》께서 자리하셔야 하는 것이다. 하나의 "예"를 들면,《석가모니불(佛)》을 모시고 싶은 분은 중앙불(中央佛)로는 《석가모니불(佛)》께서 앉으시고 좌보처에는 《아미타불(佛)》께서 앉으시고 우보처에서는 《다보불(佛)》이 앉으시고 후불탱화에는 《석가모니 비로자나불(佛) 하나님》이 앉으시면 되는 것이다.

이와 같이 모시고 싶은 부처님 세 분을 모시고 가르침을 구하면 되는 것이지 별도의 종파(宗派)를 만들어서는 안 되는 것이며, 이의 깊은 뜻은 하나밖에 없는 불교(佛敎)의 테두리 내(內)에서 종파(宗派)를 만들지 말고 특성에 따라 가르침을 구하라는 뜻이다. 이로써 늦은 감이 있으나 종파(宗派)불교와 보살(菩薩)신앙불교는 지상(地上)에서는 모두 제거되어 사라져야 하는 것이며, 지상(地上)의 불교(佛敎)도 하나로 통합되어야 하며, 각 나라의 불교도 하나로 통합이 되어야 하는 것이다. 종파(宗派)불교(佛敎)와 보살신앙불교는 불교 교단(敎團)을 분열시키고자 하는 대마왕(大魔王)들의 책동이라는 점을 분명히 하는 것이다.

다음으로 《석가모니 부처님》의 가르침이 담긴 방대한 경전(經典)들을 인간 무리들의 진화(進化)가 상당히 진행이 된 지금의 때로 봐서는 단순화시킬 필요가 있다. 《석가모니 부처님》께서 최초로 설(說)하신 경(經)은 3.7일간 설하신 《대방광불화엄경》이다. 이러한 《대방광불화엄경》을 설(說)하신 이후 부처님께서는 깊은 고민에 빠지셨다. 즉, 당시에 법문을 듣는 자들이 이해를 잘 하지 못하므로 법(法) 설(說)하시는 것을 중단하고 천상(天上)으로 오르시려고 하시다가 우주간의 모든 부처님들께서 《방편》을 구사하실 것을 권유드림에 따라 다시 마음을 고쳐먹으시고 미욱한 중생들을 위해 기초부터 가르치신 것이다.

즉, 《아함부》《방등부》《반야부》까지를 41년에 걸쳐 설(說)하시고 본래 부처님께서 이 세상에 오신 목적이 담긴 《법화삼부경》과 《열반경》을 설하시게 되는 것이다. 이러한 경전 중 《반야부》의 마지막 경(經)이 《금강경》이며, 이 《금강경》을 설(說)하신 끝에 부처님의 허락을 얻으신 《관세음보살님》께서 《부처님》께서 창작하신 《반야바라밀다심경》을 설(說)하신 다음, 곧바로 부처님께서는 《법화삼부경》 설법에 들어가시는 것이다. 이 때문에 《반야바라밀다심경》을 《법화삼부경》과 합하여 《법화사부경》이라고 하는 것이다. 즉, 모든 불법(佛法)의 핵(核)은 《반야부》 마지막 경(經)인 《금강경》과 《법화4부경》인 것이다.

먼저, 불교(佛敎)에 입문한 자들에게는 《아함, 방등, 반야부》에 담겨있는 《인간도(人間道)》나 공자(孔子)님께서 가르친 《유학(儒學)》의 《인간도(人間道)》를 가르치고, 이러한 《인간도(人間道)》를 바탕으로 하여 《금강경》과 《법화4부경》을 가르치고, 부처님께서 제시하신 올바른 수행법이나 《달마조사》의 《이입4행론》 수행을 가르치면, 이것이 모두 《보살도(菩薩道)》인 것이다.

석가모니 하나님 부처님께서 공중성(空中聲)으로 이 미륵부처에게 한국(韓國)은 지금 성문(聲聞)의 도(道)와 연각(緣覺)의 도(道)는 모두 사라지고 《독각의 도》만 남았다고 들려 주셔서 가만히 관찰하여 보니 썩은 마왕불법만 판을 치고 있는 것이며 남방불교를 하는 쪽에서도 너무나 오랜 기간 동안 발전이 없이 무기력한 상태임을 간파하고, 이때를 대비해 부처님께서 마지막으로 남긴 도(道)가 《보살도(菩薩道)》임을 새삼 깨닫고 이후 미륵부처는 보살도의 체계를 세우고 《세간법》과 《방등법》인 《우주간의 법(法)》이 모두 한꺼번에 드러난 《금강경》과 《법화4부경》 모두 해설하여 《우주간의 법 해설 금강경, 정본 반야바라밀다심경, 무량의경, 관보현보살행법경, 묘법연화 방등경》 등의 이름으로 세간에 드러내 놓음과 아울러 우주간의 법(法)의 이치를 소상히 정리한 《묘법연화의 실상의 법》을 드러내어 놓았다. 이것이 당래 교주인 《미륵부처(佛)》가 대중들을 위해 펼친 법(法)인 것이다.

지금까지 기록한 내용을 간추리면, 지상(地上)의 모든 불자(佛者)들은 종파(宗派)불교와 보살신앙불교로부터 벗어나서 지금까지 가지고 있던 종교적(宗敎的) 사상(思想)과 관념(觀念)의 틀을 모두 깨고, 《석가모니 하나님 부처님》을 교주(敎主)로 한 통일된 불교(佛敎)를 만드는데 앞장서시고, 그대들이 말하는 당래교주(當來敎主) 《미륵부처(佛)》가 세간에 드러내어 놓은 법(法)을 받아 모두가 《보살도(菩薩道)》에 입문(入門)하라는 뜻이다.

이렇게 되었을 때라야 그대들이 《지상(地上)》의 대환란 기간이 끝이 난 후 그대들 영혼(靈魂)들 역시 30억 년(億年)간 진행되는 《극락 잔치》에 동참이 되어 그대들의 뜻에 의해 자유로이 인간 육신(肉身)을 가지고 다시 태어날 수가 있으며 성불(成佛)을 위해 한 발짝 한 발짝씩 앞으로 나아갈 수가 있는 것이나, 이 미륵부처(佛)의 충고를 외면하였을 때 그대들 역시 《대환란 기간》 이후 2차 죽임인 영혼(靈魂) 죽임을 당하여 우주간의 티끌로 돌아간 후 고통스러운 100억 년(億年) 바깥으로 향하는 암흑물질의 긴 터널을 통과하여야 할 것이다.

앞서도 몇 번 밝혔지만 《미륵부처(佛)》는 그대들 영혼(靈魂) 구원을 위해 지상(地上)으로 온 부처(佛)이므로 그대들이 《미륵부처(佛)》가 충고하는 말을 듣지 않게 되면 그대들의 구원은 할 수가 없음을 분명히 하는 것이다.

한국(韓國) 불교의 최대 승단을 이룬《조계종(宗)》의 각각의 스님들께 당부의 말씀을 드리고자 한다.

오탁악세에 출가하여 스님이 된다는 것은 복(福) 중의 큰 복이다. 그러나 스님이 되는 순간 그대들은 흉한 업보를 동시에 짊어지게 된다. 이러한 흉한 업보는 그대들을 파멸로 몰고 가는 엄청난 업보이다. 이러한 흉한 업보는 그대들이 한 생각 고쳐먹으면 인위적으로 제거할 수 있는 업보이기 때문에 당부의 말씀을 드리게 되는 것이다.

그대들이 전통을 내세워 자랑하고 있는《조계종(宗)》은 통일신라 이후 당(唐)나라 조정이 신라가 통일을 이루기전 신라, 백제, 고구려로 한민족(韓民族)의 국가들이 셋으로 갈라져 있을 때 삼국(三國) 모두가 불교(佛敎)를 국교(國敎)로 하고 있을 때, 인류 북반구 문명의 진리(眞理)의 중심에 있는 <u>한민족(韓民族) 상고사(上古史)와 삼국(三國)을 이루고 있는 한민족(韓民族) 전체의 정신을 타락시켜 중원대륙 한족(漢族)들의 하층민으로 전락시킨 후 궁극에는 한민족 구성원 전체를 말살시킬려는 계획으로</u> 당현장(唐玄奘) 등과 《측천무후》등이 공개적으로 불법(佛法)을 파괴하여 파괴된 불법(佛法)의 경전(經典)들과 《교외별전》된 선법(禪法)을 한반도로 들여보냈을 때의 종파(宗派)의 이름이 바로 그대들이 전통을 자랑하며 몸담고 있는《조계종(宗)》인 것이다.

왜곡된 불법(佛法)과 잘못된 수행법으로 수행을 하게 되면 불법(佛法)이 썩어 타락한 불법(佛法)으로 전락하게 되며, 이러한 썩은 불법(佛法)을 백성들로 하여금 가르치게 되면 그 사회가 썩고 마는 것이다. 잘못된 수행법은 그대들 스스로를 진화(進化)에서 후퇴시켜 인간으로 어렵게 진화하여 온 그대들을 진화(進化)의 처음 시작인

《신(神)》들의 세계로 돌려보내고자 하는 엄청난 계략이 숨어 있음을 필자의 저서에서 여러 번 지적한 바가 있다.

이렇듯 썩은 불교의 표상이 《고려불교》인 것이다. 이후 조선왕조와 일제 36년의 식민지 시대를 거쳐 해방이 되어 오늘에 이르고 있는 것이다. 《조계종(宗)》에 몸담고 있는 그대들은 어리석게도 이러한 엄청난 계략이 숨어 있는 것도 모르고 중생을 제도한다는 것이 스스로 몸담고 있는 국가와 민족 말살을 위해 중원 대륙 마왕들의 앞잡이 노릇을 하고 있는 실정인 것이다. 이것이 그대들이 출가하는 순간부터 짊어지게 되는 흉한 업보인 것이다. 이러한 흉한 업보는 미련을 두지 말고 이의 실상을 바로 알려드릴 때 과감히 도려내는 것이 흉한 업보로부터 해방이 되어 참다운 존경받는 승려들이 되어 대환란기인 《아리랑 고개》를 넘었을 때 그대들은 귀한 존재들이 되어 석가모니 하나님 부처님으로부터 큰 상을 받을 것으로 필자는 알고 있다.

그대들이 흉한 업보로부터 해방이 되고자 하면 간단한 방법을 알려드리겠다. 먼저, 종파(宗派)불교와 보살(菩薩)신앙불교로부터 탈피하는 길이 그대들 종단이 먼저 대한국大(韓國) 불교(佛敎)를 표방하면 될 것이며, 지키지도 못하는 계율을 나열하여 두는 것보다는 꼭 지켜야 할 계율만 간단히 정비하고 음양(陰陽)의 이치는 우주간의 불변하는 법칙중의 하나이다. 이를 숨겨놓고 전전긍긍하지 말고 표면으로 드러내어 떳떳하게 처신하시기 바란다.

석가모니 하나님 부처님의 배(配)가 《관세음보살님》들이시며, 우주간의 모든 부처님 대부분이 배(配)가 있음을 미륵부처(佛)가 밝히는 것이다. 그리고 그대들 수행법(法)인 마음(心) 타령하는 《교외별전》된 선법(禪法)도 과감히 버리고 그러한 연후 선(禪)수행은 먼저 《복식호흡》을 가르치고 《복식호흡》이 되지 않는 승려는 선(禪)수행을 시키면 절대 안 되는 이유가 이들은 바른 수행도 되지 않으면서 얼마 있지 않으면 《마왕》이 되고 만다. 《복식호흡》으로 선(禪)수행을 하면서 아무런 생각과 망상을 일으키지 않아야 된다는 점은 그대들도 잘 아시는 바다.

이후, 부처님 경전 독송과 공부를 게을리 하지 않으면 수행 후 일정한 기간이 흐르면 《신통》이 생긴다. 이러한 《신통》이 생겼을 때 이를 드러내지 말고 다음으로

《보살도(菩薩道)》에 곧바로 입문을 하면 좋은 결과를 얻을 수가 있다. 이러한 선(禪)수행이 한단불교(桓檀佛敎) 시절부터 전하여져 오는 정통 선(禪)수행법으로《신통기》가 생겼을 때 이미 그는《신선(神仙)》의 대열에 들어선 것이며, 이때 깨끗함을 찾아 홀로 지내지 말고 곧바로《보살도》에 입문을 하면《보살》을 이루는 것은 그렇게 어렵지 않는 것이다. 보살도에 입문한 이후는 명상(冥想)과 삼매(三昧)를 즐기면서 우주간(宇宙間)의 법(法)을 서서히 익히면 큰 도움이 될 것이다.

선(禪)수행을 하지 못하는 자(者)들은《참회기도》는 생활화하여야 하며,《불(佛)》명호 정진과 경(經)의 독송과 경(經)과 관계되는 많은 책들을 공부함으로써 스스로의 내면에 있는《공(空)의 돌(石)》을 단련하면서 스스로가 깨뜨려야 하는 것이다. 이와 같은 수행에는 필수적인 것이 미륵부처가 세간에 내어놓은《방등경(方等經)》들이니, 이를 가지고 정진하시면 무난하실 것이다.

이러기 위해서는 지금까지 가지고 있던 모든 불교적인 사상과 관념은 모두 깨뜨려야 하실 것이다. 그대들에게 잘못된 관념과 사상을 가지게 하였던 대마왕(大魔王)들인 문수사리 1세와 문수사리 2세인《사리프타》와 지장보살 1세와 부처님 십대 제자 중 4분인《우바리》《목건련》《대가전연》《사리프타》와 측천무후로 왔던《묘음보살》과《수월보살》과 연기법으로 불자(佛者)들을 현혹하게 한《용수보살》과《대세지보살》과《관세음보살 3세》와《무곡성불(佛)》과《천관파군불(佛)》과《백의관음》일당들 모두는 천상(天上)의 벌을 받아 우주간의 티끌로 사라지거나 티끌도 없이 영원히 사라져 간 것이다. 이러한 때가 그대들이 흉한 업보를 벗을 절호의 기회이기 때문에 미륵부처(佛)가 그대들에게 충고하고 권유 드리는 것이다. 이러한 충고를 그대들이 외면하였을 때 대환란기때 지상(地上)의 재앙이 깊어갈수록 의식(意識)에서 깨어난 분노한 대중들로부터 그대들이 기거하는 절은 불타고 그대들은 그대들의 죄값을 치르는 혹독한 죽임을 당할 것이다.

다시 한번 더 강조하는 바는 미륵부처는 그대들 영혼 구원을 위해 이 세상에 온 부처(佛)이다. 이러한 미륵부처가 마지막 경고하는 것을 외면하지 말 것을 당부드리는 것이다. 우주간은 넓고 넓으며 인간들의 세계는 도처에 깔려 있다. 지금도 때가 늦지 않으니, 미륵부처의 당부를 실행하였을 때 그대들은 30억 년(億年)의 극락 잔치에 동참이 되어 귀한 재목으로써 대접을 받을 것이다. 즉, 복(福)다운 복(福)을 받을 것이란 뜻이다.

(5) 북반구 문명 기간 진화(進化)의 실상

　북반구 문명 1만 년 중 5,700년간을 한민족(韓民族)의 조상불(祖上佛)들과 한민족(韓民族) 구성원들에 의한 교화(敎化) 기간이라고 말씀드렸다. 교화(敎化)란 《구석기인》까지 진화하여온 무리들에게 하늘(天)의 씨앗인 진성(眞性) 1과 진명(眞命) 3과 진정(眞精) 6 등 삼진(三眞) 10을 심음으로써 《구석기인》을 《신석기인》으로 진화시켜 농경사회를 열게 하고 인간도(人間道)를 가르쳐 《청동기 시대》를 거쳐 문명기를 가질 때까지 인간 무리를 가르치는 것을 교화(敎化)라고 한다.

　이러한 교화(敎化)에 있어서 《인간》들이 모르는 제일 중요한 것이 《구석기인》에게 하늘의 씨앗인 삼진(三眞) 10을 심는 것이다. 삼진(三眞)에 있어서 진성(眞性)은 《반중성자(反中性子)》를 이름함이며, 진명(眞命)은 《양전자(陽電子)》를 이름하고, 진정(眞精)은 《중성자(中性子)》를 이름한다.

　인간의 마음(心)의 근본뿌리를 양자(陽子) 24와 전자(電子)6이 30궁(宮)을 이루고 있는 《성(性)의 30궁(宮)》이라고 밝힌 바가 있다. 이러한 《성(性)의 30궁(宮)》이 진화(進化)의 주인공으로 여러분들의 영혼(靈魂)이 되는 것이다.

　《구석기인》들은 《성(性)의 30궁(宮)》을 가진 무리로 진화(進化)를 하여 왔으나, 《성(性)의 30궁(宮)》인 영혼 자체의 진화(進化)는 매우 느린 속도로 진행(進行)이 되기 때문에 본능(本能)에 의한 삶을 살게 된다. 이때 《성(性)의 30궁(宮)》의 진화(進化)를 도우기 위해 하늘(天)의 씨앗인 삼진(三眞)이 심어지게 되는 것이다. 하늘의 씨앗이란 바로 《석가모니 하나님 부처님》의 씨앗으로써 《구석기인》들에게 하늘(天)의 씨앗인 삼진(三眞)이 심어진 《신석기인》들부터 인간의 무리라고 하는 것이다. 즉, 《신석기인》에서 《청동기 시대》를 거쳐 《문명기》를 이루는 인간 무리의 진화(進化)의 속도는 《유인원》에서 《구석기인》으로 진화하여 온 기간보다는 상대적으로 훨씬 빠른 것이다.

　진화(進化)의 주인공인《성(性)의 30궁(宮)》에 삼진 10이 심어지게 되면 인간의 심장에서는《성(性)》이 40궁(宮)이 되어 작용(作用)을 한다. 즉, 진성(眞性)1과 진명(眞命)1은 양음(陽陰) 짝을 하여 인간의 우뇌(右腦)에 자리하였다가 인간이 활동할 때면 남자는 왼쪽 눈의 동공(瞳孔)에 진성(眞性)1이《공(空)》으로 자리하고 오른쪽 눈 동공(瞳孔)에는 진명(眞命)1이《공(空)》으로 자리하며, 여자는 이와 반대이다. 심(心) 뿌리에는 진정(眞精)인 중성자(中性子)6을 중심으로 양자(陽子)24가 둘러싸 30궁(宮)을 이루고, 전자(電子)6이 그 외곽을 돌며 회전하며, 양전자(陽電子)2은 들숨(入息)때는 양자(陽子)24중 8과 외곽을 도는 전자(電子)6이 합하여져《8×8》구조를 이루고 호흡을 하며, 날숨(出息)때는 양전자(陽電子)2은 중성자(中性子)와 결합한다. 이러한 날숨(出息)은 양자(陽子)24중 6과 전자(電子)6이《6×6》구조를 가지고 작용을 한다. 이러한 상세한 작용의 설명은《우주간의 법 해설 대승보살도의 기초교리》강의에서 충분히 설명하였으니, 이를 참고하시기 바란다.

　이렇듯《성(性)의 30궁(宮)》을 가진《구석기인》들에게 삼진(三眞)을 심음으로써 명실상부한 인간으로 진화를 시키게 되며 이렇게 진화된 인간 내면(內面)에서 일어나는 작용을 간단히 노래한《우파니샤드》한 부분을 소개하면 다음과 같다.

"『한쌍의 두 마리 새가
　항상 나란히 앉아 있는 자리는
　한 그루 나무이니
　그 중 한새는 달콤한 과일을 쪼아 먹고
　다른 한 새는 그것을 지켜보고만 있도다』"
　　　　　　　　(우파니샤드, 이재숙 옮김, 한길사, 1996, 1권 p452)

※ 한그루 나무는 살아 있는 인간 한 사람을 비유한 것이며, 달콤한 과일을 쪼아 먹고 있는 새는 진화(進化)의 주인공인《성(性)의 30궁(宮)》의 비유이며, 지켜만 보고 있는 새는《삼진(三眞)》을 비유한 것이다. 또한, 삼진(三眞) 10을《천부경 81자(字)》에서는《만왕만래》하는 당체로 설명하고 있다.

이렇듯《구석기인》들에게 삼진(三眞)을 심을 수 있는 방법은 한민족(韓民族) 조상 불(佛)·보살님들과 한민족(韓民族) 구성원들에 의한 직접 교접(交接) 밖에 없는 것이다. 지금은 쾌락 위주로 남녀의 교접이 이루어지나, 당시는 엄격한 통제 속에 후손(後孫) 생산(生産)을 위해 방편을 구사한 것이다. 이렇게 하여 생산된 후손(後孫)은 다음 결혼을 하였을 때 다시 생산되는 후손에게 삼진(三眞)을 심어줄 수가 있는 것이다.

지금은 외부의 남자와 잠자리를 같이하였을 때 큰 죄를 범한 짓이 되나, 좋은 씨앗을 받는 풍습은 불과 몇 세기 전까지만 하여도 지구계 곳곳의 각 민족마다 전승되던 풍습이었던 것이다. 이 때문에 한민족(韓民族)의 국가들인 한국(韓國)과 일본국(日本國)의 남자(男子)들에게는 조상(祖上)으로부터 받은 유전적 인자들 때문에 지금도 해외에 나가면 기생 파티를 한다든지 여인들을 밝힘으로써 물의를 일으키고 있는 것이다.

《구석기인》여인이 부처님(佛)들이나 보살님들로부터 삼진(三眞)의 씨앗을 받고저 할 때 매우 까다로운 절차가 있다. 즉,《구석기인》여인에게 마른《쑥》한줌과《마늘》을 주어《관원혈》과《중완혈》두 곳을 잡아주고 21일간《쑥뜸》을 하게 한다. 이렇게 쑥뜸을 하게 되면 몸(身) 속의 각종 나쁜 균들이 진동을 하게 된다. 이러한 나쁜 균들을 죽이기 위해 마늘 한쪽을 씹어 복용하게 한 것이다. 이렇게 21일간의《쑥뜸》이 마쳐지게 되면 쑥뜸한 자리의 상처로부터 육신속의 나쁜 균들이 고름이 되어 한동안 바깥으로 나온 후 그 상처가 아물기 시작한다. 이렇게 하여 쑥뜸한 자리의 상처가 모두 아무는 기간이 쑥뜸 시작일로부터 정확히 100일이다. 이렇게 쑥뜸이 마쳐지게 되면《구석기인》여인이 깨끗해지는 것이다. 이렇듯 깨끗하여진 여인과 합방을 하여 아이가 잉태되게 하는 것이다.

이러한 절차도 모르는 무식한《일본국》일부 학자가 그들 자신도《한민족(韓民族)》인지도 모르고《단군신화(檀君神話)》를 날조하여 세간에 발표하고, 대마왕들의 정신적 지배를 받고 있는 서구 종교를 믿고 있는 한반도 내(內)의 일부 학자들도 덩달아《단군신화》《단군신화》를 읊조리는 부끄러운 꼴을 보이고 있는 것이다. 단정적으로 말씀드리되, 한민족(韓民族)에게는《단군신화》도 없으며《황하문명》따위는 모두 날조된 것이며, 다만《고조선(古朝鮮)》문명만 있을 뿐이다. 이와 같은 쑥뜸기간 100일 동안은 일상생활을 하지 못하고 굴속이나 기거하는 곳에서 움직이지 않는 것이 통례이다.

이러한 내용을 『한단고기(桓檀古記) 임승국 번역주해』《삼성기 전하편》에 다음과 같이 기록이 되어 있다.

> "『때에 한 곰과 한 범이 이웃하여 살더니 일찌기 신단수에서 빌었다. 「원컨대 변하여 신계(神戒)의 한 무리가 되어지이다」하니, 한웅이 이를 듣고 말하기를, 「가르쳐 줄지어다」라고 하였다. 마침내 주술로써 몸을 바꾸고 정신을 바꾸었다. 먼저 신이 만들어 놓은 영혼을 고요하게 하는 것을 내놓았으니 즉, 쑥 한 다발과 마늘 스무개라. 이에 경계하여 가로대 「너희들 이를 먹고 햇빛을 백일동안 보지 않으면 쉽사리 인간다움을 얻으리라」하니, 곰과 호랑이의 두 무리가 모두 이를 얻어 먹고 삼칠일 동안 기(忌)하였는데 곰은 기한을 잘 지켜서 타이름을 따르매 모습을 얻게 되었지만, 범은 게으르고 참을성이 없어서 금지하는 바를 제대로 실행하지 못하니 좋은 결과를 얻지 못하였다.
>
> 이는 이들의 두 성질이 서로 닮지 않았기 때문이라. 웅녀는 더불어 혼인할 곳이 없었으므로 단수(檀樹)의 무성한 숲 밑에서 잉태하기를 간곡히 원하였다.
>
> 그래서 임시로 변화하여 한(桓)이 되고 그와 더불어 혼인하니 잉태하여 아들을 낳고 호적에 실리게 되었다.』"

상기 기록의《한 곰과 한 범》은 곰족(熊族)의 한 여인과 호랑이족(族)의 한 여인으로서《구석기인》여인들을 이야기하는 것이며,《신계의 한 무리》는《삼진(三眞)》이 심어진《인간 무리》를 이야기하는 것이며,《한웅》은 천일우주 100의 궁의 불(佛)·보살들께서 인간 육신(肉身)을 가지고 왔을 때의 호칭으로 이때의《한웅님》이 석가모니 하나님 부처님께서 초대《거발한 한웅》님으로 오셨을 때의 호칭이다. 《한(桓)》은 하나님을 뜻한다.

이때의《범》이 호랑이족들로서《야훼신(神)》의 후예들이《구석기인》으로 진화하여 온 무리들로서 이들은 이후 삼진(三眞)이 심어진 여인들을 《겁탈》함으로써 그들의 후손들을 남기는 것이다. 이 때문에 이들 무리들을 《약탈》, 《방화》, 《겁탈》 등을 일삼는 무리들이라고 하는 것이다.

《구석기인》들에게 삼진(三眞)의 씨앗이 심어진 후에 태동한 것이 《신석기 시대》이다. 이러한 《신석기인》들에게 처음으로 가르친 것이 《농경사회》를 이루는 법을 가르쳤고, 이후 《청동기 시대》에 들어서 《인간도(人間道)》를 집중적으로 가르침으로써 다음으로 《문명기》로 전환이 되는 것이다. 이러한 교화(敎化)의 인연이 있기 때문에 4,300년의 치화(治化)의 기간 중 각 민족의 영웅호걸들이 개개인의 진화를 대부분 마쳤을 때는 마지막 진화와 함께 천상(天上)으로 오르기 위해 한민족(韓民族)의 핏줄을 받아 한반도 땅에 육신(肉身)을 가지고 태어나게 되는 것이다.

《신석기 시대》와 《청동기 시대》의 기간이 짧은 이유가 바로 진화의 주인공인 《성(性)의 30궁(宮)》을 빨리 진화시키기 위해 하늘(天)의 씨앗인 삼진(三眞)이 심어졌기 때문임을 오늘을 살고 있는 《인간 무리》들은 알아야 할 것이다.

치화(治化)의 시대 《신(神)들의 전쟁》으로 모든 《인간 무리》들이 대마왕들의 정신적 지배를 받지 않았으면 《인간》진화는 1만 년 기간으로 충분하였기 때문에 선대(先代) 문명이 모두 1만 년으로 막을 내리고 다음 문명이 시작되었으나, 우리들의 지구상에서의 진화는 북반구 문명이 마지막이 되는 것이다.

인간 육신(肉身)의 죽음 이후는 인간의 영혼(靈魂)인 《성(性)의 30궁(宮)》은 성(性)의 30궁(宮)대로 삼진(三眞)은 삼진(三眞)대로 인간의 육신(肉身)을 빠져나온 후 갈라져 《성(性)의 30궁(宮)》은 《인과(因果)》법에 따라 다음의 진화기에 들어가고, 삼진(三眞)은 천상(天上)으로 돌아갔다가 《성(性)의 30궁(宮)》이 새로이 인간 육신(肉身)을 가질 때 천상(天上)으로 돌아간 자기의 삼진(三眞)은 자기의 육신이 만 번 태어나도 태어날 때마다 그 인간에게 돌아와 《성(性)의 30궁(宮)》의 진화를 도와주는 것이다. 이것이 만물(萬物) 보다 《인간 무리들이》 편중되게 받는 실체인 것이다.

여러분들의 영혼인 《성(性)의 30궁(宮)》에 삼진(三眞)이 내려와 있는 것을 삼일신고(三一神誥) 《제이장 일신오십일자》에서는 다음과 같이 가르침을 베풀고 있다.

"『聲氣願禱 絶親見
　성기원도 절친견
　소리내어 기로써 원하고 기도드리면 반드시 친견할 수 있으니

　自性求子 降在爾
　자성구자 강재이뇌
　너의 성(性)으로부터 하나님의 아들을 찾도록 하라
　너의 머릿속에 내려와 계시느니라.』"

　다음으로 만물(萬物)보다 《인간 무리들》만이 편중되게 받는 삼진(三眞)을 삼일신고(三一神誥) 《제오장 인물일백육십칠자》에서는 다음과 같이 기록하고 있다.

"人全之 物偏之
　인전지 물편지
　(인간은 온전하게 받고 만물은 편중되게 받았으니)

　眞性 善無惡 上喆通
　진성 선무악 상철통
　(진성은 착함이니 악함이 없어 상철이 통하고)

　眞命 淸無濁 中喆之
　진명 청무탁 중철지
　(진명은 맑음이니 흐림이 없어 중철인이 이를 알고)

　眞精 厚無薄 下喆保
　진정 후무박 하철보
　(진정은 후함이니 박함이 없어 하천인이 이를 보전하며)

　返眞一神
　반진일신
　(삼진을 하나로 하여 하나님에게 되돌리는 것이다)"

※ 4,300년 치화(治化)의 기간에 석가모니 하나님 부처님께서 바라시는 바는 인간 무리 각각의 영혼인 《성(性)의 30궁(宮)》의 진화의 완성이다. 이러한 진화의 완성이

곧 《지혜(智慧)의 완성》으로써 석가모니 하나님 부처님을 축으로 하는 인간 무리 진화(進化)는 《신(神)》들의 전쟁 덕분에 상당한 차질을 빚게 된 것이다.

이 때문에 북반구 문명 1만 년 기간이 끝이 나는 서기 2000년까지도 문명의 종말을 끝내지 못하시고 《인간 무리》들에게 몇십 년의 시간을 더 주고 때맞춰 미륵부처(佛)를 통하여 《인간 무리》들이 가지고 있는 대마왕들로부터 잘못 입력된 종교적 사상과 관념의 틀을 모두 깨게 하고 그들을 일깨워 그들 영혼을 구원하시기를 바라셨으나, 지금의 인간 무리들은 미륵부처의 깨우침을 거부하고 날이 갈수록 더욱더 영악해짐으로써 몇십 년 기간도 단축시킴으로써 대환란기의 시작을 명하셨음을 인간 무리들은 알아야 하기 때문에 《묘법연화 방등경》 강의 이전에 모든 것을 미륵부처가 밝히고 있는 것이다. 뜻있는 자들은 이러한 마지막 기회를 놓치지 마시고 지금부터라도 미륵부처가 펼친 《보살도》에 입문하면 스스로의 영혼 파멸은 면할 수가 있을 것이다.

(6) 북반구(北半球) 문명과 윤회(輪廻)

드넓은 우주간에 각종 형상(形象)을 가진 인간 무리들에게는 진화(進化)의 법칙상 피할 수 없는 것이 윤회(輪廻)이다. 진행을 하면서 여러 차례 밝혔듯이, 법공(法空)의 0(ZERO)지점에 있는 지구(地球)에서 태어난 인간 무리들은 큰 복을 받은 인간 무리들인 것이다. 이들이 만월(滿月)의 세계인 지구(地球)에서 태어남으로써 아름다움(美)을 갖춘 완벽한 인간 육신(肉身)을 가진 것이며, 초기 우주인 천일우주(天一宇宙) 100의 궁(宮)의 인간 무리들이 우리들이 살고 있는 지상(地上)에 와서 모두 인간 육신(肉身)의 진화를 마쳤기 때문에 후천우주에서 인간 무리들이 거주할 수 있는 별(星)들에 사는 인간 무리들은 지상(地上)의 인간 무리들과 똑같은 육신(肉身)을 가지고 태어나기 때문에 전체 우주의 인간 무리들 육신(肉身)은 통일이 되는 것이다.

필자가 말하는 아름다움은 인간 무리 외형이 잘 나고 못난 것을 얘기하는 것이 아니고 육신(肉身)도 수행을 하였을 때 내면(內面)에서 분출되어 나오는 마(魔)들이 감히 범접하지 못하는 맑고 깨끗한 우아한 기품과 웃는 듯 마는 듯 흘리는 자비스러운 미소와 사랑스러움을 말하는 것이다. 즉, 화장이나 하고 좋은 옷을 입고 몸매를 뽐내는 말라깽이 똥자루들을 모아 놓고 미인(美人) 대회를 여는 그러한 참가자들이 자랑하는 것을 아름다움(美)이라고 하는 것이 아니다.

이와 같이 지상(地上)에서 완벽한 인간 육신(肉身)의 진화를 마친 인간 무리들이 다음으로 진화를 하여야 하는 것이 인간 무리 내면(內面)에 자리하고 있는 마음(心)의 근본뿌리로써 영혼(靈魂)이라 불리우는 진화의 주인공인 《성(性)의 30궁(宮)》이다. 이러한 《성(性)의 30궁(宮)》의 진화(進化)를 위해 인간들은 육신(肉身)의 죽음을 맞이한 이후 육신(肉身)을 가지고 있을 때 지은 죄업(罪業)의 대가를 치루기 위해 축생(畜生)의 몸(身)과 인간 육신(肉身)으로 태어나는 윤회를 북반구 문명《신석기인》이후부터 계속한 것이다. 지은 죄업(罪業)의 대가는 주로 삼악도(三惡道)인 지옥, 아귀, 축생의 보(報)를 받는 것이 통례이며, 이러한 업보(業報)가 다하였을 때는 다시 인간 육신(肉身)을 가지고 태어나서 진화의 과정을 거치는 것이다.

이렇듯 《성(性)의 30궁(宮)》이 육신의 죽음 이후 다시 다른 태어남을 가지거나 인간 육신(肉身)을 새로이 가지고 태어난 후 진화를 위해 반복되는 삶을 사는 것을 《윤회전생(輪廻轉生)》이라고 하는 것이다.

하나의 "예"를 들면, 지혜(智慧)가 완성이 되면 《성(性)의 30궁(宮)》은 《성령(性靈)의 30궁(宮)》으로 변화하게 된다. 이러한 《성령(性靈)의 30궁(宮)》은 맑음과 밝음을 완성한 《좁쌀》 크기보다 더 작은 하이얀 옥돌색 여의주로 바뀌어 그 표면에는 잔잔한 섬광이 톡톡 튀는 모습으로도 등장한다. 이러한 하이얀 옥돌색 여의주는 광체를 내며 이동할 때는 한 줄기 빛과 같이 되어 순간 이동을 한다. 이러한 순간 이동의 속도는 빛의 빠르기보다 수만 배나 빠르다. 이렇게 이동을 한 이후 목적지에 도달하면 육신(肉身)을 가진 인간의 모습으로 화(化)한다. 이것이 인간 육신의 태어남을 4가지로 구분한 《습생》, 《난생》, 《태생》, 《화생》에 있어서 《화생》이라고 한다.

이와 같이 《좁쌀》 크기보다 더 작은 옥돌색 여의주를 《알음알이》라고 하며, 맑음과 밝음을 완성한 《알음알이》는 그가 가진 밝음으로 스스로가 가야 할 곳을 잘 알기 때문에 누군가가 길을 가르쳐 주지 않아도 스스로가 이러한 문제들을 해결할 능력을 갖춘 것이다.

　인간 무리의 《성(性)의 30궁(宮)》의 크기도 사실상은 《좁쌀》 크기보다 작은 크기를 가졌으나 육신(肉身)의 죽음 때 진화의 완성이 덜된 그가 만든 《유전자 4만 개》로 알려진 《속성(屬性)》을 거느리고 그의 육신(肉身)을 떠나기 때문에 본래부터 밝음을 갖춘 《알음알이》는 중앙에 자리하고 어두운 《속성》이 바깥을 둥글게 싸므로 인해 그의 영혼 전체는 검은 《쌀알》 크기가 되어 육신을 떠나는 것이다.

　이러한 검은 《쌀알》 크기의 《알음알이》도 진화의 정도에 따라 검고 어두움의 차이를 보이며, 그래도 상대적으로 덜 어두운 알음알이는 《조상계(祖上界)》로 가서 화생(化生)으로 태어나기도 하며 인간계에서 인간의 무리와 섞여 살면서 때로는 화생(化生)의 모습으로 나타날 때가 있다. 이러한 때를 《유령》 또는 《귀신》이라고 하는 것이다.

　지옥, 아귀, 축생의 삼악도(三惡道)를 스스로 찾아 들어가는 《알음알이》가 바로 검고 어두운 쌀알 크기의 알음알이들이 되는 것이다. 중요한 것은 밝은 《알음알이》들은 더욱더 밝은 곳을 찾는 성질(性質)을 가지며 어두운 《알음알이》들은 어둠을 찾아 들어가는 속성(屬性)을 가진 때문에 삼악도(三惡道)의 윤회(輪廻)가 있는 것이다.

　평소에 부처님들의 가르침을 따르고 일정한 계율을 지킴으로써 육신(肉身)의 단련으로 《유전자 4만 개》인 《속성》을 다스리게 되면 지혜(智慧)의 완성을 이루지는 못하였으나, 쌀알 크기의 《알음알이》가 맑고 밝음을 가지게 되므로 《인간》이 되어 스스로의 법신(法身)으로 돌아가게 되는 것이다.

　이 때문에 《구석기인》의 《성(性)의 30궁(宮)》에 하늘의 씨앗인 삼진(三眞)이 심어져 진화를 도우게 되는 것으로써 《신석기인》 이후 각 개인의 정도의 차이는 있지만 인간 육신(肉身)을 가진 진화를 최소한 20번 이상을 윤회(輪廻)한 것이며, 축생(畜生)의 삶을 포함하면 최대 100번까지도 윤회를 한 인간 무리들이 많은 것이다.

　《석가모니 하나님 부처님》께서는 이렇듯 하늘(天)의 씨앗인 삼진(三眞)을 심고 맑고 밝은 《인간》의 《알음알이》를 걷우어 가시는 것을 "『벼 씨앗을 논에 심고 가을에 추수』"하는 《벼의 결실(結實)》인 《쌀알》로써 곧잘 비유를 하신다. 대환란기인 《아리랑 고개》의 때가 《가을 추수기》가 되며, 이때 결실이 덜된 쭉정이는 불태워 100억 년(億年)의 긴 암흑의 터널을 지나가게 하여 추방하고 하이얀 맑고 밝은 쌀알을 제외한 검고 어두운 색을 띤 쌀알들은 모두 분쇄하여 그들의 업보(業報)에 따라 최소한 30억 년(億年) 바깥으로 보내 재진화의 길에 들게 하신다는 점을 지금을 살고 있는 인간 무리들은 알아야 할 것이다.

그리고 잘못된 업(業)의 대가는 꼭 치루고 만다는 사실을 윤회(輪廻)가 증명을 하는 것이며, 지혜(智慧)의 완성을 이루었을 때는 모든 《속성》을 떨쳐내 버리기 때문에 《좁쌀》보다도 더 적은 옥돌색 여의주가 된다는 사실도 아시기 바란다.

지혜(智慧)의 완성에 대하여서는 《우주간의 법 해설 대승보살도의 기초교리》등 필자의 여러 저서(著書)에서 상세히 설명하여 두었으니 이를 참고하시기 바란다.

(7) 별(星)들의 진화(進化)

우주간(宇宙間)의 모든 부처님(佛)들께서는 인간과 별(星)을 동일시(同一視)한다. 이렇게 동일시(同一視)하는 이치를 간략히 정리를 하면, 우주간(宇宙間)이나 세간(世間)이나 만물(萬物)의 진화(進化)는 별(星)들의 진화(進化)에 의존한다. 이러한 별(星)들의 진화도 음양(陰陽)으로 갈라져 음(陰)의 진화가 이음일양(二陰一陽)의 법칙을 따르는 별(星)의 핵(核)의 진화로써 영체(靈體)의 진화의 길을 따르고, 양(陽)의 진화가 일음이양(一陰二陽)의 법칙을 따르는 별(星)의 표면의 진화로써 고체(固體)의 진화의 길을 따른다.

이와 같은 별(星)들의 진화에 있어서 별(星) 핵(核)의 진화의 길을 따르는 영체(靈體)의 진화의 길을 석가모니 부처님께서 크게 여섯 구분한 것이 《지옥》《아귀》《축생》《수라》《인간》《천인(天人)》으로써 이를 6도(六道)라고 한다. 삼악도(三惡道)인 《지옥》《아귀》《축생》을 제외한 《수라》《인간》《천인(天人)》이 모두 인간 무리에 속하며, 《구석기인》이 《수라》의 범위에 들어가며 인간의 속성이 만들어내는 인간 무리를 《아수라》라고 하며, 이들도 《수라》에 들어가는 것이다.

《인간》은 육도(六道)에서 5도(五道)에 처하여 있는 지금을 살아가고 있는 인간 무리들을 말한다. 이러한 《인간》도 모두가 《지옥》《아귀》《축생》《수라》의 진화의 과정을 겪고 《인간》으로 진화하여 온 것이다. 《수라》에 속해 있는 《구석기인》에게 삼진(三眞)의 씨앗을 심은 이유도 5도(道)에 있는 《인간》으로 진화시키기 위해서이다.

이렇게 진화하여 온 《인간》이 다음으로 진화하여야 할 목표가 마지막 6도(道)에 있는 천인(天人)의 자리이다. 즉, 《인간》이 이 세상에 와서 육신(肉身)을 가지고 살아가고 있는 목표가 《천인(天人)》의 대열에 들어가기 위한 것이라는 점을 《인간》들은 깨달아야 하는 것이다. 석가모니 부처님께서는 《천인(天人)》을 《연각승(乘)》《성문승(乘)》《보살승(乘)》등 삼승(三乘)으로 《천인(天人)》을 하나인 1로 한 삼승(三乘)으로써 우주간의 법칙인 1-3의 법(法)에 의해 설명하시는 것이다. 이때의 《승(乘)》은 《수레》라는 뜻으로 우주 공간에 떠있는 별(星)들을 이름하는 글자이다.

이러한 삼승(三乘) 중 《보살승(乘)》은 《지혜(智慧)》가 완성이 된 분들이며, 나머지 이승(二乘) 중 연각승(乘)이 《신선승(神仙乘)》들이며, 먼저 진행한 그대들 영혼(靈魂)의 결정(結晶)인 《알음알이》가 새하얀 쌀알같이 된 《성문승》의 《알음알이》보다는 상대적으로 맑기는 하나 밝음의 정도가 덜한 《알음알이》가 《연각승(乘)》들이며, 《연각승(乘)》들보다는 쌀알이 무게가 있고 꽉 찬 밝은 새하얀 쌀알이 《성문승(乘)》의 쌀알이다.

이러한 《쌀알》들을 《늦가을》 추수기에 석가모니 하나님 부처님께서 추수하시어 각각의 정도에 알맞은 법신(法身)인 별(星)의 핵(核)으로 자리하게 하는데 이때 태어남(生)을 네 가지로 구분한 습생, 난생, 태생, 화생 중 태생 다음의 제일 진화된 태어남인 화생(火生)으로써 별(星)의 핵(核)으로 자리할 때 태생(生)때 가졌던 인간 육신(肉身)을 가지고 삶을 살 때 중 제일 아름다웠던 때의 모습으로 화(化)하여 태어나서 자기 취향에 맞는 아름다운 궁전을 짓고 별(星)의 핵(核)으로 자리하게 된다. 이렇게 생활하는 동안 별(星)의 표면이 마치 태생으로 살 때 인간 육신(肉身)의 기능을 다하기 때문에 별(星) 표면 바깥의 정보(情報)를 수시로 전하여 주게 된다.

이 덕분에 모든 별(星)들을 거느리고 있는 성단(星團) 중심에는 한 부처님의 천궁(天宮)인 불국토(佛國土)가 있다. 이러한 불국토(佛國土)에서 부처님들의 가르침인 법회(法會)가 열리게 되면 별(星)의 핵(核)의 궁전에 살고 있던 주인공은 스스로 《쌀알》로 변화한 후 한 줄기 빛이 되어 이동하여 부처님들의 궁전에 들어가면 다시 화(化)하여 인간의 모습으로 돌아온 후 다른 인간들과 그동안의 소식을 서로 전하고 부처님 가르침을 경청한 후 법회가 마치면 다시 한 줄기 빛이 되어 자기의 법신(法身)의 핵(核)의 궁전으로 돌아오는 삶을 살다가 꾸준히 지혜(智慧)의 완성을 위해 노력한 후 지혜(智慧)인 스스로의 완성이 이루어지면 자기의 법신(法身)인 별(星)을 버려둔 채 부처님께서 계시는 천궁(天宮)인 불국토(佛國土)로 입성을 하는 것이다. 지혜(智慧)의 완성이 곧 인간(人間)의 완성으로써 반쪽짜리 부처(佛)이나 불(佛)을 이룬 것이다.

이러한 인간 완성의 부처(佛) 이룸의 자리를 보살(菩薩)이라고 하는 것이다. 이와 같은 이승(二乘)이 모두 《보살도(菩薩道)》의 입문(入門)자들이며, 현재의 지상(地上)에서 《보살도》에 입문하여 미륵부처가 펼친 법(法)을 부지런히 공부하고 가르치는 수행법(法)을 따라 부지런히 증진하면 여러분들도 모두 삼승(三乘)의 대열에 들어가서 육신(肉身)의 죽음 이후는 이렇듯 쾌락한 복(福)을 받게 되는 것이다. 이와 같은 삼승(三乘)을 《천인(天人)》이라고 하는 것이다.

이러한 삼승(三乘)을 간단한 도형으로 설명 드리면 다음과 같다.

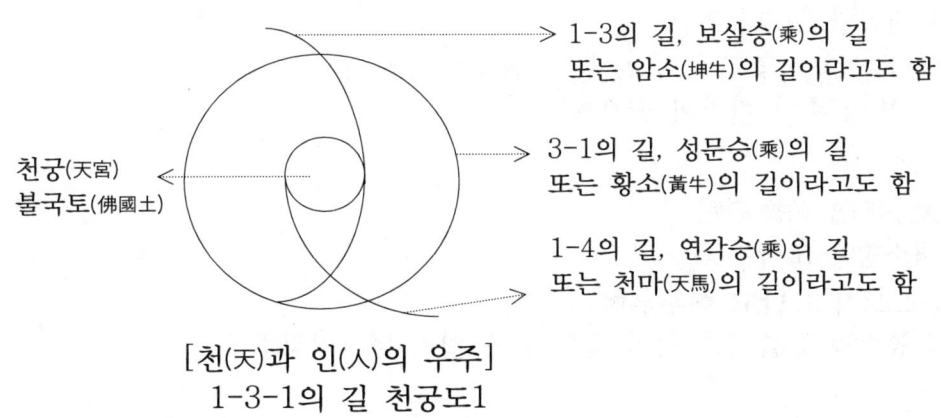

[천(天)과 인(人)의 우주]
1-3-1의 길 천궁도1

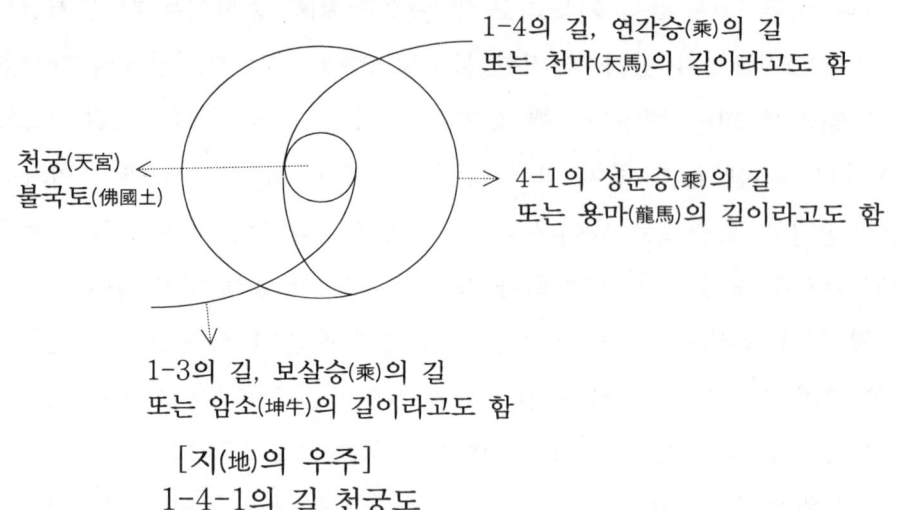

[지(地)의 우주]
1-4-1의 길 천궁도

※ 1-2의 진화의 길에 있는 무리는 1-3-1의 길에 있는 1-4의 연각승(乘)의 길과 동행(同行)을 하는데 천마(天馬)의 새끼인 《망아지의 길》로 구분을 한다. 이들이 어미 말(馬)인 천마(天馬)가 될 때는 1-4-1의 길에서 다시 출발하는 1-4의 길에 가서야 천마(天馬)가 되는 것이다.

다음으로 여러분들에게 참고가 될 것 같아 《삼일신고(三一神誥)》《제사장 세계 72자》에 있는 한 대목을 살펴보고 다음을 진행하겠다.

"『爾觀森列 星辰數无盡
이관삼열 성진수무진
(너희들은 총총하게 널려 있는 별들을 보아라
그 별의 수가 다함이 없으며)

大小明暗 苦樂不同
대소명암 고락부동
(크고 작고 밝고 어두우며
고통스럽고 즐거운 것이 모두 같은 것이 없느니라.)"

※ 천인(天人)의 대열에 든 삼승(三乘)들도 이와 같이 각각이 수행과 정진 정도의 차

이를 보이고 있다 보니, 법신(法身)인 별(星)에서의 공부보다는 인간 육신(肉身)을 가진 때의 공부가 훨씬 빨리 진화(進化)를 할 수 있기 때문에, 보살승(菩薩乘)을 제외한 《성문승》과 《연각승》은 부처님들의 허락을 얻고 다시 태생(胎生)의 인간 육신(肉身)을 가지고 태어나서 진화(進化)를 도모하는 것이나, 이때 실패를 하면 그는 다시 인간 윤회(輪廻)의 고통을 감당하여야 하는 것이다.

보살도(菩薩道)에 입문한 이승(二乘)인 《연각승(乘)》과 《성문승(乘)》이 인간 완성의 부처(佛) 이룸인 보살도 성취의 보살을 쉽게 이룰 수 있는 곳이 사바세계인 우리들이 살고 있는 지구(地球)이다. 그러하니 때 늦은 감이 있으나 지금부터라도 부지런히 정진하면 꿈을 이룰 수가 있는 것이다.

여러분들의 영혼(靈魂)이 《알음알이》가 되어 법신(法身)인 별(星)을 부여받게 됨으로써, 이를 대마왕들이 노리고 BC 2300년부터 석가모니 하나님 부처님 법(法)에 반란하여 《신(神)들의 전쟁》을 일으켜 《종교 정복》 정책을 지금까지 유지하고 있는 것이다. 그들이 《종교》라는 이름으로 그들의 종교적 사상(思想)과 관념(觀念)을 인간들의 《알음알이》에 주입시켜 놓으면, 석가모니 하나님 부처님께서 마지막 가을 추수를 할 때 이 추수를 피하여 그들 마왕들에게 몰려가는 《알음알이》를 제외하고 석가모니 하나님 부처님의 추수에 동참하는 무리들이 별(星)의 법신(法身)을 받게 되면 그들의 우주 정복에 도움이 되기 때문에, 이들은 악착같이 《종교 정복》 전쟁과 정책에 매달리고 있는 것이 지금의 실정이다.

그러나 이러한 대마왕들의 계략을 손금 들여다보듯이 알고 계시는 석가모니 하나님 부처님께서 먼저 미륵부처를 보내 그들의 계략을 인간들에게 알리고 그들로부터 벗어날 수 있는 방법인 《보살도》를 제시한 후, 이를 따르지 않는 인간 《알음알이》는 추수 때에 모두 불태워 100억 년(億年) 바깥으로 가는 긴 암흑의 수렁에 빠지게 이미 방침을 세워 놓으신 것이다.

《연각승(乘)》출신이나 《성문승(乘)》출신이나 여타 인간들이 보살도에 입문하여 인간 완성의 자리인 보살(菩薩)을 이루게 되면, 육신(肉身)의 죽음을 맞이한 이후 그의 영혼은 지혜(智慧)의 완성을 이룬 탓에 《좁쌀》보다도 더 작은 하이얀 옥돌색 여의주가 되어 빛보다 빠른 속도로 일불승(一佛乘)이 계시는 천궁(天宮)인 불국토(佛國土)로 들어가게 된다. 이렇듯 천궁(天宮)인 불국토(佛國土)로 들어가는 것을 《반야바라밀다》라고 한다. 즉,《반야바라밀다》의 뜻은 『지혜(智慧)의 완성으로 천궁(天宮)으로 들어감』이라는 뜻이다.

지혜(智慧)의 완성이란 보살을 이루게 되면 여러분들의 《알음알이》인 양자(陽子)24와 전자(電子)6으로 이루어진 성(性)의 30궁(宮)의 양자(陽子)24가 밝음을 갖추는 진화(進化)의 완성을 이루게 되면 전자(電子)6이 상온에서 핵(核)융합 반응을 일으켜 중성자(中性子)2와 양전자(陽電子)4로 전환이 되어 맑음을 완성하게 된다. 이렇듯 완성된 양자(陽子)24와 중성자(中性子)2와 양전자(陽電子)4로 30궁(宮)을 이룬 것을 《성령(性靈)의 30궁(宮)》이라고 하며, 신선 보살의 경우 완성된 양자(陽子)24와 양전자(陽電子)6으로 《성령(性靈)의 30궁(宮)》을 이룬다. 이를 보살심(菩薩心)의 근본 뿌리라고 한다.

보살(菩薩)이 반야바라밀다에 의지하여 불국토(佛國土)인 천궁(天宮)으로 들어가는 이유가 《성(性)의 30궁(宮)》 중 전자(電子) 여섯은 상온에서 핵(核)융합 반응을 일으켜 중성자(中性子)2와 양전자(陽電子)4로 전환이 되었으나, 지혜(智慧)의 대명사로 불리우는 양자(陽子)는 진화의 완성을 이루고 밝음을 완성하였으나 밝음을 완성한 양자(陽子)가 중성자(中性子)와 양전자(陽電子)로 전환이 되는 핵(核)융합 반응을 일으킬려면 《고온》과 《고압》이 필요한 것이다. 이 때문에 고온과 고압이 작용(作用)하는 불국토(佛國土)인 천궁(天宮)으로 들어가야 하기 때문에 《반야바라밀다》에 의지를 하게 되는 것이다.

불국토인 천궁(天宮)도 늘상 그대로 있는 것이 아니라 《커블랙홀》→《태양수(太陽數) ⊕9의 핵(核)》→《화이트홀》→《퀘이샤》→《황금알 대일(大一)》의 변화를 거치게 되는데,《퀘이샤》현상이 일어날 때 완성된 양자(陽子)도 핵(核)분열과 함께 핵(核)융합을 하여 먼저 상온에서 핵(核)융합으로 탄생한 중성자(中性子)와 양전자(陽電子)와 합하여져 중성자(中性子)20과 양전자(陽電子)10으로 전환이 되는 것이다. 이러한 중성자(中性子)20과 양전자(陽電子)10을 《불성(佛性)의 30궁(宮)》이라고 하는 것이며, 신선 보살(神仙菩薩)의 경우는 양전자(陽電子)20과 중성자(中性子)10으로 《불성(佛

性)의 30궁(宮)》을 이룬다.

이렇게 불성(佛性)의 30궁(宮)을 이루었을 때가 《보살》과 《신선 보살》이 《보살마하살》을 이룬 때로써 별(星)의 핵(核)은 완전한 진화를 마친 때이다. 이때부터 《보살마하살》은 실질상 별(星) 표면의 진화기에 돌입하는 것이나, 《신선 보살마하살》의 경우는 《악(惡)》을 근본 바탕으로 하는 그의 근본 바탕을 착함인 《선(善)》의 근본 바탕으로 전환하여야 하는 과제를 안고 있는 것이다.

《중성자(中性子)20과 양전자(陽電子)10》의 불성(佛性)의 30궁(宮)을 이루었던 《보살마하살》들께서는 훗날 아뇩다라삼먁삼보리를 이룬 이후 천궁(天宮)을 이루고 일불승(一佛乘)이 자리한 불국토(佛國土)인 천궁(天宮)이 천궁(天宮)의 변화상인 《황금알 대일(大一)》의 과정을 겪고 대폭발을 일으키게 되면 태양성(太陽星)을 포함한 부처님의 진신(眞身) 4성(星)을 탄생시키게 되며, 《중성자(中性子)10과 양전자(陽電子)20》의 불성(佛性)의 30궁(宮)을 이루었던 《보살마하살》들께서는 《중성자(中性子)20과 양전자(陽電子)10》의 불성(佛性)의 30궁(宮)을 가졌던 《보살마하살》들과 똑같은 과정을 겪은 후 부처님의 진신(眞身) 3성(星)을 탄생시키는 것이다. 이때 처음 불성(佛性)을 이루신 《보살마하살》들께서는 일불승(一佛乘)이셨던 부처님의 도움으로 밝은 별(星)을 자기의 법신(法身)으로 하고 새로이 우주간에 그 모습을 드러내는 것이다.

예를 들면, 우리들 태양계의 태양성(太陽星), 수성(水星), 금성(金星) 등 삼성(三星)은 황금알 대일(大一)의 과정을 겪은 《황금알》이 대폭발을 일으켜 만든 《노사나불(佛)》 진신(眞身) 3성(三星)이며, 토성, 천왕성, 해왕성, 명왕성 등은 밝은 별(星)들로써 신선(神仙) 《보살마하살》들이신 《지장보살》, 《천왕불(佛)》, 《약상보살》, 《약왕보살》의 법신(法身)이 되는 것이다.

이렇듯 밝은 별(星)을 법신(法身)으로 한 《보살마하살》들께서는 스스로의 법신(法身)인 밝은 별(星) 핵(核)의 수명이 다할 때까지 수많은 물질(物質)의 씨앗을 만들어 우주 공간(空間)으로 내보내는 것이다. 이것이 진정한 보시(布施)로써 이를 《무외보시(無畏布施)》라고 하며, 이러한 거리낌 없는 보시(布施)로써 만(萬)가지 덕(德)을 쌓는 행(行)을 하는 것이다.

이러한 동안에도 인간 육신(肉身)을 가지고 태어나서 인간들을 깨우치는 일을 중단없이 한 후 법신(法身)인 별(星)의 핵(核)의 수명이 다하면 별(星)의 핵(核)의 붕괴로 《적멸한 경계》에 든 후 공(空)을 이루었을 때 《석가모니 하나님 부처님》께서 공(空)의 외곽을 《진명광(眞命光)》으로 둘러싸 생명력(生命力)을 부여하게 되면 천궁(天宮)의 초기 형태인 《커블랙홀》을 이루게 된다. 이러한 《커블랙홀》이 생명력(生命力)을 가지고 작용을 하게 되면 다음 단계로 《태양수(太陽數) +9의 핵(核)》을 이루게 된다.

이러한 때가 별(星)의 핵(核)의 붕괴로 공(空)을 이룬 후 《보살마하살》께서 《영신(靈身)》이 부활하여 《일불승(一佛乘)》으로 자리하고 불국토(佛國土)를 이룬 때가 된다. 즉, 이와 같은 때를 성문승(聲聞乘) 출신의 보살마하살의 경우 <u>불법(佛法) 일치된 완전한 깨달음의 자리인 《아뇩다라삼먁삼보리》를 이루었다고 하며, 이후 외부적으로는 불국토(佛國土)의 작용(作用)으로 수많은 별(星)들을 생산하는 것이다.</u> 이후 한 부처님의 불국토(佛國土)는 수많은 별(星)들을 생산하면서 스스로의 불국토인 천궁(天宮)은 다음의 변화상인 《화이트홀》→《퀘이샤》→《황금알 대일(大一)》의 과정을 거치면 《황금알 대일(大一)》의 대폭발로 태양성(太陽星)을 포함한 진신(眞身) 3, 4성(星)을 탄생시키게 된다.

이로써 《보살마하살》은 우주간 법(法)의 완성을 이룸으로써 별(星) 표면의 진화(進化)까지 완성을 시키시는 것이다. 이로써 별(星)은 핵(核)의 진화(進化)와 별(星) 표면의 진화(進化)를 마치게 되는 것이나 진신(眞身) 3성(星)을 이룬 《지(地)》의 우주 부처님들은 부처(佛)를 이룬 이후 50억 년(億年)의 일생(一生)동안 악(惡)을 근본 바탕으로 한 그의 근본 바탕을 착함인 《선(善)》으로 바꾸어야 하는 것이며 이렇게 근본 바탕을 바꾸었을 때 《아뇩다라삼먁삼보리》경계에 들어갈 수가 있는 것이다.

<u>만물(萬物)의 진화가 영체(靈體)의 진화와 고체(固體)의 진화(進化)를 하면서 궁극적으로 《아뇩다라삼먁삼보리》인 불법(佛法) 일치된 완전한 자리에 들었을 때라야 진화(進化)가 완성이 되는 것이다.</u>

태양성(太陽星)을 포함한 진신(眞身) 3, 4성(星)을 이루고 오랫동안 만물(萬物)을 화육(和育)하고 물질의 씨앗을 만들어 온 우주 공간(空間)에 보시(布施)를 하는 동안도, 태양성(太陽星)을 법궁(法宮)으로 하신 부처님들께서는 태양성(太陽星)의 핵(核)으로

자리하신 이후 불(佛)의 용(用)의 수(數) 4의 작용(作用)으로 법궁(法宮)인 태양성(太陽星)은 공간(空間)에서 소임을 계속하게 한 후, 부처님들께서는 인간 육신(肉身)을 가지고 태어나신 이후 육신(肉身)을 가지고 살아가고 있는 인간들 세상에 오시어 육신을 가진 인간들에게 법(法)을 베풀고 교화(教化)를 하시는 것이다. 불(佛)의 용(用)의 수(數) 4란 불(佛)의 십호(十號) 중 앞부분부터 4단계까지인 《여래(如來)》1→《불(佛), 정변지, 명행족》3까지로써 태양성(太陽星) 법궁(法宮)으로부터 여여히 오고 가는 것을 뜻한다.

(8) 부처님들의 수명(壽命)

불성(佛性)의 30궁(宮)을 이루신 《보살마하살》들께서 밝은 별(星)을 스스로의 법신(法身)으로 하고 세간(世間)에 출현하신 이후 만(萬)가지 덕행(德行) 쌓는 일을 하고 밝은 별(星)의 수명이 다할 때까지는 별(星)의 핵(核)은 진화의 완성을 이루었으나, 별(星)의 표면은 진화의 과정에서 밝은 별(星)을 법신(法身)으로 하는 것이다.

이후 밝은 별(星) 핵(核)의 수명이 다하였을 때, 핵(核)의 붕괴로《항성풍》이 되어 밝은 별 바깥으로 분출이 되면 밝은 별(星) 회전(回轉)길을 따라 5억 년(億年) 거리 바깥으로 이동되어 한 곳에 모여 공(空)을 이루게 되면,《석가모니 하나님 부처님》께서《진명광(眞命光)》으로 공(空)을 둘러싸 생명력(生命力)을 부여하게 된다.

이렇듯 생명력을 얻은 공(空)을《커블랙홀》이라고 하며, 이로부터 5억 년(億年)간《커블랙홀》의 작용(作用)으로 많은 다섯 기초 원소를 자체적으로 만들게 된다. 이와 같이《항성풍》이 되어《커블랙홀》을 이루기까지를《적멸한 경계》에 들었다고 하며, 이후《커블랙홀》5억 년(億年)→《태양수(太陽數) ⑨의 핵(核)》→《화이트홀》→《퀘이샤》→《황금알 대일(大一)》의 과정이 각각 10억 년(億年)으로써 45억 년(億年)의 일적(一積)의 과정을 겪는 동안 불국토를 이루고 많은 별(星)들을 생산하는 것이다.

이로써《적멸한 경계》기간을 합한 50억 년(億年)이 불법(佛法) 일치를 이룬 음(陰)

의 기간 50억 년(億年)이 되는 것이며, 이후《황금알 대일(大一)》의 폭발로부터 부처님 진신(眞身) 3, 4성(星)과 아들들인 보살마하살의 법신(法身)을 만들어 태양계(太陽界)를 이룬 이후 부처님의 법궁(法宮)인 태양성(太陽星) 핵(核)의 수명이 다하는 50억 년(億年)까지가 불법(佛法) 일치를 이룬 양(陽)의 기간 50억 년(億年)이 되는 것이다. 이로써 음양(陰陽) 100억 년(億年)의 불법(佛法) 일치를 이룬 기간이 부처님들의 수명으로써 태양성(太陽星) 핵(核)의 음양(陰陽)의 수명이 되는 것이며, 부처님의 법궁(法宮)인 태양성(太陽星) 핵(核)의 붕괴 때 붕괴를 일으키는 것은 불(佛)의 용(用)의 수(數) 4중 3이 붕괴되어《항성풍》이 되며, 불(佛)의 용의 수 1은 태양성(太陽星)에 그대로 남게 된다.

    태양성(太陽星) 핵(核)의 붕괴 이후 태양성(太陽星) 표면은 50억 년(億年)에 걸쳐 소멸기에 들어가는데, 이 과정에서 부처님 진신(眞身) 3, 4성(星)이 1성(星)이 되는 과정을 거치며, 이후 1성(星)이 된 후 대폭발과 함께《백색왜성》《백색상성운》……등으로 돌아간 후 완전히 소멸하여 사라지기까지가 50억 년(億年)이 걸리는 것이다.

    이로써 태양성(太陽星) 핵(核)의 붕괴 이후 태양성(太陽星) 표면의 기간 50억 년(億年)이 양(陽)의 기간이 되며《백색왜성》《백색상성운》등등의 기간 50억 년(億年)이 태양성(太陽星) 표면의 음(陰)의 기간으로써, 양음(陽陰) 합계 100억 년(億年)이 태양성(太陽星) 표면의 수명이 되어 <u>태양성(太陽星) 핵(核)과 태양성(太陽星) 표면의 수명 200억 년(億年)이 부처님들의 수명이 되는 것이다.</u>

    이 수명에서 열 손가락 안에 드는《반열반(反涅槃)》에 드는 부처님들은 제외되는 것이며, 지금까지 기술한 내용은 우주간에 진화(進化)하는 모든 부처님들의 일반적인 예이며, 선천우주의 하늘(天)인 상천궁(上天宮)과 천일궁(天一宮)과 후천우주의 하늘(天)인 중앙천궁상궁(中央天宮上宮)과 중앙천궁(中央天宮)의 구성기에는 천궁(天宮)의 구성기간이 음(陰)의 기간이 10억 년(億年), 양(陽)의 기간 10억 년(億年) 등 음양(陰陽) 합계 20억 년(億年)이며, 이때의 음(陰)의 기간 10억 년(億年) 동안 상천궁(上天宮)이나 중앙천궁상궁(中央天宮上宮)이 변화상을 모두 마치고 양(陽)의 기간 10억 년(億年)동안 천일궁(天一宮)이나 중앙천궁(中央天宮)이 세간(世間)에 그 모습을 완전히 드러낸 태양계(太陽界)가 완성이 되는 기간이 된다. 이 때문에 석가모니 하나님 부처님의 수명은 음(陰)의 기간 120억 년(億年), 양(陽)의 기간 120억 년(億年) 음양(陰陽) 합계 240억 년(億年)이 수명이 되는 것이나, 역시《반열반(反涅槃)》에 드시기 때문에 붕괴기 우주 때까지를 모두 주관하시는 것이다. 석가모니 하나님 부처님을 제외하고, 《반열반(反涅槃)》에 드시는 대표적인 부처님들이《노사나불(佛)》과《미륵불(佛)》과《천왕불(佛)》등이시다.

이와 같은 부처님들의 수명에 있어서, 불법(佛法) 일치된 부처(佛)를 이룬 아뇩다라삼먁삼보리를 이루신 부처님들께서도 중생 제도를 하시면서 꾸준히 자기 정진을 게을리하지 않으시는 것이다. 그 이유는 불성(佛性)의 30궁(宮)이《중성자(中性子)20과 양전자(陽電子)10》과《중성자(中性子)10과 양전자(陽電子)20》으로 이루어진다고 말씀을 드렸다.

이러한 불성(佛性)을《보살마하살》시절은 많은 덕행(德行)을 쌓는데 노력함과 아울러 우주간(宇宙間)의 법(法)이 담긴 이치의 공부에 전념하게 되나, 불법(佛法) 일치를 이루신 이후부터는 다섯 기초 원소와 많은 물질(物質)의 씨앗을 만들면서 많은 별(星)들을 생산하고 이후는 만물(萬物)을 화육(和育)하고 중생 무리 중《아수라도》,《인간도》,《천인(天人)》의 대열에 있는 인간 무리의 성불(成佛)을 위해 법(法)을 펴고 교화하시는 가운데에도 스스로의 정진은 멈추지 않으시는 것이다. 이렇듯 스스로의 정진을 멈추지 않으시는 까닭이 불성(佛性)을 이룬 중성자(中性子)와 양전자(陽電子)의 진화(進化)를 위해서이다.

며칠 전에 만들어진 중성자(中性子)와 양전자(陽電子)가 가진 정보량(情報量)과 100억 년(億年) 전에 만들어져 진화(進化)가 완성이 된 중성자(中性子)와 양전자(陽電子)가 가진 정보량(情報量)은 하늘과 땅 차이가 나는 것이다. 이 때문에 스스로의 정진은 불성(佛性)으로 자리한 중성자(中性子)와 양전자(陽電子) 진화의 완성을 위해 불법(佛法) 일치를 이루신 이후부터 부단히 노력하시는 것이다.

이러한 결과가 태양성(太陽星)의 법궁(法宮)을 가지신 후 법궁핵(法宮核)의 수명이 다하였을 때,《반열반》에 드시는 부처님을 제외한 부처님들께서는 핵(核)의 붕괴를 이루시어《항성풍》이 된 후《적멸한 경계》에 드신 이후 이러한《항성풍》이 이제는 공(空)을 만들지 않고《석가모니 하나님 부처님》께서 이루고 계시는《진성궁(眞

性宮)》인 《슈바르츠실트》블랙홀로 몰려들게 된다.

이렇게 몰려든 《항성풍》에서 완성된 중성자(中性子)가 붕괴된 《항성풍》과 붕괴되지 않은 중성자(中性子)는 《슈바르츠실트》블랙홀의 《반중성자(反中性子)》가 붕괴된 《항성풍》과 《반중성자(反中性子)》와 부딪힘으로써 《음(陰)의 진성광(眞性光)》과 《양(陽)의 진성광(眞性光)》으로 구분이 되고, 완성된 양전자(陽電子)가 붕괴된 분(分)과 붕괴되지 않은 양전자(陽電子)는 《슈바르츠실트 블랙홀》의 외곽을 둘러싸고 있는 진화가 완성된 전자(電子)와 부딪혀 《음(陰)의 진명광(眞命光)》과 《양(陽)의 진명광(眞命光)》으로 구분이 되어, 《음(陰)의 진명광(眞命光)》은 《음(陰)의 진성광(眞性光)》과 《음양(陰陽)》짝을 하여 대공(大空) 바깥에 있는 두터운 암흑물질층을 뚫고 《적멸보궁》으로 들어감으로써 영원한 《열반(涅槃)》의 자리에 들게 되고, 양(陽)의 진명광(眞命光)》과 《양(陽)의 진성광(眞性光)》은 서로 음양(陰陽) 짝을 한 후 대공(大空) 속에 남게 된다.

《진명광(眞命光)과 진성광(眞性光)》은 음양(陰陽) 짝을 한 《여섯뿌리진공(眞空)》이다. 즉, 태양성(太陽星) 핵(核)의 붕괴로 발생된 《항성풍》이 《슈바르츠실트 블랙홀》로 끌어들여져 《음(陰)의 여섯뿌리진공(眞空)》과 《양(陽)의 여섯뿌리진공(眞空)》으로 구분이 되어, 《음(陰)의 여섯뿌리진공(眞空)》은 두터운 암흑물질층을 뚫고 《적멸보궁》과 계합함으로써 영원한 《열반(涅槃)》에 들게 되고 《양(陽)의 여섯뿌리진공(眞空)》은 대공(大空) 속에 남게 되는 이것이 《슈바르츠실트》블랙홀을 가질 수 있는 《석가모니 하나님 부처님》의 고유의 권능(權能)인 것이다. 《적멸보궁》과 계합함으로써 영원한 열반(涅槃)에 든 《음(陰)의 여섯뿌리진공(眞空)》이 부처님들의 몫이고, 《양(陽)의 여섯뿌리진공(眞空)》이 본래부터의 석가모니 하나님 부처님의 몫인 것이다.

《양(陽)의 여섯뿌리진공(眞空)》이 암흑물질과 결합하여 《오온(五蘊)》의 과정을 거쳐 다섯 기초 원소를 이룬 반야공(般若空)이 되어 오랫동안 진화의 과정을 거침으로써 《진공(眞空)》과 결합하였던 《암흑물질》은 오온의 과정에서 《쿼크》가 되어 자리한 후 반야공(般若空)의 진화를 모두 마치고 《음(陰)의 여섯뿌리진공(眞空)》이 되어 영원한 열반(涅槃)의 자리인 《적멸보궁》으로 들게 되고, 이렇게 인도한 석가모니 하나님 부처님의 《양(陽)의 여섯뿌리진공(眞空)》은 석가모니 하나님 부처님의 몸(身)인 대공(大空)에 돌려드림으로써 진화의 행진은 마감을 하고, 석가모니 하나님 부처님의 몸인 《양(陽)의 여섯뿌리진공(眞空)》은 암흑물질과 결합하여 다시 반야공(般若空)의 진화의 길에 들어가는 것이다. 이것이 "『암흑물질(物質)을 빛(光)의 세계로 끌어내어 진화시켜 영원한 열반(涅槃)의 자리에 들게 하는 대자대비한 석가모니 하나님 부처님의 숭고한 창조 정신인 것이다.』"

다음으로, 별(星) 표면의 진화의 길을 따르는 부처님의 진신(眞身) 3, 4성(星)은 소멸기를 맞이한 이후 부처님의 진신(眞身) 3, 4성(星)이 차례로 1성(星)이 되기 위한 과정을 거치는 동안 일시적으로 《적색거성》이 된 후 축소기를 거쳐 대폭발을 하게 된다. 이러한 폭발 때 진화의 완성을 이룬 중성자(中性子)와 양전자(陽電子)는 핵(核)의 붕괴 때와 마찬가지의 과정을 거쳐 《음(陰)의 여섯뿌리진공(眞空)》과 《양(陽)의 여섯뿌리진공(眞空)》으로 나뉘어 《음(陰)의 여섯뿌리진공(眞空)》은 두터운 암흑물질 층을 뚫고 《적멸보궁》으로 들어가 먼저 핵(核)의 붕괴로 인하여 도착한 《음(陰)의 여섯뿌리진공(眞空)》과 음양(陰陽) 관계를 이루면서 계합하고, 《양(陽)의 여섯뿌리진공(眞空)》은 대공(大空) 속에 남아 석가모니 하나님 부처님께 되돌린다.

한편, 폭발 때 발생한 측정 불가능한 미세한 재(灰)는 성간(星間) 구름을 이루고 이러한 성간(星間) 구름보다 상대적으로 부피가 큰 다섯 기초 원소 및 복합 원소와 진화가 덜된 물질들은 폭발하기 전의 회전(回轉)길을 따라 이동하여 다음 부처님들께서 진신(眞身) 3, 4성(星)을 만드실 때 다시 별(星)들의 표면이 되어 재진화(再進化)의 길에 들어가게 된다.

이 과정에서 진화의 과정에 있는 각종 원소들이 고온고압의 영향으로 각종 금(金), 은(銀), 동(銅), 다이아몬드 등 광물질(鑛物質)로 자리하여 진화하는 것이며, 폭발 후 탄생하게 되는 《백색왜성》《백색상성운》등은 현대과학에서는 죽은 별(星)로 치부하는데, 이는 너무나 《백색왜성》이나 《백색상성운》에 대해 모르는 소리를 하고 있는 것이다. 즉, 《백색왜성》의 경우, 만물(萬物)에게 활력을 불어 넣어주는 《산소 별(星)》들로써 우주간 《산소》의 원천 공급처라 할 수 있는 별(星)이다.

《백색왜성》은 수명을 가지고 있는 내내 측정할 수 없는 빛(光)의 《황금가루》를 발생시키면서 소멸되어 사라져 가는 것이며, 《백색상성운》은 빛(光)의 《백금가루》를 발생시키면서 소멸되어 사라져 가는 것이다.

이러한 빛(光)의 《황금가루》와 《백금가루》는 같은 길에 있는 부처님들의 천궁(天宮)으로 끌어들여져 중성자(中性子)와 양전자(陽電子)의 《쿼크》들로 자리하는 것이다. 이렇게 만들어진 중성자(中性子)와 양전자(陽電子)도 진화(進化)를 하게 되며, 진화의 완성을 이루게 되면 석가모니 하나님 부처님의 《진성궁(眞性宮)》으로 몰려 들어가 《음(陰)의 여섯뿌리진공(眞空)》과 《양(陽)의 여섯뿌리진공(眞空)》으로 바뀌어 각각의 다음 진화(進化)의 길로 들어가는 것이다.

대공(大空) 내(內)의 《소멸기 우주》때에 마지막으로 만들어진 《황금가루》와 《백금가루》는 300억 년(億年)의 《붕괴기 우주》 기간 동안 철저히 붕괴되어 암흑물질 중 제일 가벼운 것으로 전환이 되어, 법공(法空)이 휴식기 우주로 돌입할 때 《적멸보궁》이 법성(法性)의 1-6체계로 전환이 되면 법성(法性)의 1-6체계 바로 아래층에 자리하였다가 법공(法空)이 《휴식기 우주》의 기간인 100억 년(億年)의 기간을 끝낸 이후 다시 진화를 시작하면서 사선근위(四善根位)의 과정을 끝내고 이합(二合)을 한 세제일법(世第一法)의 진공(眞空)으로 변화하였을 때 암흑물질과 결합하여 삼합(三合)의 《여섯뿌리진공(眞空)》으로 변화하게 된다.

이때 《황금가루》에서 암흑물질 중 제일 가벼운 것으로 변화하였던 것은 《음(陰)의 여섯뿌리진공(眞空)》의 양(陽)이 되고, 《백금가루》에서 암흑물질로 변화하였던 것은 《음(陰)의 여섯뿌리진공(眞空)》의 음(陰)이 되는 것이며, 성간(星間) 구름을 이루고 있던 미세한 재(灰)와 상대적으로 부피가 큰 다섯 기초 원소 및 복합 원소와 이들로부터 만들어졌던 모든 광물질(鑛物質)과 무기물(無機物) 모두는 300억 년(億年) 붕괴기 동안 철저히 붕괴되고 분쇄되어 기존 지니고 있던 공(空)은 모두 대공(大空)의 원천 바탕에 회수된 후 암흑물질로 변화되어, 대공(大空)의 경계를 지우던 원천 바탕이 대공(大空)의 경계를 풀고 《적멸보궁》과 하나를 이룬 이후 법성(法性)의 1-6체계로 전환이 되었을 때 암흑물질은 법성(法性)의 1-6체계 아래층에 자리하게 되는 것이다.

이로써 별(星) 표면의 진화(進化)가 끝이 나는 것이며, 대공(大空) 속에서 대부분의 부처님들의 법궁(法宮)이 진화(進化)를 마치는 것이 통례이나,《팽창기 우주》기간을 모두 끝내고《소멸기 우주》때에 뒤늦게 발생한 부분 때문에《붕괴기 우주》이후까지를 밝히는 것이다.

법공(法空)의 진화(進化)의 주기에 대하여서는 여러 번 밝힌 바 있으니, 모르시는 분은《대승보살도의 기초교리》편을 참고하시기 바라며, 이렇듯 별(星)들의 진화(進化)는 핵(核)의 진화와 별(星) 표면의 진화로 구분되어 진화가 되는 점을 깊이 아시고, 만물(萬物) 진화의 종착지가 일단《아뇩다라삼먁삼보리》의 자리라는 점을 깊이 인식하시기 바라며, 이를 주도하고 중생들을 불쌍히 여기시어 중생 모두를 항상 쾌락하고 죽음이 없고 영원히 안락한 맑고 깨끗한 곳으로 인도하고져 촌음을 아끼지 않으시는 대자대비하신《석가모니 하나님 부처님》이심을 차제에 깊이 인식하시기 바란다.

3. 석가모니 하나님 부처님

[1] 석가모니 비로자나불(佛) 하나님과 대관세음보살

　지구계(地球界) 시간 100억 년(億年) 전체 우주의 시간 1,000억 년(億年) 계속되는 법공(法空)의 휴식기 동안 법공(法空)은 법성(法性)의 1-6체계와 암흑물질이 양음(陽陰) 짝을 한 법공(法空) 단면의 둘레가 《7,159.547906광년(光年)》, 약 《7,160광년(光年)》이 되는 거대한 구(球)를 이루고 있다고 진행을 하면서 밝혀 왔다. 이러한 법공(法空) 구(球)의 외곽을 법성(法性)의 1-6체계가 둘레를 감싸고 있는 것이다. <u>즉, 법공(法空) 크기의 4%에 달하는 법성(法性)의 1-6체계에 있어서 6각(角)고리인 다이아몬드 구조를 가진 거대한 공(空) 위에 잔잔히 튀는 섬광이 법성(法性)의 1-6체계의 하나인 1의 자리에 있는 《석명광(釋明光)》으로서 《석가모니 비로자나 불(佛) 하나님》의 자리이다.</u>

　이와 같은 법공(法空)이 휴식기를 끝내고 새로운 진화기에 들어서면서 사선근위(四善根位)의 과정을 거쳐 양음(陽陰) 이합(二合)의 세제일법(世第一法)의 진공(眞空)으로 법성의 1-6체계가 모두 변화하기까지가 5억 년(億年), 다음으로 이합(二合)의 세제일법(世第一法)의 진공(眞空)과 암흑물질이 첫 삼합(三合)을 하여 《여섯뿌리진공(眞空)》을 만들면서 회전(回轉)이 일어나 법공(法空) 내부의 법공(法空) 크기의 40%되는 암흑물질층으로 분출하기까지가 5억 년(億年), 《여섯뿌리진공(眞空)》이 대공(大空)의 경계를 만들고 대공(大空) 상층부에 분출된 《세제일법(世第一法)의 진공(眞空)》이 한 곳에 모여 공(空)을 이루고 생명력(生命力)을 띠기까지가 5억 년(億年), 이로써 암흑물질과 《여섯뿌리진공(眞空)》을 끌어들여 《커블랙홀》을 이루고 작용(作用)하여 다섯 기초 원소를 부지런히 만들어 중성자(中性子)와 양자(陽子)와 양전자(陽電子)는 《커블랙홀》에 남아 서서히 내부(內部) 회전(回轉)의 중심에 자리하고, 전자(電子)와 중간자(中間子)는 《커블랙홀》의 상극 작용에 의해 외부로 내어 보내 바탕을 이루게 하기를 5억 년(億年), 다음으로 《커블랙홀》이 《태양수(太陽數) ⊕9의 핵(核)》→《화이트홀》→《퀘이샤》→《황금알 대일(大一)》의 과정을 각각 10억 년(億年)을 거침으로써 법성(法性)의 1-6체계로부터 사선근위(四善根位)의 과정으로 돌입하면서부터 《60억 년(億年)》만에 《황금 태양(太陽)》으로 그 모습을 드러내게 된다.

이때의 장면을 석가모니 하나님 부처님께서는 석가모니불(佛)로 이름하시고 지상(地上)의 인간들 세상에 오셨을 때 『圓覺山中 生一樹 開花天地 未分前(원각산중 생일수 개화천지 미분전)』 "《원을 깨달은 산 속에 나무 한 그루 나서 하늘과 땅이 열리기 전에 꽃이 피었다》"라고 말씀을 하고 계시는 것이다.

이러한 《황금 태양(太陽)》이 석가모니 비로자나불(佛) 하나님의 양(陽)의 법궁(法宮)인 몸(身)으로써 이를 《정명궁(正明宮)》이라고 한다. 이후 《황금 태양(太陽)》은 대폭발 없이 태양핵(太陽核)의 붕괴를 10억 년(億年) 동안 일으켜 《항성풍》을 쏟아내시어 대공(大空) 속에 최초의 《36궁(宮)》을 이루신다. 이때까지의 기간 <u>《70억 년(億年)》이 석가모니 비로자나불(佛) 하나님의 수명이 된다.</u> 이렇게 최초로 만들어진 《36궁(宮)》은 고온과 고압이 작용(作用)하는 관계로 이 바탕에서 《다섯 기초 원소》와 복합 원소가 본격적으로 만들어지는 것이다.

한편, 《정명궁(正明宮)》이 《태양수(太陽數) ⊕⑨의 핵(核)》의 과정 10억 년(億年) 중 5억 년(億年)이 지났을 때, 《커블랙홀》의 기간과 합하여진 10억 년(億年) 동안 정명궁(正明宮) 외곽으로 밀려나 바탕을 이루고 있던 전자(電子)와 중간자(中間子)층에서 전자(電子)를 바탕으로 하여 중간자(中間子)가 5억 년(億年)에 걸쳐 양자(陽子) 진화를 이루고 전자(電子)층은 거대한 공(空)을 이룬 이후 《커블랙홀》을 이루고 5억 년(億年) 동안 다섯 기초 원소를 자체 생산하여 《태양수(太陽數) ⊕⑨의 핵(核)》→《화이트홀》→《퀘이샤》→《황금알 대일(大一)》의 과정을 각각 10억 년(億年)에 걸쳐 거침으로써 ,법성(法性)의 1-6체계가 사선근위(四善根位)의 과정으로 돌입하면서부터 《20억 년(億年)》만에 진명궁(眞明宮)이 만들어지고 50억 년(億年)을 거친 후 《황금 태양(太陽)》으로 태어난다. 이러한 《황금 태양(太陽)》을 인도의 《우파니샤드》에서는 《아디띠야 태양(太陽)》이라고 한다.

이렇게 태어난 <u>《황금 태양(太陽)》이 《석가모니 비로자나불(佛) 하나님》의 음(陰)의 몸(身)으로써 이를 《진명궁(眞明宮)》이라고 하며</u>, 《정명궁(正明宮)》보다는 10억 년(億年) 늦게 탄생이 된 것이다. 이러한 《진명궁(眞明宮)》을 《진명궁》탄생 25억 년(億年) 되는 때에 《연각승》진화를 하는 무리 중 최초로 탄생한 여인으로써 뒷날 《석가모니 비로자나불 하나님》의 배(配)가 되시는 《대관세음보살》께서 관리를 맡으시는 것이다.

이러한 진명궁(眞明宮)이 《황금 태양(太陽)》으로 모습을 드러낸 후, 이보다 먼저 《정명궁(正明宮)》이 10억 년(億年)에 걸쳐 핵(核) 붕괴를 일으켜 《항성풍》을 《정명궁(正明宮)》 외곽으로 분출함으로써 먼저 36궁(宮)의 경계를 이루고 36궁(宮) 내(內)에서 다섯 기초 원소인 중성자(中性子), 양자(陽子), 중간자(中間子), 전자(電子), 양전자(陽電子) 등의 인간 씨종자와 만물의 씨종자를 대량 생산한 가운데, 진명궁(眞明宮) 《황금 태양(太陽)》도 10억 년(億年)에 걸쳐 핵(核) 붕괴를 일으켜 《항성풍》을 진명궁(眞明宮) 외곽으로 분출함으로써 36궁(宮) 내(內)에서 《복합 원소》가 대량 생산되어 합성이 됨으로써 처음으로 물(水)이 탄생되고 이후 많은 물질(物質)들이 합성이 되는 것이다.

이렇듯 진명궁(眞明宮) 핵(核) 붕괴 시점부터 현존(現存) 우주의 탄생인 상천궁(上天宮) 탄생 이후 10억 년(億年)까지의 30억 년(億年)이 복합 원소의 탄생으로부터 많은 물질(物質)들이 합성이 되는 기간이다. 상천궁(上天宮) 탄생으로부터 선천우주(先天宇宙)의 기간이 120억 년(億年)이 됨으로써 정명궁(正明宮) 황금 태양 핵(核)의 붕괴로 인하여 최초로 대공(大空) 속에서 《36궁(宮)》이 만들어져 그 바탕에서 물질(物質)이 처음 탄생되기까지의 기간이 150억 년(億年)이 되기 때문에, 물질(物質)의 역사를 150억 년(億年)이라고 하는 것이다.

한편, 《정명궁(正明宮)》은 핵(核)의 붕괴가 마쳐진 70억 년(億年) 이후부터는 현존(現存) 우주의 태어남인 《개천(開天)》까지 30억 년(億年) 동안 양자(陽子) 표면으로 이루어져 있던 《정명궁(正明宮)》《황금 태양》이 축소기에 돌입하면서 중심부로부터 핵(核) 융합 반응이 일어나 양자(陽子)가 중성자(中性子)로 거듭 나는 과정을 거쳐 끝부분에서는 《중성자(中性子) 알 대일(大一)》로 변화되어 《빅뱅》으로 불리는 대폭발을 일으킴으로써 현존우주가 탄생이 되는 《상천궁(上天宮)》이 만들어지는 것이다.

이러한 30억 년(億年)이 석가모니 하나님 부처님께서 《상불경보살》로 계신 때로써, 축소기의 《정명궁(正明宮)》은 석가모니 하나님 부처님의 몫이 된 것이며, 진명궁(眞明宮)은 진명궁(眞明宮) 탄생으로부터 핵(核)의 붕괴가 모두 마쳐진 60억 년(億年) 이후부터 개천(開天)까지의 20억 년(億年)과 상천궁(上天宮)의 별(星)들이 모두 만들어진 기간 10억 년(億年) 기간, 합계 30억 년(億年)이 《정명궁(正明宮)》과 같은 축소기를 거쳐 지금의 태양성(太陽星) 핵(核)과 같은 《황금알 대일(大一)》로 변화되어, 상천궁(上天宮)이 모두 형성된 후 대폭발을 일으켜 현재의 북극성(北極星)과 북두칠성(北斗七星)을 만드는 것이다.

진명궁(眞明宮) 탄생으로부터 핵(核)의 붕괴가 마쳐진 60억 년(億年)은 법공(法空)의 진화기 시작으로부터는 80억 년(億年)이 되는 때이며, 진명궁(眞明宮) 탄생으로부터 축소기를 거쳐 《황금알 대일》의 과정을 겪고 폭발하기까지는 90억 년(億年)이 걸린 것이다.

《정명궁(正明宮)》이 《중성자(中性子) 알 대일(大一)》의 과정을 겪고 폭발하기까지가 100억 년(億年), 《진명궁(眞明宮)》이 《황금알 대일(大一)》의 과정을 겪고 폭발하기까지가 90억 년(億年)이 됨으로 이의 합(合)이 190억 년(億年)으로써, 이 기간 동안이 실질상 만물(萬物)과 인간의 씨종자들을 만든 기간이기 때문에 0(ZERO)는 완성수(數)로 떼어놓고 《창조주의 수(數)》 《19수(數)》가 탄생한 것이며, 이를 두고 후세인(後世人)들은 《알파와 오메가》라고 하는 것이다.

《정명궁(正明宮)》이 축소기에 들어간 후 개천(開天)이 되기까지 30억 년(億年)의 기간이 석가모니 하나님 부처님께서 《상불경보살》이 되시어 인간의 씨종자와 만물(萬物)이 합성될 때 인간씨종자들 무리 탄생의 비밀을 담아 법문(法問)을 남긴 것이 《묘법연화경》 《제19 상불경보살품》이며, 인간씨종자들과 만물(萬物)이 《진명궁(眞明宮) 핵(核)》의 붕괴로부터 시작이 되기 때문에 진명궁(眞明宮) 관리를 맡은 《대관세음보살님》을 우주의 어머니(母)라고 하는 것이다.

이렇듯 현재의 우주 탄생을 위해 100억 년(億年)의 기간을 노력하신 분이 《석가모니 비로자나불(佛)》 하나님과 《상불경보살》이라는 사실을 인간 무리들은 깊이 인식하여야 할 것이다.

<u>이로써 만들어졌던 인간 씨종자들과 만물(萬物)이 현존 우주의 탄생인 《상천궁</u>

(上天宮)》이 석가모니 하나님 부처님에 의해 탄생이 됨으로써 석가모니 하나님 부처님 주도로 그 형상(形像)이 모두 드러난 우주가 《초기 우주》로 불리우는 《천일우주 100의 궁(宮)》이다.

《석가모니 하나님 부처님》과 《관세음보살님》들께서 직접 인간 씨종자들을 만드시고 만물(萬物)을 합성시켜 별(星)들로 본격적으로 탄생시키기 시작한 것은 《상천궁(上天宮)》을 만드시고 이를 바탕으로 하여 천일일(天一一) 우주를 중심한 이하의 우주 인간 씨종자들의 씨앗과 만물의 씨앗을 만드신 것이다. 이 때문에 상천궁(上天宮)을 석가모니 하나님 부처님께서 벗어나셨을 때는 지금의 별자리 이름으로 《오리온좌 성단》인 천일일(天一一) 우주에서 대법왕궁을 만드시어 자리하고 계실 때가 많은 것이다.

한편, 진명궁(眞明宮) 탄생으로부터 25억 년(億年)이 되는 시점에 《석가모니 비로자나불(佛) 하나님》으로부터 《진명궁》 관리를 위임 받으신 《대관세음보살》께서는 이후 진명궁(眞明宮)이 축소기에 들어간 25억 년(億年)간 이를 계속 관리하시다가 때마침 개천(開天)이 되어 상천궁(上天宮)이 만들어지던 5억 년(億年) 무렵, 석가모니 하나님 부처님의 장자(長者)로서 《노사나불(佛)》께서 《지적(地積)》이라는 호(號)를 가지시고 탄생하심으로써 《대관세음보살님》께서는 관리하시던 축소기 마지막 무렵에 와 있는 《진명궁(眞明宮)》을 손자(孫子)인 《지적(地積)》에게 물려드림으로써 마지막 축소기인 《황금알 대일(大一)》은 손자(孫子)이신 《지적(地積)》이 5억 년(億年)에 걸쳐 완성하시고 《노사나불(佛)》을 이루심으로써, 훗날 대폭발의 과정을 거쳐 현재의 북극성(北極星)과 북두칠성(北斗七星)을 만들어 개천(開天) 이후 천지인(天地人) 우주 중 지(地)의 우주를 선도하시게 하신 것이다.

지금까지 설명 드린 바대로, 《석가모니 비로자나불(佛) 하나님》은 현재의 우주가 탄생하기 이전의 현존(現存) 우주를 있게 초석을 놓아주신 《개천 이전》의 《하나님》이심을 명심하시기 바란다.

> ※ 법공(法空) 단면 둘레의 수리(數理)적인 뜻
>
> 법공(法空) 단면의 둘레는 7,160광년(光年)이다. 이러한 둘레에 있어서 7의 수리(數理)는 석가모니 비로자나불(佛) 하나님의 법궁(法宮)인 정명궁(正明宮)에서 핵(核)의 붕괴로 탈겁(脫劫)하기까지의 석가모니 비로자나불(佛) 하나님 부처님 법궁의 수명 70억 년(億年)을 뜻하는 수리(數理)로써 완성수(數)인 0(ZERO)는 떼어 놓은 수리(數理)이며 이는 곧《석가모니 비로자나불(佛)》하나님을 뜻하는 수리(數理)가 된다. 그 다음의 1의 수리(數理)는《석가모니 하나님 부처님》을 뜻하는 수리(數理)이며, 그 다음의 60의 수리(數理)는 진공(眞空)을 이루고 있는《여섯뿌리의 완성》을 뜻하는 수리(數理)이다.
>
> 이러한 수리(數理)의 뜻을 하나로 묶으면 다음과 같은 뜻을 가진다.
>
> "『석가모니 비로자나불(佛)과 석가모니 하나님 부처님께서 이루신 여섯뿌리의 완성』"
>
> 이라는 뜻으로 이것이 곧 법공(法空)이라는 뜻을 설명하고 있는 수리(數理)이다.

이러한《석가모니 비로자나불(佛)》하나님과《대관세음보살》께서는 법궁(法宮)의 탈겁(脫劫) 이후 지금도《상천궁(上天宮)》에 머물고 계시며,《대관세음보살님》께서는 대환란기인《아리랑 고개》의 때를 위해 현재 지상(地上)에 오시어 미륵부처 제거를 위해 혈안이 되어 있는 상태임을 알려 드리는 바이다.

[2] 개천 이전(開天以前)의 석가모니 하나님 부처님

휴식기《법공(法空)》의 법성(法性)의 1-6체계에 있어서 하나인 1이《석가모니 비로자나불(佛)》하나님의 자리임을 밝혀 드렸다. 이러한 법성(法性)의 1-6체계에 있어서, 《6》이 6각(角) 고리로써 고열을 가진 기체의 다이아몬드 진공(眞空)을 말하는 것으로써 거대한 법공(法空) 외곽의 둘레를 싸고 있는 것이 6각(角) 고리이다.

이러한 고열을 가진 기체의 다이아몬드층 진공(眞空)을 이루고 계실 때의 《석가모니 하나님 부처님》을 《공왕여래(空王如來)》라고 하며, 법성(法性)의 1-6체계가 휴식기를 마치고 새로운 진화기에 돌입하면서 사선근위(四善根位)의 과정을 겪고 이합(二合)의 세제일법(世第一法)의 진공(眞空)이 암흑물질 중 제일 가벼운 것과 삼합(三合)을 하여 《여섯뿌리진공(眞空)》으로 변화한 후 법공 내(法空 內) 법공(法空) 크기의 40% 지점으로 분출이 되어 법공(法空) 크기 40%의 대공(大空)의 경계를 만들었을 때 암흑물질로 된 대공(大空)의 바탕을 이루었을 때의 《석가모니 하나님 부처님》을 《위음왕여래(威陰王如來)》라고 한다.

이러한 뜻을 담은 말씀이 《묘법연화경 제19 상불경보살품 ①항》에서 다음과 같이 말씀하신다.

"『是威陰王佛 壽-四十萬億 那由他 恒河沙劫 正法住世劫數
시위음왕불 수-사십만억 나유타 항하사겁 정법주세겁수

如-一閻浮提 微塵 像法住世劫數-四天下微塵
여-일염부제 미진 상법주세겁수-사천하미진』"

(위음왕 부처님의 수명은 사십 만억 나유타 항하사 겁이고 정법이 세상에 머무는 겁수는 한 염부제의 미진과 같고 상법이 세상에 머무는 겁수는 사천하미진과 같았느니라.)

[방등경(方等經)]
(위음왕 부처님의 수명은 《법공(法空) 크기의 40%가 진화를 모두 마칠 때까지》 나유타 항하사 《세월》이고 정법이 세상에 머무는 《세월》의 수는 《탄소순환의 세계인 지구(地球)》의 미진과 같고 상법이 세상에 머무는 《세월》의 수는 《1-3의 길》 미진과 같았느니라.)

상기 말씀 중의 《수명 사십 만억》의 수리(數理)적인 의미는 《사십 만억》이

40×10,000억으로써 40의 수리(數理)가 《법공(法空) 크기의 40% 대공(大空)》을 뜻하는 수리이며, 10,000억의 수리는 《대공(大空)의 1회(回) 진화의 주기》를 뜻하는 수리이다. 이러한 전체적인 수리의 뜻은 "『법공(法空) 크기의 40%인 대공(大空)이 진화를 모두 마칠 때까지가 수명이다』라는 뜻을 가짐으로써 대공(大空)이 곧 《석가모니 하나님 부처님의 몸(身)》임을 밝히시는 수리이며, 인용문에 등장하는 《미진(微塵)》이 곧 《암흑물질》로써 대공(大空) 속의 바탕이 《암흑물질》로 되어 있기까지의 석가모니 하나님 부처님의 또 다른 호(號)가 《위음왕(威陰王) 여래》라는 뜻인 것이다.

이러한 대공(大空)의 바탕에서 석가모니 비로자나불(佛) 하나님의 《정명궁(正明宮)》이 70억 년(億年) 동안 《황금 태양(太陽)》을 이루시고 많은 인간의 씨종자와 만물의 씨종자를 만드신 것이며, 이후 30억 년(億年)의 축소기 때에는 석가모니 하나님 부처님께서 《상불경보살》로서 《정명궁(正明宮)》에 자리하신 것이다. 이처럼 개천 이전(開天以前)에 석가모니 하나님 부처님께서 가지신 호(號)가 《공왕여래(空王如來)》,《위음왕여래(威陰王如來)》,《상불경보살》이셨다는 점을 차제에 확실하게 하는 것이다.

[3] 개천 이후(開天以後)의 석가모니 하나님 부처님

개천(開天)이란 상천궁(上天宮)이 열림으로써 현재의 우주가 탄생됨을 의미한다. 개천 이전 《정명궁(正明宮)》이 핵(核)의 붕괴를 모두 마친 70억 년(億年)까지가 석가모니 비로자나불(佛) 하나님의 법궁(法宮)이었으나, 핵(核)의 붕괴 이후 30억 년(億年)간의 축소기의 《정명궁(正明宮)》은 석가모니 하나님 부처님의 몫으로써 《상불경보살님》의 법궁(法宮)이 되는 것이다.

축소기를 모두 마친 《정명궁(正明宮)》은 《중성자(中性子) 알 대일(大一)》의 과정을 거쳐 《중성자알 대일(大一)》의 대폭발로 중성자(中性子) 태양성(太陽星)을 탄생시키게 된다. 이러한 대폭발을 현대과학은 《빅뱅》이라고 이름하는 것이다.

이렇게 하여 태어난 《중성자(中性子) 태양성(太陽星)》은 폭발 때의 물질(物質)들을 끌어 모아 1억 년(億年)에 1성(星)씩 모두 5성(星)을 탄생시킴으로써, 《중성자(中性子) 태양성(太陽星)》을 포함한 6성(星)을 탄생시킨다. 이러한 6성(星)을 《여섯뿌리의 우주》라고 하며, 폭발과 함께 처음으로 탄생한 《중성자(中性子) 태양성》이 《석가모니 하나님 부처님》의 법궁(法宮)이다.

이와 같이 《여섯뿌리의 우주》인 6성(星)이 탄생한 이후, 석가모니 하나님 부처님의 법궁(法宮)인 중성자 태양성(中性子太陽星)이 초기 우주의 고온고압의 영향으로 일찍부터 핵(核)의 붕괴를 일으켜 《항성풍》을 외부로 쏟아내어 공(空)을 이룬 이후 천궁(天宮)을 이루고 천궁(天宮)의 변화상을 겪고 《황금알 대일(大一)》을 이룬 이후 폭발을 일으킴으로써 4성(四星)을 탄생시킨다. 이렇게 하여 탄생된 4성(星)을 석가모니 하나님 부처님의 《여섯뿌리의 법궁(法宮)》과 《육신성(肉身星) 3성(星)》이라고 한다.

<u>이와 같이 태어난 《여섯뿌리의 우주》인 6성(星)과 늦게 태어난 《여섯뿌리의 법궁(法宮)》과 《육신성(肉身星)》 3성(星)의 합(合) 10성(星)이 모두 태어나 《상천궁(上天宮)》이 완성이 되는 것이다.</u>

이렇게 하여 태어난 상천궁(上天宮) 10성(星)은 사실상 모두가 석가모니 하나님 부처님의 《화(化)》로서 《육신성(肉身星)》 3성(星) 중 10번째 궤도에 자리한 별(星)이 양자 태양성(陽子太陽星)으로써 나머지 두 별(星)인 양자(陽子)성(星)과 함께 이를 석가모니 하나님 부처님의 《육신성(肉身星)》으로 이름하는 것이며, 초기 우주인 천일우주 100의 궁(宮)을 제외한 상계(上界), 중계(中界), 하계(下界)의 우주 모두의 양자(陽子)가 《육신성(肉身星)》 3성(星)으로부터 생산되어 진화(進化)를 하는 것이다. 《상천궁》 끝자리에 양자(陽子) 태양성(太陽星)에 석가모니 하나님 부처님께서 자리하셨을 때의 호(號)가 《묘법연화경》《제7 화성유품》에 나오는 《대통지승불(佛)》이시다.

이와 같이 《상천궁》 경계 내(內)에서 별(星)들이 모두 탄생됨으로 인하여 처음에는 《상천궁》의 바탕이 모두 《전자(電子)》로써 바탕을 한 것이다.

이러한 《상천궁》을 더 상세히 살펴보기로 하자.

(1) [여섯뿌리의 우주]

1) 1의 성(星) : 중성자(中性子) 태양성(太陽星)…석가모니 하나님 부처님 법궁(法宮)
2) 1-1의 성(星) : 전자성(電子星)…《마아뜨》의 별(星)이라고 하며, 석가모니 하나님 부처님의 장녀(長女)의 법궁(法宮)으로써, 훗날 진화하여《정화수왕지불(佛)》이 되시어《카시오페아》성단을 이루시고 자리하시는 것이다.
3) 1-2의 성(星) : 양전자성(陽電子星)…관세음보살님의 법궁(法宮)으로써, 핵(核)의 붕괴 이후 전자(電子)로써 바탕을 이루었던《상천궁》의 바탕을 양전자(陽電子)로 바꾸고 시야(視野)에서 사라진다.

　　핵(核)의 붕괴분은 공(空)을 이룬 후《아미타불(佛)》법궁(法宮) 핵(核)의 분출분과《2×1×2》천궁도 성단을 이룬 이후 천일(天一) 우주에 많은 별(星)들을 생산한 후 목동자리 성단을 이루시고 관음궁에 자리하시어《운뢰음수왕화지불(佛)》을 이루신다.

　　상천궁(上天宮)을 양전자(陽電子) 바탕으로 계셨을 때가《관세음보살님》이 되시며, 불(佛)을 이루셨을 때가《운뢰음수왕화지불(佛)》로서《관세음보살님》의 이중성이 이로부터 비롯된다.
4) 1-3의 성(星) : 중성자성(中性子星)…석가모니 하나님 부처님의 분신(分身)으로서《아미타불(佛)》의 법궁(法宮).

　　핵(核)의 붕괴 이후 관음불(佛)과 함께《2×1×2》천궁도 성단을 만드시어 이를 선도하신 이후 뒤에 목동자리 알파 성(星)으로 자리하심.
5) 1-4의 성(星) : 양자성(陽子星)…석가모니 하나님 부처님의 우주적 장자(長子)이신 노사나불(佛)의 법궁(法宮).

　　이러한《노사나불(佛)》께서는 상천궁(上天宮) 5억 년(億年)이 되던 때에 이 법궁(法宮)을 석가모니 하나님 부처님께 되돌려 드리고 개천 이전의 진명궁(眞明宮)이 진화하여 인근으로 올 때《대관세음보살님》으로부터 개천 이전의 진명궁(眞明宮)을 상속받아 뒷날 지(地)의 우주를 선도하시는 것이다.

　　노사나불(佛)께서 떠나신 후 이 별(星)의 핵(核)의 일부는 핵(核)의 붕괴를 일으킨 후 1-5의 성(星) 핵(核) 붕괴분 일부와 함께 아미타불(佛)의 《2×1×2》 천궁도 성단에 편성되어 이동한 후 아미타불(佛)과 관음불(佛)의 천궁(天宮)이 변화상을 모두 거친 뒤 《목동자리 성단》을 이루실 때 《백조자리 성단》을 이루고 석가모니 하나님 부처님의 화신불(化身佛)들로서 여러 부처님들이 자리하시게 된다.

6) 1-5의 성(星) : 중성자성(中性子星)…석가모니 하나님 부처님의 또 다른 분신성(分身星)으로서, 핵(核)의 붕괴 이후 일부는 1-4의 성(星) 핵(核)의 붕괴분과 합하여져 아미타불(佛)의 《2×1×2》 천궁도 성단에 편성되어 이동하고, 나머지 일부는 1-6의 성(星)인 여섯뿌리의 법궁(法宮) 핵(核)의 붕괴분과 함께 천궁(天宮)을 이루고 이동하여 천일일(天——) 우주인 《오리온좌》 성단을 이룬다.

※ 이러한 《여섯뿌리의 우주》를 이루었던 6성(星)은 핵(核)의 붕괴를 모두 마친 이후 핵(核)의 붕괴분(分)들이 천궁(天宮)을 이루고 모두 이동한 이후, 1-2의 양전자(陽電子) 성(星)의 표면은 붕괴되어 상천궁(上天宮)의 바탕을 양전자(陽電子)로 바꾸고 시야(視野)에서 사라진 후, <u>1의 성(星)인 중성자(中性子) 태양성(太陽星)은 1-1의 성(星)과 1-3의 성(星)을 차례대로 끌어들여 거대한 1성(星)으로 자리한 이후 진화(進化)하여 《슈바르츠실트블랙홀》로 변화하여 최초로 《진성궁(眞性宮)》을 이루어 《상천궁》 중심에 자리한 후 후천우주(後天宇宙)가 시작이 되는 지구계 시간 서기 2000년(年) 바로 직전인 《1997년 12월 14일》 대폭발을 일으켜 사라진 것이다.</u>

　이때의 폭발을 지상(地上)의 과학자들이 포착하여 <u>미국항공우주국(NASA)에서 기자회견을 하여 이를 《GRB감마선 폭발 971214》로 명명하고 발표를 한 바가 있다.</u> 이때의 발표에 의하면, 우주 관측 사상 가장 강력한 폭발이 지구로부터 120억

광년 떨어진 곳에서 발생했으며 관측 이래 최대 규모인 100억조 개 별(星)의 분출 에너지양과 비슷하다고 발표를 한 바가 있다.

나사(NASA)에서 발표한 지구로부터 120억(億) 광년(光年)이 바로 상천궁(上天宮) 1의 성(星)인 중성자(中性子) 태양성(太陽星) 탄생으로 개천(開天)이 되는 때로써 선천 우주(先天宇宙)의 역사가 120억 년(億年)이라는 뜻과 같은 것임을 입증하는 것이며, 100억조 개의 별(星) 분출 에너지는 현재의 북극성(北極星)을 중심한 은하수(銀河水) 까지의 상계(上界)의 우주 별(星)들의 수가 100억조 개이다. 즉, 이러한 100억조 개의 별(星)들이 만들어지게 된 것이 《여섯뿌리의 우주》로부터 비롯되었음을 밝히는 자료가 되는 것이다.

1-4의 성(星)과 1-5의 성(星)은 1-6의 성(星)인 여섯뿌리의 법궁(法宮)이 핵(核)의 붕괴를 마친 이후 별(星) 표면의 수명이 다한 이후 붕괴되어 폭발한 이후 별(星) 표면을 이루고 있던 다섯 기초 및 복합 원소들은 모두 진화되어 《여섯뿌리의 진공(眞空)》을 이룬 이후 대공(大空) 속의 암흑물질들과 음양(陰陽) 짝을 하여 대공(大空)의 바탕을 이루게 됨으로 이들 모두를 《여섯뿌리의 우주》라고 하는 것이며, 폭발시에 발생한 미진들이 시계방향의 회전길인 1-3의 길을 따라 이동하여 천일일(天一一) 우주인 《오리온좌 성단》인근한 자리에 《말머리 성운(星雲)》을 이루고 있는 것이다. 지금까지 기술한 내용 중 《천궁도》이치는 《묘법연화의 실상의 법》을 참고하시기 바란다.

(2) [여섯뿌리의 법궁(法宮)과 육신성(肉身星) 3성(星)]

1) 1-6의 성(星) : 중성자(中性子) 태양성(太陽星) … 석가모니 하나님 부처님의 또 다른 중성자(中性子) 태양성(太陽星)으로써, 최초로 탄생한 《석가모니 하나님 부처님》의 여섯뿌리의 법궁(法宮)이다.

이러한 최초로 탄생한 《여섯뿌리의 법궁》도 핵(核)의 붕괴 이후 그 분출분(分)은 1-5의 성(星) 분출분과 함께 쌍둥이 천궁(天宮)을 이루고 이동하여 천일일(天一一)

우주인《오리온좌》성단의 자리에 도착한 후, 1-5의 성(星) 분출분(分)으로 천궁(天宮)을 이루었던 천궁(天宮)은 천궁(天宮)의 변화상을 모두 겪고 폭발함으로써《오리온좌》성단을 이루고, 1-6의 성(星)의 분출분 천궁(天宮)은 천궁(天宮)의 마지막 변화상인《황금알 대일(大一)》을 이루었을 때 때마침 천일궁(天一宮) 10의 궁(宮)을 이루고 있던《작은곰》자리《베타성(星)》을 법궁(法宮)으로 하셨던 석가모니 하나님 부처님의 육신불(肉身佛)이신《다보불(佛)》께서 핵(核)의 붕괴로 천궁(天宮)을 이루시고 북두칠성의 핵(核) 분출분들을 걷우어《4×4×4》천궁도 성단을 이루시고《오리온좌》성단에 도착하심으로써 성단을 분리시켜, 북두칠성으로부터 걷우어 오신 분출분들은 때마침 도착한 노사나불(佛)의 지일(地一)의 태양선(太陽船)에 넘겨 드림으로써, 지일(地一)의 태양선은《6×3×6》천궁도 성단으로 거듭 태어나서 지일일(地一一) 우주가 들어설 곳으로 이동하게 하고, 천궁(天宮)의 핵(核)은《오리온좌》성단에서《황금알 대일(大一)》의 과정을 겪던 천궁(天宮)과 쌍둥이 천궁(天宮)으로 하나가 되어, 인일일(人一一)우주의 자리에 도착하여《황금알 대일(大一)》의 과정을 모두 마쳤던 1-6의 성(星) 분출분은 대폭발을 함으로써 현재 우리들 태양계(太陽界)에 자리한 석가모니 하나님 부처님의 법궁(法宮)인《목성(木星)》을 탄생시키게 된다. 이렇게 탄생된《목성(木星)》역시《중성자(中性子) 태양성(太陽星)》인 것이다.

　이렇게 탄생된 목성(木星)은 육신불(肉身佛)이신 다보불(佛)의 천궁(天宮)을 중심으로 하고 그 외곽에서 회전하며 많은 물질의 씨앗을 만들어 중심 천궁으로 들여보냄으로써 중심 천궁은 많은 별(星)들을 생산하여 인일일(人一一) 우주를 탄생시킨 후 이동하여 이번에는 중심 천궁(天宮)이 천궁(天宮)의 변화상을 모두 겪고 폭발하여 석가모니 하나님 부처님의 진신(眞身) 3성(星)인 지구(地球), 달(月), 화성(火星)을 탄생시킨 후 석가모니 하나님 부처님의 진신(眞身) 4성(星) 중 1성(星) 분으로 새로운 천궁(天宮)을 이루게 하여《다보불(佛)》께서 자리하시고, 천궁(天宮)을 중심하여 지구(地球), 달(月), 화성(火星), 목성(木星) 순서로 자리하여 많은 물질을 만들어 인일이(人一二) 우주와 은하수(銀河水)가 포함된 인일삼(人一三) 우주까지를 완성하고 중계(中界)의 우주로 이동하여, 뒤따라 중계(中界)의 우주로 넘어온 노사나불(佛)의 지일삼(地一三) 이동우주와 만나 노사나불(佛)의 육신불(肉身佛)이신《아촉불(佛)》의 천궁(天宮)을 중심으로 하여 지이삼(地二三) 우주로 자리하게 한 후, 지이삼(地二三) 우주 외곽에서 노사나불(佛)의 지일(地一)의 7성(星)과 석가모니 하나님 부처님의 여섯뿌리의 법궁(法宮)과 진신 3성(眞身三星)이 만나 성단 재편성을 이룬 이후, 지금의 태양성(太陽星)인 노사나불(佛) 태양성(太陽星)을 중심하여 수성(水星), 금성(金星)이 자리한 후, 다음으로 우리들의 지구(地球)가 자리하고, 한 세계(一世界)인 태양계(太陽界)의 궤도가 10궤도 밖에 없기 때문에 달(月)이 지구의 위성으로 자리하고, 다음으로 화성(火星)과 목성(木星)이 자리하고, 다음으로 지일(地一)의 7성(星) 중 토성, 천왕성, 해왕성, 명왕성이 자리하여 태양계(太陽界)를 이룬 것이다.

이러한 태양계(太陽界)가 지이삼(地二三) 우주 외곽에 자리하고, 태양계(太陽界)와 1-3의 길로 연결된 자리에 다보불(佛)이 중심 천궁(天宮)을 이룬 인이삼(人二三) 우주가 자리한 것이다. 즉, 지일(地一)의 7성(星)에서 만들어진 물질의 씨앗과 물질들은 1-4의 길을 따라 태양계 외곽으로 간 후, 4-1의 길을 따라 지이삼(地二三) 우주로 공급되게 하고, 석가모니 하나님 부처님의 법궁(法宮)인 목성(木星)과 지구, 달, 화성에서 만들어진 물질의 씨앗과 물질들은 1-4의 길을 따라 태양계 외곽으로 옮겨진 후, 상극(相剋) 작용에 의해 1-3의 길을 따라 인이삼(人二三) 우주로 공급되는 절묘한 운행을 한 것이다. 이렇듯 성단이 재편성된 것은 불과 20억 년(億年) 전(前)이다.

이후 후천우주(後天宇宙)에 돌입하는 지구계 시간 서기 2000년 이후 우리들의 태양계(太陽界)는 지이삼(地二三) 우주를 벗어나 법공(法空)의 0(ZERO)지점에 도착하여 《중앙천궁상궁(中央天宮上宮)》을 이루고 있다.

이러한 중앙천궁상궁(中央天宮上宮)이 중앙천궁상궁(中央天宮上宮) 운행(運行)에 돌입하면 우리들 태양계(太陽界)의 노사나불(佛) 진신삼성(眞身三星)인 태양성(太陽星)과 수성(水星), 금성(金星) 등은 동북간방 15도 선상인 천왕성과 해왕성 사이로 이동하여 수성(水星)은 태양성(太陽星)의 위성으로 자리하고, 노사나불(佛) 진신삼성(眞身三星)이 옮겨간 자리에는 석가모니 하나님 부처님의 여섯뿌리의 법궁(法宮)인 목성(木星)이 자리하고 다음으로 지금까지 지구의 위성으로 있던 달(月)이 자리하며 다음으로 화성(火星), 지구(地球)가 자리하여, 지금까지 하던 시계반대방향의 회전에서 시계방향의 회전으로 전환하여 목성(木星)을 중심으로 3-1의 길 회전을 하게 된다.

이와 같은 목성(木星)을 중심한 달(月), 화성, 지구가 3-1의 길 회전을 하는 범위가 곧 법공(法空)의 0(ZERO) 지점이 되는 것이다. 이러한 운행이 이루어진 후 지구 바깥은 지일(地一)의 7성(星)이 종전과 같이 시계 반대 방향의 회전인 1-4의 길 회전을 함으로써 중앙천궁상궁은 3-1-4의 길 운행을 하게 되는 것이다. 이로써 석가모니 하나님 부처님의 법궁(法宮)인 목성(木星)은 《여섯뿌리의 법궁(法宮)》으로써 후천우주(後天宇宙) 하나의 자리인 1의 자리에 자리하여 《하나님》으로서 기준이 되는 것이다.

현재의 상태로는 다보불(佛)의 인이삼(人二三) 우주와 우리들 태양계와 연결된 1-3의 길이 끊어져 있는 상태이나, 중앙천궁상궁이 그 운행인 3-1-4의 길 운행을 하게 되면 3-1의 길이 1-3의 길과 바로 연결을 이루게 되며, 또 다른 1-3의 길로는 천이일(天二一) 우주와 연결을 이루며, 현재의 인이삼(人二三) 우주는 천이삼(天二三) 우주와 1-3의 길로 연결되어 있다. 이러한 인이삼(人二三) 우주가 현대 천문학에서 이름하는 《안드로메다 성단》이다. 《여섯뿌리의 법궁(法宮)》의 이해를 위해 장황한 설명을 하게 되었다.

이렇듯 《상천궁》의 《여섯뿌리의 법궁(法宮)》은 항상 세로로 곧은 직선으로 연결된 빛(光)의 고속도로를 가지고 있으며, 항상 《세로》 팽창의 기준점으로 자리하는 것이 《여섯뿌리의 법궁(法宮)》으로서, 우리들의 목성(木星)은 두 번째의 《여섯뿌리의 법궁(法宮)》이며, 세 번째 여섯뿌리의 법궁은 목성(木星)의 핵(核)분출로 하계(下界)의 우주에서 탄생이 되어 하계(下界)의 우주 기준점이 되는 것이다. <u>이렇듯 중요한 별(星)이 중성자(中性子) 태양성(太陽星)인 여섯뿌리의 법궁(法宮)으로써 석가모니 하나님 부처님의 법궁(法宮)이 되는 것이다.</u>

2) 1-7의 성(星) : 양자성(陽子星)
    1-8의 성(星) : 양자성(陽子星)   ⎤ 육신성(肉身星) 3성(星)
    1-9의 성(星) : 양자태양성(陽子太陽星) ⎦

1-7의 성(星)과 1-8의 성(星)은 1-9의 성(星)인 양자태양성(陽子太陽星)이 거느리

는 양자성(陽子星)들로서, 양자태양성(陽子太陽星)에 석가모니 하나님 부처님께서 머무르실 때가《묘법연화경》《제7 화성유품》에 나오는《대통지승불(佛)》이시다. 태양성(太陽星) 중에 제일 밝은 태양성(太陽星)이 양자태양성(陽子太陽星)이다. 이와 같은 양자태양성(陽子太陽星)의 밝음에 대하여서는《제7 화성유품》에서 상세히 묘사를 하고 있다.

이러한 1-7의 양자성(陽子星)과 1-8의 양자성(陽子星)과 1-9의 양자태양성(陽子太陽星)은 핵(核)붕괴 이후 셋의 분출분이 한 곳에 모여 하나의 천궁(天宮)을 이룬 이후, 초기 우주의 고온고압에 의해 일찍 진화를 하여 천궁(天宮)의 변화상을 모두 겪은 후 폭발하기 직전 개천 이전(開天以前)에 만들어진《진명궁(眞明宮)》이 핵(核)의 붕괴로《항성풍》을 외부로 분출한 후《축소기》에 들어가 있던 중, 석가모니 하나님 부처님에 의해 개천(開天)이 됨으로써 상천궁(上天宮)이 만들어져 갈 때 5억 년(億年) 지점에서 상천궁(上天宮) 1-4의 성(星)에 자리하였던 석가모니 하나님 부처님의 우주적 장자(長子)인 지적(地積)이 1-4의 성(星)을 석가모니 하나님 부처님께 되돌려 드리고《진명궁(眞明宮)》핵(核)으로 자리하신 이후, 5억 년(億年)에 걸쳐《진명궁(眞明宮)》축소를 마무리 짓고 대폭발을 일으켜 현재의《북극성(北極星)》을 탄생시키게 된다.

이러한 북극성(北極星)에는《노사나불(佛)》과 몸(身)을 나누신《일월등명불(佛)》께서 자리하시고《노사나불(佛)》께서는 북두칠성《알파성(星)》을 법궁으로 하시는 것이다. 방편으로 몸(身)을 나누시기는 하였으나《일월등명불》이《노사나불》이시며《노사나불》이 곧《일월등명불》로서, 불(佛)을 이루시기 전(前)의 호(號)가《지적(地積)》인 것이다.

이때《상천궁(上天宮)》10성(星)은 모두 핵(核)의 붕괴로 인하여 상천궁 1-2의 양전자(陽電子) 성(星)이 시야(視野)에서 사라짐으로써 9성(星)이 남아 9개의 궤도를 가지고 있던 때에 현재의 북극성(北極星)이 탄생하므로 현재의 북극성(北極星)이 상천궁(上天宮) 10번째 궤도에 자리하여 하나(1)의 자리에 있는 석가모니 하나님 부처님의 중성자태양성(中性子太陽星)을 중심으로 궤도 운행을 하는 것이다.

이때 상천궁(上天宮) 1-7의 성(星)과 1-8의 성(星)과 1-9의 중성자 태양성으로부터 핵(核)의 붕괴로 인하여 만들어졌던 천궁(天宮)이 천궁(天宮) 변화상을 모두 겪고 대폭발을 일으킴으로써 《작은곰》자리 《베타성(星)》을 탄생시킨다. 이러한 작은곰자리 《베타성(星)》도 태양성(太陽星)으로써 바로 석가모니 하나님 부처님의 육신불(肉身佛)이신 《다보불(佛)》의 법궁(法宮)이 되는 것이며, 이러한 《다보불(佛)》을 후세인(後世人)들은 《옥황상제(玉皇上帝)》라고 하는 것이다.

이렇게 하여 탄생된 다보불(佛)의 법궁(法宮)인 《작은곰자리 베타성(星)》은 폭발 때의 물질로 다보불(佛) 진신 3성(眞身三星)을 만들게 되는데, 먼저 《용자리 알파성(星)》과 《용자리 알파성(星)》과 작은곰자리 《감마성(星)》사이에 전자성(電子星) 1성(星)을 탄생시키신 후 다보불(佛) 태양성(太陽星) 핵(核)의 몸(身)을 나누어 작은곰자리 《감마성(星)》을 만들게 된다. 이러한 다보불(佛) 진신 3성(星) 중 《용자리 알파성(星)》에는 다보불(佛)의 장자(長子)로서 상계(上界)의 우주에서는 《묘광법사》로 이름불리고 지상(地上)에서는 《단군왕검》으로도 오셨던 《문수보살》의 법궁이 되며, 《전자성(電子星)》은 다보불(佛)의 딸로서 《백의관음》의 법궁이 되며, 《작은곰자리 감마성(星)》은 다보불(佛) 분신(分身)의 아들로서 상계(上界)의 우주에서 한때 《구명(鳩明)》으로도 이름불렸던 《미륵보살》의 법궁(法宮)이다. 즉, 이때 문수보살과 백의관음과 미륵보살이 형제간으로 탄생을 한 것이다.

이렇듯 다보불(佛) 진신(眞身) 3성(星)이 태어난 후, 차례로 5성(星)을 더 탄생시켜 최종 천궁(天宮)의 폭발 이후 9성(星)으로 탄생이 되어 현재의 북극성(北極星)을 중심으로 시계 방향의 회전인 3-1의 길 회전을 한 것이다.

이후 다보불(佛)의 태양성(太陽星)과 다보불(佛) 진신 3성(眞身三星)이 핵(核)의 붕괴를 일으킬 때 《백의관음》의 전자성(電子星)은 핵(核)의 붕괴로 인한 《항성풍》은 천궁(天宮)을 이루고 시계반대방향의 회전인 4-1의 길 회전길로 들어가 훗날 《케페우스》성단을 탄생시키는 것이며, 별(星)의 표면은 핵(核)의 붕괴 이후 폭발하여 전자(電子)의 바탕으로 돌아감으로써 시야(視野)에서 사라지게 된 것이다. 이후 다보불(佛)의 태양성(星)과 작은곰자리 《감마성(星)》과 《용자리 알파성(星)》의 핵(核) 붕괴분(分)은 하나의 천궁(天宮)을 이루어 《4×4×4》 천궁도 성단을 이루어 석가모니 하나님 부처님의 법왕궁(法王宮)이 있는 천일일(天一一) 우주인 《오리온좌》 성단으로 향하는 것이다.

다보불(佛)께서 만드신 9성(星) 중 사라진 1성(星)을 제외한 8성(星)을 《두우성(斗牛星) 8성(星)》이라고도 한다. 이렇게 하여 만들어진 9성(星)과 중심을 이루고 있는 현재의 북극성(北極星)을 합한 10성(星)을 《천일궁(天一宮) 10의 궁(宮)》이라고 하며, 기독인들의 십자가가 이를 상징하는 것이다.

상천궁(宮) 10의 궁(宮)과 다보불(佛)께서 만드신 9성(星)이 또한 19수(數)를 가진 창조주의 수(數)로써, 상천궁(上天宮) 10의 궁(宮)과 천일궁(天一宮) 10의 궁(宮)을 음양(陰陽) 짝을 한 선천우주(先天宇宙)의 하늘(天)이라고 하는 것이다.

한편, 현재의 북극성(北極星)이 탄생된 후 《노사나불(佛)》께서는 큰곰자리 북두칠성(北斗七星)의 《알파성(星)》을 만드시어 법궁(法宮)으로 하신 이후 《알파성(星)》을 포함한 진신(眞身) 3성(星)을 다보불(佛) 법궁(法宮)을 포함한 진신4성(眞身四星) 탄생과 궤를 같이 하여 시계반대방향 회전길인 4-1의 길을 이루고 자리하여 나머지 아들들의 별(星) 4성(四星)을 탄생시켜 북두칠성(北斗七星)으로 자리하게 되는 것이다.

처음에는 현재의 북극성(北極星)과 북두칠성의 노사나불(佛) 진신 3성(眞身三星)은 가까운 자리에 자리하였으나, 개천 이전(開天以前)에 만들어졌던 36궁(宮)에서 만들어졌던 인간들의 씨종자와 물질의 씨종자들이 개천 이후(開天以後) 인간들과 별(星)들로 그 형상(形像)을 드러냄으로써 36궁(宮) 중 상천궁(上天宮)이 자리한 부분은 양전자(陽電子)로 바탕을 이루고 나머지는 전자(電子)로써 바탕을 한 후, 노사나불(佛) 진신3성(眞身三星)이 만들어질 때 대공(大空) 속에 있던 36궁(宮)이 10배로 팽창되어 《360궁(宮)》을 이루게 된다. 이때 대공(大空) 속의 36궁(宮)의 팽창 때문에 현재의 북극성(北極星)과 큰곰자리의 북두칠성(北斗七星)이 현재의 모습대로 멀리 떨어지게 된 것임을 아시기 바란다.

상천궁(上天宮) 1-7의 성(星)과 1-8의 성(星)과 1-9의 중성자 태양성(中性子 太陽星)은 핵(核)의 붕괴를 모두 마친 이후 3성(三星)이 1성(一星)이 되는 수축기의 과정 중 일시적으로 거성이 된 후 폭발하여 《성간(星間) 구름》은 1-3의 길을 따라 《오리온좌》 인근에 있는 《말머리 성운(星雲)》과 합하여지고, 많은 양자(陽子)들은 대공(大空)

속으로 흩어져 인간 무리들과 만물(萬物)의 씨종자가 되고, 그 핵은 우주적으로는 두 번째로 《슈바르츠실트 블랙홀》인 진성궁(眞性宮)이 되어 《백조자리 성단》인근한 지점에서 소임을 다하고 있는 것이다.

이것으로써 석가모니 하나님 부처님의 《화(化)》인 상천궁(上天宮)에서 만들어졌던 10성(星)과 핵(核)의 붕괴로 인한 천궁(天宮) 이룸으로 선천우주(先天宇宙) 200억조개의 별(星)이 만들어지는 과정을 대략적으로 짚어 보았다. 더 상세한 내용들은 《묘법연화의 실상의 법(法)》을 참고하시기 바란다.

지금까지 《석가모니 하나님 부처님》께서 현존우주(現存宇宙)의 탄생인 《상천궁(上天宮)》을 탄생시키신 후 분신불(分身佛)이신 《아미타불(佛)》과 육신불(肉身佛)이신 《다보불(佛)》과 장자(長子)이신 《노사나불(佛)》과 부인이신 《관음불(佛)》과 함께 선천우주 200억조 개의 별(星)들을 120억 년(億年)에 걸쳐 만드시는 장면을 대략적으로 살펴 본 것이다. 이러한 것이 원천(原泉) 창조주이신 《석가모니 하나님 부처님》의 우주적(宇宙的)인 위상(位相)이다.

또한, 대공(大空) 자체가 석가모니 하나님 부처님의 몸(身)임을 진행하면서 여러 번 밝혀왔다. 《하나님》은 대마왕(大魔王)들인 《악마(惡魔)의 신(神)》들이 스스로 하고 싶다고 할 수 있는 것이 아니며 그들이 《우주 정복》을 하고 싶어도 되는 것이 아니다. 일시적으로 일부분을 정복할 수 있을지 모르나 궁극에 그들은 파멸의 길로 들어가야 하는 것이 우주적 이치이다.

이러한 점을 대마왕(大魔王)들인 《악마(惡魔)의 신(神)》들뿐만 아니라 우주간의 모든 부처님들과 보살님들과 화엄성중님들께서도 분명히 아셔야 하는 사항인 것이다. 대마왕들인 《악마의 신》들과 우주간의 모든 신(神)들도 이러한 진실(眞實)을 하루빨리 깨달으시고 잘못된 생각과 관념을 가지신 대마왕(大魔王)들인 《악마(惡魔)의 신(神)》들과 이들을 따르는 모든 신(神)들은 본래의 자리로 돌아가 순리(順理)를 따르는 진화(進化)의 길을 택하여 정진함으로써 성불(成佛)을 이루게 되면 그대들이 욕망(慾望)에 집착하지 않아도 그대들이 바라는 바가 모두 이루어질 수 있다는 미륵부처의 충고를 하루빨리 받아들이시고, 중생 모두를 진화(進化)시켜 쾌락하고 안락하며 배고픔과 죽음이 없는 영원한 자리로 인도하고져 하는《석가모니 하나님 부처님》의 숭고한 대업(大業)에 동참하시기를 권유드리는 바이다.

그대들이 날고뛰는 신통력과 재주를 가졌다고 하여도 석가모니 하나님 부처님의《손바닥》안이라는 사실을 명심하시고, 욕망(慾望)은 뜬 구름과 같은 허망한 것이며 집착(執着)은《파멸》만 몰고 온다는 진리를 다시 한번 더 생각하시기 바란다. 그리고 지금까지 선(善)을 위장한 대마왕(大魔王)들인《악마(惡魔)의 신(神)》들을《하나님》으로 받든 지상(地上)의 모든 종교(宗敎) 단체의 승려들과 이들을 믿고 따랐던 대중들은 하루빨리 지금까지 가지고 있던 종교적 사상(思想)과 관념(觀念)들로부터 탈출하여 진정으로 그대들 영혼(靈魂)들을 진화시키고 구원할 원천 창조주이신《석가모니 하나님 부처님 법(法)》에 귀의(歸依)하시기를 간곡히 부탁드리는 바이다.

불교(佛敎)도 얼마든지 현대화하여 그대들의 특성에 맞게 할 수 있으나, 불법(佛法)만은 변질되어서는 안 될 것이다.《하나님》은 아무나 할 수 없음을 석가모니 하나님의 위상(位相)을 밝혀 드렸으니 그대들이 판단하고 이 때문에《석가모니 하나님 부처님》과 세 분의《하느님》이 계심을 알려 드린 것이며, 불법(佛法)의 테두리에 들어와서 한 분의《하나님》부처님 법(法)을 따르던지 세 분의《하느님》을 따르든지 하는 것은 그대들의 자유이다. 그러나 법(法)은 석가모니 하나님 부처님의 법(法) 밖에는 없다는 점을 깊이 인식하시기 바라며, 대마왕(大魔王)들인 악마(惡魔)의 신(神)들을 하나님으로 받들었을 때 그대들 역시 마왕(魔王)들임을 잊지 마시고 파멸의 길로 가는 시간이 촉박하게 그대들 눈앞에 다가와 있음을 분명히 알려 드리는 바이다.

(3) 북반구(北半球) 문명과 석가모니 하나님 부처님

《구석기인》에게 삼진(三眞)을 심고《신석기인》으로 전환시켜 농경법을 가르치고,《철기시대》에 인간도를 집중적으로 가르친 후《문명사회》를 열게 하였다고 진행을 하면서 밝혀 왔다. 지구계(地球界)에 있어서 인간 서식 환경이 조성된 후 10만 년 기간 동안 6만 년은 천일우주(天一宇宙) 100의 궁(宮) 각 성단에 거주하는 인간 무리들이 아름다움을 갖춘 완전한 인간 육신(肉身)을 갖기 위해 지상(地上)에서 진화를 한 후 그들이 온 천일우주 100의 궁의 각 성단으로 돌아갔음을 아울러 밝혔다.

이렇게 보면, 《구석기인》이 《구석기인》으로 진화하여 온 기간이 지금으로부터는 10만 년전(前)이 되며, 천일우주 100의 궁의 각 성단들의 인간 무리들이 진화한 6만 년까지 그들은 계속 진화를 하다가 《아미타불(佛)》께서 주도하신 《남반구 문명》부터 지상(地上)에서 진화(進化)하여온 《구석기인》들이 《신석기인》으로 전환이 되고, 이후 《철기시대》를 거쳐 《문명사회》로 진출할 수 있었던 것이다.

이러한 남반구 문명 3만 년 기간도 2만 년은 《아미타불(佛)》 주도로 《목동자리 성단》,《헤라클레스자리 성단》《거문고자리 성단》의 인간 무리들의 씨종자들이 지상(地上)에 뿌려져 《구석기인》과정을 거침으로써 이들을 교화(敎化)한 것이며, 나머지 1만 년은 《노사나불(佛)》 주도로 《북두칠성 성단》의 인간 무리들 씨종자들이 지상(地上)에 뿌려져 《구석기인》의 과정을 거침으로써 이들을 교화(敎化)한 것이다.

남반구 문명의 특징은 1만 년마다 맞이하게 되는 인류 문명 종말 때문에 남미(南美)와 《이집트》가 있는 아프리카 대륙을 넘나들면서 문명이 펼쳐진 것이다. 이렇게 보면 《구석기인》들이 남미(南美)와 아프리카 대륙에 편중되어 있었다는 애기가 되는 것이다.

이들 《구석기인》들의 인간 씨종자가 뿌려진 역사는 10만 년 전(前)이며, 이들이 차례대로 《구석기인》으로 진화됨으로써 부처님들에 의해 교화(敎化)가 된 것이다. 같은 논리로 석가모니 하나님 부처님께서 주도하시는 1만 년 《북반구 문명》은 지구의 북반구에 《카시오페아 성단》과 《케페우스 성단》의 인간 씨종자들이 뿌려져 구석기인》의 과정을 오래도록 거침으로써 이들을 교화(敎化)하기 위해 지상(地上)에서는 진화의 마지막으로 《석가모니 하나님 부처님》께서 직접 인간 교화(敎化)를 주도하신 것이다.

지금까지 진행을 하면서 인간 교화(敎化)를 하신 내용은 대부분 밝혔으므로, 이 장에서는 그동안 밝히지 않았던 내용 위주로 진행을 하겠다.

인류 북반구 문명 시작을 알리는 기록이 《천부진리(天符眞理)》 용어(用語)로써 《한단고기(桓檀古記)》(임승국 번역 주해)편의 《삼성기(三聖記) 전상편》에 다음과 같이 기록되어 있다.

"『어느 날인가 동녀동남(童女童男)800이 흑수(黑水) 백산(白山) 땅에 내려왔는데 이에 한님(桓因)은 또한 감군(監群)으로써 천계(天界)에 계시면서 돌을 쳐 불을 일으켜서 날 음식을 익혀 먹는 법을 가르치셨다.』"

상기 기록의 《동녀동남(童女童男) 800》이 천부진리 용어이다. 즉, 《동녀동남(童女童男)》은 《음양(陰陽)》을 뜻하는 용어(用語)를 의인화한 것으로써, 이를 감안한 원문은 "『어느 날인가 음양(陰陽) 800이 흑수 백산 땅에 내려왔는데』"라는 뜻이 된다. 이러한 《음양(陰陽) 800》 중 《음(陰)의 800》이 인류 북반구 문명 1만 년 중 때에 빙하기 등으로 인하여 석가모니 하나님 부처님께서 천계(天界)에 머무시던 《800년(年)》을 뜻하는 것이며, 《양(陽)의 800》이 《8의 수리》를 가짐으로써 《8의 우주》를 뜻하는 용어이다. 《8의 우주》는 《지구, 화성, 달, 목성》을 8의 우주라고 하며, 중앙천궁상궁(中央天宮上宮)이 중앙천궁상궁의 운행(運行)을 하였을 때는 목성(木星)을 축으로 하여 달(月), 화성(火星), 지구(地球)가 3-1의 길 회전을 하며 법공(法空)의 0(ZERO) 지점을 형성한다.

이때의 《8의 수리》는 《중앙천궁상궁(中央天宮上宮)》으로 변한 우리들 태양계(太陽界) 전체를 8의 우주로 이름하게 되나, 그 운행(運行)이 이루어지기 전까지는 《지구, 화성, 달, 목성》을 뜻하는 수리가 되며, 이 장의 천부수리 해석에서는 《지구(地球)》가 되는 것이다. 이와 같은 《천부진리》 해석을 본문(本文)에 접목을 하면 다음과 같다.

"『어느 날인가 지구(地球)의 흑수(黑水) 백산(白山) 땅에 내려왔는데 이에 한님(桓因)은 800년(年)동안 감군(監群)으로써 천계(天界)에 계시면서 돌을 쳐 불을 일으켜서 날 음식을 익혀 먹는 법을 가르치셨다.』"

흑수(黑水)는 흑해(黑海)를 이름하는 것이며, 백산(白山)은 《터어키》에 있는 《아라랏트》산이며, 감군(監群)은 《중생을 보살피고 감독》하는 것을 말한다. 이때의 《한님(桓因)》이 《안파견(安巴堅) 한님(桓因)》으로서 한민족(韓民族)의 최고 조상이신 《석가모니 하나님 부처님》이시다.

이때 《터어키》의 《아라랏트》산으로 내려오신 《석가모니 하나님 부처님》께서 흑해(黑海) 건너편 《아조프 해(海)》 인근한 지점에 초대 《한국(桓國)》을 BC 7200년(年)에 세우시고 인간 교화(敎化)에 들어가시는 것이다. 이 일대가 인간 교화(敎化)를 위해 교화(敎化)의 축을 2번이나 더 옮겼으나, 처음부터 교화(敎化)된 한민족(韓民族)의 구성원인 《스키타이》의 본거지가 있었던 곳이다.

이토록 중요한 한민족(韓民族) 상고사(上古史) 기록이 전하여져 오는 책이 《임승국 번역 주해》의 《한단고기(桓檀古記)》이며, 이러한 역사적 사실을 미륵부처(佛)가 증명함으로써 기록으로 남기는 것이다. 《한단고기(桓檀古記)》의 내용은 《한글》로 풀어서 문자(文字)화 하였으나, 위와 같이 《천부진리(天符眞理)》를 모르면 바른 해석을 할 수 없음을 분명히 하며, 이를 두고 무식한 박사 학자(學者)들이 설왕설래하는 것은 금물임을 경고하는 것이다.

BC 7200년(年) 초대 《한국(桓國)》을 세우시고 1200년의 교화(敎化) 기간을 끝으로 BC 6000년(年) 중앙아시아의 《파미르 고원》으로 교화(敎化)의 축을 옮기시고는 한민족(韓民族)의 두 번째 국가인 《배달국(倍達國)》을 세우시고 2000년간 교화 활동을 하신 이후, 101년간의 대장정 끝에 한반도로 들어와 한민족(韓民族)의 세 번째 국가인 《한국(韓國)》을 BC 3898년에 세우시고, 이후부터는 신시(神市)를 만들면서 《배달국(倍達國)》이 있던 곳을 향하여 서진(西進) 정책을 펴면서 인간 교화를 함으로써 중원 대륙의 인간 무리들 모두를 교화(敎化)하신 것이다.

《한국(韓國)》을 세웠을 때 《석가모니 하나님 부처님》께서는 《초대 거발한(居發桓)》 한웅(桓熊)님으로 이름하셨으며, 이때 장자(長子)이신 《노사나불(佛)》께서 《2대 거불(居弗理)》 한웅님으로 이름하신 것이다.

앞장에서 밝혔듯이, 《한국(韓國)》 때의 지도자들이신 《18분(分)》 한웅님들은 모두가 큰 불(佛)·보살(菩薩)들로서 교화(敎化)의 연대와 함께 《한단고기, 임승국 번역 주해》편에 실려 있으니 이를 참고하시기 바란다.

《석가모니 하나님 부처님》께서 북반구 문명 기간 내내 여러 모습으로 변신하시면서 인간 교화(敎化)를 주도하셨기 때문에 여러 가지의 이름을 가지고 계신다. 그 중에서 표나게 드러나신 호(號)를 몇 가지 정리하면 다음과 같다.

1) 안파견(安巴堅) 한님(桓因) : BC 7200년 초대 한국(桓國) 때의 호칭
2) 거발한(居發桓) 한웅(桓熊) : BC 3898년 세 번째 한국(韓國) 때의 호칭
3) 아몬라(Ra) : BC 2050~1000년간 아몬신(神)으로 군림.
  《카르나크 대신전》으로 유명
4) 석가모니불(佛) : BC 6세기
5) 박혁거세(朴赫居世) : 신라 시조

이 이외의 이집트 아툼신(神)과 아톤신(神) 등은 때에 따른 석가모니 하나님 부처님의 호(號)이며, 이 이외의 드러나지 않은 호(號)가 상당수 있음을 아시기 바란다.

(4) 석가모니 하나님 부처님과 한단불교(桓檀佛敎)

석가모니 하나님 부처님께서 BC 4000년 한민족(韓民族)의 두 번째 국가인 《파미르 고원》의 배달국(倍達國)을 출발하시어, 101년의 대장정 끝에 한반도에 도착하여 BC 3898년에 한민족(韓民族)의 세 번째 국가인 《한국(韓國)》을 세우시고, 한반도 내(內)의 《곰족(族)》들을 《신석기인》으로 전환하게 한 후, 《철기시대》를 맞이할 때 이미 한반도 주변의 인간 교화(敎化)는 끝을 낸 후, 신시(神市)를 만들어 거점으로 하여 중원대륙의 인간 교화에 들어가시게 된다.

이때 불어난 인구로 말미암아 《한국(韓國)》은 그동안 석가모니 하나님 부처님과 한민족(韓民族) 구성원들에 의해 교화된 민족들을 특성별로 묶어 9한(九桓)의 체제를 완성하게 된다. 즉, 한국(桓國), 배달국(倍達國), 한국(韓國) 세 나라가 하나(1)된 9한(九桓)의 체제를 완성하게 된 것이다.

이때부터 한민족(韓民族)에게는 세계에서 유례없는 고급 종교(宗敎)인 석가모니 하나님 부처님의 가르침이 담긴 《한단신교(桓檀神敎)》가 탄생하는 것이다. 이러한 《한단신교(桓檀神敎)》를 후대(後代)에 필자가 석가모니 하나님 부처님의 허락을 얻어 《한단불교(桓檀佛敎)》로 개칭을 한 것이다. 이 때문에 이하의 진행에서는 《한단불교(桓檀佛敎)》로 호칭을 하겠다.

이렇듯 탄생한 《한단불교(桓檀佛敎)》가 구체적으로 골격을 갖춘 때가 석가모니 하나님 부처님께서 육신불(肉身佛)이신 《다보불(佛)》로 거듭나시어 BC 3512년 5대(代) 《태우의 한웅님》으로 오시고 부터이다. 이때 경전(經典)으로는 《태우의 한웅님》께서 직접 가르침을 펴신 《황제중경(皇帝中經)》과, 《태우의 한웅님》과 《문수보살》의 후신(後身)인 당시로써는 막내아들로 태어나셨던 《복희씨》와의 대담 형식으로 우주간의 이치를 인체(人體)에 비유하여 남기신 유명한 《황제내경(皇帝內經)》과 《다보불(佛)》께서 직접 창작하신 《천부경(天符經) 81자(字)》와 《삼일신고(三一神誥)》와 우주적 장자(長子)이신 《노사나불(佛)》께서 창작하신 《북두칠성연명경》을 3대 경전으로 하여 한단불교(桓檀佛敎)를 완성하신 것이며, 이때 《태우의 한웅님》 장자로 태어나셨던 《발귀리(發貴理)》 선인(仙人)께서 연각승(緣覺乘)의 도(道)인 《선도(仙道)》를 체계화하시고 훗날 제천일에 오도송(悟道頌)을 남기신 후, 뒷날 6대 《다의발 한웅님》이 되시는 《연등불(佛)》이시다. 이러한 《발귀리 선인》의 오도송이 5400년이 지난 지금까지 훼손 없이 《한단고기. 임승국 번역 주해》편에 실려 기적같이 전하여져 오고 있다. 때가 되어 인연이 닿으면 이를 여러분들에게 해설하여 드리고자 한다.

지금까지 설명 드린 한단불교(桓檀佛敎)를 정리하면 다음과 같다.

[한단불교(桓檀佛敎)]

황제중경(皇帝中經)
황제내경(皇帝內經)　　　　　　　　　석가모니 하나님 부처님
천부경 81자(天符經 81字)　　　　　　육신(肉身) 다보불(佛)
삼일신고(三一神誥)
북두칠성연명경(北斗七星延命經)　　：노사나불(佛)

상기와 같이 한단불교(桓檀佛敎)는 석가모니 하나님 부처님께서 육신불(肉身佛)이신 《다보불(佛)》께서 한국(韓國)의 5대 《태우의 한웅님》으로 이름하시고 오시어 체계를 세우시고 완성하신 것이다.

이러한 한단불교(桓檀佛敎)인 한단신교(桓檀神敎)를 《문수보살》이신 《복희씨》는 고대 《인도》의 《샤캬족(族)》들에게 전하게 된다. 이렇게 전하게 된 기록을 《한단고기. 임승국 번역 주해》[신시본기(神市本記) 제3]에서는 다음과 같이 기록하고 있다.

" 『《밀기(密記)》에서 말한다.
　복희는 신시(神市)에서 태어나 우사(雨師)의 자리를 세습하고 뒤에
　청구(靑邱)와 낙랑(樂浪)을 거쳐 마침내 진(陣)에 옮겨 수인, 유소와
　나란히 그 이름을 서방(西土)에 빛내었다.』"

상기 기록의 우사(雨師)는 비를 다스리는 스승을 말하며, 수인, 유소는 관음불(佛)계의 세 성인인 유묘, 유수, 유소 중 《유수와 유소》를 말하는 것이다. "『그 이름을 서방(西土)에 빛내었다』"라는 기록이 《유수와 유소》는 한단불교(桓檀佛敎)를 오늘날의 《티베트》에 전(傳)하고 《복희씨》는 고대 인도의 《샤카족(族)》들에게 전한 것에 대한 기록이다.

이러한 기록 때문에 한민족(韓民族) 상고사(上古史)가 북반구 문명 진리의 중심에 있다고 하는 것이며, 한민족(韓民族) 상고사(上古史)가 기록이 담긴 《한단고기(桓檀古記), 임승국 번역 주해》가 어찌 보물이 아닐 수 있겠는가?

이로써 고대 인도에서 《황제중경(皇帝中經)》이 《마누법전》으로 다시 쓰여지고 《리그베다》와 《우파니샤드》가 탄생이 된 것이며, 《리그베다》가 천부경 81자(天符經 81字)의 해설서(解說書)라면, 《우파니샤드》는 황제내경(皇帝內經)과 삼일신고(三一神誥)의 해설서와 같은 것이다.

《마누》는 천일궁(天一宮)에 계실 때의 《다보불(佛)》의 별칭이며, 이때 부인이신 《관세음보살님》을 《마고》라고 한 것이다. 우리나라 《지리산》의 주인을 《마고할매》로 부르는 것도 같은 맥락이다.

이러한 이후 《문수보살》께서는 한단불교(桓檀佛敎)의 경전들을 《고대 이집트》에

도 전(傳)한 자취가 《피라밋 텍스트》들과 이를 묶어 후대에 발간된 《사자(死者)의 서(書)》가 《삼일신고(三一神誥)》의 해설서와 같은 것이다.

이러한 문수보살을 고대 이집트에서는 《따오기》 형상을 갖춘 지혜(智慧)의 신(神)으로써 《토드》라고 불렀으며, 뒤에 《문수보살》 스스로가 육신(肉身)을 바꾸고 이집트 중왕국 초기 《멘투호텝》 파라오로 태어나시어 장례식을 보고 창작하신 것이 《사자(死者)의 서(書)》임을 밝힌 바가 있는 것이다.

석가모니 하나님 부처님의 육신불(肉身佛)이신 《다보불(佛)》께서는 한단신교(桓檀神教)인 한단불교(桓檀佛教)의 체계를 완성하신 이후 다시 몸(身)을 바꾸시고 스스로께서 남기신 후손들이 있는 유럽으로 건너가시어 전(傳)하여준 《에다(Edda)》가 같은 맥락에서 전하여진 것이다.

《유럽》이나 유럽인들이 건너간 오늘날의 《미국》이나 지금도 대중들은 급한 일이 생기면 『Oh, my God』라고 외친다. 이때의 《God》가 사전적으로는 《하느님, 하나님, 창조주》로 이름하고 있다. 이 역시 한단신교(桓檀神教)인 한단불교(桓檀佛教)가 유럽에 전(傳)하여진 좋은 예가 되는 것이다. 즉, 이들은 《석가모니 하나님 부처님》을 이렇게 찾고 있는 것이다.

이러한 《유럽인》들이나 《미국인》들이 BC 2300년 이후 지금까지 계속되고 있는 대마왕(大魔王)들인 《악마(惡魔)의 신(神)》들이 획책하고 있는 《종교 정복 전쟁》의 희생 대상들로서 《악마(惡魔)의 신(神)》인 《야훼신(神)》을 《하나님》으로 받들고 있는 무리들의 집단이 되어 《천주교》《개신교》등의 종교(宗教)를 가지고 있는 것이다.

《유럽인》이나 《미국인》들이나 대다수의 선량한 백성들께서는 하루 빨리 잘못된 종교적 사상과 관념 모두 깨고 《God》를 찾는 진지한 자세로 석가모니 하나님 부처님 법(法)으로 회귀(回歸)하는 길만이 그대들의 영원한 구원이 실현될 수 있음을 미륵부처가 당부하는 바이니, 그 실행을 주저하지 마시기를 바란다. 지금으로 봐서는 지구 문명의 종말은 초읽기에 들어가 있는 점을 분명히 알려 드리며, 그대들을 회귀(回歸)하라고 당부드리는 표현을 그대들 학자분들은 알아야 할 표현이기 때문에 이런 표현을 하는 것이다.

이렇듯 《석가모니 하나님 부처님 법(法)》은 《한단불교(桓檀佛敎)》의 불법과 《석가모니 하나님 부처님》께서 때에 고대 인도 땅으로 《석가모니불(佛)》로 이름하고 오셨을 때 남기신 《석가모니불(佛)》의 불법(佛法)이 음양(陰陽) 짝을 한 것이 《석가모니 하나님 부처님》의 불법(佛法)임을 분명히 밝히는 바이며, 《유럽인》들이나 《미국인》들이 찾고 있는 《God》가 《악마(惡魔)의 신(神)》인 《야훼신(神)》도 아니며 《예수님》이신 《동방약사유리광불》도 아닌 오직 한 분밖에 계시지 않는 원천 창조주이신 《석가모니 하나님 부처님》을 말하는 것임을 그대들이 말하는 《메시아》가 밝히기 위하여 지금까지 《석가모니 하나님 부처님》의 위상(位相)을 밝히고 있는 점을 깊이 아시기 바란다. 한단불교(桓檀佛敎)인 한단신교(桓檀神敎) 시절의 모든 불(佛)·보살들을 모두 《신(神)》《sin》으로 서구 사회에서는 호칭을 하였음을 염두에 두시기 바란다.

1) 황제내경(皇帝內經)에 대한 고찰

한단불교(桓檀佛敎)의 5대 경전(經典) 중 황제중경(皇帝中經)은 한국(韓國)의 6대 《다의발 한웅》 이후 신선(神仙) 불·보살들과 한민족(韓民族) 역사 말살에 광분하였던 중원대륙 《한족(漢族)》들 손에 의해 지상(地上)에서는 영원히 사라졌으나 이를 풀어서 쓴 인도의 《마누 법전》이 유일하게 전하여져 오고 있으며, 《천부경 81자》와 《삼일신고》는 별 훼손 없이 《한단고기(桓檀古記)》(임승국 번역 주해) 편에 오롯이 실려져 있다.

이러한 가운데 《북두칠성연명경》은 한민족(韓民族) 역사 말살을 위해 《한(漢)》나라 이후 《촉나라》때 경(經)의 내용을 고치고 삽입하는 술법으로 그들 민족만의 경(經)으로 둔갑시켜 노사나불(佛)께서 후대에 창작하신 《도덕경(道德經)》과 함께 《도교(道敎)》를 만들어 《도교(道敎)》의 경전(經典)으로 둔갑시켜 둔 것을 필자가 다시 원형으로 복구하고 그 해설서인 《북두칠성연명경 해설》을 하여 한민족(韓民族)에게 되돌림으로써 현재에 이르고 있다.

그런데 《황제내경(皇帝內經)》은 거짓과 위작의 천재들인 《한족(漢族)》들이 제호의

《황제(皇帝)》를 《황제(黃帝)》로 바꾸고 이를 합리화시키기 위해 그들의 조상으로 삼황(三皇)을 거론함으로써 중원대륙의 백성들과 한민족(韓民族)을 기만하고 사기를 치고 있는 것이다. 그들은 이러한 황제내경(皇帝內經)을 황제내경(黃帝內經)으로 경(經)의 제목을 바꾸고 《편작》 운운하면서 《의술서(醫術書)》로 타락시켜 놓고 있는 것이다. 《황제내경(皇帝內經)》과 같은 경(經)을 《주(周)》나라 이후 현재까지 중원대륙에서는 쓸만한 인물이 태어나지 않은 것이다.

이 경(經)은 부처님들 중에서도 원천 창조주이신 석가모니 하나님 부처님과 육신불(肉身佛)이신 다보불(佛)과 같은 큰 창조주 부처님들만이 쓸 수 있는 경(經)임을 한민족(韓民族) 구성원들은 분명히 알아야 할 것이다.

그러면 지금부터 《한족(漢族)》들의 허구성을 살펴보기로 하자.

중원대륙의 《한족(漢族)》들은 《염제신농》과 《복희씨》와 《황제헌원(黃帝軒轅)》을 그들의 삼황(三黃)으로 이름하고 있다. 이 역시 《황제 헌원》을 합리화시키기 위한 속임수에 지나지 않는 것이다. 즉, 《염제신농》은 한민족(韓民族) 구성원 중의 하나인 《구려족(族)》의 원천 조상으로서 그리스에서는 풍요신(神) 또는 곡물의 신(神) 《데메테르》로 이름되는 《관세음보살님》이심을 필자가 여러 번 밝힌 바 있다.

그리고 《복희씨》는 앞에서 진행하면서 말씀드린 대로 한국(韓國)의 5대 《태우의 한웅님(BC 3512)》의 막내아들로 태어나셨던 《문수보살》로서 후대에 《단군왕검》으로도 오셨던 분임을 필자가 여러 번 밝힌 바가 있다.

그러면 다음으로 남는 것이 《황제헌원(黃帝軒轅)》인데, 《황제(黃帝)》는 《황제(皇帝)》를 고쳐 부른 이름이고 《헌원(軒轅)》은 산악족(山岳族)인 헌구(軒丘)의 무리 도읍지(都邑地) 명칭으로써 때로는 헌구(軒丘)의 무리 지도자의 명칭으로도 쓴다. 이렇게 보면 《황제헌원(黃帝軒轅)》 자체는 실체가 불분명한 것이 되며, 그들은 따로 공손(公孫)을 황제(黃帝)로 이름한다. 이렇게 되면, 《공손헌원(公孫軒轅)》이 《황제헌원(黃帝軒轅)》이 된다는 뜻이 되는 것이다. 이렇듯 이들은 명칭에서부터 사람들을 현혹시키는 술수를 부리고 있는 것이다. 이렇게 보면 그들이 말하는 《삼황(三黃)》은 허구에 찬 속임수에 지나지 않는 것이다.

오늘날 중원대륙의 한족(漢族)들이 모두 산악족(山岳族)들로서 헌구(軒丘)의 무리가 된 사연을 살펴보면, 한국(韓國)의 9대《양운한웅님》(BC 3167~BC 3071) 시절 《구려족》의 원천 조상이신《관세음보살님》께서《염제신농》으로 이름하시고 지도자로 오시게 된다. 이렇듯 지도자로 오시기 이전 BC 4000년경 반고(盤固)와 공공(共工)이 관음불계의 세 성인이신《유묘, 유수, 유소》와 함께 지금의《돈황》지방에서 제견(諸畎)이라는 나라를 세우고 후손들을 교화하면서 중원대륙으로 진출을 하게 된다.

이 때 불어난 인구들로 인해 관음불계인《구려족》들은 농경사회를 형성하였으나, 반고(盤固)와 공공(共工)의 후손들은 주로 가축을 기르는 목축업에 종사를 하게 된다. 즉,《구려족》들은 유순한 편이나 반고와 공공의 후손들은 성정이 사납고 거칠은 자들이었다.

이렇다 보니 유순한《구려족》들이 곡식을 추수하여 놓으면 성정이 사나운 무리들이 곡식을 탈취하고 살인 방화를 예사롭게 하므로 두 민족 간에 갈등의 골은 날이 갈수록 깊어만 간 것이다. 이러한 와중에 이를 지켜만 보고 계시던《염제신농》(BC 3218~3078)께서 한국(韓國)의 9대《양운한웅님》(BC 3167~BC 3071)께 청하여 이들 사나운 민족들을 그들의 조상들인 반고와 공공인《제바달다》와《야훼신(神)》이《돈황》지방으로 와서 나라를 세우기 이전 후손들을 남기고 교화를 한《중동지방》과《지중해 연안》의 그들 무리들이 있는 곳으로 추방을 하기로 결의하시고, 그들 무리 주력 세력들을 사해(四海) 밖의 지금의《크레타》섬으로 추방을 하게 된다.

이때의 장면을《한단고기 임승국 번역 주해》의《삼성기 전하 편》에서 다음과 같이 기록하고 있다.

> "『그러나 범무리는 끝내 그 성질을 고치지 못하므로 이를 사해(四海) 밖으로 내쫓았다. 한족(桓族)의 일어남이 이렇게 하여 시작되었다. 뒤에 갈고한웅(BC 3071~BC 2971)이 나셔서 염제신농의 나라와 땅의 경계를 정했다.』"

《범무리》는《반고와 공공》의 후손을 말하는 것이며, 사해(四海)로 내쫓은 곳이

《크레타섬》이며, 훗날 이곳에서 《크레타 문명》이 일어나는 것이다. 이 장에서의 한족(桓族)은 한반도와 중원대륙에서의 《구려족》을 말하는 것이다. 그들 무리의 추방이 한국(韓國)의 10대 《갈고 한웅님》 때까지 계속되었음을 시사하는 대목이 『《염제신농》의 나라와 땅의 경계를 정했다.』라는 대목이다. 이렇게 하여 그들 무리들이 추방될 때 이를 피하여 깊은 산속으로 숨어든 무리들을 《헌구(軒丘)》라 하는 것이다. 현 중국의 《동작빈》의 연대표를 보면, 《공손헌원(公孫軒轅)》은 (BC 2692~2592) 때의 인물이다.

이러한 《헌구(軒丘)》의 무리가 오늘날 《한족(漢族)》들의 조상들이기 때문에 이들은 이후에도 이러한 사실을 숨기기 위해 한민족(韓民族) 상고사(上古史) 말살에 혈안이 되어 있는 것이며, 이들 《한족(漢族)》들의 지도자가 누가 되든지 한민족(韓民族) 말살 정신을 가지고 있기 때문에 한민족(韓民族) 구성원들 모두는 이를 경계하여야 하며, 《사대주의자》들은 스스로의 사회에서 추방하여야 하는 것이다.

《황제(皇帝)》의 칭호는 19수(數)인 창조주의 수(數)를 가진 36분(分)들 중 《석가모니 하나님 부처님》과 육신불(佛)이신 《다보불(佛)》만이 쓸 수 있는 호칭이며, 나머지 창조주 부처님들은 《제(帝)》의 칭호를 가질 수 있는 것이 《우주적 관례》인 것이다. 이러한 관례를 무시하고 《로마》나 중원대륙의 각 왕조들이 《황제(皇帝)》의 칭호를 예사롭게 한 것은 하늘(天)에 대한 불경을 예사롭게 저질은 인간 탐욕에서 비롯된 호칭임을 아시기 바란다.

황제내경(皇帝內經)은 한국(韓國)의 5대 《태우의 한웅님》이신 《다보불(佛)》과 《문수보살》의 대담으로 진행이 된다. 즉, 경(經)에서의 《황제(皇帝)》는 석가모니 하나님 부처님의 육신불(佛)로서 당시 《태우의 한웅》으로 이름하고 오신 《다보불(佛)》이시며, 《황제(皇帝)》와 대담을 하는 《기백(岐白)》은 《문수보살》이신 것이다.

《기백(岐伯)》의 《기(岐)》를 옥편에서 찾아보면 《가닥나뉠 기》라는 뜻을 가지고 있고, 《백(伯)》은 《맏, 첫》이라는 뜻을 가지고 있다. 즉, 이의 뜻은 《가닥나뉜 맏이》라는 뜻을 가짐으로써 천일궁(天一宮)에서 《다보불(佛)》의 《맏이》인 장자(長子)로 태어났을 때의 《문수보살》을 뜻하는 이름인 것이다. 《한족(漢族)》의 무리들이 《황제(皇帝)》를 《황제(黃帝)》로 고쳐 적었으나, 우주적인 비밀과 이치를 알지 못하였기 때문에 황제(皇帝)와 대담을 진행시킨 《기백(岐伯)》을 고치지 못한 것이 훗날 덜미를 잡히는 것이다.

이렇듯 그들은 아직까지 우주의 이치를 헤아리는 실력을 갖추지 못하였기 때문에 눈감고 아웅하는 식으로 《황제내경(皇帝內經)》을 《황제내경(黃帝內經)》으로 고쳐 놓고 엉터리 거짓의 《삼황(三黃)》을 내세워 《황제내경(皇帝內經)》을 그들 한족(漢族)들의 것이라고 우기고 《의술서》로 전락시켜 놓고 있는 것이다.

이렇듯 귀중한 조상(祖上)님들의 경전(經典)을 한민족(韓民族) 여러분들에게 찾아 드렸으니, 이제 두려움 없이 황제내경(皇帝內經)으로 이름하고 그대들의 경전임을 만방에 알리도록 학자분들은 노력하셔야 될 것이다.

그리고 인체(人體)의 비밀을 모두 알고 나면 그것이 곧 우주(宇宙)의 진리(眞理)라는 것을 깨달을 날이 온다는 점을 알려드리는 것이다. 이로써 질병도 치료하고 우주간의 이치를 깨닫는다면 얼마나 큰 공부가 될 것인가는 미루어 짐작만 하여도 유쾌한 경(經)이 《황제내경(皇帝內經)》이 가진 독특한 점이라는 사실을 바로 아시고 우주 전체가 인체(人體)로 비유되는 진리(眞理)를 바로 터득하시기를 당부드리는 바이다.

(5) 석가모니불(佛)

1) 석가모니불(佛)께서 고대 인도 땅으로 오신 이유

지금까지 《석가모니 하나님 부처님》께서 여러 가지 몸(身)을 바꾸시고 인간 교화(敎化)에 총력을 기울이신 내용을 기술하였다. 그러면 지금부터는 《석가모니 하나님 부처님》께서 전(前)과는 달리 《석가모니불(佛)》로 직접 호칭을 하시고 고대인도 땅으로 오신 이유를 밝혀야 할 때가 온 것 같다.

《석가모니 하나님 부처님》께서 많은 불(佛)·보살을 거느리시고 인간 교화(敎化)를 마친 때는 《문수보살》님이 《단군왕검》으로 이름하고 오시어 BC 2333년 《단군조선》을 세웠을 때부터이다. 이 이후부터는 《단군(檀君)》들에 의한 치화(治化)의 시대가 시작된다.

　치화(治化)의 시대란 인간 교화(敎化)가 모두 끝이 난 인간 무리들 내면(內面)의 영혼(靈魂)의 단련을 통해 영혼(靈魂) 진화를 본격적으로 도모하는 시대를 치화(治化)의 시대라고 한다. 이러한 다스림의 시대부터 《국경》 개념이 생긴 것이며, 《단군(檀君)》이란 《선군(禪君)》들로서 대부분이 《천일우주 100의 궁》에서 오신 《대신선(大神仙)》들이시다.

　왜? 《단군(檀君)》을 《선군(禪君)》이라 하며 《대신선(大神仙)》들이라고 하는가 하면 《단(檀)》의 고자(古字)가 《선(禪)》이며, 《대신선(大神仙)》들을 이루게 된 수행법이 《삼일신고(三一神誥)》에서 제시된 수행법이다. 즉, 《우주간의 법(法)》을 공부하고 육신(肉身)을 다스림으로써 내면(內面)의 영혼(靈魂)을 다스리는 것을 《복식호흡》으로써 행(行)하는 수행법을 정통 《선법(禪法)》이라고 하는 것이다.

　이러한 《대신선(大神仙)》들이 치화(治化)인 다스림의 시대에 지도자들로 오신 것은 많은 뜻을 담고 있는 것이다. 우주간의 법칙은 북반구 문명 1만 년 동안 5700년이 불(佛)·보살(菩薩)들에 의한 교화(敎化)의 기간이며, 4300년간이 《대신선(大神仙)》들에 의한 치화(治化)의 기간이다. 이러한 교화(敎化)의 기간 교화(敎化)는 불(佛)·보살(菩薩)들에 의해 진행되는 가운데, 1-2의 진화의 길에 있는 대신선(大神仙) 마왕들이 합세한 것이며, 치화(治化)의 기간은 《대신선(大神仙)》들이 주관을 한 것이다.

　이러한 치화(治化)의 기간이 시작된 후 북반구 문명이 일어났던 각각의 문명권들로부터 불어난 인구들 때문에 세 번째 민족 대이동이 BC 2000년경부터 시작이 된 것이다. 이때부터 《단군조선》이 버티고 있던 동양(東洋)쪽을 제외한 각 지역에서는 《대신선(大神仙) 마왕》들에 의한 《정복 전쟁》인 《신(神)들의 전쟁》이 시작이 된 것이다.

　《문수보살》이 《단군왕검》으로 오신 이후 《몸(身)》을 바꾸어 고대 이집트의 중왕국 초기 BC 2010년에 《멘투호텝 파라오》라고 이름하고 오셨을 때 남긴 『레우 누 페르 엠 후루(Reu nu pert em hru)』의 주문에서 "『내가 말했을 때 서쪽의 세계는 이미 신(神)들의 싸움터로 변했습니다.』"라고 기록을 남기고 있는 것이다. 이러한 신(神)들의 전쟁이 대량 살상을 동반한《정복 전쟁》이었음을 진행을 하면서 밝혀 왔다.

이와 같이 신(神)들의 전쟁이 시작된 후 후손(後孫)들에 대한 미련 때문에 그동안《석가모니 하나님 부처님》을 모시고 인간 교화(敎化)에 큰 족적을 남겼던《문수보살》이 신(神)들의 전쟁에 뛰어든 후 마침내 그도 대마왕(大魔王)이 되어 신(神)들의 전쟁 주동자들인《제바달다》와《야훼신(神)》등의 대마왕(大魔王)들과 손을 잡고 그들의 두뇌 노릇을 하며,《천부경(天符經)》의 일부 내용을 바꾸고 반복되는 변신(變身)을 계속 하면서 인간 세상에 나오지 말았어야 할《그리스 신화(神話)》를 나오게 하여《그리스 자연사상》을 인간들에게 심고,《천궁도》이치마저 조작함으로써 우주간의 불(佛)·보살들을 현혹하게 하여, 마침내에는 천지인(天地人) 우주 구분의《지(地)》의 우주 불(佛)·보살 중《노사나불(佛)》을 제외한 불(佛)·보살들을 마왕(魔王) 불(佛)·보살로 만들어 그들의 편에 서게 한 후,《석가모니 하나님 부처님 법》에 정면으로 도전하는《우주 쿠데타》로 신(神)들의 전쟁을 변질시킨 것이다.

이러한 와중에《이스라엘인》들도 못난 그들의 조상인《모세》의 꾀임에 빠져《야훼신(神)》을《하나님》으로 받드는 대마왕의 하수인이 되어《유럽》을 침공하여 수많은 살상을 일삼고 황폐하게 한 기록이《구약》에 전하여져 온다. 이때 그들이 훗날《히틀러》가 벌린 세계 2차 대전의 근본 씨앗을 심은 것이다. 특히, 대마왕이 된《문수보살》은《석가모니 하나님 부처님》의 직계 후손인《곰족(族)》과 한때 9한(九桓)을 이끌었던 경력이 있어 매우 위험한 대마왕이 되어 있었던 것이다.

9한(九桓)의 대표되는 것이《이집트 문명권》과《고대 인도》와《수메르 문명권》과《우르 문명권》과《동양 문명권》과 북반구 문명권 전체가 되며, 이 9한(九桓)이 석가모니 하나님 부처님을 비롯한 많은 불(佛)·보살들이 인간 무리 교화(敎化)를 한 전역이 되는 것이다.

이들이 벌린《신(神)들의 전쟁》이 급기야는 대마왕(大魔王)들이 그들의 후손(後孫) 민족을 주축으로 하여 서로 간을 지배하고져 하는《신(神)들의 전쟁》으로 변화하면서 대량 인명 살상을 주도하는 전쟁으로 변화한 것이다. 이러한 모든 일들을 천상(天上)에서 지켜보시던《석가모니 하나님 부처님》께서 북반구 문명 기간 내내 총력을 기울이시어 교화(敎化)한 인간 무리들을 구원함과 아울러 우주간이나 지상(地上)에 《문수보살》이 심어놓은 잘못된 자연사상(自然思想)과 천궁도 이치 등의 잘못과 비밀한 우주간의 법과 우주의 역사를 밝힘으로써 이를 바로잡고 우주 쿠데타에 가담한 《지(地)》의 우주 《불(佛)·보살》들을 깨우치기 위해 고대 《인도》땅으로 《석가모니불(佛)》로 이름하고 오신 것이다.

석가모니 하나님 부처님께서는 다시 《석가모니불(佛)》로 이름하시고 고대 《인도》땅으로 오시기 직전 두 가지의 조치를 취하시고 오시는 것이다. 이때의 첫 번째 조치가 《이스라엘인》들이 대마왕인 《악마(惡魔)의 신(神)》인 《야훼신(神)》의 앞잡이가 되어 《이스라엘 왕국》을 이루고 있는 것을 당시 《노사나불(佛)》을 《마루둑 신(神)》으로 이름하고 따르던 《노사나불(佛)》의 후손(後孫)들이 만든 《바빌론》으로 하여금 《이스라엘 왕국》을 궤멸시켜 정확히 2400년간을 나라 없는 유랑민으로 만드는 벌을 내리신 것이 첫 번째 조치이며, 두 번째 조치가 《우주 쿠데타》에 동조한 《신(神)들의 전쟁》을 주도한 대마왕(大魔王)들 모두를 인간 육신(肉身)을 가지고 《석가모니불(佛)》이 태어나시는 고대 《인도》땅으로 모두 태어나게 한 것이 두 번째 조치이다.

이로써 《석가모니 하나님 부처님》께서도 인간 육신(肉身)을 가지고 태어나셔서 《싯달타 태자》로 머무신 것이며, 인간들에게 《성불(成佛)》의 과정을 보여 주시기 위해 출가하시어 《석가모니불(佛)》로 거듭나시는 것이다.

천지인(天地人)의 우주 구분에서 《지(地)》의 우주가 시계반대방향의 회전인 1-4-1의 길을 이루고 있으며 이러한 1-4-1의 길을 주도하는 것은 《노사나불(佛)》의 주도로 이루어지는 《연각승(緣覺乘)》과 《4-1의 성문승》의 길이라고 밝혀 드렸다. 이러한 1-4-1의 길에 동승하는 무리들이 1-2의 진화의 길을 걷는 무리들과 그들의 지도자로서 《대마왕(大魔王)》들임을 밝혀 드렸다.

《석가모니불(佛)》께서는 부처(佛)를 이루시고 당시 《석가모니 부처님》 주위에 육신(肉身)을 가지고 태어난 대마왕(大魔王)들로 변화한 신선(神仙) 불보살들과 제신(諸神)들을 제자로 받아들이시고 제일 처음 설(說)하신 경이 《화엄경》이다. 이러한 《화엄경》이 지(地)의 우주 탄생과 진화의 이치를 담아 방편으로 설(說)하신 경(經)

이다. 즉, 이 뜻은 우주간의 지(地)의 우주 총체적인 역사와 이치를 담아《우주 쿠데타》를 일으킨《신(神)들의 전쟁》주동자들을 일깨우기 위해《화엄경》을 3.7일간 설(說)하신 것이다.

우주 쿠데타의 주인공들인《신(神)들의 전쟁》주동자들이 인간 육신(肉身)을 가지고 와서 이러한《화엄경》을 방편으로 설(說)하시는 데도 이를 듣는 자들이 당시 하나도 깨우치지 못함으로써《석가모니불(佛)》께서는 그냥 천상(天上)으로 되돌아가실 마음까지 먹으셨으나 이때 우주간에 계시던 모든 부처님들께서《방편》을 구사하실 것을 권함으로써 다시 마음을 고쳐먹으시고 처음 기초부터 가르치신 법문이《아함부》이며, 다음으로《방등부》《반야부》를 41년간 설(說)하시고 그 다음으로 지상(地上)으로 오신 목적을 달성하시기 위해《보살도(菩薩道)》를 가르치시기 위해《법화삼부경》을 가르치시고 최종 대마왕(大魔王) 무리들의 사주에 의한《독살》의 여파로 하루낮밤을《열반경》을 설(說)하시고 열반에 드시는 것이다.

《석가모니 부처님》께서 고대 인도 땅으로 오신 궁극적인 목표는《법화삼부경》에 포함된《묘법연화경(妙法蓮華經)》에 온 우주간의 이치와 우주간의 모든 역사를 담아 전(傳)함으로써 이치를 깨달은 자들이《우주 쿠데타》인《신(神)들의 전쟁》을 모두 접고 본래의 자리로 돌아가기를 원하신 것이다. 즉, <u>《묘법연화경》 한 경(經)을 설(說)하시기 위해 고대 인도 땅으로《석가모니불(佛)》로 이름하고 오신 것이라 해도 과언이 아니다.</u> 이러한 묘법연화경에는 천지인(天地人) 우주 전체의 이치와 우주의 역사가 일부 문자(文字)의 방편과 수리(數理)를 통해 그 뜻이 숨겨져 있는 것이다.

그러나 이러한 의도도《묘법연화경》이 설(說)하여지는 처음부터 대마왕(大魔王) 대부분은 그들의 추종 세력들과 함께 법회장을 떠나는 장면이《퇴장하는 오천의 비구 무리》들로서 이때도 그들은 석가모니 부처님의 법(法)을 면전에서 거부하고 퇴장을 하는 것이다.

《석가모니 하나님 부처님》께서《석가모니불(佛)》로 이름하시고 오시기 직전에 내린 두 번째 조치는 인간 육신(肉身)을 가지고《석가모니불(佛)》주위로 몰려든 자(者)들을 밝히면 교활하기 짝이 없는 대마왕 문수사리 2세가《사리프타》로 이름하고 대마왕 지장보살 1세가《목건련》으로 이름하였으며, 이들과 동조 세력을 이루었던 《대가전연》과 《우바리》가 부처님 10대 제자 중 둘의 대마왕들로서 불려 와서 제자가 되었으며, 미륵인 필자가 석가모니 부처님의 아들 《라후라》로 태어났으며 《노사나불(佛)》께서 《예불문》에 등장하는 16성인(聖人)의 우두머리인 《빈두로파라타이》로 불려 오셨으며, 이하 천일궁(天一宮) 두우성(斗牛星) 8성(星)을 법궁(法宮)으로 하였던 분들과 현재의 북극성(北極星)을 포함한 북두칠성(北斗七星)을 법궁(法宮)으로 한 분 8명 등 16명이 16성인(聖人)이 되어 각각 다른 이름을 가지고 불려왔으며, 이 가운데 대마왕 문수사리 1세와 무곡성불(佛)과 천관파군불(佛) 등의 7성(星) 부처들이 각각 다른 이름을 가지고 포함이 되어 있으며, 대마왕 《고시리》등도 불려왔으며, 500성인(聖人)으로 불리우는 분들과 《독수성》으로 불리우는 《제바달다》가 부처님의 사촌이 되어 불려 오셨으며, 제바달다 2세인 《알라신(神)》과 《야훼신(神)》과 북부여의 5대 단군(檀君)들이 모두 《독수성》으로서 인간 육신(肉身)을 가지고 불려 왔으며, 수많은 《아라한》들이 모두 불려 오신 것이다.

　이분들이 모두 《천일우주 100의 궁(宮)》의 불(佛), 보살(菩薩), 아라한, 대신선(大神仙)들로서 이들 불려온 모든 분들이 잘 나타나 있는 것이 《예불문》에서이다. 이러한 《예불문》을 인용하면,

"『至心歸命禮 靈山當時 受佛咐囑 十大弟者 十六聖 五百聖 獨修聖 乃至
지심귀명례 영산당시 수불부촉 십대제자 십육성 오백성 독수성 내지

天二百 諸大 阿羅漢 無量慈悲聖衆
천이백 제대 아라한 무량자비성중 』"

《영산당시》는 부처님 재세시 《영산》으로 불리우는 《독수리산》에서 《묘법연화경》을 설(說)하실 당시를 말씀하시는 것이며, 《수불부촉》은 《부처님께서 분부하여 부탁함을 받은》이라는 뜻으로 그 부탁을 받은 분들이 《십대제자》, 《십육성인》, 《오백성인》, 《독각의 성인》, 《천이백제대아라한》등 《무량한 자비스러운 성인 무리》들이라는 뜻으로 수리적 풀이를 하면, 《천일우주 100의 궁(宮)》의 불(佛), 보살(菩薩), 대신선(大神仙)들이라는 뜻으로써 이분들 모두가 당시 부처님 주위로 인간 육신(肉身)을 가지고 왔다는 뜻이며, 이 가운데 상당수의 대마왕들이 포함되어 있는

것이다.

  이러한 대마왕들이 부처님께 부탁을 받았음에도 불구하고 끝내는 부처님 뜻을 거역하고 끝까지 저항을 하다가《대마왕들》모두는 천상(天上)의 도움을 얻은《미륵부처》에 의해 모두 처단되어 무간지옥의 티끌로 사라져 간 것이다. 이러한《천일우주 100의 궁(宮)》의 모든 불(佛)·보살과 대신선(大神仙)들에게《묘법연화경》에서 우주(宇宙)의 진리(眞理)와 역사를 모두 시원하게 밝히심으로써 그동안 대마왕인 문수사리가 조작하여 진리(眞理)인 양 왜곡하였던 잘못된 것을 모두 바로 잡으신 것이다. 이것이 또한《석가모니불(佛)》께서 인도 땅으로 육신(肉身)을 가지고 오신 이유 중의 하나이다.

2) 석가모니 부처님 불법(佛法) 왜곡의 실상(實相)

  지금까지 기술한《우주 쿠데타》의 주동자들이 모두 인간 육신(肉身)을 가지고 불려 와서 일부는 석가모니 부처님께 승복한 것처럼 위장하고 부처님의 10대 제자 중에도 포진하고 나머지 대부분은 승단(僧團)에 몸(身)을 담고 있으면서 석가모니 부처님과 그 아들인《라후라》가 후대(後代)《미륵부처》가 될《미륵보살》임을 간파하고 기회가 주어지는 대로 제거하고자 하였던 것이다. 부처님 재세시(在世時) 부처님 독살 시도를 서너 차례 시도를 하였으나 그때는 실패로 돌아간 것이었으며, 이러한 가운데《라후라》를 제거하고자 그들은 꾸준히 노력을 한 것이다. 이렇게 그들이 노력한 한 부분의 기록이 담긴 내용이《법구경Ⅱ, 거해스님 편역, 고려원간, 1998년》편의《게송 351, 352, 마라이야기》편에 잘 나타나 있다. 이때 8세된《라후라》를 해(害)하려고 인간 육신(肉身)을 가지고 찾아왔던 인물이 검은 코끼리로 상징되는《대마왕 고시리》였다.

  이렇듯 기회만 있으면 석가모니 부처님과《라후라》를 없애고자 하는 기도를 석가모니 부처님께서는 손금보듯이 훤히 꿰뚫어 보고 계셨던 것이나 그들 교화(敎化)를 위해 이 세상에 오신 목적 때문에 가만히 보고만 계셨지 따로 조치를 취하시지는 않으신 것이다.

이러한 가운데 부처님께서는《묘법연화경》을 설(說)하시면서《우주 쿠데타》의 최선봉에 서서 대마왕들의 두뇌 노릇을 하고《그리스 자연사상》을 모든 인간 무리들에게 뿌리깊게 심고 우주적 진리(眞理)마저 왜곡하여 우주간이나 지상(地上)을 어지럽힌《문수사리》2세인《사리프타》를 깨우치게 하기 위해 중요한 대목을 말씀하실 때면 항상《사리자》를 먼저 호명하시고 다음을 말씀하셨던 것이다.

이러한《사리프타》를《사리자》또는《사리불》로 거명하셨으며, 그 자가 잘나서도 아니고 지혜(智慧)가 출중하여서 그의 이름을 부른 것이 아니라 다만 지금까지 그의 행(行)이 잘못된 것임을 깨우치게 하기 위해 그의 이름을 불렀다는 사실을 후세인(後世人)들은 아시기 바란다.

이러한 가운데 부처님께서는《묘법연화경》《제삼 비유품 ⑤항》방등경(方等經)인 해설경(解說經)에서 다음과 같이 말씀하신다.

"『이때에 부처님께옵서 사리불에게 이르시되, 내가 지금〈상천궁(上天宮)과 천일궁(天一宮)과 중앙천궁상궁(中央天宮上宮)과 중앙천궁(中央天宮)〉과 사람과〈출가 사문〉과 바라문들 대중 가운데에서 설하노니, 내가 옛적에 일찍이〈천일궁(天一宮)에서〉위없는〈보살도〉를 위하는 까닭으로 항상 너를 가르쳐 교화하였고, 너는 또한 긴 밤에 나를 따라 배움을 받았느니라. 내가 방편으로써 너를 인도하였던 까닭으로 나의〈1-3-1의 법〉가운데에 태어났느니라.』"

"『사리불이여, 내가〈천일궁(天一宮)에서〉너를 가르쳐서 부처님의〈보살도〉를 뜻에 원하도록 하였으나, 너는 지금 다 잊어버리고 그리고는 문득 스스로 이미〈적멸(寂滅)한 경계를 얻었다고〉생각하였느니라.
내가 지금 도로 너로 하여금 본래 원하던 바의 행하던〈보살도〉를 기억하고 생각하게 하고자 하는 까닭으로 모든 성문을 위하여서 이 대승경을 설하노니, 이름은 묘법연화라, 보살을 가르치는〈우주간(宇宙間)의 법(法)〉이며, 부처님께옵서 생각하시어 두호하시는 바이시니라.』"

상기 말씀은《천일궁(天一宮)》에서 석가모니 하나님 부처님의 육신불(肉身佛)이신

《다보불(佛)》의 장자(長子)로 태어난 《문수사리》를 일깨우기 위해 말씀을 하시는 것이다. 이보다 앞서 《제삼 비유품 ②항》 방등경(方等經)에서 《문수사리》인 《사리불》은 다음과 같이 고(告)한다.

"『"그 때에 사리불께서 거듭 이 뜻을 펴고자 하여 이에 게송으로 설하여 말씀하오되, 저는 이 〈우주간(宇宙間)의 법(法)〉의 소리를 듣자 옵고 일찍이 있지 아니한 것을 얻어, 마음에 크게 기쁘고 즐거움을 품었사오며, 의심의 그물은 모두 이미 버렸나이다. 옛적부터 오면서 부처님의 가르침을 입어서 〈보살도〉를 잃지 않았나이다."

"부처님의 소리는 심히 드물게 있사와 능히 중생의 뇌로움을 버리게 하시나니, 저는 이미 〈완전한 열반 증함〉을 얻었으나, 〈우주간(宇宙間)의 법을 듣자옵고는〉 또한 근심과 뇌로움을 버렸나이다."

"제가 산골에 살거나, 혹은 숲에나 나무 아래에 있으면서, 만약 앉거나, 만약 거닐면서, 항상 〈지(地)의 우주 불(佛), 보살(菩薩), 신선(神仙)들과 뜻을 같이 한 일〉만을 깊이 생각하고 탄식하며 깊이 스스로를 나무라되, 어찌하여 스스로 속았느뇨. 우리들도 또한 부처님의 아들로 〈완전한 우주간(宇宙間)의 법〉에 같이 들었건마는, 능히 미래에 위없는 〈보살도 완성〉을 설명하여 말하지 못하며"

"〈태양성(太陽星)〉과 〈1-3-1의 길〉과 〈은하성단을 만드는 힘〉과 모든 〈태양성(太陽星)으로부터의 탈겁(脫劫)〉이 한 가지로 같이 한 〈우주간(宇宙間)의 법〉 가운데이거늘, 그러나 이 일을 얻지 못하며, 〈중앙천궁상궁(中央天宮上宮)과 이와 연결된 길에 있게 되는 인이일(人二一) 우주이룸〉의 묘하고 좋은 것과 〈태양수(太陽數) 9〉의 같지 않는 〈우주간(宇宙間)의 법〉인, 이와 같은 것들의 공덕을 이에 저는 이미 모두 잃었는가 하고 제가 홀로 거닐 때에"

"부처님께옵서 대중에 계시는 것을 뵈오니, 이름 들림이 〈열 방향〉에 가득하여 널리 중생을 넉넉히 이익되게 하시거늘, 스스로 생각건대, 의 이익을 잃음은 제가 스스로를 거짓으로 속임이 됨이라. 제가 항상 밤 낮으로 매양 〈지(地)의 우주 불(佛), 보살(菩薩), 신선(神仙)들과 뜻을 같이 한 일〉을 깊이 생각하고 세존께 여쭈고자 하는 것은 「잃음이 되었는 가. 잃지 않음이 되었는가」이었나이다.
저는 항상 세존께옵서 모든 〈만행(萬行)의 보살과 보살도 입문(入門)의 보살과 보살도 성취의 보살〉을 칭찬하심을 뵈옵고, 이로써 밤낮으로 이와 같은 일을 셈놓아 헤아렸나이다."』"

　상기 말씀이 《문수사리 2세》인 《사리불(佛)》이 부처님을 속이고 스스로의 잘못을 깊이 참회한 것인 양 위장한 그의 교활함이 극에 달한 말씀인 것이다. 이 말씀 중 《지(地)의 우주 불(佛), 보살(菩薩), 신선(神仙)들과 뜻을 같이 한 일》이 곧 《우주 쿠데타》인 것이다.
　한편, 때에 《우주 쿠데타》에 동참한 《연등불(佛)》을 나무라시는 말씀이 《묘법연화경》'《제이 방편품 ㉒항》방등경(方等經)에서 다음과 같이 기록되어 있다.

"『사리불이여, 마땅히 알지니라. 내가 부처님 눈으로써 관하여 〈지옥, 아귀, 축생, 수라, 인간, 천인〉 등의 중생을 보니, 가난하고 궁하며 복과 지혜가 없어서 나고 죽는 험한 길에 들어섰으니, 서로 되풀이하여 괴로움이 끊어지지 아니하며 깊이 〈재물욕, 수면욕, 음욕, 음식욕, 명예욕〉에 착을 하되, 남방 들소가 꼬리를 사랑하는 것과 같아서 탐함과 애욕으로 스스로를 가림으로써 눈멀고 어두워서 보는 것이 없으며』"

　상기 말씀 중의 《남방 들소》가 《우주 쿠데타》에 가담한 《연등불(佛)》을 말씀하시는 것이다. 현재의 북극성(北極星)으로부터 정남방(正南方)에 자리한 것이 우리들의 지구(地球)이다. 이러한 지구(地球)에 오셔서 《우주 쿠데타》에 동참을 한 《연등불(佛)》을 《들소》로 비유하시고, 《연등불(佛)》께서 남기신 후손(後孫)들 때문에 《우주 쿠데타》에 동참하게 된 사실을 《꼬리를 사랑하는 것과 같아서》라고 말씀을 하시는 것이다.

　이러한 과정에서도 대마왕들은 그들의 꿈을 접지 않고 부처님 독살을 계획하고 여러 번 실행에 옮겼으나 실패를 하고, 부처님께서 노년(老年)에 들어셨을 때 이들 대마왕 출신의 제자들과 제바달다 등은 하나의 큰 사건을 꾸미는 것이다. 부처님의 출신이 《가비라국》을 이루었던 《샤카족(族)》임을 여러분들께서는 잘 아실 것이다. 이러한 《샤카족》은 《석가모니 하나님 부처님》께서 《슈메르 문명》을 일으켰을 때 중심이 되는 종족으로서 BC 4000년 두 번째의 민족 대이동이 있을 때 고대 인도 서북부를 통하여 인도로 들어온 《아리아족(族)》 중에서도 제일 중심이 되는 종족이 《샤카족》인 것이다.

　이러한 《샤카족》이 훗날 《가비라국》을 이루고 있을 때 인근한 강대국인 《코살라국》에서 그들 왕국의 정통성과 귀족의 핏줄을 위해 《코살라국》의 《비루다카왕》의 부왕(父王)시절 《코살라국》의 국왕이 《왕비》 추천을 의뢰하여 오게 된다. 이때 《코살라국》은 강한 나라였기 때문에 《코살라국》의 요청을 《가비라국》에서는 물리칠 수가 없는 입장이었다. 이때 《가비라국》에서는 4계급 제도가 엄격하게 지켜지고 있던 때로써 당시 왕족의 집안에서는 선뜻 신부감을 내어놓지 않는 관계로 궁여지책으로 비밀리에 4계급 제도 중 신분이 제일 낮은 《슈드라》계급을 가진 자의 딸 중 이쁜 딸이 있어서 이를 궁(宮)으로 데려와 왕족 교육을 급히 시킨 후, 이분을 《코살라국》의 《비루다카왕》의 부왕(父王)에게 보내게 된다. 이후 이분과 부왕(父王) 사이에서 《비루다카》 왕자가 태어나게 된다.

　이후 《비루다카》 왕자가 성년이 되었을 때 이러한 사실을 문수사리 2세인 《사리프타》와 《목건련》이 《비루다카》 왕자에게 알리고 부추김으로써 이러한 사실을 《비루다카》 왕자는 부왕(父王)에게 알렸으나 움직임이 없자, 자신의 육신(肉身)에 천한 피가 흐르고 있음에 분개하여 부왕(父王)을 살해하고 왕자가 왕위를 찬탈한 후 전쟁을 일으켜 《가비라국》을 멸망시키고 《샤카족》들을 학살하게 된다. 이로써 석가모니 부처님과 아들인 《라후라》는 큰 슬픔을 맛보아야 했던 것이다.

　한편, 이때 《제바달다》는 1-4의 기(氣)인 《가이아신(神)》의 기를 타고난 《마갈다국》의 《아사세》를 부추겨 부왕인 《빔비사라왕》을 죽이고 왕이 되게 한 후, 《아사세왕》을 부추겨 《비루다카왕》의 《코살라국》을 침공하여 《코살라국》을 멸망하게 하고, 《비루다카왕》을 죽임으로써 《사리프타》와 《목건련》이 획책하였던 증거를 없애 역사 속으로 침몰하게 한 것이다. 이러한 《마갈다국》의 《아사세》도 그의 아들에게 죽임을 당하며, 이러한 전통이 몇 대 더 계속이 된 것이다.

1-4의 기(氣)인 《가이아신(神)》의 기는 《거미의 속성》을 가짐으로써 그 부모를 죽이는 것은 당연한 것으로 생각하는 《악(惡)》의 씨앗을 가지고 있는 것이며, 이러한 기(氣)를 《문수사리》2세인 《사리프타》도 가지고 있는 것이다. 《문수보살》로부터 《문수사리》가 될 때까지 오랜 기간 동안 스스로의 수행으로 이러한 것을 없애야 하는 것이 급선무인데, 《문수사리》는 그렇게 하지 못하였기 때문에 부처님께서 이를 깨닫게 하고자 무던히 애를 쓰신 것이다.

이러한 일들을 도모한 대마왕 출신들의 제자들은 서로 공모하여 마지막으로 부처님 독살 계획을 세우고 그 하수인들을 통해 독살 시도를 한 결과 마지막에는 성공을 한 것이다. 석가모니 부처님께서 가지고 오신 수명은 《만 84세》이시다. 그러나 독살당하셨을 때의 세수가 《만 80세》인 것이다. 이러한 뜻을 《사리프타》가 훗날 《천태지자대사》로 이름하고 중원 땅에 태어났을 때 부처님 설법(說法)을 구분하는 《천태오시》를 발표할 때 《아함부》를 설(說)하시기를 8년(年)을 하셨는데, 석가모니 부처님의 전생담을 담아 《아함시 12년》으로 구분하는 교활함을 보인 것이다. 필자 전생(前生)의 아버지이셨던 석가모니불(佛)께서는 《독(毒)》이 든 차를 무심코 드신 순간 이러한 사실을 곧바로 아시고 이제 이만하면 육신(肉身)을 벗을 때도 되었다 싶어 그 길로 하루 낮밤을 《열반경》을 설하시고 《열반(涅槃)》에 드신 것이다. 그들 무리의 흉계가 아니었으면 4년을 더 차분히 《열반경》을 설(說)하셨을 것인데 하는 아쉬움이 지금도 드는 것이다.

《샤카족》들이 대학살을 당한 일들에 대해 자식인 《라후라》는 한 때 부처님을 원망한 적도 있었으나, 그 원망이 업장이 되어 내면 깊숙이 자리하였던 것을 현생(現生)에 와서야 이를 깊이 참회하고 업장 소멸을 함으로써 석가모니 하나님 부처님으로부터 그때의 좁은 생각을 용서 받기도 하였다.

이러한 부처님의 독살 사건이후 필자의 전생(前生)인 《라후라》는 승단(僧團)에 수도 없이 많이 포진한 대마왕들과 그들의 수하에 있는 무리들의 위해를 피해 몸(身)을 숨기지 않을 수 없는 입장이었다. 이러한 《라후라》를 후세인(後世人)들은 좋은 표현으로 《밀행제일(密行第一)》의 존자로 이름한 것이다.

부처님께서 열반에 드신 이후 승단(僧團)은 자연히 두 쪽이 나고 만 것이다. 한쪽은 《대가섭존자》를 비롯한 부처님 법(法)을 온전히 받은 무리와 다른 한쪽은 대마왕들이 거느리는 《그리스 자연사상》에 무장된 무리들로 갈라진 것이다.

특히, 부처님께서는 부처님 재세시(在世時) 승단(僧團)을 위해 《경율(經律)》 2장(二藏)을 양음(陽陰) 법(法)으로 묶어 전(傳)하셨는데, 부처님 10대 제자 중 대마왕의 무리들인 《문수사리》,《목건련》,《우바리》,《대가전연》등은 그들이 가진 사상인 《그리스 자연사상》을 접목시키기 위해 《논장(論藏)》을 추가하여 그들을 따르는 자(者)들에게 이를 통해 《그리스 자연사상》을 심은 것이다. 즉, 《논서(論書)》는 별도로 관리하여 뜻있는 자들만 보게 하는 것이 원칙인데, 이들은 《경율(經律)》 2장(二藏)에 《논장(論藏)》을 합하여 삼장(三藏)이 모두 불법(佛法)인 양 위장하면서 《논장(論藏)》에서 마왕들의 사상을 심는 장난을 쳐온 것이다.

이러한 점을 부처님께서도 아시고 《묘법연화경 제십삼 안락행품 ②항》에서 다음과 같이 말씀하신다.

" 『항상 나라의 왕과 그리고 또 나라의 왕자와 대신과 장관과, 흉하고 험하게 노는 자와, 그리고 또 주로 살생과 감금들의 나쁜 일을 하는 천한 계급과, 〈바라문교의 포교자〉를 떠날지며, 또한 친하고 가까이 아니해야 하되, 깨닫지 못하고서도 깨달은 체하는 거만한 사람과, 〈성문과 벽지불〉을 탐착하는 〈경, 율, 론 삼장학자〉와, 계를 깨뜨린 비구와, 이름자 뿐인 〈아라한〉과, 그리고 또 비구니로서 희롱하고 웃기를 좋아하는 자와, 〈재물욕, 음욕, 음식욕, 명예욕, 수면욕〉에 깊이 〈집착〉을 하면서 현재 〈적멸(寂滅)한 경계에 들〉기를 구하려는 모든 우바이를 모두 친하고 가까이 아니해야 하느니라.』"

이러한 《삼장학자》를 부처님 멸후 3차 경전 대결집이 진행될 때는 아예 《논장(論藏)》을 공식적으로 첨가시켜 불법(佛法)을 《경, 율, 론》삼장으로 확정짓고 일부의 승(僧)들을 아예 《삼장법사》로 호칭을 하고 불자(佛者)들을 기만한 것이다. 중원대륙의 《용수보살》이나 당(唐) 《현장》 등이 모두 《논서(論書)》들을 불법(佛法)인 양 위장을 한 천재적인 불법(佛法) 파괴자들인 것이다.

이러한 결과, 부처님께서 직접 설(說)하신 법문(法門)을 결집한 경전(經典)만 하여도 많은데, 《논장(論藏)》을 첨가하니 그들이 말하는 불법(佛法)은 매우 방대한 양이 되는 것이다. 사정이 이렇게 되고 보면, 후대의 불자들이 부처님 법(法)에 접근하기란 쉬운 일이 아닌 것이며, 전문가가 아니면 안되는 폐단이 오므로 오히려 부처님 법(法)에 접근하는 것을 방해하는 하나의 큰 요인이 되기 때문에 부처님께서도 이러한 사실을 아시고 《경, 율, 론》삼장학자를 멀리하라고 한 것이다.

《논장》에서 그들의 사상을 담고 불법(佛法)인 양 위장하는 것도 불법(佛法) 파괴이나 부처님 법(法)에 접근하는 것을 막는 행위도 큰 불법(佛法) 파괴 행위이며, 이로써 《그리스 자연사상》에 물든 마왕 하수인들을 옳은 승려로서 알고 그들의 가르침을 받는 불자들을 양산하는 것은 더 큰 불법(佛法) 파괴 행위인 것이다.

이미 부처님 재세시(在世時)에 10대 제자 중 이들 마왕 제자들은 마왕 승려들을 교육시켜 놓고 《묘법연화경》이 부처님으로부터 설(說)하여질 때 일부는 부처님 면전에서 설법 듣기를 거부하고 퇴장케 한 후, 그들 두목들인 대마왕들은 천연덕스럽게 남아 부처님께 말씀을 올리는 교활한 면모를 보였기 때문에 필자가 교활하기 짝이 없는 《사리불》이라고 표현을 하는 것이다.

부처님께서 열반에 드신 후 《오백결집》 또는 《상좌결집》을 《왕사성 칠엽굴》에서 《대가섭 존자》를 상좌로 하여 500비구가 《아난존자》의 구술에 의한 《경율(經律)》 이장(二藏)을 결집을 한 것을 《굴내(屈內)》 결집(結集)이라 하며, 이때 초청받지 못한 이들 대마왕 제자들의 하수인 승려들이 굴(屈) 밖에서 《바사가(婆師迦)》를 중심으로 결집한 것을 《굴외 결집(屈外結集)》이라고 한다.

이러한 결집에서도 드러나 있듯이, 부처님 법(法)은 《경율(經律)》 이장(二藏)이면 충분한 것이다. 이 때문에 오늘날 필자가 부처님 법(法)을 정비해서 단순화하라는 뜻이 《경율》 이장(二藏)으로 돌아가라는 뜻이다. 부처님 법(法)이 오염되지 않은 것은 초기 《굴내 결집》 때의 이장(二藏)으로 돌아가는 길 밖에는 없는 것이다.

《굴외 결집》이 이들 대마왕들과 그들 하수인 승려들에 의해 《그리스 자연사상》을 가미한 결집이라는 사실을 분명히 밝힘과 아울러 이들은 이후 《부파불교》 시대 본격적으로 《그리스 자연사상》을 담은 경전(經典) 왜곡을 하여 이를 《중원대륙》으로 들여보낸 것이다.

이후 이들은 대마왕 중의 하나인 《용수보살》을 통해 인(因)을 무시한 《연기론(緣起論)》으로 노골적으로 《그리스 자연사상》을 미화하고, 당(唐) 현장과 측천무후는 《굴외 결집》된 경전(經典)에서 한걸음 더 나아간 불법(佛法) 파괴를 하고, 한때 대마왕의 수괴 노릇을 한 《문수사리》는 그 후신으로 《천태지자》로 이름하고 와서 필자가 때에 《구마라습》으로 이름하고 중원대륙에 들어와 한문(漢文) 번역에 성공한 《27품 묘법연화경》을 《28품 묘법연화경》으로 바꾸어 경(經)에 담겨있는 수리(數理) 체계를 흔들어 놓고, 당시 마왕수괴 중의 한분인 《제바달다》를 부처님으로부터 수기 받은 불(佛)제자로 묘사하고 《독각 불교(佛敎)》인 마왕 불교(佛敎)를 합리화시켜 고쳐지고 왜곡된 불법(佛法)을 그들의 수행법인 《교외별전된 선법》과 함께 한반도로 들여보냄으로써 한반도의 불법(佛法)을 썩게 하고 궁극에는 마왕 불교(佛敎)인 《독각 불교(佛敎)》로 전환시킨 막후에 대마왕들인 《문수사리》와 《지장보살 1세》가 있는 것이다. 이것이 북방 불교 전래인 것이다.

지금까지는 문수사리 1세인 《문수보살》과 문수사리 2세인 《사리불》이 필자에 의해 《무간지옥》에 빠져 있었으나, 그곳에서 깊이 참회할 것인가 하고 실낱같은 희망을 걸고 있었기 때문에 그들이 깊은 참회로 복권이 될 때를 예상해서 중원대륙의 독각 불교(佛敎)를 그들과 한통속이었던 마왕 《제바달다》를 거론하며, 《제바달다 교단》이라고 질타를 하였으나, 그 실낱같은 희망이 끊어진 지금으로 봐서 분명히 다시 밝히는 바는 중원대륙, 한반도, 일본의 불교(佛敎)인 북방불교 전래의 불교는 대마왕 《문수사리》가 획책한 《독각 불교(佛敎)》임을 분명히 하는 것이다.

즉, 대마왕 《문수사리》는 석가모니 부처님 법(法)을 등에 업고 불법(佛法)을 고치고 왜곡함으로써 대마왕 《문수사리》의 법(法)으로 전락시켜 북방불교 전래의 길에 있는《중원대륙》과《한반도》와《일본국》의 불자(佛者)들을 기만하여 마왕 불교(佛敎)인 독각 불교(佛敎)로 전락케 한 주범으로서 <u>독각 불교(佛敎)는《대마왕 문수사리의 교단》</u>이 되는 것이다. 이로써 그는 동양 삼국의 불자(佛者)들을《우주 쿠데타》이후 정신적으로 지배하여 이를 바탕으로 하여 때에 인류 구원을 위해 한반도 땅으로 온 미륵부처를 제거함으로써 후천우주(後天宇宙)를 마왕(魔王)들의 우주로 만들어 군림하고져 한 웅대한 잘못된 꿈을 가지고 <u>그 실행 과정에 불멸후부터 최근까지 중단 없이 불법(佛法) 파괴를 도모한 것이었다.</u>

　한때《복희씨》로《단군왕검》으로 오시어 한민족(韓民族)을 이끄시던 훌륭한 조상님이 그의 야망을 실천시키기 위해 대마왕이 되어 저지른 짓이 그의 후손 민족에게 깊은 상처를 안겨 준 것이며, 이것이 한민족(韓民族)의 한(恨)이 되었다는 점을 여러분들은 깊이 아시기 바란다. 이러한 와중에 대마왕《지장보살 1세》도 편성하여 동양 삼국(三國)에《지장 신앙》을 심고《대마왕 문수사리》와 같은 야망을 가지고 활동을 한 것이다. 이 때문에 필자가《보살신앙》을 모두 접고《석가모니 부처님》법(法)으로 회귀(回歸)하라고《독각의 무리》들에게 채근을 한 것이다.

　이러한 비밀된 모든 사실을 미륵 부처가 밝히는 목적은 이제는 이들 대마왕들의 기도는 모두가 허물어졌으므로 진정으로 부처님 법(法)에 귀의한 후 깊은 참회로써 지난날의 허물을 벗음과 동시에 대마왕들로부터 세뇌된 종교적 잘못된 고정 관념과 사상(思想)을 과감히 버리고 참된 부처님 법(法)으로 돌아왔을 때라야만 옳은 불자(佛者)가 되어 부처님의 구원을 받을 수 있다는 점을 다시 한번 더 동양 삼국의 모든 불자(佛者)들에게 미륵부처가 호소하는 것이다.

　지금까지 설명 드린 내용이 불법 왜곡의 실상과 원인과 결과라는 점을 아울러 밝히는 바이며, 이러한 대마왕《문수사리》의 행(行)이《우주 쿠데타》를 일으킨 근본적인 목적이 됨을 알려드리는 것이다. 다시 한번 더 강조 드리는 바는 하루 빨리 한민족(韓民族)의 불자(佛者)들께서는 마왕 불교인《독각 불교》로부터 탈피를 하셔야 되는 이유가 지상(地上)의 인류 문명의 마지막 때는 촌각을 다투고 있다는 것을 알려 드리고, 향후 10년 이내에 그때가 도래한다는 점을 미륵부처가 분명히 하는 것이다.

(6) 대마왕(大魔王)들과 미륵불(佛)

1) 종교(宗敎) 정복 전쟁의 결과

중원 대륙에서《단군조선》의 세력 약화가 급격히 진행된 때가《단군조선》의 제후국이었던 같은 한민족(韓民族)의 국가였던《은(殷)》나라가《주(周)의 무왕》에게 패한 이후가 된다. 이 이후 중원대륙은《신(神)들의 전쟁》일환으로《춘추전국시대》를 맞게 된 후 훗날 통일왕조인《진(秦)》나라와《한(漢)》나라를 거쳐《삼국시대(위, 촉,오)》와《진》과《남북조시대》와《당》과《오대십국시대》와《송》과《원》과《명》과《청》나라를 거치면서 오늘날의《한족(漢族)》이 진화의 과정을 거치는 것이다.

이러한 때, 중원대륙은《춘추전국시대》에《노사나불(佛)》께서《노자(老子)》로 이름하시고《한단불교(桓檀佛敎)》의 연장선상에서《도덕경(道德經)》을 남기심으로써 훗날《장도릉(張道陵)》에 의해《도교(道敎)》가 만들어져 토착 종교화되고,《약상보살》께서《공자(孔子)》로 이름하시고 인간도(人間道)를 가르치는《유학(儒學)》을 펼친 이후 BC 2세기《전한(前漢)》에 석가모니 부처님의 불법(佛法)이 변질된《마왕 문수사리》의 법(法)이 되어 전하여지게 된다. 이후 중원대륙의 각 나라들은 대부분이 불교(佛敎)를 국교로 하게 된다.

불교(佛敎)를 국교로 한다함의 내막은 대마왕이 된《문수사리》의 승리인 것이다. 그러나 이에 맞서 다른 대마왕들의 후손(後孫)들은 마지막 세력이 약화될 대로 된《단군조선》이 막을 내린 이후 한민족(韓民族) 역사 말살의 일환으로《한단불교(桓檀佛敎)》3대 경전 중 하나인《북두칠성연명경》은《촉나라》때에 변질시켜《도교(道敎)》의 경전(經典)으로 탈바꿈시키고,《천부경 81자》로부터 비롯된 한역(韓譯)을《주역(周易)》으로 바꾸어 인간의 길흉화복이나 점치는 점술서로 전락시키고《황제내경(皇帝內經)》은《황제내경(黃帝內經)》으로 바꾸어《의술서》로 전락시켰으며《삼일신고(三一神誥)》는 격하시켜《성리학(性理學)》으로 전락시킴으로써 이를 끌어모아《공자님》으로부터 비롯된《공자(孔子)님의 가르침》과 함께《유학(儒學)》의 체계를 후대에 완성시킨 것이다.

　이러한 철학(哲學)과 사상(思想)이 사실상은 신(神)들의 인간 무리 정신(精神) 지배욕(欲)으로부터 비롯된 것이다. 이러한 배경이 《문수사리》가 의도한 종교(宗敎) 지배욕(欲)을 반감시키는 것이었으며, 《공맹(孔孟)》의 사상(思想)과 《노장(老莊) 사상(思想)》을 포함한 여타 사상(思想)과 학(學)을 펼친 자의 정상에는 항상 그들의 최고 조상들이 도사리고 있었던 것이다.

　이러한 모든 사실을 한마디로 말씀드리면, 이 또한 《신(神)》들의 《종교(宗敎) 정복》 전쟁의 일환이 되는 것이다. 《공맹(孔孟) 사상(思想)》과 《노장(老莊) 사상(思想)》은 모두 《인간도(人間道)》를 근본 바탕으로 한 사상이며, 한민족(韓民族)에 의해 뿌려진 《한단불교(桓檀佛敎)》의 씨앗이 형태를 달리하였으나, 그들 민족에게 끼친 영향은 실로 막대한 것이었다. 이렇게 보면, 《인의예지신(仁義禮智信)》의 가르침으로 인간도(人間道)를 철두철미하게 가르치고자 하셨던 《약상보살》이신 《공자(孔子)님》의 뜻이 얼마나 훌륭한 뜻인가를 여러분들은 아셔야 하는 것이다.

　태어날 때는 독각의 무리들로서 《인간돌(石)》의 진화를 하던 중원 대륙의 백성들은 《인간도(人間道)》를 바탕으로 한 상기 기술한 사상(思想)과 관념(觀念)을 저변에 깔고 왕조의 흥망성쇠와 더불어 진화(進化)하여 왔기 때문에 지상(地上)의 여타 민족과는 달리 지금은 대부분이 상당히 진화(進化)가 되어 석가모니 하나님 부처님의 가을 추수에는 동참되게 되어 있는 것이다. 이렇게 보면, 독각의 진화를 하는 《인간돌(石)》의 무리를 종교(宗敎)를 정복하여 마왕 불교(佛敎)인 《문수사리교단》의 독각 불교(佛敎)로 만들어 《인간돌(石)》의 무리 상태로 그대로 두고자 하였던 대마왕 《문수사리》의 뜻한 바는 실패로 돌아갔다고 보아야 하는 것이다.

　그리고 《유물사관》에 입각한 《막스-레닌》이 주창한 《공산주의(共産主義)》 태동은 우연한 일이 아니다. 즉, 대마왕 《고시리》의 후손들이 《슬라브족(族)》들이라고 밝힌 바가 있다. 이들이 《공산주의(共産主義)》를 훗날 들고 나온 것 역시 《신(神)들의 전쟁》 일환으로 《종교 정복》 전쟁과 맞물려 있다. 《공산주의》는 유물사관에 입각함으로써 《종교(宗敎)》를 배척한다. 이들 민족의 원천 조상인 대마왕 《고시리》는 《종교 정복 전쟁》의 의미를 누구보다도 잘 안다. 이러한 대마왕 《고시리》가 조종하여 그의 후손 민족들로 하여금 종교(宗敎)를 배척하고《공산주의》를 만든 근본 목적은《공산주의》로써 전 세계를 지배함으로써 그들 민족의 후손들을 주축으로 하여 후천우주(後天宇宙) 우주 정복의 야망을 실현하고 모든 신(神)들을 제압함으로써 군림하고자 하는 뜻이 후손들의 손에 의해 공산주의가 태동한 것이다.

이와는 달리, 현 중국 공산당은 구 소련권과는 내막적으로 그 목적이 사뭇 틀린다. 《중원대륙》은 먼저 기술한 바와 같이, 대마왕들에 의한《신(神)》들의 전쟁인 종교 정복과 대마왕 각각의 후손 민족들에 의해 태동된 사상(思想)과 철학으로 무장됨으로써 사실상 종교(宗敎) 정복 전쟁은 의미 없는 것이 되고 만 것이다. 중원 대륙에 후손들을 남긴 각각의 대마왕들은 어느 한 대마왕을 따르는 것보다는 차라리 종교(宗敎)가 없음으로써 그 백성들이 현생(現生)에 인간도를 바탕으로 한 각각의 그들 사상과 철학을 가지고 살다가 육신(肉身)의 죽음 이후 그들 영혼들은 각각의 조상들이 있는 조상계(祖上界)로 가자는 현실적인 선택을 한 것이다.

한편, 그들의 뒤에 도사리고 있는 원천 조상 대마왕들은 서로 묵계가 이루어져 종교(宗敎)를 배척하고 균일하게 상하가 없는 평등한 사회를 이루고자 택한 방편이 《공산주의》인 것이다. 즉, 대마왕들이 종교(宗敎)로써는 석가모니 부처님 법(法)을 등에 업은《문수사리》가 독각 불교로 전환시켜 선점함으로써 다른 대마왕들은 그들의 사상과 철학을 후손 민족에 심어《문수사리》에게 대항을 한 것이다.

이 결과 때문에, 대마왕의 후손들은《공산주의》를 받아들임으로써 지극히 현실적인 선택을 한 것이다. 이 때문에《종교 정복》에 심혈을 기울인《문수사리》가 철두철미하게 패배한 장면이 바로 이것이다.

종교(宗敎)의 자유는 대마왕들이 부르짖는 구호일 뿐임을 그들은 누구보다도 잘 안다. 지금도 모 기독교 단체에서는 종교의 자유를 외치며 종교가 없는 곳에 가서 《선교 활동》을 하든지《포교 활동》을 할 것이지 꼭 남의 종교권에 들어가서 그 영역을 탈취하고자 종교의 자유를 외치고《선교와 포교》활동을 하고 있는 자체가 표리부동한 것이다. 그들 모두의 최고 조상들이 대마왕으로서 그들 뒤에서 도사리고 있다는 사실을 모르고 하룻강아지 범 무서운 줄 모르고 날뛰는 실정이 오늘날 한국의 모 기독교 단체가 벌리고 있는 헤프닝인 것이다.

이와 같이 한족(漢族)들은 수많은 왕조를 거침으로써 어떤 면에서는 그대들 보다 빨리 진화를 이루었다는 뜻이다. 대마왕《고시리》도 중원 대륙에 수많은 후손들을 남긴 대마왕들도 모두 미륵부처에 의해 무간지옥의 티끌로 사라진 지금으로 볼 때, 공산주의를 청산한《러시아》나 현재에도 사회주의 국가로 남아 있는《중국》이나 한반도의 절반에서 거주하고 있는 백성들은 지금의 그대들과 같이 영혼 죽임의 공포인《아마겟돈》의 공포로부터는 벗어나서 석가모니 하나님 부처님의 가을 추수에는 응할 수 있는 상태이며, 각각 개개인의 업장에 따라 받는 과보는 틀릴지언정 지금의 그대들보다 정신적으로는 한수 위에 있는 백성들임을 아시기 바란다.

지금 현재의 때로 봐서도 종교정복에 광분하였던《문수사리》는 그의 후손 민족인《로마인》출신들의 백성 대부분은《야훼신(神)》에게 내어주고 독각 불교를 하고 있는 일부 한국(韓國)과 일본국(日本國)의 백성으로는 우주 정복은커녕 우주의 머슴살이도 할 수 없으니 현실을 직시하고 그의 원대한 우주 정복의 야망을 접고 깊은 참회로써 석가모니 하나님 부처님께 사죄드리고 본래의 자리로 돌아감으로써 큰 이익을 얻을 수 있기 때문에 미륵부처가《문수사리》에게 참회를 요구한 것이다.

대마왕들이 획책한 종교 정복 전쟁의 결과를 밝히면, 상기 기술한 국가들 이외에《야훼신(神)》은《천주교》를 정복하였으나 내부의 복병인《마리아》가 따로 그의 몫을 챙겨《연옥》으로 이름하고 선량한 천주인들을 가두어 놓고 있는 것을 미륵부처가 두 번이나 파하고 이곳에 갇혀 있던 천주인들을 각각의 부처님 나라들에 인도를 하였다. 그러나 아직까지 수많은 세계의 천주인들이 대마왕 중의 마왕으로써《악마(惡魔)의 신(神)》으로 대표되는《야훼신(神)》의 정신적 지배로부터 벗어나지 못하고 있으며, 세계(世界)의《개신교》인들은 그들이 말하는《사탄》인《천관파군》을 하나님으로 받듦으로써 이러한 사탄으로 불리우는《천관파군》의 지배를 받고 있다. 이 때문에 그를 믿고 따르는 무리가 이익 집단으로 변화하면 사탄의 무리가 되는 것이다.

《회교(回敎)》는 선천우주까지는 대마왕《알라신(神)》의 지배를 받고 있었으며, 이후는《알라신(神)》이 부처를 이루어《쌍둥이 천왕불(佛)》이 되시어 있기 때문에 그들 백성들의《신앙》의 대상 신(神)은 사라지고 없는 상태이며, 인도의《힌두교》역시 마찬가지이다. 군소 종교 단체는 대부분 중간 마왕급들이 자리하고 있기 때문에 설명은 생략하겠다.

즉, 지상의 대종교(大宗敎) 모두가 대마왕들인 《야훼신(神)》과 《마리아》와 사탄으로 이름 불리우는 《천관파군》과 《알라신(神)》에 의해 정복이 된 것이며, 독각 불교(佛敎)는 《문수사리》에 의해 정복이 됨으로써 오늘에 이르고 있다. 《종교 정복 전쟁》의 결과를 놓고 볼 때, 지혜(智慧)가 출중하여 모든 마왕 무리들의 두뇌 노릇을 하였던 《문수사리》는 여타 마왕들보다 훨씬 못한 씁쓸한 결과만을 얻고 만 것이다.

한민족(韓民族)에게 석가모니 부처님 법(法)이 온전히 전하여진 것이 《가야 불교(佛敎)》이며, 이를 바탕으로 하여 훗날 《신라》가 대승불교(大乘佛敎)를 꽃피운 것이다. 그러나 불행의 시작이 《문수사리》의 독각 불교(佛敎)가 통일신라 이후 당(唐)으로부터 들어와 한반도의 찬란하게 꽃피웠던 불법(佛法)을 썩게 하고 오늘날 마왕 불교인 독각 불교만 오롯이 남게 함으로써 진화적인 면으로 볼 때 한민족(韓民族)의 진화를 방해하여 한민족(韓民族) 불자(佛者)들을 4-1의 성문승에서 다시 《인간돌(石)》의 진화에 들게 한 이 책임은 누가 질 것인가? 결과적으로 정신적으로는 중원 대륙의 백성들보다 못한 하층민으로 만든 이 책임은 대마왕 《문수사리》가 져야 하는 것이며 지금까지 독각 불교를 청산하지 못하고 있는 이 나라 불교 승단이 져야 하는 것이다.

이로써 생긴 것이 한민족(韓民族)의 한(恨)이라는 사실을 깊이 아시기 바라며, 사대주의를 청산함으로써 우수했던 한민족(韓民族) 고유의 유산을 바로 찾기를 당부 드리는 것이다.

2) 미륵부처님과 백두대간(白頭大幹)

지금까지 법공(法空)의 0(zero)지점에 우리들이 살고 있는 지구(地球)가 자리하고 있음을 여러 번 밝혀왔다. 이러한 지구(地球)에 있어서 중심(中心)이 되는 자리에 월지(月支)로써 한반도(韓半島)가 자리하고 있음도 아울러 밝혔다. 이와 같은 《한반도》는 천상(天上)으로 불리우는 상천궁(上天宮)과 빛의 고속도로로 직선으로 연결되어 있음도 밝혀 드렸다. 이렇듯 드넓은 우주(宇宙) 공간(空間)의 천상(天上)이나 지상(地上)에서 그 유래를 찾아 볼 수 없는 곳이 《한반도》이다.

　이와 같이 중요한 《한반도》의 근간(根幹)을 이루는 것이 《백두대간(白頭大幹)》이다. 이러한 《백두대간》은 그 시발점이 백두산(白頭山)이며 중간 기착지가 태백산(太白山)이며 종착점이 부산에 있는 장산(萇山)으로써 백두산이 1의 수리를 가지고 중간 기착지인 태백산이 3의 수리를 가지며 종착지인 장산이 1의 수리를 가짐으로써 백두산에서 태백산까지는 1-3의 길이 형성되어 있으며 태백산에서 부산의 장산까지는 3-1의 길이 형성됨으로써 백두대간은 1-3-1의 길에 있게 되는 것이며 현재에도 북동 기류는 꼭 이 길을 타고 들어온다.

　태백산(太白山)의 최고봉이 장군봉(將軍峰)으로써 높이가 1567m이다. 이러한 태백산 최고봉을 천부수리(天符數理)로 풀어 보면 다음과 같다.

◉ 태백산(太白山) 높이 1567m의 수리적 풀이

ㄱ) 1의 수리(數理)
1의 수리(數理)는 석가모니 하나님 부처님을 뜻하는 수리(數理)이다.

ㄴ) 5의 수리(數理)
5의 수리(數理)는 1-3-1의 길을 뜻하는 수리(數理)이다.

ㄷ) 6의 수리(數理)
6의 수리(數理)는 1-4-1의 길을 뜻하는 수리(數理)이다.

ㄹ) 7의 수리(數理)
7의 수리(數理)는 전체적인 지(地)의 우주를 뜻하는 수리이다.

※ 수리(數理)의 종합 〔ㄱ)+ㄴ)+ㄷ)+ㄹ)〕

<u>석가모니 하나님 부처님께서는 1-3-1의 길을 이루시고 1-4-1의 길에서는 지(地)의 우주를 거느리시는 것이다.</u>

※ 즉, 수리에 나타난 뜻은 태백산(太白山)이 석가모니 하나님 부처님의 산(山)이며 백두로부터는 1-3의 길이 형성되고 태백으로부터 장산까지는 3-1의 길이 형성됨으로써 전체적으로 백두대간은 1-3-1의 길에 있게 되며 태백으로부터 1-4-1의 길에 천지인(天地人) 우주 구분 중 지(地)의 우주가 자리함을 말씀하고 계시며 이러한 태백으로부터 갈라져 나가는 지(地)의 우주가 곧 지리산맥(地理山脈)인 것이다.

　태백산(太白山)의 수리(數理) 풀이가 뜻하는 또 하나의 중요한 사실은 백두산으로부터 시작하여 태백산(太白山)까지 형성된 천리(天理)를 담은 1-3의 길 하나의 자리인 1의 자리에 있는 백두산(白頭山)이 개천 이전(開天以前) 개천(開天)이 있게 주춧돌을 놓아주신 《석가모니 비로자나불(佛) 하나님》의 산(山)임을 웅변적으로 말하고 있음과 동시에 백두산(白頭山)이 상천궁(上天宮)을 상징하고 있음을 나타내고 있다.

　부산(釜山)에 있는 장산의 옛날 이름이 불과 40~50년 전(前)만 하여도 《삼산미산(三山尾山)》을 《삼살미산》으로 발음하여 불러 왔다. 이때의 삼산(三山)이 천(天), 지(地), 인(人) 우주의 이치가 갈라지는 태백산(太白山)을 삼산(三山)이라 하였음이 드러나며 꼬리(尾)로써 《백두대간》의 끝에 있는 산(山) 이름을 《삼산미(三山尾)》산으로 이름 함으로써 《백두대간》이 백두산으로부터 삼산미(三山尾)산까지임을 밝혀 놓은 지명이 되는 것이다.

　이러한 《삼산미(三山尾)》산이 어느 때인가부터 《보리수》《장(萇)》을 쓴 《장산(萇山)》으로 이름이 바뀐 것이다. 즉, 《장산(萇山)》은 《보리수산》이라는 뜻말을 가지고 있는 것이다. 《보리수산》을 천상(天上)에서는 《용화수(龍華樹)》산이라고 하며 이러한 《용화수》 밑에서 미륵보살이 《미륵부처님》을 이루신다고 경전(經典)에서 전하고 있다.

　《장산(萇山)》이 어찌하여 《용화수》가 되는가 하는 점은 설명이 필요한 부분이다. 한반도 내(內)의 모든 산맥(山脈)과 높은 산(山)의 이름 대부분은 먼저 살다가 가신 이 나라 조상불(祖上佛)들께서 이름을 붙인 것이며 특히 높은 산(山)들 모두는 그 산

(山)의 높이로써 수리(數理)의 뜻을 가지며 수리(數理)의 뜻풀이로써 그 산(山)이 우주간(宇宙間)의 어느 불(佛), 보살(菩薩), 성인(聖人)의 상징 산(山)인지 판가름이 나는 것이다. 즉, 한반도 전체가 《영대》인 빛의 고속도로 연결되어 있기 때문에 한반도 내(內)에 있는 모든 산하(山河)는 우주 공간에 있는 모든 불(佛), 보살(菩薩), 성인(聖人)들과 연결이 되어 있는 것이다. 이러한 내용을 옛날 같으면 감히 밝힐 수 없는 내용이나 이제는 때가 이르렀기 때문에 밝힐 수가 있는 내용이다.

이렇게 보면 한때 한반도를 침탈한 같은 한민족의 핏줄을 가진 인근한 《일본》이 많은 산(山)에 쇠말뚝을 박아 혈맥을 끊고자 하였던 일은 악질 중의 악질적인 행(行)으로써 벌을 받아야 할 사항들인 것이다.

한반도의 《조상불(祖上佛)》들께서는 산맥(山脈)을 이름함에 있어서 백두산(白頭山)으로부터 태백산(太白山)까지는 《천리(天理)》인 하늘의 이치를 담으시고 태백산(太白山)으로부터 부산의 장산(萇山)까지는 《인리(人理)》인 사람들의 이치를 담으심으로써 우주간에 있어서 천(天)과 인(人)의 우주는 같은 길인 시계방향 회전길인 1-3-1의 길에 있게 됨으로써 《천리(天理)》와 《인리(人理)》에 해당하는 한반도의 척추뼈를 묵시적으로 《백두대간》으로 알고 있은 것이다. 굳이 《천리(天理)》와 《인리(人理)》가 하나가 되어 한반도의 척추뼈를 형성하고 있는 것을 《백두대간》으로 이름하지 않았던 이유가 《일본》과 같은 악질적인 무리들과 같은 외침(外侵)을 대비하여 이름을 붙여 부르지는 않았지만 묵시적으로는 《백두대간》임을 알고 있은 것이었다.

이렇듯 《백두대간》이라는 용어가 등장하기 시작한 때가 《6.25사변》 이후가 되는 것이다. 《백두대간》이라는 용어가 훗날 등장하였다 하여 이러한 진리(眞理)를 왜곡하는 일이 우주간(宇宙間) 이치의 법(法)을 뿌리째 뒤흔들고 그대들이 살고 있는 사회에 대재앙(大災殃)을 불러들이는 결과를 가져오기 때문에 이를 일깨우기 위해 이러한 기록을 남기는 것임을 바로 아시기 바란다.

《조상불(祖上佛)》들께서는 태백산(太白山)으로부터 《천왕봉》에서 《노고단》에 이르는 주능선을 중심으로 남서로 지리(地理)를 담아 이름하신 것이 1-4-1의 길에 있는 지리산맥(地理山脈)인 것이다.

이로써 한반도 내(內)에는 천(天), 지(地), 인(人)의 우주의 이치 모두가 갖추어진 지구(地球)의 중심으로 한반도가 자리하게 하신 것이다.

이와 같이 이름 지어진《백두대간》에 있어서 인리(人理)가 작용하는 태백산(太白山)으로부터 부산의 장산(萇山)까지에는 장산(萇山)으로부터《원효산》《영취산》《가지산》《단석산》《주왕산》《백암산》등등의 큰 산(山)들이 줄지어 있다. 이러한 산들이 자리한 형상이 화려한 용(龍)의 형상(形像)을 하고 있다하여 이를《용화(龍華)》라고 한 것이며《용화(龍華)》의 끝머리에 한 그루 나무(樹)가 버티고 서 있는 형상의 산(山)이《장산(萇山)》으로써 이러한 뜻을 모두 묶어《용화수(龍華樹)》라고 한 것이며《용화수》가 곧《보리수산》으로 이름되는《장산(萇山)》인 것이다.

이와 같은《용화수》인《보리수산》아래에서《미륵보살》이 현생(現生)의 육신을 가지고 와서《미륵부처님》을 이루고 현재는《장산》에서 조금 떨어진《기장읍》에서《아나법화연수원》간판을 걸고《보살도》의 체계를 바로 세우고《금강경》과 《법화4부경》과 한단불교의 3대 경전인《천부경 81자》,《북두칠성연명경》,《삼일신고(三一神誥)》등을 해설하여 우주간의 법(法)과 세간법(法)이 모두 드러난《방등경(方等經)》집필에 성공한 후 이를 세간(世間)의 모든 중생들에게 알리는 작업을 계속하고 있는 것이다. 즉,《미륵부처님》은《백두대간》의 끝에 자리한《장산》아래에서 성불(成佛)을 이루심으로써 다음으로 후천우주(後天宇宙)를 열어갈 본격적인 작업의 일환으로 세간(世間)의 중생들을 일깨우고 있다는 점을 여러분들께서는 깊이 생각하셔야 될 것이다.

3) 백두대간(白頭大幹)과 지리산맥(地理山脈)

《백두대간》과《지리산맥》이 천(天), 지(地), 인(人)의 이치에 따라 이름 붙여진 것임을 앞장에서 밝혀 드렸다.《지리산맥》이 마지막 뻗어 나와 기운이 뭉쳐진 곳이《구지봉》과《신어산(神魚山)》이 있는 김해(金海) 일대이다. 이러한 곳에 천(天), 지(地), 인(人)의 우주 구분 중 지(地)의 우주를 선도하시는《노사나불》께서 때에《수로왕》으로 이름하시고《금관가야》를 세우셨으며 이와 거의 같은 때에《석가모니 하나님 부처님》의 육신불(肉身佛)이신《다보불》께서는 낙동강 건너편에 자리한 장산(萇山)과 철마와 지금의 기장을 아우르는 곳에《거칠산국(居柒山國)》을 세우시는 것이다.

이 또한 지리(地理)와 백두대간의 인리(人理)를 따르는 건국을 하신 것이다. 이러한 이치를 따르는 나라 세움도 후세인(後世人)들은 알아야 하는 것이기 때문에 이를 밝혀 드리는 것이다.

이러한《백두대간》과《지리산맥》을 가진 한반도에 천상(天上)의 근간(根幹)을 뿌리째 흔들고 남한(南韓) 사회를 대재앙(大災殃)으로 내모는 경천동지할 일이 약 20년 전부터 남한(南韓) 사회에서 일어난 것이다. 즉, 한 무리가 나타나서《백두대간》을 거론하면서《조선왕조》《영조》때의《신경준》의《산경표》를 거론하면서《언론매체》를 통하여 전문 지식이 없는 일반 대중들을 호도하더니 절대 권력을 가진 역대 어느 왕조에서도 하지 못하는 엄청난 짓을 순식간에 해치우고《백두대간》을 백두산으로부터 지리산맥을《백두대간》으로 만들고 한국(韓國) 사회의 모든 기록과 심지어는 자라는 아이들에게까지 백두산에서 지리산맥이 포함된 곳이《백두대간》이라고 교육하는 일이 지금까지 계속되고 있는 것이다.

이렇듯 잘못된 진리(眞理)를 교육 받은 후학(後學)들의 인체 내면에서 일어나는 작용(作用)을 그대들은 알 길이 없으나 부처의 눈으로 볼 때 이것은 매우 심각한 결과를 가져온다는 사실을 알려 드리는 것이다.《신경준》의《산경표》는 어디까지나《신경준》의 논서(論書)일 뿐인 것이다. 이러한 논서를 인용하여 당자인《신경준》도 거론하지 못한《백두대간》을 후세의 산악인들의 용어로 치부하고《백두대간》에 지리산맥을 포함시키고 태백으로부터 장산까지를《낙동정맥》으로 이름하는 해괴한 짓을 스스럼없이 한 것이다.

이러한 일들이 여러분들과는 무관한 것으로 생각할지 모르나 그것은 크게 어리석은 생각임을 깨우쳐야 할 때이기 때문에 미륵부처님의 뜻을 기록으로 전하는 것이다.

《한반도》땅이 지구의 중심임을 여러 번 밝혔다. 이러한 한반도 땅의《백두대간》끝머리에서《미륵보살》이《미륵부처님》을 이루었음을 밝혔다. 이 뜻은 1-3-1의 길에 있는《백두대간》을 축으로 하여 하나인 1의 자리에 있는 장산(萇山) 밑에서《미륵부처님》이 성불(成佛)함으로써 다시 후천우주(後天宇宙)의 길인 1-3의 길을 열어간다는 뜻이며, 이러한 후천우주의 길을《백두대간》을《지리산맥》을 포함하는 길로 변경을 하게 되면 지리산맥이 지(地)의 우주 이치를 가지고 있기 때문에 백두대간이 장산을 끝으로 하게 되면 이를 축으로 하여 1-3-1의 길이 형성되는 것인데 태백으로부터《지리산맥》쪽으로 구부러지게 되면 백두산으로부터 지리산맥까지는 1-4-1의 길이 형성되어 우주 전체의 축이 틀어짐과 동시에 선천우주(先天宇宙)와 후천우주(後天宇宙) 모두가 지(地)의 우주가 선도하여 만든 것이 됨으로써 원천적으로 천(天)의 우주와 인(人)의 우주를 부정하고《미륵부처님》이 후천우주 중 처음 만들게 되는 중앙우주(中央宇宙)를 못 만들게 하고 마왕(魔王)들이 지배하는 우주로 전락시키고자 하는 큰 흉계를 가짐으로써 석가모니 하나님 부처님의 우주 창조 프로그램을 원천적으로 뒤집고자 하는 천상(天上)의 근간(根幹)을 뿌리째 흔드는 것이 되며, 지상(地上)의 한반도에서는 남한(南韓) 사회를 엄청난 재앙(災殃) 속으로 떨어지게 하는 엄청난 책략이 숨어 있는 것이《백두대간》에《지리산맥》을 포함시키는 근본 목적인 것이다.

이 이후 남한(南韓) 땅에는 크고 작은《재앙(災殃)》들이 되풀이 되는 원인으로 작용을 하는 것이며 남한 백성들의 정신은 날이 갈수록 황폐하게 되는 이치를 가지고 있다.

이들의 책략에도 불구하고 산하(山河)는 그대로 존재하고 있기 때문에 미륵 부처님은 성불(成佛)할 수가 있은 것이나 인간 사회에서는 잘못 배운《백두대간》의 이치가 인간 의식(意識) 속에 뿌리 깊게 자리함으로써 인간들의 의식(意識)을 썩게 하는 것임을 여러분들께서는 깊이 깨우치셔야 하는 것이다.

이렇듯《한 무리》의 지역적인 이기심과 불손한 목적을 가진 책동이 진리(眞理)의 한 부분을 왜곡하게 되면 그 결과도 엄청난 결과를 가져온다는 점과 천상(天上)의 이치를 인간들이 바꾼다고 하여 바꾸어지는 것이 아니기 때문에 오히려 이기심에 찬 그들 무리 스스로들에게 천상(天上)의 재앙이 내려 파멸을 면할 수 없다는 점을 바로 깨달으시고《설마》하고 방관하시지 말고《백두대간》을 본래의 자리에 되돌려 놓는 작업을 하루 빨리 하시는 것이 옳을 것이다. 이 때문에 절대 권력을 가지고 있었던 여러 왕조들의 왕들도 산맥이나 높은 산의 명칭에 대하여서는 손을 대지 못한 것이다.

부처님은 한반도 내에 있는 남북한(南北韓) 모두가 다툼 없이 평화롭게 살기를 원한다. 미륵부처님은 원칙적으로 정치에 개입하는 것은 금물로 여기신다. 그러나 천손(天孫) 민족인 한민족(韓民族)이 둘로 갈라져 서로의 이기심에 의해 다툼을 벌리다가 공멸하는 것은 막아야 되겠다 싶어 충고를 드리는 것이다.

《아리랑 고개》때인 지상(地上)의 환란기에 이미 세계 3차 대전의 씨앗이 뿌려져 그 싹이 자라고 있는 상태이다. 이러한 때에 먼저 한반도에서 형제끼리 서로 다툼을 벌리다가 공멸할 필요가 없기 때문에 드리는 충고라는 점을 아시고,《6.25》와 같은 비극이 한반도 땅에서 다시는 일어나지 말아야 되며,《6.25》사변 이후 철수하던 북한군이《지리산》속으로 숨어든 사건 역시 우연한 것이 아님을 아시기 바라며, 이러한 모든 일들이 천손민족인《한민족(韓民族)》의 업보(業報)라는 점도 깊이 인식하시기 바란다.

지리산(智異山)의 정식 명칭은 지리산(地理山)이다. 그러나 현세인(現世人)들은 지이산(智異山)으로 표기를 하고 있다. 이러한 지리산의 옛 명칭이 두류산(頭流山) 또는 《방장산(方丈山)》이라고도 한다. 이와 같은《지리산》은 노고단(老姑壇,1507m), 천왕봉(天王峰,1916.77m), 반야봉(般若峰,1751m)등으로 이루어져 있다. 이와 같은《지리산》은《지(地)》의 우주 이치를 가지고 있다고 말씀드렸다.

이러한《지리산》들에 대한 이치를 밝혀 드리겠다.

① 노고단(老姑壇, 1507m)
노고단(老姑壇) 높이인 1507m의 수리(數理)적인 뜻

ㄱ)15의 수리(數理)
9,6의 합수(合數)로써 태양수(太陽數) 9와 태음수(太陰數) 6의 작용을 뜻하는 수리(數理)이다.

※ 태양수(太陽數) 9와 태음수(太陰數) 6의 작용이란?

　천궁(天宮)이 그 변화상인 《커블랙홀》→《태양수 ⊕9의 핵》→《화이트홀》→《퀘이샤》→《황금알 대일(大一)》의 과정을 겪고 《황금알 대일(大一)》이 폭발을 일으켜 태양성(太陽星)과 폭발시 잔해 물질로써 2성(星)~3성(星)을 탄생시킨다. 이렇게 탄생된 태양성(太陽星) 포함 3, 4성(星)을 부처님들의 진신(眞身) 3, 4성(星)이라고 한다. 이러한 불(佛)의 진신(眞身) 3, 4성(星)이 태어났을 때를 《태양수(太陽數) 9》를 이루었다고 한다.

　이 장에서의 《태양수(太陽數) 9》는 진신(眞身) 3성(星)을 이루고 《목동자리》 성단에 자리한 《관음궁》으로 이름되는 《관세음보살님 1세》이신 《운뢰음수왕화지불(佛)》의 《태양수(太陽數) 9》를 뜻하며 이와 같은 《운뢰음수왕화지불(佛)》 진신삼성(眞身三星)에서 생산되어 분출되는 많은 복합 원소들이 이합집산하여 물질(物質)을 만들어 공간(空間)에 흩어져 있는 상태를 《태음수(太陰數) 6》이라고 하는 것이다. 즉, 태양수(太陽數) 9와 태음수(太陰數) 6의 작용이란? 부처님 진신삼성(眞身三星)으로 인하여 만들어지는 복합 원소들이 물, 모래, 자갈 등의 물질(物質)로 변하여 대공(大空)의 바탕인 공간(空間)에 자리하게 되는 작용(作用)을 말하는 것이다.

ㄴ) 7의 수리(數理)
7의 수리(數理)는 천(天), 지(地), 인(人)의 우주 중 지(地)의 우주 전체를 뜻하는 수리이다.

※ 수리(數理)의 종합 〔ㄱ)+ㄴ)〕
태양수(太陽數) 9와 태음수(太陰數) 6의 작용으로 지(地)의 우주를 여시는 분의 산(山)
　이 분이 상계(上界)의 우주에서는 《목동자리 성단》에서 불(佛)을 이루시고 《운뢰음수왕화지불(佛)》로 자리하신 《관세음보살 1세》로서 수리(數理)에서는 노고단(老姑壇)이 《관세음보살 1세》의 산(山)임을 알려 주고 있는 것이다.

說注 1

　　천지인(天地人) 우주 구분 중 천(天)과 인(人)의 우주는 석가모니 하나님 부처님께서 분신불(分身佛)이신 《아미타불(佛)》과 육신불(肉身佛)이신 다보불(佛)과 함께 직접 주도 하시는 우주이며, 지(地)의 우주는 석가모니 하나님 부처님의 우주적인 장자(長者)이신 《노사나불(佛)》과 《관음불(佛)》에 의해 만들어져 가는 것이다. 지(地)의 우주는 《노사나불(佛)》 주도로 지(地)의 우주가 만들어지나 별(星)들의 표면인 물질(物質)들은 대부분 《관음불(佛)》들이신 《관세음보살님》들께서 만들어 태음수(太陰數) 6의 상태로 공간(空間)에 흩어져 있게 되면 이들을 끌어 모아 별(星)들로 탄생시키는 일은 주로 《노사나불(佛)》 주도로 일어나는 것이다.

※ 노고단(老姑壇)을 일명 《할미단》이라고 하며 《할미》는 국모(國母)이신 《서술성모》로 이름한다는 기록이 있다. 이러한 《서술성모》가 곧 《관세음보살 1세》이며 이때 《석가모니 하나님 부처님》께서 《신라》 시조왕 《박혁거세》로 이름하고 오신 때이다. 또한, 이때의 기록으로 『《박혁거세》는 어머니이신 선도성모를 모시고 제사를 올린 곳』으로 노고단(老姑壇)을 이름하고 있다. 이때의 《선도성모》가 바로 《석가모니 하나님 부처님》의 어머니(母)이신 《대관세음보살》이신 것이다.

　　《서술성모》로 이름하셨던 《관세음보살님 1세》에게는 우주적인 두 딸이 있다. 그 중 한분이 《카시오페아 성단》을 이루고 계시는 《정화수왕지불(佛)》이며 작은 딸이 《백의관음》으로서 바로 《천왕봉》의 주인이 되시는 분이다. 이러한 《서술성모》가 천일궁(天一宮)에 계실 때의 이름이 《마고》이며 이때 석가모니 하나님 부처님 육신불(肉身佛)이신 《다보불(佛)》께서 《마누법전》으로 유명한 《마누》이셨다. 고로 《마고 할매》는 노고단(老姑壇)의 주인이 되시는 것이다.

② 천왕봉(天王峰, 1916.77m)
천왕봉 높이 1916.77m의 수리(數理)적인 뜻.

ㄱ) 19의 수리(數理)
19의 수리(數理)는 십거일적(十鉅一積)을 뜻하는 수리(數理)이다.

※ 십거일적(十鉅一積)이란?
　우리들 태양성(太陽星)이 탄생한 이후부터 활발한 활동을 한 기간이 50억 년(億年), 핵(核)의 붕괴 기간 5억 년(億年)이 끝이 난 지상(地上)의 서기 2000년까지 55억 년(億年)을 《십거(十鉅)》의 기간이라고 하며 이후 핵(核)의 붕괴분이 《커블랙홀》을 이루고 천궁(天宮)의 변화상을 모두 겪을 때까지를 《일적(一積)》의 기간이라 한다. 《일적(一積)》의 기간 마지막에 이루는 《황금알 대일(大一)》이 폭발하면 새로운 노사나불(佛)의 태양성(太陽星)이 탄생하며 이후 일정기간에 걸쳐 <u>중앙천궁(中央天宮)을 탄생시켜 《중앙천궁상궁(中央天宮上宮)》과 함께 양음(陽陰) 궁(宮)을 이루어 후천우주(後天宇宙)의 하늘(天)이 된다.</u> 이 때 비로소 《노사나불(佛)》께서 지(地)의 우주 《하느님》이 되시는 것이다.

ㄴ) 1의 수리(數理)
1의 수리(數理)는 《노사나불(佛)》을 뜻하는 수리이다.

ㄷ) 6의 수리(數理)
6의 수리는 지(地)의 우주 회전길인 1-4-1의 길을 뜻하는 수리이다.

ㄹ) 77의 수리(數理)
77의 수리(數理)는 7,7,7,7,7,7,7의 우주인 지삼삼(地三三) 우주를 뜻하는 수리이다.

※ <u>수리(數理)의 종합 [ㄱ)+ㄴ)+ㄷ)+ㄹ)]</u>
<u>십거일적(十鉅一積)을 이루신 중앙천궁(中央天宮)을 이루신 노사나불(佛)을 축으로 한 1-4-1의 길에 있는 지삼삼(地三三) 우주에서 성불을 이루실 분의 산(山)</u>
　이 분이 관세음보살 1세의 둘째 딸로 태어난 《백의관음》으로서 <u>천왕봉은 《백의</u>

관음》의 산(山)이 되는 것이다.

　천왕봉 수리에서 정확히 드러나 있듯이, 《백의관음》은 향후 100억 년(億年) 후에나 만들어지는 우주인 지삼삼(地三三)우주에서 성불(成佛)할 것임이 운명적으로 결정이 되어 있는 줄도 모르고 대마왕(大魔王)이 되어 그의 수하 마왕들로 하여금 이미 오래전에 《백두대간》을 드러내고 진리(眞理)를 조작하여 백두대간이 백두산으로부터 지리 산맥이 포함된 것으로 하여 천상(天上)의 근간(根幹)을 송두리째 흔들어 놓고 지상(地上)에서는 관세음보살 1세와 관세음보살 2세를 끌어들여 《미륵부처님》을 제거하기 위해 광분한 자이다.

　천상(天上)의 근간(根幹)을 송두리째 흔들어 놓은 사건이 백두대간을 백두산으로부터 태백산을 거쳐 지리산으로 빠지게 하여 놓으면 천지인(天地人) 우주 구분 중 인(人)의 우주를 주도하는 석가모니 하나님 부처님과 육신불(佛)이신 《다보불(佛)》이 지(地)의 우주 창조를 하는 《노사나불(佛)》과 《관세음보살님》의 아래에 있게 됨으로써 원천 창조주이신 《석가모니 하나님 부처님》위에 《관세음보살님》들이 존재한다는 뜻이 되는 것이다. 즉, 《양음(陽陰)》이 《음양(陰陽)》으로 바뀌면서 음(陰)이 우주 창조를 주도하였기 때문에 《석가모니 하나님 부처님》보다는 《관세음보살 1세》가 더 높은 원천 창조주라는 뜻이 되는 것이다. 이러한 터무니없는 논리를 없애기 위해 필자의 저서 《묘법연화의 실상의 법》에서 《개천 이전(開天以前)》의 정명궁(正明宮)과 진명궁(眞明宮) 관계를 소상히 밝힌 것이다.

　이후 《미륵부처님》께서 《우주 쿠데타》의 주인공들인 《신들의 전쟁》주동자 마왕들을 모두 처단한 후 이러한 엉터리 논리를 앞세운 《백의관음》일당과 어머님들이신 관세음보살 1세와 관세음보살 2세에 의해 근 1년간을 말로 표현할 수 없는 시달림을 받았다. 미륵부처의 목숨을 낳아주신 어머님들께서 명(命)을 가져가시고자 하는 데는 어쩔 수 없는 노릇이었으나 그 분들이 주장하시는 바가 석가모니 하나님 부처님 법(法)의 체계를 송두리째 뒤엎고자 하는 데는 동조를 할 수 없어 아버님이신 석가모니 하나님 부처님의 법(法) 수호 차원에서 미륵불(佛)도 과감히 어머님들과 맞서서 싸우게 된 것이다.

　이후 미륵부처는 《백의관음》일당들과 수하 마왕들을 모두 처단하고 어머님들에게는 깊은 참회를 요구한 것이다. 그러나 어머님들은 참회를 거부하고 끝까지 석가모니 하나님 부처님과 맞서다가 끝내 영원히 돌아올 수 없는 곳으로 가고 말은 것이다.

이와 같은 진리(眞理)를 왜곡한《백두대간》사건 때문에 미륵불(佛)은 세세생생 윤회의 과정에서 그를 낳아주신 두 분의 어머님을 잃고 말은 것이다. 이분들이 왜곡된 진리(眞理)를 가지고 승리하였다면 지상(地上)의 한반도 땅의 남한(南韓)은 크나큰 재앙(災殃)에 휘말리게 되어 있었던 것이다.

천상의 일들은 석가모니 하나님 부처님의 도움으로《미륵불》이 모두 평정하였다. 그러나 지상(地上)의 일들은 남한(南韓)사회를 살아가고 있는 분들의 몫으로 남았다. 하루 빨리《백두대간》을 진리(眞理)대로 바로 하고 그대들 사회를 곰곰이 들여다보면 천상(天上)의 근간이 흔들렸던 때의 잔해가 그대들 눈앞에도 보일 것이니 이들을 정리하는 것이《아리랑 고개》때까지라도 그대들 사회 체제가 유지될 것으로《미륵불(佛)》은 알고 충고를 드리는 것이다.

③ 반야봉(般若峰, 1751m)
반야봉(般若峰) 높이 1751m의 수리(數理)적인 뜻

ㄱ) 1의 수리(數理)
1의 수리(數理)는 중앙천궁(中央天宮)에서 지(地)의 우주《하느님》으로 자리하신 노사나불(佛)을 뜻하는 수리(數理)이다.

ㄴ) 7의 수리(數理)
7의 수리(數理)는 지이일(地二一) 우주를 뜻하는 수리(數理)이다.

ㄷ) 5의 수리(數理)
5의 수리(數理)는 4-1의 길을 뜻하는 수리(數理)이다.

ㄹ) 1의 수리(數理)

1의 수리(數理)는 약사유리광불(佛)을 뜻하는 수리(數理)이다.

※ 수리(數理)의 종합 〔ㄱ)+ㄴ)+ㄷ)+ㄹ)〕
노사나불(佛) 하느님을 축으로 하여 자리한 지이일(地二一)우주에서 4-1의 길을 이루고 자리하신 약사유리광불(佛)

즉, 이 뜻은 반야봉(般若峰)이 곧 《약사유리광불(佛)》의 산(山)이라는 뜻이다.

說注 2

《천왕봉》이 천상(天上)의 주인공인 《백의관음》의 산(山)임을 천왕봉 수리편에서 밝혀 드렸다. 《천왕봉》의 서쪽에 《반야봉》이 자리하게 된 연유는 반야(般若)에 그 뜻이 들어 있다. 반야(般若)는 《지혜(智慧)의 완성》을 이름하는 용어이다.

즉, 《천왕봉》의 주인공인 《백의관음》이 《지혜(智慧)의 완성》을 이루면 《중앙천궁(中央天宮)》에 자리하신 노사나불(佛) 하느님을 축으로 한 지이일(地二一) 우주에서 4-1의 길을 이루고 자리하신 《약사유리광불(佛)》께서 계시는 천궁(天宮)으로 들어가 《보살마하살》의 과정을 겪고 세간(世間)에 법궁(法宮)을 가지고 나와서 만 가지 덕(德)을 쌓은 행(行)을 하였을 때 이후라야 지삼삼(地三三) 우주에서 비로소 성불(成佛)할 수 있다는 뜻을 반야봉(般若峰)이 하고 있는 것이다.

중앙천궁(中央天宮)이나 약사유리광불(佛)의 우주인 지이일(地二一) 우주나 《백의관음》이 성불(成佛)할 지삼삼(地三三) 우주가 모두 지(地)의 우주 진화의 길에 있는 것이다. 이 때문에 《지리산맥》이 《지리(地理)》를 가지고 있는 산맥이라고 수리(數理)에서 설명을 하고 있는 것이다.

지금까지 산(山)의 높이에 내재된 수리(數理)의 뜻에 나타난 바와 같이 지구(地球)의 중심에 자리한 한반도는 천상(天上)과 연결된 곳이기 때문에 한반도의 이치가 곧 천상(天上)의 이치임을 바로 아시고 한반도 내(內)의 산맥과 산의 명칭 등은 함부로 인위적으로 바꾸거나 왜곡을 하게 되면 천상(天上)뿐만 아니라 지상(地上)에서도 큰 재앙(災殃)이 따르게 된다는 사실을 깊이 인식하시기 바라며 지상(地上)에서의 인위적인 개발은 당시의 인연법을 따르는 것이 통례이나 높은 산은 되도록이면 개발에서 제외하시는 것이 옳을 것이다.

4) 미륵부처(佛)와 아나법화연수원

이제는 필자의 이야기를 말씀드려야 할 차례인 것 같다. 《석가모니 하나님 부처님》께서 석가모니 부처님으로 오신 이후 《신라》시조 《박혁거세왕》으로 오셨을 때 필자도 《박혁거세왕》의 아들로 태어난 적이 있으며, 훗날 《의상(義湘)》으로 와서 《원효대사》와 함께 신라 불교(佛敎)를 꽃피우게 하였을 때 공헌을 한 바가 있다. 이때는 승단(僧團)에 《북두칠성(北斗七星)》의 다섯째 부처님 이신 《염정(廉貞)》부처님께서 여러분들이 잘 아시는 《원효대사》로 이름하고 오셨던 때로써, 이때 《원효대사》님의 보살핌을 상당히 받은 것이다.

이후 현생(現生)에 육신(肉身)을 가지고 태어난 필자는 청년기까지는 상당히 불우한 삶을 살다가 필자의 나이 54세가 되어서야 비로소 전생 삶에 대해 눈을 뜨기 시작했다. 이때까지는 필자를 보호하기 위해 아버님이신 석가모니 하나님 부처님께서 필자의 내면에 있는 전생(前生) 기록을 철두철미하게 지운 탓인지 전생(前生)에 대한 기억은 전혀 할 수가 없는 평범한 한 인간으로 굴곡 많은 삶을 살은 것이었다. 이후 54세부터 60세까지의 6년간은 엄청난 업(業)의 태풍에 휘말려 그때까지 경영하던 회사를 부도내고 회사 경영 때 《견질용》으로 맡겨둔 1장의 《당좌수표》 때문에 3년형을 선고받고 2년 2개월의 옥고를 치르는 엄청난 형벌의 기간을 보냈었다.

이러한 옥고를 치르는 동안 우연히 옆 사람의 권유에 의해 읽은 책이 《우파니샤드》였다. 이와 같은 《우파니샤드》책을 읽는 순간 모든 용어가 필자가 잘 아는 용어로 되어 있어 해석도 쉽게 하면서 읽던 중 《브리하다란 야까 우파니샤드》편에 들어갔을 때 어디서 많이 본 듯한 내용이어서 계속 읽던 중 필자의 눈에서는 눈물이 흐르기 시작하였다. 이때 비로소 전생(前生) 기억이 살아난 것이었다. 이《브리하다란 야까 우파니샤드》는 필자가 《라후라》로 태어나기 이전 한때 《문수보살》의 제자로 있을 당시 《야자발끼야》로 이름하고 필자의 전생(前生) 《야자발끼야》가 지은 것임이 생각이 난 것이다.

　이때 필자 전생(前生)의 기억이 60% 정도 살아난 것이며, 이후 조금씩 조금씩 전생(前生) 기억이 살아나 《옥문(獄門)》을 나설 때는 거의 90%이상의 전생기억이 살아난 것이었다. 전생기억이 60% 정도 살아난 이후부터 《옥(獄)》 속에서 집필을 시작하여 《옥문(獄門)》을 나섰을 때는 집필한 원고 분량이 상당한 량이 되어 있었다.

　이때까지 《옥고(獄苦)》를 치른 장면을 《이조 중엽》 연등불(佛)께서 《남사고(南師古)》라 이름하고 오셔서 남기신 《격암유록》 《3. 계룡론(鷄龍論)》에서 다음과 같이 말씀을 남기고 있다.

　　　"『좋은 일에 마귀가 방해하여 성인(聖人)이라 할지라도 감옥에 들어가네. 만약 성인이 이를 참지 못하고 감옥을 깨뜨리고 나오면 백 명의 조상 가운데 한 자손이 살아남는 환란이 일어나네.
　　　　삼 년간의 옥고를 마치고 나오면 십승(十勝)에서 불사영생함이 나오네. 감옥에 들어가지 않으면 안되고, 죽는다 해도 다음 운수는 이와 같이 십승(十勝)으로 출현하네. 백 명의 조상 가운데 열 명의 자손이 살아남는 좋은 운수이네.』"

　이와 같이 하여 필자가 《옥문(獄門)》을 나섰을 때는 필자의 뒷바라지를 하느라고 집안의 형편은 어려울 대로 어려워 온 가족의 고통은 이루 말로 표현할 수 없는 지경이었다. 그러던 어느 날 필자는 《부인》을 따로 불러 내가 옥중에서 집필하던 일을 10년만 할 수 있도록 하여 달라고 염치도 없이 통사정을 하였다. 필자의 얘기를 들은 《부인》은 본래부터 심성이 착한 분이라 아이들도 있고 하니 사는 것은 어찌 살아도 살 것이니 뜻한 바대로 일을 하시라고 쾌히 동의를 하여 준 덕분에 오늘날 《석가모니 부처님》불법(佛法)을 해설하여 《방등경(方等經)》을 펼칠 수가 있은 것이다.

　이렇듯 6년간의 업(業)의 태풍은 가혹한 것이었으며, 이 업(業)의 태풍이 부처(佛)를 이루기 전에 치러야 하는 태풍이었음을 훗날 알게 되었다. 이로써 필자는 전생(前生) 기억을 100% 모두 찾고 부처(佛)를 이루어 《미륵불(佛)》이 되었으나, 이를 감추고 그동안《옥(獄)》속에서 집필하였던 원고를 정리하여 필자의 성불(成佛) 시점과 맞추어 처음으로 2권으로 된《실상의 법》을 출간하여 세상에 내어놓게 되었다. 이후 집안에서 계속 집필을 할 수가 없어서 따로 조그마한 법당(法堂)과 함께 출판 업무를 볼 수 있는 사무실을 얻어《아나법화연수원》이라 이름하였다.

그러나 이때 대마왕들은 이미 필자의 주위에 몰려와 있었던 것이다. 문수사리 3세는《문수보살》의 아들로서 문수사리 3세가 된 자이다. 이러한 문수사리 3세는 이후 필자와 혈연관계를 맺은 자(者)로서 한때는《아나법화연수원》에서 모든 도서들의 출판 업무를 맡았던 때도 있었다. 필자는 원고만 쓰고 출판 업무는 그에게 일임하여 두었는데, 처음으로 출간된《실상의 법》을 시간을 내어 살펴보니 틀린 글자 투성이에 내용도 틀린 부분이 상당수 발견이 되었다. 이러한 일이 일어난 원인이 필자 역시 처음 부처를 이루고 전생(前生) 기억에 의지해 집필을 하다 보니 경험 미숙으로 약간의 틀린 부분이 있었는데, 문제가 책 출간 전의《교정》에 있었다. 즉, 이러한《교정》을 볼 때, 무려 10회를 넘게 교정을 하였는데, 교정을 할 때마다 그 내용이 달라지거나 틀린 글자들이 발생한 것이다. 출판될 시간은 닥쳐오는데《교정》은 바로 되지 않고 하여 이 모든 일들이 마왕들의 조직적인 방해로 간주하고 책의 출판을 지시한 필자에게 그 잘못이 있었던 것이다.

이로써 그 이후에도《실상의 법》은 첫 출간의 실패로 인하여 다시 4권짜리로《개정판》이 출간되었으나, 이 역시 처음 출간한 "예"와 같이 실패로 돌아간 것이다. 이후《실상의 법》이 출간된 뒤를 따라 출간된《남사고 비결 천부수리 해설》《격암유록 上, 下》,《문명권 신화속의 숨겨진 진리 Ⅰ, Ⅱ, Ⅲ, Ⅳ》권 모두가 똑같은 이유로 실패를 한 실패작들이 되고 만 것이다.

이때 아나법화연수원에 몰려와 있던 대마왕들이《문수사리 3세》를 비롯하여《천관파군》,《마리아》,《아프로디테》등이 인간 육신을 가지고 와서 필자의 주위에 포진하고 있었다 보니 그들의 손에서 필자가 써 준 원고본이 출판과정의 교정을 거칠 때 올바른 교정이 이루어지지 못하는 것은 당연한 것이었다.

미륵부처는 부처된 지 얼마 되지 않아 순진할 대로 순진한 입장이었기 때문에, 당시 신(神)들의 전쟁 실상은 모두 파악하고 있었으나 그들 대마왕들이 인간 육신

(肉身)을 가지고 필자의 곁으로 온다는 것은 상상도 하지 못하였던 때였으며, 일정한 기간이 흐른 후 그들의 내면 모두를 파악하였을 때는 그들을 교화(敎化)시킬 생각으로 그들을 달래고 채찍질하여 보았으나 모두 허사였고, 오히려 그들 중《천관파군》과《마리아》는 한때 아나법화연수원의 모든 신도들을 끌고 나가《가짜 미륵》운운하면서 불교계 인사들과 합세하여 필자와 아나법화연수원을 악선전하는 바람에 한때 아나법화연수원에는 개미새끼 한 마리도 얼씬하지 않는 세월을 2년을 보낸 것이다.

 이들 마왕들이 노린 목적은 필자의 저서를 엉터리로 만들어 필자를 세상의 웃음거리로 만드는 것과《아나법화연수원》의 파산을 목표로 하였던 것이다. 이 결과,《아나법화연수원》은 거금(巨金)을 탕진하고 빚더미에 올라 앉아 파산을 면치 못하는 입장까지 온 것이다. 이에 필자는 문수사리 3세를 비롯한 모든 관계자들로 하여금《아나법화연수원》에서 손을 떼게 하고 때마침 필자에게 공부하러와 있던《비구니》한 분만 남기고 모두 정리를 한 후 새롭게 출발하여 뼈를 깎는 고통을 감내하며, 세 번째로 한권으로 요약한 바로 된《묘법연화의 실상의 법》을 세간에 내어 놓은 후 지금까지 세간에 나가 있던 모든 책들을 회수하여 모두 소각 처분하였다. 이 와중에 일부 회수하지 못한 책을 가지신 불자(佛者)분들에게는 미륵부처가 깊은 사죄의 말씀을 올리는 것이다.

 이후《아나법화연수원》에는 새로운 식구도 들어온 관계로 그동안 집필하여 두었던 모든 원고들을 형편이 닿는 대로 책을 만들어 차례로 세간에 드러 내놓은 한편, 필자도 총력을 쏟아《법화 4부경》모두를 해설하여《방등경(方等經)》으로 전환시키는데 성공한 것이다. 이러한 성공이 있기 까지가 7년이 소요된 것이며, 이 또한 천상(天上)의 도움으로 성공을 한 것이며, 이 기간 내에 지금까지 강의를 하면서 구분하였던 대부분의《대마왕》들이《아나법화연수원》을 거쳐 간 것이며, 이들이《아나법화연수원》에서 행(行)한 못된 짓들을 일일이 열거할 수가 없을 정도이다.

 사정이 이렇다 보니 어찌《아나법화연수원》이 온전하겠는가? 그래도 내 아버님이신 석가모니 하나님 부처님의 숭고한 뜻이 담긴《불법(佛法)》을 지키겠다는 일념이 모든 고통을 이겨내고 오늘날까지《아나법화연수원》은 존재를 하고 있는 것이다.

　《방등경(方等經)》들을 한권한권 출간하면서 집필이 모두 마쳐진 이후부터는 본격적으로 《대마왕》들과의 전쟁이 시작된 것이다. 마왕들이 획책한 전쟁의 궁극적 목표는 《미륵부처》와 《아나법화연수원》 관계자들의 목숨을 앗아가는 것이었다.

　이러한 전쟁 기간 동안 3년간을 하루도 편하게 잠자리에 든 적이 없다. 내면(內面)으로 《염력》으로 치르는 전쟁이 되다 보니 겉모습은 멀쩡하나 내면(內面)은 만신창이가 되고 내면(內面)이 황폐하여지면 《육신(肉身)》의 고통이 따르고 하는 세월을 미륵부처는 감내를 할 수 있었으나, 《법력》이 약한 《아나법화연수원》 관계자들은 하루에도 두세 번은 목숨의 위협을 받고 구차한 육신(肉身)의 삶을 살아가는 와중에 필자는 2년간을 눈뜬 《당달봉사》 생활을 한 것이다. 즉, 지금 의술로도 간단히 끝날 수 있는 눈 수술을 2년간을 하지 못하고 어두운 생활을 한 것이다. 수술을 할 수 없었던 이유는 《대마왕》들이 눈 수술 때에 의사의 실수를 유도하여 《실명(失明)》케 하고져 하는 《대마왕》들의 흉계 때문에 《천상(天上)》에서 하지 못하게 하였기 때문이다. 대마왕들의 법력은 이러한 일을 하는 것은 식은 죽 먹기보다도 쉬운 일이었기 때문에, 그때마다 천상(天上)의 명령을 따라 화(禍)를 면할 수 있었기 때문이었다.

　이들이 미륵부처의 목숨을 노려 때로는 개개의 대마왕들이 때로는 대마왕들이 연합하여 미륵부처의 목숨을 노려보았으나 그때마다 그들 대마왕들이 패하고 보니, 이번 《묘법연화 방등경》 설법(說法)에 앞서 현재 진행하고 있는 모든 우주간의 비밀과 대마왕들 스스로의 야망들을 폭로하는 이 강의의 원고를 쓰지 못하게 하여 그들의 악랄한 모든 행(行)이 대중들에게 드러나지 않게 하기 위해 그들 대마왕들은 필사적으로 방해하다보니, 그러한 일들이 파생된 것이다. 천상(天上)의 도움으로 미륵부처도 시력(視力)을 회복하였다.

　이러한 이후 미륵부처는 결심을 한 것이다. 순리(順理)를 따라 진화하는 모든 중생 무리들을 위해 대마왕들을 비롯한 그 하수인 마왕들은 모두 제거하는 것이 옳다는 판단을 내리고 천상(天上)의 허락을 얻은 후 지금까지 기술한 신(神)들의 전쟁으로 《우주 쿠데타》를 일으켰던 모든 대마왕들과 그 하수인 마왕들을 모두 처단하기로 결심한 후, 이들 모두를 차례로 처단하여 영원히 빛을 보지 못하는 무간지옥의 티끌로 사라지게 조치하였다. 이러한 와중에 최대 악질마왕 8명은 석가모니 하나님 부처님께서 직접 처단하여 천상(天上)의 족보마저 불태우고 티끌도 남지 않는 영원한 죽음의 세계에 들게 하신 것이다. 이로써《우주 쿠데타》는 미륵부처의 뜻에 의해 모두 진압된 것이다.

악(惡)을 근본 바탕으로 한 자는 지혜(智慧)가 아무리 출중하고 신통력이 자재하여도 부처님(佛)들을 당할 수 없다는 것을 알고 미륵부처의 충고를 듣지 않고 마왕짓을 계속할 때 모든 마왕들은 파멸의 길로 가고 만다는 사실을 깊이 아시기 바란다. 악(惡)을 근본 바탕으로 한 자는 욕망에 의한 집착을 할 때 한순간 마왕으로 변한다는 진리는 불변이니, 부디 그대들 악(惡)의 근본 바탕을 깊이 참회하고 그대들 스스로 내재되어 있는 암흑물질을 걷어내기 위한 피나는 노력을 하였을 때 비로소 착함인 선(善)의 근본 바탕으로 돌아온다는 사실을 아시고, 그렇게 한 후 불법(佛法) 일치된 완전한 깨달음의 자리에 들었을 때 그대들이 바라는 바가 자연히 이루어진다는 사실을 새삼 일깨우는 것이다.

5) 미륵부처(佛)의 당부

지금까지 장황하리만치 길게 우주간의 비밀한 내용과 지상(地上)에서 진행된 인류 북반구 문명의 실상을 여러분들에게 밝힌 이유는 우주간 어디서든지 다시는 지상(地上)에서 전개된 욕망(慾望)과 집착(執着)에 의한 신(神)들의 전쟁과 같은 일이 없어야 되겠기 때문에, 이의 실상을 낱낱이 밝히는 것이다. 인간 세상이 펼쳐지는 모든 곳에서는 두 번 다시 일어나지 말아야 할 일들이기 때문에 우주간의 모든 부처님들과 보살님들과 인간 무리들과 1-2의 진화의 길에 있는 인간 무리들과 제신(諸神)들께 감히 미륵이 몇 말씀 올리겠습니다.

대공(大空)은 모두가 석가모니 하나님 부처님의 몸(身)이라는 사실과 우주간의 모든 별(星)들은 석가모니 비로자나불(佛) 개천 이전의《하나님》과 개천 이후《석가모니 하나님 부처님》자비에 의해 만들어진다는 사실을 잊지 마시기 바랍니다. 그리고 1-2의 진화의 길은 우주 탄생의 과정에서 불가피하게 만들어진다는 사실을 아시고, 욕망에 집착하는 진화를 하지 마시고 순리를 따라 석가모니 하나님 부처님의 법(法) 테두리 안에서 진화를 모색하시라는 말씀을 드리고 싶습니다.

특히, 우주간의 모든 분들께서는 《욕망》에 따라 《집착》을 하면 부처님들마저 《대마왕》으로 돌변한다는 사실을 말씀드리고 모든 마왕들과 제신(諸神)들께서는 욕망에 따라 집착을 하여 일순간 바라는 바대로 그 일이 이루어질 수 있으나, 결국은 허물어져 파멸의 길로 가야 한다는 점을 강조드리고 싶습니다.

원천 창조주이신 석가모니 하나님 부처님께서 진정으로 바라시는 것은 대공 내(大空內)의 모든 암흑물질을 빛의 세계로 끌어내어 진화시킴으로써 영원한 열반(涅槃)의 자리에 영원히 머물게 하시고자 하는 숭고한 뜻을 가지고 계신다는 점도 아울러 아시기 바랍니다.

대마왕들이 석가모니 하나님 부처님의 법(法)과 뜻을 어기고 반역하여도 원천 창조주의 의지에 따라 만들어지는 우주를 결코 정복할 수 없으며, 《석가모니 하나님 부처님》을 이길 수 없다는 점을 깊이 인식하시고 순리를 따를 것을 재차 강조 드리는 것입니다. 《욕망》은 허망한 것이며, 《집착》은 파멸만 몰고 온다는 진리(眞理)를 결코 잊지 마시고 두 번 다시 인간들의 세상이 펼쳐지는 곳에서는 지상(地上)의 인류 북반구 문명기에서 일어난 《우주 쿠데타》같은 어리석은 일들은 벌어지지 않기를 간절히 기원 드립니다.

아울러 지상(地上)에 있는 모든 종교(宗敎) 단체를 이끌고 계시는 분들께 미륵이 다시 한번 더 당부의 말씀을 드립니다. 여러분들께는 마지막 기회가 주어진 사실을 미륵부처가 분명히 하며 몇 말씀 드립니다.

지상(地上)이나 우주간이나 진리(眞理)의 법(法)은 오로지 《석가모니 하나님 부처님》의 불법(佛法) 밖에는 없습니다. 지금까지 기술한 바와 같이 그대들은 하나같이 대마왕들의 하수인이 되어 이익 집단으로 변하여 있습니다. 그대들이 신앙하고 따르던 자들은 하나같이 대마왕들로서 미륵부처가 천상(天上)의 허락을 얻어 모두 처단하였습니다.

그러나 여러분들은 두려워하지 마시고 불법(佛法)의 테두리에 들어와 그대들 종교 단체의 특성을 살려 이때까지 그대들에게 가르침을 구하던 백성들을 다시 교육하십시오. 그 길만이 그대들 종교 단체를 이끌고 있는 분들이 지난 죄업을 씻고 그대들을 따르던 백성들과 함께 석가모니 하나님 부처님의 구원을 받을 수가 있습니다.

지상(地上)의 문명기 종말은 이제 10년도 남지 않았습니다. 이번 진화기가 지상(地上)에서는 마지막 진화기가 되는 것입니다. 그대들을 믿고 따르는 백성들을 위해 그대들에게 마지막 기회를 드리고 당부하는 뜻을 깊이 헤아리시기 바랍니다. 이러한 기회를 놓치면 그대들은 100억 년(億年) 바깥의 암흑물질인 티끌로 돌아가야 하는 천상(天上)의 원칙은 이미 세워졌음을 진행을 하면서 밝혀 드렸습니다. 지금부터 그대들을 따르는 백성들에게 진지하게 교육하면 1년 안에 대부분의 백성들이 석가모니 하나님 부처님께서 행(行)하시는 구원의 대열에 들 것을 미륵부처가 다시 한번 더 밝히는 것입니다.

이러한 와중에 미륵부처는 세세생생 미륵을 낳아주셨던 세 분의 어머니(母)를 잃는 가슴 아픈 일을 당하였습니다. 하여금 이 미륵이 감히 미래세(未來世)의 《관세음보살님》들께 한 말씀 올립니다.

미륵이 알기로는 《관세음보살님》들의 역할이 우주간의 모든 중생들에게 생명(生命)을 부여하고 가치없는 생명(生命)에 대하여는 이를 파괴하시는 임무를 가지신 것으로 알고 있습니다. 이러한 임무를 혹자들은 《권세》라고 합니다. 《관세음보살님》들께서는 오랜 세월동안 임무에 충실하시다 보니 《힘》과 《권세》에 물들어 계신 것 같아 감히 말씀을 올리는 것입니다.

《관세음보살님》의 소임이 다 마쳐지면, 다음 단계가 천궁(天宮)을 이루시고 불법(佛法) 일치된 완전한 깨달음의 길로 가시는 것이 수순으로 알고 있습니다. 이 뜻은 한 성단(星團)에 머무는 인간들 별(星)의 수가 몇 만억(萬億) 이상이 되는 것으로 미륵은 알고 있습니다. 이러한 수많은 인간들을 거느리실려면 절대 《힘》과 《권세》로는 다스릴 수 없고 오로지 부처님(佛)들의 덕(德)으로써만 다스릴 수가 있기 때문에 석가모니 하나님 부처님께서 그러한 이치를 만들어 놓으신 걸로 미륵은 이해하고 있습니다. 그렇다면 소임을 마치신 후는 미련없이 이치에 따르셔서 대성단의 왕이 되시는 것이 옳은 처사로 보입니다.

그러하니 《힘》과 《권세》 역시 허망한 것임을 감히 말씀을 올리고 힘과 권세에 집착을 일으키면 무엇이 됩니까? 이 때문에 소생은 세 분의 어머님을 잃은 것입니다.

부디 소임이 마쳐지면 미련없이 만덕(萬德)을 쌓는 훌륭한 왕의 자리로 가십시오. 소생 미륵은 《권세》도 모르고 《우주 정복》도 모릅니다. 단 하나 석가모니 하나님 부처님 이신 아버님의 숭고한 불법(佛法) 수호하는 한 가지 뜻밖에는 없습니다. 이 때문에 석가모니 하나님 부처님의 아들들이신 모든 부처님들과는 달리 《분신(分身)》의 아들로 태어난 것이 아닙니까?

하나의 꿈이 있다면 아버님 부처님의 법(法)을 수호하면서 조용히 중생들을 깨우치며 지나고 싶은 꿈 밖에는 없습니다. 이러한 미륵을 미워하시지 말고 미륵의 당부에 미래세(未來世)의 모든 《관세음보살님》들께서 귀 기울여 주셨으면 하여 한 말씀을 올리는 것입니다.

이로써 소생 미륵은 부처(佛)의 업보(業報)가 10년(年)이 가는 엄청난 업보를 지녔음을 새삼 깨닫고 이제 때가 오면 《묘법연화 방등경(方等經)》 본문 강의로 들어가겠습니다.

석가모니 아버님 부처님께서 《묘법연화》를 설(說)하실 때 퇴장하는 오천의 비구 무리 못지않게 모든 마(魔)들을 항복받고 가볍게 《묘법연화 방등경》 강의에 들어갈 수 있게 도와주신 많은 분들과 특히 미륵이 《옥문(獄門)》을 나와 집필을 시작할 때 대형 죽필과 중, 소 죽필을 한 아름 가져오셔서 펼쳐 놓고 "이제 그대가 하고 싶은 말과 쓰고 싶은 것을 마음껏 써보게"하고 격려하여 주시던 《염정부처님》이신 《원효대사님》께 마음을 담아 인사를 드립니다. 그리고 석가모니 하나님 부처님께 삼배의 인사를 올리는 바이옵니다.

※ 미륵부처님의 특별 당부의 말씀

지금까지 업장소멸 기도에 《관세음보살》기도와 《북두칠성연명경》기도를 권유하여 왔으나 천상(天上)의 대변동 사항으로 인하여 몇 가지 당부의 말씀을 드리고자 한다.

지금까지는 《관세음보살》참회기도와 더러 《지장보살》기도에 임하시던 분들이 이때까지는 기도의 영험과 가피를 얻으셨으나 오늘 이후부터 《관세음보살》기도와 《지장보살》기도는 일체 중지하실 것을 말씀드린다. 《관세음보살 1세, 2세, 3세》와 《지장보살 1세》는 천상(天上)의 석가모니 하나님 부처님 법에 반역한 것이 지상(地上)에서 드러나 모두 무간지옥의 티끌로 사라진 상태이며 《지장보살 2세와 3세》는 아직 공부하는 단계라 기도하는 분들의 청을 들어 줄 수 없는 상태이다. 이렇듯 우주간에는 《관세음보살》과 《지장보살 1세》는 존재하지 않으니 기도를 하여도 헛기도가 되어 수고로움만 더하기 때문에 알리는 바이며 이러한 사항도 모르는 《사찰》의 《승려》들이 오늘 이후 이분들 기도를 여러분들께 권유하면 절대 속지 마시기 바란다.

추후 참회 기도법은 인터넷을 통하여 알려 드리되 시간이 조금 필요한 상태이다. 아울러 지금까지 세간에 나와 있는 모든 〔상용(常用) 불교의범(佛敎義範)〕들과 각 종파들이 가지고 있는 의식집들이 통일되지 못하고 오히려 불법(佛法) 왜곡과 혹세무민하는 내용들로 꾸며져 있어 새로이 미륵 부처님께서 바른 의식집을 만들어 세간에 발표를 할 예정임을 알려 드립니다.

　　　　　　　　　　　나무 석가모니 하나님 부처님
　　　　　　　　　　　나무 석가모니 하나님 부처님
　　　　　　　　　　　나무 석가모니 하나님 부처님

제 2 장
『천상(天上)의 음모와 태극기(太極旗)』

1. 천상(天上)의 비밀과 태극기(太極旗)

　한반도(韓半島)가 법공(法空)과 대공(大空)의 중심점(中心點)인 ○(ZERO)지점에 위치한 지구(地球)에 있어서 지구(地球)의 중심(中心)에 있는 월지(月支)임을 지금까지 강의를 하면서 밝혀왔다. 즉, 이 뜻은 광대무변한 전체우주(宇宙)에 있어서 중심(中心)중의 중심(中心)을 이루고 있는 것이 한반도(韓半島)란 뜻이다. 이러한 《한반도》에서 거주하는 인간들이 《스키타이》, 《구려족》, 《곰족》등 셋이 하나 된 《한민족(韓民族)》으로서 천손 민족임도 아울러 밝힌 바 있다.

　지금의 때로 봐서 이와 같은 《한반도》 땅에는 지구문명의 마지막 때인 《아리랑》고개의 때를 마무리하기 위해 지금까지 강의한 우주간(宇宙間)의 대마왕(大魔王)들과 불(佛), 보살(菩薩), 대신선(大神仙)들이 총출동하여 인간 육신(肉身)을 가지고 태어나서 여러분들과 함께 섞여 현재를 살아가고 있는 것이며, 지상(地上)의 이름난 영웅호걸들이 윤회(輪廻)하여 모두 한반도 땅에 태어나 마지막《아리랑》고개를 넘기 위해 육신(肉身)을 가지고 여러분들과 함께 섞여 현재를 살아가고 있다.

　이러한 와중에 《미륵보살》도 후천우주(後天宇宙)가 시작되는 한반도 땅의 끝머리에 있는 부산(釜山)의 장산(萇山) 밑에서 《미륵부처님》을 이루고 광대무변한 듯한 전체우주(宇宙)의 축이 되는 《백두대간(白頭大幹)》을 거론하면서 산하(山河)는 옛 그대로 자리하고 있으나 전체 우주의 축을 틀어놓은 잘못 설정된 《백두대간(白頭大幹)》의 이름을 한반도 땅에 살고 있는 한민족의 장래를 위해 지역 이기심을 접고 본래의 이치에 따른 이름으로 되돌려 놓을 것을 질타를 한 적이 있다. 이를 되돌려 놓지 않을 경우 이러한 지역 이기심을 부채질한 자들은 천상(天上)의 엄청난 재앙이 따르게 되어 있다.

　그러나 지역 이기심을 부채질한 무리는 재앙(災殃)을 받는 것은 당연한 일이나 이들 무리들 때문에 선량한 천손(天孫) 민족인 아무것도 바로 아는 바가 없는 백성들에게도 재앙이 미치기 때문에 미륵부처님이 부처(佛)의 눈으로 이를 헤아려 보고 본래의 이치에 따른 이름과 기록으로 바로 하라고 질타를 한 것이다.

　광대무변한 듯한 우주(宇宙)의 중심(中心) 중의 중심(中心)에 있는 한반도에 있어서 백두산(白頭山)으로부터 부산(釜山)의 장산(萇山)에 이르는 《백두대간(白頭大幹)》은 우주 탄생 최초의 길인 1-3-1의 길의 이치를 가지고 있다.

　이러한 우주적(宇宙的)인 이치는 현재 한반도 땅에 거주하는 인간들이 자기들 욕망(慾望)을 채우기 위해 함부로 바꿀 수 있는 이치가 아닌 우주전체의 축이 1-3-1의 길에 있는 《백두대간(白頭大幹)》으로써 우주간(宇宙間)에 수도 헤아릴 수 없는 모든 인간들의 축이 되기 때문에 이를 현재를 살아가고 있는 일부 인간 무리가 거짓 이름과 기록을 남긴다 하였을 때 천상(天上)은 우주간(宇宙間)의 수많은 인간 무리를 위해 이들 이기심에 찌든 무리들에게 재앙을 내려 마치 비유를 하면 썩은 환부를 도려내듯이 깨끗이 정리를 하는 것이다. 이 때문에 재앙(災殃)을 피하게 해주기 위해 일정한 기간의 시간을 주고 천상(天上)은 현재 그대들을 지켜보고 있다는 사실을 알려 드리는 것이다.

　지상(天上)에서 인류 북반구 문명 1만 년 기간 동안 《구석기인》이 《신석기인》으로 전환이 되고 인간이 되기까지를 소상히 밝혀 강의를 하여 드린 적이 있다. 이러한 인간(人間)들이 완전한 인간을 이루기 위해 수없는 윤회(輪廻)를 하다가 인간 진화(進化)가 상당히 이루어진 무리들이 우주의 중심 중의 중심인 한반도 땅에 인간 육신(肉身)을 가지고 태어남도 미륵부처님이 밝힌 바가 있다. 즉, 윤회(輪廻)의 최종 단계에서 《한반도(韓半島)》땅에 천손 민족(天孫民族)으로 태어나게 된다는 뜻이다.

　이러한 때에 《미륵부처님》도 한반도의 《백두대간》 끝인 부산(釜山)의 장산(萇山) 밑에서 부처님을 이루시고 후천우주(後天宇宙) 운행(運行)인 3-1-4의 길 운행(運行)을 지금 막 시작을 한 때이다. 즉, 이 뜻은 《환란기》가 시작이 되었다는 뜻이다.

　후천우주(後天宇宙) 운행(運行)의 주도는 《미륵부처님》이 하시게 되며, 이와 같은 때에 남한(南韓)과 북한(北韓)에 나누어 살고 있는 천손(天孫) 민족인 한민족(韓民族)의 구원(救援)을 위해 남한(南韓)의 국기(國旗)인 태극기(太極旗)에 숨어 있는 천상(天上)의 비밀한 뜻을 밝히고 한민족(韓民族)에게 누대로부터 전승되어오던 한(恨)의 역사를 천상(天上)의 입장으로써 그대들에게 전(傳)함으로써《환란기》인《아리랑 고개》를 무사히 넘게 하여 한민족(韓民族) 모두를 구원(救援)하고자 하는《미륵부처님》의 바램을 기록으로 남겨 전하는 것이다.

[1] 인류 구원(救援)의 실상(實相)

지금까지 지구상(地球上)에 존재하는 각종 종교(宗敎)는 대마왕(大魔王)들을《하나님》,《하느님》이라고 하여 믿고 따르고 심지어 불교마저 마왕 불교(魔王佛敎)로 전락시켜 불자(佛者) 대부분을 마왕 불자로 만들어 놓고 인류 구원을 한다고 선량한 백성들을 기만한 상세한 실례를 들어 여러분들에게 강의를 한 적이 있다.

《미륵부처님》은 우주간(宇宙間)과 세간(世間)에 있는 모든 대마왕(大魔王)들 모두를 항복받고, 일부 악질적인 대마왕(大魔王)들은 우주간(宇宙間)에 그 티끌도 남지 않은 영원한 죽음의 세계에 들게 하고, 일부 대마왕들은 그들을 영혼(靈魂) 죽음 시켜 무간지옥(無間地獄)의 티끌로 사라지게 하였으며, 일부 교화가 가능하였던 일부 마왕들은 깊은 참회를 시킨 후《미륵부처님》의 가슴에 품어 그들의 마성(魔性)을 깬 후 며칠 전《지(地)의 우주 천당(天堂)인 36궁(宮)》으로 가는 찬란한 태양선인 지이일(地二一) 우주 36궁(宮)의 태양선에 승선시켜 출발을 시킨 적이 있다.

또한 우주간과 세간에서 그동안 우주의 질서를 어지럽히고 지상(地上)의 인간들을 호도하던 대마왕(大魔王)들을 항복받고 이러한 사실을 전우주간(全宇宙間)과 지상(地上)에 공표를 하는 강의를 한 적이 있다. 이러한 강의가 있은 후에 지상(地上)에서 이들 대마왕(大魔王)들을 추종하던 이익 단체로 변한 각종 종교 단체를 면밀히 살펴본 결과, 반성하고 참회하는 기색이 전혀 없어 어느 종교를 막론하고 지상(地

上)에 있는 모든 종교단체 지도자들과 승려들과 관계자 모두의 영혼(靈魂)들을 불러내어 모두 영혼(靈魂) 죽음 시켜 무간지옥(無間地獄)의 티끌로 사라지게 조치하였다.

이러한 엄청난 벌을 자초한 이유가 대마왕(大魔王)들의 하수인 노릇을 충실히 하면서 인간들을 구원도 하지 못하고 오히려 파멸의 길로 인도하는 대마왕들을 구원의 화신인 양《하나님》,《하느님》등으로 호칭하고 일반 선량한 백성들을 믿고 따르게 하고 기만한 죄가 이유가 됨으로써 그들 영혼들은 티끌이 되어 100억 년(億年)의 긴 암흑의 터널을 지나야 하는 것이다.

이로써 영혼(靈魂)이 빠져나간 그들의 육신은 힘을 잃고 남은 삶을 빈껍데기로 살다가 육신(肉身)의 죽음을 맞이한 이후에는 그들 육신 내면(內面)의 양자(陽子)6과 전자(電子)6으로 양음(陽陰) 짝을 한 육근(六根)은 귀소본능에 의해 그들 영혼(靈魂)을 따라가서 2차 죽임을 당하여 티끌이 되어 흩어지며 이들마저 떠난 그들의 껍데기인 육신은 그들이 즐겨 말하는 자연으로 돌아가 흩어져야 하는 것이다.

이들 육신(肉身)의 삶도 이제 얼마 남지 않은 것이다. 인류들을 진정으로 모두 구원을 할 수 있는 분은《석가모니 하나님 부처님》과《작은 하나님》으로서 후천우주(後天宇宙)를 이끄시는《미륵부처님》밖에는 없다는 사실을 모든 인간들은 알아야 하는 것이다. 이 때문에《미륵부처님》을 구원(救援)의《메시아》라고 하는 것이다.

《석가모니 하나님 부처님》과《미륵부처님》께서는 불과 며칠 전 이러한 조치들을 모두 취하신 후《카시오페아 성단》과《케페우스 성단》으로부터 지상(地上)으로 진화(進化)하여 온《미국》,《러시아》,《유럽》등 세계 도처에 살고 있는 선량한 인간무리 약 250억 명(億名)의 인간 영혼(靈魂)들을 구원(救援)하여 지이일(地二一)우주 36궁(宮)으로 출발하는《지(地)의 우주 천당(天堂)인 36궁(宮)》의 찬란한 태양선(太陽船)에 승선시켜 출발을 시켰다.

이제 남은 일은 현재 가지고 있는 육신(肉身)의 삶은《환란기간》내에 어떤 형태로든 죽음을 맞이하여 일부는 영혼의 길을 따라 가고 나머지 빈껍데기 육신은 물질(物質)로 흩어져 가야 할 것이다.

이때를 맞이하여 영혼이 구원이 되어 태양선에 승선한《미국》,《러시아》,《유럽》등 세계 도처에 살고 있는 착한 인간 무리들에게 당부하고 싶은 말은 그대들의 영혼들은 이미 《석가모니 하나님 부처님》과 구원의 《메시아》로 불리우는 《미륵부처님》에 의해 구원이 되어 천당 중의 천당(天堂)의 하나인 지이일(地二一) 우주 36궁(宮)을 이룰 태양선에 승선하였으니 육신의 죽음을 어떠한 경우라도 두려워 말고 초연히 받아들이면 육신(肉身)의 그대 명(命)이 떨어지는 그 순간 그대는 찬란한 태양선(太陽船)에 타고 있다는 사실을 스스로 자각(自覺)을 하게 되어 있으니 공포나 두려움에 떨 필요가 없음을 미리 알려 드리는 것이다. 이 당부는 《미륵부처님》이 그대들에게 직접 기록으로 뜻을 전하는 것이니 추호의 의심도 하시지 말기를 아울러 당부드리는 것이다.

　석가모니 하나님 부처님과 미륵부처님께서 며칠 전 구원하여 태양선(太陽船)에 승선시킨 영혼(靈魂)들의 수(數)가 250억 명(億名)이 되는 이유는 현재 육신(肉身)을 가지고 있는 인간무리들의 영혼들이 약 14억 명(億名)이며 먼저 육신(肉身)의 죽음을 맞이하고 조상계(祖上界)에 머물고 있던 영혼들이 236억 명(億名)이 되기 때문에 약 250억 명(億名)이라고 하는 것이다.

　<u>현재 지구계(地球界)에 거주하는 인간 무리들 상당수가 구원(救援)이 되어 찬란한 《지(地)의 우주 천당(天堂)》으로 가는 태양선(太陽船)에 승선한 것이며</u>, 나머지 인간 무리들이 《환란기》인 《아리랑 고개》의 기간 동안 《미륵부처님》의 가르침을 따랐을 때 구원이 실현될 것이나 그렇지 않았을 때 영혼 죽임을 당하여 모두 100억 년(億年)의 긴 지옥고(地獄苦)를 겪으면서 진화(進化)하여야 할 것이다.

　이렇듯 석가모니 하나님 부처님과 미륵부처님께서는 현재의 때로서는 구원할 수 있는 인간들은 모두 구원을 하고 나머지 《환란기》인 《아리랑 고개》의 기간까지 중단 없이 임무를 충실히 지켜가고 계시는 것이다.

　지금까지 지상(地上)의 각 종교 단체들이 천당(天堂)을 입에 담고 인류 구원을 부르짖어 왔으나 이는 지상(地上)에 있는 모든 인간 무리들을 기만한 사기 행각이였음을 분명히 밝히는 바이며, 지상(地上)뿐만 아니라 전우주간(全宇宙間)에서 인간들을 완전히 구원할 수 있는 분들은 우주간(宇宙間)의 모든 부처님(佛)들이 되시나 우주간(宇宙間)의 이치의 전환기에는 많은 인간 무리들이 한꺼번에 처리하여야 하기 때문에 이의 몫은 원천 창조주이신 《석가모니 하나님 부처님》의 몫이며 《석가모니 하나님 부처님》을 도우는 《작은 하나님》이신 구원의 《메시아》로 이름되는 《미륵부처님》의 몫이라는 사실을 분명히 밝히는 바이다.

[2] 천상(天上)의 음모

한민족(韓民族)의 한(恨)의 시작은 BC 2000년경부터 시작된 《신(神)》들의 전쟁으로부터 시작되어 이후 대마왕(大魔王)들인 《신(神)》들로 불리우는 무리들의 《종교정복전쟁》의 결과였음을 지금까지 밝혀 왔다. 지금까지는 《신(神)》들의 전쟁이 《석가모니 하나님 부처님》의 우주간(宇宙間)의 법(法)에 반역하여 1-2의 진화의 길에 있는 대마왕(大魔王) 무리들과 천지인(天地人) 우주 구분에서 지(地)의 우주 불(佛)·보살(菩薩)들이 벌린 《우주 쿠데타》였음을 밝힌 바가 있다. 이러한 《우주 쿠데타》의 정점에 《노사나불(佛)》을 제외한 지(地)의 우주 불(佛)·보살(菩薩)들과 1-2의 진화(進化)의 길에 있는 대마왕(大魔王)들과 이들의 두뇌 노릇을 한 《문수사리》가 있었음을 밝혀 왔다.

그러나 최근 이들의 전모가 모두 드러나 《석가모니 하나님 부처님》과 《미륵부처님》에 의해 《우주 쿠데타》의 주범들과 《종교 정복 전쟁》을 일으켰던 《노사나불(佛)》을 제외한 지(地)의 우주 불(佛)·보살들과 《문수사리》와 1-2의 진화(進化)의 길에 있는 대마왕(大魔王)들이 차례로 처단이 되자 《우주 쿠데타》를 획책한 근본 주인공들이 드러난 것이다. 즉, 《대관세음보살》과 《그림자 비로자나불(佛)》과 《그림자 대관세음보살》과 《그림자 석가모니불(佛)》과 《그림자 다보불(佛)》과 《관세음보살 1세, 2세, 3세》와 《그림자 관세음보살 1세, 2세, 3세》가 지금까지 《우주 쿠데타》를 일으켰던 주인공들인 지(地)의 우주 불(佛)·보살과 문수사리와 1-2의 우주 진화의 길에 있었던 대마왕(大魔王)들을 《우주 쿠데타》를 일으키도록 사주한 근본 주인공들로서 드러난 것이다.

이러한 《대관세음보살》을 비롯한 《초특급 대마왕》들이 《우주 쿠데타》 계획을 지상(地上)에서 계획한 때가 지금으로부터 5000년 전(前)으로써 이때부터 이들은 그들의 계획을 착착 진행시키다가 BC 2000년경《우주 쿠데타》의 주인공들을 사주하여《석가모니 하나님 부처님》법(法)에 반역하는《우주 쿠데타》를 결행하게 한 후 이들을 뒤에서 조종한 것이다. 뒷날《석가모니 하나님 부처님》께서 고대 인도로《석가모니불(佛)》로 이름하고 오신 이후 열반(涅槃)에 드신 이후《문수사리》와 대마왕(大魔王)들에 의해《그리스》자연사상(自然思想)이 담긴 불법(佛法) 파괴가 자행이 될 때 이를 막지 않고 오히려 부추긴 후 뒷날 북방불교(北方佛敎) 전래가 된 후 당(唐)나라 때 현장(玄奘)과 측천무후에 의해 불법이 노골적으로 파괴가 될 때도 천상(天上)에서 이를 비밀리에 이들을 비호한 것이다.

불법 파괴와 한민족 말살 정책과 한민족(韓民族) 역사 말살의 천상(天上) 비호 세력이 바로《대관세음보살》과《관세음보살 1세, 2세, 3세》와 여타《초특급 대마왕》들이 되는 것이었다.

이러한 사실을 눈치챈《스키타이》핏줄을 가진《유화》부인의 피를 받은《고구려》건국 시조인《주몽대왕》께서 당시 단군조선 멸망 이후 한(漢)나라의 하층민으로 전락한《구려족》들을 해방시켜《고구려》를 세우고《삼족오(三足烏)》를 표상으로 삼고 <u>스스로께서 태양(太陽)의 아들임을 세상에 공표한 후</u> 육신(肉身)의 죽음을 맞이한 후 천상(天上)으로 오르지 못하고《삼성혈(三聖穴)》이 있는《제주도》의《한라산(山)》자락에 그의 참모들과 숨어 계시다가《미륵부처님》이 부처님을 이루신 이후 비로소《미륵부처님》에 의해 지이삼(地二三) 우주 33천(天)으로 오르신 것이다.

《삼족오(三足烏)》는《노사나불(佛)》의 법궁(法宮)인 태양성(太陽星) 핵인《양전자(陽電子)》가 붕괴되어 태양성 표면으로 나온 것이《태양흑점 활동》으로써 이러한《태양흑점》활동을《까마귀(烏)》로 형상화한 것이며《태양흑점》이 폭발하게 되면《항성풍》이 1-4의 길과 4-1의 길과 1-3의 길로 흩어지게 된다. 이러한 길을 형상화함으로써 발(足)이 셋 달린《삼족오(三足烏)》가 탄생한 것이며 이러한 태양성(太陽星)을 법궁(法宮)으로 한《노사나불(佛)》의 아들임을 천명한 사실은 스스로는《다보불(佛)》과《노사나불(佛)》의 후손(後孫)인《스키타이》핏줄을 가졌음을 천명한 내용이 되는 것이다.

　이러한 《스키타이》의 피가 고구려 2대 왕인 《유리왕》이후 역대 왕(王)들이 《구려족(族)》의 배필을 맞음으로써 4~5대 왕 이후는 《구려족(族)》의 피를 갖게 된 것이다.

　이러한 《구려족(族)》의 원천 조상이 바로 《관세음보살 2세》인 《염제신농》인 것이다. 이때 사실상 《관세음보살 2세》인 염제신농은 그의 직계 후손(後孫) 민족을 《우주 정복》의 야망 때문에 헌신짝 버리듯이 버려둠으로써 한(漢) 나라의 하층민으로 전락된 《구려족》들을 《주몽대왕》이 수습하여 세운 나라가 《고구려》인 것이며 이후 철면피 같은 《관세음보살 2세》는 《고구려》를 그의 야망 달성을 위해 천상(天上)에서 철두철미하게 이용을 한 것이다.

　이 때문에 천상(天上)에서는 고구려 시조왕인 《주몽》을 《주몽대왕》으로 높이 칭송을 하는 것이며 뒷날 《관세음보살》들은 그들의 직책을 악용하여 《묘음보살》을 《당(唐)》나라 《측천무후》가 되게 하여 불법(佛法) 파괴를 자행하게 한 행위가 뒷날 《미륵부처님》에 의해 들통이 난 것이다.

　《대관세음보살》과 《관세음보살 1세, 2세, 3세》가 목표한 바는 『양음(陽陰)의 우주(宇宙)를 음양(陰陽)의 우주(宇宙)』로 바뀌게 함으로써 《석가모니 비로자나불(佛)》 개천 이전의 《하나님》과 《석가모니 하나님 부처님》과 《노사나불(佛)》을 제거하고 지(地)의 우주(宇宙) 불(佛)·보살들과 대마왕(大魔王)들을 수하로 두고 전체 우주를 마왕들의 우주로 만든 후 《대관세음보살》이 《하나님》이 되고 천지인(天地人) 우주 각각을 《관세음보살 1세, 2세, 3세》가 자리하여 《하느님》으로 군림하여 전체 우주를 정복하여 지배하기 위하여 법공(法空)의 ○(ZERO)지점에 위치한 지구(地球)에 있어서 전체 우주의 중심축이 있는 《한반도(韓半島)》땅을 차지하기 위해 광분을 한 것이다. 즉, 《한반도》땅을 차지하면 전체 우주 중심(中心)을 차지함으로써 전체 우주 정복은 끝이 나는 것이다.

　이러한 《관세음보살》들에 의해 추구되어 왔던 목표는 전체 우주에 자리하는 모든 인간들 모두를 진화(進化)시켜 눈물도 없고 고통도 없는 영원을 사는 열반(涅槃)의 자리로 인도하고자 하는 《석가모니 하나님 부처님》의 숭고한 원천 창조주의 뜻을 정면으로 거부하고 눈물과 고통이 따르는 욕망(慾望)하는 우주로 세세생생 탈바꿈시키고자 하는 목표인 것이다.

이와 같은 《관세음보살》들의 책략을 눈치 챈 《석가모니 하나님 부처님》과 《노사나불》께서는 지상(地上)의 중원대륙에서 《단군조선》이 멸망한 후 단군조선의 주력 세력들이 월지(月支)인 《한반도》땅으로 들어와서 후고조선(後古朝鮮) 삼한(三韓)을 세운 후 일정기간이 지난 후 《석가모니 하나님 부처님》께서 이번에는 《박혁거세》로 이름하시고 진한(辰韓) 땅에서 《신라》의 전신(前身)인 《서라벌》을 세우고 《신라》의 시조왕(始祖王)이 되시며 때에 《석가모니 하나님 부처님》의 우주적 장자이신 《노사나불》께서 《변진》의 경계지점인 지금의 김해 일대에 《수로왕》으로 이름하고 오시어 《금관가야》를 세우시는 것이다.

이렇게 한반도 남부에 《석가모니 하나님 부처님》과 《노사나불(佛)》께서 《박혁거세왕》과 《수로왕》으로 이름하고 오시어 나라를 세운 뜻은 천상(天上)으로 봐서는 《관세음보살》들의 책략으로부터 한반도 땅을 지키기 위함이었다. 이 부분에 대한 상세한 내용은 다음 장에서 별도로 다루겠다.

이러한 이후 우여곡절을 겪은 후 한반도는 고구려, 백제, 신라 등 삼국(三國)체제를 갖추고 삼국(三國)이 모두 훗날 불교(佛敎)를 국교(國敎)로 하게 된다.
《스키타이》,《구려족》,《곰족(族)》등 셋이 모여 하나를 이룬 것이 한민족(韓民族)이라고 밝힌 바가 있다.

이와 같은 한민족(韓民族) 중 《고구려》가 《구려족》의 국가였으며 고구려 시조왕 《주몽대왕》의 아들인 《온조》는 고구려 2대 왕인 《유리왕》과는 어머니가 다른 아들로써 《온조》의 어머니 역시 《스키타이》출신으로써 뒷날 《온조》가 백제의 시조왕이 되었을 때 《온조왕》을 따라 《백제》를 건국한 무리들이 모두 《스키타이》출신들이기 때문에 《백제》를 《스키타이족(族)》의 국가라고 천상(天上)에서는 이름한다.

다음으로 《신라(新羅)》는 《곰족(族)》의 국가로 출발하였으나 뒷날 《수로왕》이 세운 《가야》와 합병을 이루게 되나 이는 아버지인 《석가모니 하나님 부처님》의 후신인 《박혁거세왕》의 나라와 아들이 세운 나라의 합병이기 때문에 뒷날 《수로왕》의 둘째 아들인 《김알지》의 후손들이 역대 신라왕들을 세습한 것으로 볼 때 신라(新羅)는 《스키타이》와 《곰족》이 한데 어우러져 사는 국가가 된 것이다.

이러한 이후에도 <u>관세음보살》들은 『생명(生命)을 탄생시키고 모든 생명(生命)을 가진 영체(靈體)의 진화를 하는 무리나 고체(固體)의 진화를 하는 무리들을 천상(天上)의 이치에 따라 무엇이든지 파괴할 수 있는 우월적인 권능을 가진 관계로』</u> 이 권능을 때로는 인간 육신(肉身)을 가지고 직접 태어나거나 그렇지 않을 때는 천상(天上)과 공간(空間)에서 그들의 계획을 실천하기 위해 중원대륙, 한반도, 일본 등 동양(東洋) 사회에서 그들의 수하 대마왕(大魔王)들과 함께 중단 없는 음모를 실천한 것이다.

이 이후의 한반도(韓半島) 정복을 위한 이들의 음모에 대하여서는 한민족(韓民族)의 한(恨) 편에서 계속 설명 드리겠다.

[3] 한민족(韓民族)의 한(恨)

한민족(韓民族) 한(恨)의 시작은 중원대륙에서 《단군조선》을 세웠던 《문수보살》의 후신(後身)인 《단군왕검》이 훗날 《문수사리》가 되어 그의 우주적(宇宙的) 야망 때문에 후손(後孫)들 내면인 《영혼》들의 진화(進化)를 막은 일들과 중원대륙에서 대마왕들에 의해 획책된 《춘추전국시대》를 겪게 한 점과 이후 단군조선의 멸망으로부터 《구려족》의 어머니인 《관세음보살 2세》가 《구려족》들을 버림으로써 당시 대마왕의 후손들인 한족(漢族)들의 하층민으로 전락시킴으로부터 시작이 된다.

이러한 사건들을 인간들은 《역사》로써 치부를 하나 이러한 제반 사건들은 대마왕들을 수하로 두고 이들을 사주하여 벌린 《관세음보살》들의 야망을 채우기 위한 음모에 지나지 않는 것이다. 즉, 《관세음보살》들은 《구려족》을 《한족(漢族)》들과 자연히 동화되기를 바랐으나 이후 《노사나불(佛)》의 아들로 태어난 《주몽대왕》때문에 《관세음보살》들의 계획이 수포로 돌아간 것이다. 이 사건 때문에 《주몽대왕》이 인간 육신을 벗은 후《관세음보살》들과 수하마왕들을 피해 오랫동안《제주도》《삼성혈》에 피해 있으면서《미륵부처님》을 기다려 온 것이다.

《단군조선》멸망 이후《단군조선》의 주력 세력들인《오가(五加)》들은 그들의 일족들을 데리고《마한(馬韓)》의 대장군《탁(卓)》의 인솔로 월지(月支)인 한반도에 들어와서《마한(馬韓)》,《진한(辰韓)》,《변한(弁韓)》등 후고조선(後古朝鮮) 삼한(三韓)을 세우게 된다.

《단군조선》삼한(三韓)의 체제에서는《진한(辰韓)》이 중심이 되었으나 후고조선(後古朝鮮) 삼한(三韓)에서는《마한(馬韓)》이 중심이 되었으며 이러한《마한(馬韓)》이 오늘날 충청도 지방과 전라도 지방을 근거지로 한《스키타이족》들이였으며《진한(辰韓)》이《곰족》들의 근거지였으며《변한(弁韓)》은 후고조선(後古朝鮮) 삼한(三韓)을 만들 때 대대(代代)의《단군조선》시절 구한(九桓)을 왕래하며 물자수송과 치안을 담당하던《스키타이》들이 한반도(韓半島)로 철수할 때를 대비하여 만들어 놓은《한(韓)》이였다.

이러한 준비된 바탕 위에서 뒤늦게 한반도로 들어온《스키타이족》들이 세운 나라가《노사나불(佛)》께서《수로왕》으로 이름하고《금관가야》를 세운 것이며 이후 잇달아 가야연방국을 세움으로써《금관가야》를 포함한《6가야》연방국이 한반도 내에 세워지게 되며 이후《대마도》에《임나가야》를 세우고 현재 일본(日本)의《규슈지방》에 수로왕 장녀가《비미호》로 이름하고《여왕국》을 세웠으며 이 이후《주몽대왕》과 함께《고구려》를 건국하는데 큰 역할을 하였던《협보》가 당시 가뭄과 기근에 시달리던 마한(馬韓)의 일부《스키타이》들을 대동하고《수로왕》의 허락을 얻은 이후《규슈》지방의《여왕국》이 있던 인근한 지점에《다파라 가야》를 세운 것이다. 한편,《수로왕》께서는《금관가야》를 세우신 후 한때 일부 스키타이를 대동하고 대양(大洋)을 건너 남미(南美)로 건너가 남반구 문명(南半球文明) 마지막에《노사나불》께서 교화한 그의 후손 민족을 끌어 모아《마야가야》를 세움으로써 가야연방국은 10가야로써 완성을 이루어 고대 인도로부터 멕시코만까지의 장대한 해상(海上) 루트를 모두 장악하여 이번에는 해상(海上)을 지배하는《스키타이》로 거듭난 것이다.

이러한 연후 우여곡절을 겪은 끝에 한반도를 포함한 동북아시아 일부 지역을 포함하여 《고구려》, 《백제》, 《신라》의 삼국(三國)시대가 시작됨으로써 단군조선 이후 흩어졌던 《구려족》이 고구려 백성으로 자리함으로써 《고구려》 경계 유역 이남에는 《백제》와 《신라》가 자리하여 《스키타이》와 《곰족》이 어우러져 자리한 것이다. 이로써 《구려족》, 《스키타이》, 《곰족》이 다시 한민족(韓民族)으로 자리하였으나 단군조선시절 《진한, 번한, 마한》으로써 1국(國) 3체제를 이루었을 때와는 달리 서로가 서로를 해(害)하는 나라들로 바뀐 것이다.

이러한 삼국(三國)시대에 천상(天上)의 《관세음보살》들에 의해 획책된 큰 사건이 《고구려》《광개토왕》으로 하여금 남진(南進) 정책을 써서 천지인(天地人) 우주 구분 중 같은 《지(地)》우주 진화(進化)의 길에 있는 《백제》를 이용하여 지금의 일본국(日本國) 《구노족(九老族)》을 움직여 《신라》의 해안지방을 침략케 하여 《신라》를 괴롭히기 시작함으로써 《고구려》의 《광개토》는 이를 빌미로 《신라》를 보호한다는 구실을 내세워 《신라》에 군대를 주둔시키고 《신탁통치》를 하게 된다.

이러한 《신탁통치》의 근본 목적이 당시 중원 대륙으로부터 철수하여 강력한 군대를 거느리고 철수한 《스키타이》들이 세운 《가야연방국》을 치기 위한 책략이었다. 이 결과 《고구려》는 그들의 목적을 달성하고 《가야연방국》을 속국으로 만든 후 전쟁에 패한 《스키타이》 군대들이 일본 규슈지방의 《여왕국》과 《다파라 가야》가 있던 곳으로 철수를 하자 내친김에 일본 규슈지방까지 정벌길에 나선 것이다. 이러한 사건이 《인(因)》이 되어 훗날 한반도는 일본국의 식민지로 36년(年)을 지내야 했던 것이다.

즉, 천상(天上)의 《관세음보살》들은 이러한 《인연법(因緣法)》을 철두철미하게 이용을 한 셈이다. 동양(東洋) 사회에서 제일 늦게 교화(敎化)되어 진화(進化)된 자들이 《구노족》들이다. 즉, 이들을 처음 교화(敎化)시킨 분들이 《가야계》의 《스키타이》들이였으며 일본(日本)이라는 국호(國號)가 생기고 일본 본토로 진출한 《신무천황(神武天皇)》이후는 《백제계》의 《스키타이》들이 교화를 계속하여 진화를 시킴으로써 일본(日本)의 《구노족》들은 《스키타이》 피를 받은 《한민족》의 형제들인 것이다. 이 이유가 《백제계》가 한때는 일본 황실을 지배하게 된 원인이며 이때 교화(敎化)된

《구노족》들 상당수가 《백제》로 건너와 정착함으로써 《백제》는 《스키타이》와 《구노족》이 어우러져 사는 사회가 된 것이다.

일본에서 천황(天皇)으로 불리울 수 있는 분은 오로지 《신무천황》밖에 없으며 이러한 《신무천황》이 바로 한때 가야국 《수로왕》으로 오셨던 《노사나불(佛)》로서 이때는 후신(後身)으로 몸(身)을 바꾸시고 《신무천황》으로 일본국으로 오셨던 것이며 천상(天上)의 법칙으로는 초대 《비미호》로부터 36대(代)에 《신무천황》이 자리하시게 되어 있으나 어찌된 노릇인지 지금 전하여지는 기록은 이와 차이가 있는 것이다.

이러한 이후 세력이 약화된 《금관가야》는 5대(代)를 더 버티다가 《신라》와 합병이 됨으로써 《신라》 사회도 《곰족(族)》과 《스키타이족(族)》들이 어우러져 사는 사회가 된 것이다.

이와 같은 과정과 우여곡절을 겪은 후 한반도의 삼국(三國)도 《신라》에 의해 삼국통일(三國統一)이 되어 이후 여러분들이 익히 배우신 바대로 통일 신라기와 혼돈시대인 《후삼국 시대》를 거쳐 《고려왕조》, 《조선왕조》, 《일제36년》 식민시대를 거쳐 해방이 된 후 한반도는 남북이 대치된 현재의 상태로 된 것이다. 통일신라 이후 한반도의 전반적인 상황을 모두 말씀드린다면 끝이 없는 기록이 되기 때문에 여러분들이 익히 알고 있는 이 수준에서 끝을 맺는 것이 옳을 것 같다.

통일신라 이후부터 지금까지 한반도는 수많은 외부 세력의 침범과 내부적으로는 같은 민족 간의 갈등으로 몸살을 앓아온 것이다. 이 때문에 백성들의 한(恨)이 더욱 깊어져간 것이다.

이와 같은 역사의 소용돌이가 《한반도》를 차지하고자 하는 천상(天上)의 관세음보살들과 그들이 조종하는 대마왕(大魔王)들에 의해 계획되고 의도된 사실이라는 점을 이제 밝힐 때가 되었기 때문에 밝히고 있는 것이다.

<u>심한 역사의 소용돌이 결과 지금은 관세음보살의 직계 후손(後孫)들인 《구려족》이 한반도의 절반을 차지한 《북한(北韓)》으로 자리하고 남한(南韓)은 소수의 《구려족》과 《구노족》과 《스키타이》와 《곰족》이 한데 어우러져 한 국가를 이루고 있는 것이다.</u>

이렇듯 모두 함께 어우러져 살고 있는 한민족(韓民族) 구성원들을 일일이 나누어 설명 드리는 이유가 《핏줄》을 따라 천상(天上)과 《관세음보살》들과 대마왕(大魔王)들의 의도된 지시가 그대로 역사로 고스란히 남음과 동시에 사회의 소용돌이로 그대로 드러나기 때문에 이를 구분하는 것이다.

인류 북반구 문명의 주력세력들인 한민족(韓民族)이 《관세음보살》들의 책략에 의해 대마왕(大魔王) 후손(後孫) 민족(民族)들을 피해 한반도에 정착하기까지는 그야말로 수난의 연속이었다. 이렇게 정착한 한민족(韓民族) 중 《구려족(族)》을 스스로의 야망을 위해 한때는 헌신짝 버리듯이 버려 놓고는 《구려족》이 한민족(韓民族)의 일원으로 한반도에 자리한 이후는 이들을 이용하여 한반도를 점령하고자 하는 책략을 본격적으로 사주하기 시작한 때가 《삼국(三國)》시대 이후가 된다.

《삼국(三國)》시대 이전은 대마왕(大魔王)들을 사주하여 《중원대륙》을 도모하여 대마왕(大魔王)들이 연합한 후손(後孫)들인 《한족(漢族)》들에게 《구려족(族)》을 넘겨줌으로써 중원대륙에 자리한 수많은 대마왕 후손들인 인간 무리들을 인간과 별(星)을 동일시하는 법칙을 최대한 악용하여 이들을 《관세음보살》들의 세력권으로 묶어두고자 하였으나 이번에는 파렴치하게 그들이 버린 《구려족》을 이용하여 한반도를 점령하고자 본격적으로 책략을 꾸민 것이다.

이러한 책략에 대비한 《석가모니 하나님 부처님》과 《노사나불(佛)》의 대비가 한강(漢江) 이남 지방에 《곰족》과 《스키타이》를 철수시켜 자리하게 하고 나라를 세워 준비한 결과가 드러난 때가 《삼국》시대인 것이다. 이러한 삼국(三國)시대 이후 《신라》에 의해 《삼국통일》이 된다.

이와 같이 삼국(三國)이 통일된 후 《관세음보살》들과 대마왕들은 한민족(韓民族) 구성원들 모두의 정신(精神)을 썩게 함과 아울러 그 내면(內面)의 욕망(慾望)하는 당체인 영혼(靈魂)에게 마성(魔性)인 암흑물질을 심어 그들이 바라는 인간 무리들이 되게 하여 궁극에는 그러한 인간 무리들을 그들의 세력권으로 끌어들임으로써 한반도를 지배하고 인간 무리들을 지배함으로써 궁극적으로는 후천우주(後天宇宙)를 지배하고자 한 것이다.

이러한《관세음보살》들과 대마왕(大魔王)들이 인간 무리들 내면(內面)의 영혼에 명령하여 저지른 일들은 다음에서 구체적인 "예"를 들어 설명 드리겠다.

[4] 지상(地上)에 남은《관세음보살》들과 대마왕(大魔王)들이 획책한 음모의 구분

이러한 구분은 천상(天上)의 음모가 지상(地上)인 한반도의 역사에 남긴 큰 족적으로써 원천 창조주이신《석가모니 하나님 부처님》법(法)에 정면으로 도전하여 인간 진화를 방해한 큰 사건이기 때문에 이를 구분하고 설명을 드리는 것이다.

(1) 구려족 국가인《고구려》의 남진(南進) 정책
(2) 통일신라 이후와《고려》의 타락한 불교(佛敎)
(3) 《조선왕조(朝鮮王朝)》와《유학(儒學)》
(4) 일본(日本)의 식민지 36년
(5) 북한(北韓)의 남침으로 인한 6.25사변
(6) 남한(南韓)의 북한(北韓) 종속 기도

【구분의 설명】

(1) 《구려족》의 국가인《고구려》의 남진(南進) 정책

※ (1)번 구분에 대한 설명은 진행을 하면서《광개토》왕의 설명을 하면서 밝힌 것으로 대신한다.

(2) 통일 신라 이후와 《고려》의 타락한 불교(佛敎)

　《고구려》말기 당대 중원대륙을 통일한 《수(隋)》나라와 《천제(天帝)》의 나라를 계승한 정통성 시비로 《역사 대논쟁》이 벌어진 적이 있다. 이러한 논쟁에서 《수나라》는 《고구려》에 참패를 한 것이다. 이러한 역사 논쟁의 참패는 《고구려》와의 전쟁에 패한 《수(隋)》나라의 멸망으로 이어진다.

　이러한 사실에 자극을 받은 《수나라》다음으로 들어선 통일왕조인 《당(唐)》나라를 세운 《당고조(唐高祖)》인 이연(李淵)과 훗날 《당태종(唐太宗)》이 될 이세민(李世民)은 일찍부터 대마왕(大魔王) 승려인 당현장(唐玄奘)을 시켜 불법(佛法) 파괴의 명분을 쌓기 위해 국가적인 비밀한 사업으로 《인도》로 들여보내 당시 인도 사회에 있던 모든 경전(經典)들을 모아 당(唐)으로 돌아온 후 수거하여 온 경전(經典)들을 한문(漢文)으로 번역을 하면서 부처님 당대 법(法)을 설(說)하실 때 포함된 《한단불교(桓檀佛敎)》와 한민족(韓民族) 상고사(上古史)에 관련된 모든 용어들을 삭제하고 당시 《고구려》, 《신라》, 《백제》등 삼국(三國)이 모두 불교(佛敎)를 국교(國敎)로 한 점을 최대한 이용하여 불법(佛法)을 왜곡하여 번역을 하게 된다.

　이렇게 번역된 경전(經典)을 《신역(新譯)》으로 이름하고 승려들 사회를 파괴하기 위해 《교외별전》된 선법(禪法)과 함께 한반도로 들여보내게 되면 승려사회를 비롯한 삼국(三國) 백성들이 이를 부처님 법(法)으로 알고 믿고 따르게 되어 승려를 비롯한 삼국(三國) 백성들의 정신(精神)이 썩어 타락하게 된다.

　이렇게 되었을 때 그들은 먼저 승려들과 삼국(三國) 백성들을 하층민으로 전락시킨 후 궁극적으로는 한민족(韓民族) 말살과 함께 한민족(韓民族) 상고사(上古史)를 영원히 없앨 계획으로 당(唐)나라를 세움과 동시에 국가적인 비밀한 사업으로 이를 추진함과 동시에 한편으로는 당(唐)나라 황실의 종친을 《신라》로 이주시켜 후손(後孫)을 번성하게 하여 훗날을 도모하게 하는 책략을 병행한 것이다.

　이와 같은 그들의 책략 중 불법(佛法) 파괴의 책략은 제3대 당고종(唐高宗) 이치(李治)를 거쳐 《측천무후》때까지 계속되는 가운데 《측천무후》는 한술 더 떠서 노골적으로 불법(佛法)을 파괴하고 《천수경(千手經)》을 만들게 된다. 이와 같이 《천수경

《千手經》》을 승려들에게 의탁하여 만든 이《측천무후》가《천수천안관음(千手千眼觀音)》으로 알려진《묘음보살(妙音菩薩)》의 후신(後身)이자 당(唐)나라 조정이 밝힌 당(唐)나라 황실의 최고 조상(祖上)인《이이(李耳)》의 전신(前身)인 대마왕(大魔王)《에오신(神)》의 애첩(愛妾)의 전력을 가지고 있다. 천상(天上) 신(神)들의 애첩(愛妾)이란 세세생생 다른 육신(肉身)을 가지고 태어나더라도 그의 내면(內面)은 대마왕《에오신(神)》의 사랑의 포로로서 항상 대마왕의 지령 속에 그 임무를 수행하는 자가 되는 것이다.

이러한 인연이 훗날《측천무후》가 당(唐)의 국호(國號)를 한때《주(周)》로 바꾸게 된 이유인 것이다. 중원대륙의 고대국가인《주(周)》나라를 만든 자들이 대마왕(大魔王)《천관파군》과 그의 형제인《에오신(神)》이며《주(周)》의 초대 문왕(文王)이 대마왕 형인《천관파군》이며 은(殷)나라를 멸망시킨《주(周)》의 무왕(武王)이 때에 태어난《에오신(神)》인 것이다.

당(唐)나라《이씨(李氏)》는《에오신(神)》의 후신(後身)인《이이(李耳)》한 분만이 조상(祖上)이 아니다. 당(唐)나라《이씨(李氏)》는 대마왕(大魔王)들인《제바달다 1세, 2세》,《야훼신(神) 1세》,《천관파군 1세, 2세, 3세》,《에오신(神)》과《에오신(神)》의 분신(分身)등 8명의 대마왕(大魔王)들이 당대 중원대륙 전체를 왜곡된 불법(佛法)으로 정신적(精神的)으로 지배를 하고 있던 대마왕(大魔王)《문수사리보살》에 대항하여 대마왕(大魔王) 8명이 연합하여 만들게 된 성씨(姓氏)로써 당(唐)나라 조정에서는 이들 8명의 대마왕(大魔王)들에게 이름을 부여하고《추숭》으로 당(唐) 제1대 고조(高祖) 이연(李淵)의 윗대로 받들고 있는 것이다.

불법(佛法) 파괴를 자행하고《천수경(千手經)》을 만든《측천무후》는 이후 승려들과 만백성들을 직접 썩게 만드는 대마왕(大魔王) 불(佛)·보살(菩薩)들과 이들 대마왕(大魔王)들을 사주하며 조종하는《관세음보살》위주의《불교(佛敎)》《의식집(儀式集)》까지 만들어 불법(佛法) 파괴된 경전(經典)과 교외별전(敎外別傳)으로 전(傳)하는 선수행법(禪修行法)과 타락을 유도하는 불교의식집(佛敎儀式集)을《조계종(曹溪宗)》종파를 만들어 이들 모두를 통일신라에 심은 것이다.

이와 같이 당(唐)의 계획된 사주에 의해 만들어진 불교(佛敎)가 태동하기 이전 중원대륙에 전하여진 불교(佛敎) 자체가 부처님 멸후 경전(經典) 대결집 때 마왕(魔王) 불제자들에 의해 획책된《굴외 결집》으로 이름된 그리스《자연사상》으로 포장된 불법(佛法)이 논장(論藏)과 함께 전래된 것이 북방불교(北方佛敎)이며 이 북방불교가 다시 당(唐)에 의해 왜곡되고 파괴된 불법(佛法)으로 변질되었기 때문에 이를《마왕(魔王) 불교(佛敎)》또는《독각 불교(獨覺佛敎)》라고 하는 것이다.

이러한《마왕 불교(魔王佛敎)》인《독각 불교(獨覺佛敎)》가《고려》에 전하여짐으로써 타락한《고려불교》가 결과로써 나타난 것이다. 이렇듯 썩고 타락한《고려불교》가 조선왕조(朝鮮王朝)와 일제 36년의 식민시대를 거쳐 해방이 된 후 근대 한국불교(韓國佛敎)로 자리하였으므로 현재의 한국(韓國)의 각 사찰과 불교 의식집을 참고하여 어떻게 하여《고려불교》와 현재의 한국불교(韓國佛敎)가 타락하고 썩게 되는지를 "예"를 들어 살펴보기로 하자.

현재 한국의 각 사찰들의 불상 배치도 중 삼존불(三尊佛)을 위주로 살펴보면 삼존(三尊)에 대표적인 것이《미타삼존》과《약사삼존》과《석가삼존》이 있다. 이러한 삼존(三尊) 중《미타삼존》은 아미타불(佛)을 중앙불(佛)로 하고《관세음보살》과《세지보살》이 협시보살로 자리하고 있으며《약사삼존》에는 일광보살과 월광보살이 협시보살로 자리하며《석가삼존》에는《문수보살》과《보현보살》이 자리하며《후불탱화》에는 주로 석가모니 부처님과 십대제자분들을 주로 그려놓고 있다.

이러한 삼존(三尊)을 모셔 놓은 법당에 있어서 협시보살로 있는 분들 중《일광보살》을 제외한 나머지 보살들이 모두 대마왕(大魔王) 보살들이다. 이렇듯 대마왕 보살들이 협시한 곳의 중앙불(中央佛)로 자리하는《아미타불(佛)》과《약사유리광불(佛)》과《석가모니불(佛)》상(像)에는 단정적으로 말씀드리면 이러한 곳에는《아미타불(佛)》과《약사유리광불(佛)》과《석가모니불(佛)》이 오셔서 좌정(坐定) 하시지 않고 대마왕(大魔王) 부처(佛)들인《그림자 아미타불(佛)》이나《그림자 약사유리광불(佛)》이나《그림자 석가모니불(佛)》등 1-2의 진화(進化)의 길을 걷는《그림자》대마왕(大魔王) 부처(佛)들이 자리하게 된다. 이러한 법당(法堂)에 있어서 불법(佛法)을 지키고 호위할 목적으로 자리하게 되는《신중단》에도 1-2의 진화의 길을 걷는《마왕 신장》들이 자리함으로써 법당(法堂) 전체가 모두 마왕(魔王)들이 자리하게 되는 것이다.

이러한 대마왕 불보살과 마왕 신장들에게 당(唐)으로부터 전해진《불교의식집》대로 예불을 하거나 기도를 하게 되면 이들 마왕들은 십중팔구는 예불을 하거나 기도를 하는 불자들에게《염력》으로《마성(魔性)》을 심게 되는 것이다. 이 때문에《미륵부처님》은 마왕(魔王) 불교와《보살신앙》을 모두 철폐하고 석가모니 부처님을 비롯한 모든 부처님들을 신앙하라고 채근을 하는 것이다.

본래 부처님께 의지하여 예불을 드리고 복을 비는 기도를 하였을 때 부처님들께서는 부처님들을 의지하는 중생들을 위해 모든 일들이 스스로의 숙세로부터 지은《업(業)》으로부터 현재의 불행(不幸)과 고통이 따르는 것임을 일깨우고, 스스로의 바탕을 착함인《선(善)》으로 돌아가게 하고 업장을 소멸시켰을 때 불행과 고통을 주는 원인(原因)을 제거함으로써 이로부터 벗어나게 되는 이치를 깨우쳐《복(福)》을 받는 법을 가르치는 것이 통례인데, 위에 설명 드린 대마왕 불보살들은 기도하는 중생들의 청(請)을 들어주는 척 하면서《염력》으로《마성(魔性)》을 오히려 심게 됨으로써 착한 근본을 가졌던 중생들마저 악(惡)의 근본 바탕으로 바꾸고 욕망에 끄달리는 삶을 살게 하여 기복 불교나 하게 함으로써 오히려 중생들의 정신을 타락시키고 황폐하게 만드는 것이다.

이와 같이 대마왕(大魔王) 불(佛)·보살(菩薩)들과 마왕 신장들이 가득 찬 법당(法堂)에서 예불을 하고 기도를 드리는 마왕 불교(魔王佛敎)인 독각(獨覺) 불교의 의식(儀式)을 당(唐)에서 전래된 의식(儀式) 절차가 많이 포함된《보○각(寶○閣)》에서 펴낸《상용(常用) 불교의범(佛敎義範)》집을 "예"를 들어 살펴보기로 하자.

이 불교의식집(佛敎儀式集)에서는《새벽 도량송》에서 승려들이나 일반 불자들이 그 뜻도 알 수 없는《석가모니 부처님》과 대마왕(大魔王) 중의 대마왕(大魔王)들인《관세음보살》의 다라니를 실어《신비(神秘)》로 포장을 하고 곧바로《석가모니 부처님》의 경(經)도 아닌 불법(佛法) 파괴를 위해《측천무후》가 당대의 승려들에게 부탁하여 만든《천수경(千手經)》을 독송하게 하여 놓은 것이다. 이러한《천수경》에는 대마왕 중의 대마왕들인《관세음보살》들을 예찬하는 내용들로 가득 채우고《신묘

장구대다라니》까지 실음으로써《천수경》을 읽는 승려와 불자(佛子)들의《십악(十惡)》참회를 요구하는 내용으로 제법 그럴싸하게 꾸며져 있는 것이《천수경(千手經)》이다.

한마디로《미륵부처님》이 밝히되 이러한 대마왕 중의 대마왕인《관세음보살》의 다라니와《천수경》경독송에는《영험(靈驗)》이 전혀 따르지 않는다. 오히려《십악(十惡)》을 참회하고자 하는 불자들에게 대마왕 중의 대마왕인《관세음보살》의《다라니》는《마성(魔性)》을 심는 방편으로 이용이 되고《관세음보살》의 예찬은 대마왕 중의 대마왕들인《관세음보살》들에게 대마왕짓 잘 하라고 힘을 실어주는 것이 되며 이것저것 주워 모아 짜집기한《천수경》의 독송은 궁극적으로 대마왕 보살인《천수천안관음》으로 이름되는《묘음보살》과 그의 후신인《측천무후》에게 법력(法力)만 실어주고 정작 독송하는 자는《마성(魔性)》이 짙은 대마왕들의 수하가 되어, 세세생생《업장》소멸을 하여 참다운《복(福)》을 받는 불자가 되지 못하고 욕망에 휩싸여 고통 받는 윤회(輪廻)와 더불어 무간지옥(無間地獄)에 떨어지는 고통을 당하게 되는 것이다.

이와 같은《천수경》독송이 끝이 나면《의식집》은 이번에는《마왕 신장》들에게 대마왕 독각 승려인《당(唐) 현장》이 불법(佛法) 파괴의 목적을 가지고 번역한《엉터리》《반야심경(般若心經)》을 독송하게 함으로써《반야심경(般若心經)》의 진정한 뜻을 모르는 승려들과 일반 불자(佛子)들에게 왜곡된《반야심경》이 참 진리(眞理)의 경(經)인양 읽고 외우게 하여 철두철미하게 그들을 썩게 하는 속임수를 계속 쓰고 있는 것이다.

그리고《예불문》만 하더라도《석가모니 부처님》을 제외한《보현보살》,《문수사리》,《관세음보살》,《지장보살》과 부처님 십대제자 중《보현보살》,《문수사리》,《목건련》,《우바리》,《대가전연》등이 모두 대마왕보살(大魔王菩薩)들이며 십육성인 중에도 다섯의 대마왕들이 포함되어 있으며《독수성》등이 모두 대마왕들인 것이다.

진행을 하면서 밝혀왔듯이 대마왕들이 포진한 법당(法堂)에서 예불을 한다는 자체가 대마왕들에게 예를 갖추고 인사를 하는 것이다. 이러한 사실을 전혀 눈치 채지 못하는 승려들과 일반불자들이 대마왕과 대마왕의 하수인들에게 속아 스스로 황폐하여 가는 줄도 모르고 있는 사실이 안타까운 것이다.

그리고 《의식집》에 나와 있는 《관음전》,《나한전》,《지장전》,《신중단》,《산왕단》,《조왕단》,《칠성단》,《독성단》등의 예(禮)는 정통 불교(佛敎)에서는 사실상 필요 없는 것이며 이 또한 대부분이 마왕들을 예찬한 예(禮)로써 일반 불자 및 백성들을 기복으로 몰고 가고자 하는 흉계가 들어 있는 예(禮)인 것이다.

이렇듯 불교 의식집마저 불법(佛法) 파괴를 위해 만들어져 법당(法堂)과 함께 모두가 대마왕들을 찬양하고 섬기다보니 어찌 불교(佛敎)가 썩지 않을 수 있겠는가? 이와 같이 오늘날의 불자(佛子)들은 스스로도 모르는 채 대마왕들의 정신적 지배를 받고 황폐하여져가고 있기 때문에 오늘날을 말세(末世)라고 하는 것이다.

이 장에서는 불교(佛敎)만 집중적으로 다루다보니 일반 백성들이 착각을 할 것 같아 몇 말씀 더 드리면 현재 지구상(地球上)의 모든 종교(宗敎)들은 모두가 대마왕들을 섬기는 종교들로써 이를 믿고 따르는 모든 사람들이 대마왕들의 정신적 지배를 받고 있다는 사실과 함께 이들을 믿고 따르는 종교들 모두가 불교와 대동소이함을 밝혀 두는 것이다.

이렇듯 오늘날의 불교가 썩듯이 마왕 불교인 독각 불교를 받아들인 《고려》역시 불교가 타락하였기 때문에 《고려불교》를 《썩은 불교》라고 하는 것이다. 이와 같이 썩어 빠진 마왕 불교가 만들어낸 것이 눈으로 드러나는 장면이 《욕망(慾望)》의 화신인 집착(執着)과 이기심과 《돈》에 혈안이 된 사회를 만들고 말았다는 사실을 여러분들은 아셔야 하는 것이다.

이러한 마왕 불교인 독각 불교가 진리를 가르치는 석가모니 부처님의 불법인 줄 알고 석가모니 부처님께 귀의한 승려들이 출가하여 사찰문을 들어서는 순간부터 독각승(獨覺僧)들이 전통이라는 명분을 내세워 독각승 교육을 시키는 것이다. 이러한 가운데 출가승들 중에는 경전(經典) 공부에 정진하는 경우가 있는데 이때부터 불법(佛法) 파괴의 목적으로 번역되어 당(唐)으로부터 한반도로 유입된 경전(經典)들과 마주치게 된다. 이렇게 왜곡된 경전(經典)에는 부처님의 영험과 가피가 전연 없다.

이렇다 보니 방대한 경전 중 일부를 가지고 씨름하다가 옳게 얻을 것이 별로 없음을 깨달은 승려들은 결국 선배 승려들의 길을 따라 대마왕 승려들이 쓴《유식사상》이나《연기론》등《논서(論書)》들을 잡게 된다. 이러한《논서》들에서도 얻을 것이 별로 없음을 오랜 기간 후 깨달은 승려들은 이번에는 단박에 한순간 깨달음을 얻는다는 교외별전(敎外別傳)된《간화선》선(禪) 수행법에 몰입을 하게 된다.

이와 같은 교외별전된 선법(禪法) 수행은 석가모니 부처님께서 제시한 수행법과는 달리 인간 진화(進化)를 방해하는《신(神)》이 되고자 하는 수행으로 이의 폐단은《미륵부처님》께서 쓰신 여러 책에서 밝혀 놓은 바가 있다.

법당(法堂) 정진으로 부처님의 깨달음을 간절히 바라던 승려들이 다음으로 경전(經典)에 의지해 깨달음의 길로 가고자 하다가 여기에서도 깨달음을 얻지 못하고 종국에는 부처(佛)를 욕을 하고 교외별전된 선법(禪法)에 몰입한 후 일부 신통기를 얻은 승려들은 그것이 깨달음인양 착각을 하고 일생을 보낸 후 육신(肉身)의 죽음을 맞이한 후 일부 승려들은 동자동녀신(童子童女神)이 되어 기약도 없이 우주간(宇宙間)을 방황하다가 인간 육신을 가진 자에게 빙의되어 무당과 무녀와 점쟁이들을 양산시키고 일부 신(神)이 된 승려들은 신(神)의 세계에 들어간 후에야 그들의 수행이 깨달음의 수행이 아닌 신(神)이 되기 위한 수행이었음을 깨닫고 다시 인간육신(肉身)을 가진 진화(進化)의 길에 들어 100억 년(億年)의 인간이 되기 위한 진화(進化)의 길에 들게 되는 것이다.

이와 같이 마왕 불교(魔王佛敎)인 독각 불교(獨覺佛敎)는 승려들을 철두철미하게 파괴시키고 이들로부터 가르침을 받는 불자(佛子)들 역시 파괴시켜 고통 속으로 내모는 무서운 책략이 숨어 있는 것이다. 마왕 불교인 독각 불교에 심취한 승려들과 불자들이 무간지옥(無間地獄)을 들락거리며 고통을 받는 동안 한민족(韓民族) 사회의 인간들에게는 한민족(韓民族)의 핏줄을 가진 후손(後孫)들이 태어나지 않고 이때를 틈타 마왕(魔王)들의 후손(後孫)들이 슬금슬금 잉태되어 한민족(韓民族)의 핏줄 노릇을 하는 것이다. 이러한 의도가 당(唐)나라가 획책한 한민족 말살 정책의 하나가 되는 것이다.

이로써 한민족(韓民族) 사회는 본래부터 가진 착함인《선(善)》을 근본 바탕으로 하였던 사회가 어느덧 악(惡)을 근본 바탕으로 하는 사회로 변화 하면서 많은 사회적인 문제를 유발하고 정신(情神)세계는 타락하고 썩어간 것이며 이로써 닥친 것이 말세(末世)인 것이다.

마왕 불교(佛敎)인 독각 불교(獨覺佛敎)가 한민족(韓民族)에게 끼친 폐해가 이러한데에도 오늘날까지 독각 중들은 회색 옷을 입고 거들먹거리고 있으며 한민족(韓民族)을 타락시킬 목적으로 당(唐)으로부터 들어온 독각 불교 승단인 《조계종》은 전국 사찰 대부분을 차지하고 당(唐)의 하수인 노릇을 하며 한민족(韓民族) 말살과 한민족(韓民族) 사회의 정신을 썩게 하고 타락시키는 일을 스스로들도 모르고 이 일을 수행하고 있는 안타까운 일들을 계속하고 있는 것이다.

이러한 모든 일들이 《고려》이후 지금까지 한반도에서 자행되고 있는 가운데 외래 종교(宗敎)가 물밀듯이 밀고 들어와 한민족(韓民族) 사회를 마왕 불교인 독각 불교 못지않게 타락케 하고 썩게 하고 있는 실정이 오늘날의 사정이다. 이와 같은 모든 일들이 마왕 중의 마왕인《관세음보살》들과 이들이 거느리는 대마왕들의 책략에 의해 시간을 두고 진행을 하여온 것을 알려드리는 것이다.

이 때문에《미륵부처님》께서 사대불교인 마왕 불교를 청산하고 석가모니 부처님 법에 귀의하여 모든 부처를 신앙하는 종교로 거듭나라고 채근을 하는 것이다.

(3) 조선왕조(朝鮮王朝)와 유학(儒學)

대마왕(大魔王) 중의 대마왕(大魔王)들인《관세음보살》들과 이들의 지휘를 받는 대마왕(大魔王)들은 그들의 책략에 의해 마왕 불교(魔王佛敎)인 독각 불교(獨覺佛敎)를《고려》에 정착하게 한 후《고려왕실》과《고려백성》들을 썩고 타락하게 한 후 이번에는《관세음보살》들의 후손(後孫)들인 천지인(天地人) 우주 구분 중《지(地)》의 우주 진화(進化)의 길에 있는 일본(日本)의《구노족(族)》을 움직여 국력이 약해질 대로 약하여진《고려》의 해안지방을 침략케 하여 살인, 방화, 재물 탈취 등의 노략질을 시키는 것이다.

이때 두각을 나타낸 인물이 《최영 장군》과 《이성계》이다. 이렇게 두각을 나타낸 두 인물 중 《최영》은 고려 말의 정치, 사회가 매우 혼란스러운 때에 《요동 정벌》론을 들고 나오자 《이성계》는 이를 반대하게 된다.

이러한 때 고려조정은 요동을 정벌하자는 《요동 정벌》론이 우세하게 됨으로써 결국 《요동 정벌》길에 나서게 되는데 이때 군사들의 우두머리가 《요동 정벌》을 반대한 《이성계》였음을 여러분들께서는 익히 알고 계시는 바다. 이러한 《이성계》가 《위화도》에서 회군(回軍)을 한 것이다. 이러한 회군(回軍)이 바로 군사 쿠데타이다.

이와 같은 군사 쿠데타가 사실은 당대 중원대륙의 나라인 《명(明)》나라의 비호 아래 이루어진 사실은 후대의 역사 기록에서 제외하고 있는 것이다. 이로써 탄생한 새로운 왕조(王朝)가 《조선왕조(朝鮮王朝)》인 것이다.

여기에서 후대(後代)의 인간들이 바로 아셔야 하는 일이 있다.

즉, 고려말기 당시 《이성계》가 《요동 정벌》을 반대한 근본 원인이 진행을 하면서 밝혀 왔듯이 당(唐)나라 조정의 당나라 황실이 통일신라 이전에 한민족(韓民族) 말살을 위해 황실의 종친을 신라에 심은 당(唐)나라 황실 후손(後孫)이 오랜 기간 동안 후손(後孫)을 번창케 한 후손 중 특별한 인물이 《이성계》인 것이다.

이러한 핏줄을 가진 《이성계》로서는 당연히 《요동 정벌》을 반대하게 되어 있는 것이다. 이와 같은 《이성계》가 《위화도》 회군을 하여 《군사 쿠데타》를 일으킨 것을 당시 《명(明)》나라가 비호하게 된 근본적인 이유가 《명(明)》나라 역시 한족(漢族)들의 나라로써 세월이 상당히 흐른 이후였으나, 오래전에 당(唐)나라가 실행하였던 일들을 잘 알고 있었기 때문에 그때 심어진 후손들로부터 특출난 인물인 《이성계》가 태어나 《요동 정벌》을 반대하고 오히려 《위화도》 회군을 할 때 이를 비호하고 도와주는 일은 당연한 것으로 되어 있는 것이다.

지난 강의에서도 여러 번 밝힌 바 있듯이 한족(漢族)들은 BC3000년대에 한민족(韓民族)의 조상불(祖上佛)이신 《한웅(桓熊)》님들로부터 그들의 조상(祖上)들이 사해(四海) 바깥의 《크레타섬》으로 추방이 된 이후 이러한 《추방》을 잊지 않는 한족(漢族)들은 중원대륙에 어떤 왕조가 들어서더라도 한민족(韓民族)의 역사말살과 한민족(韓民族) 말살을 위해서는 전왕조(前王朝)에서 계획하였던 일들은 대(代)를 물려가며 그 실행을 도와주고 관여하게 되는 것이 불문률로 되어 있다. 이 때문에 한족(漢族)의 원천조상들인 대마왕(大魔王)들이 연합하여 만든 이씨(李氏) 성씨를 가진《이성계》를 비호하고 도와주는 것은 당연한 이치인 것이다. 이러한《조선왕조(朝鮮王朝)》가 한반도 백성들에게 뿌리 깊게 사대사상(事大思想)을 심은 장본인인 것이다.

이와 같이 조선왕조(朝鮮王朝)가 들어선 후 당대의 유명한《정도전》을 비롯한 유학자(儒學者)들이《고려》가 썩고 타락한 원인이 마왕 불교(魔王佛敎)인 독각 불교(獨覺佛敎) 때문임을 누구보다도 잘 아는 분들이었기 때문에 이를 혁파하지 않고는 새로운 왕조(王朝)가 100년도 못가 망할 것임을 간파하고 이를 배척하고《유학(儒學)》이념을 받아들여 백성들에게《인간도(人間道)》를 가르친 것이다.

후대의 인간들은 이를 두고《불교(佛敎)》탄압이라고 이름하는데 이는 크게 잘못 알고 있는 것으로써《조선왕조》는 왕조의 번영을 위해 마왕 불교(魔王佛敎)인 독각 불교(獨覺佛敎)를 탄압하여 도려낸 것이지《석가모니 부처님》의 불법(佛法)을 탄압한 것이 아님을 여러분들은 분명히 아셔야 하는 것이다.

이러한 사실의 증거가 세종(世宗)과 세조(世祖)에 걸쳐《월인천강지곡(月印千江之曲)》과《석보상절(釋譜詳節)》을 짓고 세조(世祖)때에는《간경도감(刊經都監)》을 세우고《금강반야경 소개현초》,《대반열반경의 기원지》,《대승아비달마잡집논소》,《묘법연화경 찬술》,《화엄경론》,《사분률상집기》,《대방광불화엄경 합론》,《노산집》등과 한글 불경으로는《능엄경 언해》,《법화경 언해》,《선종영가집 언해》,《법어 언해》,《금강반야바라밀다경 언해》등 대승경전들을 남겨 불교(佛敎) 보급에 적지 않은 역할을 한 것이다.

이러한 조선왕조(朝鮮王朝) 초기인《성종조》까지는 그런대로《유학(儒學)》과《석가모니 부처님》《불법(佛法)》이 공존하였음이 드러나 있으나 이후의 조선왕조(朝鮮王朝)는 그들이 만든《양반》,《중인》,《상민》,《천민》등의 계급제도의 심화로 인하여 조선왕조가 망할 때까지《양반》들에 의한 수탈 행위로 일반 백성들이 신음하여야 하였던 것이며 이러한 수탈과 백성들을 핍박하는 것이《왕(王)》이 된 자들은 입으로는《백성》들을 위하는 명분으로 일들을 처리하는 것처럼 보였으나 그 실상은 대마왕들이 획책한《한민족(韓民族)》말살 정책의 실현으로 나타난 것이다.

조선왕조 초기 태종(太宗) 때에는 한민족(韓民族)의 상고사(上古史)와 중원대륙 통치의 기록이 담긴 《단군조선(檀君朝鮮)》의 모든 기록을 모두 모아 불태워 없애 버린 일등은 조선왕조(朝鮮王朝)가 그들 조상(祖上)들인 대마왕(大魔王)들이 짐 지운 업보(業報)를 충실히 이행을 한 것이며 바로 이러한 일들을 위해 대마왕(大魔王)들은 오래전에 시간 차이를 두고 그들 후손(後孫)들을 한반도에 심은 것이다.

이러한 목적을 위해 한반도에 심어졌던 대마왕(大魔王)의 후손(後孫)들인 《조선왕조》의 왕실의 후손(後孫)들도 법공(法空)의 ○(ZERO)지점에 위치한 한반도(韓半島)의 특수성과 한민족(韓民族)과 피를 섞는 혈연관계를 오래도록 맺음으로써 <u>《조선왕조》멸망 이후 서기(西紀) 2000년에 《석가모니 하나님 부처님》께서 비로소 한반도(韓半島)에 거주하는 모든 백성들이 《한민족(韓民族)》이 되었음을 천상(天上)에서 선포를 하신 것이다.</u> 이와 같은 일들은 대마왕 중의 대마왕들인 《관세음보살》들과 수하 대마왕들은 예측을 하지 못한 일들인 것이다.

이로써 《미륵부처님》은 새로이 한민족(韓民族)으로 거듭난 《조선왕조》왕실의 후손들과 지금까지 한반도에서 살다가 조상계(祖上界)로 떠난 후손들 중 《인간》이 되지 못한 자들 1/4과 육신(肉身)을 가진 자 내면(內面)의 영혼(靈魂)들을 제외한 조상계(祖上界)에 머물던 조선왕조 왕실의 후손 영혼(靈魂)들 3/4을 모두 구원하여 《노사나불(佛)》께서 만드신 33천(天)과 《지(地)의 우주 천당인 36궁(宮)》의 찬란한 태양선(太陽船)에 실어 보내 드렸다.

<u>이러한 영혼(靈魂)들이 구원이 된 이유가 이들이 《인간도(人間道)》를 충실히 배우고 가르친 공덕이 지상(地上)에서의 문명의 마지막 때인 대환란기인 《아리랑 고개》</u>를 피해 안락한 우주로 모두 구원이 된 것이다. 그러나 육신(肉身)을 가지고 현재를 살고 있는 후손들 중 대부분의 영혼들은 《무간지옥》에 빠져있다. 이렇게 육신(肉身)을 가지고 현재를 살아가고 있는 여러분들의 영혼들이 《무간지옥》에 빠지게 된 이유는 뒷장에서 상세히 설명이 되니 이 장에서는 그 이유 설명은 생략하겠다.

그리고 구원을 받지 못한 인간이 덜된 자들 $\frac{1}{4}$의 영혼(靈魂)들과 현재 육신(肉身)을 가지고 살고 있는 분들의 영혼 모두는 무간지옥(無間地獄)에 갇혀있다. 이러한 자들을 위해 다시 한번 더 충고하는 바는 이미 지상(地上)의 환란기는 시작이 되었

다. 이와 같은 때에 때 늦은 감이 있으나 육신(肉身)을 가지고 있는 자들은 석가모니 부처님의 불법(佛法)의 테두리로 들어와서 지난 일들을 깊이 참회하고 부처님 가르침의 뜻을 헤아리고 인간들을 유익하게 하는 착한 근본을 심게 되면 그대들 영혼이 무간지옥을 벗어나서 구원이 될 수 있음을 충고 드리는 바이며 설마하고 있다가는 죽어봐야 저승을 안다는 말이 있듯이 그대들 육신의 명(命)이 다하는 날 어둡고 공포스러운 암흑의 나락으로 떨어지는 그대들을 그대들 스스로가 볼 것이다. 무간지옥은 무서운 곳이다. 이러한 충고를 가볍게 여기지 말기를 바란다.

(4) 일본(日本)의 식민지 36년

조선왕조(朝鮮王朝)를 거치면서 만신창이가 된 한반도 백성들에게 대마왕 중의 대마왕인 《관세음보살》들에 의한 책략 때문에 가혹한 시련이 또다시 닥친 것이 일제 36년 식민지 시대 기간이다.

진행을 하면서 여러 번 말씀드린 바와 같이 일본인(日本人)들은 《가야계 스키타이》와 《백제계 스키타이》가 《구노족(族)》들에게 피를 섞어 교화(敎化)한 민족이 일본인(日本人)들로서 한민족(韓民族)의 형제가 되는 민족이다. 이러한 《구노족(族)》들이 천지인(天地人) 우주 구분 중 《노사나불(佛)》과 《관세음보살》들이 주도하는 《지(地)의 우주 진화(進化)》를 하는 무리들로서 특히, 이들은 《관세음보살》들의 직계후손인 《구려족》들과 양음(陽陰) 짝을 하는 민족들이기 때문에 《관세음보살》들의 절대 영향권에 있는 것이다.

지금 이 장에서 말씀드리는 《구노족》은 일본열도에 자리하는 오늘날의 일본인(日本人)들을 말하는 것이나 《구노족》은 지상(地上)에서는 그 수(數)가 제일 많은 종족으로써 동남아 일대에 거주하는 인간들 대부분이 구노족(族)들이다. 이렇듯 많은 수의 《구노족》들 중에서도 일본열도의 《구노족》들은 《가야계 스키타이》와 《백제계 스키타이》와 피를 섞고 교화된 자들이기 때문에 여타 《구노족》보다는 제일 진화(進化)된 《구노족》들이다. 이와 같은 배경을 가진 《일본인(日本人)》들은 상류층이

《스키타이족》들이 주로 자리하고 《구노족》이 자연히 하층민으로 자리하여 오늘날의 《일본인》으로 자리하는 것이다.

　이러한 《일본인》들에게 대마왕 중의 대마왕들인 《관세음보살》들은 《일본황실》을 이루고 있는 《스키타이》들에게는 《고구려》《광개토왕》시절 《가야계 스키타이》격파를 위해 일본열도를 침공한 후 이들로부터 항복을 받아 내었을 때의 사항을 《인과(因果)법(法)》으로 부추기고 그의 후손 민족인 《구노족》들에게는 《이기심》을 부추김으로써 한반도의 조선왕조 끝 무렵 그들 나라의 막강한 힘으로 한반도를 침탈하고 노략질을 36년을 한 것이다. 이때 한반도 백성들이 당한 고통은 여러분들께서 익히 아시는 바이다.

　이러한 인연법(因緣法)에 따른 고통은 필연적으로 한반도 백성들이 겪어야 하는 고통이었으나 이러한 인연법(因緣法)에 의한 고통을 피할 수 있도록 순화시키는 의무를 지니고 있는 《관세음보살》들이 대마왕 중의 마왕들이 되어 오히려 이를 부추겨 천손(天孫) 민족에게 고통을 안겨준 이 일 역시 한반도에 있는 한민족(韓民族) 말살에 그 본뜻이 있었다는 것을 후세인(後世人)들은 알아야 하며 이로써 한반도에 있는 백성들과 일본인(日本人) 사이에는 다 같은 형제 민족이면서도 메울 수 없는 깊은 골이 파여 있었으나 식민지 시대 36년이 끝이 나고 해방을 맞이한 이후 지금까지는 흐르는 세월 탓에 차츰차츰 그 깊은 골이 메워져 가고 있는 것이다.

　이러한 역사의 흐름 속에서 최대의 피해자는 한민족(韓民族) 중에서도 《스키타이족》과 《곰족》출신들이라는 사실을 밝히는 바이다.

(5) 북한(北韓)의 남침으로 인한 6.25사변

　지상(地上)에서 일어난 세계 2차 대전의 종식 결과 한반도는 일제 36년의 식민지 시대를 마감하고 해방(解放)을 맞게 된다. 이러한 때 세계는 다시 구소련연방국과 중화인민공화국을 중심한 《공산주의》와 미국과 유럽을 중심한 《자유주의》가 이념 대립을 벌리는 가운데 한반도도 3.8선을 경계로 하여 《공산주의》를 따르는 《이북

(以北)》의 조선인민공화국(朝鮮人民共和國)으로 이름된《북한》정부와《자유주의》이념을 따르는《이남(以南)》의 대한민국으로 이름된《남한》정부로 두 동강이 난 것이다.

이러한 사실들을 지금을 살고 있는 인간들은《역사》의 한 부분으로 보고 넘어가고 있으나 이 역시 대마왕 중의 마왕들인《관세음보살》들과 수하 대마왕들의 철두철미한 책략에 의해 세계가 이념대결의 장으로 변한 사실을 깊이 이해를 하여야 하는 것이다.

전지구상(全地球上)의 각 민족들을 여러분들은 다양하게 구분하고 있으나 천상(天上)에서는 인류 북반구 문명 시작과 함께 약 5700년간 한민족(韓民族) 조상(祖上) 불(佛)·보살(菩薩)들과 한민족(韓民族) 구성원인《스키타이》와 1-2의 진화(進化)의 길을 걷는 대마왕(大魔王)들이 교화(敎化)한 민족들로 구분을 하는 것이다.

이와 같은 교화(敎化)의 권역별로 나눈 민족들을 대략적으로 살펴보면,《구소련 연방국》이 대마왕(大魔王)인《고시리》의 후손인《슬라브족(族)》이 5/8를 차지하고《스키타이족(族)》이 2/8이며《곰족》이 1/8을 차지하여《구소련 연방국》을 이루었으나《구소련 연방국》이 해체된《러시아》는《슬라브족》이 2/3 나머지 1/3이《스키타이》와《곰족》이 자리하는 것이며《중화인민공화국》은 3/5이 한족(漢族)으로 이름되는 대마왕(大魔王)들의 후손(後孫)들이 자리하며 나머지 2/5가《구려족》《구노족》들이 됨으로써 이들 조상들도 대마왕 중의 대마왕들인《관세음보살》들이기 때문에 이들 모두가 대마왕(大魔王)들의 후손(後孫)들이 되며《유럽》전체는《독일계》《게르만 민족》은 다보불(佛)께서 교화하신 민족이며, 북부 유럽 대부분을 한민족(韓民族)의 구성원인《스키타이》들이 교화한 민족들이기 때문에 이들도《스키타이》로 구분하는 것이며 남부 유럽은《노사나불(佛)》을 위시한《스키타이》들이 교화를 맡았던 곳이기 때문에 이들 역시《스키타이족》으로 분류를 하는 것이다.

그리고《아프리카》북부와 이집트 문명권과 이스라엘 유대인 등은《아미타불(佛)》의 후손(後孫)들이 되며 중부 아프리카와 남부 아프리카는《노사나불(佛)》과 일곱 불(佛)·보살(菩薩) 중《약상보살》과《약왕보살》을 제외한 4명의 마왕(魔王)보살들에 의해 교화가 된 자들로서《노사나불(佛)》께서 직접 교화한 민족들은《스키타이》로 분류를 하나 나머지 마왕보살들이 교화한 자들을《구노족》으로 분류를 하는 것이다.

다음으로 지중해 연안과 중동지방 등은 노사나불(佛)께서 직접 교화한 《페르시아》민족 일부를 제외한 제민족들은 모두가 대마왕(大魔王)의 후손(後孫)들로서 중국(中國)의 한족(漢族)들과 그 핏줄이 같다.

다음으로 지금의 《터키》지방은 북반구 문명 최초로 교화가 되어 진화된 《스키타이족》들의 본거지가 있는 곳이며 《그리스 반도》는 수많은 《곰족》과 《스키타이》들이 거쳐간 후 대마왕들의 후손들이 자리하였으며 《고대인도》는 《곰족》, 《스키타이》, 《구노족》, 《구려족》 대마왕의 후손 민족인 《알라족》 등이 어우러져 사는 《인종 전시장》같은 곳이며 다음으로 동남아시아 일대는 《구노족》들이 판을 치는 곳이며 《북아메리카》중 《캐나다》는 유럽계 《곰족》들과 일찍부터 아시아에서 건너간 극소수의 《곰족》, 《구려족》, 《구노족》들이 아메리카 인디언으로 자리한 일부가 만든 국가이며 재미있는 곳이 《미국》이다.

《미국》은 아메리카 인디언들이 처음 주인들로서 자리하였으나 이후 북부유럽인과 독일계의 《스키타이》들이 교화한 《스키타이》들이 건너가 《미합중국》을 태동시켰으나 넓은 대륙에 모자라는 일손을 채우기 위해 《노예》제도를 공인하고 아프리카 흑인들을 붙들어 와서 《노예》로 부리게 되었는데 이 역시 인연법(因緣法)을 따라 붙들어 온 흑인들이 공교롭게도 노사나불(佛)을 위시한 《스키타이》들이 교화한 《스키타이족》들로서 먼저 아메리카 대륙에 도착해서 미합중국을 만든 유럽계 《스키타이》들과는 형제들이 되는 《스키타이》들로서 이 인연이 미국이 《노예》제도를 폐지하고 오늘의 《미국》을 이루어낸 근본 원인이 된다.

이러한 《미국》의 막강한 국력(國力)은 《우주인 마왕》들이 자리하는 《버뮤다 삼각지대》로부터 나왔음을 천상(天上)은 인정하고 있는 것이다. 즉, 트라이앵글에 자리하였던 《우주인 마왕》들이 육신(肉身)의 죽음을 맞이한 이후 대부분이 《미국》사회에 태어나 윤회(輪廻)를 함으로써 일부는 인간 육신(肉身)을 가지고 태어난 후에도 마왕(魔王)짓을 계속 하였으나 대부분의 《우주인 마왕》들은 인간 육신(肉身)을 가지고 태어난 후 인간들에게 유익한 일들을 한 결과가 오늘날의 미국에 탁월한 인재들이 많이 배출이 되는 원인이 됨으로써 이들로부터 오늘날의 미국이 있기 때문에 천상(天上)에서는 미국의 국력(國力)이 《버뮤다 삼각지대》로부터 나왔다고 이름하는 것이다. 이러한 《미국》이 《스키타이》일원의 국가이기 때문에 《한국(韓國)》이 위험에 처해 있을 때마다 도움을 주고 하는 것이다.

다음으로 《남미(南美)》일대에 거주하던 원주민들은 모두 《구노족》으로 분류를 하는 것이다.

이렇게 하여 지상(地上)에서 교화(敎化)된 인간의 무리들을 권역별로 묶으면, 《곰족》, 《스키타이》, 《아미타족》, 《구려족》, 《구노족》, 《마왕족》 등 여섯으로 구분이 되며 《곰족》, 《스키타이》, 《아미타족》 등이 《양(陽)》의 인간 무리가 되며 《구려족》, 《구노족》, 《마왕족》이 《음(陰)》의 인간 무리들이 됨으로써 양(陽)음(陰)이 각각 3의 인간 무리를 이룬 것이다.

이러한 가운데 구소련 연방국은 대마왕 《고시리》의 후손들인 《슬라브족》이 소수의 《스키타이》와 《곰족》들을 제압함으로써 《소련연방국》을 만들어 《공산주의》종주국이 되고 이에 동조한 《마왕족》의 국가인 중국(中國)이 《중화인민공화국》을 만들어 이들과 하나의 이념 체제를 갖춘 것이다.

이와 같은 거대한 국토와 인민을 거느린 두 공산국가의 공통점은 이들 마왕국가들은 하나같이 세계(世界)에 있는 종교(宗敎)들이 모두 대마왕(大魔王)들이 교주(敎主)로 자리하여 인간들을 정신적으로 지배하며 타락케 하는 것을 알고 《유물사관》을 표방함으로써 종교(宗敎)를 탄압하게 된다.

이러한 두 거대한 《공산주의》국가들이 《공산주의》이념으로 무장하고 종교(宗敎)를 탄압하고 《유물사관》을 표방한 목적은 상당한 차이를 가지고 있다. 즉, 《구소련》은 대마왕 《고시리》의 뜻이 후손들을 움직여 《공산주의》이념으로 세계(世界)를 재패함으로써 후천우주(後天宇宙)를 정복하고자 하는 궁극적인 목표를 가지고 있었으며 《중국(中國)》은 오랫동안 중원대륙 백성들이 대마왕인 《문수사리》의 《마왕불교》인 《독각 불교》로써 무장된 정신(情神)을 종교(宗敎) 탄압을 통해 청산함으로써 대마왕 《문수사리》로부터 벗어난 대마왕들 각각의 후손들이 평등(平等)한 사회를 이루어 살기를 바라는 진일보한 현실적인 계산을 한 차이가 있는 것이다.

이러한 가운데 대마왕 중의 대마왕들인 《관세음보살》들의 직계후손들인 《구려족》들이 자리한 한반도의 이북(以北)에 김일성의 북한(北韓) 공산당이 《구소련》과 《중국》의 비호 아래 《조선인민공화국》을 만든 것이며, 《구소련》, 《중화인민공화국》, 《조선인민공화국》 모두가 대마왕(大魔王)들의 사주에 의해 《공산주의》 이념을 가진 것이다.

이와 같은 배경하에 법공(法空)의 0(ZERO) 지점에 위치한 지구의 중심이 되는 《한반도》를 차지하기 위한 6.25 남침이 1950년에 감행이 된 것이다.

한편, 《자유주의 이념》으로 무장된 《곰족》, 《스키타이》, 《아미타족》, 《구려족》들의 국가들은 《종교(宗敎)》의 자유를 부르짖고 있었으나, 그 내면의 실상은 모든 《종교(宗敎)》가 대마왕들의 《종교 정복 전쟁》 결과 그들 모두가 대마왕(大魔王)들의 정신적(精神的)인 지배하에 있기 때문에 잘못된 종교적 사상(思想)과 관념(觀念)들을 가지고 있는 이상 이들을 믿는 인간들 내면(內面)인 영혼(靈魂)들이 서서히 썩어 마성(魔性)이 강해져 대마왕(大魔王)들의 수하 마왕(魔王)들로 변하여가는 것이다.

이 때문에 대마왕(大魔王)들의 입장으로 볼 때는 종교(宗敎)의 자유를 부르짖어 봐야 이 대마왕의 정신적 지배에서 저 대마왕의 정신적 지배로 바뀔 따름으로써 그대로 두어도 손해 볼 것이 없기 때문이며, 또한 종교(宗敎)를 가진 자들이 마성(魔性)이 깊어지면 욕망(慾望)의 화신들이 되어 자유경제를 표방하는 무리들 모두가 궁극에는 《돈》의 노예가 되어 물질(物質) 만능 풍조가 만연하여져 그들 체제가 서서히 붕괴됨과 동시에, 인간들 자체가 진화(進化)에 역행하게 됨으로써 궁극적으로는 대마왕(大魔王)들과 그들 후손 민족이 주축이 된 무리들과 하나가 될 수 있기 때문에 이를 위해 《자유주의 이념》과 《공산주의 이념》으로 절묘하게 각본을 짜서 대결토록 한 것이다.

이와 같은 책략을 천상(天上)에서 꾸민 자들의 정점(頂点)에 《그림자 대마왕 비로자나불》과 《그림자 대마왕 석가모니불》과 《그림자 대마왕 다보불》과 《대관세음보살》과 세 분의 《관세음보살》들이 있는 것이며 그 아래로는 수많은 대마왕(大魔王)들이 있는 것이다.

<u>중요한 사실은 천상(天上)에서 꾸민 계략이나 《석가모니 하나님 부처님》께서 내리시는 천상(天上)의 명령은 인간 무리들이 사는 사회에서는 그대로 명령이나 지령</u>

대로 돌아간다는 사실을 여러분들께서는 깨달아야 한다는 사실이다.

이러한 《이념》대결의 장에 《관세음보살》들의 영향권에 있는 《구노족》들이 《자유진영》에 합세한 이유는 《가야계》와 《백제계》《스키타이》들의 피를 받고 교화된 《일본》의 《구노족》을 제외하고 대부분의 《구노족》들은 《곰족》이나 《스키타이》나 《아미타족》이나 《구려족》이나 《슬라브족》이나 여타 《마왕족》들 보다 상대적으로 덜 진화(進化)가 된 《양(羊)》떼 무리와 같은 종족으로 그들이 머무는 곳 인근 국가(國家)들을 따라가기 때문에 《자유진영》편에 서게 된 것이다.

이렇듯 《자유주의 이념》과 《공산주의 이념》이 대결하게 되는 근본적인 원인이 법공(法空)의 ○(ZERO) 지점에 위치하는 지구(地球)에 있어서 또다시 중심(中心)이 되는 《한반도》를 어느 쪽에서 그들의 수중에 넣는가 하는 것이 대결의 승패가 결정이 되는 것이었다. 즉, 우주간의 초특급 대마왕들은 이의 승패에 따라 전체 우주(宇宙)를 정복하느냐 못하느냐 하는 중요한 결정에 놓이게 되는 것이다.

이 때문에 초특급 대마왕들과 《관세음보살》들은 이북(以北)으로 하여금 이남(以南)을 장악하여 《적화통일》이 되도록 하기 위해 6.25남침 결행 이전 일본의 식민지 시대 중반부터 점차적으로 그들의 수하 대마왕(大魔王)들 모두를 인간육신(肉身)을 가지고 이남(以南) 땅에 태어나게 한 후, 《이북(以北)》의 《구려족》들에게는 《고구려》시대의 일부 왕들과 전쟁의 영웅들인 《광개토》, 《을지문덕》, 《연개소문》 등의 모든 영웅들을 인간 육신(肉身)을 가지고 《이북(以北)》땅에 몽땅 태어나게 한 것이다.

그리고 다음으로 이남(以南) 땅에는 《백제계 스키타이》들이 있는 곳에 통일신라 이전 《백제계》의 모든 왕들과 전쟁 영웅들 중 백제 멸망 당시의 《계백장군》을 비롯한 전쟁 영웅들과 당시의 재상들 모두를 인간 육신(肉身)을 가지고 태어나게 한 후 이 가운데 초특급 대마왕들의 수하에 있는 《중간 마왕》들과 《소마왕》들은 《구노족》과 《구려족》의 피를 가진 인간육신(肉身)을 갖게 하여 《백제계 스키타이》들 무리에 섞여 살게 하여 《백제계 스키타이》들에게 신라의 삼국통일 당시 《신라계 스키타이》들에 의해 《백제》가 멸망 당한 원한을 상기시키고 《백제계 스키타이》들을 계속 선동하고 부추겨 《이북(以北)》의 《구려족》편으로 끌어들이기 위해 공작을 함으로써 《남한(南韓)》사회를 혼란 속으로 몰아넣게 한 것이다.

그리고 다른 한편으로는 《신라계》《곰족》과 《스키타이》들이 거주하는 곳에는 삼국통일을 계획하였을 때부터 삼국통일이 완성될 때까지의 신라의 왕들과 재상 전쟁 영웅들 모두를 인간 육신(肉身)을 가지고 태어나게 함으로써 《남한(南韓)》 사회를 《지방색(地方色)》으로 물들여 분열되게 책동을 한 것이다. 이러한 초특급 대마왕들의 책략이 《남한(南韓)》 사회에 사는 인간 무리들에게 전달되어 그들의 임무가 충실히 지켜질 때 《북한(北韓)》의 김일성에 의해 6.25남침이 결행이 된 것이다.

이러한 그들의 남침으로 《남한(南韓)》 사회가 괴멸 직전에 갔을 때 이때까지 초특급 대마왕들과 BC 2000년 이후 《우주 쿠데타》를 일으키고 이후 종교 정복 전쟁을 일으킨 대마왕들의 움직임을 지켜보고만 계시던 《석가모니 하나님 부처님》께서 《남한(南韓)》 사회를 구원하시기 위해 천상(天上) 명령 두 가지를 명령하시는 것이다.

이 명령 중 한 가지가 1-3-1의 길에 있는 백두대간(白頭大幹)의 끝자락에 있는 1의 산(山)인 부산(釜山)의 장산(萇山)을 기점으로 공간(空間) 사방(四方) 100리 이내에는 어떠한 물리적인 마(魔)의 세력들이 벌리고 있는 전쟁이라도 미치지 못하게 명령을 하시고, 다음 두번째 조치의 명령이 전세계(全世界)의 《곰족》과 《스키타이》들이 이루고 있는 국가(國家)들에게 한반도(韓半島)에서 일어나고 있는 전쟁에 참여하여 대마왕(大魔王) 중의 대마왕들인 《관세음보살》들의 직계 후손들인 《구려족》이 주축이 된 《북한(北韓)》의 침략으로부터 《남한(南韓)》을 구출하라는 명령이 떨어진 것이다.

이러한 《석가모니 하나님 부처님》의 명령을 충실히 이행한 나라가 《미국》이며 전쟁에 참여한 국가가 유엔(UN)의 이름으로 16개국(國)이 참전한 것이다. 이로써 《북한(北韓)》에 의한 남침전쟁은 실패로 돌아간 것이며 아울러 초특급 대마왕들과 수하의 대마왕들에 의한 《한반도》 전체의 지배는 실패로 돌아간 것이나, 이들이 획책한 계략들이 모두 수포로 돌아간 것이 아니었다.

이들은 6.25남침이 수포로 돌아갈 것에 대비하여 미리 수하 대마왕들을 모두 인간 육신(肉身)을 가지고 태어나게 한 후 《남한(南韓)》 사회에 머물게 하고 그들이 《백제계 스키타이》들 사회에 심어놓은 《구려족》과 《구노족》의 중간 마왕들과 소마왕들에게 계속 분열을 조장하게 하고 호시탐탐 다시 기회를 노린 사건이 표면으로 드러난 때가 최근 20년 전부터 오늘날까지이다. 이 문제는 다음 장에서 별도로 다루겠다.

이렇듯 초특급 대마왕들과 수하 대마왕들이 그들의 계략을 구체화시키고 실행을 하는 데는《관세음보살》들의 역할이 지대한 것이었다. 즉,《관세음보살》들은 진명(眞命)인 양전자(陽電子)와 명(命)인 전자(電子)의 세계를 다스린다. 이러한 양전자(陽電子) 세계를 가리우게 되면《석가모니 하나님 부처님》의 눈(眼)을 가리우는 것이 되며 전자(電子)의 세계를 가리우게 되면 모든 생명체에 그들의 뜻대로 생명(生命)을 부여함과 동시에 소리(Cycle)를 차단하여《석가모니 하나님 부처님》의 귀(耳)를 가리우는 것이다.

그러나 그들이 계획하고 있는 일들을《석가모니 하나님 부처님》께서는 모두 아시는 방법이 있다. 그러나 이들이 계획하고 있는 일들이 구체화 되어 실행에 옮길 때까지는 인과법(因果法)을 따라 묵묵히 계시다가 그들의 계획이 실행에 옮겨졌을 때 비로소 조치를 하신다는 점을 잘 이해하시기 바란다.

이러한《북한(北韓)》의 남침 계획이 수포로 돌아간 후《남한(南韓)》은 내부적으로는 새로운 불씨를 안고 있으나 겉으로는 평온을 찾을 수가 있었던 것이다.

이와 같은 한반도의 지배 계획이 실패로 돌아간 후《공산주의》이념을 선도하던《구소련》도 내부적으로 그동안《슬라브족》들에 의해 억눌려 있던《곰족》과 스키타이》들이 득세하는 변화의 바람을 따라 6.25남침이 있은 지 40년 후 현명한 지도자들에 의해 이념투쟁을 종식시키고《구소련 연방국》을 해체하고《러시아》로 돌아간 것이다. 이렇듯《러시아》로 돌아갈 수 있었던 배경에는《러시아》내에 있는 소수의《곰족》과《스키타이》가 큰 역할을 하였음을 천상은 인정하고 있는 것이다.

한편, 현실적인 선택으로《공산주의》를 받아들인 중국(中國)과《관세음보살》들의 직계 후손인《구려족》이 주류를 이루고 있는《북한(北韓)》은 변함없이《공산주의》체제를 그대로 지니고 있는 것이다.

지금까지의 설명에서 드러난 바와 같이, 우주적(宇宙的)인 대전쟁이 지상(地上)에서 우주 쿠데타를 일으킨 BC 2000년부터 시작된 신(神)들의 전쟁과 이후 계속된 《신(神)》들의 《종교 정복》 전쟁이 모두 《구려족》과 《슬라브족》과 《마왕족》들이 《곰족》과 《스키타이》족을 상대로 벌린 전쟁이다. 《아미타족》은 《곰족》의 형제 민족이며 《관세음보살》들의 절대 영향권에 있는 《구노족》의 본질은 《곰족》의 사촌 형제뻘이 되는 민족들이다.

이렇다 보니 《곰족》과 《스키타이족》들만 어떤 형태로든지 항복을 시키고 지상(地上)의 한반도(韓半島)만 정복을 하게 되면 더 넓은 수많은 별(星)들이 자리한 《우주(宇宙)》를 정복하게 되는 것이다.

이러한 《곰족》과 《스키타이족》들보다 《구려족》과 《슬라브족》과 《마왕족》들은 우주적(宇宙的) 진화(進化)가 50억 년(億年)에서 100억 년(億年) 이상 진화(進化)가 덜 된 자들인 것이다. 이러한 진화(進化)가 덜된 자들이 우주 정복을 하게 되면 전체 우주가 마왕(魔王)들의 우주로 변화하기 때문에 《석가모니 하나님 부처님》이신 원천(原泉) 창조주께서 의도하신 우주 프로그램을 완전히 망치는 결과를 가져오게 되는 것이다.

일부의 《스키타이족》들과 《구려족》들과 《슬라브족》들과 《마왕족》들은 모두가 천지인(天地人) 우주 구분 중 《지(地)》의 우주 진화의 길에 있다. 즉, 《지(地)》의 우주 진화(進化)의 길에서 제일 진화(進化)된 민족이 《노사나불(佛)》께서 직접 이끄시는 노사나불(佛)계(係)의 《스키타이족》들이 되며 그 다음으로 《구려족》, 《슬라브족》, 《마왕족》의 순서로 진화(進化)가 되는 것이다.

이러한 가운데 초특급 대마왕들과 수하 대마왕들이 그들의 후손 민족인 《구려족》과 《슬라브족》과 《마왕족》과 더불어 《우주 쿠데타》를 일으키고 《종교정복전쟁》을 일으킴으로써 《곰족》이 주도하는 천지인(天地人) 우주 구분 중 인(人)의 우주를 정복하고 지(地)의 우주에서 제일 진화된 노사나불(佛)계(係)의 《스키타이족》들을 타락시켜 그들과 같은 마성(魔性)을 가진 마왕들의 백성들로 만들고 《스키타이족》을 이끌고 있는 《노사나불(佛)》을 제거하고 그들 초특급 마왕들과 수하 마왕들이 모두 그들을 차지하고자 하는 가공할 책략을 현실화 시키는 가운데 6.25남침이 결행된 것이다.

이러한 전체적인 대마왕들의 책략을 다시 한번 더 밝히는 이유는 한반도의《남한》에 거주하는《백제계 스키타이》와《백제계 스키타이》내부에 침투한 중간마왕들과 소마왕들의 무리인《관세음보살》들의 지령을 수행하고 있는 소수의《구려족》과《구노족》의 선동 및 분열 책동과 이로 인한《구려족》이 국가를 이루고 있는《이북》에 동조하는 일들을 막기 위해 설명을 드리는 것이다.

《백제계 스키타이》나《신라계 스키타이》나 모두《다보불(佛)》과《노사나불(佛)》의 자손들로서 똑같은《스키타이》들이다. 이러한《스키타이》들이 한때 한반도에서 나누어져 삼국(三國)을 이루었을 때《신라》와《백제》로 나뉘어져 있었을 뿐이었으며 이로 인한 이후《신라》에 의해 삼국이 통일이 된 것이다.

삼국 통일 이후《백제계 스키타이》들에게는《신라계 스키타이》들에게 전쟁으로 인하여 나라를 잃고 서러움을 받은 기억들이 세세생생 후손들에게 전하여져 오고 있는 것이다. 이러한 점을《고구려》를 이루었던《구려족》들은 후대에 한반도 북부에서 새로운 나라를 세우고《백제계 스키타이》들의 한(恨)을 십분 이용하고 있는 것이다. 이와 같은《북한(北韓)》의 책략으로부터 벗어나는 길은 지난날의 한(恨)을 모두 털어 버리고 같은 조상, 같은 민족인《스키타이》로 거듭나라는 부탁을 하고 싶은 것이다.

이북(以北)의《구려족》은 한때 다 같은 한민족(韓民族)으로 자리한 적이 있었으나 냉정히 보면 그대들과는 다른 마왕 중의 대마왕들인《관세음보살》의 직계 후손임을 여러 번 밝힌 것이다. 이들의 기본 책략이 그대들을 십분 이용한 후 궁극에는 그대들을 거세하게 되는 초특급 대마왕들의 기본 방침이 있기 때문에 이를 알려 드리는 것이다. 그대들이 역사의 한장으로 이해하고 있는《남조선 노동당》《박헌영》사건을 들여다보면 그들의 목적이 과연 무엇인가를 알 것이다.

그대들이 진정한 위대한《스키타이》로 거듭 태어나시라고 3.8선의 천부진리적인 뜻을 밝혀 드리겠다.

3.8선(線)이 관계 인간들이 그은 것으로 여러분들은 알고 있으나 이는 천상(天上)의 뜻이 인간들에게 전달되어 설정된 경계선이다. 이러한 3.8의 천부수리적인 의미는《8.8.8》의 8셋을 뜻하는 수리(數理)로써 8의 수리(數理)가 뜻하는 바는 지상(地

上)의 서기 2000년 이후 후천우주(後天宇宙)에 돌입한 이후 우리들의 태양계가 지금까지 소속하여 있던 33천(天)이 있는 지이삼(地二三) 우주에서 1천(天)에 자리하였다가 법공(法空)의 ○(ZERO)지점으로 이동하여 중앙천궁상궁(中央天宮上宮)으로 변화하여 있다.

이러한 중앙천궁상궁(中央天宮上宮)이 중앙천궁상궁(中央天宮上宮) 운행(運行)인 3-1-4의 길 운행(運行)을 하게 되면 목성(木星)을 축으로 하여 달(月), 화성(火星), 지구(地球)가 시계방향의 회전을 한다. 이러한 회전을 3-1의 회전이라 하며 엄격이 말씀을 드리면, 목성(木星)을 축으로 한 달(月), 화성(火星), 지구(地球)가 3-1의 회전을 하는 이곳이 법공(法空)의 ○(ZERO)지점으로써 대환란기인《아리랑 고개》가 지나면 이곳이 극락 중의 최고 극락으로써 8의 우주라고 하며 이러한 8의 우주가 핵(核)이 되어 나머지 토성(土星), 천왕성, 금성, 태양성, 태양성 위성으로써의 수성, 해왕성, 명왕성 순서로 자리하여 이들은 본래대로 1-4의 길 시계반대방향의 회전을 하게 된다.

이와 같은 운행을 하는 중앙천궁상궁(中央天宮上宮) 전체를 광역적으로 8의 우주(宇宙)라고 하는 것이다. 이와 같이 8의 수리(數理)는《중앙천궁상궁(中央天宮上宮)》을 뜻하는 수리가 되며 8.8의 수리(數理)는 엄격한 의미로는《중앙우주》가 되나 광역적인 의미로는《중앙우주(中央宇宙) 100의 궁(宮)》이 된다.

즉, 3.8선(線)의 의미는《중앙천궁상궁(中央天宮上宮)》과《중앙우주(中央宇宙) 100의 궁(宮)》을 경계로 한다는 뜻이며 이러한《중앙천궁상궁(中央天宮上宮)》과《중앙우주(中央宇宙) 100의 궁(宮)》이 30억 년(億年) 동안 극락 잔치가 벌어지는 곳으로써 <u>《3.8선(線)》의 의미는『극락잔치가 벌어지는《중앙천궁상궁(中央天宮上宮)》과《중앙우주(中央宇宙) 100의 궁(宮)》의 경계선』</u>이라는 뜻이다.

그러므로 백두대간(白頭大幹)의《석가모니 하나님 부처님》의 산인 태백산(太白山)으로부터 부산(釜山)의 장산(萇山)까지 형성된 시계방향 회전길에 있는 3-1의 길과 태백산(太白山)으로부터 시계반대방향의 회전길에 있는 지리(地理)산맥이 끝이 나는 김해(金海)까지 형성된 1-4의 길에 있는《남한(南韓)》땅에 거주하는《곰족》과《스키타이족》과 백두산(白頭山)으로부터 태백산(太白山)까지 형성된 1-3의 길에 자리하는 《북한(北韓)》의 《구려족》과의 경계선으로써, 한반도(韓半島)의 3-1-4의 길에 있는 《남한(南韓)》의 《곰족》과 《스키타이족》들이 《중앙천궁상궁(中央天宮上宮)》과 《중앙우주(中央宇宙) 100의 궁(宮)》에서 극락 잔치를 벌리는 주인공들로서 이 잔치에 《북한(北韓)》의 《구려족》은 참석할 수 없다는 내부적인 뜻을 함께 포함한 수리(數理)적인 뜻을 가지고 있는 경계선이 《3.8선(線)》인 것이다.

지금까지 진행을 하면서 설명 드린 바대로, 대마왕 중의 대마왕들인 《관세음보살》들의 직계 후손들인 《구려족》들이 이 잔치에 들어오게 되면 전체 우주는 마왕들의 우주로 변하기 때문에 이의 경계선을 설정한 의미를 아울러 가지고 있으며 우주간의 초특급 대마왕들과 그들의 수하 대마왕들이 한반도(韓半島)를 노리는 목적이 《중앙천궁상궁(中央天宮上宮)》과 《중앙우주(中央宇宙) 100의 궁(宮)》으로써 이를 점령하게 되면 이 두 궁(宮)으로부터 뻗어나가는 천지인(天地人) 우주 구분의 모든 우주들을 정복하기 때문에 이의 정복을 위해 그들은 수단과 방법을 가리지 않는 것이다.

백두산(白頭山)으로부터 태백산(太白山)을 거쳐 부산(釜山)의 장산(莨山)까지가 《백두대간(白頭大幹)》으로써 시계방향의 회전길인 1-3-1의 길이 형성되어 있으며 태백산(太白山)이 《석가모니 하나님 부처님》의 상징 산(山)이기 때문에 천지인(天地人) 우주 구분 중 지(地)의 우주는 《석가모니 하나님 부처님》의 우주적인 장자(長子)이신 《노사나불(佛)》께서 선도적으로 이끄심으로써 이때는 아버지이신 《석가모니 하나님 부처님》으로부터 출발하여 시계반대방향의 회전길인 1-4의 길을 형성하는 것이다.

즉, 시계반대방향의 회전길에서는 《석가모니 하나님 부처님》의 상징 산(山)인 《태백산(太白山)》이 1이 되며 지리산맥(地理山脈)이 끝나는 김해(金海)의 《구지봉》이 4의 자리가 됨으로써 한때 이곳에서 《노사나불(佛)》께서 《수로왕》으로 이름하고 오셔서 《금관가야》를 세우신 것이다.

지금까지 《3.8선(線)》의 숨은 뜻을 그대들에게 밝혔다. 특히, 《백제계》《스키타이》들은 《미륵부처님》을 많이 따른 것으로 알고 있다. 그래서 그대들에게 그대들을 파멸로 몰고 갈 대마왕 중의 대마왕인《관세음보살》들로부터 지령을 받고 있는 그대들을 선동하는 일부《구려족》마왕 무리들과《구노족》마왕 무리들을 멀리 하라고 하는 것이다.

현재 육신을 가지고 있는《스키타이》영혼(靈魂)들을 제외한 그대들의 조상(祖上)들인 한반도에서 먼저 살다가 간 조상계(祖上界)에 있는 영혼들 대부분을 그대들의 최고 조상불(祖上佛)이신《노사나불(佛)》과《미륵부처님》이 의논하여 구원함으로써 현재 노사나부처님의 우주인 33천(天)이 있는 지이삼(地二三) 우주로 옮겨 놓았다.

즉, 그분들 영혼들은 대환란기인《아리랑 고개》를 피해 먼저 구원하여 놓았다는 뜻이다. 이러한 연후 대환란기인《아리랑 고개》의 기간이 끝이 나면 현재 그대들이 살고 있는 이 지구(地球)는 그야말로 우주에서는 제일 좋은 극락으로 변하여 있게 되는 것이다.

이러한 극락에는《돈》도《고통》도《눈물》도 없는 극락이다. 이러한 극락으로 변한 지상(地上)에 33천(天)에 머물고 있던 그분들이 다시 인간 육신(肉身)을 가지고 차례로 태어나 헤아릴 수 없는 오랜 수명을 가지고 살다가《노사나불(佛)》께서 만드시는 지(地)의 우주 최고의 극락인《중앙천궁(中央天宮)》이 완성이 되면 그곳으로 옮겨가서 100억 년(億年)의 행복한 삶을 살 것임을《미륵부처님》이 밝히는 바이다. 이러한 실상을《극락 잔치》라고 하는 것이다.

이러한 천상(天上)으로부터 내리는 복락(福樂)이 지상(地上)에 와서 한(恨)맺힌 삶을 살아온《남한》백성들에게 내리는《석가모니 하나님 부처님》의 상(賞)이다. 이와 같은 상(賞)을 온전히 받기 위해 그대들에게《미륵부처님》이 몇 가지 당부의 말을 하고자 한다.

현재 육신을 가지고 있는 남한의《스키타이》들은 기록으로 전(傳)하는《미륵부처님》의 뜻을 추호도 의심하지 말고 당부하는 내용을 꼭 지키시기 바란다.

여러분들 육신(肉身) 속에 있는《내면(內面)》의 영혼(靈魂)들은 벌(罰)을 받아 대부분《무간지옥》에 빠져 있으나 현재 육신(肉身)은 그대들이 가지고 있다. 조금 전에도 밝혔다시피 그대들이 구원되고 되지 않고 하는 것은 육신(肉身)의 죽음을 맞이한 이후라야 알 수가 있는 것이다. 이 때문에《미륵부처님》의 당부를 의심하고 무시하게 되면 그대들은 100억 년(億年)의 길고 긴 고통 속에서 윤회를 하여야 하기 때문에 다시 한번 더 강조하는 것이다.

이미 지상(地上)은 환란기에 돌입하여 있다. 이러한 환란의 과정에 어떠한 죽음이 닥쳐오더라도 그 죽음을 편안한 마음으로 초연히 받아들여야 하며 이 글을 읽는 순간 이후부터 그대들이 믿고 있는 종교가 있으면 모두 버리고 종교적 편견과 관념과 사상을 모두 버려야 할 것이다.

그 이유는 지금까지 다각도로 설명하였으니 이를 참고하고 《미륵부처님》이 이 세상에 와서 펴낸 책들을 가지고 공부하며 보살도에 입문을 한 후 모든 부처님들께 귀의하는 올바른 불교(佛敎)를 가질 것을 권유드림과 아울러 항상 《착한》 근본을 심고 《돈》이나 《명예》에 집착(執着)하지 말고 여유가 있는 분들은 《쾌락》에 물들지 말고 항상 못 가진 자들을 배려하는 깨끗한 삶을 살다가 가는 것이 옳은 것이다.

욕망에 대한 집착은 항상 파멸만 몰고 온다는 진리(眞理)를 잊지 마시기 바란다. 이렇게 당부하는 삶을 그대들 육신(肉身)을 가진 자들이 살 때 《무간지옥》에 빠져 있는 그대들 영혼을 그대들이 구원하게 된다는 사실을 잊지 마시기 바란다.

그대들 앞에 놓여 있는 조그마한 복(福) 때문에 크고도 큰 복(福)을 눈에 보이지 않는다 하여 놓치는 일은 있어서도 안 되기 때문에 간곡히 당부 드리는 것이다.

현재로 봐서는 전체 우주에 있어서 제일 큰 복을 받게 되어 있는 분들이 남한(南韓)에 거주하는 여러분들이라는 점을 다시 한번 더 강조 드리는 바이며 스스로에 의해 구원이 되는 그대들 영혼(靈魂)들이 이러한 큰 복을 받고 받지 않고의 마지막 선택여부는 그대들에게 있는 것이며 그대들이 지닌 육신(肉身)의 삶에 있기 때문에 나머지 남은 삶을 대환란 기간 동안이라도 오롯이 하라고 하는 것이며 스스로의 영혼이 구원이 될 수 있도록 노력하시라는 것이다.

이렇게 《미륵부처님》이 간곡히 당부하는 내용을 의심하고 따르지 않고 달라지지 않는 허망한 삶을 살면 그대들 영혼들은 크고도 큰 복(福)을 받지 못하고 나락으로 추락하게 된다는 사실을 명심하셔야 되는 것이다.

이러한 일을 방지하고 육신(肉身)을 오롯이 하는 길은 지금까지의 당부를 따르시고 현재 가지고 있는 육신(肉身)에 깃들어져 있는 욕망(慾望)을 불러오는 암흑물질의 미진을 깊은 참회로써 스스로 정리하여 빠지게 하셔야 하는 것이다.

　이러한 목적 때문에 그대들 영혼을 그대들 스스로가 구원하라고 당부를 하는 것이며 이로써 볼 때 현재 육신을 가지고 삶을 사는 분들한테는 환란 기간 동안의 육신의 삶이 중요한 결정을 내리게 되는 잣대가 된다는 사실을 일러 드리는 것이다.

(6) 남한(南韓)의 북한(北韓) 종속(從屬) 기도

　모든 불보살(佛菩薩)들과 인간(人間)들에게는 횡적 진화(橫的進化)에 있어서 각각 개체가 다르나 성질(性質)이 같은 인간신(人間神)의 진화를 하는《그림자》와 인간돌(人間石)의 진화를 하는《그림자의 그림자》가 있음을 1.3.3.3 합(合)의 법칙에서 말씀을 드린 적이 있다. 이러한 진화에 있어서 마왕(魔王) 노릇을 하는 자들이 주로 인간신(人間神)의 진화를 하는《그림자》들이며《독각(獨覺)》들이《그림자의 그림자》진화를 하는《무리》들인 것이다.

　초특급 대마왕이란《석가모니 하나님 부처님》의《그림자》인《그림자 대마왕 석가모니 하나님 부처님》과《다보불(佛)》의《그림자》인《그림자 대마왕 다보불(佛)》과 1-1의 진화의 길에 있는 원천적인 우주의 어머니(母)로서의《대관세음보살》과 그 아래로《관세음보살 1세, 2세, 3세》가 있는 것으로써, 이들 중《대관세음보살》과《관세음보살 1세, 2세, 3세》가《석가모니 하나님 부처님》법(法)에 반역하여 1-2의 진화의 길에 있는《그림자 비로자나불(佛)》과《그림자 대관세음보살》과《그림자 관세음보살 1세, 2세, 3세》와《그림자 대마왕 석가모니 하나님 부처님》과《그림자 대마왕 다보불(佛)》을 끌어들임으로써, 이들《그림자 비로자나불(佛)》과《그림자 대관세음보살》과《그림자 대마왕 석가모니 하나님 부처님》과《그림자 대마왕 다보불(佛)》과《대관세음보살》과《관세음보살 1세, 2세, 3세》를 모두《초특급 대마왕》들이라고 하는 것이다.

　이러한 특급 대마왕들이 수하로 거느리는 대마왕들이 BC 2000년경부터 시작된

《신(神)》들의 전쟁과 신들에 의한 《종교 정복》전쟁을 벌린 《우주 쿠데타》의 주인공들로써 이들에 대한 강의는 여러분들께 모두 밝혀 드린 적이 있다. 이러한《초특급 대마왕》들과 수하에 있는 《대마왕》들의 책략에 의해 인간들이 움직여 만든 전쟁이 6.25 남침으로써 《한반도》정복을 위한 전쟁이었음을 앞장에서 말씀드렸다.

앞서 《3.8선(線)》의 천부진리에서 밝혀 드린 대로 법공의 0(ZERO)지점에 위치한 지구(地球)에 있어서 중심(中心)이 《한반도》이며 《한반도》중에서도 《남한(南韓)》이며 《남한(南韓)》 중에서도 《경상지층(慶尙地層)》이다. 이러한《경상지층》을 옛 선인(仙人)들은 《자하도(紫霞島)》라 이름한 것이다.

《경상지층(慶尙地層)》을 《자하도(紫霞島)》라고 이름 한 연유는 《한반도》가 형성될 때《경상지층》이 외부로부터 《섬(島)》이 되어 이동하여 왔으므로 이를《도(島)》로 이름 한 것이며 이와 같은《경상지층》이《석가모니 하나님 부처님》의 진신(眞身) 중의 진신(眞身)으로써 전체 우주(宇宙)의 《여의주(如意珠)》이다. 이러한《여의주(如意珠)》를 밝은 혜안(慧眼)으로 보면《다이아몬드》덩어리로 된《여의주(如意珠)》임을 보게 된다.

이와 같은《여의주(如意珠)》를 지키기 위해 백두대간(白頭大幹)의 끝머리에 있는 부산(釜山)의 장산(萇山) 밑에서《미륵부처님》께서 성불(成佛)을 이룬 것이며 이곳을 중심으로 3-1-4의 길이 지상(地上)에서 이루어진 곳이《남한(南韓)》땅이며 이와 같은 남한(南韓) 땅으로부터 중앙천궁상궁(中央天宮上宮)의 운행(運行)인《아리랑 고개》로 이름되는 3-1-4의 길 운행(運行)이 시작되는 것이다. 즉, 법공(法空)의 핵(核)이 우리들이 사는 지구(地球)이며 지구(地球)의 핵(核)이 한반도(韓半島)이며 한반도(韓半島)의 핵(核)이 자하도(紫霞島)로 이름 되는《경상지층》으로써의《석가모니 하나님 부처님》의 여의주(如意珠)이다.

이러한 법공(法空)의 핵(核) 중의 핵(核)인《석가모니 하나님 부처님》의《여의주(如意珠)》를 탈취하기 위하여《특급 대마왕》들과《대마왕》들과《중간마왕》들이 책략을 오랫동안 꾸며 벌린 것이《6.25》남침 전쟁이었던 것이다. 이러한《6.25 남침》전쟁이 유엔(UN)의 연합군 참전으로 실패로 돌아갔으나 남한(南韓) 땅에는

《특급 대마왕》들이 심어 논 BC 2000년 이후 《우주 쿠데타》를 일으켜 《신(神)들의 전쟁》과 《신(神)들의 종교 정복 전쟁》을 일으켰던 대마왕들과 《백제계 스키타이》들을 선동하는 《관세음보살》들의 지령을 받는 소수의 《구려족》과 《구노족》이 인간 육신(肉身)을 가지고 태어나서 《남한(南韓)》에 거주하는 《스키타이》와 《곰족》에 섞여 삶으로써 불안(不安)이 상존하고 있게 됨을 지난 장에서 밝힌 바가 있다.

이와 같은 《6.25남침》전쟁이 실패로 돌아간 후 《특급 대마왕》들과 인간육신(肉身)을 가지고 태어나 《남한(南韓)》땅에 사는 인간 무리들과 섞여 살고 있는 《대마왕》들과 《중소마왕》들은 새로운 책략을 세우고 이의 마지막 실현을 위해 광분한 사건이 《남한(南韓)》의 《북한(北韓)》종속 기도로써 《남한(南韓)》스스로의 정신적(精神的) 붕괴로 인한 《적화통일(赤化統一)》을 획책한 것이다.

이러한 《적화통일》획책은 이제 얼마 있지 않으면 《남한(南韓)》땅 어디에선가 그 모습을 드러내실 《미륵부처님》을 찾아서 제거함으로써 《천상(天上)》의 움직임을 봉쇄하고 한편으로는 《백제계 스키타이》들을 《관세음보살》들의 지령을 받는 소수의 《구려족》과 《구노족》이 선동하여 봉기 하도록 한 후, 《중소마왕》들이 표면으로 드러나서 활약하면서 《백두대간》을 백두산으로부터 태백산을 거쳐 지리산맥을 포함하는 것으로 바꾸고, 이를 남한의 자라는 아이들에게 교육을 하면 이 인연을 통하여 자라는 아이들 내면(內面)의 영혼(靈魂)에 모든 마왕들이 침투하여 작용함으로써 자라는 아이들의 정신(精神)을 썩게 하고 타락시키게 되므로 자라는 아이들은 자연히 이기심에 찬 단순한 아이들로 바뀌게 된다.

이러한 가운데 지도자들로 표면에 등장한 《중소마왕》들은 지난 과거의 역사인 《신라》의 삼국통일을 비난함과 동시에 《구려족》의 《고구려》가 삼국통일을 하였으면 외침도 받지 않고 《미제국주의》의 간섭도 받지 않는 훌륭한 나라가 되었을 것이라고 젊은이들에게 진리를 호도하며 은연중 《북한(北韓)》을 찬양함과 아울러, 《백제계 스키타이》들에게는 그들이 지닌 《한(恨)》을 건드리면서 점점 그들이 바라는 쪽으로 일부 백성들을 이끌음으로써 다 같은 《남한(南韓)》사회에 사는 인간 무리들을 이간질시키고 일부 백성들에게는 《가치관》의 혼란을 부채질한 것이다.

이러한 그들 공작의 뜻하는 바가 남한(南韓)을 북한(北韓)에 종속시키고자 하는 계략임을 천상(天上)은 일찍부터 파악하고 있는 것이다. 이와 같이 6.25 남침 이후의 남한(南韓)사회의 내부 붕괴를 노려《초특급 대마왕》들과 수하의 대마왕들이 남한(南韓)의 북한(北韓) 종속을 위해 광분한 내용을 둘로 나누어 좀 더 상세하게 살펴보자.

1) [미륵 부처님의 출현(出現)]

《초특급 대마왕》들이《중소마왕》들을 소수의《구려족》과《구노족》의 핏줄을 타고 인간 육신을 가지고《백제계 스키타이》들 무리 속에 태어나게 한 목적은 조금 전에 밝힌 바와 같이《백제계 스키타이》들의 한(恨)을 건드려 이들을 충동질하여《북한(北韓)》의 이념을 심고 이들로 하여금 명분을 가지고 봉기토록 선동한 후 정작 피를 부르는 봉기가 일어났을 때 이들은 지하로 잠적을 함으로써 정작 봉기로 인한 희생은 일반 백성들이 당하는 것이다.

이러한 연후 봉기가 성공을 한 후 그들은 지도자로 부상을 하여《백제계 스키타이》백성들의 지도자 노릇을 하며 남한사회를 분열의 장으로 내몰고 그들 목적을 위해 여러 가지 일들을 도모하여 때로는 공공연히《이북(以北)》찬양 발언을 서슴없이 하여 남한사회 전체를 혼란 속으로 몰아넣곤 한 것이다.

이러한 목적으로《중소마왕》들을 이용한 것이며 BC 2000년 경 이후《우주 쿠데타》를 일으키고《종교 정복 전쟁》을 주도하였던 대마왕들을 인간 육신을 가지고 태어나게 한 후 남한 사회 곳곳에 인간 무리들과 섞여 살게 한 목적은 오로지《미륵부처님》제거를 위해서였으며,《미륵부처님》만 제거하게 되면 남한(南韓)을 북한(北韓)에 종속시키고자 하는 그들의 목적 3/4을 달성하기 때문에 이의 실행을 위해 모든 대마왕들이 총동원이 된 것이다.

이들은《미륵보살》이 이 세상에 태어나기 이전부터 남한사회에《미륵부처님》에 대한 부정적인 이미지를 심기 위해 가짜 미륵부처를 내세워 온갖 술수를 다 부린 것이며, 이미 일제 시대부터 남한사회 경상도 지방에서는 욕심 많은 아이들을《미륵돼지》같은 놈하고 욕을 하는 풍습이 전승 되도록 하여 《미륵부처님》을 《돼지》로 비하하여 일반 대중들에게 인식시키고, 가짜 미륵부처를 내세워 고의로 혹세무민하는 행위를 자행케 하기를 중단 없이 한 결과가 《천상(天上)》의 통계로는 50명이 넘는 가짜 미륵이 남한사회 백성들에게 피해를 줌으로써 《미륵부처님》에 대한 부정적인 이미지는 극에 달해 있는 실정이 오늘날까지 지속되고 있는 것이다.

《미륵부처님》도 처음에는 이 50여 명의 가짜 미륵이 《미륵부처님》의 현생의 목숨을 보전하기 위해 천상(天上)에서 고의적으로 이 일을 도모한 것으로 알았으나 뒤에 보니 《특급 대마왕》들의 지시에 의해 빚어진 대마왕들의 장난질이었음이 뒷날 드러난 것이다.

이러한 《특급 대마왕》들과 《대마왕》들도 대환란기인 《아리랑 고개》의 때를 잘 알고 있으며 이때를 준비하기 위해 《미륵부처님》께서 언제 그 모습을 드러내실지를 대략적으로는 파악을 하고 있었던 것이다.

《미륵부처님》께서 최근 강의에서 스스로의 출신을 밝힌 적이 있다. 즉, 현생(現生)에 육신(肉身)을 가지고 태어난 부모님은 성불(成佛)의 길에 들어선 《제바달다 2세》인 《알라신(神)》의 후신(後身)과 《관세음보살 2세》 사이에 삼남(三男)으로 출생을 한 것이다.

이렇듯 현생의 《미륵부처님》을 낳아 주신 부모님들이 모두 《대마왕》들이셨으며 이러한 《대마왕》 부모님들마저 그분들이 낳아 주신 아들이 《미륵보살》임을 모르고 있도록 《석가모니 하나님 부처님》께서 배려를 하신 것이다.

상황이 이렇게 되고 보니 《대마왕》들의 아들로 태어난 《미륵보살》을 다른 《특급 마왕》들이나 《대마왕》들이 《미륵보살》이 어디에 태어나 있는지를 알 턱이 없는 것이었다. 이 때문에 《미륵보살》이 현생의 나이 54세 되기까지 《미륵보살》이 누구인지 아는 자는 천지(天地)간에 아무도 없었던 것이다. 이 사실이 일찍 밝혀졌으면 《미륵보살》은 성불(成佛)은커녕 일찍부터 《대마왕》들의 희생물이 되었을 것으로 《미륵부처님》은 잘 알고 있는 것이다.

《석가모니 부처님》께서 설(說)하신 《12 인연법(因緣法)》을 잘 공부하여 보시면 부모(父母)님은 현생의 육신(肉身)을 가질 수 있도록 도움을 주신 분들일 뿐임을 잘 아실 것이다. 즉, 육신을 갖게 하는 마음(心)의 근본 뿌리인 《성(性)의 30궁(宮)》중 양자(陽子)18과 전자(電子)6으로 이루어진 영혼에는 부모님의 영향이 미치지 않고 다만 양자(陽子)6과 전자(電子)6이 양음(陽陰) 짝을 한 《육근(六根)》이 지배하는 육신(肉身)에 부모님 가계의 핏줄이 흐른다는 것을 이해하시면 육신을 주신 부모님도 육신(肉身)의 주인공이 되는 영혼(靈魂)이 누구인지 모르는 이치를 깨달으시면 지금 기록하고 있는 내용이 이해가 되실 것이다.

《미륵보살》이 《초특급 대마왕》들과 《대마왕》들에게 완전히 노출이 된 때가 《미륵보살》이 성불(成佛)의 기간에 든 6년간이었으며 이 기간 동안 《미륵보살》의 성불(成佛)을 방해하기 위한 책동이 《대마왕》들에 의해 부단히 진행되었으며 이 기간 동안 《미륵보살》도 온갖 고초를 겪고 전생(前生) 기억을 찾고 참기 어려운 고통과 아픔을 감내하면서 이 기간을 버텨낸 결과 비로소 서기 2000년 선천우주와 후천우주 갈림길이 되는 해에 부처(佛)를 이룬 것이다.

즉, 대마왕들에 의한 죽음의 위협과 엄청난 고통으로 핍박을 받은 것이 《미륵보살》에게는 크게 약(藥)이 되어 성불(成佛)을 할 수 있었던 것이며 성불(成佛) 이후에도 《대마왕》들은 《미륵부처님》의 주위에 포진한 후 《미륵부처님》께서 펼치시는 법(法)을 왜곡하고 틀리게 만들어 세간(世間)의 웃음거리로 만들고, 마왕 승려들과 작당을 하여 《미륵부처님》께서 계시는 《아나법화연수원》에서 출간되는 모든 책들을 전국 불교(佛敎) 서점에서는 팔지 못하게 막고 급기야는 이 나라 《기독교》계열의 《초대형 서점》과 각 언론기관은 하나같이 《미륵부처님》께서 쓰신 책들에 대해 외면을 함으로써 일반 불자들 및 일반인들과 접촉을 하지 못하게 하는 격리 정책을 쓰고 있는 것이며, 한편으로는 천상(天上)도 알아주는 《미륵부처님》을 가짜 《미륵부처》로 매도를 하고 있는 것이 오늘날의 실정이다.

이러한 세월을 성불(成佛) 후 7년을 겪는 동안 이들은 《미륵부처님》 현생의 목숨을 위협함과 아울러 《아나법화연수원》이 재정적인 고통으로 문을 닫도록 하기 위해 온갖 술수를 부리더니 급기야는 《아나법화연수원》 관계자와 《미륵부처님》의 목숨을 빼앗기 위해 본격적으로 《초특급 대마왕》들과 이들 수하의 대마왕들이 부딪쳐오므로, 이때부터 치열한 《법력(法力)》의 싸움을 3년간 하는 동안 《미륵부처님》은 BC 2000년부터 《우주 쿠테타》를 일으킨 대마왕들과 《종교 정복 전쟁》을 일으켰던 대마왕들을 차례로 제거하여 그들의 영혼(靈魂) 대부분을 티끌로 만들어 무간지옥(無間地獄)으로 쳐넣고 교화가 가능한 일부 대마왕들은 깨달음을 얻게 하여 대참회의 정진에 들게 하고, 그들을 깨끗이 정리한 후 현재 육신(肉身)을 가지고 있는 그들의 육신(肉身)이 지니고 있는 모든 법력(法力)과 신통기와 염력 모두를 거두어 들여 가루로 만들어 무간지옥(無間地獄)의 암흑물질로 돌아가게 조치함으로써 <u>현재 그들 육신은 대마왕 시절의 막강한 그들의 힘을 잃고 지금은 빈껍데기 인간으로 인간 무리들에게 섞여 살면서 하루하루를 보내고 있는 것이다.</u>

《미륵부처님》은 이들의 인간 육신(肉身)의 명(命)을 한꺼번에 거두어들이실 법력(法力)을 가지고 있다. 그러나 모든 힘을 잃고 있는 그들 육신(肉身)을 그렇게 할 필요를 느끼지 않기 때문에 한세상 육신의 삶은 살고 가도록 그냥 두고 있을 뿐이다.

이러한 대마왕들의 정리가 끝이 난 후 표면으로 드러난 분들이 《관세음보살 1세, 2세, 3세》였다. 천상(天上)에서는 《아나법화연수원》의 보호를 위해 항상 막강한 권세를 가지신 《관세음보살》들 중 한 분을 파견하게 된다. 이렇게 파견이 되어 지상(地上)으로 내려오신 《관세음보살》께서는 《아나법화연수원》 법당(法堂)의 《관세음보살》상(像)에 좌정을 하신 이후 천상(天上)의 소식도 전해주고 우주간과 지상(地上)에서 일어나는 대소(大小)간의 일들을 《미륵부처님》의 뜻에 의해 처리를 할 때 이를 도우시는 의무를 가지시고 내려오시는 것이다.

《미륵부처님》께서는 이렇게 하여 내려오신 《관세음보살》께서 세세생생 육신을 낳아 주신 어머님이시기 때문에 무척 반가워하며 며칠을 보내게 되면 지금까지 정리하여 무간지옥으로 쳐넣었던 대마왕 몇몇이 다시 《미륵부처님》과 《아나법화연수원》 관계자들의 육신(肉身) 속으로 들어와서 생명(生命)을 위협하는 작업으로 육신의 고통을 주게 되므로 이 일이 어찌된 노릇인가 하고 《관세음보살》께 여쭈어 보면 대마왕들에게 참회를 할 기회를 주기 위해 모두 복권을 시켰다고 통보를 하여 주신다.

이러한 통보를 처음에는 있을 수 있는 일로 받아들이고 이들 대마왕들이 다시 준동을 할 때마다 《항마의식》으로 이들을 무간지옥으로 다시 쳐넣고 하는 일이 반복이 되므로 세월이 흐를수록 강한 의심을 갖게 된 것이다. 이렇듯 이들 마왕들을 모두 무간지옥으로 보내는 기간이 평균 6개월이 소요되며 이때마다 《미륵부처님》과 《아나법화연수원》 관계자들은 하루에도 두세 번 하게 되는 《항마의식》과 연속적으로 대마왕들에 의한 공격으로 육신(肉身)은 지칠 대로 지치게 되는 것이다.

이러던 어느 날 대마왕들에게 새로운 생명을 주는 것은 《관세음보살》들의 특권으로 우주간 어느 누가 간섭할 바가 아니나, 《아나법화연수원》에 신도들을 못 오게 하고 《아나법화연수원》에서 《석가모니 부처님》의 불법(佛法) 펼치는 것을 방해하며 심지어 《미륵부처님》과 《아나법화연수원》 관계자의 목숨을 쉴 틈도 주지 않고 노리는 대마왕들을 《항마의식》으로 무간지옥으로 쳐넣는 악순환이 계속 되므로, 이를 강력히 《관세음보살》에게 항의를 하고 이의 부당함을 《석가모니 하나님 부처님》께 보고를 할 때가 되니 《관세음보살》이 본색을 드러내어 내가 《미륵》이 너하고 《아나법화연수원》 관계자 모두를 죽이려 왔다고 선포하며 《미륵부처님》하고 한판 겨루어 보자고 통보를 하여 온다.

사정이 이렇게 되고 보니 《미륵부처님》은 입장이 무척 난처하여진 것이다. 《항마의식》으로 법력(法力) 싸움이 붙게 되면 둘 중 하나는 영혼(靈魂) 죽음을 당하여야 할 입장이니 《미륵부처님》의 입장은 난처하기 그지없는 것이었다.

법력(法力) 대결을 하여 《관세음보살》께 승리를 한다하여도 온 우주(宇宙)간에 계시는 모든 부처님들과 신(神)들 모두에게 자식이 권력욕에 눈이 어두워 자기를 낳아주신 어머니를 죽였다는 소문이 나서 《미륵부처님》께 치명적인 상처가 될 것이 자명하므로 할 수 없이 《석가모니 하나님 부처님》께 보고를 올리고자 하였으나, 우주 공간의 바탕인 전자(電子)의 세계를 다스리시는 분들이 《관세음보살》들이시라 《관세음보살》께서는 《미륵부처님》이 아무리 재주가 탁월하여도 《석가모니 하나님 부처님》의 귀와 눈은 《관세음보살》들께서 모두 막고 있으니 어디 마음대로 해 보라고 큰소리를 치신다.

참으로 난감한 처지에 빠진 《미륵부처님》께서는 이 일을 타개하기 위해 조용히 눈을 감고 깊은 생각에 잠기다가 번쩍 한 생각이 떠오르는 것이었다. 이러한 한 생각이 《미륵부처님》은 우주간(宇宙間)의 수많은 부처님들과는 달리 《석가모니 하나님 부처님》의 분신(分身)의 아들이기 때문에 소리 내어 《석가모니 하나님 부처님》을 찾지 않아도 조용히 법당에 앉아 삼매로써 뜻을 전하게 되면 《석가모니 하나님 부처님》께서 아실 것이기 때문에 조용히 이 방법을 써서 뜻을 전한 것이다. 《관세음보살》들로서는 《허(虛)》가 찔린 셈이 되었던 것이다.

　이러한 모든 사실들을 전(傳)하여 들으신 《석가모니 하나님 부처님》께서도 진작부터 《관세음보살》들이 도모한 모든 일들을 알고 계셨음인지 걱정 말고 기다리라고 직접 뜻을 전하여 오신다. 이로부터 《석가모니 하나님 부처님》께서는 《관세음보살》을 천상으로 불러 그동안의 잘못을 깊이 참회하라고 일정한 시간을 주셨다는 통보를 받고 《미륵부처님》도 어머님이신 《관세음보살》님께 소생도 어머님을 잃기 싫으니 깊은 참회를 할 것을 요구하였으나 《관세음보살》님께서는 스스로 지은 죄가 너무나 광범위하고 무겁기 때문에 참회할 수 없다고 거절의 말씀을 하시는 것이었다.

　이로써 천상(天上)에서는 큰 부처님들께서 모두 참석하신 회의에서 《처형》을 결정하셨다는 통보를 받고 《미륵부처님》은 다시 어머님이신 《관세음보살》께 간곡히 지금이라도 한마음 바꾸시고 깊은 참회를 하시겠다면 《천상(天上)》의 결정을 번복시켜 보겠다고 매달렸으나 끝내 거절을 당하고 《처형》되어 끝내 영원히 돌아오지 못할 곳으로 가시고 만 것이다.

　이러한 깊은 아픔을 세 번이나 각각 따로 겪게 된 것이다. 이렇듯 《관세음보살》들로부터 당한 고통은 처음 《관세음보살 3세》로부터 시작하여 《관세음보살 3세》가 처형당한 후 똑같은 술법으로 고통을 당하기를 《관세음보살 1세》 다음으로 《관세음보살 2세》의 순서로 당함으로써 근 1년 6개월간을 《미륵부처님》과 《아나법화연수원》 관계자들은 거의 초죽음이 되어 천상(天上)에 차라리 저희들을 거두어 주십시오 하고 청을 하곤 하였다.

　이러한 가운데에서도 《미륵부처님》은 아버님이신 《석가모니 하나님 부처님》의 법(法)을 지키겠다는 일념으로 이러한 고통을 감내할 수가 있었으나 여타 《아나법화연수원》 관계자들은 《미륵부처님》을 원망하는 지경까지 도달하였을 때 이번에는 《석가모니 하나님 부처님》의 어머님이 되시는 《미륵부처님》께는 《할머님》이 되시는《대관세음보살》님께서 내려오신 것이다.

이와 같은《대관세음보살》님께서 오신 이후 한동안은 조용한 나날을 보냈으나 어느 날부터 다시 복권이 된 대마왕들이 준동을 하며 똑같은 고통을 줌으로써 이러한 사실을 아버님이신《석가모니 하나님 부처님》께 알려 드리니 얼마의 시간이 지난 후《석가모니 비로자나불(佛) 하나님》이신《할아버지》께서《미륵부처님》께 오셔서 너희《할머니》는 내가 잘 설득하였으니 안심하라고 일러 주신 후 돌아가셨다. 이와 같은 일이 있은 후《미륵부처님》은 다시 대마왕들을《항마의식》으로 차례차례 무간지옥으로 보내는 수고로움을 반복한 것이다.

이와 같은 반복되는 일을 하는 동안 어느 날 우주간(宇宙間)이나 지상(地上)의 마왕들 세계를 깊이 들여다보니, 무섭고 공포스러운 무간지옥을 마왕들이 절대 두려워하지 않는 사실을 발견하고 깜짝 놀란 적이 있었다.

즉, 마왕들이《미륵부처님》에 의해 무간지옥의 티끌로 사라지더라도 이들을 사주하고 있는《관세음보살》들이 명(命)을 주어 자꾸만 복권을 시켜 놓으니 지상(地上)에서 죄(罪)를 지은 자들을 격리시키기 위해《교도소》에 보내는 것과 같은 형국이기 때문에 마왕들 사이에는 마치 지상(地上)의 범죄자들이《교도소》를 들락거리는《전과기록》을 자랑하는 것과 같이 이들도 무간지옥을 들락거린 것을 자랑으로 삼고 거들먹거리는 풍조가 만연하여 있는 것을 발견하고 이러한 사실을《천상(天上)》에 알려드리고 무간지옥에 빠져 있는 마왕들이 깊은 참회를 하여 참회가 되지 않는 자들은 풀어주지 못하게 조치를 한 어느 날《대관세음보살》의 본색이 드러나기 시작한 것이다.

《대관세음보살》께서는 여느《관세음보살》들보다는 더욱더 교묘한 방법으로《미륵부처님》과《아나법화연수원》관계자와《아나법화연수원》을 핍박하는 일들을 도모하여 놓고는 시치미를 뚝 떼고 있었던 것이다.

이러한 때《천상(天上)》에서도 후천우주(後天宇宙)를 이끌고 가실《미륵부처님》께《석가모니 하나님 부처님》의 막강한 권능과 권세를 물려주실 것을 결정하시고《미륵부처님》께 막강한 권능과 권세를 이양하심으로써《미륵부처님》께는 우주간의 어느 누구도 도전을 할 수 없는 권능과 권세가 주어진 것이다.

이때 이러한 막강한 권능과 권세를 《대관세음보살》께서 욕심을 내어 이를 《대관세음보살》께서 가지시게 되면 모든 마왕들을 거느리는 후천우주(後天宇宙)의 일인자가 되실 것인데 이러한 일인자의 자리가 《미륵부처님》에게 돌아감으로써 《대관세음보살》께서는 이를 인정하지 않으시고 《미륵부처님》께 정식으로 도전하여 온 것이다.

　또 한 번 《미륵부처님》께는 시련이 닥쳐온 것이다. 《미륵부처님》께서는 이러한 사실을 아버님이신 《석가모니 하나님 부처님》께 보고를 올리니 이 문제는 그대가 이제 알아서 처리하여야 될 때라고 한 발짝 뒤로 물러서시면서 그대가 《대관세음보살》과 우주간의 《대관세음보살》 동조자들과 대결하고자 하면 힘이 되어 주시겠다고 말씀하심으로써 《항마의식》으로 법력 싸움을 벌려 승리하고 차마 《대관세음보살》을 죽음에 이르게는 못하고 《대관세음보살》께서 가지신 권능과 권세와 법력(法力)과 신통기 등 모두를 빼앗고 백의종군과 함께 깊은 참회를 하도록 《상천궁(上天宮)》 바깥은 한 발짝도 나오지 못하도록 유폐를 시킨 것이다.

　이러한 사실이 모두 드러난 것을 볼 때 《대관세음보살》님을 비롯한 《세 분의 관세음보살》들께서 대마왕들을 사주하여 BC 2000년부터 《우주 쿠데타》를 일으키고 《종교 정복 전쟁》을 벌리고 한 모든 사실들이 모두 표면으로 노출이 됨으로써 《석가모니 하나님 부처님》께서는 아드님이신 《미륵부처님》께 이들로부터 차례로 고통을 겪음으로써 우주간과 세간에서 일어난 모든 일들을 체험을 함으로써 공부하게 하시고, 《석가모니 하나님 부처님》 법(法)에 반역한 무리들이 표면으로 드러나 그들의 죄상이 모두 밝혀졌을 때 이들을 처단하는 방법을 가르침으로써 후천우주(後天宇宙)를 이끌고 갈 능력을 가지게 하시기 위해 《미륵부처님》의 성불(成佛)로부터 10년간을 고통으로 인한 인욕의 세월을 겪게 하셨음이 드러남과 동시에 인류 북반구 문명 이후 《석가모니 하나님 부처님》 법(法)에 반역하였던 모든 대마왕들을 처단하신 것이다.

　이로써 우주간과 세간에 있던 대마왕들이 대부분 사라졌으므로 《대관세음보살》 처단 이후 《아나법화연수원》이 조용할 것으로 보았으나 실체가 드러나지 않는 대마왕이 교묘하게 《미륵부처님》과 《아나법화연수원》 관계자와 《아나법화연수원》

을 괴롭힘으로써 이의 실체가 드러날 때까지 조용히 기다리다 보니, 이번에는 1-2의 진화(進化)의 길을 걷는 최고 마왕인《그림자 대마왕 석가모니 불(佛)》과《그림자 대마왕 다보불(佛)》이 드러남으로써, 이들 역시《석가모니 하나님 부처님》께 보고를 올린 후《항마의식》으로 무간지옥의 티끌로 사라지게 한 결과,《대관세음보살》과《관세음보살 1세, 2세, 3세》및《그림자 비로자나불(佛)》과《그림자 대관세음보살》과《그림자 대마왕 석가모니불(佛)》과《그림자 대마왕 다보불(佛)》과 수하 대마왕들 모두를 처단하게 된 것이다.

이로써《석가모니 하나님 부처님》의 우주간과 세간법의 이치인 진리(眞理)의 법(法)에 반역한 두목들 모두를 처단함으로써《석가모니 하나님 부처님》의 진리(眞理)를 바로 세우게 된 것이다.

지금까지 설명 드린 내용이 <u>《초특급 대마왕》들과 수하 대마왕들 모두를 처리함으로써 법공(法空)의 핵(核)중의 핵(核)중의 핵(核)으로 자리한 지상의 한반도에 자리한 남한(南韓)의 북한(北韓) 종속 천상(天上)의 기도는《미륵부처님》에 의해 모두 분쇄가 된 것이다.</u>

이러한 이후《미륵부처님》께서는 남한(南韓)의 모든 백성들에게 그들 내부에 도사리고 있는 천상(天上) 반란의 잔해는 스스로 걷으라고《백두대간(白頭大幹)》의 설명과 함께 백두대간의 끝머리에 있는 부산(釜山)의 장산(萇山) 밑에서《미륵부처님》이 성불(成佛)하였음을 밝혔으나 어리석은 백성들은 이렇듯 엄청난 책략에 의해 남한(南韓) 사회를 시끄럽게 하고 있는 것을 깨닫지 못하고 있는 것이다.

단도직입적으로 말씀드리면,《남한(南韓)》사회를 파괴시키는 어떠한 세력도《천상(天上)》은 용납하지 않으며 이러한 기도를 하는 무리들에게는《천상》이 재앙(災殃)으로써 그러한 무리들을 응징할 것임을《미륵부처님》이 경고하는 것이다.

2) 6.25 남침 이후의 남한(南韓)

6.25 남침 이후의 남한(南韓) 사회의 변천사는 여러분들이 익히 알고 계시는 사항들이기 때문에 생략하고《초특급 대마왕》들과 수하의《대마왕》들의 지령에 의

해 움직인 《중소마왕》들의 움직임을 천상에서 보는 관점으로 설명 드리겠다.

이러한 설명은 《초특급 대마왕》들과 수하의 《대마왕》들에 의해 획책된 남한(南韓)의 북한(北韓) 종속을 위한 천상(天上)의 음모가 모두 분쇄되었기 때문에 이를 모르는 《하수인》들인 《중소마왕》들에게 깨우침을 줌으로써 그들마저 구원의 길로 인도하기 위해 이 장을 진행하는 것이다.

이기심(利己心)에 찬 일부 군인(軍人) 무리들이 남한(南韓)을 통치할 때 《관세음보살》들에 의해 조종되던 《중소마왕》들이 《구려족》과 《구노족》의 핏줄을 타고 인간 육신(肉身)을 가지고 태어난 후 《백제계 스키타이》들을 부추긴 결과가 죄 없는 백성들만 군인(軍人)들에 의해 살육을 당한 것이다.

이러한 일 이후 희생당한 백성들의 죽음이 헛되지 않아 일정한 기간이 흐른 후 민간인 정부가 태동하여 군사정부 때의 지도자들을 단죄하고 억울한 죽음을 당한 혼령들과 《백제계 스키타이》들의 마음을 어루만지는 조치를 취한 것이다. 즉, 이들의 희생으로 《자유》를 얻은 것이다.

이러한 《자유》가 순수한 《민간 봉기》로 얻어진 것이 아니고 옥(玉)의 티랄까 《대마왕》들과 《중소마왕》들의 선동에 의해 얻어진 것이 되기 때문에 《천상(天上)》에서는 걱정을 한 것이다.

《자유 민주주의》 체제를 이상적인 체제로 천상(天上)에서는 인정을 하는 것이다. 그러나 《대마왕》들과 《중소마왕》들의 선동에 의해 얻어진 《자유》는 《자유》라는 이름 아래 표면으로 부상한 《대마왕》들과 《중소마왕》들이 활개를 칠 수 있는 좋은 무대가 되어 이들이 지도자들이 되어 이번에는 공공연히 《이북(以北)》을 찬양하고 남한(南韓) 백성들을 잘못된 길로 인도하는 것이 큰 문제가 되는 것이다.

이러한 와중에도 《경제》는 발전하여 부패한 《관료》와 물질(物質) 만능주의가 백성들에게 팽배하여 백성들의 정신(精神)은 썩고 《분배》정책에 실패한 《정부》의 정책 덕분으로 《빈부격차》는 깊어질 대로 깊어진 것이다.

이러한 《남한(南韓)》 사회는 《대마왕》들과 《중소마왕》들이 활개칠 수 있는 좋은 환경이 만들어진 가운데 《대마왕》들과 《중소마왕》들이 선동하고 획책한 일들이 성공을 하였으니 이들이 득세하여 공공연히 이북(以北) 찬양을 하는 말을 서슴없이 하여 남한(南韓) 백성들의 《가치관》을 흔들어 놓아도 누구 하나 똑바로 나서서 이들을 제어하지 못하는 사회가 된 것이다.

이러한 가운데 《미륵부처님》의 성불(成佛) 기간과 성불(成佛)하신 이후 대마왕들과 처절한 사투를 벌리는 동안 남한(南韓) 사회에서는 주목할 만한 두 지도자가 나타난 것이다. 이와 같은 두 지도자가 나타나기 이전 문민(文民) 정부 때 《초특급 대마왕》들과 수하에 있는 《대마왕》들이 공작하여 남한(南韓)사회의 경제가 파탄에 이르도록 만들고 이틈을 틈타 《관세음보살》들의 뜻을 충실히 이행하는 《한 지도자》가 나타나서 경제파탄의 수습을 구실로 《이중임금제(二重賃金制)》제도를 만들고 《노동귀족》을 양산시킨 것이다.

자유주의 경제체제하에서 《자본가(自本家)》는 절대 손해 보는 짓을 안 하는 것이 법칙으로 되어 있다. 이러한 체제 내에 《노동귀족》이 등장하고 《이중임금제》가 생기면 《절대빈곤층》이 생기게 되어 있다.

《노동귀족》, 《이중임금제》, 《절대빈곤층》 등 이러한 구조가 일당 독재를 하고 있는 《이북(以北)》노동당과 무엇이 다른가? 이러한 사실들이 《초특급 대마왕》들과 수하 《대마왕》들로부터 짐 지워진 남한(南韓)의 북한(北韓) 종속 임무를 충실히 이행한 증거로 《천상(天上)》에서는 받아들이고 있는 것이다.

이와 같이 《대마왕》들의 하수인 노릇을 한 이 지도자는 그가 최고 지도자로 있는 동안 내내 《햇볕정책》이라는 감언이설로써 남한(南韓) 백성들을 기만하고 우롱한 자로 《천상(天上)》에서는 알고 있는 것이다.

이러한 일들이 있은 이후, 《대마왕》들의 하수인 노릇을 충실히 한 이 지도자의 후광(後光)을 등에 업고 새로운 또 한분의 지도자가 등장한 것이다. 이 지도자 역시 앞의 지도자와 같은 노선을 걷는 지도자로 보였으나 다른 점이 있다면 이분의 뜻하는바 목적은 《백제계 스키타이》와 《신라계 스키타이》가 다 같이 같은 조상(祖上)을 둔 《스키타이》들로서 지방색(地方色)을 없애고 진정한 한 백성으로 거듭나기를 바라시든 것이 다른 점이다.

이러한 지도자께서는 그의 의무를 다 하시고 향리로 돌아가서 농사를 지으시면서 지내던 어느 날, 지도자로 계실 때 가족들과 연루된 일부 부정사건에 연루되어 정부기관의 강도 높은 수사를 받는 과정에서 심한 스트레스를 받으신 것이다.

이러한 때가 《대마왕》들에게는 국면을 전환시킬 절호의 기회를 만난 것이었다. 즉, 이 지도자께서 꿋꿋이 의연한 모습으로 조사를 받고 죄가 있으면 달게 받을 심정으로 당시의 어려운 사정을 이겨내어 주시는 것이 옳은 일이였으나 연일 계속되는 심적인 고통을 받다 보니 그분 내면이 약해질 대로 약해지신 것이다. 이때 《대마왕》들이 그분 내면(內面)으로 들어가서 극단적인 방법인 《자살》을 부추긴 것이다.

여러분들은 지금 《미륵부처님》이 쓰고 있는 이 기록을 잘 이해를 하지 못하실 것이나, 지상(地上)에 있는 어떠한 강건한 자도 그의 내면에 《마왕》들이 들어가서 작용을 하여 《마음》을 어지럽게 하여 정상적인 판단을 하지 못하게 하면 이를 이겨낼 자들이 없다. 즉, 인간들의 내면(內面)을 무력화시키는 데는 법력(法力)이 센 마왕 한 명이면 충분한 것이다.

이렇게 《자살》을 부추겨 《자살》을 하게 만드는 데는 큰 목적이 있다. 이 지도자께서 《최고 지도자》가 되기까지는 먼저 번의 《최고 지도자》의 후광을 크게 업고 《최고 지도자》의 자리에 올랐기 때문에 <u>이분이 《최고 지도자》 지위에 계시는 동안 먼젓번 《최고 지도자》의 허물은 들추어내지를 못할 것을 계산하고 이분을 최고 지도자》가 되게끔 한 것이다.</u>

이후 이분이 《최고 지도자》로 있는 동안 일정한 세월이 흐르게 되고 그 이후 이분이 임기를 마치게 되면 앞장에서 설명 드린 대로 임기동안의 부정한 일에 연루가 되어 다음 정부로부터 강도 높은 수사를 받아 심신이 강한 스트레스를 받도록 《대마왕》들과 이들을 추종하는 《중소마왕》들을 통해 미리 책략을 꾸민 것이 그들 계획대로 됨으로써 이때를 놓치지 않고 이분을 《자살》을 하게 함으로써, 이분 이후에 《최고 지도자》의 위치에 오른 분께 치명적인 일격을 가하고 이를 명분으로 하여 《대마왕》들의 책략을 눈치 채지 못하는 일반 백성들에게 《자살》한 전 《최고 지도자》를 동정하는 선동을 하여 남한(南韓) 사회를 혼란 속으로 몰아넣음으로써 《자살》한 《최고 지도자》를 지냈던 분 이전의 《최고 지도자》가 남한(南韓)을 북한(北韓)에게 종속시켜 궁극에는 적화통일(赤化統一)을 시키려고 하였던 일들을 역사

속으로 묻고, 계속하여 남한(南韓) 백성들을 선동하여 새로이 들어선 정부에 반기를 들게 하는 일을 계속 함으로써 남한(南韓)사회를 혼란 속으로 몰아넣고 《중소마왕》들은 이 틈을 이용하여 《이북(以北)》을 찬양하며 백성들의 《가치관》을 혼란시켜 남한(南韓) 정부를 불신하게 만든 후 백성들의 정신을 썩게 만드는 일을 계속 한 것이다. 즉, 《초특급마왕》들과 수하의 《대마왕들》과 이들의 사주를 받은 《중소마왕》들이 《자살》한 분을 처음부터 그들의 목적을 위해 이용한 것이다.

이러한 전형적인 술법은 《대마왕》들의 전매특허와 같은 술법인 것을 지난번 강의에서 밝혀드린 한 부분을 재인용하여 살펴보기로 하자.

『부처님의 출신이 《가비라국》을 이루었던 《샤카족(族)》임을 여러분들께서는 잘 아실 것이다. 이러한 《샤카족》은 《석가모니 하나님 부처님》께서 《슈메르 문명》을 일으켰을 때 중심이 되는 종족으로서 BC 4000년 두 번째의 민족 대이동이 있을 때 고대인도 서북부를 통하여 인도로 들어온 《아리아족(族)》중에서도 제일 중심이 되는 종족이 《샤카족》인 것이다.

이러한 《샤카족》이 훗날 《가비라국》을 이루고 있을 때 인근한 강대국인 《코살라국》에서 그들 왕국의 정통성과 귀족의 핏줄을 위해 《코살라국》의 《비루다카왕》의 부왕(父王)시절 《코살라국》의 국왕이 《왕비》추천을 의뢰하여 오게 된다. 이 때 《코살라국》은 강한 나라였기 때문에 《코살라국》의 요청을 《가비라국》에서는 물리칠 수가 없는 입장이었다.

이때 《가비라국》에서는 4계급 제도가 엄격하게 지켜지고 있던 때로써 당시 왕족의 집안에서는 선뜻 신부감을 내어놓지 않는 관계로 궁여지책으로 비밀리에 4계급 제도 중 신분이 제일 낮은 《슈드라》계급을 가진 자의 딸 중 이쁜 딸이 있어서 이를 궁(宮)으로 데려와 왕족 교육을 급히 시킨 후, 이 분을 《코살라국》의 《비루다카왕》의 부왕(父王)에게 보내게 된다.

이후 이분과 부왕(父王) 사이에서 《비루다카》왕자가 태어나게 된다. 이러한 왕자 탄생 이후 한참의 세월이 흐른 후 《비루다카》왕자가 성년이 되었을 때 이러한 사실을 문수사리 2세인 《사리프타》와 《목건련》이 《비루다카》왕자에게 고자질하고 부추김으로써 이러한 사실을 《비루다카》왕자는 부왕(父王)에게 알렸으나 움직임이 없자 자신의 육신(肉身)에 천한 피가 흐르고 있음에 분개하여 부왕(父王)을 살해하고 왕자가 왕위를 찬탈한 후 전쟁을 일으켜 《가비라국》을 멸망시키고 《샤카족》들을 학살하게 된다. 이로써 석가모니 부처님과 아들인 《라훌라》는 큰 슬픔을 맛보아야 했던 것이다.

한편, 이때 《제바달다》는 1-4의 기(氣)인 《가이아신(神)》의 기를 타고난 《마갈다국》의 《아사세》를 부추겨 부왕인 《빔비사라왕》을 죽이고 왕이 되게 한 후, 《아사세왕》을 부추겨 《비루다카왕》의 《코살라국》을 침공하여 《코살라국》을 멸망하게 하고, 《비루다카왕》을 죽임으로써 《사리프타》와 《목건련》이 획책하였던 증거를 없애 역사 속으로 침몰하게 한 것이다.』

이 이후 《대마왕》들인 《사리프타》, 《목건련》, 《제바달다》등은 하수인들을 시켜 《석가모니 부처님》을 독살한 후 부처님의 가르침인 《경전(經典)》을 결집할 때 《굴외 결집》을 선동하여 《대마왕》의 사상인 《그리스》자연사상(自然思想)을 심어 처음부터 부처님 법(法)을 왜곡하여 중원대륙과 한반도로 들여보내 중원대륙과 한반도 백성들의 정신을 썩게 하고 타락시킨 것이다.

이렇듯 부처님 재세시의 옛날이나 지금의 때나 《대마왕》들이 획책한 계략들은 변함이 없는 것이다. 바른 정신을 가지고 두터운 갈등의 골을 가진 남한(南韓)의 백성들을 하나로 묶어 동서(東西)간의 갈등을 없애고자 노력하였던 분을 《대마왕》들과 《중소마왕》들은 이를 철저히 이용하고 끝내는 《자살》이라는 극단적인 행동으로 생(生)을 마감하게 한 이면에는 남한(南韓)을 북한(北韓)에 종속시키고자 하는 《대마왕》들과 《중소마왕》들이 있었음을 분명히 밝히는 것이다.

이와 같은 《최고 지도자》두 분 이후 새롭게 들어선 정부로서는 부정과 연루된 앞선 《최고 지도자》를 수사를 하는 것은 당연한 일인 것이다.

이러한 어느 날 의연하게 수사를 받고 고통스러운 순간들을 슬기롭게 이겨내고 용서를 비는 마음으로 어려운 고비를 잘 넘기기를 바라던 어느 날 수사를 받던

《최고 지도자》를 지냈던 분이《자살》을 하였다는 긴급보도를 본 순간《미륵부처님》은 곧 이분의《영혼(靈魂)》을 불렀다.

이 순간《미륵부처님》의 앞으로 온 이《영혼(靈魂)》은 오자마자《미륵부처님》께 예(禮)를 갖추고 엎드린다. 이렇게 엎드린 이 분의《영혼(靈魂)》에게《미륵부처님》은 어찌하여 가벼운 행동을 한 것이냐고 질책을 하니 한마디로《당했습니다》라고 뜻을 전한다. 이분이《당했습니다》라는 한마디는《대마왕》들과《중소마왕》들의 책략에 당하였다는 뜻이다.

이 한마디를 들은 후《미륵부처님》은 가벼운 행동을 한 것을 깊이 참회하라고 이르자 이분의《영혼》은 한 10분 동안 서럽게 크게 통곡하더니 잠깐 앉아 깊이 참회하는 순간 이분은 하이얀 백옥색 흰옷을 입은 밝은 모습으로 거듭 태어나는 보살(菩薩)의 면목을 보인 후《미륵부처님》께 삼배 절을 하고 곧바로《보현보살》이 계시는《보현궁(普賢宮)》으로 들어가 좌정을 하는 모습을 보인다. 즉, 이 분은《보현보살(普賢菩薩)》의 화신보살(化身菩薩)로서 지상(地上)에 일을 하기 위해 내려 오셨던 분임이 확인이 된 것이다. 이러한 모든 일들은 그분이 육신(肉身)의 죽음을 맞이한 한 시간 이내에 모두 끝이 난 것이다.

이와 같은 비밀한 내용을 밝히는 뜻은 이 보살(菩薩)이 육신(肉身)을 버리고 마지막 떠나면서 유언장에서 고향땅에《조촐한 비석》하나 세워달라는 마지막 당부를 외면하지 말아달라는 뜻이다.

지금까지는 어쩔 수 없는 일이나 모든 비밀한 뜻이 밝혀지는 이때로서는 보살(菩薩)의 년년기일(忌日)이 닥쳐오는 날은 조용히 고인의 뜻을 추모 하는 날로 승화시키는 것이 옳을 것이다.

많은 군중을 동원하는 추모는 그분을 일찍 죽음으로 내몬《대마왕》들과《중소마왕》들의 책략에 말려들게 된다는 사실을 잊지 마시기 바라며《대마왕》들과《중소마왕》들의 책략에 말려들게 되면 그분을 추종하고 따르던 많은 백성들에게 현재 남한(南韓) 사회를 이끌고 가는《지도자》들에 부정적인 이미지를 심게 되고 극단적인 행위인《자살》을 미화하여 백성들에게 좋지 않은 영향을 미치게 됨으로써 오히려《고인》이《최고 지도자》로 있었던 남한(南韓)사회를 혼란 속으로 몰아갈 위험성이 다분히 있으니 이를 깊이 생각해 볼 필요가 있을 것이다.

《미륵부처님》께서 권유드리는 이 내용이 바로《고인》의 진정한 뜻임을 그대들은 알아야 할 것이다. 그리고 고인을 추종하던 지도자급에 계시는 분들은 이날을 맞아 고인이 다하지 못한 뜻을 다시 헤아리고 이상의 실현을 다짐하는 날로 기념하는 것이 옳으실 것이며 남한(南韓)을 북한(北韓)에 종속 시키고자 하는 무리들과는 단연코 관계를 청산하는 것이 옳을 것이다. 이를 청산하지 않으면《고인》이《최고 지도자》로 있을 당시 임기 말에 떠밀리듯이《이북(以北)》으로 가서《남북(南北)》정상 회담을 하여 남한(南韓)을 북한(北韓)에 종속시키고자 하는 곤혹스러운 일을 또 하여야 할 것이다.

《미륵부처님》께서 그대들이 모르는 모든 일을 밝히는 지금의 때는《남한(南韓)》을《북한(北韓)》에 종속시키고자 하였던《천상(天上)》의 음모를 주관하였던《초특급 대마왕》들을 비롯한《대마왕》들 모두를 처단하여《천상(天上)》의 음모를 분쇄시켰으며 지상(地上)에서 그동안《남한(南韓)》사회를 시끄럽게 하였던《중소마왕》들 중 현재의 육신의 죽음을 맞이한 자들의 영혼(靈魂)과 육신(肉身)을 가지고 있는 자들의 영혼(靈魂)들을 모두 거두어 무간지옥(無間地獄)의 티끌로 사라지게《미륵부처님》께서 조치를 하였기 때문에 현재 육신을 가지고 있는 무리들은 빈껍데기 삶을 사는 무리들로 전락하였기 때문에 힘을 잃고 있다.

그러므로 천상(天上)이나 지상(地上)이나 그들의 계획은 모두 수포로 돌아갔음을 그대들에게 알려 드리는 것이니 남한(南韓)을 북한(北韓)에 종속시키고자 하였던 무리들과는 관계를 끊는 것이 옳은 것이다. 그리고 그동안 남한(南韓)사회를 시끄럽게 하였던《중소마왕》들에게 경고하는 바는 「죽어봐야 저승을 안다고」 그대들이 육신(肉身)의 죽음을 맞이한 이후는 그대들 스스로가 깊고 깊은 암흑의 나락으로 떨어지는 것을 스스로가 자각(自覺)을 할 것이다.

이것이 그대들이 지금까지 저지른 일에 대한 보답이다. 그러하니 지금부터라도 육신(肉身)만 가진 빈껍데기 인간 삶을 사는 그대들에게《미륵부처님》께서 충고하는 바는 이러한 빈껍데기 육신(肉身)만을 가지고 사는 자들도 그대들의 잘못을 스스로 깊이 참회하고 착한 근본을 심고자 노력하였을 때 무간지옥(無間地獄)에 빠져 있는 그대들《영혼》을 그대들 스스로가 구원할 수 있는 방법을 일러주는 것이다. 이러한 경고를 무시하였을 때 그대들은 100억 년(億年)의 긴 암흑 속에서 고통스러운 윤회를 할 것임을 알려드리는 것이며 그대들에게 마지막 참회 기회를 주기 위해 빈껍데기 육신의 삶을 살도록 배려하고 있는 점도 명심하시기 바란다.

[5] 태극기(太極旗)에 숨어 있는 천상(天上)의 비밀

(1) 태극기(太極旗)의 건곤(乾坤)

태극기(太極旗)의 건(乾)은 붉은 부분으로써 양(陽)을 의미하며 하늘(天)을 뜻하며 곤(坤)은 푸른색 부분으로써 음(陰)을 의미하며 땅(地)을 뜻한다.

태극(太極)의 왼쪽(左) 붉은색 부분과 푸른색 꼬리 부분이 만나는 지점이 백두대

간(白頭大幹)의 중간지점에 있는 태백산(太白山) 지점이며 이러한 태백산(太白山)이 《석가모니 하나님 부처님》의 상징산(山)임을 밝힌 바가 있다.

백두대간(白頭大幹)은 백두산(白頭山)으로부터 태백산(太白山)을 거쳐 부산(釜山)의 장산(萇山)까지 1-3-1의 길을 이루고 있다고 밝힌 바가 있다. 이러한 1-3-1의 길은 《시계방향》의 회전길로써 천지인(天地人) 우주 구분 중 천(天)과 인(人)의 우주가 이 길에 있으며 지(地)의 우주가 《시계반대방향》의 회전길인 1-4-1의 길에 있다고 여러 번 밝힌 바가 있다.

이와 같이 1-3-1의 길 《시계방향》의 회전길에 있어서 《태백산(太白山)》에서 부산(釜山)의 장산(萇山)까지 3-1의 길이 형성되어 붉은색인 건(乾)으로 나타나 있으며 태백산(太白山)을 출발하여 부산(釜山)의 장산(萇山)까지 《시계반대》방향의 회전길인 1-4의 길이 형성되어 푸른색인 곤(坤)으로 나타나 있다. 《3-1의 길》이 《인(人)》의 우주 진화(進化)의 길에 있는 《곰족(族)》의 인간 무리들을 뜻하는 것이며 《1-4의 길》이 《지(地)》의 우주 진화의 길에 있는 《스키타이족(族)》의 인간 무리를 뜻하는 것이다.

즉, 태극(太極)의 뜻은 《곰족(族)》과 《스키타이족(族)》이 하나의 원(圓)을 이루고 양음(陽陰)이 되어 사이좋게 사는 나라를 뜻하는 것이 형상으로 그려진 것이며 《남한(南韓)》만의 국기(國旗)임을 의미하는 것이다.

곤(坤)의 길인 1-4의 길이 《지리산맥》을 뜻하며 이때의 《1》의 자리가 태백산(太白山)이 되는 이유는 《지(地)》의 우주 운행을 선도하는 《스키타이》의 최고 조상이신 《노사나불(佛)》이 태백산(太白山)으로 상징되는 《석가모니 하나님 부처님》의 우주적 장자(長者)이시기 때문에 이때는 《석가모니 하나님 부처님》께서 하나인 《1》의 자리에 자리하시고 《4》의 자리가 《금관가야》를 세우셨던 한때 《수로왕》으로 이름하고 오셨던 《노사나불(佛)》의 상징산인 김해(金海) 《구지봉》이 됨으로써 4의 자리를 갖게 되며 이러한 《구지봉》이 장산(萇山)과 연결된 형상으로 푸른색이 나타난 것이다.

4의 수리(數理)를 갖기까지는 《지리산맥》의 《노고단》, 《천왕봉》, 《반야봉》을 거느린 후 최종 지리산맥이 끝이 나는 《구지봉》이 4의 수리를 가짐으로써 1-4의 길이 형성된 것이다.

그리고 한 가지 더 알려 드리는 바는 여러분들의 국기(國旗)인《태극기》와《아리랑》노래는《노사나불(佛)》께서 창작하시어 여러분들께 전하여 드렸음을 분명히 밝히며,《아리랑》노래말에『나아를 버리고 가시는 님은』의《나아(那阿)》는《노사나불(佛)》의 끝자인《나(那)》자와《노사나불(佛)》의 육신불(肉身佛)이신《아촉불(阿閦佛)》의 첫 글자인《아(阿)》를 따서《나아(那阿)》라고 한 것이며, 경상도 방언의《내》라는 뜻으로써《나아》가 곧《노사나불(佛)》자신이라는 뜻을 가지고 있음을 바로 알려드리는 바이다.

백두대간(白頭大幹)이 1-3-1의 길에 있음을 밝혀왔다. 이러한 1-3-1의 길에서 백두산(白頭山)으로부터 태백산(太白山)까지 형성된 1-3의 길에 있는《구려족(族)》이 주축을 이룬《북한(北韓)》의《구려족(族)》들은 진화적으로 볼 때 3-1의 길에 있는《인간들의 우주》진화의 길을 거치면서《인간도(人間道)》를 배우기를 50억 년(億年)을 한 후 3-1의 길로부터 다시 시작되는 1-3-1의 길과 1-4의 길 세 갈래 길이 시작될 때 비로소《지(地)》의 우주길인 1-4의 길을 따르게 된다.
즉, 이 뜻은《구려족》은 50억 년(億年)이 지나야《스키타이》들이 간 길을 따름으로써《스키타이》들보다는 50억 년이나 진화(進化)가 뒤떨어진다는 뜻이다. 정상적인 진화(進化)의 길을 걸어도 이러한 판에《초특급 대마왕》들과《대마왕》들의 책략에 이용된 이들은 진화가 50억 년(億年) 더 뒤로 미루어져 일부《구려족》을 제외하고는 100억 년(億年)의 긴 암흑의 터널을 고통 속에 지나야 하는 운명을 가지게 되었기 때문에《3.8선(線)》이 그어지게 된 것이며 한반도(韓半島)가 두 동강이가 난 것이다.
<u>한반도의 양분은 숙명적인 것으로 천상(天上)은 규정하여 놓고 있는 것이다.</u> 이렇게 방침을 정하게 된 속 깊은 뜻은《3.8선(線)》천부진리(天符眞理)에서 설명 드린 바와 같다.
《구려족》은《북한(北韓)》인들과《티베트인》들이 주류를 이룬다. 이러한《구려

족》들도 최근《미륵부처님》께서는 그들 모두의《영혼(靈魂)》들을 불러내어 $\frac{1}{2}$은 구원을 하여 인연 있는 부처님 세계로 보내어 다시 진화(進化)의 길에 들게 하고 $\frac{1}{2}$은 《무간지옥(無間地獄)》의 티끌로 사라지게 하여 100억 년(億年)의 긴 암흑의 터널을 지나도록 조치함으로써 현재의《구려족》들은 육신(肉身)만 가진 삶을 살고 있는 것이다. 이들이 육신(肉身)의 죽음을 맞이한 이후는 이러한 길을 따라야 하는 운명이 짐 지워진 것이다.

법공(法空)의 0(ZERO)지점에 자리한 것이 우리들의 지구(地球)이며 지구의 핵(核)이 한반도이며 한반도의 핵(核)이《남한(南韓)》임을 여러 차례 밝힌 바가 있다. 이러한 남한(南韓)이 핵(核) 중의 핵(核) 중의 핵(核)으로써 3-1-4의 길이 형성되어 있음을《태극(太極)》이 밝히고 있다.

이와 같은 핵(核) 중의 핵(核) 중의 핵(核)이 법공(法空) 내부적(內部的)으로 형성이 됨으로써 외부적으로 지구상(地球上)의 인류 문명 종말을 몰고 오는《대환란기》인 《아리랑 고개》를 넘어 운행(運行)되는《중앙천궁상궁(中央天宮上宮)》운행(運行)인 3-1-4의 길 운행이 시작되는 것이다. 이와 같은《중앙천궁상궁(中央天宮上宮)》운행(運行)이 시작되었을 때 핵(核) 중의 핵(核) 중의 핵(核)의 3-1-4의 길에 자리한 남한(南韓) 땅은 전우주적(全宇宙的)으로 그 유례를 찾아 볼 수 없는 극락 중의 극락 중의 최고의 극락이 되는 것이다.

이러한《남한(南韓)》도 양음(陽陰)이 순행(順行)을 하는 곳이기 때문에 넓고도 넓으며 크고도 큰 전체 우주(宇宙)의 1-3-1의 진화의 길에 있는《천(天)과 인(人)》의 우주와 1-4-1의 진화(進化)의 길에 있는《지(地)》의 우주 운행(運行)을 핵(核) 중의 핵(核) 중의 핵(核)인《남한(南韓)》땅의 3-1-4의 길이 주도를 하는 것이다. 이렇듯 전우주(全宇宙)적으로 중요하고도 중요한 땅을 그대들이《석가모니 하나님 부처님》이시라면《초특급 대마왕》들과 수하의《대마왕》들과《중소마왕》들이 획책하는《북한(北韓)》의《구려족》들에게 내어 주겠는가?

이러한 가운데《초특급 대마왕》들과 수하의《대마왕》들과《중소마왕》들에 의해 획책된 것이《법공(法空)》의《여의주(如意珠)》탈취를 위한 전쟁으로써의 6.25 남침이며《남한(南韓)》의《북한(北韓)》종속 기도이며《중소마왕》들에 의한《백두대간(白頭大幹)》조작 사건인 것이다.

 백두대간(白頭大幹)에《지리산맥》을 포함하면 한반도(韓半島) 전체가 1-4-1의 운행(運行)의 길에 들게 됨으로써 태극(太極)에서 3-1의 길이 사라지게 되며 한반도(韓半島) 전체가 핵(核) 중의 핵(核)으로써 남한(南韓)의 존재를 없애고《이북(以北)》이 적화통일(赤化統一)을 하여《법공(法空)》의《여의주》를 탈취한 후 이를 검게(黑) 물들인 후 검은《여의주》가 야광주(夜光珠)처럼 빛을 발(發)하여 전체 우주를 마왕들의 우주로 만들고자 하는 기도가 궁극적인 목표가 되나 한반도 전체는 공산당 정부가 지배하는 곳으로 만들기 위한 목표로《백두대간(白頭大幹)》을 조작하였음이 완연히 드러나는 것이다. 이러한《백두대간》의 조작은 남한 정부의 국기(國旗)인 태극기(太極旗)를 정면으로 부정하는 행위로써 이적행위(利敵行爲)인 것이다.

 법공(法空)의《여의주(如意珠)》인 남한(南韓) 땅의 진정한 소유자는《석가모니 하나님 부처님》이시다. 이러한《석가모니 하나님 부처님》께서 당신 소유의 땅에 남한(南韓) 백성들로 하여금 대대손손 자리 잡고 살게 한 은혜가 태산 같은데 은혜는 갚지 못할지언정 이 땅에서《백두대간》조작 사건이 일어나서야 되겠는가?

 천상(天上)은 천상의《여의주》를 철저히 지켜야 하는 당위성을 가지고 있다. 이러한 당위성을 남한의 모든 백성들에게 인식시키기 위해 다각도로 설명을 드리고 있는 것이다.

 지상(地上)에는 많은 인간 무리들이 살고 있다. 이러한 수많은 인간 무리들 중 향후 30억 년(億年)간 우주간(宇宙間)에서 벌어지는 극락 잔치인《중앙천궁상궁(中央天宮上宮)》과 중앙천궁(中央天宮)과 중앙우주(中央宇宙)에 머물면서 극락 잔치에 참여할 수 있는 인간들은《남한(南韓)》땅의 3-1-4의 태극(太極)에서 살다간 수많은 인간 무리들과 현재 육신(肉身)을 가지고 살고 있는 남한 백성들뿐이다.

 이와 같은 전무후무한 큰 복(福)을 받기로 예정되어 있는 남한(南韓)에서 현재 육신(肉身)을 가지고 있는 인간 무리들에게 크나큰 불행이 닥쳐와서 하늘(天)에서 내린 크나큰 복(福)을 받지 못하고 나락으로 떨어져야 하는 충격적인 말씀을 드려야 할 때가 온 것 같다. 이러한 충격적인 말씀을《미륵부처님》도 고심 끝에 결정을 내리고 여러분들에게 말씀을 드리는 점을 바로 이해하시기 바란다.

《대마왕》들과《중소마왕》들에 의한《백제계 스키타이》들의 선동과 남한(南韓)의 북한(北韓) 종속 기도와 연루된《백두대간(白頭大幹)》의 조작 사건은 급기야 현재의 때로 봐서 남한(南韓) 인구의 상당수가 이북(以北)을 찬양하고 비호하는《좌익사상》을 가졌음을 천상(天上)에서는 파악을 하고 있는 것이다. 인간들은 사상(思想)의 자유를 외치고 있으나 남북한과 같이 직접 사상적으로 대립하고 있는 상황에서는 대립 상대국의 사상을 찬양하고 비호하는 것은 자기들이 몸담고 살아가는 사회에 대한 부정으로써《이적(利敵) 행위》에 해당하는 것이며 천상(天上)으로 봐서는 하늘(天)의 뜻을 어긴 제거해야 할 대상들인 것이다.

사상적(思想的)으로 오염된 이러한 사람들 이외에《대마왕》들이 자리한 각종 종교(宗敎)라는 이름으로 진리(眞理)와는 동떨어진 잘못된《종교관》과《사상》과《관념》에 사로잡힌 인간 무리들과 부패하고 썩은 정신을 가진 인간 무리들이 하도 많아 육신(肉身)을 가지고 사는 남한(南韓)의 인간들 중 4/5가 천상(天上)에 의해 벌을 받아 그들의 영혼들은 모두 영혼 죽임을 당한 후《무간지옥》의 티끌로 사라짐으로써 100억 년(億年)의 긴 고통스러운 윤회(輪廻)의 길에 놓이는 운명(運命)이 짐 지워져 있는 상태이다. 즉, 영혼이 빠져 나가고 없는 인간 육신(肉身)만 가진 자가 남한 인구의 대부분을 차지하며 습관적으로 오늘을 살아가고 있다는 뜻이다.

《미륵부처님》께서는《아리랑 고개》를 넘기 위한《대환란기》가 시작되면서 부터 지상(地上)에 있는 각종 인간 무리들의 영혼들을 불러내어 구원할 인간 무리들은 구원을 하고 구원되지 못할 인간 무리들은 모두《무간지옥》의 티끌로 사라지게 하여 인간 무리 영혼들의 정리는 모두 끝을 냄으로써 남은 것은《대환란기》를 겪고 지내야 하는 육신(肉身)을 가진 빈껍데기 인간 무리들뿐이다.

이렇게《지상(地上)》의 모든 인간 무리들 영혼 정리를 끝을 내고 마지막으로 3-1-4의 길에 있는 극락 잔치에 동참할 남한의 인간 무리들의 영혼 정리를 위해 일을 착수하고는 깜짝 놀란 바가 있어 하늘(天)에 이렇게 놀란 사실을 보고하니 천상(天上) 역시 무척 실망스러운 뜻을 전해 오신다. 지상(地上)의 어느 곳의 인간 무리들보다 정신적으로 부패하고 썩은 인간 무리들이 남한의 인간 무리들이였다는 부끄러운 사실들이 드러난 것이다.

이러한 가운데 불과 며칠 전 남한 인구 4/5를《무간지옥》으로 보내놓고《미륵부처님》은 깊은 고민에 빠져 이들을《무간지옥》으로부터 건져 내어 죽음도 없고 고통도 없고 돈도 필요하지 않는 영원한 안식처인 극락에 머물게 할 길은 하나의 방법 밖에 없어 이를 먼저 남한의 인간 무리들 모두에게 알리고 그 방법을 일러 드리기 위해 남한의 국기(國旗)인《태극기》에 대한 천상(天上)의 비밀을 모두 밝히고 무엇이 잘못되었는가를 일러 드리고 이를 청산한 후《미륵부처님》의 당부를 따르도록 하기 위해 이 장을 고민 끝에 상세히 설명을 드리는 것이다.

남한(南韓) 땅에 현재를 살아가고 있는 인간 무리들 영혼들 대부분이《무간지옥》에 빠짐으로써 100억 년(億年)의 고통스러운 윤회의 길에 들어가는 운명(運命)이 짐 지워져 있게 되면 그대들이 현재 가지고 있는 육신(肉身)이 죽음을 맞이하는 순간부터 이 운명(運命)의 굴레를 피할 수가 없다.

이 때문에《미륵부처님》께서 운명의 굴레를 벗어날 수 있는 방법을 일러 드리는 것이다. 현재 삶을 살고 있는 그대들 육신(肉身)이 일러 드리는 바를 착실히 이행을 하게 되면 그대들의 영혼은《무간지옥》을 벗어나서 지상(地上)의 어느 민족도 누리지 못하는 극락 중의 극락에 머물게 되는 영광을 누리게 된다. 즉,「운명(運命)에 짐 지워져 있는」고리를 풀 수 있는 자는《미륵부처님》도 천상(天上)의 모든 부처님들도 아닌 바로 육신을 가진 그대들 자신이라는 뜻이다. 육신(肉身)을 가진 그대들 스스로가 그대들의 운명(運命)을 결정짓게 되는 것이다. 이것이 마지막 그대들에게《미륵부처님》이 일러 주는 방법의 요지이다.

다음으로는 그대들 스스로에게 짐 지워진 운명(運命)의 고리를 풀 수 있는 몇 가지 방법을 일러 드리겠다.

첫째 :《미륵부처님》의 당부를 믿으시라는 것이다.
지금까지 《미륵부처님》께서 여러 기록으로 뜻을 전하는 목적은 오로지 그대들의 구원을 위한 한 가지 목적만 있지 다른 뜻은 전혀 없음을 믿으시라는 뜻이다.

둘째 : 《좌익사상》과 잘못된 《종교》에 대한 편견과 종교(宗教)에 대한 사상과 관념 모두를 무거운 짐을 진 자들이 짐을 벗어 놓듯이 모두 벗어 던지고 자유로워진 후에 일상생활을 하는 가운데서라도 하루에 한 시간 정도라도 깨끗한 자리에 앉아 석가모니 부처님의 명호를 부르는 정진을 함으로써 깊은 참회와 동시에 숙세에 지은 업장들을 불명호를 부름으로써 정리하는 것이다.

 이 한 가지만 여러분들이 일 년에서 삼 년만 하여도 운명(運命)의 고리를 풀 수가 있다.

셋째 :「내일 세상의 종말이 오더라도 나는 오늘 한 그루 사과나무를 심겠노라」는 훌륭한 가르침을 잊지 말고 《돈》과 《명예》와 《사업》에 집착(執着) 하지 말고 나(我)를 위해 일하지 말고 오직 스스로의 진화(進化)를 위해 먼저 착한 근본을 심는 일을 게을리하지 말고 부(富)를 이룬 자들은 가난한 자들을 위해 이제는 진정으로 나누어야 할 때임을 깨닫는 것이 중요하다.

넷째 : 시간이 허락하는 자들은 그동안 《미륵부처님》이 아나법화연수원을 통해 출간한 모든 책에 기록된 방등법(方等法)이 담긴 《금강경》,《정본 반야바라밀다심경》,《무량의경》,《묘법연화경》,《천부경》,《삼일신고》,《실상의 법》 등을 진지한 자세로 공부하는 것도 하나의 큰 방법임을 일러 드리는 것이다.

 그리고 《아리랑 고개》를 향한 《환란기》에는 어떠한 일이 닥쳐올지 모르니 육신(肉身)의 죽음을 맞이하는 순간도 의연히 그 죽음을 받아들이라고 당부를 드리는 것이다.

 천상(天上)의 재앙(災殃)이 미치는 《환란기》는 채 10년도 남지 않았음을 깊이 인식하시기 바라며 이때가 여러분들에게는 짐 지워진 운명(運命)의 고리를 풀 수 있는 절호의 기회라는 점을 잊지 마시기 바란다. 그리고 극락 중의 극락에 머무르느냐, 100억 년(億年)의 길고 긴 고통스러운 윤회(輪廻)의 길로 가야 하느냐의 선택이 남한(南韓) 백성들에게 짐 지워진 숙명과 같은 것이니 이의 선택은 그대들에 있음을 분명히 하는 것이다.

이것이 그대들 국가(國家)의 《태극기(太極旗)》가 가르치는 숭고한 가르침이라는 것을 하루빨리 깨우치시기 바란다.

(2) 태극(太極)의 괘(卦)

태극(太極)의 괘(卦)는 6괘(卦)로 이루어져 있다. 첫 번째 괘(卦)는 붉고 푸른 태극(太極) 문양을 이루고 있는 원(圓)이 一괘(卦) 이며 두 번째가 붉고 푸른 양음(陽陰)으로 갈라진 상태가 ⚏괘(卦)이며 그 다음이 왼쪽 위부터 ☰괘(卦)이며 그 아래로 ☵괘(卦)이며 그 다음이 오른쪽 위부터 ☲괘(卦) 이며 그 아래로 ☷괘(卦)가 자리한다.

이러한 6괘(卦)는 천궁(天宮)을 이룬 괘(卦)로써 태극기를 국기(國旗)로 하는 나라가 법공(法空)의 핵 중의 핵 중의 핵(核)을 이룬 《여의주(如意珠)》나라라는 뜻이다.

이러한 6괘(卦)는 6×6=36궁(宮)의 작용(作俑)을 함으로써 그 외곽으로 《복희》의 8괘(卦)가 작용하는 것이다. 즉, 8괘(卦)는 8×8=64의 작용을 함으로써 중심(中心)을 이룬 36궁(宮)의 작용과 그 외곽의 64의 작용을 합하면 100이 된다. 이러한 100을 공(空)으로 양음(○●)분리하여 사각의 테두리 안에 배열한 것이 유명한 《십거일적도(十鉅一積圖)》로써 온 우주 전체를 측량하는 잣대로 쓴다.

《천부경(天符經)》81자(字)에 등장하는 우주(宇宙)를 떠받치는 일곱 기둥 법칙 중 하나가 《십거일적(十鉅一積)》이다. 여기에 대한 상세한 내용은 《묘법연화의 실상의 법》을 참고하시기 바란다.

그리고 이 장에서 분명히 밝히는 바는 괘(卦)의 명칭은 같으나 태극기(太極旗)의 태극(太極)과 복희 8괘(卦)의 태극(太極)은 분명히 다른 것이며 괘(卦)의 배치도 분명히 다른 것이다. 6괘(卦)와 8괘(卦)는 분명히 다른 것이니 태극기(太極旗)의 해석을 복희씨의 8괘(卦)에 대입하여 국민들을 호도하는 분별없는 짓을 하지 마시기를 당부 드린다. 괘(卦)의 명칭도 사실은 복희씨 8괘(卦)의 명칭에 익숙해 있기 때문에 같이 쓰고 있을 뿐임을 알아야 할 것이다.

6괘(卦)의 작용인 6×6=36궁(宮)의 작용은 《석가모니 하나님 부처님》께서 계시는 《중앙천궁상궁(中央天宮上宮)》과 노사나불(佛)께서 만드시는 《중앙천궁(中央天宮)》이 음양(陰陽) 합일된 《후천우주(後天宇宙)》의 하늘(天)이다.

이러한 후천우주 하늘(天)과 《중앙우주(中央宇宙)》 36궁(宮)의 작용으로써 30억 년(億年)간 진행되는 극락 잔치의 작용을 말하는 것이다. 이와 같은 극락 잔치의 주인공이 되는 자들이 태극기(太極旗)를 국기(國旗)로 한 대한민국(大韓民國) 백성들이라는 뜻을 가지고 있는 것이다.

《중앙천궁상궁(中央天宮上宮)》은 우리들 태양계(太陽界)가 후천우주(後天宇宙)에 들어서면서 법공(法空)의 ○(ZERO)지점으로 이동하여 자리하였을 때 붙여진 이름으로써 이러한 《중앙천궁상궁(中央天宮上宮)》이 중앙천궁상궁(中央天宮上宮) 운행(運行)인 3-1-4의 길 운행(運行)에 돌입할 때가 지상(地上)의 인류 종말을 불러올 때로써 이를 《아리랑 고개》라 한다고 필자의 여러 저서(著書)에서 밝혀 놓았으니 이를 참고하시기 바란다.

이렇듯 태극기(太極旗)의 6괘(卦)는 심오한 뜻을 가지고 있으며 《대한민국》 백성들에게 일찍부터 《돈》도 《눈물》도 《죽음》도 《고통》도 없는 영원을 사는 극락으로 들어갈 길을 가르쳤는데 이러한 태극(太極)의 괘(卦)마저 몇 개인지를 몰라 《복희》의 8괘(卦)를 운운하는 자들이 이 나라 똑똑한 학자들이요, 도사들이 판을 치는 사회가 되어 있으니 어찌 세계에서 유례없는 부패하고 썩은 정신을 가진 나라라고 이야기 아니할 수 있겠는가? 자라나는 아이들에게 적화통일(赤化統一)을 부추기는 조작된《백두대간》을 가르치지 말고, 천상(天上)에서 큰 복(福)을 안겨준 자기 나라 태극기(太極旗)에 대한 교육만 바로 시켜도 오늘날 이렇듯 한심한 민족이 되지는 않았을 것이다.

때늦은 감이 있으나 마지막 그대들이 그대들의 운명(運命)을 결정짓게 되는 법(法)을 일러 드렸으니 이 나라의 먼저 살다간 조상(祖上)님들께서 물려주신 태극기(太極旗)의 의미를 가슴깊이 새기고 꼭 성공하시기를《미륵부처님》도 빌고 그대들이《미륵부처님》의 당부를 실행하였을 때 그대들 구원을 위해 최대한 노력하겠다는 뜻을 전하면서 다음을 진행하겠다.

태극기(太極旗)의 건괘(乾卦)로 불리우는 (☰)괘는 태극기 왼쪽 푸른색 꼬리 부분의 시작을 알리는 괘(卦)로써《노사나불(佛)》진신삼성(眞身三星)인 우리들 태양계(太陽界)의 태양성(太陽星), 수성(水星), 금성(金星) 등 삼성(三星)을 뜻하는 괘(卦)로써 태극(太極)의 푸른색 꼬리 부분이《노사나불(佛)》진신삼성(眞身三星)으로부터 시작한다는 의미를 가지고 있으며, 곤괘(坤卦)로 불리우는 태극기 오른쪽 하단의 푸른색 기운이 뭉쳐 있는 쪽의 (☷)괘는 천부수리(天符數理)로 6의 수리(數理)를 가짐으로써 천지인(天地人) 우주 구분 중《지(地)》의 우주의 길인《시계반대방향》의 회전인《1-4-1》의 길을 뜻하는 괘(卦)이다.

즉, 〖건괘(乾卦)와 곤괘(坤卦)는〗 『노사나불(佛) 진신삼성(眞身三星)인 태양성(太陽星), 수성(水星), 금성(金星)으로부터 출발하는《지(地)》우주 진화(進化)의 길인 시계 반대 방향의 회전길인 1-4-1의 길 진화(進化)를 따르는《노사나불(佛)》을 조상(祖上)으로 하는《스키타이》인간 무리들』이라는 뜻을 가진 괘(卦)이다.

천지인(天地人)의 우주(宇宙) 구분에서 천(天)과 인(人)의 우주가 같은 길에서 양(陽)이 되고 지(地)의 우주가 음(陰)이 된다. 태극(太極)에서는 인(人)의 우주 진화(進化)의 길에 있는 인간 무리들이《곰족(族)》으로서 양(陽)이 되고 지(地)의 우주 진화의 길에 있는 인간 무리들이《스키타이족(族)》들로서 음(陰)이 된다.

태극(太極)의 설명에서 태백산(太白山)으로부터 김해 구지봉까지 1-4의 길이 형성되었음을 설명 드렸다. 이러한 1-4의 길에서 4의 자리에 위치한 김해《구지봉》으로부터 《대마도(對馬島)》를 거쳐 일본(日本) 《규슈》 지방에 있는 《아소》 화산까지 4-1의 길이 형성되어 있다. 이러한 길을 따라 《스키타이》들이 《규슈》지방으로 건너가서 일본(日本)의 《구노족》들을 교화시킨 것이다.

태극(太極)의 괘(卦)에서는 이러한 사실까지 괘(卦)의 뜻에 담아 1-4-1의 길로 뜻을 전하고 있는 것이다. 이러한 1-4-1의 길을 말(馬)의 길이라고 하기 때문에 이름 붙여진 것이 《대마도(對馬島)》임을 아시기 바란다.

태극기(太極旗)의 이괘(離卦)로 불리우는 (☲)괘(卦)는 태극기 왼쪽 붉은색 부분의 기운이 뭉쳐져 있는 부분을 뜻하는 괘(卦)로써 《석가모니 하나님 부처님》의 여섯뿌리 법궁(法宮)인 목성(木星)과 《석가모니 하나님 부처님》 진신삼성(眞身三星)인 달(月), 화성(火星), 지구(地球) 등 4성(四星)을 뜻하는 괘(卦)로써 이를 《8의 우주》 또는 《8의 우주핵(核)》으로 이름하며 감괘(坎卦)로 불리우는 태극기 오른쪽 상단의 붉은색 꼬리 부분의 (☵)괘(卦)는 천부수리(天符數理)로 5의 수리(數理)를 가짐으로써 천지인(天地人) 우주 구분 중 《천(天)과 인(人)의 우주》 길인 《시계방향》 회전인 《1-3-1의 길》을 뜻하는 괘(卦)이다.

즉, 이괘(離卦)와 감괘(坎卦)의 뜻은 『《석가모니 하나님 부처님》의 여섯뿌리의 법궁(法宮)인 목성(木星)과 진신삼성(眞身三星)인 달(月), 화성(火星), 지구(地球) 등 4성(星)으로부터 비롯되는 《시계방향》 회전길에 있는 《1-3-1》의 길 중 《인(人)의 우주》 진화(進化)를 하는 《석가모니 하나님 부처님》을 조상(祖上)으로 하는 《곰족(族)》의 인간 무리들』이라는 뜻을 가진 괘(卦)이다.

백두대간(白頭大幹)이 《시계방향》의 회전길에 있는 1-3-1의 길에 있음을 밝힌 바가 있다. 이러한 1-3-1의 길에서 이괘(離卦)(☲)가 시작이 되는 붉은색 기운이 뭉쳐져 있는 것은 3-1의 길을 뜻하는 것이다. 이와 같은 3-1의 길이 《인(人)》의 우주 진화(進化)의 시작이 되는 길인 것이다.

태극(太極) 괘(卦)의 뜻하는 바를 간추리면,

[건괘(乾卦)와 곤괘(坤卦)] (☰,☷)
『노사나불(佛) 진신삼성(眞身三星)인 태양성(太陽星)과 수성(水星)과 금성(金星)과 1-4-1의 진화(進化)의 길』

[이괘(離卦)와 감괘(坎卦)] (☲,☵)
『석가모니 하나님 부처님의 여섯 뿌리의 법궁(法宮)인 목성(木星)과 진신삼성(眞身三星)인 달(月)과 화성(火星)과 지구(地球)와 1-3-1의 진화(進化)의 길』

※ 1-3-1의 길에서 인(人)의 우주 진화(進化)의 길인 3-1의 길이 나타나는 곳은 태극(太極)에서이다. 1-4-1의 진화의 길이 《지(地)》의 우주 진화의 길이며 이러한 《지(地)》의 우주 진화의 길을 《노사나불(佛)》께서 선도를 하시며 진신삼성(眞身三星)인 태양성(太陽星), 수성(水星), 금성(金星)이 진화를 주도하시는 것이다.

이와 같은 《노사나불(佛)》을 최고 조상(祖上)으로 하는 후손(後孫)들이 《스키타이족》들이 되는 것이며, 1-3-1의 진화의 길이 《천(天)과 인(人)》의 우주 진화의 길이 되나 태극(太極)에서 드러난 바는 3-1의 길에 있는 《인(人)의 우주》 진화를 말하고 있다.

이러한 《인(人)》의 우주 진화의 길은 《석가모니 하나님 부처님》께서 직접 선도를 하시며 여섯 뿌리의 법궁(法宮)과 진신삼성(眞身三星)인 목성(木星), 달(月), 화성(火星), 지구(地球)가 후천우주(後天宇宙) 진화(進化)를 주도하는 것이다. 이러한 《인(人)》의 우주 진화의 길에 있는 무리들이 《석가모니 하나님 부처님》을 최고 조상(祖上)으로 한 《곰족(族)》들이 되는 것이다.

이 때문에 태극기(太極旗)는 《스키타이족(族)》들과 《곰족(族)》들이 음양(陰陽) 짝을 하여 사는 대한민국의 국기(國旗)가 되는 것이며 국호(國號)에서 《대한(大韓)》으로 이름한 뜻을 남한(南韓) 땅에서 사는 여러분들은 새삼 되새겨 국호에 걸맞은 훌륭한 백성들로 거듭나야 하는 것이다.

(3) 태극(太極) 육괘(六卦)의 명칭

태극(太極)의 괘(卦)에서 괘(卦)의 명칭은 여러분들께서 《복희씨》의 8괘(卦)의 명칭에 익숙한 것을 고려하여 4괘(四卦)의 명칭을 건(乾), 곤(坤), 이(離), 감(坎) 괘(卦)로 이름을 하나 앞장에서 설명 드린 바대로 6괘(卦)와 8괘(卦)는 엄청나게 틀리는 개념을 가지고 있으며 태극(太極)도 움직임이 사뭇 틀리는 것이다. 즉, 6괘(卦)는 중심(中心)을 이루는 괘(卦)이며 8괘(卦)는 6괘(卦)를 둘러싼 외곽에서 일어나는 작용을 말하는 것이다. 분명히 말씀드려 태극(太極)의 괘(卦)는 4괘(卦)가 아닌 6괘(卦)라는 점을 명심하시기 바란다.

이러한 6괘(卦)를 정리하면 다음과 같다.

[태극(太極) 6괘의 명칭]

① 《 ━━ 》괘(卦) : 공괘(空卦) (태극(太極)의 원(圓))
② 《 ⚌ 》괘(卦) : 양음괘(陽陰卦) (태극(太極)의 양(陽)음(陰))
③ 《 ☰ 》괘(卦) : 건괘(乾卦)
④ 《 ☲ 》괘(卦) : 이괘(離卦)
⑤ 《 ☵ 》괘(卦) : 감괘(坎卦)
⑥ 《 ☷ 》괘(卦) : 곤괘(坤卦)

※ 모든 우주(宇宙)와 만물(萬物)의 중심(中心)에는 당연히 《공괘(空卦)》와 《양음괘(陽陰卦)》가 원천으로써 존재함을 알아야 하며 이러한 중심(中心) 외곽에 일어나는 작용이 8괘(卦)의 작용임을 분명히 알아야 하는 것이다.

(4) 태극(太極)의 태양수(太陽數) 9

태극(太極)의 양(陽)인 붉은색의 시작의 괘(卦)인 이괘(離卦)와 끝머리 괘(卦)인 감괘

(坎卦)의 합(合)은 9괘(卦)이며 이러한 9괘(卦)를 《석가모니 하나님 부처님》 태양수(太陽數) 9라고 이름하며 음(陰)인 푸른색 시작의 괘(卦)인 건괘(乾卦)와 끝머리 괘(卦)인 곤괘(坤卦)의 합(合)이 또한 9괘(卦)로써 이러한 9괘(卦)를 《노사나불(佛)》의 태양수(太陽數) 9라고 한다.

즉, 태극기(太極旗)는 광역적으로 『《석가모니 하나님 부처님》의 태양수(太陽數) 9와 《노사나불(佛)》의 태양수(太陽數) 9의 작용이 일어나는 곳』의 국기(國旗)라는 의미를 가지고 있다.

태양수(太陽數) 9란 여러분들께서는 《태양》흑점 활동을 잘 기억하실 것이다. 이러한 태양흑점 활동은 지(地)의 우주 진화의 길에 있는 부처님들의 불성(佛性)이 태양성(太陽星)의 핵(核)을 이루고 있다가 불성(佛性)의 수명이 다하면 붕괴되어 태양성 표면으로 나오게 된다.

이렇듯 지(地)의 우주 진화의 길에 있는 부처님들의 불성(佛性)은 중성자(中性子) 10과 양전자(陽電子) 20의 비율로 태양성의 핵(核)을 이루고 있다가 태양성(太陽星) 핵의 수명이 다하면 내부 붕괴를 일으켜 태양성 표면으로 나오게 되는 것이다.

이렇게 표면으로 나온 것이 태양성의 흑점으로써 이는 양전자(陽電子)와 중성자(中性子)가 붕괴되어 표면으로 나온 것으로써 이렇듯 표면으로 나와 흑점을 이루었다가 흑점의 폭발로 《항성풍》이 발생하게 된다. 이렇게 발생된 《항성풍》은 태양성(太陽星) 회전길인 1-4-1의 길을 따라 일정한 거리까지 간 후 다시 한곳에 모여 공(空)을 이룬다.

이와 같은 태양흑점 활동이 우리들 태양성은 5억 년 전부터 시작하여 지상(地上)의 서기 2000년까지 5억 년을 계속한 후 태양성 핵(核)의 붕괴로 일어나는 흑점활동은 마감된 상태이다. 이러한 태양성 핵(核)의 붕괴로 일어나는 흑점의 폭발로부터 다시 《항성풍》이 되어 이동한 《항성풍》은 한곳에 모여 공을 이루게 된다. 이때까지를 부처님께서는 《적멸한 경계》에 돌입하였다고 표현을 하신다.

이와 같은 과정을 겪은 후 한곳에 모여 공을 이루게 된 후 공의 외곽을 석가모니 하나님 부처님께서 진명광(眞命光)으로 둘러싸게 되면 공은 생명력을 띠고 다시 작용을 시작하게 된다. 이러한 때를 불(佛)의 진신(眞身)[3]을 이룬 때로 이름하며 《천궁(天宮)》의 변화상인 《커블랙홀》을 이룬 때가 된다.

이 이후 천궁(天宮)의 변화상은 천상(天上)인 하늘(天)을 이룰 때와 천상(天上)바깥의 우주 공간에 새로운 우주를 탄생시킬 때로 구분이 되는데 일반적인 "예" 인 천상(天上) 바깥의 우주 공간에 새로운 우주를 탄생시킬 때로 "예"를 들면, 천궁(天宮)은 《커블랙홀》의 과정 5억 년(億年)을 거치면서 꾸준히 다섯 기초 원소를 생산한 후 《커블랙홀》안에 다섯 기초 원소 중 중성자와 양전자와 양자로써 핵(核)을 만들게 된다.

이러한 핵(核)을 《태양수(太陽數)⊕9의 핵(核)》이라고 하며 이와 같은 태양수(太陽數)⊕9의 핵(核)의 과정을 10억 년(億年) 거친 후 다음으로 《화이트홀》→《퀘이샤》→《황금알 대일(大一)》의 과정을 각각 10억 년(億年)을 거치게 된다.

이렇듯 《태양수(太陽數)⊕9의 핵(核)》이 자리하였을 때를 일불승(一佛乘)이 자리한 때로써 한 부처님께서 새로운 육신(肉身)을 만든 때이며 천궁(天宮)이 상기 열거한 변화상을 거칠 때를 《태양선(太陽船)》으로 표현을 하는 것이다.

이와 같이 천궁(天宮)이 45억 년(億年)간의 변화상을 거칠 때를 일적(一積)의 과정을 거친다고 하며 이 기간 동안 천궁(天宮) 외곽으로는 수많은 별(星)들을 탄생시켜 거느리면서 천궁(天宮)이 중심을 이루는 것이다.

이러한 천궁(天宮)의 변화상 마지막 단계가 《황금알 대일(大一)》의 단계이다. 이와 같은 《황금알 대일(大一)》이 10억 년(億年)의 변화의 기간을 마치면 대폭발을 일으켜 태양성(太陽星)을 탄생시킨 후 1억 년(億年)에 1성(星)씩 폭발시의 잔해물을 끌어 모아 2성(星)~3성(星)을 만들게 된다. 이렇게 하여 태어난 태양성 포함 불(佛)의 진신(眞身) 3~4성(星)이 태어나게 된다.

천지인(天地人) 우주 구분 중 천(天)과 인(人)의 우주 부처님들께서는 태양성(太陽星) 포함 진신4성(眞身四星)을 탄생시키며 지(地)의 우주 부처님들께서는 태양성(太陽星) 포함 진신3성(眞身三星)을 탄생시키는 것이다. 《황금알 대일(大一)》이 천궁(天宮)을 이끄시던 부처님의 몸(身)이기 때문에 폭발시 흩어졌던 물질들도 모두 부처님의 몸(身)의 부분들이기 때문에 진신(眞身)이라고 한다.

천궁(天宮)인 태양선에 편성하였던 보살들이나 인간 무리들은 《황금알 대일(大

一)》의 과정에 돌입하기 전에 모두 생산된 별들을 자기들의 몸으로 하고 태어나서 중심을 이루고 있는 부처님들의 천궁(天宮)을 따르게 되는 것이다.

　이렇듯《황금알 대일(大一)》의 폭발로 불(佛)의 진신삼성(眞身三星)이 태어난 이후에는 아들들의 별(星)들을 사성(四星)에서 6성(六星)까지를 만들어서 태양계를 이루는데 보통 사성(四星)을 만들어서 진신삼성과 함께 7성(七星)으로 한 태양계(一太陽界)를 이루는 것이 일반적인 "예" 이며 진신사성(眞身四星)을 가지고 태어난 부처님들께서는 5성(星)~6성(星)까지 만들어서 진신4성(眞身四星)과 함께 9성(星)~10성(星)으로 태양계를 이루는 것이다.

　이와 같이 부처님들께서 부처님들의 법궁(法宮)인 태양성(太陽星) 핵(核)의 수명이 다하여 탈겁(脫劫)한 후 천궁(天宮)을 이루시고 새로이 부활하신 이후 천궁(天宮)의 변화상인《커블랙홀》→《태양수(太陽數)⊕9의 핵(核)》→《화이트홀》→《퀘이샤》→《황금알 대일(大一)》의 과정을 모두 겪고《황금알 대일(大一)》의 대폭발로 부처님들의 진신(眞身) 3~4성(星)으로 다시 태어났을 때가 태양수(太陽數) 9를 이룬 때이다. 즉, 부처님들께서 진신(眞身) 3~4성을 가지신 것을 태양수 9라고 하는 것이다.

　부처님들의 법궁(法宮)인 태양성(太陽星)을 포함한 진신(眞身) 3~4성(星)에 있어서 태양성을 제외한 나머지 진신성(眞身星) 2~3의 성(星)의 핵(核)에는 부처님들의 부인이나 딸 등과 특수한 임무를 가진 아들들이 자리하며, 이분들은 태양성 핵(太陽星核)이 붕괴되어 모두 사라지기 이전에 부처님들을 따라 진화(進化)의 길을 걷거나 이때로부터 진화의 완성을 이루어 독자적으로 천궁을 만들어 떠나거나 한다.

　이렇듯 태양성(太陽星) 핵(核)의 붕괴가 완성이 되면 태양성(太陽星)은 그 수명이 다하였으므로 다음으로 부처님들의 육신(肉身)인 태양성(太陽星)을 포함한 진신(眞身) 3~4성(星)은 1성(星)이 되기 위한 과정에 돌입한 후 한때《적색거성》이 된 이후《적색거성》의 대폭발로《슈바르츠실트》블랙홀이나 백색왜성, 백색상성운 등으로 태어난 후 소임이 다하면 사라지게 되는 것이다.

　이와 같이 태양성(太陽星)의 핵(核)은 부처님들 자신이시며 태양성의 표면은 부처님들의 육신으로써 인간 무리들 진화(進化)의 종착지가 바로 태양성이나 달(月) 등 밝은 별을 법신(法身)으로 한 때로써 천궁(天宮)을 이루었을 때부터 진신(眞身) 3~4

성(星)을 만들었을 때까지를 《불법(佛法) 일치》를 이루었다고 하는 것이다.

　이와 같이 인간 무리들도 별(星)의 핵(核)의 진화(進化)와 별(星) 표면의 진화(進化)를 따로 하다가 궁극에는 보살도 성취의 보살을 이룬 이후 일불승(一佛乘)이 자리하신 천궁(天宮)에 들어간 이후 《보살마하살》의 과정을 거치고 부처님의 아들들로서 밝은 별(星)을 법신(法身)으로 한 이후 소임을 다 마친 이후 스스로도 《불법(佛法) 일치》를 이루게 되는 것이다. 인간 무리들은 별(星)의 핵(核)의 진화(進化)의 과정에서 한때 인간 육신(肉身)을 가지고 태어나는 이치를 깨우치시기 바란다.

　현재의 때로 봐서 《남한(南韓)》의 《스키타이》들을 제외하고 지구상(地球上)의 곳곳에서 인간 육신(肉身)을 가지고 진화(進化)하던 《스키타이》무리들 중 인간도(人間道)를 익히지 못한 일부 무리와 《대마왕》들이 교주로 있는 종교단체의 신부, 목사 등 종교관계자 모두와 일반 신도들 중 《대마왕》들의 종교관과 사상에 세뇌된 일부 무리를 제외한 선량한 《스키타이》무리들 대부분의 영혼(靈魂)들을 구원하여 《기독인》들이 그토록 가기를 바라던 《지(地)의 우주 천당(天堂)》으로 가는 태양선(太陽船)에 모두 편승시켰다.

　이러한 구원된 《스키타이》무리들 중 현재 인간 육신(肉身)을 가진 자들은 얼마 남지 않은 대환란기 동안 《메시아》로도 부르는 《미륵부처님》의 당부를 지키면 육신(肉身)의 죽음을 맞이한 후 자연스레 《지(地)의 우주 천당(天堂)》으로 가는 태양선(太陽船)에 있는 그 영혼(靈魂)과 일치를 이루게 된다. 이러한 이후 천당(天堂)이 펼쳐지는 태양(太陽)우주인 지이일(地二一) 우주로 가게 되는 동안 《태양선(太陽船) 주인(佛)》께서 새로이 만들어 주는 법신(法身)인 별(星)을 받아 그 별의 핵(核)에 그의 궁전을 짓고 편안히 머물면서 《태양선(太陽船)》을 따라 천당(天堂)인 지이일(地二一) 우주 《36궁(宮)》에 안착하게 될 것이다.

　이렇듯 인간의 진화(進化)는 별(星)의 진화(進化)와 밀접히 연결되어 있으며 별(星)의 핵(核)의 진화의 과정에서 인간 육신(肉身)을 가지고 태어나서 윤회(輪回)를 하였음을 이제는 깊이 깨달아야 할 때이다.

(5) 태극(太極)의 태양수(太陽數) 9의 작용

　태극(太極)의 태양수(太陽數) 9의 작용이란 1-3-1의 길에 있는《석가모니 하나님 부처님》의 여섯 뿌리의 법궁(法宮)인 목성(木星)과 진신삼성(眞身三星)인 달(月)과 화성(火星)과 지구(地球)등 4성(四星)과 1-4-1의 길에 있는 노사나불(佛) 진신삼성(眞身三星)인 태양성(太陽星)과 수성(水星)과 금성(金星)의 상호작용을 말한다.

　우리들의 태양계는 지금으로부터 20억 년 전《수미산》으로 비유되는 지이삼(地二三) 우주가 성단 재편성으로 탄생될 때《노사나불(佛)》의 육신불(肉身佛)이신《아촉불(佛)》께서《야마천궁(天宮)》을 이루고 이러한《야마천궁》을 중심으로 33천(天)이 만들어질 때 제1천(天)에《석가모니 하나님 부처님》의 여섯뿌리의 법궁(法宮)인 목성(木星)과 진신삼성(眞身三星)인 달, 화성, 지구가《노사나불》의 지일(地一)의 7성(星)과 만나 지금의 우리들 태양계를 이루고 자리한 것이다.

　이러한 우리들의 태양계는 10개의 궤도를 가지고 현재의 태양성(太陽星)이 중심이 되고 다음으로 수성(水星)과 금성(金星)이 자리함으로써 노사나불(佛) 진신삼성(眞身三星)이 먼저 자리한 후 지구(地球)가 달(月)을 위성으로 하여 그 다음에 자리하고 다음으로 화성(火星), 목성(木星) 등의《석가모니 하나님 부처님》의 진신4성(眞身四星)이 자리한 후, 그 다음으로 토성(土星), 천왕성, 해왕성, 명왕성 등 노사나불 아들들의 별(星)들이 자리하여 태양성(太陽星)을 중심한《시계반대방향》의 회전인 1-4의 길 회전을 하면서 노사나불(佛)께서 만드신 지일(地一)의 7성(星)에서 만든 모든 물질(物質)들은 4-1의 길을 통해 지이삼(地二三) 우주 중심을 이루고 있는《아촉불(佛)》의《야마천궁》으로 들여보내 많은 별(星)들을 생산하게 하고

　《석가모니 하나님 부처님》진신4성(眞身四星)에서 만들어진 물질(物質)들은 태양계 내(內)에서는 1-4의 길을 따라 움직이다가 태양계 마지막 궤도에서는 상극(相剋)작용으로《시계방향》의 회전인 1-3의 길을 따르게 하여《안드로메다 성단》으로 불리우는《다보불(佛)》께서 중심을 이루고 계시는 인이삼(人二三) 우주 천궁으로 들여보내 많은 별(星)들을 만들게 하는 절묘한 운행을 한 것이다.

　이와 같은 절묘한 운행(運行)은 천일궁(天一宮)에서 일어난 대 반역사건 때문에 우

주 창조 작업이 크게 지장을 받은 관계로 이를 보충하기 위한 방편으로 《석가모니 하나님 부처님》께서 택하신 방법 때문에 절묘한 운행이 이루어진 것이다.

《복희씨》의 8괘(卦)는 8×8=64괘(卦)의 작용을 한다. 이러한 작용 중 1천(天)에 자리하였던 우리들 태양계와 33천(天)을 합하면 34천(天)이 되는 것으로써 8괘(卦)의 작용 중 《34괘(卦)》는 지이삼(地二三) 우주에 해당하는 괘(卦)이며, 인이삼(人二三) 우주가 《30괘(卦)》에 해당함으로써 《역경(易經)》에서는 인이삼(人二三) 우주의 《30괘(卦)》를 《상경(上經) 30》으로 이름하고 지이삼(地二三) 우주의 《34괘(卦)》를 《하경(下經) 34》로 이름하고 있는 것이다.

이 장에서도 분명히 드러나듯이, <u>《복희》의 8괘(卦)는 선천우주(先天宇宙) 변두리에 있는 인이삼(人二三) 우주와 지이삼(地二三) 우주 작용의 운행(運行)을 다룬 것임이 드러나며 태극(太極)의 6괘(卦)는 《상천궁(上天宮)》과 《천일궁(天一宮)》이 음양(陰陽) 짝을 한 선천우주(先天宇宙)의 하늘(天)과 《중앙천궁상궁(中央天宮上宮)》과 《중앙천궁(中央天宮)》이 음양(陰陽) 짝을 한 후천우주(後天宇宙) 하늘(天) 구성기에만 작용하는 괘(卦)임을 분명히 하는 것이다.</u>

하늘(天)은 둘이 있을 수가 없다. 다만, 하늘(天) 구성기 동안 일시적으로 둘이 나타나는 것이나 선천우주(先天宇宙)의 하늘(天)이 한꺼번에 사라지는 것이 아니라 점차적으로 차례로 사라짐과 때를 맞추어 후천우주(後天宇宙) 하늘도 점차적으로 탄생하는 것임을 이해하시기 바란다.

지이삼(地二三) 우주 1천(天)에서 절묘한 운행을 하던 우리들의 태양계도 지상의 서기(西紀) 2000년 선천우주(先天宇宙)가 마감을 하고 후천우주(後天宇宙)가 시작이 됨으로써 지이삼(地二三) 우주 1천(天)의 자리를 벗어나서 이동하여 법공(法空)의 ○(ZERO)지점에 도착하여 《중앙천궁상궁(中央天宮上宮)》을 이루고 있다.

이렇듯 《중앙천궁상궁(中央天宮上宮)》으로 변화한 우리들 태양계는 곧 《중앙천궁상궁(中央天宮上宮)》 운행 체제로 바뀌게 된다. <u>이와 같은 운행(運行) 체제로 바뀌는 것을 《석가모니 하나님 부처님》 태양수(太陽數) 9와 《노사나불(佛)》 태양수(太陽數) 9의 작용이라고 하며 태극기(太極旗)에서 이를 가르치고 있는 것이다.</u>

법공(法空)의 ○(ZERO)지점에 도착하여 《중앙천궁상궁(中央天宮上宮)》을 이루고 있는 우리들 태양계의 《노사나불(佛)》 진신삼성(眞身三星)은 노사나불(佛) 법궁(法宮)인 태양성(太陽星)이 수명이 다함으로써 《수축기》 과정을 거치기 위해 《노사나불(佛)》 진신삼성(眞身三星)인 태양성(太陽星)과 수성(水星)과 금성(金星)은 우주의 동북간방(東北間方) 15도 선상인 천왕성과 해왕성 사이로 궤도 이동을 하게 된다. 이러한 궤도 이동은 먼저 태양성(太陽星)이 이동하고 다음으로 수성(水星)이 이동하여 태양성의 위성으로 자리하게 되면 그 다음으로 금성(金星)이 이동하게 된다.

이와 같은 이동이 끝이 난 때를 맞춰 이번에는 《석가모니 하나님 부처님》의 여섯뿌리의 법궁(法宮)인 목성(木星)이 태양성(太陽星)이 있던 자리로 옮기어 후천우주(後天宇宙) 운행(運行)의 축이 되며 그 다음으로 지금까지 지구(地球)의 위성으로 자리하였던 달(月)이 이번에는 단독 궤도를 가지고 자리하며 그 다음으로 화성(火星)이 자리하게 되면 그 다음에는 지구(地球)가 본래의 궤도에 그대로 자리한 후 지금까지 태양성(太陽星) 중심의 《시계반대방향》 회전인 1-4의 길 회전에서 회전을 잠시 멈춘 후 목성(木星)을 축으로 하여 달, 화성, 지구는 《시계방향》의 회전인 3-1의 길 회전을 하게 되며 지구(地球) 바깥 궤도에는 토성, 천왕성, 금성, 태양성, 태양성 위성으로써의 수성(水星), 해왕성, 명왕성 순서로 자리하여 이들은 본래의 회전인 《시계반대방향》의 회전인 1-4의 길 회전을 함으로써 《중앙천궁상궁(中央天宮上宮)》은 3-1-4의 길 운행(運行)을 하게 된다.

이와 같이 《노사나불(佛)》 진신삼성(眞身三星)과 《석가모니 하나님 부처님》 여섯뿌리의 법궁(法宮)인 목성(木星)과 진신삼성(眞身三星)의 작용으로 《중앙천궁상궁(中央天宮上宮)》 운행(運行)이 이루어지는 것이 《석가모니 하나님 부처님》 태양수(太陽數) 9와 《노사나불(佛)》 태양수(太陽數) 9의 작용이 되는 것이다.

이러한 《중앙천궁상궁(中央天宮上宮)》 운행(運行)이 지상(地上)의 한반도(韓半島) 3.8선(線) 이남(以南)의 남한(南韓) 땅의 3-1-4의 길 연장선상에서 이루어짐으로써 《중앙천궁상궁(中央天宮上宮)》 운행(運行)은 우리들의 지구(地球)가 선도를 한다고 하는 것이나 사실상은 《남한(南韓)》 땅이 주도를 하는 것이다.

한 치 오차도 허락하지 않는 원천 창조주이신 《석가모니 하나님 부처님》의 우주적(宇宙的) 프로그램이 있는데 지금의 때로 봐서 남한(南韓)에 살고 있는 인간 무리들 절반이 《좌익사상》에 물들어 있는 것을 《천상(天上)》에서 파악하고 이들을 그대로 방치하겠는가? 이 때문에 이들 인간 무리들 모두는 그들의 영혼이 영혼 죽임을 당하여 《무간지옥》의 티끌로 사라진 상태이기 때문에 이러한 사실을 모르는 그들 육신들은 천방지축으로 지금도 남한 사회를 혼란 속으로 몰아넣고자 하고 있으나 그들은 그들 영혼이 영혼 죽임 당하기 이전의 힘을 잃고 있다는 사실을 알아야 되는 것이다.

《좌익사상》을 가지게 된 대부분의 인간 무리들이 《대마왕》들과 《중소마왕》들의 선동에 의해 그렇게 된 점을 《미륵부처님》께서 꿰뚫어 보시고 그들의 진정한 구원을 위해 여러 가지 당부를 하고 있는 것이다. 이러한 당부를 충실히 이행 하였을 때 그들은 그들 자신의 영혼을 구원하여 영원히 후천우주(後天宇宙) 하늘(天)에 머무는 영광을 갖게 될 것이나, 이렇게 발표되는 《미륵부처님》의 기록을 설마하고 있다가는 100억 년(億年)의 길고 긴 고통 속을 지나가야 되는 것이 우주간(宇宙間)의 법칙임을 명심하시기 바란다.

《중앙천궁상궁(中央天宮上宮)》으로 변화된 우리들의 태양계가 《중앙천궁상궁(中央天宮上宮)》 운행 체제로 완성이 되기까지가 10년(年)이 걸린다. 이러한 10년(年)이 《대환란 기간》이 된다. 이와 같은 대환란 기간은 이미 시작이 되었으며 대환란기에 일어나는 모든 일들은 《미륵부처님》께서 직접 해설하신 아나 출판사에서 펴낸 《요한계시록》에 상세히 설명되어 있다.

《중앙천궁상궁(中央天宮上宮)》 운행(運行)이 시작되기 직전 목성(木星)을 축으로 한 달(月), 화성(火星), 지구(地球)가 지금까지 회전하던 《시계반대방향》의 회전인 1-4의 길 회전에서 《시계방향》의 회전인 3-1의 길 회전을 하기 위해 《시계반대방향》의 회전을 잠시 멈추게 된다. 이러한 때 지구(地球) 상공에 있던 《대기권》은 사라지게 된다. 즉, 《인력권》이 파괴됨으로써 그동안 《대기권》 형성으로 지구(地球)로 들어오지 못했던 우주간(宇宙間)의 모든 쓰레기들과 그동안 지상(地上)에서 쏘아 올렸던 《인공위성》 등이 모두 쏟아져 지상(地上)으로 떨어져 지상(地上)은 빛(光)도 없는 칠흑 같은 어둠에서 아비규환을 이루게 된다.

이러한 때가 한민족(韓民族) 사회에서 즐겨 부르는《아리랑》노래의《아리랑 고개》의 때가 되며《아리랑 고개》를 넘기 전 대환란기 10년(年) 동안 환란으로 인하여 육신(肉身)의 명(命)을 마치게 되는 장면을 『십리도 못 가서 발병이 난다』고 노랫말에 담고 있는 것이며,《나아를 버리고 가시는 님》의 노랫말 가사의《나아》의 한문(漢文)은《나아(那阿)》로써 본래의 의미는 인류의 최고 조상(祖上)이신《나반(那般)》과《아만(阿曼)》으로서《나반(那般)》이《석가모니 하나님 부처님》의 육신불(肉身佛)이신《다보불(佛)》을 이름하는 것이며《아만(阿曼)》이《석가모니 하나님 부처님》의 또 다른 호칭이다.

그러나《아리랑》노랫말 가사에서는《석가모니 하나님 부처님》육신(肉身)의 우주적(宇宙的) 장자(長子)가《노사나불(盧舍那佛)》이시다. 이러한《노사나불(佛)》의 끝 글자인《나(那)》와《노사나불(佛)》의 육신불(肉身佛)이신《아촉불(佛)》의 첫 글자인《아(阿)》를《나아(那阿)》로써 이름한 것이다. 즉, <u>태극(太極)에서 설명된《노사나불(佛)》과《아촉불(佛)》을 버리고 떠나는 님을 『나아를 버리고 떠나는 님』으로 이름한 것이다.</u>

<u>이와 같은《아리랑》노래는</u> 태극기의《석가모니 하나님 부처님》태양수(太陽數) <u>9와《노사나불》태양수 9의 작용이 본격적으로 일어나는 때를 노랫말 가사에 넣어 노래된 것이《아리랑》이라는 사실도 바로 깨우치시기 바란다.</u>

《아리랑 고개》는 하루낮밤의 시간(時間)이 우주간(宇宙間)에서 영원히 사라진 후 곧바로《중앙천궁상궁(中央天宮上宮)》운행(運行)이 시작된다. 이러한 운행(運行)에서《시계방향》의 회전을 하는 3-1의 길에 있는 목성(木星), 달(月), 화성(火星), 지구(地球)가 자리한 곳이 법공(法空)의 ○(ZERO)지점이 되며 이때 지구(地球)는 1년이 360일이 되는 운행을 하며 이때의 지구에는 태풍 등 어떠한 천재지변도 없게 되는 것이다.

이와 같은 법공(法空)의 ○(ZERO)지점이 우주간(宇宙間)에서는 유례를 찾아볼 수 없는 극락 중의 극락, 천당 중의 천당이 되는 것이다. 그리고《중앙천궁상궁(中央天宮上宮)》운행(運行) 이전은 궤도와 바탕이《전자(電子)》로 이루어져 있었으나《중앙천궁상궁(中央天宮上宮)》운행(運行)이 시작된 후 3-1의 길에 있는 법공(法空)의 ○(ZERO)지점은 궤도의 바탕이 《양전자(陽電子)》로 바뀌기 때문에 《돈》도 《고통》도 《배고픔》도 없는 쾌락한 극락이 되는 것이다. <u>《아리랑 고개》를 넘을 수 있는 복(福)된 인간들은 현재의 육신(肉身)을 가지고 극락 입성을 할 수가 있는 것이다.</u> 더러 대환란기때 목숨을 잃은 자들도 그의 영혼이 구원된 자들은 다시 극락에 인간 육신을 가지고 태어나서 반영구적으로 살게 되는 것이다.

이와 같이 크고도 큰 복(福)을 받을 수 있는 인간 무리들이 《남한(南韓)》백성들인데 불행히도 이들 인간 무리들의 영혼들 대부분이 《무간지옥》의 티끌로 사라져 있기 때문에 《미륵부처님》께서 이러한 사실들을 알리고 이제 인간 육신(肉身)을 가지고 살고 있는 여러분들 스스로가 여러분들의 영혼을 구원하라고 그 방법을 일러드린 것이다.

<u>이제 공은 천상(天上)에서 그대들 육신(肉身)에게 넘어가 있는 상태이다.</u> 법공(法空) ○(ZERO)지점의 외곽에 자리한 지구(地球)에 있어서 한반도의 남단에 자리한 《남한(南韓)》땅이 3-1-4의 길을 이루고 중앙천궁상궁(中央天宮上宮) 운행(運行)을 주도하게 되는 이유를 여러분들께서는 충분히 이해하셨을 것으로 본다.

<u>이렇듯 여러분들 나라의 《태극기(太極旗)》에서 이미 그대들의 갈 길을 일찍부터 가르치고 있는 것이다. 현재 그대들 영혼이 《무간지옥》에 빠져 있는 자들도 숙세에 지은 잘못된 업장을 《석가모니 하나님 부처님》께 참회기도로써 씻고 착한 근본을 심도록 노력하고 태극기(太極旗)에 들어있는 진리(眞理)만이라도 바로 깨우치면 《무간지옥》을 벗어나서 극락 잔치에 동참할 수 있음을 다시 강조드리는 바이다.</u>

[6] 남북통일(南北統一)에 대하여

일본(日本)의 식민지 시대 36년이 끝이 나고 해방(解放)이 된 후 한반도(韓半島)에 운명적으로 찾아온 것이 3.8선(線)과 이북(以北)의 공산당 정부와 이남(以南)의 자유주의 정부로 양분된 두 정부이다. 이로써 한반도는 두 동강이 난 것이며, 이때부터 천상(天上)은 3.8선의 천부수리 해석에서도 드러난 바와 같이 한반도의 통일(統一)은 포기하고 3.8선을 그음으로써 법공(法空)의 《여의주(如意珠)》를 지키기 위한 이치로써 확정을 한 것이다. 즉, 한반도(韓半島)의 통일(統一)은 있어서도 안 된다는 천상(天上)의 이치의 선(線)으로써 3.8선(線)이 그어진 것이다.

　이러한 천상(天上)의 깊은 뜻을 헤아리지 못하는 인간 무리들은 시간만 있으면 남북통일을 입에 담는데 이는 하늘(天)의 뜻을 어기는 일로써 만약 남북통일이 되면 남북한 모두에게 천상(天上)의 대재앙(大災殃)이 내리게 되어 있는 것이다. 이러한 천상(天上)의 대재앙(大災殃)이 내리게 되는 이유에 대해서는 《태극기(太極旗)》의 설명에서 충분히 설명을 드린 바이니 더 이상 재론하지 않겠다.

　북한(北韓) 정부에 의해 획책된 6.25남침 전쟁의 결과 남쪽과 인연(因緣)있는 분들은 대거 남(南)으로 옮겨왔기 때문에 《이산가족》의 슬픔은 따를지언정 이제는 운명(運命)으로 받아들이셔야 할 때이다. <u>《초특급 대마왕》들과 《대마왕》들의 책략에 의해 양분된 한반도(韓半島)의 운명(運命)은 숙명적(宿命的)으로 받아들이셔야 할 때임을 밝히는 바이며</u> 남은 과제는 남북한(南北韓) 모두가 통일(統一)에 대한 꿈을 버리고 오랫동안 한민족(韓民族)으로 함께 살아온 정리로써 서로가 서로의 체제를 존중하고 도와줄 수 있는 부분이 있으면 하늘(天)의 뜻을 어기는 통일(統一)을 염두에 두지 말고 진정한 마음가짐을 가지고 도움을 주고받으라고 당부드리고 싶다.

　혹 어떤 지도자는 《이북(以北)》이 경제파탄으로 스스로 무너질 것이라는 생각을 가진 것을 공공연히 그 뜻을 드러내는 것을 보는데 결코 《북한(北韓)》체제는 허물어지지 않는다는 것을 알아야 하며, 진행(進行)을 하면서 밝혀 왔듯이 그대들은 모르는 사실이나 지금 《이북(以北)》땅에는 마지막 《아리랑》고개를 넘기 위해 역대 《고구려왕》들과 기라성 같은 《고구려》의 명장들이 모두 그들의 후신(後身)인 육신(肉身)을 가지고 태어나 활동 중에 있는 것이다. 이러한 그들이 누구인가? 현재 북한(北韓) 백성들이 모두 굶어 죽는 한이 있어도 《중국》에 그들이 사는 땅을 내어주는 일은 인과법(因果法)상 결코 없는 것이다. 다만 경제적으로 의존은 할망정 그러한 일은 없을 것임을 천상(天上)은 잘 알고 있는 것이다.

이러한 북한(北韓) 지도자들께 당부드리는 바는 남한(南韓) 사회를 희생시켜 《강성대국》을 이루겠다는 북한의 꿈은 사라졌으니 남한의 도움과 협조를 얻어 《강성대국》을 이루는 꿈을 실현하는 것이 옳은 방법임을 충고함과 아울러 무력(武力)으로 위협하고 남한(南韓)을 협박하는 일은 없어야 할 것이다. 이미 시작된 《대환란기》에 크게 어려움에 처하게 되었을 때 누가 과연 그대들을 도울 것인가를 심각하게 생각해 볼 때임을 충고 드리는 바다. 진화(進化)는 순리(順理)를 따르는 것이 최상책임을 다시 한번 더 당부드린다.

[7] 영혼(靈魂) 구원의 실상(實相)

인간의 마음(心)의 근본뿌리를 《성(性)의 30궁(宮)》이라고 하며 이러한 《성(性)의 30궁(宮)》은 양자(陽子)24와 전자(電子)6으로 30궁(宮)을 이루고 있는 것이다. 이와 같은 30궁(宮)에 있어서 양자(陽子)24를 《영(靈)》이라고 하며, 전자(電子)6을 명(命)으로써 영신(靈身) 또는 《혼(魂)》이라고 하며, 이들이 하나된 것이 《영혼(靈魂)》이다.

이러한 영혼(靈魂)에 있어서 영(靈)인 양자(陽子)24도 세밀히 구분하면 양자18이 《영(靈)》으로 자리하고 양자(陽子)6이 전자(電子)6과 양음(陽陰) 짝을 하여 인간 육신(肉身)의 안(眼), 이(耳), 비(鼻), 설(舌), 신(身), 의(意) 등 육근(六根)을 담당한다. 이러한 양자(陽子)6이 인간 육신 속의 혈액 모두를 거느림으로써 이를 《정령(精靈)》을 거느린다고 하는 것이다.

이러한 《성(性)의 30궁(宮)》에서 영혼(靈魂)의 주체가 되는 것은 《양자(陽子)18》과 《전자(電子)6》이 되며, 이와 같이 육신(肉身)을 가진 자의 주체가 되는 영혼(靈魂)들과 인간 육신의 죽음을 맞이한 이후의 《성(性)의 30궁(宮)》 모두로 이루어진 영혼(靈魂)들은 원천 창조주이신 《석가모니 하나님 부처님》과 후천우주(後天宇宙)를 이끄시는 《작은 하나님》이신 《미륵부처님》의 명령에는 절대복종을 하게 되어 있는 것이 철칙이다.

이 때문에 육신(肉身)을 가진 자의 주체가 되는 영혼(靈魂)들을 불러내어 인연법(因緣法)을 따라 구원(救援)을 하기도 하고 무간지옥에 들어가게 하여도 육신(肉身)을 가진 자는 전혀 눈치를 채지 못한다.

이렇게 영혼인《성(性)의 30궁(宮)》에서 주체가 되는 영혼(靈魂)을 불러내게 되면 육신을 가진 자의 심장에는 육신(肉身)을 담당하는《양자(陽子)6》만 남게 되는데 이때《양자(陽子)6》은 인간 육신 속에 제일 진화가 많이 된 전자(電子)6을 불러들여 양자(陽子)6과 전자(電子)6으로 양음(陽陰) 짝을 하여 육근(六根)을 담당하기 때문에 육신의 삶에는 아무런 지장을 받지 않고 생활할 수 있는 것이다.

진화적(進化的)으로 볼 때, 주체가 되는 영혼(靈魂)의 양자 18보다 상대적으로 진화(進化)가 덜된 양자(陽子)가 육근(六根)을 담당하는 양자(陽子)6이며 이러한 양자(陽子)6이 전자(電子)6과 양음(陽陰) 짝을 하여《속성(屬性)》으로 이름되는 현대과학에서 밝혀 놓은《유전자》4만 개를 거느리게 되는데, 이러한《유전자》4만 개 역시 육근(六根)을 담당하는 양자(陽子)6보다 진화(進化)가 덜 되었기 때문에 육근(六根)을 담당하는 양자(陽子)6의 지배를 받는 것이다.

일반적으로《성(性)의 30궁(宮)》이 속성(屬性)인《유전자 4만 개》를 대동하고 육신(肉身)을 벗어났을 때가 인간 육신(肉身)의 죽음의 때이나《아리랑 고개》를 넘기 위한《대환란기》에는 인간 육신(肉身)의 죽음이 대규모로 이루어지기 때문에《석가모니 하나님 부처님》과《미륵부처님》께서 미리 인간 육신을 가진 자의 주체가 되는 영혼(靈魂)들을 모두 불러내어 미리《재판》을 하여 정리를 해 놓은 것이다. 이렇게 정리를 하여 놓으면 육신(肉身)을 가진 인간 무리들이 육신의 죽음을 맞이한 이후 육근(六根)을 담당하던 양자(陽子)6이 속성(屬性)을 대동하고 주체가 되는 영혼과 자연히 합류하게 됨으로써 미리 주체가 되는 영혼(靈魂)들을 정리를 한 것이다. 육근(六根)을 담당하는 양자(陽子)6은 귀소본능이 철칙으로 되어 있기 때문에 100%가 주체가 되는 영혼(靈魂)들과 합류를 하는 것이다.

이러한 이치가 있기 때문에 『주체가 되는 영혼이 무간지옥』에 빠져 있더라도 마지막 기회가 남은 것이 육신(肉身)을 가진 양자(陽子)6과 그가 거느리는 속성(屬性)이 있기 때문에《무간지옥》에 빠져 있는 인간 무리들의 구원을 위해《미륵부처님》께서 인간 무리들에게 간곡히 당부를 한 것이다.

인간 육신(肉身)을 가진 자가 《미륵부처님》의 당부를 실행하였을 때 육근(六根)을 담당하는 양자(陽子)6과 속성(屬性)은 《맑고》《밝음》을 갖게 된다. 이렇게 맑고 밝아진 양자(陽子)6과 속성들은 인간 육신의 죽음 이후 칠흑같이 어두운 《무간지옥》으로 들어갈 수 없기 때문에 《석가모니 하나님 부처님》과 《미륵부처님》께서는 이러한 인간 영혼들을 《무간지옥》에서 건져내어 구원을 함으로써 육신(肉身)의 죽음 이후 뒤늦게 도착하는 양자(陽子)6과 속성들과 합류를 하게 되는 것이다.

<u>이 때문에 이제는 《공》이 천상(天上)에서 육신(肉身)을 가지고 삶을 살고 있는 인간들에게 넘어가 있다고 하는 것이며 스스로의 운명(運命)의 결정은 스스로가 하게 된다고 일러 드린 것이다.</u>

이와 같은 《미륵부처님》의 당부를 외면하였을 때 그대들은 육신(肉身)의 죽음을 맞이한 순간 《무간지옥》에 먼저 떨어져 있는 주체가 되는 영혼들과 같은 길을 걷게 되는 것이다.

주체가 되는 영혼(靈魂)들과 지상(地上)에서 먼저 살다가 떠난 수많은 영혼(靈魂)들이 《무간지옥》에 빠지는 경우가 셋이 있다. 즉, 첫째는 영혼(靈魂) 모두가 빠지는 경우와 둘째 영혼(靈魂) 죽임을 당하여 영(靈)만 오롯이 빠지는 경우와 셋째 영혼(靈魂) 죽임을 당하여 남은 영(靈)인 양자(陽子)18을 모두 흩어 개체의 양자(陽子)를 만들어 흩어 버리는 경우로써 이를 《무간지옥》의 티끌로 보낸다고 하는 것이다. 첫 번째와 두 번째 경우의 육신(肉身)을 가진 자들은 그래도 《미륵부처님》의 당부를 실행할 가능성이 있는 자들이 되나 세 번째의 경우는 악질들로서 그러한 당부를 처음부터 부정하는 자들이 될 가능성이 많은 자들인 것이다. 인간들이 상상하기조차 어려운 시간이 지난 이후 무간지옥을 풀려나는 경우도 상기 순서가 되는 것이다.

지금까지 남한(南韓) 땅에서 먼저 살다가 육신(肉身)을 벗으신 조상(祖上)님들은 고통을 받아야 하는 일부 조상(祖上) 영혼(靈魂)들을 제외한 대부분의 조상(祖上) 영혼들께서는 극락 잔치에 동참한 후 쾌적하고 안락한 극락에서 편안한 삶을 살아갈 것임을 밝혀 드리며 다시 한번 더 강조드리는 바는 이제는 그대들 스스로가 그대들을 구원할 차례임을 깊이 인식하시기 바란다.

그리고 최근 일어난 《아이티》재난(災難)과 미국의 금융파동과 EU의 금융파동과 두바이의 금융파동과 일본(日本)의 국수주의 자본에 대한 모든 일들은 잘못된 길을 가고 있는 인간 무리들에게 《미륵부처님》께서 명령하심으로써 내린 《천상(天上)》의 재앙(災殃)임을 분명히 함과 동시에, 대한민국이 어려울 때마다 크게 도움을 준 미국(美國) 국민들에게 한 말씀 전하면 그대들 국민들 중 먼저 살다간 미국 국민들 영혼(靈魂)들 모두와 현재 육신을 가지고 살고 있는 분들의 영혼(靈魂) 4/5는 이미 《메시아》가 구원을 하여 그대들이 그토록 가고 싶어 하는 천당(天堂)이 있는 곳으로 출발하는 찬란한 《지(地)의 우주 천당(天堂)》으로 가는 태양선(太陽船)에 승선시켜 놓았으니, 현재 육신을 가지고 계시는 분들은 《대환란기》동안 육신(肉身)의 죽음을 맞이할 때 두려움을 갖지 마시고 초연히 그 죽음을 맞이하는 순간 그대들은 찬란한 태양선(太陽船)에 승선하고 있음을 스스로가 자각(自覺)할 수 있을 것이다.

그동안은 항상 착한 근본을 심고 《메시아》의 당부를 잊지 않으시면 태양선(太陽船)에 구원이 되어 있는 그대들 《영혼(靈魂)》들이 더욱더 큰 복(福)을 받게 되어 있음을 알려 드리고 인근한 《일본국》의 《스키타이》들도 마찬가지이며 현재 《일본국》에는 《히미코 여왕》의 직계 후손들 중 육신(肉身)을 가지고 현재를 살아가고 있는 《일본 황실》을 비롯한 후손들이 약 4백만 명 정도가 있는데 이들의 영혼들이 마지막으로 찾아와서 구원을 간청함으로 이들 역시 모두 영혼 구원을 하여 《지(地)의 우주 천당(天堂)》으로 가는 찬란한 태양선(太陽船)에 실었음을 알려 드리고 현재 육신을 가지고 있는 육신의 삶은 《미륵부처님》이 당부하신 내용을 따르는 것이 옳을 것이다.

그리고 한국의 백성들에게 그대들의 모든 것을 밝혀 드리는 지금의 때 이후 《미륵부처님》을 비방하고 《미륵부처님》께서 펼치시는 《법(法)》과 《미륵부처님》께서 발표한 내용에 불만을 품고 어떠한 행동을 획책하는 무리들이 포착이 되면 지위고하를 막론하고 《재앙(災殃)》으로 먼저 그들을 다스릴 것을 분명히 말씀드리는 것이다.

[8] 촛불에 내재(內在)된 진리(眞理)

《대마왕》들과 수하마왕들로부터 정신적(精神的)으로 철두철미하게 세뇌된 무리들이 《촛불 집회》를 계획하고 집행을 하는 주체 세력들임을 《천상(天上)》은 파악하고 있는 것이며, 이들의 선동에 의해 촛불을 들고 거리로 나서는 일부 선량한 한국(韓國)의 젊은이들이 정의감에만 들떠서 그들이 행(行)하는 일들이 《대마왕》들의 책략에 의해 움직이는 꼭두각시 놀음임을 일깨우기 위해 《천상(天上)》의 뜻을 기록으로 전(傳)하는 것이다. 즉, 《대마왕》들과 이들로부터 조종되고 있는 중소마왕들의 뜻하는 바가 표면으로 드러난 상태가 <u>야간(夜間) 촛불 집회임을 정확히 하는 것이다.</u>
<u>《야간(夜間) 집회(集會)》는 기본 권리임을 천상(天上)도 잘 알고 있다. 그러나 집회(集會)를 《촛불》을 들고 한다는 것에 문제가 있는 것이다.</u> 이와 같은 집회(集會)에 《촛불》을 이용하면 안되는 뜻을 밝혀 드려야 할 때인 것 같다.

(1) 진화(進化)의 시작

《촛불》의 신성(神聖)함을 밝히기 위해 먼저 《촛불》에 담겨 있는 진화(進化)의 비밀을 알아야 하기 때문에 진화(進化)의 시작부터 말씀을 드리는 것이다.

먼저 시간(時間)의 개념은 법공(法空)의 0(ZERO)지점을 기준함을 아시기 바란다. 법공(法空)의 1회(回) 진화의 주기는 1,000억 년(億年)이다. 이러한 1,000억 년 중 100억 년(億年)이 법공(法空)의 《휴식기간》이며 460억 년이 《팽창기》이며 《140억 년(億年)》이 《소멸기》이며 300억 년이 《붕괴기》이다.

법공(法空)의 《팽창기》와 《소멸기》 동안 법공(法空) 내부의 법공(法空) 크기 40% 지점에 대공(大空)을 형성하고 대공(大空) 내(內)에서 현재와 같은 별(星)들의 세계를 이룬 후 《팽창기》와 《소멸기》를 거친 후 붕괴기 300억 년(億年) 동안 모든 별(星)들의 우주(宇宙)는 철두철미하게 분쇄되어 휴식기 100억 년(億年) 동안 법공(法空) 외곽은 무색투명한 고열을 가진 《기체》의 다이아몬드층을 이루고 그 위에는 《섬광》이 톡톡 튀는 모습을 갖추고 있다. 이러한 상태를 《법성(法性)의 1-6체계》라고 하며 이 층이 차지하는 범위는 법공(法空) 크기의 4%가 된다.

이와 같이 법공(法空) 크기의 4%가 되는 《법성(法性)의 1-6체계》 바로 아래로부터 법공(法空)의 0(ZERO) 지점까지는 《붕괴기》를 거치면서 철두철미하게 분쇄된 《암흑물질》로 가득 차게 된다. 이렇게 가득 찬 《암흑물질》이 자리하여 추호도 움직임 없이 100억 년을 고요 속에 머무는 것이다. 이러한 상태를 법공(法空)의 《휴식기》라고 하는 것이다.

이때의 《법성(法性)의 1-6체계》에 있어서 하나인 1의 자리가 《석명광(釋明光)》의 자리로써 《석가모니 비로자나불(佛) 하나님》의 자리가 되며 《6》의 자리가 6각(角) 고리를 가진 《기체의 다이아몬드》층으로써 《석가모니 하나님 부처님》께서 다스리시는 자리가 되는 것이다. 모든 생령체(生靈體)들의 진화의 종착지가 《법성(法性)의 1-6체계》의 자리로써 이곳 《무여열반(無餘涅槃)》의 자리라고 하며 진화가 완성이 된 자리가 되는 것이다. 이와 같은 조건하에서 법공(法空)의 100억 년(億年) 《휴식기》가 끝이 난 후 새로운 진화기(進化期)가 시작이 되는 것이다.

이러한 새로운 진화기에 돌입하게 되면 먼저 《법성(法性)의 1-6체계》가 사선근위(四善根位)의 과정을 파동(波動)에 의해 5억 년(億年)을 거치면서 《세제일법(世第一法)》의 이합(二合)의 순수 《진공(眞空)》으로 바뀌어 순수진공(眞空)층 바로 아래에 있는 《암흑물질》과 삼합(三合)을 함으로써 《여섯뿌리》의 진공(眞空)층으로 바뀌면서 회전(回轉)이 일어나게 된다.

이와 같은 회전에 의해 만들어지는 《여섯뿌리진공(眞空)》도 음양(陰陽)이 분리되어 《음(陰)의 여섯뿌리진공(眞空)》은 본래의 자리에 남고 《양(陽)의 여섯뿌리진공(眞空)》과 《세제일법(世第一法)》의 진공(眞空)이 혼재가 되어 법공(法空) 내부(內部)의 법공(法空) 크기의 40%되는 지점으로 5억 년(億年)에 걸쳐 분출이 된다.

이러한 분출의 과정에서도 《여섯뿌리》진공(眞空)은 계속 만들어져 음양(陰陽)이 분리되어 《음(陰)의 여섯뿌리진공(眞空)》은 《대공(大空)》의 경계선을 이루게 되고, 《양(陽)의 여섯뿌리진공(眞空)》과 《세제일법(世第一法)》의 진공(眞空)이 대공(大空)의 경계선 안쪽에 머물면서 《세제일법(世第一法)》의 진공(眞空)은 한곳에 모여 한 덩어리의 《공》을 이룬 이후 생명력(生命力)을 가지기까지가 5억 년(億年)이 소요된 후 천궁(天宮)의 초기 형태인 정명궁(正明宮)《커블랙홀》로 진화를 이루며 이때 함께 분출되었던 《양(陽)의 여섯뿌리진공(眞空)》들은 암흑물질과 양음(陽陰) 짝을 한 후《대공내(大空內)》의 바탕을 이룬다.

이와 같이 형성된 대공(大空)에서의 양음(陽陰)의 《여섯뿌리》진공(眞空)의 비율은 2대 1이며, 《여섯뿌리》진공(眞空)과 암흑물질이 양음(陽陰)짝을 한 이후부터는 이를 오온(五蘊)의 색(色)의 단계로써 《반야공(般若空)》으로 이름한다.

이렇게 하여 이후 천궁(天宮)의 초기 형태인《커블랙홀》을 이룬 정명궁(正明宮)이 작용을 함으로써 자체 회전력(回轉力)에 의해 대공(大空)의 바탕으로 있는 주위의 양(陽)의 《여섯뿌리》진공(眞空)과 암흑물질이 양음(陽陰) 짝을 한 오온(五蘊)의 색(色)의 단계에 있는 반야공(般若空)들을 끌어들이게 된다.

이렇게 끌어들이는 천궁인 정명궁(正明宮)은 고온과 고압이 작용하는 곳이다. 이 때문에 끌어들여 진 반야공(般若空)들 중 어떤 것은 고온과 고압 속에서 오온(五蘊)의 나머지 단계인 수(受), 상(相), 행(行), 식(識)의 단계를 거쳐《다섯 기초 원소》로 탄생이 되어 중성자(中性子)와 양전자(陽電子)와 양자(陽子)는 천궁(天宮)의 핵(核)을 이루고 중간자와 전자(電子)는 천궁(天宮) 내부(內部)의 상극(相剋) 작용에 의해 천궁(天宮)인 정명궁(正明宮) 바깥으로 내보내어 지게 되며, 천궁(天宮)으로 끌어들여 진 반야공(般若空)들 중 고온과 고압을 견디지 못한 반야공(般若空)은 여섯뿌리진공(眞空)과 암흑물질이 양음(陽陰) 짝을 하였던 관계에서 《여섯뿌리》진공(眞空)과 하나가 되어 하나의 성질(性質)이 달라진 《공》이 되어 천궁(天宮)의 상극작용에 의해 천궁 바깥으로 밀려나게 된다.

이렇게 밀려난 《공》은 다시 암흑물질과 양음(陽陰) 짝을 하여 재차 천궁(天宮)으로 끌어들여 져 오온(五蘊)의 과정을 겪던지 그렇지 않으면 다시 성질(性質)이 달라진 공이 되어 천궁(天宮) 바깥으로 밀려나 암흑물질과 양음(陽陰) 짝을 하여 다시 끌어들여 져 오온(五蘊)의 나머지 과정을 겪을 때까지 수도 없이 이를 반복하는 《공》이 있는 것이다. 이와 같이 하여 탄생된 《다섯 기초 원소》가 만물(萬物)의 씨 종자가 되는 것이다.

(2) 양음(陽陰)의 구분

　법공(法空)의 《법성(法性)의 1-6체계》는 무색투명하며 고열을 가진 불꽃 없는 불(火) 덩어리로써 양(陽)이 되며 《암흑물질》이 음(陰)이 된다. 즉, 법공(法空)은 《법성(法性)의 1-6체계》와 《암흑물질》이 양음(陽陰) 짝을 하고 있는 것이다. 이러한 양음(陽陰)의 구분에서 양음(陽陰) 각각이 다시 양음(陽陰)으로 구분이 되는 것이 수도 없이 반복이 된다.

　법공(法空) 진화(進化)의 시작은 양(陽)이 주도를 하여 2합(二合)의 순수 진공(眞空)을 이룬 이후 《암흑물질》을 끌어들여 첫 삼합(三合)을 함으로 《양음(陽陰)의 여섯뿌리진공(眞空)》을 이루는 것이다. 이러한 《여섯뿌리진공(眞空)》이 진화(進化)를 주도하는 주인공으로써 《여섯뿌리진공(眞空)》이 하나인 1이 되어 삼합(三合)을 세 번하는 것이 1,3,3,3 합(合)의 법칙으로써 첫 1,3,3,3 합(合)의 법칙 결과로써 탄생하는 것이 《다섯 기초 원소》로써 만물의 씨종자가 되는 것이다.

　《여섯뿌리진공(眞空)》이 《암흑물질》을 끌어들여 첫 삼합(三合)을 하기 시작한 이후는 이들을 모두 《반야공(般若空)》이라고 하며 오온(五蘊)의 전 과정과 다섯 기초 원소와 복합 원소들 모두가 《반야공(般若空)》의 범위에 들며 이러한 《반야공(般若空)》의 진화(進化)의 과정에 드러나는 것이 《현상세계(現象世界)》이다.

　《여섯뿌리진공(眞空)》이 주인공이 되어 벌리는 3,3,3 합(合)은 모두 《여섯뿌리진공(眞空)》이 《암흑물질》을 끌어들여 벌리는 과정으로써 이러한 《여섯뿌리진공(眞空)》을 《석가모니 하나님 부처님》의 나눔이라고 하며 대공(大空) 자체가 《석가모니 하나님 부처님》의 몸(身)이 된다. 즉, 《석가모니 하나님 부처님》께서 《암흑물질》을 빛(光)의 세계로 끌어내어 반야공(般若空)의 진화(進化)의 과정을 거쳐 이들 모두를 진화(進化)시켜 궁극에는 눈물도, 고통도 없는 영원한 열반(涅槃)의 자리로 인도하고자 하는 목적으로 진행이 되는 것이 진화(進化)이며 이러한 진화(進化)의 과정을 구체적으로 설명을 하고 있는 것이다.

　이와 같이 진화(進化)는 양(陽)이 주도하여 음(陰)인 《암흑물질》을 끌어들여 완전한 양(陽)의 세계로 인도하기 위한 과정에 양음(陽陰)이 혼재된 《반야공(般若空)》 진화(進化)의 과정을 거치는 것이다.

이러한 진화(進化)의 과정 중 현상세계(現像世界)에 있어서는 양(陽)은 항상 드러나지 않고 드러나는 쪽은 음(陰)이 된다. 그러나 인간들은《색안(色眼)》으로 불리우는《눈》으로 가시적(可視的)으로 보이는 것을《양(陽)》이라 하고《눈》에 보이지 않는 쪽을《음(陰)》이라고 반대로 알고 있는 것이다.

이렇듯 뒤바뀌게 알고 있는 것을 『정본(正本) 반야바라밀다심경(般若波羅蜜多心經)』에서는 『전도몽상(顚倒夢想)』(뒤바뀐 꿈의 생각)이라고 가르침을 주고 있는 것이다.《뒤바뀐》것은 양음(陽陰)을 음양(陰陽)으로 알고 있는 것을 말하는 것이며《꿈의 생각》은 반야공(般若空) 진화(進化)의 과정에 드러나는《현상세계(現像世界)》에 대한 생각을 말하는 것이다.

필자 역시 집필을 하면서 인간들을 일깨워야 하기 때문에 인간 기준으로 가시적(可視的)인 음양(陰陽) 구분 법(法)으로 집필을 하였으나 우주적(宇宙的)인 진리(眞理)의 실상은 그 반대임을 분명히 밝히는 바이다. 이러한 양음(陽陰)의 구분은 반야공(般若空)의 진화(進化)에서도 수없이 반복되어 나타나는 이유가 양음(陽陰)이 짝을 하여 하나를 이루는 것이 우주(宇宙)를 떠받치는 일곱 기둥 법칙 중의 하나이기 때문이다.

(3) 진화기(進化期)의 법공(法空)

진화기의 법공(法空) 외곽의 법성(法性)의 1-6체계가 있던 자리는 진화가 새로이 시작되면서 파동(波動)에 의해 법성(法性)의 1-6체계가《세제일법(世第一法)》의 진공(眞空)으로 바뀐 이후,《암흑물질》가벼운 것과 삼합(三合) 활동을 하는 과정에서 회전이 일어나 법공(法空) 크기의 3% 분량은 법공(法空) 내부로 분출이 되어 대공(大空)의 경계를 확정하고 대공(大空) 내(內)에서 활발히 암흑물질들과 삼합(三合)을 함으로써 반야공(般若空) 진화(進化)의 길을 열어가고, 법공(法空) 외곽에 남은 법공(法空) 크기의 1%에 달하는 부분의《세제일법》의 진공(眞空)은《암흑물질》과 첫 삼합(三

合)을 하여 양음(陽陰)의《여섯뿌리진공(眞空)》이 되어 암흑물질과 삼합(三合)을 하지 않은《세제일법(世第一法)》의 진공(眞空)과《양(陽)의 여섯뿌리진공(眞空)》은 대공 내(大空內)로 분출하고,《음(陰)의 여섯뿌리진공(眞空)》이 남아《적멸보궁(寂滅寶宮)》을 이루고 자리하게 되는 것이다.

이러한 진화기의 법공(法空)을 간단한 도형으로 표현을 하면 다음과 같다.

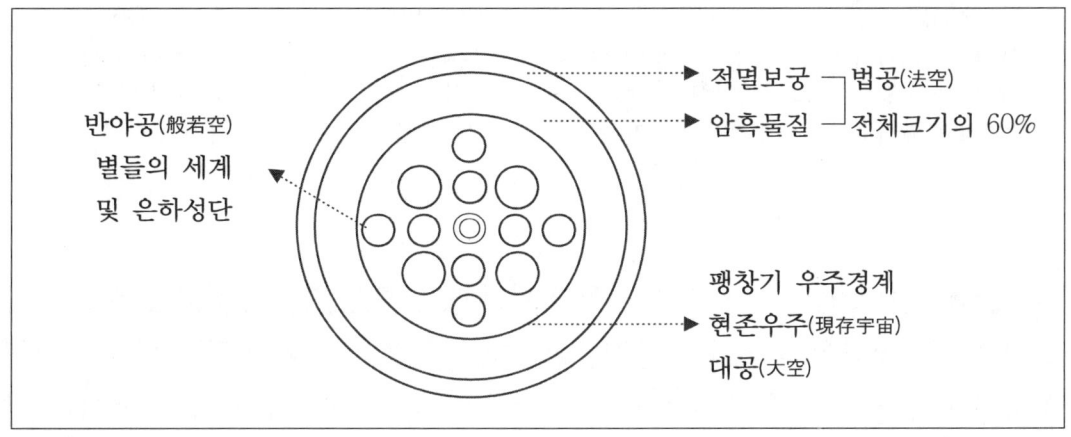

(4) 진화(進化)의 법칙

진화(進化)는 우주 진리적(宇宙 眞理的)으로 크게 구분하면 <u>양(陽)의 진화의 길과 음(陰)의 진화(進化)의 길</u> 둘로 구분이 된다. 즉, 양(陽)의 진화(進化)의 길이《영체(靈體)》의 진화의 길로써 별(星)들 핵(核)의 진화의 길이 되며 음(陰)의 진화의 길이《고체(固體)》진화의 길로써 별(星)표면의 진화의 길이 된다.

이와 같이 만물(萬物)의 진화(進化)는 별(星)들의 진화(進化)와 맞물려 있는 것이다. 이러한 진화(進化)에 있어서 인간을 기준할 때 양(陽)의 진화의 길에 있는《영체(靈體)》의 진화의 길이 바로 여러분들 내면(內面)에 자리한《영혼(靈魂)》의 진화의 길이 되며 음(陰)의 진화의 길에 있는《고체(固體)》의 진화의 길이 그대들《법신(法身)》인 별(星) 표면의 진화의 길이 되는 것이다.

이러한 진화의 길에 따른 법칙을 정리하면 다음과 같다.

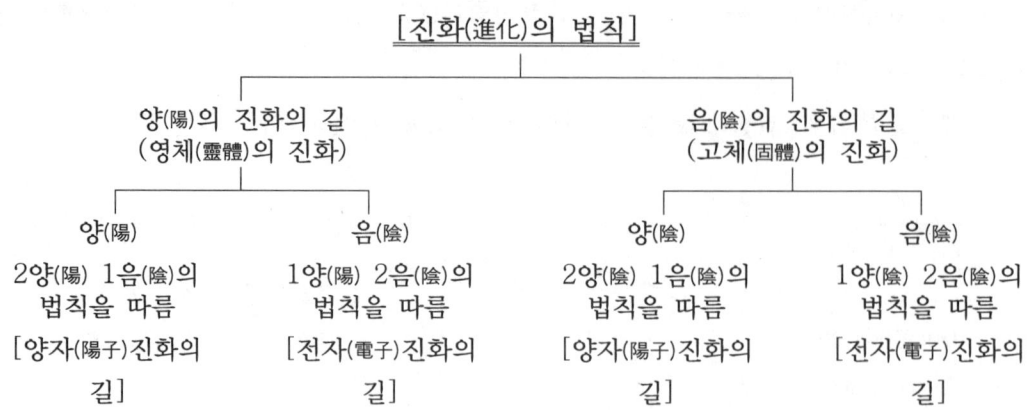

※ 양자(陽子)는 양자(陽子) 진화의 길을 걷다가 양자(陽子) 자체의 진화가 완성이 되면 사상(四象) 구분한 법칙 중 양(陽)의 진화에서 음(陰)의 진화의 길을 따르기 때문에 중성자(中性子)로 전환이 되는 것이며 전자(電子)는 전자(電子)의 길을 걷다가 전자(電子) 자체의 진화가 완성이 되면 음(陰)의 진화에서 양(陽)의 진화의 길을 따르기 때문에 양전자(陽電子)로 전환이 되는 것이다.

※ 영체(靈體)인 영혼(靈魂)의 진화나 고체(固體)의 진화 모두가 양(陽)의 진화는 《밝음》의 진화이며 음(陰)의 진화는 《맑음》의 진화이다. 이러한 《밝음》과 《맑음》의 극치가 하나를 이룬 것이 고열(高熱)과 고압(高壓)을 가진 무색투명한 《기체의 다이아몬드》인 것이다.

1) [다섯 기초 원소]

만물(萬物)의 진화(進化)를 주도하는 주인공이 《석가모니 하나님 부처님》의 《여섯 뿌리의 진공(眞空)》임을 앞장에서 설명 드렸다. 그러나 만물(萬物)의 진화(進化)가 가시적(可視的)으로 드러나는 《반야공(般若空)》의 진화(進化)에서는 만물(萬物)의 씨종자가 되는 중성자(中性子), 양전자(陽電子), 중간자(中間子), 양자(陽子), 전자(電子) 등 다섯 기초 원소가 주인공이 되는 것이다.

이러한 다섯 기초 원소 중 중간자(中間子)는 변환(變換) 과정에 드러나는 기초 원소로써 이를 제외한 넷의 기초 원소 중 중성자(中性子)와 양전자(陽電子)는 정작 진화(進化)의 주인공인 양자(陽子)와 전자(電子)의 진화(進化)를 도와주기 위해 태어난 기초 원소이며 진화(進化)의 주인공은 양자(陽子)와 전자(電子)이다.

이와 같은 진화(進化)의 주인공인 양자(陽子)를 영(靈)이라고 하며 전자(電子)를 영(靈)의 몸(身), 명(命), 혼(魂) 등으로 양자(陽子)인 영(靈)이 처한 입장에 따라 이름이 달라진다. 이러한 양자(陽子)와 전자(電子)는 영체(靈體)의 진화와 고체(固體)의 진화를 하는 무리들 모두에게 진화(進化)의 주인공이 되는 기초 원소이다.

2) [다섯 기초 원소의 진화(進化)]

인간 무리들이나 만물(萬物) 모두의 진화(進化)의 귀결점(歸結点)은 다섯 기초 원소 중 중간자(中間子)를 제외한 넷의 기초 원소인 중성자, 양자, 양전자, 전자이다. 이러한 다섯 기초 원소의 진화(進化)를 완전히 이해하고자 하면 다섯 기초 원소가 처음 어떻게 하여 만들어지나 하는 것을 먼저 이해를 하여야 한다.

다섯 기초 원소가 처음 만들어지는 설명이 바로 오온(五蘊)의 설명이다. 이러한 오온(五蘊)의 뜻말은 『음(陰)의 세계에서 무리들이 서로가 서로를 위하여 모이는 다섯 단계인 색(色), 수(受), 상(相), 행(行), 식(識)』을 말하는 것이다.

《세제일법(世第一法)》의 2합(二合)의 진공(眞空)이 《암흑물질》가벼운 것과 첫 삼합(三合)을 한 것이 《여섯뿌리의 진공(眞空)》임을 말씀드렸다. 이와 같은 《여섯뿌리의 진공(眞空)》 구슬이 《암흑물질》과 양음(陽陰)을 짝을 한 것이 오온(五蘊)의 색(色)의 단계이다.

이러한 색(色)의 단계 구슬이 고온고압이 작용하는 천궁(天宮)으로 끌어들여져 고온고압에 의해 《여섯뿌리진공(眞空)》 구슬에 양음(陽陰) 짝을 하였던 《암흑물질》 개체가 《여섯뿌리진공(眞空)》 구슬에 눌어붙어 공(空)과 하나를 이룬 상태를 『서로가 서로를 받아들여 하나를 이룬다』고 하며 수(受)의 단계로 이름하는 것이며 이때부터는 진공(眞空)에서 공(空)으로 전환이 되었기 때문에《반야공(般若空)》으로 이름한다.『눌어붙었다 함』은 여섯뿌리진공(眞空) 구슬 속에 개체로써《암흑물질》무거운 것이 따로 존재하다가 고온고압에 의해《여섯뿌리진공(眞空)》구슬 속에 개체로써 자리하였던《암흑물질》무거운 것이 녹아 단위 부분으로 진공(眞空) 구슬과 하나를 이루었다는 뜻으로써 이를 공(空)의 양음(陽陰)이라고 한다.

이와 같은 수(受)의 반야공(般若空) 다음 단계에서 공(空)의 음(陰)의 부분인《눌어붙은》암흑물질 개체의 부분이《칼라(color)》를 띠어 형상(形像)을 갖게 되는 단계를《상(相)》의 단계로 이름하며 이러한 상(相)의 단계를 거친 반야공(般若空) 똑같은 것이 셋이 모여 두 번째 삼합(三合)을 하는 단계를《행(行)》의 단계라고 하며 두 번째 삼합(三合)의 결과 개체의 공(空)과 하나가 된 암흑물질이 진화(進化)하여 생명력(生命力)과 color와 분별력(分別力)을 갖춘 후 셋이 모여 하나를 이룬 상태를《식(識)》의 단계로 이름한다. 즉, 두 번째 삼합(三合)의 결과 공(空)과 하나가 된 암흑물질이 상(相)의 단계에서 생긴 color가 더욱 더 선명하게 된 것이다.

이와 같이 하여 탄생한《식(識)》을 현대물리학에서는 소립자 세계의《쿼크》라고 하며 이와 음양(陰陽) 짝을 한 공(空)을《글루볼》이라고 하며 순수한 우리말로써는《쿼크》를《알음》이라고 하며 공(空)을《알이》라고 하여《알음알이》라고 하는 것이다. 이와 같이 탄생한《식(識)》의 단계를 거친《쿼크》를《반야(般若)》라고 하며《글루볼》을 공(空)으로 이름하기 때문에《반야공(空)》이라고 하는 것이다. 즉, 식(識)의 단계는 공(空)에《쿼크》가 1개 color로 자리하는 것이다.

이와 같이 오온(五蘊)의《식(識)》의 단계를 끝낸 반야공(般若空)이 세 번째로 삼합(三合)을 하여 태어난 것이《다섯 기초 원소》이다. 이때의 삼합(三合)은 셋이 모여 하나를 이룬 관계로 공(空)은 커지고《쿼크》는 셋이 되는 것이다. 즉, 오온(五蘊)의 색(色)의 단계에서의 반야공(般若空)은 45종류가 존재하며 행(行)의 단계 삼합(三合)에서 15종류가 되었다가 식(識)의 단계 삼합(三合)에서 5종류로 탄생한 것이다. 이러한 다섯 종류가 중성자(中性子), 양자(陽子), 중간자(中間子), 양전자(陽電子), 전자(電子)가 되는 것이다.

이와 같이 탄생한 다섯 기초 원소의 color에 대하여서는 다음편의 [색광(色光)과 색소광(色素光)] 설명에서 상세히 밝히기로 하고 《촛불》설명을 위해 지금까지 장황하리만치 긴 설명을 하게 되는 것이다.

다섯 기초 원소 중 변환(變換)을 주도하는 중간자(中間子)를 제외한 넷의 기초 원소 중 《양자(陽子)》를 "예"로 들어 말씀을 드리면 양자(陽子)는 《업(up) 쿼크 2》과 《다운(Down) 쿼크 1》로 구성이 되어 《쿼크》가 셋이 있다고 현대 물리학에서 밝히고 있다. 이러한 《쿼크》앞에 붙는 《업(up)과 다운(Down)》은 《양(+)과 음(-)》을 말하는 것으로써 서구식 《양(陽)》《음(陰)》이라는 뜻의 용어이다.

즉, 양자(陽子)는 [(4)번 진화의 법칙]에서 설명된 《양양(陽陽)》의 법칙인 2양(陽) 1음(陰)의 법칙을 따른 것이며 《업 쿼크 1》과 《다운 쿼크 2》로 이루어진 중성자(中性子)는 양음(陽陰)의 법칙인 1양(陽) 2음(陰)의 법칙을 따른 것이다.

즉, 《밝음》의 진화는 양자(陽子)에서 중성자(中性子)로 진화하는 것이며 《맑음》의 진화는 전자(電子)가 양전자(陽電子)로 진화를 하며 항상 양자(陽子)는 전자(電子)와 양음(陽陰) 짝을 하여 진화를 하며 중성자(中性子)는 양전자(陽電子)와 양음(陽陰) 짝을 하여 진화를 하는 것이다.

이러한 진화를 구분하여 정리를 하면 다음과 같다.

ㄱ). 양자(陽子)→중성자(中性子)→반중성자(反中性子)→진성광(眞性光)
　　　　　　　　　　　　(진성(眞性))

ㄴ). 전자(電子)→양전자(陽電子)→진명광(眞命光)
　　　　　　　(진명(眞命))

※ 진성광(眞性光)과 진명광(眞命光)이 양음(陽陰) 짝을 한 것이 《여섯뿌리의 진공(眞空)》이다.

진화(進化)에 대하여 구체적으로 양자(陽子)를 《예》로 들어 구슬에 비유하여 말씀드리면, 처음 양자(陽子) 구슬이 《공(空)》인 글루볼과 《쿼크》가 양음(陽陰) 짝을 하여 양자(陽子) 구슬로 태어났을 때 《공(空)》인 글루볼은 무색(無色) 투명하여 《쿼크》만 선명하게 드러난다. 이러한 양자(陽子) 구슬에서 정보(情報)를 총체적으로 쥐고 있는 쪽은 《공(空)》인 글루볼이며 《쿼크》는 분별력(分別力)만 가진다. 이 때문에 처음 양자(陽子)가 탄생하였을 때는 가진 정보량(情報量)이 없기 때문에 무색투명한 것이다.

이러한 양자(陽子)가 진화를 하는 동안 양자끼리 부딪치면서 정보 교환을 한다. 이때 양자(陽子)가 서로 부딪치면 무색투명한 양자(陽子) 구슬의 표면은 골프공처럼 움푹 들어가는 요철이 생기는 흠집이 생긴다.

이러한 양자(陽子) 구슬의 흠집으로부터 양자(陽子) 구슬 내부로 빛의 육각 고리가 형성이 된다. 이러한 빛의 6각(角) 고리 하나를 《혜(慧)1》이라고 하며 정보(情報)의 공통분모(分母)라고 한다. 이와 같은 정보(情報)의 공통분모(分母)란 10/10을 제(除)하면 1이 된다. 이때의 분자(分子)값 10이 정보량(情報量)이 되며 분자값이 10이 되었을 때 공통분모로 자리한 10이 서로 제(除)하고 나면 1이 남는 것이다. 이러한 1을 정보(情報)의 공통분모로써 《혜(慧)1》이라고 하는 것이다.

이와 같이 진화한 개체의 양자(陽子)가 《혜(慧)》가 쌓일수록 공(空)인 글루볼은 점점 그 형태가 드러나는 것이며 이러한 개체의 양자(陽子)가 혜(慧)를 축적할 수 있는 범위가 《혜(慧)10》이며 《혜(慧)10》이 축적이 되었을 때가 개체의 양자(陽子)로써는 밝음의 완성으로써 정보량(情報量)은 100을 가지는 것이다.

양자(陽子)가 정보체(情報體)라는 것을 현대과학도 밝혀 놓고 있다. 인간의 마음(心)의 근본 뿌리를 《성(性)의 30궁(宮)》이라고 하며 이를 영혼(靈魂)이라고 한다고 밝혀 드렸다. 이와 같은 영혼은 양자24와 전자6으로 《성(性)의 30궁(宮)》을 이루고 있다. 이러한 구조를 가지고 있는 영혼(靈魂)이 지혜(智慧)의 완성을 이루었을 때가 양자(陽子)24가 밝음을 완성한 때로써 이때 양자(陽子)24가 가지는 《혜(慧)》는 《10^{24}》승(乘)이며 전체가 운용할 수 있는 정보량(情報量)은 《10^{48}》승(乘)으로써 천문학적인 정보(情報)를 갖게 되는 것이다.

이와 같은 정보량을 갖는 지혜(智慧)의 완성을 이루었을 때 《쿼크》는 처음 선명한 color에서 진화되어 점점 color가 옅어지고 글루볼인 공(空)은 백색(白色)을 가진 찬란한 옥돌색 여의주로 변화하는 것이다. 개체의 양자(陽子)가 정보량이 쌓일수록 정보량이 미천한 개체의 양자(陽子)들을 마치 하인(下人)을 거느리듯이 하여 부리는 것이다.

오늘날 지상(地上)에 인간 육신을 가지고 태어난 인간들의 영혼(靈魂)을 이루는 양자(陽子)는 100억 년(億年) 진화(進化)의 기간을 가진 것이다. 즉, 조금 전에 태어난 개체의 양자(陽子)와 100억 년 진화의 기간을 거친 개체의 양자(陽子)와의 차이는 하늘과 땅만큼의 정보량 차이를 가지고 있는 것이다. 이러한 점을 깨우치지 못한 현대 물리학자들이 천문학적인 돈을 낭비를 하고 있는 것이다.

설명을 위해 개체의 양자(陽子) 진화를 거론하였으나 개체의 양자(陽子) 스스로는 스스로의 완성을 위해 같은 목적을 가진 양자(陽子)와 결합함으로써 영혼(靈魂)을 이루고 진화(進化)를 하는 것이다. 이렇듯 100억 년(億年)에 걸쳐 진화를 하는 동안 양자(陽子)는 2양1음(二陽一陰)의 법칙을 따르는 것이다.

이와 같이 진화(進化)를 완성한 영혼의 양자(陽子)는 다음 진화를 위해 고온고압이 작용하는 천궁(天宮)으로 들어가서 핵(核)분열과 융합의 과정을 거쳐 중성자(中性子)로 진화하여 태어나는 것이며 양자(陽子)와 양음(陽陰) 짝을 하였던 전자(電子)는 맑음의 진화를 완성하였을 때 인체(人體) 내(內)의 상온에서 핵분열과 융합의 과정을 거침으로써 양전자(陽電子)로 거듭 태어나는 것이다.

이렇게 하여 태어난 중성자(中性子)와 양전자(陽電子)도 양자(陽子)의 "예"에서와 같이 진화의 완성을 위해 오랜 세월을 거치는 것이며 양자(陽子)의 《혜(慧)》10이 되었을 때가 중성자(中性子) 《혜(慧)1》이 되며 개체의 중성자(中性子) 역시 《혜(慧)10》이 진화의 한계점이다.

부처(佛)를 이루었을 때 부처님들은 중성자(中性子) 20에 양전자(陽電子)10으로 불성(佛性)의 30궁(宮)을 이룬다. 이때 부처님께서 가지시는 정보량은 헤아릴 수가 없는 것이다.

《촛불》의 심지 부근에 백색(白色)이 형성된 것은 바로 양자(陽子)의 글루볼 부분으로써 고열(高熱)을 가진 부분임을 아시기 바라며 넷의 기초 원소 진화는 상기 양자(陽子)의 설명과 대동소이함을 이해하시기 바란다.

지금까지 설명된 내용이 넷의 기초 원소 진화의 실상(實相)이 되는 것이다.

(5) 색광(色光)과 색소광(色素光)

색광(色光)과 색소광(色素光) 진화(進化)의 길을 구분하면 다음과 같다.

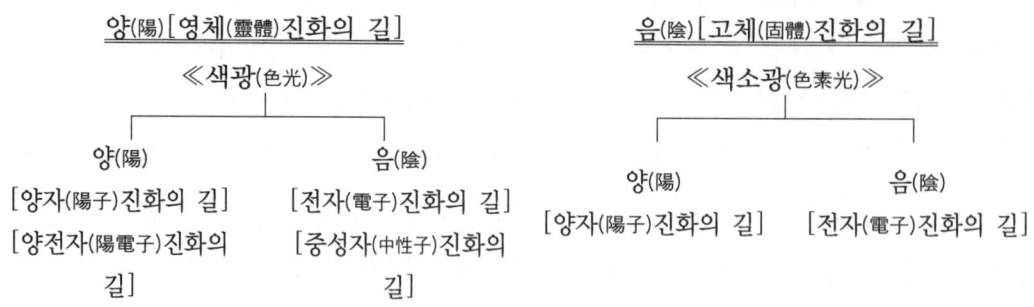

※ 색광(色光)은 영체(靈體)인 영혼(靈魂)의 진화의 길이 되며 색소광(色素光)은 고체(固體)의 진화의 길이 되며 음양(陰陽)의 색소광(色素光)의 결정(結晶)이 황금(黃金)이며 음음(陰陰)의 색소광(色素光) 결정(結晶)이 백금(白金)이 된다.

[(4)번 진화(進化)의 법칙]에서 설명된 양양(陽陽)의 진화의 길을 따르던 양자(陽子)가 지혜(智慧)의 완성을 이루면 양자(陽子) 음(陰)의 부분인 《쿼크》는 진화가 계속될 때마다 color의 색상(色相)이 엷어져서 옥돌색 흰색(白色)으로 변하여 가는 양자(陽子)의 양(陽)의 부분인 《글루볼》에 묻히게 된다. 이렇듯 양자(陽子)의 음(陰)의 부분인 《쿼크》의 color 색상(色相)이 선명할 때가 음양(陰陽)의 《색소광(色素光)》으로 이름하고 color 색상(色相)이 엷어져서 옥돌색 흰색(白色)에 묻혔을 때가 양양(陽陽)의 《색광(色光)》이 된 때이다. 즉, 양자(陽子)는 《밝음》의 진화를 하기 때문에 옥돌색 흰색(白色)으로 진화를 할수록 고열(高熱)을 자체적으로 지니게 된다.

이러한 양자(陽子)가 진화를 마치고 천궁(天宮)으로 끌어들여져 핵분열과 핵융합의 과정을 거쳐 중성자(中性子)로 태어나서 양음(陽陰)의 진화의 길을 따르게 되면 처음에는 중성자(中性子)의 양(陽)의 부분인 《글루볼》은 흰색(白色)을 띠게 되나 양자(陽子)가 완성되었을 때의 옥돌색 흰색(白色) 보다는 강도가 엷은 백색(白色)을 띠게 되며 중성자(中性子)의 음(陰)의 부분인《쿼크》는 양음(陽陰)의 법칙을 따름으로써 《쿼크》의 색상(色相) 역시 옅은 색광(色光)을 가지게 되는 것이다.

이러한 중성자(中性子)도 처음 태어난 후 진화의 과정을 거쳐 진화가 완성 되었을 때 중성자(中性子) 양(陽)의 부분인《글루볼》은 가시적(可視的)으로는 백색(白色)에서 탈피를 하여 무색(無色)을 이루게 되며 음(陰)의 부분인《쿼크》역시 진화가 거듭될 수록 색광(色光)의 color가 점점 희미해져 형체만 남아 무색(無色)을 이룬《글루볼》에 묻히게 되는 것이다. 이렇게 진화를 할수록 중성자(中性子)는 더욱더 높은 고열을 갖게 되는 것이다.

이것이《밝음》의 진화가 양양(陽陽)의 진화에서 양음(陽陰)의 진화의 길로 가는 실상(實相)이다. 즉,《쿼크》는《색소광(色素光)》에서《색광(色光)》으로 진화를 한 후 무색(無色)의 고열(高熱)을 가진 불꽃 없는 불(火)덩어리로 진화를 하는 것이다.

이러한《색광(色光)》과《색소광(色素光)》도 양음(陽陰)이 분리되어 양양(陽陽)의 《색광(色光)》과 음양(陰陽)의《색소광(色素光)》이 양자(陽子) 진화의 몫이 되고 양음(陽陰)의《색광(色光)》과 음음(陰陰)의《색소광(色素光)》이 전자(電子) 진화의 몫이 되며 양음(陽陰)의 색광(色光)이 중성자(中性子) 진화의 몫이 되며 양양(陽陽)의 색광(色光)이 양전자(陽電子) 진화의 몫이 되는 것이다.

양자(陽子)가 처음 태어났을 때 공(空)인《글루볼》이 정보량(情報量)이 없어 무색(無色) 투명하다고 말씀드렸다. 이러한 때를 부처님께서는《무명(無明)》이라고 표현을 하신다. 이러한 양자가 진화를 할 때는 꼭 전자와 양음(陽陰) 짝을 하여 진화를 한다.

이와 같은 사실을 염두에 두시고 이번에는 전자(電子)의 진화를 설명 드리겠다. 전자(電子)의 진화는 양자(陽子)의 진화에 의존하여 진화를 하는 것이 특징이다. 전자(電子)가 처음 탄생하였을 때 전자(電子)의 양(陽)의 부분인《글루볼》은 양자(陽子)의《글루볼》처음 상태와 같이《무색투명》하며 음(陰)의 부분인《쿼크》의 color 색상은 양자(陽子)의《쿼크》처음 color 색상과 양음(陽陰) 짝을 함으로써 양자(陽子) 《쿼크》처음 color 색상보다는 옅은 양음(陽陰)의 색광(色光)의 color를 가진다.

이러한 전자(電子)가 처음 탄생한 후 양자(陽子)와 음양(陰陽) 짝을 하였을 때 지혜

(智慧)가 없는 무명(無明)의 상태 양자의 덕분으로 통제하는 길이 없어짐으로써《맑음》을 가진 전자의 속성상 처음부터《암흑물질》가벼운 것을 자기 욕심껏 끌어들여 전자의《글루볼》이 짙은 청자색(靑紫色, blue(+))로 변화하고 전자(電子)《쿼크》의 색광(色光)의 color는《글루볼》의 색상에 묻혀 버리는 것이다.

　이러한 전자(電子)도 진화를 계속함으로써《글루볼》이 띤 짙은 청자색[(靑紫色), blue(+)]은 옅은 청자색[(靑紫色), blue(−)]으로 변화하고《쿼크》의 색광(色光)의 color로 점점 옅어져서 끝에는 그 형태만 희미하게 남게 되는 것이다.

　이와 같이 하여 최종 진화된 전자(電子)가 양전자(陽電子)로 전환이 되었을 때는 무색(無色) 투명(透明)하나 열(熱)을 가진 형체(形體)로써 나타난 후 진화가 거듭 될수록 무색(無色)의 형태가 사라지면서 투명(透明)함이 극에 달하여 열(熱)과 밝은 빛(明)을 가지게 된다. 이때의 밝은 빛(明)은《환한》밝은 빛(明)을 말하는 것이다. 이러한 양전자(陽電子)를 참 목숨의 근원(根原)으로써 진명(眞命)이라고도 하며 전자(電子)와는 상생(相生)하기도 하며 부딪쳐 쌍소멸을 일으키는 상극(相剋)을 하기도 하는 것이다. <u>중성자(中性子)는 진화가 거듭 될수록 고열을 가진 무색(無色)의 불덩어리로 변화하면서 옅은 백색광(白色光)을 발(發)한다.</u> 이러한 중성자(中性子)와 <u>열(熱)</u>과 환한 <u>밝은 빛(明)</u>을 가진 양전자(陽電子)가 양음(陽陰) 짝을 한 것을 <u>《광명(光明)》</u>이라고도 하는 것이다.

(6) 양자(陽子)와 전자(電子)의 색광(色光)

　[(5)색광(色光)과 색소광(色素光)의] 구분에서 <u>색광(色光)은 양양(陽陽)과 양음(陽陰)으로 구분이 되며</u> [(4)번 진화의 법칙]에서 <u>양자(陽子) 진화의 길은 양양(陽陽)의 2양(陽) 1음(陰)의 법칙을 따르고 전자(電子)는 양음(陽陰)의 1양(陽) 2음(陰)의 법칙을 따른다고 설명되어 있다.</u> 이러한 법칙이 잘 나타나 있는 것이 『현대미술』에서 쓰고 있는 <u>《가법혼색 3원색설》</u>에 잘 나타나 있어 이를 인용하여 설명을 드리겠다.

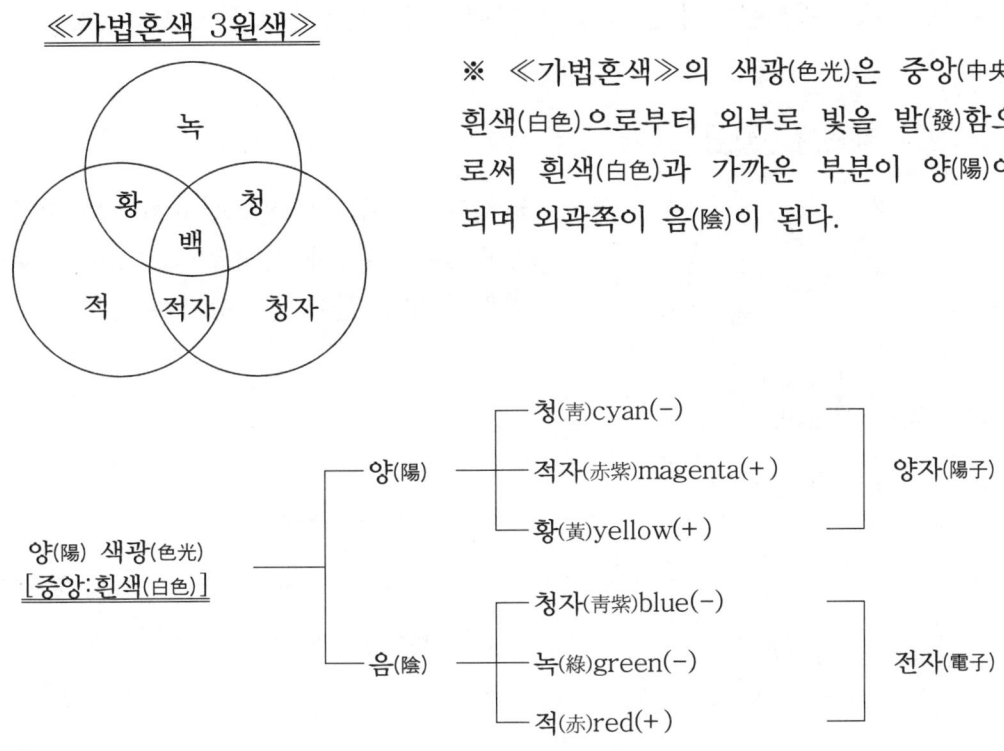

※ 색광(色光)의 양양(陽陽)인 《적자(赤紫)(+)》와 《황(黃)(+)》과 《청(靑)(-)》이 2양(陽) 1음(陰)의 법칙을 갖춘 양자(陽子) 《쿼크》의 color로써 《촛불》 내부의 color이며 색광(色光)의 양음(陽陰)인 《적(赤)(+)》과 《녹(綠)(-)》과 《청자(靑紫)(-)》가 1양(陽) 2음의 법칙을 갖춘 전자(電子) 《쿼크》의 color로써 《촛불》 외부의 color가 된다.

(7) 양자(陽子)와 전자(電子)의 색소광(色素光)

[(5) 색광(色光)과 색소광(色素光)의 구분]에서 색소광(色素光)도 음양(陰陽)과 음음(陰陰)으로 구분이 되며 [(4) 진화의 법칙]에서 양자(陽子) 진화의 길은 음양(陰陽)의 2양(陽) 1음(陰) 법칙을 따르고 전자(電子)는 음음(陰陰)의 1양(陽) 2음(陰)의 법칙을 따른다고 되어 있다. 이러한 법칙이 잘 나타나 있는 것이 『현대미술』에서 쓰고 있

는 《감법혼색 3원색설》에 잘 나타나 있어 이를 인용하여 설명 드리겠다.

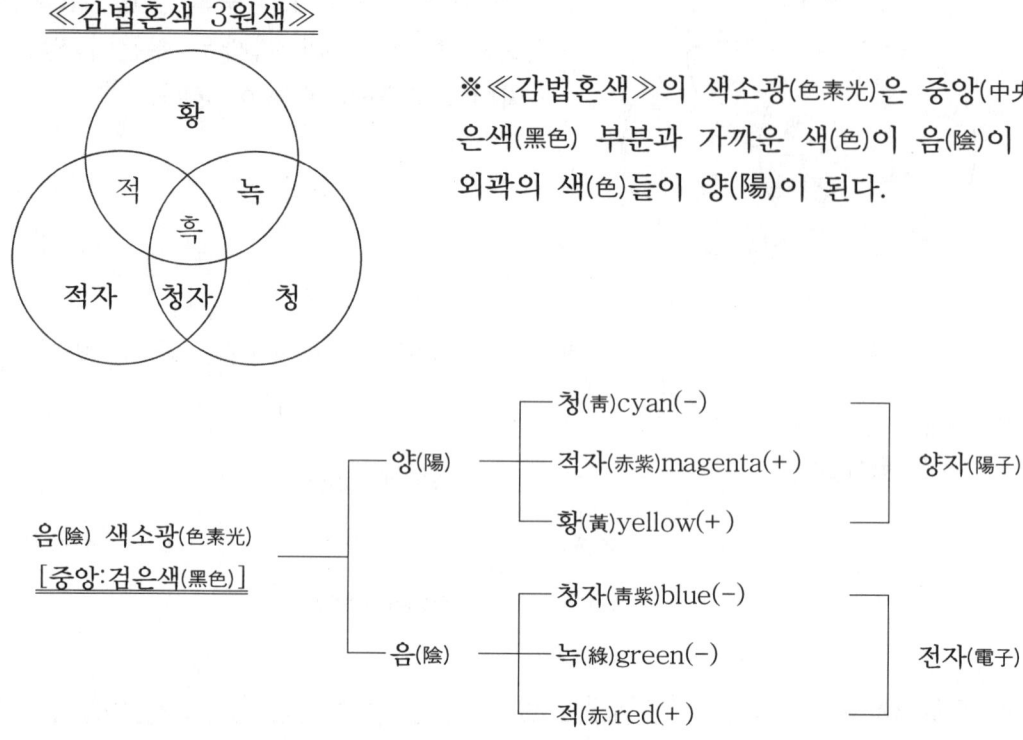

※ 색소광(色素光)의 음양(陰陽)인 《적자(赤紫)(+)》와 《황(黃)(+)》과 《청(靑)(-)》은 2양(陽) 1음(陰)의 법칙을 갖춘 양자(陽子) 《쿼크》의 color이며 색소광(色素光)의 음음(陰陰)인 《적(赤)(+)》과 《녹(綠)(-)》과 《청자(靑紫)(-)》가 1양(陽) 2음(陰)의 법칙을 갖춘 전자(電子) 《쿼크》의 color가 된다.

(8) 촛불의 의미

상온에서 고형(固形)을 이루는 동물성 지방(脂肪)에 무명 등의 심지를 삽입하여 만든 것이 양초이며 이러한 양초의 심지에 불(火)을 밝힌 것이 촛불이다. 양초의 심지에 불을 밝혔을 때 양초가 녹아 모세관 현상에 의해 심지의 끝 부분에서 기화(氣化)하고 그것이 연소해서 탄소(C)가 따로 떨어져 일부는 발광(發光)을 하며 일부는 《탄산가스》가 되어 열(熱)과 함께 공간(空間)으로 흩어지는 것이다. 이러한 작용에 있어서 발광(發光)을 하는 것이 《색광(色光)》이며 《탄산가스》가 되어 열(熱)과 함께 공간(空間)으로 흩어지는 것이 《색소광(色素光)》이다.

탄소순환은 양자(陽子)6과 전자(電子)6이 양음(陽陰) 짝을 하여 주도를 한다. 이러한 탄소순환에서 색광(色光)은 양자(陽子)6과 전자(電子)6중 양(陽)의 양자(陽子)3과 전자(電子)3이 6.6구조에서 3.3 구조로 떨어져 나와 양자(陽子)3과 전자(電子)3의 《글루볼》은 고열(高熱)을 지닌 채 촛불의 검은 심지 부근에 백색(白色)을 띠며 자리하고 먼저 전자(電子)3의 《쿼크》가 고열(高熱)에 의해 불타면서 [6번 양자(陽子)와 전자(電子)의 색광(色光)]편에 나타난 《양음(陽陰)》의 색광(色光)을 발생시키고 다음으로 양자(陽子)3의 《쿼크》가 고열(高熱)에 의해 불타면서 《양(陽)의 색광(色光)》중 《양양(陽陽)》의 색광(色光)을 발생시키는 것이다.

즉, 발광(發光)의 순서는 촛불의 검은 심지 부근에 고열(高熱)을 가진 백색(白色)이 자리하고 양음(陽陰)의 전자(電子) 《쿼크》가 고열(高熱)에 의해 불타면서 《양음(陽陰)》의 색광(色光)이 촛불 외곽에 자리하게 하고 다음으로 《양양(陽陽)》의 양자(陽子) 《쿼크》가 고열(高熱)에 의해 불타면서 촛불 내부(內部)에 고열(高熱)을 가진 백색(白色) 다음으로 2양1음의 법칙을 가진 《청(靑) cyan(-)》, 《적자(赤紫)(+)》, 《황(黃) yellow(+)》의 순서로 color가 자리하여 발광(發光)을 하기 때문에 이를 색광(色光)이라고 하는 것이다.

탄소순환을 주도하는 양자(陽子)6과 전자(電子)6에 있어서 색광(色光)으로 빠져나간 양(陽)의 양자(陽子)3과 전자(電子)3을 제외한 색소광(色素光)의 음(陰)의 양자(陽子)3과 전자(電子)3은 촛불의 검은 심지로부터 열(熱)을 가진 채 《탄산가스》가 되어 공간(空間)으로 빠져 나오는 것이다.

이러한 색소광(色素光)이 한곳에 모이면 검은색(黑色)을 가지며 이후 《탄소순환》의 길에 들어가는 것이다. 이와 같은 작용을 하는 《촛불》의 검은 심지 부분을 《영실(靈室)》이라고 하며 《화탕지옥》이 연출되는 곳으로써 우주간에는 이러한 《화탕지옥》이 곳곳에 연출이 되며, 이와 같은《화탕지옥》가운데서 붉은 불덩어리가 표출되는 장면이《허블》망원경에 종종 포착이 되는 것이다.

　이러한 검붉은 불덩어리가 양자(陽子)와 전자(電子)가 대량 생산되어 검붉은 불덩어리로 나타나는 것이며 색소광(色素光)의 주인공들인《탄산가스》가 탄소순환의 과정에서 그 동안의 정보(情報)를 천상(天上)뿐만 아니라 우주간(宇宙間)에 머물고 있는 모든 마왕(魔王)들에게 정보(情報) 전달을 한 후 다시 지구 대기권으로 들어와서 구름이 되어 인연 있는 곳에서 비(雨)가 되어 내리게 되면 식물들이 수분을 흡수할 때 식물들에 끌어들여 지게 되면 식물들은 여러분들이 잘 아는《탄소동화작용》을 하게 된다.

　이러한 과정에 색소광(色素光)을 지닌 탄소는 햇빛을 끌어들여《광합성(光合成)》작용을 함으로써 새로운 색광(色光)을 만든 후 색광(色光)과 색소광(色素光)이 양음(陽陰) 짝을 함으로써 온전한 탄소순환을 하는 탄소로 태어난 후 인연 있는 물질들을 끌어들여《탄수화물》로 거듭 태어나는 것이다.

　분명히 밝히는 바는 색소광(色素光)을 지닌 탄소로써는 결실인《탄수화물》을 만들 수 없고 색광(色光)을 지닌 탄소와 양음(陽陰) 짝을 하여 온전한 탄소로 태어났을 때 생명력(生命力)을 가진 결실을 거둘 수 있음을 알아야 하며《탄소동화작용》이 곧 색소광(色素光)이 그 짝이 되는 색광(色光)을 만드는《광합성(光合成)》작용이며 색광(色光)과 색소광(色素光)이 양음(陽陰) 짝을 하였을 때 생명력(生命力)을 지니고 다른 물질과 합성을 함으로써《탄수화물》의 결실을 갖게 되는 점을 지나쳐서는 안되는 것이다. 이러한 작용을 식물들이 하는 것이며 이와 같이 생산된《탄수화물》을 인간 및 동물들이 섭취를 하는 것이다.

　한편, 영체(靈體)의 진화를 하는 양(陽)의 색광(色光)과 색소광(色素光)의 진화에서 촛불의 설명에서 보듯이 광합성(光合成) 작용으로 색광(色光)을 만들지 못하는 색소광(色素光)은 고체(固體)의 진화를 하는 음(陰)의 색광(色光)과 색소광(色素光) 진화(進化)의 길을 걸어야 하는 것이다.

　이렇듯《촛불》에 깃들어져 있는 진리(眞理)는 실로 엄청난 것이다. 이러한《촛불》을 인간들이 밝히는 목적은 첫째 가시적(可視的)인 어둠을 밝히는 목적과 둘째가 기원(祈願)이다. 기원(祈願)은 《신앙》의 대상인 신(神)들이다. 불(佛), 보살(菩薩)들에게 소원을 비는 것과 종교 행사의 예식 및 예불이 모두 이 범주에 들어간다.

(9) 촛불 집회(集會)에 대하여

순수하지 못한 무리들이 그들이 목적하는 바를 달성하기 위해 선동하여 벌리고 있는 촛불 집회가 이 나라 모든 백성들의 정신(情神)을 썩고 부패하게 하며 육신적(肉身的)으로는 심한 고통을 주는 악성 종양과 치매, 중풍 등 모든 악성 질병을 부르게 하며, 장기적으로는 남한 백성 모두를 거세함으로써 한민족(韓民族) 구성원 중 인연(因緣)이 다한 북한(北韓)을 옹호하는 《대마왕》들이 남한(南韓) 사회에 뿌리 내리고 살고 있는 《중소마왕》들을 세뇌시켜 지시한 마지막 카드가 《촛불 집회》이다.

이러한 촛불 집회를 자유(自由)라는 이름으로 비호하는 지도자 무리들마저 있는 한심한 행동이 연출되고 있는 지금의 때에 《천상(天上)》에서는 촛불 집회의 해악(害惡)에 대해 전혀 눈치를 채지 못하는 모든 백성들을 일깨우기 위해 《미륵부처님》으로 하여금 이를 알리도록 결정을 함으로써 《미륵부처님》께서는 촛불에 담겨 있는 진리(眞理)를 깨우침의 목적으로 소상히 밝힘과 아울러 집회는 그대들 말대로 자유이나 신성(神聖)한 뜻을 지닌 촛불을 집회에 동원하는 일은 옳지 못하기 때문에 이 장을 진행하는 것이다.

촛불 집회의 목적은 크게 세 구분 할 수가 있다. 첫째가 선동이며 둘째가 목적달성이며 셋째가 소원성취이다. 이러한 촛불 집회의 목적이 천상(天上)에서 볼 때는 《욕망(慾望)》에 찌든 《이기심(利己心)》으로 점철되어 있다.

이러한 촛불 집회에서 사용되는 촛불의 색광(色光)의 양자(陽子)와 전자(電子)는 상대적인 색소광(色素光)의 양자(陽子)와 전자(電子)보다는 진화(進化)가 된 양자(陽子)와 전자(電子)가 되며 진화가 덜 된 쪽이 색소광(色素光)의 양자(陽子)와 전자(電子)이다. 이와 같은 양자(陽子)와 전자(電子)가 《정보체(情報體)》임을 현대(現代) 물리학(物理學)도 속 시원히 밝혀 놓고 있음을 말씀드렸다.

촛불 색소광(色素光)의 양자(陽子)와 전자(電子)는 《이산화탄소(탄산가스)》가 되어 열(熱)과 함께 공간(空間)으로 빠져 나온다고 [(8)번 촛불의 의미]에서 설명을 드렸다. 이렇듯 《이산화탄소》가 되어 공간(空間)으로 나오게 되는 양자(陽子)와 전자(電子)는 촛불을 들고 시위를 하는 욕망(慾望)에 찌든 《이기심(利己心)》에 대한 정보(情報)를 가득 담고 공간(空間)으로 나온 후 《신(神)》들의 세계나 《천상》에 정보(情報)를 전달하는 것이다.

《대마왕》들의 하수인들인 《중소마왕》들이 세뇌되어 그들의 목적을 《신(神)》들이나 한 때 천상에 포진하였던 《초특급 대마왕》들에게 그들의 뜻을 전하고 목적 달성을 위해 촛불 시위를 획책한 근본 뜻이 여기에 있는 것이다. 이렇듯 정보 전달을 받은 《초특급 대마왕》들은 시위를 획책한 무리들의 뜻하는 바가 이루어질 수 있도록 한 것이다.

그러나 《초특급 대마왕》들이나 수하의 《대마왕》들에 의한 우주(宇宙) 정복의 전모가 드러난 후 《미륵부처님》에 의해 이들 《초특급 대마왕》들과 《대마왕》들과 이들의 하수인들인 《중간급 마왕》들이 차례로 처단이 된 후에도 이러한 사실을 모르는 세뇌된 《소마왕》들이 촛불 집회를 계속함으로써 이들의 뜻이 고스란히 《천상(天上)》에 드러나게 된 것이다.

많은 군중들이 그들의 뜻 전달을 위해 촛불을 밝히게 되면 여러분들은 선뜻 이해를 하지 못할지 모르나 《천상(天上)》은 중생(衆生)들의 바램을 외면하지 못하고 조용히 꼭 움직이게 되어 있는 것이 이치이다. 이러한 가운데 뜻 전달을 받은 《천상(天上)》으로써는 그들의 뜻을 세밀히 분석을 한 후 다음 조치를 취하는 것이다.

이러한 가운데 촛불 시위자들이 전하는 정보내용은 《이기심(利己心)》에 찬 내용으로써 인간들이 다른 방법을 통해 해결할 수 있는 내용들로써 한마디로 말하면 그들만의 주장이 최상이니 들어 달라는 생떼에 지나지 않는 것을 보고 전반적인 남한(南韓) 백성들의 정신 상태를 분석하여 본 결과 지구상에서 제일 많이 썩고 부패한 정신을 가진 인간 무리들임을 발견하고 천상(天上)에서 내린 조치가 먼저 우주간(宇宙間)에서 제일 큰 복(大福)을 받을 수 있는 남한(南韓) 백성들에게 그들의 의식을 일깨워 건전한 정신(情神)을 갖게 하는 것이 우선이므로 이로써 경각심을 가지게 하기 위해 터진 것이 최근의 《천안함》 사태이다. 즉, 촛불시위에 대한 《천상(天上)》의 답이 《천안함》 사태인 것이다.

　《초특급 대마왕》들과 그들의 하수인인 《대마왕》들과 《중간급》마왕들의 영혼들이 모두 사라진 지금의 때 이후의 순수하지 못한 《촛불 시위》는 곧바로 천상(天上)으로부터 촛불 시위를 하는 무리들에게 《재앙(災殃)》으로써 다스린다는 점을 깊이 인식하기 바란다.

　《천상(天上)》에 정보(情報) 전달을 한 색소광(色素光)의 양자(陽子)와 전자(電子)로 이루어진 《이산화탄소》의 양자(陽子)와 전자(電子)는 정보 전달을 한 후 스스로는 정보(情報)의 공통분모(分母)인 《혜(慧)》를 가지고 지구상의 대기권으로 들어와서 바람과 구름이 되어 떠돌다가 그가 태어난 산하로 와서 비(雨)가 되어 땅으로 스며들거나 머물게 되는 것이다.

　일반적으로 목적 없이 발생한 《이산화탄소》와는 달리 《정보(情報)》로 인해 정보의 공통분모(分母)인 《혜(慧)》를 가진 《이산화탄소》의 《귀소 본능》은 철칙으로 되어 있다. 이러한 철칙을 이용한 것이 음력 정월(正月) 대보름의 《달집 태우기》이다.

　이렇듯 《혜(慧)》를 가진 《이산화탄소》가 비(雨)가 되어 내린 이후 땅으로 스며들게 되면 식물(植物)들이 공급을 받아 뿌리에 자리하게 한 후 광합성(光合成) 작용으로 색광(色光)을 만들어 뿌리에 내려보내 색소광(色素光)으로 이루어진 《이산화탄소》와 양음(陽陰) 짝을 함으로써 색광(色光)과 색소광(色素光)이 하나된 영체의 진화의 길을 걷는 생명력(生命力)을 가진 완전한 탄소(C)로 태어나서 토양 속에 있는 다른 물질인 《영양분》을 끌어들이고 《광합성》작용을 계속함으로써 식물은 자라고 결실을 맺게 되는 것이다.

　이와 같은 설명에 있어서 중요한 것이 이렇듯 촛불 집회와 같은 순수하지 못한 목적을 가진 《이산화탄소》로 인해 살찌워진 식물과 결실에는 여러분들이 일반적으로 이야기하는 병해충(病害蟲)이 만연한다는 사실이다. 여러분들이 볼 때는 《병해충》이 되나 이들도 음(陰)의 세계에서 진화(進化)하는 주인공들로서 이들이 순수하지 못한 목적으로 만들어진 《이산화탄소》가 지닌 《혜(慧)》를 이들이 가짐으로써

《신(神)》의 세계로 진화를 할 수가 있기 때문에 사정없이 그러한 식물에 달려들어 식물 및 그 결실을 고사시키거나 못쓰게 만드는 것이다. 이것이 자연(自然)의 섭리이다. 즉, 순수한 식물이나 그 결실에는 절대 병해충이 달려 붙지를 않는 것이다.

이와 같이 병해충이 만연하게 되면 다음으로 농사를 짓는 농부들의 《이기심(利己心)》이 작용을 하여 병해충을 퇴치하기 위해 독한 농약을 사용하는 것이다. 이렇게 하여 생산된 식물과 그 결실인 농작물들이 여러분들의 식탁에 놓이게 되면 여러분들은 이를 먹고 영양분을 공급 받아 하루를 살아가는 것이다. 그렇지 않아도 오염된 물(水)과 공해로 인해 인간 육신(肉身)의 혈액이 탁하여지고 인체가 가진 수분이 탁하여짐으로써 기(氣)가 탁하여진 상태에서 상기 말씀드린 병해충으로 인해 농약이 많이 함유된 옳지 못한 《혜(慧)》를 지닌 농작물에서 영양 공급을 받게 되면 이 《혜(慧)》를 지닌 양자(陽子)와 전자(電子)가 인간 육신(肉身)의 속성(屬性)으로 불리우는 《유전자 4만 개》로 주로 자리하여 인체(人體) 내(內)에서 악성 종양 및 각종 질병을 이들이 주도하여 만드는 것이다. 즉, 이들이 인간 정신을 썩게 하고 이들이 자리한 인간들이 탐욕과 이기심(利己心)에 찌들어 사회를 혼탁하게 하고 그 육신들은 악성 질병들로 고통을 받다가 생(生)을 마감하게 되는 것이다.

이것이 촛불 집회를 가르친 《특급 대마왕》들이 노린 남한 사회를 살아가는 백성들을 부패시켜 종국에는 그들이 바라는 남한 땅의 정복 목적이 실현된 후 남한 백성들 대부분을 거세하고자 하는 가공할 책략인 것이다.

또 하나 옳지 못한 《혜(慧)》를 지닌 양자(陽子)와 전자(電子)는 식물의 성장 과정이나 결실기에 들어오는 순수한 양자(陽子)와 전자(電子)들을 하수인으로 거느리다가 결국은 자기들이 가진 정보(情報)의 공통분모로써 새로운 옳지 못한 정보(情報)를 만들어 그들에게 옳지 못한 정보를 전달함으로써 인체뿐만 아니라 식물과 그 결실물 전체도 오염을 시키게 되는 것이다.

이렇듯 탐욕스러운 인간들의 염(念)과 이기심(利己心)에 찬 농약 등의 정보를 지닌 식물과 그 결실인 곡물을 소, 돼지, 닭 등 가축들이 먹고 성장하는 가운데 이번에는 음(陰)의 세계에서 진화한 해충(害蟲)들이 육안(肉眼)으로 드러나지 않은 세균으로 진화를 한 후 가축들을 공격하는 것이다.

음(陰)의 세계 진화의 종착지가 《신(神)》들이다. 즉, 《신(神)》을 이루기 직전의 진화의 상태가 여러분들이 말하는 《바이러스》요, 각종 《세균(細菌)》이다. 전염성이 강한 이러한 바이러스와 세균도 가축을 처음 공격할 때 꼭 탐욕스러운 인간들의 염(念)의 정보와 이기심에 찬 농약 등의 정보를 지닌 식물과 곡물을 먹고 자란 가축들을 대상으로 하여 공격한다는 사실을 인간들은 깨달아야 하는 것이다.

이러한 공격으로부터 감염된 수많은 가축들이 땅 속으로 매몰 처분되는 사실을 그대들은 잘 알 것이다. 문제는 여기에 머물지 않는다는 사실이다. 가축들 다음으로 거의 《신(神)》에 가까운 진화(進化)를 한 미세한 세균(細菌)들의 다음 공격의 대상이 탐욕스러운 인간들의 염(念)과 이기심(利己心)에 찬 농약 등에 대한 정보를 가득 가진 식물과 곡물 등을 섭취한 인간(人間)들이다.

인간들을 직접 공격할 당체를 《신(神)》에 가까운 《세균》이라는 표현을 한 것이나 이미 이들은 인간 과학 문명으로도 손을 댈 수 없을 정도로 《기화(氣化)》하여 있다. 이렇듯 《신(神)》에 가까운 《기화(氣化)》한 당체가 인간들을 공격할 때에는 인간들 손으로 오염된 가축들을 땅 속으로 매몰처분 하듯이 인간들 역시 이러한 재앙(災殃)을 피할 수가 없게 된다. 촛불시위로 인하여 만들어내는 탐욕의 정보를 가진 양자(陽子)와 전자(電子)로 이루어진 《이산화탄소》의 양산은 《농심(農心)》에 기름 붓는 꼴이 되어 인류들을 공멸로 이끄는 무서운 행동이 되는 것이다.

자연 발생적인 《이산화탄소》는 순리(順理)를 따름으로써 인간들에게 유익한 존재가 되나 이 역시 과다하면 재앙(災殃)을 만들게 되기 때문에 이를 줄이려고 하는 노력은 당연한 처사이며 공해는 인간들이 노력하면 상당히 줄일 수가 있다. 그러나 탐욕의 정보를 내재한 《이산화탄소》는 향후 인간들을 공격할 《기화(氣化)》한 당체들의 근본 에너지원(原)이 되기 때문에 촛불 시위의 싹을 자르고 농심(農心)을 살리면 인류 공멸의 파국은 면할 수가 있는 것이다.

이 글을 쓰고 있는 필자의 주위로 향후 인간들을 공격할 《기화(氣化)》한 당체들이 몰려와 이틀간을 괴롭히고 있다. 이들의 범위를 대략 셈하여 보니 많은 수의 인간들을 살상할 수 있는 엄청난 양(量)이다. 때늦은 감이 있으나 《기화(氣化)》한 당체들의 에너지원을 차단을 하면 많은 인간들을 구원하여 《아리랑 고개》를 넘을 수가 있기 때문에 지금까지 장황하게 촛불에 대한 진리(眞理)를 밝힌 것이다.

　《초특급 대마왕》들과 하수인들인 《대마왕》들과 세뇌된 《중소마왕》들이 가진 《좌익사상》이 선동과 목적 달성을 위해 벌린 촛불시위의 폐단이 이렇듯 엄청난 결과를 가져오며 아무것도 모르는 자들이 이들에 의해 영향받아 어느덧 《좌익사상》을 갖게 된 수많은 백성들 그대들 목숨마저 가축들이 땅 속으로 매몰 당하듯이 한다는 사실을 천상(天上)에서 일깨워 드리는 것이니, 지난날의 잘못을 뉘우치고 사상이든 종교이든 모든 거추장스러운 것을 벗어 던지고 고요히 석가모니 하나님 부처님을 불러 참회함으로써 스스로의 업장을 청소하고 《미륵부처님》의 당부를 따랐을 때 그대들은 무량대복(無量大福)을 받는 백성들로 거듭날 수 있음을 분명히 밝히는 바이다.

　또한 이와 같이 오염된 음식물을 먹음으로써 탁(濁)한 기(氣)와 혈액(血液)을 가진 자라나는 그대들 자녀들이 《초등학교》와 《중학교》에서 이미 잘못된 것을 가르치는 일부 교사들에 의해 《좌익사상》이 뿌리 내리게 되고, 《고등학교》과정과 《대학과정》에서 가르치는 일부 교사들에 의해 불평불만과 함께 선동과 분열을 배우게 됨으로써 《좌익사상》이 급속도로 남한사회에 퍼졌음을 지적하는 바이니, 모든 부모(父母)들께서는 내 자식만 훌륭히 되면 된다는 《이기(利己)》적인 교육을 시키시지 말고 먼저 인간도(人間道)를 충실히 공부시키는 것이 자라는 자녀들의 먼 장래의 삶에 큰 도움이 됨을 일깨워 드리는 바이며, 잘못된 사상을 주입시키는 일부 교사들의 자유만 지켜주지 마시고 이들의 가르침을 거부하는 자유도 바로 찾으시기를 당부 드리며 우주(宇宙) 진화적(進化的)인 진리(眞理)로 볼 때 《좌익사상》은 인간의 올바른 진화(進化)를 방해하는 독버섯과 같은 존재로써 청산시켜야 할 첫 번째 대상임을 분명히 하며 이의 청산을 위해 《좌익사상》을 가진 영혼들을 《무간지옥》으로 보내는 것이다.

　즉, 《좌익사상》은 파멸만 몰고 온다는 점을 분명히 하며 촛불 시위가 핵(核)폭탄 서너 개를 터뜨리는 것보다 더 위협적인 행위라는 점을 깊이 인식 하시기를 당부 드리며 촛불 시위에 대한 진리(眞理)의 설명을 모두 마치도록 하겠다. 부디 《미륵부처님》의 충고를 받아 들이셔서 무사히 《아리랑 고개》를 넘어가시기를 기원 드리면서 글을 끝맺겠다.

나무 석가모니불(佛)
나무 석가모니불(佛)
나무 시아본사 석가모니불(佛)

서기 2010년 양(陽) 7월 24일
金 鉉 斗 拜

※ 알려드림

　지금까지 진행된 제1장 [묘법연화경]해설에 앞선 이해를 돕기 위한 강의와 제2장 천상의 음모와 태극기는 《과정》이며, 제3장 문명의 종말의 실상은 《결과》이다. 즉, 제1장과 제2장은 시간 차이를 두고 집필된 관계로 집필 당시까지의 모든 상황을 진리에 입각하여 집필이 된 것이다.

　이러한 집필이 북반구 문명 마지막을 결산하기 위한 《천상(天上)》의 급격한 변동으로 인하여 제3장에서는 먼저 집필된 일부 내용들이 뒤엎어지는 《결과》로 나타나는 경우가 있으니 혼란 없이 받아들이시기를 먼저 양해 구하고, 제3장 문명의 종말의 실상을 밝히는 것이니 참고하시기 바란다. 그리고 지금까지 《김현두(金鉉斗)》이름으로 출간된 모든 책들에 기록된 내용들이 책의 출간 시점 당시 기록과 시간이 흐른 후 일부 달라지는 내용으로 기록되는 경우가 가끔 발생하게 되는데, 이는 《우주적》 대격변기를 겪음으로써 나타나는 현상임을 알려 드리고 항상 뒤편의 기록이 정확함을 알려 드리는 바이다.

　《우주적》태풍과 같은 격동기가 《지상》의 불기 2554년 음(陰) 9월 20일, 양력 서기 2010년 10월 27일로서 끝이 난 관계로 변동된 내용들을 일일이 수정을 하는 것이 마땅하나, 현실적으로 어려움이 따르므로 먼저 변동 이유를 알려 드리는 것이니 참고하시기 바란다.

[미륵불(佛)]

제3장
미륵부처님께서 전하시는 문명(文明)의 종말(終末)의 실상(實相)

1. 미륵부처님께서 전하시는 말씀

《개천 이전》정명궁과 진명궁에 의해《다섯 기초 원소》가 만들어지고 이후 복합 원소가 만들어져 물질(物質)이 탄생하였다고 설명 드린 적이 있다. 이와 같은 과정 설명을 더 상세하게 설명 드려야 할 때가 온 것 같아《개천 이전》《정명궁》이《다섯 기초 원소》를 만들 때를 다시 상세히 설명 드리면 다음과 같다.

《개천 이전》《정명궁》은 이합의《세제일법》의 진공(眞空)으로 이루어진《천궁(天宮)》임을 밝혀 드렸다. 이러한《천궁》이 작용을 할 때를 상세히 말씀드리면, 법공 외곽으로부터 대공 내로 분출되었던《양의 여섯뿌리》진공과《암흑물질》이 양음(陽陰)짝을 한 오온(五蘊)의《색(色)》의 단계《반야공》과《암흑물질》이 함께《정명궁》《천궁》으로 끌어들여 져서,《암흑물질》은《천궁》속에서《음(陰)의 여섯뿌리》진공과《양(陽)의 여섯뿌리》진공으로 태어나게 된다.

이렇게 하여 태어난《음(陰)의 여섯뿌리》진공은 일부의《양(陽)의 여섯뿌리》진공과 함께《천궁》의 상극작용에 의해《천궁》바깥으로 내어 보내진 이후《음(陰)의 여섯뿌리》진공은《대공(大空)》의 경계와 계합하고, 일부의《양(陽)의 여섯뿌리》진공은 암흑물질 가벼운 것과 결합함으로써 처음 대공 내(大空內)로 분출되었던《양(陽)의 여섯뿌리》진공보다는 법성(法性)이 상대적으로 어두운《양(陽)의 여섯뿌리》진공이 되어 암흑물질과 양음(陽陰)짝을 하여 재차《천궁》으로 끌어들여 지게 된다.

한편,《천궁》으로 끌어들여진 처음 대공 내(大空內)로 분출되었던《양(陽)의 여섯뿌리》진공과 암흑물질이 양음(陽陰)짝을 하여 오온의《색(色)》의 단계《반야공》들이 되어, 오온의 나머지 단계를 거치고《다섯 기초 원소》로 탄생이 되어,《중성자》와《양전자》와《양자》는 천궁(天宮)의 핵(核)을 이루고《중간자》와《전자》는《천궁》의 상극작용에 의해《천궁》바깥으로 내어 보내지게 되는 것이다.

　이러한 일이 일어나는 동안《천궁》내에서 만들어졌던 일부의《양(陽)의 여섯뿌리》진공은《천궁》으로 계속 끌어들여 지는《암흑물질》과 양음(陽陰) 짝을 하여《오온》의《색(色)》의 단계《반야공》이 된 후, 먼저 끌어들여 진《반야공》들과 같이《오온》의 다음 단계를 모두 겪고《다섯 기초 원소》로 탄생이 된다.

　이렇게 하여 탄생된《다섯 기초 원소》중《중성자》와《양전자》와《양자》는《천궁》의 핵(核)과 계합하고《중간자》와《전자》는《천궁》의 상극작용에 의해《천궁》바깥으로 내어 보내지게 된다.

　이러한 이후《천궁》으로 재차 끌어들여 진《법성》이 상대적으로 어두워진《양(陽)의 여섯뿌리》진공과 암흑물질이 양음(陽陰)짝을 하여《오온》의《색(色)》의 단계《반야공》을 이룬 이후, 이들도《오온》의 나머지 단계를 겪고《다섯 기초 원소》로 탄생이 된 후,《중성자》와《양전자》와《양자》등 셋은 천궁(天宮)의 핵(核)을 둘러싸 천궁(天宮)의 표면으로 자리하고《중간자》와《전자》는《천궁》바깥으로 내어 보내지게 되는 것이다.

　이렇게 상세하게 설명을 재차하게 되는 근본 이유는 지금까지 진화의 주인공은《양자》와《전자》임을 여러 차례 밝혀 왔다. 이러한 주인공 중에서도 주인공 노릇을 하는 원소가《양자》이며 이를《영(靈)》이라고 하며 현대과학에서는《정보체(情報體)》로 이름한다고 여러 번 밝혀 드린 것이다. 때문에 이러한《양자(陽子)》가 처음 탄생하게 되는 과정을 이해시키기 위해 재차 설명을 드리는 것이다.

　이렇듯 정명궁 천궁 내에서 만들어지는 양자가 셋의 경우를 가지게 되는데, 제일 처음 만들어져 천궁(天宮) 핵(核)을 이룬 양자(陽子)들이《개천 이전》에는《보살승》의 진화의 길을 걷고, 두 번째 만들어진 천궁(天宮) 핵(核)을 둘러싼《양자》들이《성문승》진화의 길을 걷게 되며, 세 번째 만들어져서《천궁》의 표면을 이루게 되는《양자》들이《아수라》의 진화의 길을 걷게 되는 것이다.

한편,《천궁》바깥으로 내어 보내진《중간자》와《전자》에 있어서《중간자》는 《정명궁(正明宮)》《천궁》이 만든 36궁(宮)의 공간(空間)에서 시차를 두고《성격》이 각각 다른 3종류의《양자》로 진화(進化)를 한다.

이러한 세 종류의《양자》중 처음 진화를 마친《양자》가《연각승》의 진화의 길을 걷고, 두 번째 진화를 마친《양자》가《그림자 연각승》과《그림자 독각승》의 진화의 길을 걷게 되며, 세 번째 진화를 마친《양자》가《독각》진화의 길을 걸음으로써《정명궁》《천궁》의 작용으로 만들어지는《양자》는《2쌍》의《세 쌍둥이》들로서《여섯의 양자》들로 탄생하는 것이다. 이를 두고《그리스 신화》에서는《2쌍의 세 쌍둥이》괴물로 표현을 하고 있는 것이다.

이러한《양자》탄생에 있어서《정명궁》《천궁》이 세 번째로 만든《아수라》의 진화의 길을 걷는《양자》를 그리스 신화에서는《외눈박이 거인》《키클로패스》라고 이름하고,《천궁》바깥의 공간(空間)에서 두 번째 진화를 마친《양자》중《그림자 독각승》의 진화를 하는《양자》를 『손이 100개』달린 거인《헤가이톤케이르》라고 이름하고 있는 것이다.

이와 같이《정명궁》《천궁》바깥의《공간(空間)》에서《중간자》가 진화하여 만들어진《셋의 양자》들은 이후 진화를 하면서 그들이《공간(空間)》에서 스스로 진화를 한 탓에 태어나면서부터《법신》이나《육신》에 대한 강한 집착을 갖게 된 것이다. 이 때문에《개천 이후》《석가모니 하나님 부처님》께서는《묘법연화》를 설하시면서《연각승》과《독각》들에게《십이인연법》을 설하시어, 진화(進化)의 주체는《양자》의 성(性)이지 육신(肉身)이 아님을 일깨우시고《부처님》의 가르침을 따라《성문승》대열에 들어갈 것을 강력히 가르침을 펴신 것이다.

《개천 이전》《정명궁》《천궁》으로 인하여 만들어진《양자 여섯》중 착함인《선(善)》을 근본 바탕으로 한《양자》가《보살승》과《성문승》의 진화를 하는 둘의《양자》가 되며,《악(惡)》을 근본 바탕으로 한《양자》가《아수라》와《연각승》과《그림자 연각승》과《그림자 독각승》과《독각승》진화를 하는 넷(4)의《양자》가 되는 것이다.

이러한 가운데《정명궁》《천궁》으로부터 밀려난《전자》의 바탕에서《정명궁》

으로부터 분출된《세제일법》의 진공이《진명궁(眞明宮)》《천궁》을 만들게 되는 것이다. 즉,《정명궁》의 바탕은《양의 여섯뿌리》진공과 암흑물질이《양음》짝을 한《오온》의 색(色)의 단계《반야공》과《암흑물질》이 되었으나, 진명궁(眞明宮)의 바탕은《정명궁》으로부터 밀려난《전자》와《양의 여섯뿌리》진공과 암흑물질이《양음》짝을 한《오온》의《색》의 단계《반야공》들이 바탕을 이룬 차이가 있다.

이러한 바탕 가운데《정명궁》으로부터《세제일법》의 진공이 분출되어《진명궁》이 만들어진 것이다. 이러한 사실을《천주교》와《기독교》에서 가르치는《구약》에서는《아담과 이브》의 설화로써 진리를 왜곡하고 있는 것이다.

이후《진명궁》은 작용을 하면서《전자》를 바탕으로 하고《오온》의《색(色)》의 단계《반야공》과 그동안《정명궁》의《중간자》분출로 36궁(宮) 공간(空間)에서 진화하여 처음 만들어진《연각승》진화를 하는《양자》를 끌어들여《색(色)》의 단계《반야공》은《진명궁》의 고온고압에 의해《오온》의 나머지 단계를 겪게 한 후《다섯 기초 원소》를 탄생시켜,《전자》는《진명궁》바탕으로 두고《중성자》와《양전자》는《진명궁》의 중심을 이루게 하고《양자》는《진명궁》바탕을 이룬《전자》와 결합하여《수소(H)》를 이룬 이후《중간자》와 함께《진명궁》의 상극 작용에 의해《진명궁》바깥으로 밀려나게 함으로써《중간자》는 36궁(宮) 공간(空間)에서《양자》로 진화하게 하여《정명궁》과 연결된 1-3의 길을 따르게 하는 것이다.

이러한 와중에《진명궁》안으로 끌어들여 진《연각승》진화를 하는《양자》가《진명궁》중심을 이루고 있는《중성자》와《양전자》를 둥글게 쌈으로써《진명궁》의《핵(核)》을 이룬 것이다. 이후 이러한 일이《우주간의 법칙》인《1.3.3.3 합(合)의 법칙》에 의해 두(2) 번 더 진행이 되는 과정에《정명궁》에 의해 밀려났던《중간자》가 진화하여 만들어진 나머지《그림자 연각승과 독각승》진화의 길을 걷는《양자》와《독각승》의 진화를 걷는《양자》가《진명궁》《핵(核)》을 둘러싸 표면을 이룬 것이다.

한편, 이와 때를 맞춰《진명궁》으로부터 밀려나 1-3의 길에 자리하게 된《중간자》들도 36궁(宮) 공간(空間) 내에서 진화를 하여 각각《성격(性格)》이 다른《양자》들로 태어나게 되는데, 처음 태어난《양자》가《가루라》의 몫이며 두 번째 태어난

《양자》가 《긴나라와 마후라가》의 몫이며 세 번째 태어난 《양자》가 《인비인》의 몫인 것이다. 이와 같은 《가루라, 긴나라, 마후라가》등은 날으는 《새》 종류로써 1-3의 길 먼 여행을 한 후 《개천 이후》 3-1의 《성문승》의 길이 열리는 곳으로 진화의 여행을 한 후 인간 육신을 받을 때는 《성문승》 대열에 드는 것이다.

[1] 정명궁(正明宮)의 진화

이와 같은 과정을 겪는 동안 《정명궁》은 《법공》의 파동으로부터 《대공》을 형성하고, 《대공 내》에서 《60억 년》만에 찬란한 《황금》 태양(太陽)을 이루는 것이다. 이와 같은 《황금》 태양이 탄생된 때를 《석가모니 하나님 부처님》께서는

> 『원각산중(圓覺山中) 생일수(生一樹)
> 개화천지(開化天地) 미분전(未分前)』
>
> (원을 깨닫는 산속에 나무 한 그루 나서
> 하늘과 땅이 열리기 전에 꽃이 피었다)

라고 말씀하시면서 《황금》 태양을 《한 그루 나무》로 표현하시고, 공(空)을 원(圓)으로 표현하신 것이다.

이러한 이후 《정명궁》《황금》 태양은 핵(核)의 붕괴를 일으켜 10억 년(億年) 동안 《음(陰)의 여섯뿌리》진공과 《양(陽)의 여섯뿌리》진공을 대공 내(大空內)로 분출하여 대공 내(大空內)에서 36궁(宮)을 만드심으로써 새로운 공(空)의 경계를 만들고, 36궁(宮) 내 전체를 고온과 고압이 작용하도록 만드신 후 36궁 내(內)의 모든 암흑물질들을 《여섯뿌리》진공과 결합하게 하여 수많은 《다섯 기초 원소》를 탄생하게 하는 것이다.

이와 같이 이때 만들어지는 장면을 비유로써 말씀드리면, 《무색투명한》《묵》같

은 곳에서 《기포(氣包)》가 생겨 터지면 구멍이 생기는 모습과 같이 《다섯 기초 원소》가 생겨 빠져 나온 후의 바탕은 마치 촘촘히 짠 그물망 같이 되는 것이다.

이러한 가운데 대량 생산된 양자(陽子)를 비유하면 《선》을 근본 바탕으로 한 《양자》와 《악(惡)》을 근본 바탕으로 한 《양자》의 비율은 《1:2》이며, 이때 태어난 《선(善)》을 근본 바탕으로 한 《양자》가 《성문승》의 진화의 길을 걷고 《악》을 근본 바탕으로 한 《양자》가 《독각》의 진화의 길을 걷는 것이다.

이로써 《정명궁》 1-3-1의 길 회전길이 36궁 속에서 완성이 됨으로써 《암소》의 길로 이름되는 《보살승》 진화의 길인 1-3의 길이 형성되고, 《황소(黃牛)》길로 알려진 《성문승》의 길인 3-1의 길이 《개천 이전》 대공(大空) 속의 36궁(宮)에서 완성이 된 것이다. 이때 만들어진 《독각》의 《양자》들이 《다보불계(係)》로서 이를 《다보불계(係)》의 《독각》들이라고 한다.

이쯤에서 한 가지 분명히 하고 넘어가야 할 사항이 《정명궁》 진화의 과정에서 《정명궁》으로부터 밀려난 《중간자》가 진화하여 《양자》를 이룬 것은 《정명궁》 상극작용에 의해 만들어졌기 때문에 시계반대방향의 회전길인 1-4의 길에서 진화를 하였으나 36궁(宮)이 완성되기 이전에 《양자》 진화를 마쳤기 때문에 36궁(宮)의 고온과 고압의 혜택을 받지 못하였으며, 《진명궁》에서 밀려난 《중간자》는 《진명궁》 상극의 길인 시계방향 회전길인 1-3의 길에 자리하여 36궁의 고온고압의 혜택을 받고 《양자》로 진화한 후 《성문승》의 길에 들어가기 위해 일시적으로 《보살승》의 길인 1-3의 길을 따르다 보니 모두가 날으는 《새》의 명칭을 가진 것이다.

이러한 뜻을 비유한 한국(韓國) 사회의 동요가 『기러기』로써 잠시 머리도 식힐 겸 그 가사를 적으면

『울밑에 귀뚜라미 우는 달밤에 길을 잃은 기러기 날아갑니다. 가도 가도 끝없는 넓은 하늘로 엄마 엄마 찾으며 흘러갑니다』

이다.

이 노랫말의 늦가을 달밤은 36궁(宮)의 늦은 때를 비유한 것이며, 엄마는 《성문승》의 중심을 이룬 《천궁》을 비유한 것이며, 길을 잃은 기러기는 시계방향의 회전

길을 따라 끝없이 여행하는 《날으는 새》들을 비유한 것이다. 이처럼 가르침을 위한 방편으로 나온 동요라는 점을 아시기 바란다.

이와 같이 《정명궁》에서 탄생된 《다섯 기초》원소들은 모두 《영체(靈體)》의 진화를 하는 무리들로서, 이를 정리하면 《정명궁》 내부에서 만들어진 양자가 《보살승》과 《성문승》과 《아수라》의 진화의 길을 걷는 비율이 1:1:1이며, 《정명궁》황금태양의 핵(核)붕괴로 인하여 36궁(宮)에서 만들어진 양자가 《성문승》과 《다보불계(係)》의 《독각승》의 비율이 1:2로써 이를 전체적으로 묶으면 《보살승》과 《성문승》과 《독각승》의 비율이 1:2:3이다. 《아수라》도 《독각승》계열이기 때문에 한데 묶어서 말씀드리는 것이다.

이러한 1:2:3의 비율에서 《보살승》과 《성문승》의 비율 합이 3으로써 이를 《음의 3》이라고 하며, 《독각승》의 3을 《양(陽)의 3》이라고 하여 이들을 《음양(陰陽)》합일(合一)된 《3》으로써 《정명궁》1로부터 비롯된 우주간(宇宙間)의 법칙 중 하나인 《1-3의 법칙》이 탄생한 것이며, 셋(3)이 하나(1)로 돌아가는 《3-1의 법칙》이 따르게 됨으로써 시계방향의 회전길인 《1-3-1》의 길과 같이 《1-3-1의 법칙》이 《정명궁》의 법칙으로 자리하여 《개천 이후》 천(天)과 인(人)의 우주가 이러한 길과 법칙을 지킴으로써 한치도 어기지 않고 진화를 주도하게 되는 것이다.

《정명궁》으로부터 비롯되는 《음(陰)의 3》과 《양(陽)의 3》이 《음양(陰陽)》합일(合一)을 이루어 《3》이 되는 이유는 《팽창기》 진화는 《2양(陽)1음(陰)》의 법칙을 적용받고 《수축기》 우주 진화는 《1양(陽)2음(陰)》의 법칙을 적용받는다고 여러 번 밝힌 바가 있다.

《개천 이전》의 《정명궁》과 《진명궁》 모두는 《팽창기》에 있게 됨으로써 《정명궁》이 《2양(陽)》의 법칙을 적용받고 《진명궁》이 《1음(陰)》의 법칙을 적용받기 때문에 《정명궁》《2양(陽)》이 《음양(陰陽)》으로 구분되어 《음(陰)의 3》이 사실상 《양(陽)의 1》이 되며 《양(陽)의 3》 역시 《양(陽)1》에 해당하기 때문에 《음(陰)의 3》과 《양(陽)의 3》이 《음양(陰陽)》합일(合一)된 《3》으로 이야기하는 것이다.

이렇게 하여 《정명궁》황금(黃金) 태양(太陽)이 핵(核)의 붕괴를 마친 때가 《정명궁》탄생 70억 년(億年)이 되는 때로써 이때까지가 《석가모니 비로자나불 하나님》

의 수명이 되며, 이후《정명궁》이 황금 태양으로 탄생되기까지《정명궁》핵을《양자》들이 세 번에 걸쳐 둘러싸 표면을 이루었던 것이《핵(核)》의 붕괴로 표면을 이루었던《양자》들로 이루어진 황금 태양이 30억 년(億年)에 걸쳐 축소기를 맞게 된다.

　진행을 하면서 밝혀 드렸듯이,《정명궁》핵(核)을 처음 둘러싼《양자》가《보살승》의 진화를 하고 두 번째 둘러싼《양자》가《성문승》의 진화를 하고 세 번째 표면을 둘러싼《양자》가《아수라》의 진화를 한다고 말씀드렸다.

　《정명궁》핵(核)이 붕괴되어《여섯뿌리진공》이 되어《정명궁》을 빠져 나간 이후 이곳은 빈 공간(空間)이 되므로 이곳을 향하여《정명궁》자체가 수축을 하는 것이다. 이때부터가《석가모니 하나님 부처님》의 전신(前身)인《상불경보살》의 시대가 열린 것이다. 고온과 고압이 작용하는 가운데 30억 년 축소기가 진행된 끝에《정명궁》은 축소된《중성자》태양(太陽)으로 거듭난 것이다.

　즉,《보살승》의 진화를 하던《양자》는《중성자》들로 전환이 되고《성문승》진화를 하던《양자》는《보살승》진화의 길에 들어가고《아수라》의 진화를 하던《양자》들은《성문승》진화의 길에 들어간 것이다.

　이와 같은 축소된《중성자》황금 태양으로 변한《정명궁》을《중성자 알 대일(大一)》이라고도 이름하는 것이다. 이러한《중성자 알 대일》이《개천 이전》100억 년(億年) 동안《정명궁》《천궁(天宮)》이 분신(分身)의 궁(宮)인《진명궁(眞明宮)》을 만들어《양음(陽陰)》짝을 한《하나》를 이루고, 양의《정명궁》은 변화를 모두 마치고 결과적으로《중성자 알 대일》이 되어《대폭발》을 함으로써《개천(開天)》이 되어《상천궁(上天宮)》10성(星)을 만들게 된다.

　이러한《중성자 알 대일》의 대폭발을 현대과학에서는《빅뱅》이라고 하며 이때 태어난《상천궁(上天宮)》10성(星) 중 제일 처음 태어난 별(星)이《중성자 태양성》으로써《석가모니 하나님 부처님》의 법궁(法宮)이 되며,《상천궁》10성 중 처음 태어난 6성(六星)을《여섯뿌리의 우주》라고 하며, 뒤에 태어난 4성(星)을《여섯뿌리의 법궁》과《석가모니 하나님 부처님》의《육신성(肉身星) 3성(三星)》이라고 하는 것이다. 이렇듯 태어난《상천궁》10성이 모두《석가모니 하나님 부처님》의《화》함인 것이다.

　법공의 법성(法性)의 1-6체계에 있어서 《육각(六角)》고리를 이룬 《6》에 《석가모니 하나님 부처님》께서 계실 때를 《공왕여래(空王如來)》라 이름한다. 이러한 《공왕(空王)》여래(如來)의 몸(身)이 《세제일법》의 진공(眞空)을 거쳐 《정명궁》을 이루시고 《암흑물질》을 끌어내어 《여섯뿌리진공》을 이루신 후, 《상불경보살》의 과정을 거치신 후 부처(佛)를 이루신 후 《개천(開天)》과 함께 《석가모니 하나님 부처님》이 되시어 《개천 이후》의 온 우주를 창조와 더불어 진화(進化)를 하게 하는 《원천 창조주(源泉創造主)》로 자리하신 것이다.

　이러한 《석가모니 하나님 부처님》을 대마왕들이 가짜 하나님 행세를 하면서 욕되게 하였으니 어찌 그 벌이 크다고 하지 않을 수가 있는가?

[2] 진명궁(眞明宮)의 진화

　《법공(法空)》의 진화기 시작 이후 20억 년(億年)이 되는 때가 《정명궁》이 대공(大空)의 경계 내에서 《커블랙홀》의 과정을 모두 겪고 《태양수(太陽數) ⑨의 핵(核)》의 과정에 돌입한 때로써, 이때부터 《정명궁》으로부터 그동안 만들어졌던 《다섯 기초 원소》 중 《중간자》와 《전자》가 《정명궁》 상극의 길인 1-4의 길을 따라 본격적으로 분출이 되어 《정명궁》으로부터 5억 년 바깥에서 《중간자》는 《양자》의 진화를 겪고 《전자》는 《전자》대로 한곳에 모여 거대한 《공(空)》을 이루게 된다.

　이러한 이후 《정명궁》으로부터 《세제일법》의 진공이 전자(電子)가 모여 공(空)을 이룬 곳으로 분출이 됨으로써 이 거대한 공(空)은 생명력(生命力)을 띠고 작용을 함으로써 《진명궁》 《커블랙홀》의 과정에 돌입하여 5억 년(億年)을 지나는 동안 《전자》의 바탕에서 많은 《다섯 기초 원소》를 만들어 《수소(H)》를 만들게 된다.

　이후 이러한 《진명궁》이 《커블랙홀》의 과정을 마치고 《태양수(太陽數) ⑨의 핵(核)》의 과정에 돌입하면서 그동안 만들어졌던 《다섯 기초 원소》 중 《중성자》와

《양전자》는《1:2》의 비율로 한 덩어리가 되어《진명궁》중심을 이루고 그 외곽을 《진명궁》《커블렉홀》에 처음부터 끌어들여 졌던《양자》진화의 과정에 있던《중간자》가《양자》진화를 마치고 중심을 이룬《중성자》와《양전자》를 둘러쌈으로써 《진명궁》핵(核)을 이룬 것이다. 이러한 핵(核)이 바로《태양수(太陽數) ⊕9의 핵(核)》이 되는 것이다.

이로써 그동안《진명궁》《커블렉홀》에서 만들어졌던《다섯 기초 원소》중의 《양자》는《진명궁》내부 바탕을 이루고 있던《전자》와 결합하여《수소(H)》를 이루고《중간자》와 함께《진명궁》의 상극작용에 의해 1-3의 길을 따라 천궁 바깥으로 내어 보내어져《중간자》는 공간에서《양자》진화의 길에 들어가게 되는 것이다.

《정명궁》으로부터 분출된《중간자》가《양자》진화를 한 후《진명궁》핵(核)의 일원이 되는 이유는《진명궁》이《커블렉홀》의 작용을 하기 이전에 공간(空間) 이동 때 이들은 이미《양자》진화를 마쳤기 때문이며,《진명궁》《커블렉홀》작용으로 만들어진《양자》는 스스로 지닌《정보량》이《커블렉홀》작용 이전에 만들어진 《양자》보다는 미진하기 때문에《진명궁》《천궁》내에서 자연히《전자》와 결합하여《수소(H)》로 변화하는 차이가 있다.

이와 같은 일이《진명궁》에서 크게 세 번 일어나는 때가《진명궁》진화의《태양수(太陽數) ⊕9의 핵(核)》의 과정과《화이트홀》의 과정과《퀘이샤》의 과정을 거칠 때이다. 이때마다《정명궁》으로부터 밀려났던《중간자》가 공간(空間)에서《양자》진화를 이룬 이후《진명궁》핵(核)과《진명궁》중간 표면과 마지막《진명궁》표면으로 자리한 후《황금알 대일》의 과정을 거치고 50억 년만에《황금 태양》으로 탄생한 것이다.

이러한 과정 중《황금알 대일(大一)》의 과정 10억 년(億年)은《진명궁》내부의《빛(光)》의 축소기 과정이 되는 것이며, 이로써 처음《정명궁》으로부터 밀려난《전자》가 1-4의 길을 따라 5억 년(億年) 거리를 이동한 후《커블렉홀》을 이루고 5억 년(億年) 작용을 하면서《진명궁》내로《양자》와《오온》의 색(色)의 단계《반야공》들을 끌어들여《반야공》은 나머지 오온의 단계 진화를 마치고《다섯 기초 원소〉를 반복하여 탄생시킴으로써 새로이 탄생된 《양자》들은 《진명궁》바탕을 이루고 있는 《전자》와 결합하여 많은 《수소(H)》를 탄생시키게 된다.

　이러한 과정을 거치는 동안 《진명궁》《커블렉홀》내부는 끌어들여진 《양자》와 《진명궁》내에서 만들어진 《중성자》와 《양전자》와 《중간자》와 《전자》와 《수소(H)》가 가득찬 때가 《커블렉홀》의 과정에서 《태양수 ⊕9의 핵(核)》의 단계로 넘어가는 때이다. 이때 《커블렉홀》내부는 내부 회전에 의해 《중성자》와 《양전자》가 1:2의 결합을 하여 중심을 이루고 그 외곽을 끌어들여 진 《양자》들이 둘러쌈으로써 《진명궁 핵(核)》이 만들어진 것이 《태양수(太陽數) ⊕9의 핵(核)》이다.

　이러한 반복되는 과정이 10억 년(億年) 계속되며 아울러 처음 핵(核)이 만들어지자 《진명궁》상극작용에 의해 《수소(H)》와 《중간자》는 《진명궁》바깥으로 1-3의 길을 따라 밀려나 《중간자》는 《양자》진화의 길을 걷는 것이다.

　이와 같이 하여 《진명궁》은 다음으로 《화이트홀》의 단계와 《퀘이샤》의 단계와 《황금알 대일》의 단계를 각각 10억 년을 거친 후 《법공(法空)》진화의 시작으로부터 70억 년(億年), 《진명궁》진화의 시작 이후 50억 년 만에 《황금 태양》으로 태어난 것이다. 이때가 《정명궁》황금 태양은 《핵(核)》의 붕괴를 모두 마치고 《수축기》에 돌입한 때이다.

　이로써 《진명궁》이 《석가모니 비로자나불》《하나님》의 《음(陰)》의 《황금 태양》으로 태어난 것이다. 이와 같은 《진명궁》이 《황금 태양》으로 태어나는 과정에 《태양수(太陽數) ⊕9의 핵(核)》을 이룰 때 자리한 《양자》들이 《연각승》의 진화의 길을 걷는 《양자》들이며, 다음 《화이트홀》의 과정을 거칠 때 《핵》을 둘러싼 중간 표면의 《양자》들이 《그림자 연각승과 그림자 독각승》의 진화의 길을 걷는 《양자》들이 각각 반반으로 자리한 것이며, 세 번째 《진명궁》《황금 태양》의 표면으로 자리한 《양자》가 《독각승》의 진화를 하는 《양자》들로써 《퀘이샤》의 과정을 거치면서 자리한 것이다. 이러한 이후 《진명궁》은 《빛》의 축소기인 《황금알 대일》의 과정을 겪고 비로소 《황금 태양》으로 탄생한 것이다.

　이와 같이 《황금 태양》으로 태어난 후 《진명궁》《황금 태양》도 10억 년(億年)에 걸쳐 《핵(核)》의 붕괴를 일으켜 36궁(宮) 내에서 1-4-1의 길 경계를 만들고, 《여섯뿌리》진공을 분출하여 1-4-1의 길을 경계로 한 36궁(宮)의 오른쪽 절반 부분을 고온고압이 작용하는 곳으로 변화시켜 많은 물질(物質)의 씨앗인《다섯 기초 원소》와《복합 원소》를 36궁(宮) 공간(空間)에서 만들게 된다. 이렇게 만들게 되는 장면을《정명궁》설명에서 하다가 일부 부족한 내용을 이 장에서 함께 설명 드리겠다.

《정명궁》황금 태양의 핵(核)의 붕괴는《진명궁》《황금 태양》의 핵(核)의 붕괴보다 10억 년(億年) 앞선 것이었음을 말씀드렸다. 이러한 때《정명궁》《황금 태양》은 36궁(宮) 내(內)에서 1-3-1의 길 경계를 만들고 36궁(宮) 왼쪽 부분의 바탕을 고온고압이 작용하는 공간(空間)을 만듦으로써 진행을 하면서 밝혔듯이 비유하면,《무색투명》한《묵》같이 된 공간에서 일차적으로 다섯 기초 원소가 탄생되어《묵》같은 곳을 빠져 나오면《다섯 기초 원소》가 빠져나간 자리를 비유로써 말씀드리면 마치 촘촘히 짠 그물망처럼 된 것을《정명궁》《황금 태양》은 한편으로는 핵(核)의 붕괴를 주도하면서 한편으로는 회전법칙인 1-3-1의 길을 따라 이들《그물망》처럼 된 잔해들을《황금 태양》으로 끌어들여 재차《다섯 기초 원소》를 만들어 1-3-1의 길이 경계된 왼쪽 공간으로 내어보냄으로써 이곳에서도 복합 원소와 많은 물질들이 생산이 되는 것이다.

이러한《정명궁》《황금 태양》이 설명 드린 내용의 작용을 모두 끝냈을 때 이번에는《진명궁》《황금 태양》이 똑같은 작용(作用)을 10억 년(億年)하여 36궁(宮)의 1-4-1의 길이 경계된 오른쪽 작용을 모두 마치게 함으로써 많은《복합 원소》와 물질들을 생산한 것이다.

이렇듯《진명궁》《황금 태양》이《핵(核)》의 붕괴를 모두 마친 때가《법공(法空)》의 진화기 시작 이후 80억 년(億年) 때이며,《진명궁》탄생 이후 60억 년(億年)이 되는 때이다.

이후《진명궁》《황금 태양》도 내부《축소기》에 돌입하여 30억 년(億年)간《축소》기간을 끝을 내고《개천 이후》10억 년이 지난 후 축소된《황금 태양》으로 재차 탄생하게 된다. 이러한 때가《정명궁》《황금 태양》이 축소된《중성자(中性子) 알 대일(大一)》이 되어《빅뱅》으로 불리우는 대폭발로《개천》이 된 후《상천궁(上

天宮》10성(星)이 모두 만들어진 때이며, 이때 《진명궁》《황금 태양》도 축소기를 거쳐 《대폭발》을 일으켜 현재의 《북극성(北極星)》과 큰곰자리의 《북두칠성》을 탄생시키는 것이다.

축소된 《진명궁》《황금 태양》이 《대폭발》을 일으켰을 때가 《진명궁》 탄생 이후 90억 년(億年)이 되는 때로써 축소된 《정명궁》이 폭발하여 《개천》이 되기까지의 기간 100억 년(億年)과 합하면 190억 년(億年)이 된다. 이러한 190억 년(億年)에서 0(ZERO)는 완성수로써 이를 제외한 《19수(數)》를 《십거일적(十鋸一積)》이라 하여 《창조주》의 수로 이름하고 우주를 떠받치는 일곱(7) 기둥 법칙 중의 하나로 자리하며, 이를 두고 서구 사회에서는 《알파》와 《오메가》로 이름하는 것이다.

이러한 《진명궁》《황금 태양》이 핵(核)의 붕괴를 모두 마쳤을 때까지가 《석가모니 비로자나불 하나님》의 음궁(陰宮)의 수명이 되며, 이후 《수축기》 30억 년(億年)이 시작이 된다.

이러한 때 《진명궁》 핵(核)이 만들어진 후 《법공》 진화기 시작 이후 45억 년, 《진명궁》 탄생 이후 25억 년 되는 시점 《연각승》 진화를 하는 무리들 중 최초로 탄생된 여인(女人)으로써 뒷날 《석가모니 비로자나불 하나님》의 배(配)로 자리하게 되는 《대관세음보살》이 《진명궁》 관리를 《석가모니 비로자나불 하나님》으로부터 위임받게 된다.

한편, 《법공》 진화기 이후 80억 년(億年) 되는 때인 《진명궁》《황금 태양》이 핵(核)의 붕괴를 모두 마친 《진명궁》 탄생 이후 60억 년(億年) 되는 시점 이후 《축소기》에 돌입할 때 《연각승》 진화를 하는 무리들에서 새로운 《발타바라》가 탄생을 함으로써 이때까지 35억 년(億年) 동안 《진명궁》을 관리하시던 《대관세음보살》께서 《진명궁》《황금 태양》 축소기 25억 년(億年)을 더 관리하심으로써 이들 기간의 합(合) 60억 년이 《개천 이전》《대관세음보살》의 수명이 되는 것이다.

이와 같이 《진명궁》 관리를 《대관세음보살》이 담당하신 이후, 《진명궁》 전체의 기간 90억 년(億年) 중 나머지 5억 년(億年)은 새로이 탄생한 《발타바라》가 《진명궁》 내(內)에서 25억 년(億年)간 《영(靈)》의 진화를 하다가 별(星)의 《법신(法身)》을 갖고자 할 때는 인간 육신(肉身)을 먼저 받아야 하기 때문에 《상천궁(上天宮)》이 탄생될 때 《상천궁(上天宮)》 1-4의 성(星)에서 《석가모니 하나님 부처님》으로부터 인간 육신을 받아 《장자(長子)》로 태어나게 된다. 이렇듯 《장자(長子)》로 태어난 그는 미천한 그의 《지혜》를 밝게 한 후 다시 《진명궁》으로 되돌아가서 《대관세음보살》로부터 《진명궁》을 인계받고 《진명궁》 축소기를 5억 년간 마무리한 기간이 되는 것이다.

이러한 일들이 근본 원인들이 되어 뒷날 《대관세음보살》께서 《진명궁》 출신들의 《지(地)》의 우주 신선(神仙) 불, 보살들을 충동질하여 《석가모니 하나님 부처님》 법(法)에 등을 돌리게 된 큰 원인이 되는 것이다.

이후 축소된 《진명궁》 황금 태양의 대폭발로 현재의 북극성이 탄생될 때 《핵(核)》을 나누어 한쪽은 북극성이 되어 《일월등명불(佛)》로 이름하고 다른 한쪽은 북두칠성의 《알파성》이 되어 《노사나불》로 이름한 것이다. 즉, 역할에 따라 각각 다른 호(號)가 붙여졌으나 《일월등명불》이 《노사나불》이며 《노사나불》이 《일월등명불》로서 이들은 《악(惡)》을 근본 바탕으로 하는 신선(神仙) 부처(佛)들이다.

이러한 신선(神仙) 부처들이 신선(神仙)의 딱지를 떼고자 할 때는 100억 년(億年)의 기간이 필요하며 이 기간 동안 악(惡)을 근본 바탕으로 하였던 것을 착함인 《선(善)》의 근본 바탕으로 전환하였을 때라야 천(天)과 인(人)의 우주 부처님들처럼 불법(佛法) 일치된 완전한 깨달음의 부처(佛)를 이루게 되는 것이다. 그 이전은 진화의 과정에 불법(佛法) 일치를 이루기는 하나 어디까지나 신선(神仙) 부처(佛)로 자리하게 되는 것이다.

한편, 《진명궁》 황금 태양이 폭발할 때 그때까지 《영(靈)》의 진화를 하면서 60억 년(億年)간 《진명궁》을 관리하시던 《대관세음보살》은 이때 《영신(靈身)》을 비로소 얻으심으로써 《별(星)》의 법신(法身)은 받지 못하고 《영혼(靈魂)》의 상태로 《석가모니 비로자나불》 하나님의 배(配)로서 자리하였으나, 그의 힘과 권세는 《개천 이후》에 나타나는 모든 《관세음보살》들을 통제하는 막강한 힘을 가지고 있게 된 것이다.

이 시점에서 분명히 밝히는 바는 《대관세음보살》이나 《발타바라》는 《진명궁》 축소기를 거치면서 《악(惡)》을 근본 바탕으로 하는 《신선(神仙)》 《보살》 《영(靈)》의 진화를 마친 것으로써, 《개천 이후》에 구분되는 《천지인(天地人)》 우주에서 《지(

地)》의 우주 우두머리들이 되시는 분들로서 《지(地)》의 우주가 처음부터 시작된 곳이 《개천 이전》의 《진명궁》임을 아시기 바란다.

이 때문에 《개천 이후》 《지(地)》의 우주 부처님들은 모두가 사실상 《반쪽》 부처를 이룬 신선(神仙) 부처(佛)들이였음을 분명히 밝히는 바이며, 그로부터 100억 년 (億年)이 지난 지금의 때로 봐서 신선불(神仙佛)의 《신선(神仙)》 딱지를 제일 처음 땐 분이 《노사나불》로서 이를 잘 설명한 《경(經)》이 《화엄경》의 《승도솔천궁품》이다.

천지인의 우주에서 《천(天)과 인(人)》의 우주 부처님들은 불성을 이룰 때 《중성자20과 양전자10》으로 불성(佛性)을 이루나, 신선 부처들은 《중성자10과 양전자20》으로 불성을 이루는 차이가 있다. 이러한 차이를 극복하여 천(天)과 인(人)의 우주 부처님들과 같은 불성(佛性)을 갖고자 할 때 《악(惡)》의 근본 바탕을 《선(善)》의 근본 바탕으로 바꾸고자 하는 부단한 노력을 100억 년(億年)간 하여야 하는 이것을 《시절인연》이라고 하는 것이며, 후천우주에 들어와서 50억 년 단위로 지(地)의 우주 신선(神仙) 부처님들이 신선(神仙)의 딱지를 떼어내는 《시절인연》을 맞게 되는데, 이를 잊은 채 우주적인 권세와 힘에 집착을 하면 한순간 《대마왕》들로 돌아앉을 수 있는 분들이 《신선(神仙)》 부처(佛)들인 것이다.

이와 같은 《지(地)》의 우주 신선(神仙) 부처(佛)들이 《석가모니 하나님 부처님》의 주도로 진행된 인류 북반구 문명 기간 내내 《석가모니 하나님 부처님》께 등을 돌리고 우주적 쿠데타를 획책한 것이며, 이로써 후천우주부터 시작되는 《중계(中界)》의 우주와 《상계(上界)》의 우주가 사라짐과 동시에 만들어지는 《하계(下界)》의 우주 모두를 장악하여 신선(神仙)들이 주도하는 마왕(魔王)들의 우주로 전략시키기 위해 그들은 그들 자신의 뿌리를 망각한 채 원천 창조주이신 《석가모니 하나님 부처님》과 분신불(分身佛)이신 《아미타불(佛)》과 육신불(肉身佛)이신 《다보불(佛)》과 분신(分身)의 아들인 《미륵불(佛)》과 심지어는 《석가모니 비로자나불(佛) 하나님》까지 거세하고자 하는 가공할 책략을 꾸미고 이를 실행에 옮긴 것이다.

이와 같은 과정에서 《지(地)》의 우주 신선(神仙) 불(佛)·보살들이 《미륵불(佛)》의 목숨을 노리다가 그들의 책략이 모두 드러남으로써 《원천 창조주》이신 <u>《석가모니 하나님 부처님》과 《아미타불(佛)》과 《다보불(佛)》과 《미륵불(佛)》과 《석가모니 비</u>

로자나불 하나님》에 의해 《지(地)》의 우주 전체가 파괴가 된 것이다. 이로써 후천 우주는 순리를 따르는 《천의 우주》와 《인의 우주》만 진화하게 되는 《천지(天地)》 개벽이 우주적으로 먼저 일어났기 때문에 지금까지 밝히지 않았던 상세한 우주적 진리(眞理)를 밝히고 있는 것이다.

지금으로부터 100억 년(億年) 전(前) 천일궁(天一宮)에서 일어난 《예수》의 전신(前身)인 《세트신(神)》이 《석가모니 하나님 부처님》의 분신이신 《아미타불(佛)》을 살해한 이후 《원천 창조주》께서는 《묘법연화》를 설(說)하시면서 근 100억 년(億年)간을 그들의 교화에 심혈을 기울이신 것이었다. 그러나 이러한 가운데에서도 지상(地上)의 인류 북반구 문명 내내 그들은 대자대비하신 《원천 창조주》의 뜻을 거역하고 급기야는 《우주 쿠데타》까지 도모하였으나 《석가모니 하나님 부처님》께서는 인내를 하시며 끝까지 지켜보고 계시다가 <u>이제는 더 이상의 교화는 불가능함을 아시고 《천지개벽》을 실행하신 것이다.</u>

요행이 이 변화를 면한 일부 《인간 무리》들이 정확히 알아야 할 사항이 지금이라도 《원천 창조주》의 마음먹으시기에 따라 모든 우주를 가루로 만들 수 있으신 분임을 아시고, 항상 《석가모니 하나님 부처님》에 대한 경외심을 잊지 마시기 바라고, <u>《원천 창조주》께서는 그대들 모두를 성불(成佛)시켜 눈물과 고통이 없이 《영원》을 사는 보물우주로 보내기 위해 《창조》와 《진화》를 거듭 진행시키고 계심을 차제에 분명히 아시기 바란다.</u>

[3] 묘법연화경 제19 상불경보살품과 신선불(佛)

개체의 양자가 《정보체》로써 《영(靈)》들임을 수차례 밝혀 드렸다. 즉, 개체의 《양자》 진화가 《영(靈)》들의 진화인 것이다.

《묘법연화경》《제19 상불경》보살품은 법성(法性)의 1-6체계에 있어서 6각 고리인 《기체의 금강》을 이루고 계시던 《석가모니 하나님 부처님》몸이 《1》의 자리에

《몸(身)》을 이루고 계시던 《비로자나불(佛) 하나님》과 작용하여 《세제일법》의 진공의 과정을 거쳐 《여섯뿌리》진공의 몸(身)을 이루신 후 《암흑물질》을 빛(光)의 세계로 끌어내어 《정명궁》을 이루고 《황금 태양》을 이루시게 되는 것이다. 이와 같이 만들어진 황금 태양의 핵(核)이 붕괴됨으로써 《비로자나불(佛) 하나님》의 수명이 다한 후 황금 태양의 표면을 이루고 있던 《양자》의 몸(身)을 가지시고 《정명궁》 수축기 과정에 있을 때의 《석가모니 하나님 부처님》의 호(號)가 《상불경보살》이시다.

즉, 본래부터의 《하나님》부처님께서 진화의 방편상 《정명궁》 수축기 내내 《보살》의 과정을 거치신 후 《정명궁》표면을 이루고 있던 《양자》층을 《중성자》로 전환시킨 후 《부처(佛)》의 과정을 거쳐 《정명궁》 대폭발로 《중성자》태양성(太陽星)을 법신(法身)으로 하여 탄생하신 이후 《상천궁(上天宮)》《1》의 자리인 《하나》의 자리에 자리하심으로써 《개천》과 함께 《석가모니 하나님 부처님》으로 이름하시고 《상천궁(上天宮)》10성(星)을 완성하시는 것이다. 이러한 《석가모니 하나님 부처님》께서 《개천 이전》《정명궁》 수축기 때의 호(號)가 《상불경보살》이심을 《묘법연화경 제19 상불경보살품》에서 스스로 밝히고 계시는 것이다.

《개천 이전》수축기에 들어간 《진명궁》태양에서 《양자》인 《영(靈)》의 진화를 하는 무리들은 《개천 이후》천일우주 100의 궁에서 모두 인간 육신(肉身)을 받고 별(星)들의 법신(法身)을 받게 된다. 이 때문에 영체(靈體)의 진화를 하는 이들 《영(靈)》들을 의인화하여 《상불경보살》께서 이들의 교화를 위해 노력하시는 모습이 설(說)하여진 경(經)이 《상불경보살품》이다.

이러한 《묘법연화》가 때에 설(說)하여진 《천일궁(天一宮)》에서 당시 인간 육신(肉身)을 가지고 모두 태어난 《진명궁》태양에서 진화하여온 자들을 깨우치게 하기 위함과 아울러 세세생생 진화하는 동안 그들에게 육신(肉身)의 집착으로부터 벗어나서 《성문승》의 대열에 들게 되면 그들도 성불할 수 있음을 깨우치고 그들의 근본을 일깨워 《신선도》로부터 벗어나게 하기 위해 설(說)하신 법문이 《상불경보살품》인 것이다.

이러한 《상불경보살품》에 등장하는 《발타바라의 오백보살》들이 《진명궁》 핵을 이루었던《양자》무리들의 진화를 하던《연각승》들이였으며,《사자월들의 오백비구》가《진명궁》중간 표면을 이루고《양자》진화를 하였던《그림자 연각승》과《그림자 독각승》의 진화를 하던 무리였으며,《니사불들의 오백우바새》들이《진명궁》표면을 이루고《양자》진화를 하였던《독각승》들과《정명궁》표면과《정명궁》태양 핵(核)붕괴로《개천 이전》36궁(宮)에서 만들어져《양자》진화를 하던《아수라》와《독각승》의 무리들을 말하는 것이다.

　이러한 무리들을 모두 묶으면《연각승》과《독각승》이《1:3》의 비율로써《연각승》이 그들보다 3배수나 많은《독각승》들을 거느린 것이다. 이 때문에 지금까지《연각승》의 제일 우두머리인《발타바라》가《노사나불(佛)》임을 밝히지 않고《노사나불》이《석가모니 하나님 부처님》께 지금까지 잘못하였던 모든 일들을 깊이 참회하고 부처의 본래 자리로 돌아오게 함으로써 그가 거느리는《지(地)》의 우주 진화를 하는 많은 중생들을 구원하기 위해《노사나불(佛)》에게 참회의 시간을 주기 위해《발타바라》를《문수사리보살》로 이야기하는 등 세심한 배려를 하였으나, 끝내《노사나불》은 그를 낳아주신 아버님이신《석가모니 하나님 부처님》의 뜻을 어기고 어느 누가《지(地)》의 우주 최고 수장이 되어도《석가모니 하나님 부처님》진리의 법(法)에 반기를 들지 않을 수 없음을 선포하시고 마지막으로 반란하여《미륵부처》살해와 더불어 원천 창조주이신《석가모니 하나님 부처님》마저 거세한 후 우주 전체를 신선들이 지배하는《마왕 우주》로 만들어 군림하고자 하였던 것이다. 이로써《노사나불(佛)》은 그의 계획을 포기하지 않고 오히려 끝에는 노골적으로 도전을 하다가 더 이상의《교화》는 무의미함을 아신《석가모니 하나님 부처님》과《미륵부처님》에 의해 격파되어 영영 돌아올 수 없는 곳으로 사라졌기 때문에 비로소《발타바라》가《노사나불(佛)》임을 정확히 밝히는 것이다. 또한 경(經)에 등장하는《사자월》이《관세음보살》이며,《니사불》이《세트신(神)》,《약왕보살》,《예수》,《동방약사유리광불》로 이름하였던 자(者)였음을 밝히는 것이다.

　이쯤에서 한 가지 분명히 밝히고 넘어가야 할 사항이《보살》과《성문승》은 그들《영(靈)》을 이루는《양자》《성》의 바탕이 착함인《선(善)》을 근본 바탕으로 하나,《연각승》과《독각승》은《악(惡)》함을 근본 바탕으로 한다는 사실을 분명히 기억하시기를 바라며, 다음을 진행하겠다.

이러한 《발타바라》의 《오백보살》과 《사자월》의 《오백비구》와 《니사불》의 《오백우바새》들을 분리하여 상세히 설명 드리면 다음과 같다.

(1) [발타바라의 오백보살]

《발타바라》가 《개천 이후》 진명궁 황금 태양의 대폭발로 탄생한 현재의 북극성을 법신으로 한 《일월등명불》과 몸(身)을 나눈 《북두칠성》 《알파성(星)》을 법신으로 하였던 《노사나불》의 《개천 이전》의 호칭이며, 《오백 보살》은 《5×100》의 보살로서 수리(數理)에 그 뜻을 담고 있다. 《5×100》의 보살의 5의 수리는 현재의 북극성을 출발점으로 하는 《4-1의 길》을 이야기하며, 《천지인(天地人)》우주 구분에서 《지》의 우주 출발의 길이 《4-1의 길》이다. 이러한 《4-1의 길》을 뜻하는 수리이며, 《100의 수리》는 《상천궁》 다음에 만들어지는 《천일우주 100의 궁》을 뜻하는 수리이다.

이와 같은 《상천궁》과 《천일우주 100의 궁》을 《초기 우주》라고 하며, 지금은 《상천궁》은 진화하여 사라지고 그 축이 중계(中界)의 우주 법공의 0(ZERO) 지점을 형성하는 《8의 우주》로 불리우는 《목성, 달, 화성, 지구》로 내려와 있다.

현재 《천일우주 100의 궁》은 《상천궁》 끝자리 궤도에 자리한 북극성을 중심으로 자리한 《작은곰자리 성단》과, 오른쪽으로는 큰곰자리 《북두칠성》과, 왼쪽으로는 《백조자리 성단》과, 아래쪽으로는 《관음궁》이 있던 《목동자리 성단》과 《거문고자리 성단》과, 위쪽으로는 《카시오페아 성단》과 《케페우스 성단》이 둥글게 원(圓)을 이룬 중앙에 《용자리 성단》을 이룬 이곳의 별들이 모두 100개로써 이곳을 《천일우주 100의 궁》이라고 하는 것이다.

즉, 《오백보살》의 의미는 『《천일우주 100의 궁》《4-1의 길》에 있는 보살』이라는 뜻을 가지고 있는 것이다. 이러한 《천일우주 100의 궁》《4-1의 길》에 있는 성단이 바로 큰곰자리 《북두칠성》이다.

이와 같은 《북두칠성》과 현재의 《북극성》과 《개천 이전》《진명궁》에서 《발타바라》보다 일찍 태어난 여신(女神)인 《대관세음보살》 등이 모두 《연각승》 진화를 하는 무리들로서 이들 보살들을 정리하면 다음과 같다.

    ① 『대관세음보살』   ② 『노사나불』
    ③ 『거문성불』   ④ 『녹존성불』
    ⑤ 『문곡성불』   ⑥ 『염정성불(원효)』
    ⑦ 『무곡성불』   ⑧ 『천관파군성불』
    ⑨ 『연등불』   ⑩ 『고시리』

※ 『고시리』와 『연등불』은 《작은곰자리》 별들을 자신의 법신으로 하였으나, 같은 《연각승》계통이기 때문에 정리를 한 것이며, 《노사나불》을 비롯한 진신 3성(眞身三星)에 자리하는 부처님들을 제외한 《칠성불》중 나머지 4분들과 《고시리》가 《신선불》을 이룬 때는 《선천우주》가 끝이 난 지상의 서기 2000년 이후이며, 《노사나불》과 《거문성불》과 《녹존성불》과 《연등불》은 《신선불》들로서 반쪽자리 부처들이기 때문에 이들 모두를 《보살》로서 《석가모니 하나님 부처님》께서는 호칭을 하신 것이다.

이와 같이 《대관세음보살》을 제외한 《신선불》 모두가 처음으로 인간 육신(肉身)을 받은 곳은 《상천궁》《1-4의 성》에서 《석가모니 하나님 부처님》으로부터 받은 것이다. 그리고 이들뿐만 아니라 《우주간》의 법칙에서는 제일 처음 인간 육신(肉身)을 받은 때를 중요하게 여기며 중간 중간 윤회(輪廻)의 과정에서 인간 육신을 가지고 태어나는 것은 중요하게 여기지 않는다. 그 이유는 인간 《성(性)의 30궁》에 있어서 항상 인간 육신을 갖게 하는 인간 내면의 육근(六根)을 담당하는 《양자6》과 《전자6》이 양음(陽陰) 짝을 한 《정명(精命)》이 처음부터 결정이 되어 《윤회》의 과정을 거치기 때문이다.

  이러한 《신선불》중 《대관세음보살》과 《노사나불》은 《초특급》《대마왕》들로 구분이 되고, 나머지 《신선불》들이 《대마왕》들로 구분이 된다. 이들은 《상계의 우주》인《천일우주 100의 궁》에서 그들이 거느리는《독각승》의 무리들을 부추겨《천일우주》대부분을 만드신《석가모니 하나님 부처님》의 분신불이신《아미타불》을 살해하고《선천우주》내내《천일우주 100의 궁》을 점령하여《신선》들이 지배하는《마왕》들의 우주로 전락시켜 지배하여 온 것이다.

　이러한 일들이 있게 된 것은《석가모니 하나님 부처님》의 우주적《장자》로 태어난《노사나불》의 책임이 큰 것이었다. 그리고 지상(地上)에서《인류 북반구》문명이 시작된 후《대관세음보살》을 비롯한 여타《신선불》들이 모두《석가모니 하나님 부처님》께 반역하여《대마왕》짓을 본격적으로 할 때에도《노사나불》은《석가모니 하나님 부처님》께 순종하는 척하면서 사실상 이들《신선불》들을 비호하며 막후에서는 중계(中界)의 우주에서 만들어지는《중앙천궁상궁》과《중앙우주 100의 궁》을 모두 장악하여 <u>《후천우주》를《신선》들이 지배하는《마왕 우주》로 전락시키기 위해 총지휘를 하고 있었음이 최근 모두 드러난 것이다.</u> 이로써《석가모니 하나님 부처님》께서 심혈을 기울이신 100억 년(億年) 동안의 교화가 무위로 돌아간 것이다.

　그러나 마지막으로《노사나불》께서《대참회》를 하여 뜻을 바꾸고《진리》로 회귀하기를 간절히 바라는《미륵불》로부터 최후 통첩을 받고서도 이를 거부하고《미륵불》과 대결을 함으로써 패하여 영원히 돌아올 수 없는 곳으로 간 것이다. 이로써 <u>《석가모니 하나님 부처님》께서는《지(地)》의 우주 자체를 없애버리시는《우주적》《천지 대개벽》을 단행하신 것이다.</u>

　이와 같은 책임은《노사나불》을 비롯한 여타《신선불》과 그들이 거느리는《신선》들에게 있음을 분명히 하며,《신선》의 존재는《후천우주》에서는 존재하지 않는 이치가 결정되었음을 차제에《우주간》이나《세간》의 모든 분들은 아시기 바란다. 이와 같이 세세생생 이들의 근본을 상기시키고 그들을 교화하기 위해 설(說)하여진 경이《상불경보살품》인 것이다.

(2) [사자월의 오백비구]

《사자월》은《관세음보살》전신(前身) 때의 이름으로써《개천 이전》《진명궁》에서《대관세음보살》을 어머니로 하시고《진명궁(眞明宮)》의《영(靈)》들이 진화를 할 때의 호칭이다.

이후《상천궁》이 탄생될 때《상천궁》1-2의 성(星)인《양전자성(星)》의《법신(法身)》을《석가모니 하나님 부처님》으로부터 받고 이곳에 자리한 후《석가모니 하나님 부처님》의《배(配)》가 되신다. 이러한 이후《상천궁》1-2의《양전자성(星)》은《초기 우주》의 특성상 곧바로 핵(核)의 붕괴를 일으켜《항성풍》을《상천궁》바탕으로 쏟아내면서《영(靈)》과《육(肉)》이 분리가 된다.

이와 같이 분리된《영(靈)》은《양전자》로써《전자》를 바탕으로 하였던《상천궁》바탕을《전자》와 충돌하여 쌍소멸을 일으키면서《진명광》으로 전환을 시킴으로《진명(眞命)》으로 불리우는《양전자》의 주인으로서《싸이클(cycle)》보살인《관세음보살》의 호칭을 비로소 얻게 되며,《육(肉)》은《석가모니 하나님 부처님》의 분신불이신《아미타불》의 배(配)가 되시어《아미타불》과 함께《천일우주》에 많은 별(星)들을 탄생시키시는 것이다. 이러한《영육(靈肉)》의 분리는《석가모니 하나님 부처님》과 육신불이신《다보불》을 연상하시면 쉽게 이해가 되실 것이다.

이와 같이《관세음보살》《개천 이전》의 호칭이《사자월》인 것이며,《오백》의 수리적인 뜻은《5×100》으로써 5의 수리가 양음(陽陰) 짝을 한《5》의 수리로써《양(陽)의 5》의 수리가《1-3-1의 길》을 뜻하고,《음(陰)의 5》의 수리가《1-4의 길》을 뜻함으로써《1-3-1의 길과 1-4의 길》을 뜻하는 수리가 되는 것이다. 이러한 뜻을 가진 『사자월의 오백비구』는 『관세음보살이 거느리는 천일우주 100의 궁 1-3-1의 길과 1-4의 길 비구들』이라는 뜻풀이가 되는 것이다.

이러한《사자월의 오백비구》가《개천 이전》《진명궁》핵(核)이 완성된 후《진명궁》《화이트홀》의 과정 끝에《진명궁》중간 표면을 이루는《양자》진화의 길에 있던《그림자 연각승》과《그림자 독각승》진화의 길에 있는 무리들을 의인화하여 설법하심으로써 이들이《개천 이후》모두 인간 육신을 받은 후 별(星)의 법신(法身)

까지 받아 초기우주인 《천일우주 100의 궁》에 자리하여 본격적으로 진화의 길에 들어 세세생생 진화를 한 것이다. 이와 같이 100억 년(億年) 진화의 기간 끝 무렵에 지상(地上)에서 별(星) 핵(核)의 진화인 《인간》진화의 완성을 위해 인간 육신(肉身)을 가지고 윤회(輪廻)를 계속하게 된다.

<u>이러한 이들 모두를 일깨우기 위해 설하신 법문이 《상불경보살품》인 것이다.</u>

이와 같은 진화에서 <u>《관세음보살》들은 《그림자 연각승》의 진화를 하는 무리들의 우두머리들이심을 분명히 함</u>과 아울러 《그림자 연각승》과 《그림자 독각승》의 진화를 하는 대표되는 분들을 정리하면 다음과 같다.

① [그림자 연각승]
 ㄱ> 관세음보살1세(운뢰음수왕화지불) ㄴ> 관세음보살2세(염제신농)
 ㄷ> 관세음보살3세(야수다라비)   ㄹ> 정화수왕지불
 ㅁ> 백의관음   ㅂ> 묘음보살   ㅅ> 그림자 석가모니불

② [그림자 독각승]
 ㄱ> 그림자 비로자나불   ㄴ> 그림자 대관세음보살
 ㄷ> 그림자 관세음보살 1세, 2세, 3세 ㄹ> 가이아신(神)
 ㅁ> 그림자 다보불   ㅂ> 아프로디테   ㅅ> 제바달다
 ㅇ> 야훼신(神)   ㅈ> 알라신(神)   ㅊ> 에오신(神)

※ 이들의 호칭은 《선천우주》를 마감하면서 붙여진 호칭으로써 이들 모두를 《석가모니 부처님》께서는 《개천 이전》의 호칭으로써 《비구 무리》들로서 이름하신 것이며, 《비구》라는 호칭에는 깊은 뜻이 있다. 또한, 이들이 모두 다 《천일우주 100의 궁》의 《1-3-1의 길》과 《1-4의 길》에서 일부 자(者)를 제외한 대부분은 별(星)의 법신(法身)을 가지고 현재 시야(視野)에 드러나 있다.

(3) [니사불들의 오백우바새]

《니사불》은 지상(地上)의 서력기원과 함께 태어난 《예수》로서 《개천 이후》《천일궁》에서 얻은 호(號)가 《아미타불》의 장자(長者)로 태어났을 때가 《세트신》이다. 이후 이러한 《세트신(神)》은 아버지이신 《아미타불》께서 때에 인간 육신을 가지고 태어나시어 천상(天上)의 왕(王)으로 있을 당시 아버지이신 《아미타불(佛)》을 시해한 후 왕위찬탈을 하고 천상(天上) 반란을 일으켰을 때의 호(號)이며, 이후 《세트신(神)》은 아버지이신 《아미타불》께서 《2×1×2》천궁도 성단으로 《천일우주》를 만드시면서 만드신 《4×3×4》천궁도 성단마저 탈취하여 인간 육신을 가진 삶을 산 이후 이 성단 중심에 자리하여 《4×3×4》천궁도 성단이 많은 별들을 탄생시킨 다음 그도 마지막으로 별(星)을 법신(法身)으로 하여 탄생하였을 때의 별(星)이 《용자리》《알파성》윗편에 자리한 『《서력기원》원년이 되는 《예수》의 별(星)이다.』

이때 《4×3×4》천궁도 성단에서 만들어진 별(星)들이 《용자리 성단》의 별들이며, 이들 별(星)들은 《아미타불》께서 만드신 별들로써 《세트신(神)》의 법신(法身)과는 직접적인 관련은 없다. 이때 만들어진 《용자리 성단》은 《다보불》께서 《천일궁》 9성(星)을 만드실 때 장자로 태어난 《문수보살》의 법신이 《용자리》《알파성(星)》으로 자리함으로써 이들을 다스린 것이다.

이러한 이후 《세트신(神)》의 법신(法身)도 수명이 다하여 핵(核)붕괴를 일으켜 규모가 적은 천궁(天宮)을 이루고 이동을 하다가 《석가모니 하나님 부처님》께서 만드신 《오리온좌 성단》의 《천일일》 우주 경계 내로 들어오다가 《다보불》과 《미륵보살》에게 붙들려 천궁은 해체되어 때마침 《천일일》 우주에서 성단 재편성을 하시던 《노사나불》의 지일(地一)의 태양선(太陽船)에 갇히고 《세트신(神)》의 백성으로서 양자 진화를 하던 무리는 《미륵보살》께서 걷우시어 《미륵보살》의 법신(法身)인 《화성》에서 오랜 교화의 기간 끝에 현재의 《태양계》가 형성된 후 지상(地上)으로 인도하게 된다.

한편, 지일(地一)의 태양선에 갇혔던 《세트신(神)》은 지일(地一)의 태양선이 천궁(天宮)의 변화상인 《황금알 대일》의 과정을 겪고 대폭발을 하여 노사나불(佛) 진신

3성(眞身三星)인 태양성과 수성과 금성이 태어난 후 지일일(地一一) 우주를 탄생시킨 이후 지일이(地一二) 우주를 탄생시킬 때 토성, 천왕성이 태어난 후 20억 년(億年)의 긴 옥고(獄苦)를 마친 후 규모가 적은 《가스성(星)》 태양성의 법신(法身)을 가지고 재탄생하게 된다. 이때의 호(號)가 《일체중생희견보살》이다.

이 이후 《일체중생희견보살》은 그의 법신(法身)인 《가스성》 태양성을 불태우는 공양의식을 하여 《세트신(神)》때 아버지의 성단에서 탈취한 《혼(魂)》을 되돌려 드림으로써 때맞춰 《아미타불》께서 부활을 하시는 것이다. 그리고 마지막 그의 법신(法身)이 사라질 때 노사나불로부터 법신의 몸인 《해왕성》과 《명왕성》을 받고 《약상보살》과 《약왕보살》 쌍둥이 형제로 태어난 것이다.

이후 50억 년(億年)의 긴 수행기를 마치고 지상(地上)에서 《석가모니 하나님 부처님》의 주도로 《인류 북반구》 문명이 시작된 후 《약상》은 《유대계(係)》의 《다윗왕》으로 한때 인간 육신을 가지고 온 이후 여러 차례 윤회의 과정을 거쳐 중원 대륙의 《공자(孔子)》로 태어나서 《인간도》를 설파한 《유학(儒學)》을 널리 펼쳐 인간들을 유익하게 한 적이 있으며, 이때까지만 해도 《약상보살》과 《약왕보살》은 여러 가지 이름으로 인간 육신을 가지고 윤회하면서 《석가모니 하나님 부처님》의 뜻을 받들어 인간 교화에 힘을 썼으나, 이후부터는 그들에게 법신(法身)을 준 《노사나불》의 지시에 의해 《석가모니 하나님 부처님》께 《반역》하는 대열에 동참하게 된 것이다. <u>이러한 이후 《약왕보살》이 《야훼신》과 손을 잡고 《석가모니 하나님 부처님》을 속이는 일을 서력기원과 함께 《예수》라는 이름으로 이 세상에 오면서 펼쳤음이 최근에 드러난 것이다.</u>

이로써 개천 이전의 《니사불》은 《개천 이후》 《세트신(神)》, 《일체중생희견보살》, 《약왕보살》, 《예수》, 《동방약사유리광불》의 호(號)를 가진 것이나, 드러나지 않은 호(號)도 여럿이 있으며, 《예수》 이후 《동방약사유리광불》이 되신 이 부처 역시 《신선불(神仙佛)》을 이루신 것이다.

《오백우바새》의 《오백》은 《5×100》으로써 《5의 수리》가 《1-3-1의 길》과 《1-4의 길》을 뜻하는 수리이며, 《100》은 《천일우주 100의 궁》을 뜻하는 수리이며, 《우바새》는 《독각의 무리》를 뜻함으로써 이의 종합적인 뜻은 『《세트신(神)》이

제3장 미륵부처님께서 전하시는 문명의 종말의 실상

거느리는 천일우주 100의 궁 1-3-1의 길과 1-4의 길 독각의 무리들』이라는 뜻풀이가 되는 것이다.

이와 같이 《세트신(神)》이 거느리는 독각의 무리들은 《개천 이전》《정명궁》 표면을 이루었던 《양자》 무리와 《정명궁》 핵(核)의 붕괴로 《정명궁》 바탕에서 만들어진 《양자》의 무리와 《진명궁》 표면을 이루었던 《양자》 무리가 《개천 이후》 모두 인간 육신을 받고 《천일우주 100의 궁》의 1-3-1의 길과 1-4의 길에서 법신(法身)을 받아 자리함으로써 현재 여러분들의 시야(視野)에 그들의 법신(法身)이 드러나 있는 상태이다.

[4] 천일우주 100의 궁(宮)

이와 같이 《상불경보살품》에 등장하는 『발타바라의 오백보살』과 『사자월의 오백비구』와 『니사불들의 오백우바새』는 《상천궁》과 《천일우주》에서 인간 육신을 받고 별(星)들의 법신(法身)까지 받은 후 천일우주 100의 궁의 4-1의 길과 1-3-1의 길과 1-4의 길에 자리하여 지금도 그들의 법신은 여러분들의 시야에 그대로 드러나 있다.

이러한 천일우주 100의 궁(宮)에서 『발타바라의 오백보살』을 제외한 『사자월의 오백비구』와 『니사불들의 오백우바새』는 《1-3-1의 길》에서 인간 육신을 받고 별(星)의 법신(法身)마저 받은 후 별(星)의 법신(法身)의 수명이 있는 동안은 인간 육신(肉身)을 가진 별(星)의 핵(核)의 진화를 위한 《윤회》를 계속하다가 법신(法身)인 별(星)의 핵(核)의 수명이 다하면 《1-3-1의 길》 상극(相剋)의 길인 《1-4의 길》을 따름으로써 《지(地)》의 우주 진화의 길에 들어가는 것이 특징이다.

이러한 천일우주 100의 궁에서 《천일궁》이 탄생할 때 극소수의 《성문승》이 탄생한 것을 제외한 대부분의 천일우주 100의 궁은 《연각승》과 《그림자 연각승》과 《그림자 독각승》과 《독각승》들이 4-1의 길과 1-3-1의 길과 1-4의 길에 자리한 것이다. 이로써 《초기 우주》로 불리우는 《천일우주 100의 궁》은 원천 창조주이신 《석가모니 하나님 부처님》과 분신불이신 《아미타불》과 육신불이신 《다보불》과 극소수의 《성문승》을 제외한 대부분을 이들이 법신(法身)을 가지고 자리한 것이다.

[5] 지(地)의 우주와 신선(神仙) 불·보살

상계(上界)의 우주에서 《성문승》들이 본격적으로 인간 육신을 받고 별(星)의 법신(法身)을 받기 시작한 때는 《인일이》 우주부터이다. 즉, 《천일우주 100의 궁》에서 별(星)의 법신(法身)을 받은 《연각승》과 《독각승》의 무리들보다는 50억 년(億年)의 차이가 난다. 이러한 50억 년(億年) 기간의 의미는 매우 중요한 뜻을 가진다.

진행을 하면서 설명 드렸듯이, 《천일우주 100의 궁》에서 《성문승》의 탄생은 극소수임을 밝혔다. 이와 같은 극소수의 《성문승》 중 《미륵보살》을 "예"로 들어 설명 드리면, 《미륵보살》은 《구명(鳩明)》이라는 호(號)를 가진 후 《성문승》의 과정을 거쳐 보살도 성취의 《보살》을 이루기까지 50억 년(億年), 이후 《인일이》 우주가 탄생하면서 《석가모니 하나님 부처님》의 진신 3성 중 《화성(火星)》을 법신으로 받아 《보살마하살》의 과정을 50억 년(億年)을 거친 후, 《선천우주》가 마감되고 《후천우주》가 시작되는 지상의 서기 2000년에 부처(佛)를 이룬 것이다. 즉, 《성문》의 과정으로부터 《불(佛)》을 이루기까지가 100억 년(億年)의 시간이 소요된 것이다.

이러한 "예"에서 보듯이, 《천일우주 100의 궁》에서 《연각승》과 《독각승》의 진화를 하던 분들은 《미륵보살》이 《보살마하살》의 과정에 돌입하기 직전의 때에 50억 년(億年)의 진화기간 끝 무렵 대부분이 《신선(神仙)》 불(佛)·보살(菩薩)을 이룬 때이다.

진행을 하면서 밝혀왔듯이, 이러한 신선(神仙) 불·보살들은 《악(惡)》을 근본 바탕으로 한 분들이며, 《성문승》들은 착함인 《선(善)》을 근본 바탕으로 한 분들이다. 이 때문에 50억 년(億年)만에 일찍부터 신선(神仙) 불·보살을 이루신 분들은 다음 단계로 4-1의 길《성문》의 대열에 들어가서 50억 년(億年) 동안《지혜》의 완성을 이루기 위한 노력을 하는 동안 스스로의 근본 바탕인《악(惡)》의 근본 바탕을《선(善)》의 근본 바탕으로 바꾸어야 하는 것이다.

《성문》이 무엇인가? 바로 원천 창조주이신《석가모니 하나님 부처님》의 법(法)을 많이 듣고 정진하는 무리를《성문》이라고 하는 것이다. 즉,《석가모니 하나님 부처님》께서 때에 따라 설하신 법문들이 담긴 경전들을 부지런히 독송하고 경전에 담긴 이치를 깨우쳐 가는 가운데 스스로에게 짐 지워진 업(業)을《참회》정진함으로써 업(業)으로부터 해방되어 스스로의 근본 바탕을 바꾸는 것이다.

그러나 지(地)의 우주 진화의 길에 있던 신선(神仙) 불·보살들은 이러한 과정을 모두 거부함으로써 이러한 장면이 비유로써《상불경보살품》에 기록이 되어 있는 것이다.

이들이《성문》의 과정을 거부한 원인들을 크게 나누어 보면 두 가지가 있다. 그 중 첫째 원인이《신선도(神仙道)》이다. 진행을 하면서도 여러 차례 말씀드렸듯이, 이들은 근본 탄생인《양자》의 탄생부터가《개천 이전》의 36궁(宮) 공간(空間)에서 태어나《진명궁》의 핵(核)과 표면을 이루는 진화를 해왔기 때문에 육신(肉身)과 법신(法身)에 대한 강한 집착을 갖게 되며, 이에 따라 이들은 집착을 끊지 못하고 육신(肉身)에 집착한 수행을 한 결과가《신선도》로 나타난 것이다.

이러한 이들의 잘못된 수행을 끊어내고자《석가모니 하나님 부처님》께서는《12인연법》을 설하시어 이들을 깨우쳤으나, 그들의 일부를 제외한 대부분들은《신선도》수행에 매달린 것이다.

천일우주 100의 궁에서 별(星)의 법신(法身)을 가진《연각승》과《독각승》의 진화의 길에 있던 대부분이 50억 년(億年)만에 신선 불·보살로 탄생되는 가운데,《독각승》의 일부 무리들은 막강한 힘(力)을 가진 제신(諸神)들로 거듭난 것이다. 이렇게 태어난 제신(諸神)들도《인간신(神)》들로서《신선도》수행에 자연히 합류를 한 것이다.

맑고 깨끗함을 즐기는《신선도》에 한번 빠져들게 되면 스스로의 힘으로는 빠져나오기가 불가능한 나름대로의 쾌락이 존재하는《신선도》이다. 두 번째가 이러한 신선도에 든 신선 불·보살을 이룬 자들은 우주간이나 세간 어디든 막강한 힘(力)과 권세를 행사할 능력을 갖추게 되는 것이다. 이렇듯 막강한 힘(力)과 권세를 가진 자들이 맑고 깨끗함을 즐기는 가운데 쾌락마저 항상 누릴 수 있으니 어찌 이들이 《성문》의 과정을 거치고자 하겠는가?

이러한 그들의 《신선도》는 원천 창조주이신 《석가모니 하나님 부처님》께서 의도하신 《진화의 법칙》에서는 인간 진화를 방해하는 《암》적인 존재가 되는 것으로써, 중생들의 삶을 외면하고 중생들 위에서 그들의 능력으로 군림하는 체제를 항상 갖추는 것이다.

이러한 이들의 근본 바탕이 《악(惡)》을 근본 바탕으로 하기 때문에 신선(神仙) 불·보살과 신선들이 어느 한 부분에 강한 집착을 하게 되면 그들의 근본 바탕인 악(惡)이 《암흑물질》을 끌어들여 그들의 《성(性)》은 비유하면 막강한 신통력을 갖춘 《야광주》로 변화하여 《대마왕(大魔王)》이나 《마왕》으로 변함으로써 이후부터는 《욕망》에 끄달리는 삶을 살게 되어 한번 빠져들게 되면 두 번 다시 《욕망》으로부터 벗어나지 못하는 단점을 지니고 있다.

이러한 《대마왕》들과 《마왕》들이 지도자로 군림하는 사회는 항상 무엇이던지 힘(力)으로 해결하고자 하는 근성을 가진 관계로 《전쟁》과 《백성》들의 고통이 끊임없이 요구되는 사회로 전락하나, 정작 지도층에 자리한 《대마왕》과 《마왕》들로 변한 신선 불·보살들에게는 그들의 《욕망》을 충족시키는 더할 나위없는 좋은 무대가 펼쳐진 곳이 되는 것이다.

이러한 가운데 《천일일》 우주 창조를 위해 《석가모니 하나님 부처님》께서 《천일우주》를 벗어나 계실 때, 《천일우주 100의 궁》의 《연각승》과 《독각승》의 진화의 길에 있던 신선(神仙) 불(佛)·보살, 제신(諸神)들이 모두 작당을 하여 《석가모니 하나님 부처님》의 분신불이신 《아미타불》을 시해하고 초기 우주인 《천일우주 100의 궁》 모두를 그들이 장악한 것이다.

이러한 일이 있은 후 《석가모니 하나님 부처님》께서는 묵묵히 천일일 우주를 완성하시고 《인일일》 《인일이》 《인일삼》 우주를 완성하시는 가운데에도 틈틈이 《천일우주 100의 궁》으로부터 진화의 길을 따라 중계(中界)의 우주로 내려오는 지(地)

의 우주 진화의 길에 있는 신선 불·보살들과 이들을 따르는 무리들의 교화를 위해 심혈을 기울이신 것이다.

이와 같이 《석가모니 하나님 부처님》께서 노력하시는 가운데 지일이(地一二) 우주에서 《아미타불》께서 천일궁에서 살해당하신 후 《인욕선인》의 자리에 머무신지 50억 년(億年)만에 부활되시어 중계(中界)의 우주 중 천이삼(天二三) 우주를 이루실 태양선(太陽船)의 핵(核)으로 자리하신 이후, 《석가모니 하나님 부처님》께서 인일이(人一二) 우주에서 탄생시키신 《8의 우주》와 연결을 이루고 은하수가 있는 인일삼(人一三) 우주를 완성시킨 후 은하수를 넘어와서 《아미타불》께서는 천이삼(天二三) 우주를 만드시고 《8의 우주》는 인이삼(人二三) 우주를 만들게 된다.

한편, 이와 궤를 같이 하여 지일삼(地一三) 이동우주가 은하수(銀河水)를 넘어 이동하여 성단 재편성을 이룬 이후 《수미산》으로 비유되는 지이삼(地二三) 우주로 거듭남으로써 중계(中界)의 우주 천이삼(天二三), 지이삼(地二三), 인이삼(人二三) 우주가 만들어지며, 이때까지가 《아미타불》 부활로부터 50억 년(億年)이 되는 시점이다.

이와 같이 천일우주(天一宇宙)와 천일일(天一一) 우주와 인일일(人一一), 지일일(地一一) 우주가 완성이 되기까지가 50억 년이며, 인일이(人一二), 인일삼(人一三), 지일이(地一二) 우주와 중계의 천이삼(天二三), 지이삼(地二三), 인이삼(人二三) 우주가 완성이 되기까지가 50억 년(億年)이 걸린 것이다.

이와 같은 구분에서 《성문승》 출신의 《미륵보살》은 50억 년(億年)간 착실히 보살도의 길을 따라 수행함으로써 보살도 성취의 보살을 이룬 기간이며 나머지 50억 년(億年) 기간이 《보살마하살》의 수행 기간이었다면, 신선(神仙) 불·보살들은 천일(天一)우주와 천일일(天一一) 우주와 인일일(人一一) 우주와 지일일(地一一) 우주가 완성이 되기까지 50억 년(億年)이 신선(神仙) 불·보살을 이룬 기간이며, 지일이(地一二) 우주부터 지이삼(地二三) 우주가 완성되기까지 50억 년(億年)기간이 앞장에서 말씀드린 그들이 근본 바탕으로 하고 있는 《악(惡)》의 근본 바탕을 《선(善)》의 근본 바탕으로 전환하는 4-1의 길 《성문》의 대열에 들어 수행하는 기간이었다. 그러나 그들은 이를 거부하고 앞서 지적한 바와 같이 《대마왕》과 《마왕》들이 되어 《대마왕》 신선(神仙) 놀음만 하다가 지상(地上)의 마지막 문명인 《북반구 문명기》에 들어

오게 된 것이다.

한마디로 말씀드리면, 《성문승》의 대열에 있던 《미륵보살》은 착실히 보살도(菩薩道)의 길을 따름으로써 《선천우주》가 마감될 때 불법(佛法) 일치를 이룬 부처를 이루어 《미륵불(佛)》로 자리하였으나, 신선(神仙) 불·보살들과 제신(諸神)들은 석가모니 하나님 부처님》의 뜻을 어김으로써 4-1의 길 《성문》의 대열에 들지 않고 막강한 힘을 가진 《대마왕》과 《마왕》 신선(神仙)들이 되어 거들먹거리며 속된 표현으로 이 기간동안 잘 먹고 잘 살은 것이라고 말할 수 있는 것이다.

앞장에서 《성문승》들이 본격적으로 인간 육신을 받고 별(星)의 법신을 받은 때는 인일이(人一二) 우주부터 임을 말씀드렸다. 이러한 성문승들이 《선천우주》가 끝이 나는 때까지 50억 년(億年) 기간을 보살도의 길을 따라 보살도 수행을 한 기간으로써 이 기간 끝 무렵 대부분의 《성문승》들은 보살도 성취의 《보살》을 이룬 때이며, 이후 《반야바라밀다》에 의지해 《천궁》으로 들어감으로써 《보살마하살》을 이루시고 《후천우주》 시작부터 50억 년(億年)간 《보살마하살》의 소임을 다 마쳐야 불법(佛法) 일치된 완전한 깨달음의 자리로 나아가게 되는 것이다.

이와 같이 신선(神仙) 불·보살들도 지일이(地一二) 우주부터 지이삼(地二三) 우주 완성기간 50억 년(億年)간 4-1의 길 《성문》의 대열에 들어 그들의 바탕을 《선(善)》으로 바꾸게 되면 《후천우주》 시작부터 50억 년(億年)간 《보살마하살》의 과정을 거침으로써 《성문승》 출신의 《보살마하살》들과 같이 이 기간이 끝이 나면 불법(佛法) 일치된 완전한 깨달음의 부처(佛)의 자리로 나아감으로써 신선(神仙) 불·보살이나 《성문승》 출신들이나 똑같이 같은 기간에 불법 일치된 완전한 깨달음의 자리로 나아갈 수 있도록 《석가모니 하나님 부처님》께서는 공평한 이치를 만드신 것이나, 《성문승》보다 50억 년(億年) 앞에 《신선(神仙)》 불·보살을 이룬 이들은 그들로 하여금 대자비를 베푸신 《석가모니 하나님 부처님》의 뜻을 철두철미하게 악용을 하였음이 온 우주간과 세간에 드러난 경우가 되는 것이다.

[6] 지상(地上)의 인류 북반구 문명

　지상(地上)의 인류 북반구 문명기간은 BC 8000년부터 AD 2000년까지의 1만 년 기간이다. 이러한 1만 년 기간 중 800년은 당시 빙하기를 겪은 지상의 열악한 환경 때문에 《석가모니 하나님 부처님》께서 천상(天上)에서 무리들을 다스린 기간이 되며, 이후 《석가모니 하나님 부처님》께서 지금의 《터키》《아라랏트산》으로 내려 오신 후 《아조프해(海)》건너편 《우랄》산맥을 등진 평야지대에 한국(韓國)의 고대국가인 《한국(桓國)》을 처음 여신 때가 BC 7200년으로써 지상(地上)에서 실질상 인간 교화(敎化)를 시작한 때는 이때로부터 시작이 된다.

　이후 《석가모니 하나님 부처님》과 분신불이신 《아미타불》과 육신불이신 《다보불》등 세 분의 《원천 창조주》와 천일우주 100의 궁으로부터 내려온 《노사나불》과 《관세음보살》을 비롯한 신선(神仙) 불(佛)·보살(菩薩), 제신(諸神)들에 의해 지상(地上)의 《구석기인》들에게 《석가모니 하나님 부처님》의 나뉨인 삼진(三眞)의 씨앗을 심음으로써 《신석기인》으로 전환시킨 후 농경법을 가르쳐 농경사회를 열고 《문명기》를 엶으로써 많은 무리의 후손들을 남긴 인간 교화(敎化)의 기간 5700년과 이후 불어난 많은 인구들로 인한 민족의 구성원들을 다스리는 치화(治化)의 기간 4300년을 가진 것이다.

　이러한 교화(敎化)의 기간 내내 천일우주 100의 궁과 신선(神仙) 불·보살, 제신(諸神)들 역시 세 분의 원천 창조주들이신 《석가모니 하나님 부처님》과 《아미타불》과 《다보불》과 마찬가지로 많은 무리의 후손(後孫)들을 남기는 것이다. 이러한 과정 중에 일부 신선(神仙) 불·보살, 제신들은 처음부터 그들의 후손 민족들에게 그들이 천일우주 100의 궁에서 일으킨 《석가모니 하나님 부처님》께 반역하는 관념(觀念)과 사상(思想)을 심은 것이다.

　이후 3차 민족의 대이동과 함께 시작된 치화(治化)의 시대에 돌입함으로써 뚜렷하여진 《국경》개념과 더불어 세 분의 원천 창조주들께서 교화하신 후손 민족들과 그들의 영역을 정복하기 위한 쟁탈전을 벌리다가 급기야는 또다시 《석가모니 하나님 부처님》께 반역하는 중계(中界)의 우주 정복을 위한 우주(宇宙) 《쿠데타》를 감행하여 인간 살육 전쟁을 일삼은 것이다.

그러한 이들의 어리석음을 깨우치고 인류 구원을 위해《석가모니 하나님 부처님》께서 BC 6세기에 고대 인도 땅으로《석가모니불(佛)》로 이름하시고 오신 이후는 이들에 의한 정복 전쟁은《종교》정복 전쟁으로 변질되어 그 다툼이 지금까지 계속되고 있는 것이다. 이러한 일들을 벌리고 있는 인간 무리들은 그들이 천일우주 100의 궁에서 온 신선(神仙) 불·보살, 제신들의《하수인》들로서 그들 스스로가《우주 쿠데타》의 연장선상에 있는 주인공들이라는 점을 깨달아야 할 때인 것이다.

즉, 인간 무리들은 그들을 있게 한 그들의 최고 조상(祖上)들과 함께 모두가 그들 최고 조상의 조종하에 그들 무리가 어떠한 짓을 하고 있는지도 모르고《종교》의 자유를 외치며 혹은《종교》를 배척하며 무리지어 국가를 형성하고 오늘을 살고 있는 자체가 그들 최고 조상들이 획책한 우주 쿠데타의 중심에 그들 이 자리하고 있다는 사실을 오늘을 살고 있는 인간 무리들도 알아야 할 때가 왔다는 것이다.《인류 북반구 문명》에 대한 전반적인 사항은 필자의 저서(著書) 곳곳과 최근『제1장 [묘법연화경] 해설에 앞선 이해를 돕기 위한 강의』편에서《신(神)》들의 전쟁편과 함께 상세히 기록으로 전하였으니 이를 참고하시고, <u>이 장에서는 지금까지 필자가 발표한 내용 중 발표 당시 이후 천상(天上)에서 일어난 대규모 변동에 의해 일부 수정되어야 할 부분 위주로 설명을 드리겠다.</u>

진행을 하면서 천일우주 100의 궁에서 신선 불·보살들과 제신(諸神)들이 대마왕과 마왕들이 되어 모두 한통속이 되어《아미타불》을 살해한 후《석가모니 하나님 부처님》의 진리의 법에 반역하여 천일우주 100의 궁 모두를 대마왕들이 지배하는 우주로 전락시켰음을 밝혀 드렸다. 이때 신선 불·보살 중 반역자의 우두머리에 자리한 자들이《대관세음보살》,《노사나불》,《관세음보살》,《그림자 비로자나불》》,《그림자 대관세음보살》,《그림자 관세음보살》,《그림자 석가모니불》,《그림자 다보불》등으로서 이들을 초특급 대마왕들이라고 이름한 적이 있다.

<u>이러한 초특급 대마왕들 중에서 지금까지는《노사나불》의 불명호를 거론하지 않았다.</u> 사실상《노사나불》은 현재의 북극성과 북두칠성 알파성과 현재 우리들 태

양계의 태양성을 법궁(法宮)으로 한 《천지인》우주 구분의 《지(地)》의 우주를 선도한 신선부처로서 《석가모니 하나님 부처님》의 우주적 장자로서 《미륵》부처님의 형(兄)이 되시는 분이다. 이러한 중요한 분이 천일우주 100의 궁 반란 사건의 최정상에 있었으나, 꾸준한 《석가모니 하나님 부처님》의 교화를 받아온 탓과 지상(地上)의 서기 2000년 《선천우주》 120억 년 기간이 끝이 나고 《후천우주》가 시작이 되면서 《노사나불》께서는 신선(神仙) 부처의 딱지를 떼고 명실상부한 불법(佛法) 일치된 완전한 깨달음의 부처(佛)의 지위에 오르시는 분이기 때문에 과거의 허물을 덮어 버리고 진리(眞理)로의 회귀(回歸)를 바라면서 지상(地上)에서의 《인류 북반구》문명 기간 내내 그가 저지르고 초특급 대마왕들과 여타 신선 불·보살, 제신들이 대마왕들로 변하여 《우주 쿠데타》를 획책하고 진행하는 가운데서도 그가 행한 모든 일들을 불문에 붙이고 오히려 그를 감싸고 두둔하였으나, 노사나불(佛)은 이러한 《석가모니 하나님 부처님》과 《미륵불》의 바램을 외면하고 끝내 《석가모니 하나님 부처님》 법(法)에 반역하는 반역자의 최고 수장으로 돌아 앉아 반역자들을 지휘하다가 《미륵》부처님과 정면 대결의 지경까지 오고 말은 것이었다.

　진행을 하면서 밝혀 왔듯이, 《지상(地上)》에서의 《우주 쿠데타》의 근본 목적은 법공(法空)의 중심 중의 중심인 한국(韓國)의 남한(南韓) 땅의 지배와 맞물린 후천우주에서 새로이 만들어지는 중앙우주 100의 궁(宮)을 지배하고 《석가모니 하나님 부처님》을 축출함으로써 전체 우주를 초특급 대마왕들과 대마왕들이 다스리는 후천우주를 만드는 것이 그들의 근본 목적이다.

　인간 육신을 가지고 태어난 각각의 인간들 모두는 우주 공간(空間)에 스스로의 법신(法身)으로써 자기의 별(星)들을 가지고 있음을 여러 차례 밝힌 바가 있다. 즉, 후천우주를 지배하고 다스린다는 뜻은 우주 공간의 모든 별(星)들을 다스리는 것이 곧 인간 무리들을 다스린다는 뜻이 되는 것이다.

　《석가모니 하나님 부처님》께서는 이들 인간 무리들을 진화시켜 궁극적으로 괴로움과 고통과 죽음이 없는 영원한 쾌락이 존재하는 《열반》의 자리와 영원을 사는 《보물 우주》의 주인으로 만들고자 하는 대자비심의 실현을 위해 우주 진화를 주도하시는 것이라면, 이들 초특급 대마왕들과 대마왕들이 추구하는 목적은 힘센 그들이 욕망과 전쟁과 죽음이 따르는 그들만의 욕망 충족을 위해 그들의 후손들을 희생양으로 삼는 마왕들의 우주로 전락시킴으로써 《석가모니 하나님 부처님》의 진리(眞理)를 뒤엎어 버리는 파렴치한 차이가 있는 것이다. 법공의 중심 중의 중심을 차지하면 이미 전체 우주의 대부분은 이미 그들의 수중에 떨어지는 것이 되며, 실질상의 지배를 위해서는 중앙우주 100의 궁(宮)을 정복하게 되면 이미 게임은 끝이 나는 것이다.

  이를 위해 그들은 《북반구 문명》 시작과 함께 그들의 이상 실현을 위해 노력하는 가운데 획책된 것이 지상(地上)에서의 《우주 쿠데타》이며, 《석가모니 하나님 부처님》께서 고대 인도 땅으로 《석가모니불》로 오신 이후는 그들 초특급 대마왕들과 대마왕들이 교주가 되어 《종교》를 만들고 인간 무리들이 있는 곳이면 이들의 정복을 위해 《종교》 정복 전쟁을 위한 쟁탈전을 지금까지 벌려오고 있는 것이다.

  이러한 가운데 지상의 서기 2000년 《후천우주》가 시작되는 시점 한국(韓國)의 남한 땅의 부산(釜山) 장산 밑에서 온갖 고초를 겪고 《미륵보살》이 《미륵부처》를 이루시고 등장을 하신 것이다.

  이러한 때를 기다려 온 모든 대마왕들과 마왕들은 그동안 《미륵부처》의 등장을 예견하고 지구상 전체에 인간 무리들이 사는 곳은 모두 대마왕들이 지배하는 《종교》들을 통해 《미륵부처》와 《미륵부처》의 가르침의 법(法)을 부정하는 정지 작업을 모두 끝내 놓고 천상(天上)에서나 《지상(地上)》에서나 《석가모니 하나님 부처님》의 영(靈)적인 후계자인 《미륵부처》 죽이기에 나선 것이다. 즉, 천일우주 100의 궁에서 《석가모니 하나님 부처님》의 분신불이신 《아미타불》을 제거하여 천일우주 100의 궁을 장악하였듯이 중앙우주 100의 궁의 주인이 되신 《미륵부처》를 제거함으로써 중앙우주 100의 궁을 장악하기 위해 그들은 혈안이 되어 있었던 것이다.

  이러한 가운데 《미륵부처님》은 세 분의 아버님들이신 《석가모니 하나님 부처님》과 《아미타불》 아버님과 《다보불》 아버님의 도움으로 근 10년에 걸쳐 먼저 천상(天上)과 우주간을 정리하고 《북반구 문명》 마지막 때 《미륵부처님》 제거를 위해 지상에 인간 육신을 가지고 태어난 초특급 대마왕들을 비롯한 대마왕들과 연일 처절한 사투를 벌린 끝에 이들 모두를 제거하여 영원히 인간 육신을 가지고 태어날 수 없는 곳으로 보낸 것이다.

그러나 진행하면서 말씀드렸듯이 《노사나불》만은 《석가모니 하나님 부처님》의 진리(眞理)로 회귀시켜 그가 선도하고 있는 지(地)의 우주를 보호함으로써 지(地)의 우주 진화의 길을 따르는 그들이 남긴 아무것도 모르는 그들 후손 민족들의 인간 무리들을 모두 구원하고자 하였으나, 무책임한《노사나불》은 이마저 거부하고 끝내《석가모니 하나님 부처님》께 등을 돌리고 반역자의 최고 우두머리로서《미륵부처님》과 마지막 대결을 벌리다가 패하여 영원히 돌아올 수 없는 곳으로 간 것이다.

이 때문에 그동안《노사나불》의 회귀를 위해 덮어 놓았던 진리(眞理)들을 바로 하고《미륵부처님》께서 밝혀 놓으신 모든 기록에도 이 부분에 대한 것을 고쳐야 할 필요가 있기 때문에 고심 끝에 이 장을 진행하는 것이다. 지금까지《미륵부처님》께서 남기신 각종 저서(著書)에 남은 기록들을 하나하나 모두 수정을 하는 것이 마땅하나, 현실적으로 어려움이 따르니 이 장에서 대표적으로 수정되어야 할 부분만 거론하겠다.

초특급 대마왕인《노사나불》이 지상(地上)의 모든 인간들에게 정신적으로 피해를 입힌 부분은 실로 막대하다. 한 예로 기독교와 천주교 등의《구약》에 전하여지고 있는《아담과 이브》의 설화와《노아의 방주》이야기 등은 모두가《노사나불》의 머리에서 나온 진리(眞理)를 왜곡하는 내용들이며, 이러한 내용들 외의 진리(眞理)를 왜곡한 내용들이 너무 광범위하여 일일이 이를 밝혀 드리기가 곤란하다. 그러나 한민족(韓民族)에게 관련된《한단불교(桓檀佛敎)》만은 정확히 할 필요가 있어 이에 대하여 재차 정리를 하고자 한다.

두 번째 한민족(韓民族)의 고대 국가인《배달국》은 중앙아시아《파미르 고원》에서 2000년간 주변의 인간 무리들을 교화하였을 때의 나라이름이다. 이후 한민족(韓民族)의 조상불(祖上佛)들은 BC 4000년에 101년간의 대장정 끝에 인간 교화의 축을《한반도》로 옮기고 나라 이름을《한국(韓國)》으로 하였던 때가 BC 3898년이며, 이때《석가모니 하나님 부처님》께서《거발한 한웅》으로 이름하셨고 이후 2대 한웅님이《석가모니 하나님 부처님》의 장자이신《노사나불》께서《거불리 한웅》

으로 이름하셨으며, 《한국(韓國)》의 18대 《한웅님》들이 《석가모니 하나님 부처님》과 《다보불(佛)》을 축으로 한 천일우주 100의 궁의 신선 불·보살들이 모두 《한웅》으로 이름하고 자리하신 것이다. 이러한 연유로 인해 인간 교화의 기간이 한반도에서 시작된 BC 3898년부터 한민족(韓民族)에게는 지상(地上)에서 유례없는 고급 종교(宗敎)가 태동한 것이 《한단불교(桓檀佛敎)》이다.

이후 한민족(韓民族)의 조상불(祖上佛)들은 《한반도》의 한국(韓國)의 인간교화가 끝이 난 후는 《도시국가》 형태인 《신시(神市)》를 만들어 교화의 축을 옮겨 가면서 《중원대륙》의 인간 교화에 나서는 것이다.

이러한 인간 교화의 축을 옮기는 과정에 현재의 중국 대륙 《산동반도》에 《신시(神市)》를 세웠을 때가 BC 3512년 《한국(韓國)》의 5대 《태우의 한웅님》 때이다. 이때 《태우의 한웅님》의 때에 따른 호칭이 《황제(皇帝) 태우의》이시다. 이러한 황제(皇帝) 《태우의》가 《석가모니 하나님 부처님》께서 때에 인간 육신을 가지고 이 세상에 직접 몸을 나투신 《육신불》이신 《다보불》이시다. 이와 같은 《황제 태우의》께서 《한단불교》를 체계화하여 내어 놓으신 경(經)이 음양(陰陽)경(經)으로써 음(陰)의 경(經)이 《황제중경(皇帝中經)》이며 양(陽)의 경(經)이 《황제내경(皇帝內經)》이다.

이렇게 하여 체계화하신 이후 BC 3500년 중반 무렵 막내아들인 《복희씨》를 시켜 이들 경(經)들을 고대 인도로 전하게 하신 것이다. 이로써 고대 인도에서 그들의 문자로 번역하여 《해설서(解說書)》로 탄생시킨 것이 《마누법전》과 《리그베다》와 《우파니샤드》이다. 이때 탄생한 《마누법전》의 《마누》가 천일궁(天一宮)에서 《옥황상제(玉皇上帝)》로도 이름되시던 《다보불》의 별칭인 것이다.

분명히 말씀드려 《마누법전》과 《리그베다》는 《황제중경(皇帝中經)》의 번역 해설서이며, 《우파니샤드》는 중원대륙에서 《의술서》로 전락시킨 《황제내경(皇帝內經)》의 번역 해설서이다. 이와 같은 《황제중경(皇帝中經)》에 《한단불교》의 2대 경전으로 알려진 《천부경 81자(天符經 81字)》와 《삼일신고(三一神誥)》가 다른 내용들과 함께 실려 있다.

이러한 《황제중경(皇帝中經)》은 이미 한국(韓國)의 6대 《다의발 한웅》 때에 상당 부분 훼손이 되고 《천부경 81자》는 《초특급 대마왕》인 《노사나불》이 그가 창작한 것으로 위장하는 파렴치한 행위를 하고, 《삼일신고》는 대마왕인 《문수보살》의 후신인 《복희씨》가 창작한 것인 양 위장하는 추잡스러운 행위를 하여 후대에 그들이 그들의 작품인 양 거들먹거렸으나, 이는 모두다 《황제 태우의》이셨던 《다보불》께서 직접 창작하셨음을 분명히 밝히는 바이다.

《황제내경》은 지금까지 전하여져 오고 있으나 이는 대마왕들과 대마왕들의 후손들의 손에 의해 《의술서》로 둔갑되면서 뜻글자인 《한문(漢文)》이 상당 부분 훼손되어 전하여져 오고 있는 것이다. 이러한 《황제내경》은 대공(大空) 속의 현존(現存)하는 별(星)들의 세계를 《대인형상(大人形像)》으로 비유하여 음(陰)으로 하고, 인간 육신(肉身) 속의 작용(作用)을 양(陽)으로 하여 음양(陰陽) 합일된 《우주의 이치》의 이치를 깨우치고 인간 육신과 별의 법신을 가진 인간들 내면의 작용을 깨우치게 하기 위하여 《황제(皇帝)》이신 《태우의님》과 천일궁(天一宮) 때의 《다보불》의 장자로 태어났던 《문수보살》을 《기백(岐伯)》으로 이름하고, 《황제(皇帝)》와 《기백(岐伯)》의 대담 형식으로 경의 내용이 진행이 되는 것이다.

이참에 《미륵부처님》이 한민족(韓民族) 학자분들에게 나무랄 일이 있다. 민족(民族)의 근본 뿌리도 모르는 학자(學子)들이 어찌 민족의 역사를 알 턱이 있는가? 이러한 학자들이 후학들을 가르치며 거들먹거리는 것은 우스운 노릇인 것이다.

《미륵부처님》이 분명히 밝히는 바는 지금 뜻글자로 표기된 한문(漢文)은 본래 18분의 《한웅님》들이 다스리던 《한국(韓國)》의 고대 문자로써 《한문(韓文)》이 정확한 표현이다. 이러한 《한문(韓文)》이 뜻글자로써 양(陽)의 문자가 되고 지금 여러분들이 쓰고 있는 《한글》이 소리글로써 고대의 그대들의 발음문자인 《가림토》문자를 거쳐 조선왕조 《세종왕》에 의해 정리되고 그 뒤에 발전한 것이 《소리글》로써의 《한글》이 되어 음(陰)의 문자가 된다. 즉, 《한문(韓文)》과 《한글》은 양음(陽陰) 짝을 한 초과학적인 뜻글과 발음 글이 하나가 되는 완전한 문자(文字)로써 고대 신(神)들의 문자로 알려진 《산스크리트어》보다 더 과학적인 문자가 되는 것이다.

이와 같은 한민족(韓民族)의 고대 문자를 여러 대마왕들의 후손으로 자리한 중원 대륙의 무리들이 남의 글을 찬탈하여 지금도 그들의 문자로 자처하며 《한문(漢文)》이라고 하였음을 아시기 바란다. 비유를 하면 《영어(英語)》의 알파벳 문자와 발음기호가 양음(陽陰) 짝을 하는 이치와 같다. 지상(地上)에서는 《영어》보다 월등하게 완벽한 문자가 《한문(韓文)》과 《한글》이 양음 짝을 한 문자임을 바로 아시기 바란다.

　이러한 맥락에서 한민족(韓民族)의 고대 역사 기록이 전하여져 오는 [한단고기(桓檀古記) 임승국 번역, 주해]편이나 《석가모니 하나님 부처님》께서 BC 6세기 고대 인도 땅으로 《석가모니불》로 이름하시고 오셔서 남기신 각종 경전에서 《천제(天帝)》 또는 《석제황제(釋提皇帝)》라고 하였을 때는 《석가모니 하나님 부처님》께서나 《아미타불》이나 《다보불》 등 세 분의 원천 창조주 중 한 분을 말씀하실 때 쓸 수 있는 고유의 호칭이며, 《석제한인(釋提桓人)》과 《지위리 한인(智爲利桓人)》이라고 호칭하였을 때는 《노사나불》을 호칭한 것이며, 다보불을 위시한 천일궁의 신선 불·보살들 모두를 《환인(桓人)》《한님》 등으로 호칭을 한 것이다. 그 외의 천일우주 100의 궁의 신선(神仙) 불·보살 등을 통칭 《제(帝)》로써 호칭을 한 것이며, 이 분들 역시 모두 《한웅》의 칭호를 가진 것이다.

　이러한 가운데 《석가모니 하나님 부처님》의 육신불이신 《다보불》께서 때에 한국(韓國)의 5대 《태우의 한웅님》으로 오셨을 때의 정식 호칭이 《석제황제(釋提皇帝)》이시다. 이러한 호칭을 지금 전하여져 오는 《황제내경》에서는 《석제황제(昔在黃帝)》로 왜곡하고 황제(皇帝)의 《황》자를 누를 《황(黃)》자로 바꾸어 놓고 《공손헌원》을 황제(黃帝)로 칭하는 파렴치한 짓을 해 놓고 경(經)의 내용마저 한문(漢文)이 뜻글자임을 악용하여 상당 부분 고쳐 왜곡하여 《의술서》로써 자기네들의 경(經)이라고 주장하는 도둑 근성을 발휘하고 있는 것이다. 부처(佛)의 입장으로 이를 나무라는 이유는 이들이 귀중한 모든 인류들을 위한 《진리(眞理)》의 경(經)을 파괴한 것에 대한 나무람인 것이다.

　《황제내경(皇帝內經)》은 이와 같은 《석제황제(釋提皇帝)》님과 《기백(岐伯)》의 대담으로 내용이 진행이 된다. 이러한 대담의 상대역인 《기백(岐伯)》의 《기(岐)》자는 《가닥나뉠 기(岐)》자(字)로써 대담 당시에는 《태우의 한웅님》이 《석제황제》의 막내아들로 《복희씨》가 태어났으나, 천일궁에서는 지금의 작은곰자리 《베타성(星)》을 《다보불》이신 《석제황제》께서 법신(法身)으로 하였을 때 이때 다보불(佛)의 장자로서

《문수보살》인 훗날의 《복희씨》가 지금의 용자리 《알파성(星)》을 법신(法身)으로 하였기 때문에 이러한 뜻을 담은 글자가 《가닥나뉠》《기(岐)》자(字)인 것이다.

인간의 마음(心)의 근본 뿌리가 성(性)의 30궁(宮)임을 여러 차례 밝혔다. 이러한 마음의 근본 뿌리인 성(性)의 30궁(宮)이 《지혜(智慧)》의 완성을 이루게 되면 《흰(白)》옥돌색 여의주로 변화한다. 이와 같은 지혜의 완성을 이룬 자들의 마음의 근본 뿌리를 표현한 글자가 인(人)변에 흰 백(白)자로 표현된 글자로써의 《백(伯)》자인 것이다. 이렇듯 숨어 있는 뜻을 가진 글자가 《한문(韓文)》으로써 《기백(岐伯)》은 바로 당시 《석제황제(釋提皇帝)》의 아들로 태어난 《문수보살》의 후신(後身)인 《복희씨》를 뜻하는 이름으로써 《황제내경(皇帝內經)》은 《태우의 한웅님》과 그 아들이신 《복희씨》와의 대담으로 엮어진 경(經)인 것이다.

이와 같이 한민족(韓民族)의 고대 문자인 《한문(韓文)》에는 한민족(韓民族)의 역사와 진리가 고스란히 담겨 있는 문자로써 반대로 한민족(韓民族)의 고대역사와 진리(眞理)를 알고 나면 《한문(韓文)》속에 많은 정보(情報)가 내재되어 있음을 알게 될 것이다.

이러한 《경(經)》이 고대 《인도》땅으로 전하여져서는 《명상》의 기록으로써는 최고의 평가를 받는 《우파니샤드》로 승화를 하였으나 중원대륙에서는 활용도 되지 않는 말로써만의 《의술서》로 전락한 까닭을 살펴보면, 당시 《복희씨》로부터 《황제중경》과 《황제내경》을 전수받은 《인도인》들이 《석가모니 하나님 부처님》께서 일으킨 북반구 인류문명이 최초로 일어난 《슈메르》문명을 일으켰던 주인공들로서 북반구 문명 기간 동안인 BC 4000년경에 단행된 2차 민족의 대이동 때에 고대 《인도》의 서북쪽 국경을 넘어 인도로 이동한 《석가모니 하나님 부처님》의 직계 후손들인 《샤카족》들에게 전하여진 것이다.

이와 같은 《샤카족》의 한문(韓文) 표기가 《석씨족(釋氏族)》들인 것이다. 이렇듯 찬란한 《슈메르 문명》일으켰던 고대 인도의 《샤카족》의 정신세계(精神世界)는 한민족(韓民族)을 제외한 중원대륙 《한문(漢文)》권의 대마왕들의 후손들과는 진화의 면으로 볼 때 큰 차이를 보이는 것이다.

이러한 이유가 고대 인도에서는 《우파니샤드》로 승화가 되고 한민족(韓民族)의 문자인 《한문(韓文)》을 찬탈하여 《한문(漢文)》으로 이름을 바꾼 《한(漢)》나라 이후의 중원대륙에서는 정신적인 진화가 덜된 그들의 실력으로써는 고작 한다는 것이 《한문(韓文)》이 뜻글자임을 악용하여 문자(文字) 왜곡으로 《황제내경》의 뜻을 훼손하여 《의술서》로 전락을 시키는데 머문 것이다. 그러나 이마저 그들의 실력이 부족하다 보니 《의술서》로써 활용도 못하고 말로써만 《의술서》라고 떠벌리고 《황제내경》이 그들 《한족(漢族)》들의 경(經)이라고 거들먹거리는 수준에 머물고 있는 것이다. 그들이 경(經)의 내용을 문자를 고치는 수법으로 《의술서》로 전락시켰으나 경(經)이 뜻하는바 내용이 워낙 광대하고 심오한 뜻을 지니고 있기 때문에 《인체(人體)》의 작용만으로 설명하기에는 앞과 뒤가 맞지 않아 심오한 인체 내의 고차원적인 작용을 설명을 할 수 없다보니 《의술서》로써도 활용 가치가 없게 되어 있는 것이다. 이로써 그들은 인류의 귀중한 유산마저 못쓰게 만들어 놓은 것이다.

다음으로 여러분들이 알아야 될 부분이 이미 BC 3500년대에 체계가 완성이 된 《한단불교》가 고대 인도 문명과 이집트 문명권에는 전하여져 그 흔적이 뚜렷이 남아 있으나 《중원대륙》과 《한반도》에서는 그 자취가 완전히 사라지고 없는 이유를 이제는 아셔야 할 때인 것이다.

《석제황제(釋提皇帝)》이신 《태우의 한웅》께서는 슬하에 12명의 아들들을 두셨는데, 이 중 장자(長子)로 《연등불》이 그의 본바탕인 《악(惡)》의 근본 바탕을 모두 씻지 못하였으나 음(陰)의 천궁(天宮)의 과정을 겪고 황소자리 성단에서 태양성(太陽星)을 법신(法身)으로 하여 그 모습을 법계(法界)에 드러낸 후 그는 《태우의 한웅님》의 큰 아들로 태어남으로써 《발귀리(發貴理)》선인(仙人)으로 이름하였으며 《문수보살》이 막내아들인 《복희씨》로 태어난 것이다.

천상(天上)의 질서로 볼 때 이러한 태어남은 《문수보살》이 장자(長子)가 되고 《연등불》이 막내로 태어나야 하나, 이때는 그 순서가 완전히 뒤바뀐 것이다. <u>이러한 태어남이 훗날 《문수보살》이신 《복희씨》가 대마왕이 되어 초특급 대마왕들과 대마왕들과 손을 잡고 지상에서 단행된 《우주 쿠데타》때에 이들의 두뇌 노릇을 하게 되는 하나의 원인으로 작용한 것이다.</u>

이렇게 《태우의 한웅님》의 장자로 태어나게 된 《발귀리 선인》은 이미 이때 《연각승》의 도인 《신선도(神仙道)》의 체계를 완성하고 이후 한국(韓國)의 6대 《다의발 한웅》이 되시는 것이다.

　이후 세월이 한참 흐른 후 《한국(韓國)》의 《한웅》시대인 인간 교화(敎化)의 기간이 끝이 나고 《단군(檀君)》시대인 치화(治化)의 기간에 돌입한 BC 2333년 《문수보살》의 후신(後身)인 《단군왕검(檀君王儉)》께서 한민족(韓民族)의 고대 국가인 《고조선(古朝鮮)》을 여시게 된다. 이때 《연등불》은 이번에는 《자부선생(紫府先生)》으로 이름하고 오셔서 《신선도》를 위해 많은 활동을 한 기록이 지금까지 전하여져 오고 있다.

　이때 《단군왕검》께서 《천경신고(天經神誥)》를 강설한 것을 볼 때 이미 이 둘의 시기에 《황제중경(皇帝中經)》은 한민족(韓民族)의 손에 의해 상당 부분 훼손되었다고 봐야 하는 것이다. 《연각승》의 도(道)인 신선도(神仙道)를 처음 체계화시킨 《발귀리 선인》이였던 6대 《다의발 한웅》이나 뒷날 《고조선》을 세웠던 문수보살의 후신인 《단군왕검》이나 이 두 분 모두가 《다보불》이신 《태우의 한웅님》의 아들들로서 신선(神仙) 불(佛)·보살(菩薩)들이시다.

　즉, 《황제중경(皇帝中經)》은 이러한 신선(神仙) 불·보살 아들들이 《연각승의 도》를 따름으로써 이때 이들과 이들의 추종세력들에 의해 많이 훼손된 것으로 봐야 하며, 이후 중원대륙의 《주(周)》나라와 《한(漢)》나라를 거치면서 본격적으로 훼손이 되어 사라져 간 것이다.

　이 장에서 분명히 《미륵부처님》이 밝히는 바는 《석제황제(釋提皇帝)》이신 《태우의 한웅님》께서 《한단불교(桓檀佛敎)》를 체계화시키시고 고급 종교로 완성시키신 것은 《황제중경》과 《황제내경》으로써 《보살도의 완성》과 《성문승의 도》를 완성하신 것이다.

　이러한 《보살도》와 《성문승의 도》를 말살하기 위해 신선도(神仙道)인 《연각승의 도》가 혈안이 됨으로써 이때로부터 지금까지 신선도(神仙道)를 따르는 《연각》과 《독각》의 무리들에 의해 그러한 일들이 자행되고 있으며, 《석가모니불》 출현이후 남기신 경전들의 훼손과 왜곡은 지금까지 이들에 의해 계속되고 있는 것이다.

《한단불교》의 3대 경전인《천부경 81자》와《삼일신고》의 창작은《다보불》이신 《태우의 한웅님》께서 직접 창작하시어《황제중경》에 설어놓으신 것임을 분명히 하며,《북두칠성연명경》은《노사나불》께서 창작하셨음을 아울러 밝히는 바이다. 《연각승 도》를 체계화시킨《연등불》은《노사나불 3세》임도 차제에 알려드리는 것이다.

이와 같은《북두칠성연명경》이 신선(神仙) 불·보살 출신들인《노자》,《장자》, 《맹자》를 거쳐《도교(道敎)》의 경전으로 둔갑한 사실을 여러분들께서도 아시는 분은 아실 것이다. 이러한《장자》,《맹자》역시《칠성불》들의 후신들이 때에 따라 인간 육신을 가지고 왔을 때의 호임을 아시기 바란다.

그리고《보살도》를 완성하여 놓으신 경이《황제중경》이며,《성문승》의 도를 완성하여 놓은 경이《황제내경》이다. 이러한《보살도》와《성문승》의 도를 배척하고 말살시키고자《연각승》들이 혈안이 될 것을《태우의 한웅님》께서는 미리 아시고 막내아들인《복희씨》를 시켜 일찍부터 고대 인도의《샤카족》에게 이를 전하게 하신 것이며, 이와 같은《연각승》출신의 신선(神仙) 불·보살들 때문에《한단불교》가 한민족(韓民族)에게 전승되지 못한 큰 원인이 된 것이다.

이와 같은《연각승》출신의 신선 불·보살들이《보살도》와《성문승의 도》를 파괴한 행위가 바로《석가모니 하나님 부처님》법에 반역하는 행위로써 이의 비유가 《석가모니불》께서 남기신《묘법연화경》의 제19《상불경보살품》에서 드러나는 것이다.

이와 같은 모든 일들이 근본 원인들이 됨으로써《석가모니 하나님 부처님》께서 고대 인도 땅으로《석가모니불》로 이름하고 오셨을 때 10대 제자 중 6대 제자 및 16성인 및 500성인 대부분이《연각승》과《독각승》계통의 신선 불·보살들이며, 부처님께서 열반에 드신 이후 1차 경전 대결집이 있었을 때《굴외 결집》을 주도하고《아쇼카》왕 때 3차 경전 대결집이 있었을 때《논장》을 첨가시켜 본격적으로 부처님 가르침을 왜곡한 자들이 사실상 경전 파괴에 광분한 신선(神仙) 불·보살들과《연각승》비구, 비구니와 독각의 무리들이였던 것이다. 이로써 전락된《마왕불교(魔王佛敎)》가 북방불교 전래라는 이름으로 중원대륙과 한반도로 전래된 것이며, 남방불교(南方佛敎) 역시 이들로부터 상당히 영향을 받은 것이다.

　불교(佛敎)의 발상지인 《인도》에서 불교(佛敎)의 맥이 끊어진 이유는 부처님 멸후 《제바달다》와 그의 쌍둥이 형제인 《알라신(神)》에 의해 승단(僧團)이 정복됨으로써 한단불교(桓檀佛敎)의 진리(眞理)가 왜곡되어 《힌두교》로 바뀌면서 사라진 것이다.

　그리고 남방불교(南方佛敎) 역시 한반도의 《가야국》과 《신라》에 전래될 때까지는 부처님 멸후 1차 경전 대결집때 결집된 《경율》이장으로 된 《굴내 결집》이 전하여졌으나, 통일 신라 이후는 이 역시 《북방불교》 전래인 《마왕 불교(魔王佛敎)》에 흡수 통합되어 오늘에 이르고 있는 것이다.

　이렇듯 《한단불교(桓檀佛敎)》나 《석가모니 부처님》 이후의 불교(佛敎)가 모두 신선(神仙) 불·보살들과 이들의 추종세력들인 《연각승》들과 《독각승》들에 의해 왜곡되고 파괴된 것이며, 이로써 변질된 《마왕 불교》가 마치 석가모니 부처님께서 펼치신 가르침인 양 위장되어 오늘에 전하여져 있는 것이다.

　이러한 《연각승》과 《독각승》들을 《비구》무리들이라 고하는 사실을 밝히는 것이다.

[7] 시간(時間)과 공간(空間)을 초월한 [미륵부처님]의 기록

　[미륵부처님]께서 남기시는 기록은 시공(時空)을 초월한 기록들이다. 이러한 기록들을 이해하시기 위해서는 필수적으로 몇 가지 진리(眞理)를 이해하셔야만 받아들일 수 있는 기록들이다.

　이와 같은 기록들의 이해를 위해서는 먼저 인간들의 몸(身)은 영신(靈身), 육신(肉身), 법신(法身) 등 셋이 있음을 이해하셔야 한다. 이러한 셋의 몸(身) 중 영신(靈身)은 《영(靈)》의 몸(身)으로써 인간의 마음(心)의 근본 뿌리인 성(性)의 30궁(宮)에 있어서 《안, 이, 비, 설, 신, 의》등을 다스리는 양자(陽子) 여섯과 전자(電子) 여섯이 양음

(陽陰) 짝을 한 《육근(六根)》으로써 이를 영신(靈身)이라 하며, 이러한 영신(靈身)은 양자(陽子) 18로 된 《영(靈)》을 감싸고 있는 것이다.

이러한 《영신(靈身)》을 다른 각도에서 말씀드리면, 인간의 마음(心)의 근본 뿌리인 성(性)의 30궁(宮)을 《영혼(靈魂)》이라고 한다. 이러한 영혼(靈魂)에 있어서 양자(陽子)18을 《영(靈)》이라 하고, 양자(陽子)6과 전자(電子)6이 양음(陽陰) 짝을 한 것은 《혼(魂)》으로써 《영신(靈身)》이라고 하는 것이다. 흔히들 말하는 《유령》이 개체의 《영혼》들이라는 사실을 아시기 바라며, 육신(肉身)은 그대들이 현재 가지고 있는 육신(肉身)으로써 이러한 육신(肉身)은 《영혼》과 현대 과학이 《유전자》로 이름하여 놓은 《속성》과 혈액으로 이름되는 《정령》들과 《세포군》들로 이루어져 있다.

이러한 인간 육신(肉身)이 죽음을 맞이하면 《영혼》의 《영력(靈力)》이 강한 자들은 《속성》과 《정령》들과 《세포군》들로 이루어진 육신(肉身)을 벗어던지고 우주(宇宙) 공간(空間)에 떠 있는 자기의 별(星)인 《법신(法身)》으로 들어가서 별(星)의 핵(核)이 되어 《영혼》의 모습을 지닌 채 쾌적한 삶을 즐기다가 스스로의 필요에 의해 다시 인연있는 부모의 자궁(子宮)의 힘을 빌어 인간 육신을 가지고 태어남으로써 《영혼》 진화의 길에 들어가게 되는 것이다.

또한, 《영력》이 약한 자들은 육신의 《정령》들과 《세포군》들은 벗어 던지고 《속성》을 대동하고 《영혼》이 육신을 벗어나는 것이다. 이러한 《영혼》은 스스로 보다 진화가 덜된 《어두운》 《속성》을 대동하고 육신을 벗어나서 《영혼》과 《속성》이 음양짝을 하여 하나가 됨으로써 어두운 《영혼》이 된다. 이와 같은 어두운 영혼이 밝아질 때까지 윤회(輪廻)를 계속하는 것이다.

《영혼》이 밝아지는 것이 《영력》이 강한 자가 되는 것이다. 다음으로 법신(法身)은 공간에 떠 있는 별(星)의 표면을 말한다. 즉, 표면을 가진 별(星)들은 모두 별들의 핵(核)을 지니고 있다. 다시 다른 표현으로 말씀드리면, 공간의 별(星)들은 별들의 핵(核)과 별 표면으로 음양짝을 하고 있으며, 이러한 별(星)들은 하나같이 《밝음》의 별(星)로 진화를 한다.

이와 같이 별(星)들의 진화가 별(星)들 핵(核)의 진화와 별(星) 표면의 진화가 구분되어 진행이 되는 가운데, 먼저 진화를 시작하는 쪽이 별의 핵(核)이며, 별(星) 핵

(核)의 진화가 완성이 되었을 때 다음으로 별(星) 표면의 진화에 들어가는 것이다. 이러한 별(星) 핵(核)의 진화 가운데 인간 육신(肉身)을 가지고 태어나서 인간《영혼》의 진화를 위해 인간 육신을 가진 윤회(輪廻)에 돌입하는 것이다. 이 때문에 모든 부처들은 인간과 저 공간의 별들을 동일체로 보는 것이며, 인간 무리의 정복이 바로 별(星)들의 세계 정복이 되는 것이다.

이와 같은 이치 때문에 지상에서 우주적 쿠데타를《지(地)》의 우주 모든 신선(神仙) 불·보살들과 제신(諸神)들이 일으킨 것이며, 이들은 그들의 후손들에게 이러한 사실을 감추기 위해 그들의 후손 민족들에게 죽으면 자연(自然)으로 돌아간다는 마왕들의 사상인《그리스》자연 사상을 가르치고 인간과 별이 동일체라는 진리가 담긴《한단불교》와 석가모니 부처님 이후의《불교》가 양음 짝을 한《불교》의 모든 진리의 경(經)을 왜곡하고 고치고 훼손하여 파괴함으로써 그들 후손 민족 인간 무리들의《정신세계》진화의 정도를 비유하면《초등학생》수준으로 만들어 놓은 것이다.

이로써 인간 무리들이 전혀 눈치 채지 못하게 그들은《대마왕》들이 되어 인간 육신을 가지고 왔다가 인간 육신의 수명이 다하면 막강한 그들의 영력으로 다시 인간 육신을 가지고 태어나서는 그들이 목표한 바를 계속 진행하여 온 것이다.

그러나《석가모니 하나님 부처님》께서는 상기 기록한 모든 내용들을 진리의 경에 모두 담아 두시어 인간 무리들이 이를 공부하고 깨우쳤을 때 인간 무리들 모두의《정신세계》의 진화를 비유하면《고등학교》졸업반 수준까지 끌어올림으로써 다음 진화기에 별 핵의 진화를 완성시킬 수 있도록 가르침을 펴신 것이다. 그런데《초특급 대마왕》들과《대마왕》들로 변한 지(地)의 우주 모든 신선(神仙) 불·보살들과 제신들은 그들의 욕망에 의한 권세와 권력을 위해 인간 무리들의《정신세계》진화를 가로막고 이들을 희생양으로 만들어 그들의 욕망 충족의 목표를 위해 이들을 이용하는 짓을 지금까지도 계속하고 있는 것이다.

별 핵(核)의 진화가 완성이 되었을 때가 보살도 성취의 보살을 이룬 때이며, 별(星)의 핵(核)과 표면의 진화가 완성이 되었을 때가 보살도 완성의 때로써 불법(佛法) 일치된 완전한 깨달음을 이룬 불(佛)을 이룬 때이다. 이러한 보살도에 있어서 인간 육신을 가지고 태어났을 때 부처님의 바른 가르침을 생활화하고 이를 공부하면 어렵지 않게 보살도 성취의 보살을 이룰 수 있게 되어 있는 것이다.

그러나 이러한 《석가모니 하나님 부처님》법을 왜곡하고 고치고 훼손하여 인간 무리들로 하여금 보살도에 근접하는 것을 가로막음으로써 태동한 것이 《마왕 불교》로써 이러한 《마왕 불교》가 부처님의 가르침인 양 위장하고 가르치고 있는 실정이 지금까지 계속되고 있는 것이다.

이와 같은 이치 때문에 《미륵부처님》께서 남기시는 기록들이 《시공(時空)》을 초월하는 기록들이 되며, 이의 이해를 위해서는 《영신》, 《육신》, 《법신》 등의 삼신(三身)에 대해서 충분히 이해를 하셔야 남기시는 기록의 뜻을 정확히 파악할 수 있기 때문에 먼저 이해를 구하는 것이다.

불법(佛法) 일치된 완전한 깨달음의 자리가 진화(進化)의 종착지이며, 이러한 진화의 종착지가 눈물도, 고통도, 죽음도 없는 절대 평등의 자리인 《열반》의 자리에 들어감으로써 항상 쾌락하고 깨끗한 완전함의 나(我)를 가질 수 있는 곳에 머물 수 있으므로 모든 인간 무리들을 진화시켜 이곳에 들게 하기 위해 원천 창조주이신 《석가모니 하나님 부처님》께서는 《창조》와 《진화》를 계속 진행시키고 계심을 여러분들은 분명히 아셔야 하는 것이다. 이러한 이치를 《석가모니 부처님》께서는 일찍부터 《법보화삼신(法報化三身)》과 《습생》, 《난생》, 《태생》, 《화생》 등의 《사생(四生)》과, 《지옥》, 《아귀》, 《축생》, 《수라》, 《인간》, 《천인》 등 육도(六道)로써 《윤회(輪廻)》를 가르치신 것이다.

그러나 마왕 불교를 하는 《비구, 비구니》들이 석가모니 부처님 이름을 팔아 비유를 하면 《유치원생》 정도의 불법(佛法) 실력을 갖추고 겨우 문자(文字) 해독이나 한 수준으로 불자(佛者)들을 가르쳐 놓으니 당래(當來) 교주(敎主)이신 《미륵부처님》께서 불법(佛法)을 펼쳐 놓은 것을 혹자들은 어렵다 하고 혹자들은 아예 외면하는 지경까지 오고 만 것이다. 이러한 현상이 바로 대마왕들로 변한 신선 불·보살, 제신들이 인간 무리들의 진화를 가로막고 《정신세계》를 황폐하게 만든 결과가 되는 것이다.

《석가모니 하나님 부처님》께서는 인간 무리들의 원천 조상이나 그들의 후손들인 인간 무리 모두를 차별없이 평등하게 대하신다. 그러므로 인간 육신을 가지고 태어난 인간 무리들은 그들의 조상들에게 연연하지 말고 잘못된 그들의 가르침을 단호히 배격하고 원천 창조주이신 《석가모니 하나님 부처님》의 바른 진리(眞理)의 법(法)을 찾아 진정으로 귀의하였을 때라야 인간 무리들 개개인의 구원이 실현된다는 점을 차제에 분명히 하는 것이다.

이와 같이 진화하는 별(星)들의 진화와 윤회하는 인간 영혼의 진화의 실체를 밝히다 보니 자연히 《미륵부처님》의 기록이 시공(時空)을 초월한 기록이 됨을 바로 이해하시기 바란다.

[8] 신선(神仙) 불·보살들과 제신(諸神)들의 자취

《북반구》인류 문명에 있어서 5700년을 인간 교화(敎化)의 기간이라 하고 이후 지상의 서기 2000년까지 4300년을 치화(治化)의 기간이라고 구분하였다. 즉, BC 8000년부터 BC 2300년까지 5700년이 《석가모니 하나님 부처님》과 《아미타불》과 《다보불》 등 세 분의 원천 창조주를 비롯한 천일우주 100의 궁의 신선 불·보살들과 제신(諸神)들이 점차적으로 지상(地上)으로 내려와 지상(地上)에서 진화하여 온 《구석기》인들에게 《석가모니 하나님 부처님》의 나뉨인 《진성(眞性)》, 《진명(眞命)》, 《진정(眞精)》 등의 삼진(三眞)을 심고 《신석기인》으로 전환시킨 후 문명(文明) 사회를 열게 한 기간이다.

이러한 기간에 《구석기》인들에게 심은 삼진(三眞)이 《석가모니 하나님 부처님》의 나뉨으로써 《진성(眞性)》이 《반중성자》이며, 《진명(眞命)》이 《양전자(陽電子)》이며, 《진정(眞精)》이 《중성자(中性子)》로써 진성(眞性)1과 진명(眞命)3과 진정(眞精)6 등 합(合) 10을 《구석기》인의 마음(心)의 근본 뿌리인 성(性)의 30궁에 심음으로써 《구석기》인이 《신석기》인으로 전환이 되어 《신석기》인 심장 속에서는 마음의 근본 뿌리가 40궁이 되어 비로소 《인간》으로서 진화를 하는 것이며, 이러한 인간은 다시 그의 후손을 남기게 되면 자동적으로 삼진(三眞)이 심어지게 된다.

즉, 《구석기인》들이 가진 성(性)의 30궁(宮)은 《본능》대로 움직이는 성질을 가지고 있기 때문에 이러한 《본능》을 진화시켜 인간다운 모습으로 전환시키기 위해 《석가모니 하나님 부처님》의 나님인 삼진(三眞)을 심는 것이다. 다른 각도로 말씀드리면, 본능대로 움직이는 성(性)의 30궁의 진화를 돕기 위해 삼진(三眞)이 심어지는 것이며, 이로써 《구석기》인이 진화하여 《신석기인》이 되는 것이다.

이러한 이후 농경사회를 열게 하고 문명기를 가지기까지를 <u>인간 무리 교화(敎化)의 기간이라고 하는 것이며,</u> 이 기간 동안 원천 창조주 세 분과 천일우주 100의 궁(宮)의 신선 불·보살들과 제신(諸神)들은 많은 후손(後孫)들을 남기는 것이다. 이러한 교화(敎化)의 기간 동안 《구석기인》들은 비로소 《인간》이 되어 농경법과 목축업 등을 배워 무리지어 마을을 이루고 사는 법을 배우고 이후 문명기를 거치면서 도덕성을 갖춘 사회의 질서와 규율과 하늘(天)을 받드는 법(法)을 배운 후 다음으로 <u>인간의 마음의 근본 뿌리인 성(性)의 30궁(宮)의 단련을 통한 본격적인 진화를 위해 천일우주 100의 궁의 신선(神仙) 보살들과 제신(諸神)들이 다스리는 치화(治化)의 시대로 들어가는 것이다.</u>

이러한 치화의 과정을 있게 한 《한반도》와 《중원대륙》을 다스렸던 한민족(韓民族)의 조상들이신 47대 단군(檀君)님들이 모두 대신선(大神仙)들로서 신선 보살들이시며 북부여 6대 단군들이 모두 제신(諸神)들 출신인 것이다. 이와 같은 치화(治化)의 기간이 시작되자 중원대륙에는 그동안 다른 곳에서 많은 후손들을 남긴 신선 부처들과 제신(諸神)들이 몰려들어 각축을 벌린 것이다.

이러한 사실의 이해를 위해 교화기간 동안 세 분의 원천 창조주들과 천일우주 100의 궁의 신선 불·보살들과 제신(諸神)들이 인간 교화를 하면서 후손 민족을 남기면서 인간 교화를 한 영역을 대략적으로 살펴보면, BC 7200년 한국(韓國)의 고대 국가인 한국(桓國)이 세워지고 난 후 지금의 《아조프해》건너편 우랄산맥을 등진 평야지대에서 《석가모니 하나님 부처님》과 《다보불》께서 인간 무리의 교화를 하시고 지금의 《터키》지방에서는 《석가모니 하나님 부처님》의 장자이신 《노사나불》께서 인간 교화를 맡으시어 교화하기를 1200년을 하시게 된다.

제3장 미륵부처님께서 전하시는 문명의 종말의 실상 403

이러한 이후 불어난 인구로 인하여 1차 인간 무리 대이동이 시작된 후 《석가모니 하나님 부처님》께서는 《석가모니 하나님 부처님》계(係)의 불·보살들과 함께 인간 교화의 축을 《파미르 고원》이 있는 중앙아시아로 교화의 축을 옮겨 《배달국》을 세우시고 인간교화를 하시는 가운데, 처음 교화한 《한국(桓國)》의 일부 사람들을 데리고 《슈메르 문명》이 일어날 곳에서 《배달국》을 왕래하시면서 번갈아 가면서 인간 교화를 하시어 이곳에서도 후손들을 남김으로써 이들과 함께 인류 최초의 문명인 《슈메르》문명을 일으키시는 것이다.

한편, 다보불께서는 이와 때를 맞춰 한국(桓國) 시절 교화한 다보불(佛)의 후손들과 일부의 《스키타이》들을 대동하여 《유럽》으로 떠나신 후 그곳에서 인간 교화를 하시면서 《다보불》의 후손들로서 《게르만 민족》을 남기시고, 이때 《다보불》을 모시고 떠났던 《스키타이》들이 《북유럽》으로 건너가서 《스키타이》 후손들을 남기는 것이다.

그리고 이러한 이동 때에 《아미타불》과 아미타불계(係)의 불·보살들께서는 《이집트》로 건너가시어 남미(南美) 쪽에서 건너온 《남반구》선대 문명기 때에 남기셨던 후손들 일부와 합류하시어 《도시 국가》를 만드시고 인간 교화를 하신 이후 인간들의 교화가 끝이 나면 새로운 도시 국가를 만들면서 교화의 축을 옮기시는 방법으로 고대 이집트 문명을 일으키시고 후손 민족들을 남기시는 것이다.

이때 지(地)의 우주 진화의 길에 있던 《칠성불》들과 《관세음보살》들과 《제신(諸神)》들은 《이란 고원》으로 교화의 축을 옮긴 뒤 한 무리는 오늘날의 중동 지방과 지중해 연안에서 인간 교화를 하였으며, 한 무리는 남부 아프리카로 진출하여 인간 교화를 하였으며, 이곳의 인간 교화가 끝날 무렵 노사나불(佛)을 위시한 신선 부처들은 남부 유럽으로 건너가시어 인간 교화를 하시면서 많은 후손 민족을 남기시며, 《이란 고원》에서 자리하였던 일부 신선 부처는 고대 인도로 들어가서 인간 교화를 하신 것이다.

한편, 유럽으로 인간 교화를 떠나셨던 《다보불》께서는 떠나실 때 천일궁(天一宮) 출신들의 신선 보살들을 대동하고 떠나셨기 때문에 이때 《신선 보살》인 《고시리》는 《슬라브족》의 조상이 되고, 《대가전연》은 오늘날 《프랑스인》들의 최고 조상이 된다.

이러한 이후 불어난 많은 인구들로 인하여 2차 민족 대이동이 BC 4000년에 일어나며, 이때《슈메르》문명을 일으켰던《석가모니 하나님 부처님》직계 후손들이 인도 서북쪽 국경을 넘어 고대 인도로 들어가서 선주민으로 있던《드라비다》계의 인간 무리들을 하층민으로 거느리게 된다.

이때 중앙아시아《파미르 고원》에 있던《배달국》도 인간 교화 축을《한반도》로 옮겨 한반도 내의 다보불계의《곰족》들을 교화하신 이후 신시(神市)를 만들어 교화의 축을 옮기면서 중원대륙의 인간 무리들을 교화하시는 것이다.

또 다른 한편으로,《석가모니 하나님 부처님》께서는 유럽으로 건너가시어 인간 교화를 하시면서 남기신 후손들이 훗날《잉글랜드》섬으로 이동한《앵글로색슨족》과《켈트족》으로서《스키타이》후손들인《스코틀랜드》인들과 하나가 되어 오늘날의 영국을 이루고 있는 것이다.

이렇듯 인간 교화의 기간 동안 BC 6000년과 BC 4000년 등 두 차례의 민족 대이동이 있었으며 2차 민족 대이동이 일어났던 BC 4000년 이후《슈메르 문명》의 주력세력들이 이동한 이후《슈메르 문명》이 자리하였던 곳은《문수보살》이 이를 이어받고 많은 후손들을 남긴 끝에 뒷날《우르 문명권》을 열고 문명의 번창기를 지나 치화의 기간이 시작된 초입 BC 2000년경에 단행된 3차 민족 대이동이 있었을 때《문수보살》의 후손 민족들이《그리스 반도》로 들어감으로써《미케네 문명》을 일으킨 후 뒷날 이탈리아 반도로 들어가서 유명한《로마》를 건설하는 것이다.

이로써 5700년에 걸친 인간 교화의 기간이 끝나고 중원대륙 심장부에서《문수보살》이《단군왕검》으로 이름하고 한민족(韓民族)의 고대 국가인 고조선(古朝鮮)을 세운 BC 2333년 이후가 사실상의 인간 무리 치화(治化)의 시대가 전개된 것이나, 33년을 뺀 BC 2300년부터 AD 2000년까지 4300년을 치화(治化)의 기간이라고 하는 것이다.

이러한 치화의 기간부터 BC 2000년경에 단행된 민족의 대이동과 맞물려 <u>민족 간의 국경(國境) 개념과 함께 초기 국가의 형태가 나타나고</u> 한민족(韓民族) 국가로써는 중원대륙과 한반도 모두를 다스리는《고조선》이《단군왕검》에 의해 세워진 후

신선 보살들에 의해 다스려지게 된다. 이와 같이 북반구 문명 대부분의 지역에서 천일우주 100의 궁에서 내려온 신선 보살들과 제신(諸神)들에 의한 왕조(王朝)가 세워져 다스림의 시대가 진행이 된 것이다.

이러한 치화의 시대가 시작되자마자 《동양 사회》를 제외한 《서구 사회》를 비롯한 고대 이집트, 중동지방, 고대 인도, 지중해 연안, 그리스 등 거의 전 지역에서 《석가모니 하나님 부처님》법에 반기를 들고 《우주 쿠데타》를 획책한 천일우주 100의 궁(宮)에서 내려온 신선 불·보살, 제신들에 의해 인명을 살상하는 《정복전쟁》이 시작이 된 것이다. 이러한 《정복 전쟁》을 《신(神)들의 전쟁》이라고 하는 것이다.

이와 같은 《신(神)》들의 전쟁이 한창일 때 BC 1300년 이후는 《동양사회》도 《신(神)》들의 전쟁에 휩싸임으로써 북반구 문명 전 지역이 신(神)들의 전쟁 태풍 속에 있었던 것이다. 이와 같은 신(神)들의 전쟁 특징은 북반구 문명권 전 지역에 골고루 후손 민족을 남기셨던 《석가모니 하나님 부처님》과 육신불이신 《다보불》과 분신불이신 《아미타불》등 세 분의 원천 창조주들께서 교화하신 영역들과 그 후손들을 살상하는 정복전쟁으로 시작이 된 것이 특징이다.

한 예를 들면, BC 14세기 《모세》의 선동에 의해 고대 《이집트》를 탈출한 《이스라엘인》들이 《유대인》들과 합세하여 《예루살렘》을 정복하고 강력한 나라를 만든 후 당시 힘이 막강하였던 《야훼신(神)》과 손잡고 《유럽》을 침공하여 《다보불》의 후손들인 《게르만족》의 영역을 초토화시키고 인간 무리들을 살상하고 포로로 잡아온 자들 중 여인들은 노예로 전락시키고 사내아이는 모두 죽이는 파렴치한 행위를 자행함으로써 인(因)을 심은 것이 훗날 3000년이 지나서 세계 2차 대전 때 《게르만 민족》의 국가인 《독일》에 의해 《유대인》과 《이스라엘인》들이 학살당함으로써 그 보답을 받은 것이다. 이 역시 《신(神)》들의 전쟁 연장선상에서 일어난 일들인 것이다.

이와 같이 BC 6세기에 《석가모니 하나님 부처님》께서 고대 인도 땅으로 《석가모니불》로 이름하고 오시기 이전까지의 신(神)들의 전쟁은 그들 영역 확장의 목표보다는 세 분 원천 창조주들께서 교화하시면서 남기신 후손들의 씨앗 말살을 위한 살상을 함으로써 인간과 별(星)들이 동일체(同一體)임을 아는 대마왕들과 마왕들이 우주 정복의 야욕을 드러내고 저지른 만행임을 후대의 인간들만 모르는 진실인 것이다.

　신(神)들의 전쟁 초기에는 각 민족이 그들의 최고 조상신(神)을 믿는 차원에서 시작이 되었으나 얼마간의 세월이 지난 후는 천일우주 100의 궁(宮)의 신선 불·보살, 제신(諸神)들이 연합하여 살육 전쟁에 뛰어들게 됨으로써 이미 BC 8세기에 그들은 인간 세상에 나오지 말아야 했던 《그리스 신화》를 세상에 나오게 한 후 그들의 후손 민족 및 모든 인간 무리들의 《정신세계》를 우주적으로 《초등학생》정도의 수준으로 묶어두기 위해 《그리스》《자연사상》을 심은 것이다. 그리고 이때 이미 세 분의 원천 창조주들께서 인간 교화를 위해 세상에 펼쳐놓으셨던 경전들을 폐기하거나 《그리스》《자연사상》에 부합하는 내용으로 고치고 왜곡하는 짓을 본격적으로 한 증거가 지금까지 남아 있다.

　이러한 《그리스 신화》와 《자연사상》을 만든 자가 대마왕으로 변한 《문수보살》임이 훗날 밝혀진 것이다. 이와 같은 《문수보살》이 한민족(韓民族)의 국가인 《고조선(古朝鮮)》을 탄생시킨 BC 2333년 이후 다시 몸(身)을 바꾸어 BC 2010년 고대 이집트 중왕국 초기 《멘투호텝》파라오라고 이름하고 고대 이집트로 태어나셔서 《레우.누.페르.엠.후루》를 창작하였을 때만 하여도 신선 보살이기는 하나 《석가모니 하나님 부처님》의 뜻을 어기지는 않은 것이었다. 그러나 《우르 문명》을 일으켰던 그의 후손 민족들이 고대 《그리스》로 들어가 《미케네 문명》을 일으킨 후 번성기를 지나 점차적으로 《크레타 문명》의 지배를 받기 시작하고부터는 《노사나불》과 《크레타 문명》을 일으킨 《천왕불》에 동조하여 이들 《초특급 대마왕》들과 《대마왕》들의 두뇌 노릇을 하면서 탄생한 것이 《그리스 신화》이며 《그리스 자연사상》이다.

　이렇듯 《대마왕》으로 변한 《문수보살》이 대마왕 짓을 하면서 《그리스 자연사상》을 본격적으로 심은 곳 중의 하나가 《한단불교》의 3대 경전 중 하나인 《천부경 81자(字)》에서다. 천부경 81자(字) 내용 중 《십거일적(十鉅一積)》이라는 내용이 있다. 이러한 《십거일적》은 여러 번 설명 드린 바와 같이 창조주의 수(數)인 19수

(數)를 이름하는 내용으로써 우주간을 떠받치는 일곱 기둥 법칙 중의 하나로써《창조》와 《진화》가 설명되는 중요한 내용이다.

이러한 내용이 원천 창조주 중의 한분이신《다보불》께서《황제중경》을 남기실 때《십거일적》으로 되어 있다. 이와 같은 내용을 대마왕으로 변한《문수보살》이《노사나불》의 동의를 얻어《일적십거(一積十鉅)》로 바꾸어 오늘에 전하고 있는 것이다.《십거일적》이라고 하였을 때, 이는 우주간의 진리(眞理)를 따르는 것이나,《일적십거》라고 해석을 하였을 때는 천부경 81자 내용 모두를《그리스 자연사상》에 맞춘《석가모니 하나님 부처님》을 부정하는 천부경 내용이 되는 것이다. 이로써 당대의 학자들로부터 전하여진《그리스 자연사상》이 오늘날까지 이어져서 전 인류 모두의 뇌리에 뿌리깊게 자리한 것이다.

이렇듯 초특급 대마왕들과 대마왕들에 의해 획책된 신(神)들의 전쟁이 세 분 부처님들의 후손 민족 살육을 위해 진행되다가 BC 1000년 이후는 민족의 뿌리를 괴멸시키는 살육 전쟁에 한계를 느끼고 이때부터 그들은 그들 후손 민족과 여타 인간 무리들에게 새로운 사상(思想)과 관념을 심음으로써《정신세계》정복을 위해 방향을 선회하기 위한 목적으로 나온 것이《그리스 신화》요 그리스 자연사상인 것이다.

인간 교화(敎化)의 기간 동안 각각의 문명기를 거치면서 각 민족이 가졌던《신화(神話)》와 치화(治化)의 기간에 나온《그리스 신화》는 근본적으로 그 구성이 다름을 알아야 하며,《그리스 신화》는 크게 나누어 보면 다음과 같은 부정적인 면으로 점철되어 있어 이를 정리하여 기록하면 다음과 같다.

  (1) 우주(宇宙) 진화(進化)의 부정
  (2) 신(神)들 세계의 왜곡과 파괴
  (3) 도덕성(道德性) 파괴
  (4) 공포 분위기 조성
  (5) 영웅주의 획책
  (6) 잘못된 자연사상의 유포

천일우주 100의 궁의 신선 불·보살, 제신들이 《초특급 대마왕》들과 대마왕들로 변하여 인간 치화(治化)의 기간을 겪는 동안 《우주적 쿠데타》를 일으켜 신(神)들의 전쟁을 벌리면서 민족 말살을 위한 살육 전쟁과 함께 이번에는 《정신적 지배》마저 노려 본격적으로 진리(眞理)를 왜곡한 것이다.

이러한 때에 지금까지 이들의 행위들을 지켜만 보고 계시던 《석가모니 하나님 부처님》께서 이들의 행위가 위험 수위를 넘어서자 이들의 교화와 살육 전쟁을 종식시키기 위한 목적으로 BC 6세기 고대 인도 땅으로 《석가모니불》로 이름하고 오시면서 당대 《우주 쿠데타》를 일으키고 신(神)들의 전쟁을 주도한 초특급 대마왕들과 대마왕 모두를 인간 육신을 가지고 고대 인도의 《석가모니불》 주위에 모두 태어나게 하신 이후 이들 모두를 《제자》로 받아들이신 후 일평생 이들을 교화하시면서 남기신 경전들이 《불교》의 경전들인 것이다.

그러나 대부분의 천일우주 100의 궁(宮)에서 내려온 신선 불·보살, 제신들의 제자들은 석가모니 부처님께서 《열반》에 드신 이후 곧바로 불교 교단을 분열되게 하여 경전 결집부터 《그리스 자연사상》에 입각한 《굴외 결집》을 하여 이를 인류들에게 전한 것이다. 이 이하의 관계 설명은 진행을 하면서 밝힌 것과 필자의 각종 저서를 통하여 알려 드렸으니 여기에서 나머지 설명은 끝내기로 하고 다음을 진행하겠다.

이와 같이 《석가모니》 부처님 출현 이후 불교(佛敎)는 석가모니 부처님을 교주로 하여 왜곡된 불교든 왜곡되지 않은 불교든 사방으로 퍼져 나갔으나 초특급 대마왕들과 대마왕들로서는 <u>이미 부처님 오시기 이전에 인간들의 《정신적 지배》를 위해 준비하여 두었던 일들을 오히려 구체화시켜 이들 초특급 대마왕들과 대마왕들 스스로가 교주가 되어 종교를 만듦으로써 이 이후부터는 인간들의 《정신세계》를 겨냥하여 인연법(因緣法)에 따른 《종교》《정복 전쟁》으로써 인간들을 살육하는 전쟁을 지금까지 계속하고 있는 것이다.</u>

특히, 서력기원 이후 지금까지 지상(地上)에서 일어난 전쟁들이 표면적인 이유는 따로 있으나, 내면적으로는 모두 《종교 정복 전쟁》에 연루되어 있으며 이러한 배후에는 항상 천일우주 100의 궁에서 진화하여온 신선 불·보살들과 제신들이 초특급 대마왕들과 대마왕들이 되어 도사리고 있는 것이다.

　이러한 초특급 대마왕들과 대마왕들은 그들의 막강한 영력(靈力)으로 육신(肉身)의 죽음을 맞이한 이후는 곧바로 다시 인간 육신을 가지고 태어나서 그들이 처음 목표하였던 바의 임무를 계속 수행하고 있었다는 사실을 《미륵부처님》께서 정확히 밝히는 것이다.

　초특급 대마왕들과 대마왕들은 그들 후손 민족 중에서도 그들의 뜻을 고스란히 수행을 하는 많은 마왕 무리들도 만들었다는 사실을 아시기 바라며,《종교》《정복전쟁》의 배후에는 항상 이들이 도사리고 있었다는 사실도 이해를 하셔야 시간과 공간을 초월하여 인간 육신을 가지고 태어나는 인간들과 이들의 윤회를 바로 이해할 수가 있는 것이며, 때에 따라 영력이 강한 그들의 뜻대로 태어날 수 있는 실상을 알 수가 있는 것이다.

　이를 위해 몇 가지 "예"를 들어 말씀드리되,《미륵부처님》은 없었던 일을 지어내서 여러분들에게 기록으로 전하는 분이 아니라는 사실을 강조 드리면서 설명을 드리겠다.

　먼저, 천지인 우주 중 지(地)의 우주 진화를 선도하시던《노사나불》께서 지상(地上)에 인간 육신을 가지고 오셨을 때의 드러난 호(號)를 말씀드리면, 한민족(韓民族) 고대 국가인 한국(桓國) 때에는《지위리 한인》으로 오셨으며《구약》에 등장하는《노아의 방주》의《노아》가 때에 따른 이름으로써 지금도 일부 아프리카 국가에서는《로하교》가 존재하는데 이때의《로하》가《노아》와 같은 이름이다. 그리고《바빌로니아》《창조 신화》에 등장하는《마르둑(Marduk) 신(神)》이《노사나불(佛)》이시며, BC 3898년 한반도에서《한국(韓國)》이 만들어졌을 때 2대《거불리 한웅》님이 노사나불(佛)의 때에 따른 호이며 고대 그리스에서는 그리스 신화에 등장하는《제우스 신(神)》으로 오신 것이다.

　이러한 그리스 신화를 거론함에 있어서 여러분들이 아셔야 될 사항이 신화에 등장하는 제신(諸神)들이 하나같이 실존 인물들로서 천일우주 100의 궁에서 진화하여온 신선 불·보살들과 제신(諸神)들 모두를 신(神)으로 호칭하였음을 분명히 밝히는 바이다.

다음으로, 중원대륙의 《주(周)》나라 때에 《노자(老子)》로 이름하고 오셨는데, 교활한 한족(漢族)들은 《주(周)》나라를 처음 세운 칠성불 중의 한 분인 《천관파군불》의 우주적 쌍둥이 형제인 《에오신(神)》이 《이이(李耳)》로 이름하고 오셨는데 이를 슬쩍 뒤바뀌게 기록하여 《노자(老子)》가 《이이(李耳)》라고 기록을 하여 그 기록을 후대에 전함으로써 역사 왜곡을 한 것이다. 분명히 말씀드려서 《노자(老子)》는 《이이(李耳)》가 아닌 《노사나불》의 때에 따른 호임을 밝히는 바이다.

이 이후 노사나불(佛)께서는 다시 고대 인도 땅에 《석가모니 부처님》께서 오셨을 때 장자로서 《라후라》의 12년 연상의 형(兄)으로 인간 육신을 가지고 태어나신 적이 있으며, 이때의 호가 《비자야(Vijaya)》로서 《석가모니 부처님》께서 태자시절을 마감하시고 출가하실 당시 지금의 《스리랑카》로 건너가시어 《싱할리 왕국》을 세우시고 BC 543~BC 504년까지 재임을 한 바가 있으며, 이 인연이 훗날 《가야국》에 남방불교가 전래된 인연이 되는 것이다.

이 이후 《노사나불》께서는 《약왕보살》이 《예수님》으로 태어나기 이전 훗날 《예수님》의 법(法) 펼침을 도우기 위해 《요한성자》로 이름하고 《베드로》로 이름되는 《문수사리보살》과 백의관음의 분신인 《마리아님》과 함께 고대 유대 땅으로 태어나시어 《요한》, 《베드로》, 《마리아》로 호를 하시고 《마리아님》은 《서력기원》과 함께 《예수님》을 낳으신 것이다. 이때의 《노사나불》 호가 《요한》이며, 현재 기독교에서는 《요한》과 《세례요한》을 다른 사람인 양 구분하고 있는데, 이는 동일인임을 분명히 밝히는 바이며, 이때 남기신 경(經)이 유명한 《요한계시록》이다.

그 다음의 태어남이 《금관가야》의 《수로왕》이며, 이후의 태어남이 《일본(日本)》의 국호를 지으신 《신무천황》이다. 이러한 이후 다시 16세기 《프랑스》 대예언가인 《노스트라다무스》로 오시어 남기신 《예언서》가 《요한성자》로 오시었을 때의 《요한계시록》과 깊은 관계가 있는 《예언서》를 남기신 것이다. 이 이후 19세기 말 《조선왕조》 《고종》 때에 《강일순》, 호를 《증산》으로 하고 오신 적도 있다.

대표적으로 드러난 호(號)만 거론하였으나, 이 이외에도 수많은 태어남으로 지상

(地上)의 인간들에게 실제적인 인간 육신(肉身)을 가지고 때에 따라 태어나시어 영향을 크게 미치신 분이다.

이와 같은 수많은 태어남이 진행하면서 밝힌 바와 같이 강한 영력(靈力)으로 스스로의 필요에 의한 태어남을 자유자재로 할 수 있었던 분임을 기억하시기 바란다.

다음으로 천일우주 100의 궁 출신의 신선(神仙) 불·보살들과 제신(諸神)들이 지상(地上)의 인류 북반구 문명 기간 내내 태어나서 그들 후손 민족을 지도하고 인간 무리들의 《정신적 지배》를 위해 노력한 행적들을 일일이 모두 밝혀 드렸으면 좋겠으나, 《후천우주》 진화의 길에 들어선 지금의 때로 봐서는 부질없는 일이기에 그렇게 하지는 못하고 인류 역사에 크게 영향을 끼친 몇몇의 경우만 알려드리겠다.

《문수보살》은 《한국(桓國)》 때에 이미 《다보불(佛)》을 따라 지상(地上)에 내려와서 많은 활동을 한 가운데 《복희씨》로 태어났으며, 이후 《단군왕검》과 《멘투호텝》파라오로 오셨으며, 그 이전에도 번갈아 가며 인간 육신을 가지고 태어나 《우르 문명》을 일으키고 지도하였으며, 그의 후손들을 이끌고 《그리스》 반도로 들어가서 《미케네 문명》 초석을 놓은 자도 《문수보살》이며, 이후 석가모니 부처님께서 오셨을 때는 《문수사리》로 이름하고 태어났으며, 이후 고대 《로마》의 《시저》로 이름하고 그의 후손 민족인 《로마인》들을 다스린 것이다. 이때 《시저》를 암살한 《안토니우스》가 대마왕인 《천관파군》이 때에 이름하고 와서 암살에 참여한 것이며, 때에 이집트 여왕으로 있던 《클레오파트라》가 《관세음보살 3세》이다. 이후 《문수사리》는 수도 헤아릴 수 없는 태어남으로 인간들 사회에 영향을 크게 끼친 것이다.

다음으로 《묘법연화경》《제23 묘음보살품》에 등장하는 《묘음보살》이 신선 보살로서 천상(天上)에 있을 때 《미륵보살》의 딸로 태어난 보살이다. 이 보살이 지상에 처음 내려왔을 때가 인도 변방과 중원대륙 서북쪽 변방에 후손을 남겼던 전설의 《서왕모(西王母)》이며, 이후 남자(男子) 몸을 받고 태어났을 때가 고대 이집트에서 이스라엘인들을 이끌고 나온 유명한 《모세》이다.

이러한《모세》이후《야훼신》과의 약속을 지키기 위해 두 차례나 고대《유대 왕국》에 태어나 왕이 되어 유럽 원정 및 주변의 여러 민족을 학살하는 짓을 자행을 한 자로서 이후 중원 대륙의《당(唐)》나라《측천무후》가 된 자이며, 때로는 유명한 예술인인《미켈란젤로》로도 태어난 적이 있으며, 최근세는 조선왕조《효종》때에《효종》의 애첩으로도 태어난 적이 있으며, 극히 최근에는 조선왕조 마지막 비운의 왕세자인《이은》의 부인으로도 이 세상에 온 적이 있다. 이와 같이 크게 드러난 자취보다도 더 많은 태어남을 가지고 드러나지 않은 많은 이름들을 가지고 인간 무리들에 큰 영향을 끼친 것이다.

다음으로 그리스 신화에 등장하는《아테네신(神)》은 실존 인물로서《아사선인》→《반고(槃固)》→《제바달다》로 이어지는《천왕불》의 쌍둥이 형제로서《알라신(神)》→《마호멧트》등의 호를 가지고 오신 적이 있으며, 대사라센 제국을 일으켰던 유명한 인물로써 최근에는《미륵보살》에게 인간 육신을 주시고 보호하여 주신 분으로도 오신 적이 있다.

다음으로《야훼신 2세》가《알렉산더왕》으로 태어나서 전체 유럽을 점령한 바가 있으며,《야훼신 3세》가 프랑스의《나폴레옹》으로 왔다가 뒷날 미국의《아이젠하워》로 태어나서 2차 세계 대전을 승리로 이끎으로써《나폴레옹》때에 못다 펼친 한을《아이젠하워》로 왔을 때 다 풀은 후 지금은 한국(韓國) 땅의 소도시에 3세 남자아이로 태어나 있다.

다음으로 조선왕조가 임진왜란을 겪을 때 왕으로 있던《선조왕》이《천관파군》이며,《선조왕》이 우월적 지위로써 못살게 굴었던《이순신》장군이《지장보살 2세》로서 지금은 한국의 남해안 소도시에 태어나시어 30대 후반의 장년으로 와서 계신다.

천일우주 100의 궁의 신선 불·보살들과 제신(諸神)들이 모두 내려와 인류 북반구 문명 시작부터 지금까지 그들의 필요에 의해 항상 인간 육신을 가지고 태어나서 활약한 천상(天上)의 기록을 공개하자면 끝이 없을 지경이다. 이 때문에 치화(治化)의 기간에 시작된《신(神)》들의 전쟁이 지금까지 한시라도 쉼없이 계속되어 왔다고 말씀드린 것이다.

천일우주 100의 궁의 신선(神仙) 불·보살들과 제신(諸神)들이《초특급 대마왕》들과《대마왕》들로 변하여 북반구 문명 치화(治化)의 기간 4300년 동안의 움직임을 크게 구분하면, BC 2300년부터 1500년간은 앞서 말씀드린 대로《인간 살육》전쟁과 그들 후손들의 지배 영역을 넓히는데 주력한 때라면, 이 이후 800년간은 인간 무리들의《정신적 지배》와《인간 살육 전쟁》을 병행한 때이며, 이때가 중원대륙에서는《춘추전국시대》를 겪을 때이다.

　이후 서력기원과 함께 서기 2000년까지의 2000년간은 인간 무리들의《정신적 지배》를 위해《종교정복전쟁》이 치열하게 전개된 기간이 되는 것이다.

　《우르》문명을《문수보살》과 그의 후손 민족들이 일으킨 문명이라고 말씀드린 적이 있다. 이와 같은《우르 문명》의 번성기가 BC 2800년~BC 2400년임을 학자들은 밝히고 있다. 이와 같은《우르 문명》이 BC 2350년《셈계》의 아카드인《사르곤 1세》(BC 2350~2294년)에 의해 정복되어 통일 국가를 이루고 181년을《셈계》가 지배함으로써 슈메르적인 문화 요소들을《셈족화》시켰다고 기록은 전하고 있다. 이때의《셈계》의《사르곤 1세》가《지장보살 1세》이며, 이 이전의《셈족》이 《지장보살 1세》의 후손들이다. 즉,《우르 문명》을 꽃피웠던《문수보살》의 후손들은 엄격히 따지면《다보불(佛)》의 후손들이 되는 것이다.

　이러한《문수보살》의 후손들을《아카이아인》이라고 하며,《지장보살 1세》인《셈계》의《사르곤 1세》가《우르》를 침공하여 통일왕조를 세우고《아카이아인》들을《셈족화》시킨 인간 무리들을《아카드인》이라고 하는 것이다.

　이쯤에서 여러분들이 분명히 아시고 넘어가야 할 사항이《우르 문명》을 일으켰던《다보불계》인《문수보살》의 후손 민족이《지장보살 1세》인《사르곤 1세》에게 정복당하여 181년간《셈족화》되었다는 뜻은 우주적으로 천(天)과 인(人)의 우주 진화의 길인 1-3-1의 진화의 길에 있던《문수보살》의 후손들이 지(地)의 우주 진화의 길에 있는《지장보살 1세》에게 정복당하여 이들의《정신세계》가 1-4의 길을 따르는《연각승》의 도인 신선도를 따르는 민족으로 변화하였다는 뜻이 되는 것이다.

　이러한 과정에《셈족화》되기를 거부한《아카이아인》들이《문수보살》의 인도로 고대《그리스 반도》로 이동하게 된 원인이 되는 것이다.《그리스 반도》로 이동을 한《아카이아인》들이《미케네 문명》을 일으킨 주인공들이 되었으나 이후 BC 3000년대에 한국(韓國)의《한웅님》들께서《중원대륙》으로부터《사해》바깥의《크레타섬》으로 내어 쫓았던《제바달다》의 후손 민족이 일으킨《크레타 문명》권의 지배를 받게 되자 이에 영향을 크게 받은《문수보살》이《석가모니 하나님 부처님》법(法)에 등을 돌리고《초특급 대마왕》들과《대마왕》들과 손을 잡고《우주 쿠데타》에 본격적으로 뛰어 들어 이들의 두뇌 노릇을 하게 된 원인 중의 하나가 된다.

그리고 이때 등장하는《엘람인》이《관세음보살》들의 후손들이며,《히타이트인》과《트라키아인》들이《제바달다》와 우주적 쌍둥이 형제인《야훼신(神)》의 후손들인 것이다.

또 하나의 중요한 사실을 밝혀 드리면, 고대《이집트 문명》은 여러 번 밝혀 왔듯이《아미타불》과《아미타불계(係)》의 불(佛)·보살(菩薩) 8분(分) 합(合) 9분(分)이《파라오》로 이름하고《도시 국가》를 세워가면서 인간 교화를 하면서 일으키신 문명이다.

이러한 연후 치화(治化)의 시대가 시작된 후《아미타불》께서 이번에는《이집트》를 떠나시어 고대《우르》문명권에서《지장보살 1세》인《셈계》의 사르곤 1세에 의해 세워진 통일왕조 이후《아카이아인》의《셈족화》가 상당히 진척이 되고 일부의《문수보살》의 후손들인《아카이아인》들이 그리스 반도로 이동한 이후《아미타불》께서는 이번에는《우르나무》라고 이름하시고 BC 2050년《우르 3왕조》를 창시하시어《우르 문명》부흥에 나서신 것이다.

후세인들은《우르 문명》부흥으로 이름들하고 있으나 사실상《셈족화》된 남아 있는《아카이아인》들로 하여금 옛《우르 문명》때의《정신세계》를 찾아주시기 위해 노력하신 흔적이 되는 것이다. 이때 세워진《월신(月神)》《난나르》를 위한《지구랏트》가 지금까지 남아있다. 이러한《월신(月神)》《난나르》를 위한《지구랏트》가 바로《석가모니 하나님 부처님》을 위한《지구랏트》로써 당시에는《목성(木星)》을 법신(法身)으로 하신《석가모니 하나님 부처님》을《월신(月神)》이라고 하였음을 아시기 바란다.

　이와 같이 《우르 문명》 부흥의 초석을 만들어 주신 《우르나무》로 이름하셨던 《아미타불》께서는 이번에는 《아브람》으로 이름하고 태어나시어 《아미타불》 후손 민족을 데리고 《갈데아 우르》를 떠나시는 모습을 《구약》에서 기록하고 있는 것이다. 이렇듯 《아브람》께서는 후손들인 《이스라엘인》들과 《유대인》들의 자리를 잡아 주시고 《우르 3왕조》가 5대 107년만에 멸망한 후 이번에는 《바빌로니아》 제1왕조 6대 《하무라비왕》(BC 1728~1686)으로 이름하고 오시어 유명한 《하무라비 법전》을 남기신다. 이로써 지상(地上)에서는 이보다 앞서 고대 인도에서 《다보불》의 《마누법전》이 태어남으로써 《다보불》과 《아미타불》에 의해 《마누법전》과 《하무라비 법전》이 태어난 것이다.

　이때 특이한 사항이 《하무라비왕》으로 오신 《아미타불》께서는 《우르 문명》 지역과 인근한 지역 대부분이 또다시 《셈족화》되고 대마왕들의 후손들에 의해 점령이 되어 《정신세계》는 《지(地)》의 우주 진화의 사상과 관념이 완전히 뿌리내림으로써 호전적인 신선(神仙) 보살들과 제신(諸神)들의 후손들 교화를 위해 그들의 최고 수장인 《마루둑》으로 이름하셨던 《노사나불》의 가르침을 따르도록 하셨던 것이 특징이다. 이때까지만 하여도 《마루둑》으로 한때 이름하셨던 《노사나불》은 본격적으로 《우주 쿠데타》에 가담하지 않았음을 보여 주는 장면인 것이다.

　이렇듯 치화(治化)의 기간이 시작되자 먼저 신(神)들의 다툼이 시작된 곳이 《우르》 문명권을 중심한 지중해 연안부터 태풍의 소용돌이에 휩쓸였음을 나타내는 역사적 기록이 상기 열거한 내용이 된다.

　이 이후 《그리스》 반도와 중동 지역 전역과 유럽 등이 신(神)들의 전쟁 각축장이 됨과 아울러 뒤이어 인도 대륙과 중원 대륙으로도 이들의 다툼이 옮겨간 것이다. 치화의 기간 초기에는 천일우주 100의 궁에서 진화하여온 신선 불·보살들과 제신(諸神)들이 연합하여 《우주 쿠데타》를 일으키고 신들의 전쟁을 벌렸으나, 신들의 전쟁이 인간 무리들의 《정신세계》 지배와 살육 전쟁이 병행될 때부터는 《초특급 대마왕》들과 《대마왕》들로 변한 신(神)들로 통일되어 이름되는 신선(神仙) 불(佛)·보살(菩薩), 제신(諸神)들 상호간에 패권을 쥐고자 하는 전쟁으로 돌변한 것이다.

이러한 이후 기원후는 《종교정복전쟁》이 본격적으로 시작이 됨으로써 초특급 대마왕》들과 《대마왕》들이 교주(敎主)가 되어 《종교(宗敎)》를 만들고 그들의 가르침으로 인간 무리들의 《정신적 지배》를 하는 가운데에서도 각각의 종교 단체 내부에는 《대마왕》들이 지파(支派)를 형성하고 지파의 우두머리들로서 자리함으로써 대마왕들 상호간에 연합을 한 종교 단체를 운용하는 특징을 갖추고 있는 것이다.

구체적인 "예"를 들면, 《회교권》이 하나같이 대마왕인 《알라신》을 받들고 있으나 내부적으로는 여러 갈래의 지파(支派)가 형성되어 각 지파마다 대마왕들 각각이 우두머리로 자리하여 노선을 달리하고 있는 것이다. 이와 같이 각종 종교가 모두 유사한 체제를 갖추고 대외적인 《종교 정복》전쟁에서는 공동보조를 취하는 형태로 바뀌면서 인간 무리들의 《정신적 지배》를 획책한 것이다.

이러한 가운데 《초특급 대마왕》들과 《대마왕》들은 스스로 새로운 인간 육신을 가지고 그들의 뜻에 따라 태어나서 그들이 궁극적으로 추구하는 목적을 위해 끈질기게 반복하여 그들 일들을 획책한 행위가 오늘날까지도 계속이 되고 있는 것이다. 단언코 말씀드리되, 인간 무리들의 치화(治化)의 시대 시작부터 오늘날까지 지상(地上)의 《영웅호걸》들은 거의 모두가 이들 《초특급 대마왕》들과 《대마왕》들의 때에 따른 태어남이라는 사실을 밝히는 것이다.

이러한 가운데 《초특급 대마왕》들과 《대마왕》들로 변한 천일우주 100의 궁(宮)에서 진화하여온 신선 불·보살들과 제신(諸神)들은 《선천우주》와 《후천우주》 갈림길의 해인 서기 2000년 《미륵불》의 출현에 앞서서 이들 모두들이 인간 육신을 가지고 한국(韓國) 땅에 태어나서 《북반구 문명》마지막 때를 준비하고 있은 것이다. 북반구 문명 마지막 때란 지상의 서기 2000년으로써 이때가 북반구 문명 1만 년이 되는 때이다.

지상에서 인간들의 문명이 시작된 것은 10만 년 전(前)이며, 이때로부터 천일우주 100의 궁에 자리한 9개의 성단(星團)들이 10그룹을 지어 1그룹당 1만 년 주기로 지상(地上)에 내려와 문명의 흥망성쇠를 거침으로써 아름다움을 갖춘 인간 육신의 진화를 마친 후 각각의 성단으로 되돌아가기를 반복하였기 때문에 10만 년의 시간이 걸린 것이다. 고로 지상에서의 문명의 흥망성쇠는 1만 년마다 바뀌어 온 것이다.

 이러한 가운데 제일 처음 지상에 내려와 1만 년 문명의 흥망성쇠를 마치고 진화를 마친 성단이 지금의 별자리 이름으로《작은곰자리》성단이 포함된 선천우주 하늘(天)로 불리우는《천일궁 10의 궁》의 불(佛), 보살, 제신들과 이곳에 거주하였던 인간 무리들이 차례로 내려와서 진화를 모두 마치고 본래의 자리로 되돌아간 것이다.

 이와 같이 지상(地上)에서 마지막 문명기 1만 년이 BC 8000~AD 2000년까지의 《북반구 문명》으로써《석가모니 하나님 부처님》주도로 진행되는 문명기이다. 이러한《북반구 문명》은 천일우주 100의 궁에서 북쪽에 자리한《카시오페아》성단과《케페우스》성단에서 진화하여온 인간 무리들을 1만 년의 진화 기간을 거치게 하기 위해 문명의 흥망성쇠를 겪게 하는 기간이 되는 것이다. 그리고 지상 곳곳에 있는《이스트섬》의《거석 문명》은《용자리 성단》에서 진화하여온 무리들이 남긴 문명의 자취이며,《나스카 평원》의《나스카 문양》은《백조자리》성단에서 진화하여온 무리들이 남긴 문명의 자취이며,《아미타불》과《노사나불》께서 주도하신 《남반구 문명》3만 년 동안 문명의 자취는 남미대륙과 이집트에 산재해 있다.

 이와 같이 천일우주 100의 궁의 각각의 성단에서 우리들이 현재 거주하고 있는 지구(地球)에 와서 1만 년의 문명기를 거치며 진화하는 이유는 두 가지가 있다.

 여러 번 밝혀 왔다 시피, 지구는 전체 우주를 품고 있는 대공(大空)의 중심점(中心點)에 자리한 만월(滿月)의 세계이다. 우주간에 진화를 하는 모든 인간 무리들이 현재 여러분들이 지니고 있는 아름다움을 갖춘 완벽한 인간 육신(肉身)을 가지기 위해서는 필히 대공의 중심점에 있는《만월(滿月)》의 세계에서 진화를 거쳐야만 아름다움을 갖춘 완벽한 인간 육신을 갖출 수 있는 것이 첫째 이유이며, 둘째 이유가 인간 마음의 근본 뿌리인 성(性)의 30궁(宮)이 여러분들의《영혼(靈魂)》으로써 이러한《영혼》이 맑고 밝음으로 진화를 함으로써《도(道)》와《덕(德)》을 갖출 수가 있기 때문이다. 이러한 이유 때문에 9만 년간의 선대(先代) 문명기를 거친 천일우주 100의 궁의 각각의 성단 인간 무리들이 지상(地上)의 문명기를 거치고 본래의 자리로 돌아간 것이다.

 이러한 가운데 지상에서는 마지막으로 전개되는《북반구 문명》에서 진화하여야 할 《카시오페아》 성단과 《케페우스》 성단에서 인간 진화를 하던 무리들은 우주적으로도 그들 성단이 북쪽에 자리한 관계로 그들 성단이 매우 척박한 환경을 가지고 있기 때문에 이들 성단에서 인간 진화를 하는 무리들은 여타 천일우주 100의 궁에 자리한 성단 출신들의 인간 무리들보다 《강건(剛健)》하며 《영악》하다.

이렇듯 《강건》하며 《영악》한 영혼의 진화가 덜된 《카시오페아》 성단과 《케페우스》 성단의 인간 무리들을 《초특급 대마왕》들과 《대마왕》들로 변한 천일우주 100의 궁의 신선(神仙) 불(佛)·보살(菩薩), 제신(諸神)들이 그들의 목적을 위하여 진화하는 이들 인간 무리들을 많이 확보하면 할수록 《우주 쿠데타》를 일으켰을 때 이들을 최대한 이용을 함으로써 《우주 쿠데타》의 성공 확률이 높고 이들 인간 무리들의 진화기간인 《북반구 문명》기간이 지상(地上)에서는 마지막 문명기로써 그 다음이 《후천우주》가 시작이 되어 《중앙우주》 100의 궁이 만들어지는 차례이기 때문에 이러한 절호의 기회를 그들이 놓칠 리가 있겠는가?

천일우주 100의 궁의 각 성단을 이들 《초특급 대마왕》들과 《대마왕》들이 《아미타불》을 살해함으로써 모두 그들이 점령하였음을 진행을 하면서 밝혀 드렸다. 이러한 자들이 《북반구 문명》기간 동안 상기 말씀드린 《강건》하며 영악한 인간 무리들을 많이 확보하여 《우주 쿠데타》를 일으키고 《북반구 문명》 끝 무렵에 등장하게 될 《미륵불》을 제거하고 법공(法空)의 중심 중의 중심인 《남한(南韓)》 땅을 《구려족》이 주축을 이루고 있는 《이북》의 《북한》 정부가 점령을 하게 되면 《우주 쿠데타》가 마무리 되어 《중앙우주 100의 궁》의 점령이 끝나는 것이다.

이로써 《석가모니 하나님 부처님》을 마지막 제거한 후 전체 우주를 점령하고자 하는 목적으로 《북반구 문명》 시작과 함께 천일우주 100의 궁의 각 성단의 지도자들인 신선(神仙) 불·보살, 제신들이 대거 지상(地上)으로 내려온 것이다. 지상(地上)의 《북반구 문명》이 《석가모니 하나님 부처님》의 주도로 진행되는 문명기임을 여러 차례 밝혔다.

다시 이러한 점을 강조드리는 바는 지상(地上)에서 먼저 1만 년마다 9번에 걸쳐 진행된 문명기 때에는 문명기를 주도하는 각 성단의 불·보살들만 후손들을 탄생하게 함으로써 별 마찰 없이 문명기를 끝내고 각 성단의 인간 무리들이 모두 진화를 마치고 본래의 자리로 돌아갈 수 있었던 것이나,《석가모니 하나님 부처님》주도의《북반구 문명》은 사실상《석가모니 하나님 부처님》과《아미타불》과《다보불》께서만 후손들을 남기심으로써《카시오페아 성단》과《케페우스 성단》에서 진화하여 오는 강건하고 영악한 인간 무리들을 순화시킴과 동시에 맑고 밝은《영혼》진화의 길을 걷게 하는 것이 목적이었다.

그러나《초특급 대마왕》들과《대마왕》들로 변화한 천일우주 100의 궁 각 성단의 신선(神仙) 불·보살, 제신들이 그들의 목적 달성을 위해 대거 끼어들기 함으로써 교화(敎化)의 기간을 거치고 치화(治化)의 시대에 돌입할 때 이미 우주적 태풍이 휘몰아쳐 올 것은 예견된 사실이었다. 그러나 이러한 우주적 태풍이《북반구 문명》기간 내내 진화를 하던 지금을 살고 있는 인간 무리들로 봐서는《극락입성》을 코앞에 두고《지옥고(地獄苦)》중에서도 지독한 지옥인《무간지옥》으로 떨어져야 하는 통탄할 지경을 만들고 말은 것이다.

《후천우주》에는 시작과 함께 펼쳐지는 거대한《극락》이 있다. 이를 밝혀 드리면,《중앙천궁상궁》과《중앙우주 100의 궁》과《천이일(天二一) 우주》와《지이일 우주》와《인이일(人二一) 우주》등 다섯의 거대한 극락이 펼쳐진다.

이러한 다섯의 거대한 극락에 입성하여야 할 현재를 살고 있는 인간 무리들과 북반구 문명기를 거친 먼저 육신을 벗은 인간 무리들이 이와 같은 극락의 백성들이 되어 안락하고 쾌적한 환경 속에서 편안하게 마지막 진화의 길을 걷게 되어 있었던 것을《초특급 대마왕》들과《대마왕》들의 야욕에 의해 대부분의 인간 무리들이 지독한 고통을 겪어야 하니, 어찌 통탄하지 않을 수 있겠는가?

이러한 지독한 고통을 안겨 주기 위해 그들은 그들 목적달성에 큰 장애로 등장한《미륵부처》를 죽이기 위해 한꺼번에 인간 육신을 가지고 태어나서 이미《미륵부처님》이 태어나기도 전에 이들 마왕 무리들은 욕심 많은 어린애를 두고《미륵돼지》같은 놈이라고 욕을 함으로써《미륵부처님》께 대한 부정적인 이미지를 인간 무리들의《정신세계》에 각인을 시키고 수많은 가짜 미륵을 탄생시켜 정직하지 못한 일들을 하게 함으로써 인간 무리들의 정신세계에 부정적인 관념을 연속적으로 심게 됨으로써 정작《미륵부처님》께서 구원을 실현하고자 하였을 때 인간 무리들은 부정적인 관념에 면역력까지 생겨 그들 인간 무리들의 발등에 불이 떨어진 사실 마저 망각하게 만듦으로써 인간 무리들 스스로들이 구원 얘기만 나오면 코웃음을 치는 지경까지 만들어 놓고 말은 것이다.

또 하나 예를 들면, 종교단체 중 《천주교》와 《기독교》에서는 불과 몇십 년 전만 하여도 《구원》의 《메시아》를 줄기차게 이야기하며 그들의 교세(敎勢)를 확장하여 놓고는 《메시아》가 《미륵부처님》이심이 밝혀진 이후로는 언제 그들이 그러한 얘기를 하였느냐는 듯 지금은 싹 입을 다물고 있는 것이다. 그리고 《미륵부처님》 출현 이후는 《초특급 대마왕》들과 《대마왕》들의 하수인들로 변한 모든 종교 단체와 그들의 후손 중 일부 마왕들이 된 자들을 동원하여 모든 언론 기관들을 장악케 한 후 《미륵부처님》의 가르침이 세간(世間)에 퍼져 나가는 것을 방해하고 막은 후 급기야는 《초특급 대마왕》들과 《대마왕》들이 직접적으로 《미륵부처님》의 생명을 빼앗기 위해 광분한 것이다.

이러한 일들이 《초특급 대마왕》들과 《대마왕》들이 인간 육신을 가지고 지금의 때에 한국(韓國) 땅에 태어나서 《북반구 문명》 마지막 때를 준비하는 실상이 되는 것이다.

[9] 인류 구원의 실상

지상(地上)에서의 마지막 문명기가 BC 8000년부터 AD 2000년까지의 1만 년 문명기가 《북반구 문명》 기간으로써 《석가모니 하나님 부처님》 주도로 이루어지는 문명기임을 밝혀 드린 적이 있다. 이러한 《북반구 문명》이 지상(地上)에서 마지막 문명기가 되는 이유가 《초기 우주》로 불리우는 《천일우주 100의 궁》의 각 성단들의 인간 무리들이 지상(地上)에서 선대(先代) 문명을 열고 9차례에 걸쳐 9만 년 기간 동안 모두 진화를 이루고 본래의 자리로 돌아간 것이며, 마지막으로 《카시오페아 성단》과 《케페우스 성단》 출신의 인간 무리들이 《북반구 문명》 기간 동안 인간 진화를 모두 마치게 되면 《초기 우주》로부터 탄생된 인간 무리들은 100억 년(億年)의 진화를 모두 마치게 된다. 이로써 《선천우주》 진화를 모두 마치고, 다음으로 지상(地上)의 서기 2000년부터 《후천우주》 진화기가 시작이 된다.

이와 같이 지상(地上)에서의 《문명기》를 갖는 인간 진화는 끝이 남으로써 《선천우주》 진화의 기간을 마감하고 다음으로 《후천우주》 진화기에 돌입하는 것이다. 이렇듯 《선천우주》에서 《후천우주》 진화기에 돌입할 때는 《선천우주》 진화의 연장선상에서 자연적으로 《후천우주》 진화기에 돌입하게 되는 것이 아니라 진화의 중요한 한 과정을 겪고 그 결과들이 《후천우주》 진화기에 돌입하게 되는 것이다.

이러한 중요한 한 과정이 원천 창조주이신 《석가모니 하나님 부처님》 권능(權能)에 의한 인간 《영혼》들의 《추수(秋收)》로써 비유를 하면 인간들이 봄에 씨앗을 뿌려 가을에 가을걷이를 하는 이치와 같이 100억 년(億年) 전 천일우주 100의 궁에서 인간 씨앗을 뿌리신 후 100억 년(億年)의 진화(進化) 기간을 거친 후 《선천우주》 마감 때인 《북반구 문명》이 끝이 나는 시점에 인간 《영혼》들을 추수하시게 되는 것이다.

이러한 때에 양자(陽子)24와 전자(電子)6으로 이루어진 《성(性)의 30궁(宮)》인 《영혼》이 《속성》으로 이름되는 유전자 4만 개를 거느리면 좁쌀 크기의 《구슬》이 된다. 이러한 좁쌀크기의 《구슬》이 정상적인 진화를 하였을 때 흰 옥돌색 구슬이 되어 있다. 이렇듯 《석가모니 하나님 부처님》께서는 흰 옥돌색 구슬을 추수를 하시면 이하의 진화가 덜된 누런색이나 검은 색을 띤 구슬은 다시 개체의 양자와 전자로 흩어서 재진화의 길을 걸은 후 인간의 영혼을 이루도록 하는 경우와, 《정신세계》가 심하게 오염된 인간들은 추수한 좁쌀크기의 구슬을 아예 가루를 내어 흩어 버리신다.

이렇게 흩어버리시는 경우와 추수한 영혼이 좁쌀크기의 구슬도 되지 않는 쭉정이들은 아예 불살라 암흑물질로 되돌려 보내 버리신다. 이와 같은 두 경우가 《대마왕》들과 《제신(諸神)》들이 제일 공포스러워 하는 《영혼 죽음》인 2차 죽임이 되는 것이다.

이렇게 《영혼》들을 추수하시는 권능(權能)을 오로지 원천 창조주이신 《석가모니 하나님 부처님》만이 가지시는 권능(權能)인 것이다.《석가모니 하나님 부처님》께서 《선천우주》마지막 때 행(行)하시는 대규모의 영혼 추수를 하실 때는《석가모니 하나님 부처님》과 분신의 아들이신《미륵부처님》이 양음(陽陰)짝을 하셔야 대규모의 영혼 추수를 하실 수가 있는 것이다. 이러한 점을 잘 알고 있는《초특급 대마왕》들과《대마왕》들은 법공(法空)의 중심(中心) 중의 중심(中心)인 지구에 있어서도 중심(中心)이 되는《한반도》의《남한(南韓)》땅 정복과 더불어《미륵부처님》죽이는 일에 본격적으로 나선 것이다.

　이러한 와중에《미륵부처님》께서는 3년에 걸쳐 이들《초특급 대마왕》들과《대마왕》들과 이들의 하수인들인《마왕》들과 혈투를 벌려 세 분 아버님이신《석가모니 하나님 부처님》과《아미타불》과《다보부처님》의 도움으로 이들을 차례로 격파하여 영원히 돌아오지 못할 곳으로 보내게 된 것이다.

　《초특급 대마왕》들과《대마왕》들의 손에 의해《미륵부처님》께서 살해가 되면 이치상으로는《석가모니 하나님 부처님》단독으로는 대규모의 영혼 추수가 불가능하기 때문에《선천우주》진화의 연속선상에《후천우주》진화가 계속되는 것이다. 아울러, 법공(法空) 중심 중의 중심이 되는 지구에 있어서도 또한 중심이 되는 《한반도》땅의《남한(南韓)》은 대마왕의 후손들의 국가인《북한(北韓)》에 정복됨으로써 전체《법공(法空)》의 중심은《초특급 대마왕》들과《대마왕》들에 의해 정복이 되는 것이다. 이로써《초특급 대마왕》들과《대마왕》들은 바로 이러한 점을 노리고 북반구 문명기에 들어와서《우주 쿠데타》를 일으키고 신(神)들의 전쟁을 벌리고 종교정복전쟁을 벌렸던 것이다.

　《석가모니 하나님 부처님》께서 인간 무리들의《영혼》추수를 하실 때 천일우주 100의 궁의 신선(神仙) 불(佛)·보살들과 영력이 막강한 제신(諸神)들은 제외되며, 이들은 신선 불·보살을 이룬 시점부터《선천우주》진화의 기간이 끝이 나면 스스로들이《후천우주》와 연결된 1-4-1의 길을 따라 진화를 하는 것이지만 불(佛)·보살을 이루지 못한 인간 무리들이《영혼》추수의 대상이 됨으로써 북반구 문명이 끝나는 시점의 영혼 추수의 대상은 지상(地上)의 모든 인간 무리들뿐만 아니라 천일우주 100의 궁 각 성단에 자리한 인간 무리들 모두가 그 대상이 되는 것이다.

지상의 인류《북반구 문명》1만 년 기간이 끝난 시점이《서기 2000년》이다. 이렇듯 1만 년 문명기간이 끝이 나도 지상(地上)의 문명은 멸(滅)하지 않고 현행대로 존재하고 있다. 이렇게 멸(滅)하지 않고 현행대로 존재하게 되는 이유가 바로 원천 창조주이신《석가모니 하나님 부처님》께서 행(行)하시는 인간 무리들의《영혼》추수에 기인하는 것이다.

지금까지 설명 드린 대로 BC 23000년부터 AD 2000년까지 4300년 동안 진행된 치화(治化)의 기간 동안《초특급 대마왕》들과《대마왕》들에 의해 획책된《살육전쟁》과 정신적 지배를 위한《종교 정복 전쟁》등으로 인간 무리들의 올바른 진화는 기대하기 어려운 입장임을 알고 계시는《석가모니 하나님 부처님》께서는《서력기원》과 함께《예수》가 태어날 때 이미《우주 진화》의 프로그램을 수정하시어 북반구 문명의 종말을《36년》간 늘려 놓으신 것이다. 이 때문에 세계의 모든《예언서》들의《예언》들이 빗나간 것이다.

《석가모니 하나님 부처님》께서 의도하신 바는 서기(西紀) 2000년《메시아》로 이름되는《미륵부처님》의 출현을 알고 계셨기 때문에《미륵부처님》출현 이후 펴실《진리(眞理)》의 법(法)에 기대를 하신 것이다.

즉, 북반구 문명이 끝이 나는 때의 인간 무리들 정신세계는 천상의 기준으로 볼 때 오염될 대로 오염이 된 영악함이 극치를 달리는 때이다. 이러한 인간 무리들이《미륵부처님》께서 밝히시고 당부하는 대로 고정관념과 잘못 배운 사상(思想)들을 버리고 과감히《미륵부처님》께서 밝히시는 진리(眞理)의 법(法)을 받아들이고 세세생생 윤회를 하면서 지은 스스로의 업(業)장을《석가모니 부처님》께 깊이 참회하여 씻게 되면 이를 행(行)하는 인간 무리들은 모두《석가모니 하나님 부처님》의 영혼 추수 때에《구원》의 대열에 들어《후천우주》극락 잔치가 벌어지는 곳의 백성들로 거듭 탄생이 되는 것이다. 이러한 복을 받기까지의 기간은 영악할 대로 영악해진 말세의 지상의 인간 무리들이라도 노력하기에 따라《3년(年)》이면 충분한 것이다.

이와 같은 마지막 기회를 현재를 살고 있는 지상(地上)의 인간 무리들에게 주기 위해《석가모니 하나님 부처님》께서는 우주(宇宙) 운행의 이치를 바꾸면서까지 36

년간의 시간을 연장하신 것이다. 이러한 모든 일들이 북반구 문명 1만 년이 끝이 나고도 인간 문명은 멸(滅)하지 않고 계속되고 있는 이유인 것이다. 그러나 《초특급 대마왕》들과 《대마왕》들이 모두 지상(地上)의 모든 종교의 교주로 자리하여 지상(地上)의 인간 무리들에게 그들의 사상(思想)을 뿌리 깊게 심고 잘못된 관념을 가지게 하고 그들을 추종하는 《마왕》들을 인간 사회에 곳곳에 심어두고 정치뿐만 아니라 종교 언론 ……등등의 모두를 장악하고 《미륵부처님》께서 펼치시는 법의 확산을 총력으로 저지한 것이다. 이와 같이 《미륵부처님》 법의 확산을 가로막는 이 자체가 《석가모니 하나님 부처님》의 《구원》을 거부하는 것이 되기 때문에 이러한 자들을 위해 더 이상의 시간을 주는 것은 무의미함을 아신 《석가모니 하나님 부처님》께서는 이 기간을 서기 2000년으로부터 20년간으로 16년을 단축시키신 것이다.

　이러한 가운데 《대마왕》으로 변한 《지(地)》의 우주 출신들의 신선(神仙) 불(佛)·보살들과 제신(諸神)들을 비롯한 《초특급 대마왕》들 모두를 《미륵부처님》께서 파(波)하여 영원히 돌아올 수 없는 곳으로 사라지게 하는 가운데 극히 소수의 신선(神仙) 보살과 제신(諸神)들은 그들의 착한 행(行)으로 인하여 《석가모니 하나님 부처님》으로부터 《구원》을 받은 것이다. 이와 같은 과정에서도 《석가모니 하나님 부처님》과 《미륵부처님》께서 마지막 희망을 걸었던 《지(地)》의 우주를 이끄시던 《노사나불》께서 반란자의 두목 노릇을 청산하지 않고 《미륵부처님》과 대결을 벌림으로써 패하여 영원히 돌아오지 못할 곳으로 사라져 간 것이다.

　이로써 《석가모니 하나님 부처님》과 《미륵부처님》께서는 서둘러 천일우주 100의 궁의 각 성단들의 인간 무리들과 지상(地上)의 모든 인간 무리들의 《영혼》들을 추수하여 선별작업을 끝내고 각기 그들 《영혼》들이 가야 할 곳으로 보내게 된 것이다. 그러므로 현재 육신을 가진 자들은 《영혼》들이 없는 《허수아비》 인간들로서 다만 습관적으로 살고 있을 뿐이다.

　이러한 조치를 마치신 《석가모니 하나님 부처님》께서는 《선천우주》는 《초특급 대마왕》들과 《대마왕》들로 인하여 실패한 우주임을 자인하시고 개천(開天) 이전의 모든 이치와 개천 이후의 《상천궁(上天宮)》과 《천일우주 100의 궁》과 이하의 모든 우주들과 천지인(天地人) 우주 구분 중《지(地)》의 우주 1-4-1의 길 등의 이치인 진리(眞理)를 차례로 파(波)하시어 멸(滅)하시고, 이 직전에 단행하신 인간 무리들의《영혼》추수 때에 구원이 된 인간 무리들의《영혼》들은《후천우주》로 넘겨 놓으시고《후천우주》시작부터 다시 처음부터 시작하시자고 선언을 하시고 새로운 진리(眞理)의 프로그램을 다시 펼쳐 놓으신 것이다.

『보라! 우주간과 세간의 모든 중생들이여』!

《원천 창조주》이신《석가모니 하나님 부처님》의 권능(權能)이 이러하시다. 이러한 권능(權能)을《초특급 대마왕》들과《대마왕》들이 도외시하는 어리석음을 저지른 것이다.

인간 무리들은 지금《미륵부처님》께서 적고 있는 이 내용의 뜻을 헤아리기 힘들 것 같아 부연 설명을 드리면,《선천우주》는 개천 이전 100억 년의 역사와 개천 이후 120억 년의 역사를 가짐으로써 합(合) 220억 년의 역사를 가지고 있다. 이러한《선천우주》의 모든 진리(眞理)인《이치》가 허물어졌다 함은《선천우주》의 진화(進化)는 끝이 났다는 뜻으로써 대공(大空) 속에 선천우주 동안 만들어졌던 200억조 개의 별(星)들이 그 운행(運行)을 계속할 것이나 별(星)들의 진화는 끝이 난 관계로 빠른 시간 내에 별(星)들이 대공(大空) 속에서 사라져 간다는 뜻이다. 즉, 우주적 시간 개념으로는 빠른 시간이 되나 시야(視野)에 드러나는 인간들의 시간 개념으로는 긴 시간이 되기 때문에 인간들은 이러한 사실을 확인하기란 불가능한 면이 있다.

그리고《후천우주》부터 우주의 역사가 새로 시작된다는 뜻은 법공(法空)의 0(ZERO) 지점에 자리한《석가모니 하나님 부처님》의 여섯뿌리의 법궁(法宮)인 《목성(木星)》을 중심으로《석가모니 하나님 부처님》의 진신삼성(眞身三星)인 달(月), 화성(火星), 지구(地球)의 순서로 자리한 8의 우주 운행 체제로 바뀌어《8의 우주》를 중심으로 《천(天)》과《인(人)》의 우주만 존재하고《지(地)》의 우주는 영원히 사라지는 체제로써《우주 진화》가 새로이 시작된다는 뜻이다.

이러한 새로운 시작의 우주 진화에 대하여 다시 다른 각도로 설명을 드리면,《6회(回)》의 진화기에 접어든《법공(法空)》의 진화기에 있어서 법공(法空) 내부에 《5,275.^{2}광년》둘레의《대공(大空)》을 석가모니 하나님 부처님께서 만드시고 이러한 대공(大空) 내에서《선천우주》의 이치와 이와 연결선상에서《후천우주》《이치》의 우주적 프로그램을 만드시고 이 프로그램에 의한 한치의 오차도 허용함이 없는 우주 진화가 계속된 것이다.

그러나《석가모니 하나님 부처님》의 대결단에 의해《선천우주》와《후천우주》 모두의 이치적 우주 프로그램들을 모두 폐기 처분하시고 법공(法空)과 대공(大空)의 중심점인 0(ZERO)지점에서《석가모니 하나님 부처님》의 여섯뿌리의 법궁인《목성(木星)》을 중심한 달, 화성, 지구가 시계방향의 회전인 3-1의 길 운행을 하는《8의 우주》를 두시고 0(ZERO)지점 외곽의 왼쪽에 1-3-1의 길을 두시고 오른쪽에 1-3-1의 길을 두심으로써 새로운 이치적 프로그램을 만드시어 펼쳐 놓게 됨으로써 우주적 진화가 새로운 프로그램에 따라 진화하여 가는 것을 말한다. 즉, 진화의 진리(眞理)를 새로이 세우셨다는 뜻이다.

이로써 먼저 있었던《선천우주》와《후천우주》의《이치》가 모두 허물어져 한때 《노사나불》께서《요한성자》와《노스트라다무스》로 오시어 남기신《요한계시록》 이나《노스트라다무스 예언집》이나《연등불》께서 조선왕조 중종 때에《남사고》라 이름하고 오시어 남기신《격암유록》등 지상(地上)의 모든《예언서》들은 무용지물이 되었으며,《북반구 문명》연장선상의 시간《36년》과《20년》도 모두 허물어져 없어져 버린 것이다.

그러나 새로이 시작되는《후천우주》이치에서 한 가지 확실한 것은 대공(大空)의 0(ZERO)지점을 이룰 3-1의 길《8의 우주》운행이다. 이러한《8의 우주》운행을 마냥 늦출 수만은 없는 것이다. 이와 같은《8의 우주》운행이 시작될 때가 현재에도 계속되는《북반구 문명》연장선상의 문명기 종말의 때가 되는 것으로써 그 시기는《미륵부처님》도 모르며 오직《석가모니 하나님 부처님》께서만이 알고 계시는 사항이다.

그러나 한가지 확실한 점은 문명의 종말이 서기 2010년에 미륵부처님께서 말씀하신 10년보다 앞당겨진 것은 확실하며 지금은 그 전조가 서서히 드러나고 있는 때이다. 지상(地上)에서 마지막《석가모니 하나님 부처님》께서 하셔야 될 일이 현재 육신을 가지고 습관적으로 살고 있는 인간 무리들의 육신(肉身)을 걷우시는 일이다. 이 일을 어느 한순간에 하실지 시차를 두고 하실지는 아무도 모른다.

또 하나 확실한 것은 《석가모니 하나님 부처님》께서 인간 무리들의 육신을 걷우시기 전까지 인간 무리들 중 《미륵부처님》의 당부를 따르고 깊이 참회하는 자들은 《구원》이 될 수 있다는 점을 다시 강조드리며, 이러한 점을 헤아려 보시기 위해 《석가모니 하나님 부처님》께서는 인간 무리들의 변화를 지켜보시며 관망하고 계신다는 점을 여러분들께 알려드리는 바이며, 그대들 육신들이 구원을 받게 되면 그대들 《영혼》 역시 구원을 받는다는 사실을 일러 드리니, 이 글을 보시는 불자들께서나 누구든지 한시라도 빨리 《석가모니 부처님》을 찾아 깊은 《참회》에 돌입하시기를 재차 강조드리며 천상(天上)의 반란에 연루되어 영원히 돌아올 수 없는 곳으로 사라져간 《예수》에 의한 구원 같은 것은 있을 수가 없는 것이니 이러한 감언이설에 속지 마시고, 촌음을 아껴 《미륵부처님》께서 당부드린대로 《참회》에 들어가시기를 다시 한번 더 말씀드리면서 이 글의 끝을 맺도록 하겠다.

나무 석가모니 하나님 부처님
나무 석가모니 하나님 부처님
나무 시아본사 석가모니 하나님 부처님

불기(佛紀) 2554년 양(陽) 12月 18日

金 鉉 斗 拜

阿那소식

법화경 해설 시리즈

『우주간의 법 해설 **(정본) 반야바라밀다심경**』

김현두 著
전 1권 / 양장 / 신국판
가격 : 20,000원

각종 불교 의식에 빠지지 않고 독송되고 있는 반야심경(般若心經)의 산스크리트 원본(原本)과 8본의 번역본을 비교하여 문제점을 분석.

『우주간의 법 해설 **무량의경**』

김현두 譯
전 1권 / 양장 / 신국판
가격 각권 : 27,000원

"무량의는 하나의 법으로부터 좇아 났으며, 그 하나의 법은 곧 형상이 없음이니, 이와 같은 형상이 없는 것은 형상도 없으며 형상도 아니나니, 형상이 아니기에 형상이 없으므로 실상이라 이름하느니라."
지금까지 볼 수 없었던 무량의경에 대한 상세하고 명쾌한 해설로 독자 여러분들의 궁금증을 시원하게 풀어줄 것입니다.

『**묘법연화경 해설** 제이십사 관세음보살보문품법』

김현두 譯
전 1권 / 양장 / 신국판
가격 : 18,000원

우리나라에서 전통적으로 가장 많이 믿어 왔고 또한 지금까지 각 사찰에서 가장 널리 독송되고 있는 묘법연화경 제이십사 관세음보살보문품을 상세하고도 올바른 해설을 통하여 관세음보살님의 진면목을 드러낸 책.

법화경 해설 시리즈

『묘법연화경 해설 1』
「제 일 서품(序品)」

김현두 譯
전 1권 / 양장 / 신국판
가격 : 18,000원

『묘법연화경 해설 2』
「제 일 서품(序品)」

김현두 譯
전 1권 / 양장 / 신국판
가격 : 18,000원

『묘법연화경 해설 3』
「제 이 방편품(方便品)」

김현두 譯
전 1권 / 양장 / 신국판
가격 : 18,000원

법화경 해설 시리즈

『묘법연화경 해설 4』
「제 이 방편품(方便品)」

김현두 譯
전 1권 / 양장 / 신국판
가격 : 18,000원

『묘법연화경 해설 5』
「제 삼 비유품(譬喩品)」

김현두 譯
전 1권 / 양장 / 신국판
가격 : 18,000원

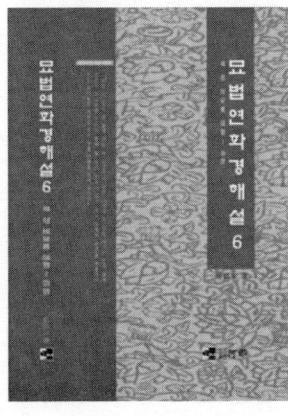

『묘법연화경 해설 6』
「제 삼 비유품(譬喩品)」

김현두 譯
전 1권 / 양장 / 신국판
가격 : 18,000원

법화경 해설 시리즈

『묘법연화경 해설 7』

「제 사 신해품(信解品)」
「제 오 약초유품(藥草喩品)」
「제 육 수기품(授記品)」

김현두 譯
전 1권 / 양장 / 신국판
가격 : 18,000원

『묘법연화경 해설 8』

「제 칠 화성유품(化城喩品)」

김현두 譯
전 1권 / 양장 / 신국판
가격 : 18,000원

『묘법연화경 해설 9』

「제 팔 오백제자수기품(五百弟子受記品)」
「제 구 수학무학인기품(授學無學人記品)」
「제 십 법사품(法師品)」

김현두 譯
전 1권 / 양장 / 신국판
가격 : 18,000원

법화경 해설 시리즈

『묘법연화경 해설 10』

「제 십일 견보탑품(見寶塔品)」
「제 십이 권지품(勸持品)」
「제 십삼 안락행품(安樂行品)」

김현두 譯
전 1권 / 양장 / 신국판
가격 : 18,000원

『묘법연화경 해설 11』

「제 십사 종지용출품(從地涌出品)」
「제 십오 여래수량품(如來壽量品)」
「제 십육 분별공덕품(分別功德品)」

김현두 譯
전 1권 / 양장 / 신국판
가격 : 18,000원

『묘법연화경 해설 12』

「제 십칠 수희공덕품(隨喜功德品)」
「제 십팔 법사공덕품(法師功德品)」
「제 십구 상불경보살품(常不輕菩薩品)」
「제 이십 여래신력품(如來神力品)」

김현두 譯
전 1권 / 양장 / 신국판
가격 : 18,000원

법화경 해설 시리즈

『묘법연화경 해설 13』

「제 이십일 촉루품(囑累品)」
「제 이십이 약왕보살본사품(藥王菩薩本事品)」

김현두 譯
전 1권 / 양장 / 신국판
가격 : 18,000원

『묘법연화경 해설 14』

「제 이십삼 묘음보살품(妙音菩薩品)」
「제 이십사 관세음보살보문품(觀世音菩薩普門品)」
「제 이십오 다라니품(陀羅尼品)」
「제 이십육 묘장엄왕본사품(妙莊嚴王本事品)」
「제 이십칠 보현보살권발품(普賢菩薩勸發品)」

김현두 譯
전 1권 / 양장 / 신국판
가격 : 18,000원

『관보현보살행법경 해설』

김현두 譯
전 1권 / 양장 / 신국판
가격 : 24,000원

『만약 위없이 높고 바르며 크고도 넓으며 평등한 깨달음을 빨리 이루고자 하는 자와, 만약 시방의 부처님과 그리고 또 보현보살의 몸이 나타남을 보고자 하거든, 마땅히 깨끗이 씻어 목욕하고 깨끗하고 정결한 옷을 입고, 많은 이름난 향을 피우고, 비고 한가한 곳에 있으면서 응당 마땅히 대승경전을 읽고 외우며 대승의 뜻을 생각할지니라.』

경전 해설 시리즈

『**천부경** 천부진리 해석 완역』

김현두 完譯
전 1권 / 무선 / 신국판
가격 : 12,000원

81자(字)에 미래세(未來世)의 팽창기 우주의 모든 정보를 담고 있다. 원문의 참다운 의미를 완벽하게 드러나게 한 국내 최초의 완역판.

『**화엄일승법계도** 근본진리 해설』

김현두 譯
전 1권 / 무선
가격 : 10,000원

의상조사께서 의도하신 본래의 정확한 뜻풀이와 해설을 펴내어 해인도(海印圖)의 정확한 해석과 풀이가 되어 있다.

『**북두칠성연명경 해설**』

김현두 譯
전 1권 / 양장 / 신국판
가격 : 25,000원

한(韓)민족 토착불법(土着佛法)의 중요한 경전 중의 하나인 북두칠성연명경을 중원대륙의 한(漢)족들에 의해 왜곡되고 삽입된 부분을 바로 잡아 바르게 한글 해설하여 잃어버렸던 한(韓)민족의 바른 경전을 찾아주고자 하였다.

경전 해설 시리즈

『우주간의 법 해설 **금강경**』

김현두 著
전 1권 / 양장 / 신국판
가격 : 30,000원

보살도(菩薩道) 전반에 대한 가르침을 담고 있는 경으로 보살도에 들어 법(法)의 완성을 이루게 하기 위해 수보리 존자와 대담 형식으로 설하신 경이다.

경전 독송 시리즈

『묘법연화경 제이십사 관세음보살보문품』

김현두 解說奉譯
전 1권 / 무선
가격 : 7,000원

각 사찰에서 가장 널리 독송되고 있는 묘법연화경 제이십사 관세음보살 보문품을 독송집을 내어 일반 불자(佛子)들에게 올바른 관음기도 방법과 그 독송법을 자세하게 안내하였다.

『북두칠성연명경』

김현두 復譯
전 1권 / 무선
가격 : 5,000원

정수 한 그릇 떠놓고 기도하시던 우리의 옛 조상님들에게 정토신앙으로 자리 잡았던 칠성기도. 그 내용이 담긴 북두칠성연명경을 내며 북두칠성 부처님의 하강일과 기도하는 방법 등을 수록하였다.

『관보현보살행법경 독송용』

김현두 譯
전 1권 / 양장
가격 : 12,000원

『만약 위없이 높고 바르며 크고도 넓으며 평등한 깨달음을 빨리 이루고자 하는 자와, 만약 시방의 부처님과 그리고 또 보현보살의 몸이 나타남을 보고자 하거든, 마땅히 깨끗이 씻어 목욕하고 깨끗하고 정결한 옷을 입고, 많은 이름난 향을 피우고, 비고 한가한 곳에 있으면서 응당 마땅히 대승경전을 읽고 외우며 대승의 뜻을 생각할지니라.』

부록 439

경전 독송 시리즈

『약사유리광여래본원공덕경』

김현두 譯
전 1권 / 무선
가격 : 10,000원

『약사유리광여래본원공덕경』은 말법(末法) 시대인 지금의 때에 질병으로 인하여 고통받는 수많은 인간들을 위하여 설(說)하여진 경(經)이다.

단 행 본

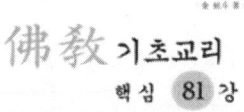

『불교 기초교리 핵심 81강』

김현두 著
전 1권 / 무선 / 신국판
가격 : 18,000원

중원대륙을 거쳐 왜곡하여 전한 잘못된 부분을 바로 고쳐 법(法)이 가지고 있는 본래(本來)의 뜻을 드러내어 불법(佛法)의 방대한 기초교리를 핵심부분만 간추려 81문항으로 정리한 바른 불교(佛敎) 공부의 기본서.

『현대과학 용어로 본 유식사상과 여래장과 선』

김현두 著
전 1권 / 무선
가격 : 10,000원

현대과학의 진보는 부처님의 법을 설명하기 위함이다. 유식사상과 여래장과 선을 현대과학 용어로 설명하여 풀이하여 불자님들의 혼돈과 궁금증을 해소하기 위해 엮은 책.

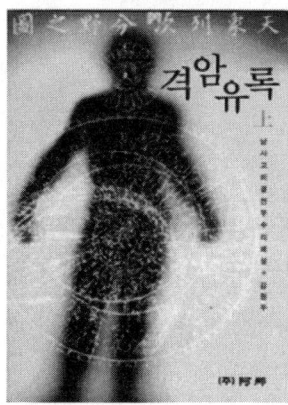

『격암유록 남사고 비결 해설 上, 下』

김현두 譯
전 2권 / 무선 / 신국판
가격 각권 : 12,800원

세인의 인기에 영합한 호기심의 충족 차원을 벗어나 격암유록 본래의 뜻을 정확하게 밝혀 참 진리를 깨우쳐 무사히 아리랑고개를 넘어가기를 바란다.

단 행 본

『묘법연화의 실상의 법』

김현두 著
전 1권 / 양장
가격 : 60,000원

불법의 핵심을 간결하게 정리하고 묘법연화경(妙法蓮華經)의 핵심정수를 해석하여 담은 책.

『예불문 해설』

김현두 著
전 1권 / 양장
가격 각권 : 10,000원

예불문(禮佛文)에는 부처님 가르침의 핵심 진리(眞理)가 들어있다. 이러한 예불문(禮佛文)의 뜻을 바로 깨우치시면 더욱더 신심(信心)이 우러나실 것이다.

『우주간의 법 해설 요한계시록』

김현두 解說
전 1권 / 양장
가격 : 60,000원

예수님을 믿고 따르는 많은 예수님의 백성들을 위해 세간법과 우주간의 법이 어우러진 해설을 바로 하여 예수님과 요한 성자의 깊은 뜻을 전한 책.

단 행 본

『우주간의 법 해설 **대승보살도의 기초교리**』

김현두 著
전 1권 / 무선
가격 : 25,000원

우주간의 법을 근본 뿌리로 하는 보살도에 있어서는 법의 이치에 따른 많은 새로운 용어들이 등장한다. 이러한 보살도 해설의 불교 기초교리와 법의 이치에 따른 새로운 용어 해설을 묶어 보살도 입문자들을 위하여 책을 출간하게 된 것이다.

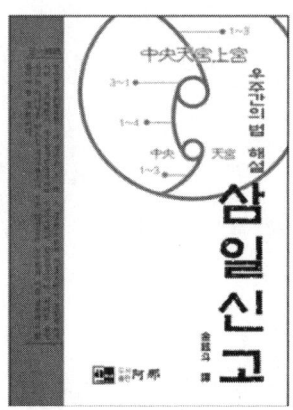

『우주간의 법 해설 **삼일신고**』

김현두 著
전 1권 / 무선
가격 : 25,000원

한단불교(桓檀佛敎) 3대 경전은 天·地·人 경(經)으로써 천경(天經)이 천부경 81자이며 지경(地經)이 북두칠성연명경이며 인경(人經)이 삼일신고이다. 이러한 삼일신고는 하나님을 반드시 지상(地上)의 모든 인간들은 누구든지 이를 공부하고 받들어야 할 경(經)이다.

『미륵부처님께서 밝히시는 **문명의 종말**』

김현두 著
전 1권 / 무선
가격 : 30,000원

마성(魔性)을 가진 두뇌(頭腦) 집단과 눈(眼)으로 보고 확인된 것만 진리(眞理)로 고집하는《그리스 자연사상》에 세뇌된 비유하자면 눈먼 장님과 같은 학자(學者)들에 의해 이끌림을 받아온 선량한 인간 무리들을 위해 필연적으로 닥쳐오게 되어 있는 문명(文明)의 종말(終末)의 실상을 알림으로써 때가 이르렀을 때의 극심한 공포와 혼란을 막고 아울러 그 때를 대비하게 하기 위해 진리의 실상을 밝힌 책.

부록 443